AF136377

F. J. Grüll

# Feldzug der K.K. Österreichischen Armee in Italien

1848

F. J. Grüll

**Feldzug der K.K. Österreichischen Armee in Italien**
*1848*

ISBN/EAN: 9783743302204

Hergestellt in Europa, USA, Kanada, Australien, Japan

Cover: Foto ©ninafisch / pixelio.de

Manufactured and distributed by brebook publishing software
(www.brebook.com)

F. J. Grüll

**Feldzug der K.K. Österreichischen Armee in Italien**

# Feldzug

der

## k. k. österreichischen Armee

in Italien

im Jahre 1848.

Nach k. k. Feld-Akten und anderen meist offiziellen Quellen

von

## L. J. Grüll,

k. k. Hauptmann, 2c. 2c.

Mit dem Porträt des Feldmarschalls Grafen Radetzky.

Wien, 1860.

Druck und Verlag der typografisch-literarisch-artistischen Anstalt.

(L. C. Zamarski & C. Dittmarsch.)

Der

# Feldzug in Italien

## im Jahre 1848.

„. . . Als Alles wankte um den ehrwürdigen Thron
unserer Kaiser, da wanktet Ihr nicht; wie an dem
Felsen die Wogen des vom Sturme aufgewühlten
Meeres sich brechen, so brechen sich an Eurer treuen
Brust Verrath, Meineid und Empörung."

Feldmarschall Graf Radetzky.

# Vorrede.

Viele, darunter vortreffliche Darstellungen hat jene welterschütternde Epoche bereits gefunden, doch befassen sie sich meist mit einer ziemlich gedrängten Beschreibung der Operationen und glänzenden Erfolge der kaiserlichen Waffen im Allgemeinen; und so ist bis jetzt manch' wichtige Thatsache nicht gehörig aufgeklärt oder wohl ganz unbekannt geblieben, manch' herrlicher Beweis von Tapferkeit und Aufopferung, von Hingebung und Hochherzigkeit, an denen das Jahre 1848 so reich, nur Wenigen bekannt geworden.

Diese Lücke in der Kriegsgeschichte nach Möglichkeit auszufüllen, habe ich mir schon längst zur angenehmen Pflicht gemacht, doch konnten die an vielen Orten zerstreuten officiellen Berichte nur mit großer Mühe gesammelt werden.

Möge diese wahrheitsgetreue Darstellung jenes Feldzuges, der so reich an tief durchdachten Combinationen, so reich an herrlichen Beweisen treuer Pflichterfüllung ist, jüngere Kameraden für gleiche Thaten begeistern, wenn auch sie ihr Kaiser ruft, älteren aber eine frohe Erinnerung an die im Felde so sorgenlos verlebten schönen Tage gewähren, und — sie hat ihren Zweck erreicht.

Der Verfasser.

# Inhalt.

# Einleitung.

Ehe wir zur Ausführung der uns gestellten Aufgabe: Schilderung der mannigfaltigen Situationen der k. k. Armee und ihrer Führer, der von ihr gelieferten Schlachten und Gefechte mit besonderer Berücksichtigung der hervorragenden Leistungen Einzelner — schreiten, sei es uns erlaubt, die Ursachen jener düsteren Zustände auf der italienischen Halbinsel, die — hätten sie nicht an der Treue und Aufopferung der österreichischen Truppen einen unüberwindlichen Damm gefunden, endlich alle Grundfesten der gesellschaftlichen Ordnung vernichten, ja ganz Europa in einen chaotischen Zustand versetzen mußten — in flüchtigen Umrissen zu skizziren. Nur aus deren, wenn gleich oberflächlichen Schilderung läßt sich die verhängnißvolle Lage der k. k. Armee, die äußerst schwierige Stellung ihrer Führer zu Anfang des Jahres 1848 erkennen, wie man denn überhaupt Thatsachen nur dann gehörig zu würdigen im Stande ist, wenn ihre Ursachen bekannt.

Schon oftmals war Europas Garten — Italien, der Schauplatz blutiger Revolutionen geworden, so in neuerer Zeit im Jahre 1821, wo es dem durch die spanische Revolution von 1820 aufgeregten Carbonarismus verfiel, dem Neapels schwache Regierung und eine unzufriedene Armee Spielraum für seine Zwecke gaben. Ein österreichisches 50000 Mann starkes Heer rückte unter dem Generalen Frimont in Neapel ein und befestigte wieder den königlichen Thron. Gleichzeitig unterdrückte Bubna die Militärinsurrektion in Piemont und den Aufstand in Oberitalien, der, wenn er besser mit jenem in Neapel im Einklange gewesen wäre, ohne Zweifel schon damals eine allgemeine Schilderhebung zur Folge gehabt hätte.

So war nun Italien durch Oesterreichs eiserne Hand beruhigt, doch der fortwährend glimmende Revolutionsstoff konnte nie ganz gelöscht werden. Mit rastloser Thätigkeit arbeitete der gesprengte Carbonarismus im

Geheimen fort, warb Anhänger und wußte sich unter allen Ständen Eingang zu verschaffen. Die zahlreichen Ausgewanderten knüpften Verbindungen mit den revolutionären Elementen anderer Länder an und blieben mit denen in Italien in steter wechselseitiger Verbindung.

Bald jedoch fanden sie in Toscana, wo die große Liberalität der Regierung in Sorglosigkeit ausgeartet war, ein günstiges Feld für ihre Umtriebe. Noch leichteres Spiel hatte die Revolution in den römischen Staaten, wo Neuerungssucht und Abneigung gegen das geistliche Regiment, Unzufriedenheit bei den Unterthanen erzeugte. Gezogen in Toscana, gedeihte sie im Römischen und überfluthete von hier aus die ganze Halbinsel. Ihr fehlte zum erfolgreichen Wirken nur ein gemeinschaftlicher Vereinigungspunkt, den sie aber in dem Hasse gegen Oesterreich bald zu finden hoffte.

Dieser mächtige Staat hatte die Gewährleistung für Italiens Ruhe übernommen, seine dortige Macht zu untergraben, mußte also das gemeinsame Streben aller geheimen Gesellschaften werden. Mit seltener Ausdauer und Schlauheit arbeiteten ihre Häupter an der Erreichung dieser Absicht.

Die Revolutionen in Frankreich, Belgien und Polen im Jahre 1830 blieben nicht ohne Einfluß auf die italienische Halbinsel, wo der von der französischen Tribüne in die Welt geschriene unhaltbare Grundsatz der Nichtintervention, den Ausbruch von Insurrektionen in Mittelitalien unter der Leitung des Genueser Advokaten Mazzini noch beförderte.

Bald war die schwache römische Regierung gestürzt und hiedurch, so wie durch die gleichzeitig eingetretene Erledigung des päpstlichen Stuhles, das Panier der Anarchie im Kirchenstaate entfaltet. Man bildete eine sogenannte Föderativrepublik, an deren Spitze Mazzini als Präsident stand. Schnell war auch ihr ein Ende gemacht, indem Frimont in Bologna einrückte, Zucchi's fliehenden Heerhaufen bei Rimini sprengte und so Italien den Gräueln einer blutigen Umwälzung abermals entriß.

Eine natürliche Folge hievon war die Flucht vieler Revolutionärs ins Ausland, meistentheils nach dem damals noch im ersten Rausche der Julirevolution befindlichen Frankreich, wo sie im Vereine mit gleichen Sinnesgenossen, meist Polen, verschiedene geheime Gesellschaften — wir nennen sie Verschwörungen — bildeten, unter welchen die von dem bereits genannten Mazzini gegründete „La giovine Italia" die ausgedehnteste Verbreitung fand.

Bei dem Fortbestande der freundschaftlichen Verhältnisse zwischen den Höfen von Wien und Turin, die sich nach der Thronbesteigung Carl Alberts nur noch mehr zu befestigen schienen, und durch Oesterreichs Macht in Italien, glaubte man die Ruhe allenthalben gesichert. Aber demungeachtet suchte Feldmarschall Graf Radetzky, der als General der Kavallerie im Jahre 1831 das Kommando der k. k. Truppen im lombardisch-venetianischen Königreiche übernommen hatte, als wäre er mit Sehergaben ausgerüstet gewesen, durch mancherlei Verbesserungen seine Armee für den möglichen Fall eines Krieges vorzubereiten und durch ein unausgesetztes Sistem von praktischen, im Geiste der neuen Kriegführung meisterhaft geleiteten Feldübungen, auf den möglichst vollendeten Grad taktischer Ausbildung zu bringen — sie mit jenem moralischen Impuls zu erfüllen, der ihr später unsterbliche Lorbeern errang. Seinem Scharfblicke konnten die Fortschritte der revolutionären Propaganda nicht entgehen, die ganz Italien in zwei politische Parteien spaltete, von denen die eine unter Gioberti's Führung eine Art föderalistischer Vereinigung mit dem Papste an der Spitze, die andere unter der Leitung Mazzini's, den Umsturz aller italienischen Regierungen und an ihrer Statt eine mächtige italienische Republik zu bezwecken suchte.

Zur Ueberzeugung gelangt, daß vereinzelte, theilweise Empörungsversuche ohnmächtig bleiben gegen Oesterreichs Stellung in Italien, vereinigte man sich in den Bemühungen, die sogenannte Fremdherrschaft durch die niederträchtigsten ersonnenen Mittel, durch Zeitungen und Pamphlets, mit denen man das Land förmlich überschwemmte, in jeder Beziehung verhaßt zu machen — als barbarisch darzustellen; gewiß die erbärmlichste Lüge! denn gerade Italien genoß besondere Begünstigungen vor anderen Provinzen des Kaiserstaates.

Unter Oesterreichs Herrschaft erhob sich Mailand zu einer der blühendsten, reichsten Städte Europas. Venedig hatte nur noch den Namen und die Erinnerung an seine einstige Macht und Größe, als es zu Oesterreich kam; zum Freihafen erhoben, blühte es bald wieder empor. Während die andern Provinzen die Schwankungen des Papiergeldes mächtig fühlten, blieb Italien im Besitze seines Goldes und Silbers; während der Soldat in der ganzen Monarchie vierzehn Jahre dienen mußte und auch dann noch landwehrpflichtig war, hatte der Italiener schon nach acht

Jahren seine Dienstzeit beendet u. d. gl. m. Wo sind also jene grausamen
Maßregeln, welcher man die österreichische Regierung so hart anklagte?
Allerdings kann nicht geläugnet werden, daß wohl hie und da manche
Uebelstände anzutreffen waren, aber diese konnte man nicht bloß in
den italienischen, sondern in allen Provinzen finden, das Mittel zu ihrer
Beseitigung war sicher nicht die Revolution. Diese hatte im Kanton
Tessin ihr Hauptquartier, ihre Magazine, ihre Zeughäuser errichtet, von
dort aus wanderten Waffen und Verhaltungsbefehle an die Leiter der
Bewegung nach Mailand und die anderen Städte.

Wie schon erwähnt, konnte Radetzky's wachsamem Auge das Getriebe
der Umsturzpartei nicht entgehen; unverwandten Blickes verfolgte er ihre
Fortschritte. Es fehlte ihr nur ein sicherer Stützpunkt, den sie wohl in
Piemont am besten finden konnte.

Nicht ohne Grund berichtete daher der Feldmarschall seine Besorgnisse über eine möglicher Weise eintretende Veränderung in den freundschaftlichen Beziehungen des Turiner Kabinetes. Die immer mehr hervor-
tretende Stimmung in Mailand, namentlich des dortigen Adels zu Gunsten Piemonts, das allmälige Verschwinden der piemontesischen Offiziere
aus dem Hauptquartier des Feldmarschalls, so wie noch mehrere Umstände
bewiesen zur Genüge, daß er nicht zu den Schwarzsehern gehöre, wofür
ihn eine gewisse Partei in Wien zu halten sich erdreistete. Ihrem Einflusse ist es zuzuschreiben, daß seine Besorgnisse bei den höchsten Verwal-
tungsbehörden für übertrieben gehalten, seine Vorschläge und Bitten um
Vermehrung der ihm unterstehenden Streitkräfte, fortifikatorische Verstärkung und Verproviantirung der Festungen, so wie sonstige durch die Umstände dringend gebotene Maßregeln, aus unzeitigen Ersparungs-Rück-
sichten leider keine Beachtung fanden. Nur der ihm eigenen bewunderungs-
würdigen Ausdauer konnte es gelingen, wenigstens Verona einige Vertheidigungsfähigkeit zu geben.

Die im Jahre 1846 auf den reformlustigen Kardinal Mastai Ferretti
gefallene Wahl zum Papste als Pius IX, brachte der Umsturzpartei großen
Sieg. Ihn betrachtete sie als Befreier und Oberhaupt Italiens. Unbeschreiblichen Jubel rief diese Wahl auf der ganzen Halbinsel hervor, man
schmückte sich mit seinem Bilde, ergoß sich in Dichtungen auf ihn, überall
war der Ruf „Viva Pio nono!" zu hören. Diese an und für sich den Re-

gierungen nicht gefährlichen Demonstrationen hatten aber zur Folge, daß sich der Freiheitsschwindel aus dem Vatikan über den ganzen Klerus ergoß, der — vergessend seine erhabene Mission, nun von der Kanzel herab Freiheit predigte, und so der Revolution gleichsam die Weihe gab.

Ein am 17. Juli des nämlichen Jahres erlassenes Amnestiedekret rief mehr als 4000 politische Flüchtlinge aus allen Weltgegenden zurück und überschwemmte nicht nur den Kirchenstaat, sondern ganz Mittelitalien mit diesen gefährlichen Elementen. Ein am 5. Dezember 1847 erlassenes Dekret verfügte die Errichtung einer Guardia civica und verwandelte zuletzt den römischen Staat in einen weiten Exerzierplatz.

Die unklugen Verfügungen des päpstlichen Stuhles wirkten nur zu bald auch auf das übrige Italien, dessen Regenten nicht mehr vermochten, dem Umsichgreifen der Reformbestrebungen einen Damm zu setzen. Zu spät suchte jetzt der Papst diesem verderblichen Treiben Einhalt zu thun — von treulosen Räthen umgeben, war seiner Hand das Szepter bereits entwunden, er selbst das Werkzeug der Rebellion geworden. Eben so hatte diese in Toscana und Neapel den vollkommensten Sieg errungen, denn auch diese Fürsten waren ihr verfallen, ehe sie es noch ahnten. Nur Carl Albert war in das Geheimniß vollkommen eingeweiht und nur in so fern im Irrthum, als er der Erbe der Revolution zu werden glaubte, während die Vereinigung Italiens unter seiner Herrschaft, bloß die Uebergangsperiode zur Republik bilden sollte.

Unterdessen eilten auch im lombardisch-venetianischen Königreiche die Ereignisse rasch ihrer Entwicklung entgegen. Die Kluft zwischen beiden Nationalitäten erweiterte sich mit jedem Tage, man betrachtete den Deutschen nur mehr als Fremdling, die Cercles der vornehmen Mailänder verschlossen sich dem Offizier, der Adel erschien nicht mehr am Hofe des Vicekönigs. Endlich wußte sogar der im Café Cova tagende Jokeyklub durch Drohbriefe Jedermann den Umgang mit den Deutschen zu verbieten. Immer frecher erhob die Revolution ihr Haupt, ja man möchte sagen, deren Leiter bemühten sich, ihre Absichten sogar öffentlich zur Schau zu tragen. Neben den Lebehochs auf Pio nono, war der Ausruf „Morte ai Tedeschi!" auf den Häusern zu lesen, und selbst des Kaisers geheiligte Majestät konnte man von den Exaltirtesten in Staub gezogen sehen.

Nach dem Allen war wohl die höchste Zeit zu energischem Handeln;

aber statt ihre Aufmerksamkeit zu verdoppeln und diesen Umtrieben mit Kraft entgegen zu treten, schlossen die politischen Behörden die Augen, denn nicht nur, daß ihr Diensteifer schon längst erkaltet, hatte sich jetzt auch Verrath des größten Theiles bemächtiget. Die Polizei verdoppelte zwar ihre Wachsamkeit, das war aber auch Alles. So konnte die Revolution, die im Schooße der Municipal-Congregation mit dem Podestà Casati an der Spitze, ihren Sitz hatte und durch den Jokeyklub, dem der gesammte Mailänder-Adel angehörte, ihre Verbindungen im ganzen Lande unterhielt — der Hilfe Sardiniens im Voraus versichert — ungehindert Fortschritte machen.

Dem Gedanken an die Vereinigung Oberitaliens unter seiner Krone opferte Carl Albert seine Grundsätze, die heiligsten Verträge, seine Fürstenehre, indem er sich zum Verfechter der Revolution hergab und alle völkerrechtlichen Satzungen mit Füßen tretend, am 29. März 1848, anfänglich mit einer Armee von einigen vierzigtausend Mann, die aber mit jedem Tage an Stärke wuchs, die Landesgrenze seines alten Freundes und Bundesgenossen treulos überschritt. Ihn hat jener unparteiische Richter, welcher die Tugenden und Laster, die Sonnen und Sonnenflecken der Menschen und Völker abwägt — die Geschichte bereits gerichtet.

In einem Alter von zwei und achtzig Jahren wird Radetzky von der Revolution gleichsam überfallen; ungebeugt im Innern, nur der Tapferkeit und Ausdauer seiner Soldaten vertrauend, zieht der greise Held mitten durch's insurgirte Land der Basis seiner künftigen Operationen zu — ihm nach ein kleiner Heerhaufe, Mangel selbst am Nothwendigsten leidend, aber voll Vertrauen zu seinem Führer. Dort sammelt und ordnet der Feldherr seine Kräfte, um auf des Sturmes Flügel, von Sieg zu Sieg eilend, seinem Herrn und Kaiser ein empörtes Land, eine verlorene Krone zu erobern, ja den in seinen Grundfesten erschütterten Kaiserthron wieder zu befestigen. Mit gold'nen Lettern hat Radetzky seinen gefeierten Namen in's Buch der Unsterblichkeit gezeichnet.

# Empörungsversuche.

## Mailand, Venedig, Pavia, Padua, Bergamo, Brescia.

Um sowohl die Zahl und Stärke ihrer Anhänger als auch die Gesinnung des Volkes kennen zu lernen und, um zu sehen, bis zu welcher Höhe die Agitation bereits gestiegen sei, unternahmen ihre Leiter einen gegen den Staat oder vielmehr seine Einnahmsquellen gerichteten Angriff, indem sie das Rauchen inländischer Zigarren und Spielen in der Lotterie vom Neujahrstage an verboten. Obgleich schon vierzehn Tage vorher ein Gedicht im Mailänder-Dialekte zirkulirte, welches das Publikum auf jene in den Köpfen einiger junger Signoris ausgebrütete Einführung vorbereitete, wurde diese von Seite der Regierung als eine jener täglich auftauchenden müßigen Erfindungen betrachtet, somit keiner weiteren Beachtung gewürdigt. Aber schon gegen Ende Dezember begegnete man in den Straßen Mailands nur höchst selten einem Raucher aus dem Zivilstande, bis diese am Neujahrstage endlich ganz verschwanden; ebenso standen die Lotterie-Bureaux wie verödet da. Das Militär, das trotz der mannigfaltigsten Versuche es zum Treubruche zu verleiten, inmitten dieser Umtriebe vom besten Geiste beseelt, wie natürlich um diese patriotischen Verbote sich wenig kümmerte, bildete nun fortan den Gegenstand der unverschämtesten Angriffe.

Und so geschah es, daß am 2. Jänner einzelne rauchende Soldaten von einem Haufen jenes Straßengesindels, das für einige Centesimi zu jeder Unordnung stets bereit ist, angefallen und unter fortwährendem Geheul und ohrbetäubendem Pfeiffen verfolgt wurden. Die Gendarmerie und Polizei verhaftete die Verwegensten und zerstreute die Uebrigen.

Nichts desto weniger wurden am folgenden Tage diese Insulte erneuert. Diesmal jedoch gingen die Soldaten mit der Zigarre im Munde

nicht mehr vereinzelt aus der Kaserne. Am meisten suchten die Grenadiere des italienischen Bataillons d'Anthon des Rauchverbotes zu spotten;
mit einer Zigarre in jedem Mundwinkel bliesen sie dichte Dampfwolken in
die Luft. Unter Schmähungen, Pfeiffen und wildem Geschrei mit Steinwürfen angefallen, wurden sie gezwungen von den Waffen·Gebrauch zu
machen, was namentlich am Corso, der mit Menschen überfüllt war, mehrere Todte und Verwundete zur Folge hatte; sie wurden als Märtyrer
überall betrauert und gepriesen. Zahlreiche Patrouillen durchstreiften die
Stadt; um zehn Uhr Abends war die Ruhe wieder hergestellt.

Diese absichtlich herbeigeführten Conflikte suchten Casati und Consor-
ten als Vorwand zu einer Klage gegen das Militär zu benützen. Noch am
Abende desselben Tages begaben sie sich zum Landesgouverneur Grafen
Spauer, ebenso zum Feldmarschall Grafen Radetzky, der sie aber mit
kurzen Worten abzufertigen verstand.

Von allen Seiten bemühte man sich Ruhe zu erzielen und die Gemüther zu beschwichtigen, der Kaiser erließ unterm 17. Jänner in den liebevollsten Ausdrücken ein Wort der Versöhnung und des Vertrauens an
seine „lieben italienischen Völker," die Centralcongregation der lombardischen Provinzen übergab in derselben Zeit dem Erzherzog-Vicekönig eine
umfassende Zusammenstellung aller Beschwerden, Wünsche, und Anträge
des Königreichs und fand die freundlichste Aufnahme; Feldmarschall Graf
Radetzky that ebenfalls das Seinige um von einer andern Seite auf
die Leidenschaften einzuwirken, indem er am 18. nachstehenden General-
befehl erließ.

„Seine Majestät der Kaiser, fest entschlossen, das lombardisch-
venetianische Königreich mit aller Kraftanstrengung eben so wie jeden
andern Theil Ihrer Staaten zu beschützen und gegen jeden feindlichen Angriff, komme er von Außen oder von Innen recht- und pflichtgemäß zu
vertheidigen, haben mich durch den Herrn Hofkriegsrath·Präsidenten
beauftragt, allen in Italien stehenden Truppen diesen Entschluß mit dem
Beifügen bekannt zu geben, daß dieser Ihr unerschütterliche Wille in der
Tapferkeit und treuen Anhänglichkeit der Armee die wirksamste Stütze
finden werde. Soldaten! Ihr habt sie vernommen, die Worte Eures Kaisers; ich bin stolz darauf sie Euch zu verkünden. An Eurer Treue und
Tapferkeit wird das Getriebe des Fanatismus und treuloser Neuerungs-

sucht zersplittern, wie am Fels das zerbrechliche Glas. Noch ruht der Degen fest in meiner Hand, den ich durch 65 Jahre mit Ehre auf so manchem Schlachtfelde geführt; ich werde ihn gebrauchen, um die Ruhe eines jüngst noch glücklichen Landes zu schützen, das nun eine wahnsinnige Partei in unabsehbares Elend zu stürzen droht. Soldaten! unser Kaiser zählt auf uns; Euer greiser Führer vertraut Euch! das ist genug. Möge man uns nicht zwingen, die Fahne des Doppelaars zu entfalten. Die Kraft seiner Schwingen ist noch nicht gelähmt. Unser Wahlspruch sei: Schutz und Ruhe dem friedlichen, getreuen Bürger, Verderben dem Feinde, der mit frevelnder Hand den Frieden und das Glück der Völker anzutasten wagt!" —

Dies sollte die Aufrührer belehren, was sie von ihm, was sie von seinen Truppen zu erwarten hätten. Mit unbeschreiblichem Jubel erfüll- ten des greisen Führers Worte seine brave Soldaten, deren Herzen er ja schon längst gewonnen hatte.

Unterdessen fanden die Umtriebe der Umsturzpartei immer mehr Ter- rain; ihre Machinationen traten auch in andern Städten des Königreichs immer mehr ans Licht. So in Venedig, wo ganz dasselbe Treiben, derselbe Haß gegen Deutsche, namentlich gegen Offiziere herrschte, bis die Nach- richt von der vom Könige von Neapel seinem Lande verliehenen Constitu- tion, am 6. Februar Anlaß zu einer ernsteren Demonstration gab. Man erschien an diesem Tage in großer Toilette im Fenice-Theater, die erste Tänzerin Cerrito tanzte, in die drei italienischen Farben gekleidet, die Si- cilienne; nach deren Beendigung verlangte das Publikum die Wiederho- lung des Tanzes und als dies durch die Polizei verhindert ward, rief eine Stimme im Parterre „Fuori tutti!" In wenig Augenblicken stand das große Theater beinahe leer.

In Pavia begegnete am 8. Februar ein Offizier dem Leichenbegäng- nisse eines Studenten; bei Annäherung der Leiche mit der Geistlichkeit blieb derselbe stehen, grüßte und wollte dann, eine Zigarre wieder rau- chend, seinen Weg fortsetzen. Aber mit dem Rufe „Abasso il cigaro, porco tedesco!" von den Studenten umringt, mußte er sich den Aus- weg mit blanker Waffe erzwingen. Mittlerweile rief der Lärm mehrere seiner Kameraden aus dem nahen Offiziers-Kaffeehause herbei. Es ent- spann sich ein Kampf, der nicht ohne Verwundungen einiger jener frechen

Herausforderer ablief und durch das Erscheinen eines eben zurückkehrenden Militär-Conduktes, vor welchem die Studenten die Flucht ergriffen, rasch beendigt ward.

In der Nacht wurde auf der Gasse Hauptmann Ferenzy von Graf Ghulai-Infanterie, durch einen Pistolenschuß am Gesichte schwer verwundet.

Auch in Padua kam es an diesem Tage zwischen Soldaten und Studenten zu Schlägereien und Mordversuchen von Seite der letzteren. Am andern Tage verlangten sie in ihrer beispiellosen Unverschämtheit unter Anderem, daß den Soldaten der Besuch des Kaffeehauses verboten und schon um fünf Uhr Abends Retraite geschlagen werde; sie hofften diesen Forderungen durch die Drohung, daß man im Weigerungsfalle am Abende „losschlagen" werde, Nachdruck zu verschaffen. Und wirklich erfolgte Schlag fünf Uhr der Angriff mit Waffen aller Art auf Wachposten, Mannschaft und Offiziere. Die Meuterer läuteten Sturm, worauf die Studenten sich zusammenrotteten. Oberlieutenant Czarnecki und Lieutenant Steffenelli von Kaiser-Jäger, welche in die Kaserne eilen wollten, wurden umringt und nur einigen von ihnen ausgetheilten kräftigen Säbelhieben verdankten sie ihre Rettung, bis ihnen eine auf der Piazza dell' Erbe mit Menage-Einkäufen beschäftigte Infanterie-Abtheilung zu Hilfe kam. Nun traten die Bereitschaften der Garnison unter's Gewehr, die Wachposten wurden verstärkt und Patrouillen nach allen Richtungen ausgeschickt. Eine solche befreite die Schildwache beim Postgebäude aus ihrer höchst gefährlichen Lage. Ein Haufe Studenten wollte sie nämlich zwingen, eine Zigarre zu rauchen; als sie sich weigerte diesem Ansinnen Folge zu leisten, bewarf man sie mit Steinen und suchte sie endlich zu entwaffnen; aber der brave Soldat schlug alle Angriffe mit dem Bajonette zurück und behauptete seinen Posten. Am meisten kamen die Patrouillen beim Kaffé Pedrocchi mit den mit Dolchen und Messern bewaffneten Studenten in's Handgemenge, bald suchten sie im Kaffeehause Schutz und empfingen die anrückende Truppe mit Schüssen und allen Arten von Geräthschaften, die sie aus den Fenstern schleuderten. Ungeachtet dieses Widerstandes war das Kaffeehaus in den nächsten Augenblicken von zwei Seiten mit Sturm genommen und nur den herbeigeeilten Offizieren hatten die hinter Tische und Bänke geflüchteten Vertheidiger die Erhaltung ihres Lebens zu danken.

Die Zahl der Verwundeten dürfte sich wohl auf 40 bis 50, jene der Getödteten auf 5 bis 6 belaufen haben; viele wurden verhaftet und auf die Hauptwache abgeführt. In einer Stunde war die Ordnung in der Stadt wieder hergestellt.

In Bergamo begannen die aus Pavia und Padua vertriebenen Studenten an öffentlichen Orten und vorzüglich im Theater allerlei Unfug zu treiben. Sie warfen aus den oberen Gallerien dreifarbige Papiere und den bekannten Revolutions-Katechismus, welcher zum Morde der Deutschen aufforderte, und störten durch rohen Lärm, durch Pfeiffen und Beklatschen jeder geringsten Anspielung des Stückes auf Revolutionskämpfe, die Ruhe des Publikums, welches aber laut seine Mißbilligung über solches Benehmen aussprach.

Am 17. Februar entspann sich auf Veranlassung des Bergamasken Tizzoni zwischen Studenten und Kadeten des Regiments Baron Geppert ein nächtlicher Raufhandel, wobei mehrere Pistolenschüsse fielen, der aber durch die Kadeten selbst und durch das Erscheinen einer Infanterie-Abtheilung bald beendigt ward.

In Brescia äußerte sich schon lange der störrische Charakter der Einwohnerschaft durch deren Erscheinen mit verbotenen Waffen auf den Straßen und selbst im Theater, daher auch einzelne Collisionen mit Offizieren hier häufiger und früher als an andern Orten vorkamen. Durch die Rückkehr der Studenten aus den Universitätsstädten wurde die Stimmung gegen das Militär und die Aufregung bei der Bevölkerung gesteigert. Eine revolutionäre Junta hielt nächtliche Sitzungen in Kellern entlegener Stadttheile und ließ das Volk durch Emissaire bearbeiten, welche die Gebirgsthäler bewaffneten und zur Betheiligung am Freiheitskampfe aufstachelten, während sie dem flachen Lande den Zuzug mächtiger Schweizer-Freischaaren verhießen.

Selbst in Mailand wiederholten sich die Attentate gegen das Militär. Als eines Nachts Oberlieutnant Graf Thun von Kaiser-Infanterie, nach Hause gehen wollte, wurde er verrätherischer Weise in der Straße del Marino von vier jungen Männern mit Stockschlägen überfallen und verwundet. Thun vertheidigte sich mit dem Degen, jagte die Angreifer in die Flucht und verwundete einen derselben, der hierauf ergriffen und in Haft gebracht wurde.

Zwei Abende später gingen die beiden Brüder Zergollern. Offiziere desselben Regiments, die Straße il Corduso in der Richtung nach dem Dom, als ein in der Banditentracht Calabriens gekleideter Mann eine Pistole gegen sie abfeuerte. Glücklicher Weise verfehlte die Kugel ihr Ziel; der Meuchelmörder wurde von den Offizieren verfolgt und durch den Degen eines derselben in der Hand leicht verwundet. Er ward ergriffen und gleichfalls verhaftet.

Nach allen diesen Vorfällen wurden wohl einige Polizei-Verordnungen erlassen, aber es fehlte ihnen an der nothwendigen Strenge. In Folge einer allerhöchsten Entschließung wurde für gewisse politische Verbrecher das standrechtliche Verfahren angekündigt — kam aber nie in Ausführung; es fanden täglich unter dem Vorsitze des Erzherzog-Vicekönigs Conferenzen statt, denen auch der Feldmarschall beiwohnte, man debattirte über die zu ergreifenden Maßregeln, aber — es fehlte diesen trotz aller Vorstellungen von Seite des letzteren an Ernst, zudem wanderten die meisten dieser Aktenstücke gleich ins Archiv.

Als der Sturz der Julidynastie im Februar in Italien bekannt wurde, überstürzten sich die Ereignisse — die Revolution warf nun vollends die Maske ab.

## Ausbruch der Revolution.

### Mailand.

Der 18. März, obgleich schon längst zum Ausbruche der Revolte bestimmt, fand Mailand in tiefster Ruhe; diese aber glich jener unheimlichen Schwüle, die der sichere Vorbote des bald entfesselten Elementes ist. Am frühen Morgen verkündete die am vorigen Abende aus Wien eingetroffene telegrafische Depesche die neuen Errungenschaften an allen Straßenecken, welche bald zum Versammlungsorte neugieriger Volkshaufen wurden. Die Regierung schmeichelte sich mit der Hoffnung, daß diese Nachricht die erhitzten Gemüther beruhigen und so den nahen Sturm wenigstens noch einige Zeit fern halten werde. Dasselbe schienen wohl die Leiter der Bewegung befürchtet zu haben, denn nicht eine freiere Verfaſſung, ſondern die gänzliche Losreißung der lombardiſch-venetianiſchen Provinzen vom Kaiſerſtaate, war ja ihr Ziel, ſie durften alſo — ſollte dieſer ihr Plan gelingen, das Volk nicht mehr zur Beſinnung kommen laſſen, vielmehr mußte dasſelbe in ſteter Aufregung erhalten und der Ausbruch des Aufſtandes raſch in Ausführung gebracht werden.

Um zehn Uhr erhielt der Feldmarſchall vom Gubernial-Vice-präſidenten Grafen O'Donell (der Landesgouverneur Graf Spaner, ſo wie der Erzherzog hatten Mailand ſchon früher verlaſſen) eine dringende Note des Inhalts: für den Fall als Demonſtrationen ſtattfinden ſollten, in ſo lange er ſelbſt nicht beſonders dazu auffordern würde, jedes Ein-ſchreitens mit Waffengewalt, ſich zu enthalten. Bald darauf ſah man Zuſammenrottungen dichter Volksmaſſen, es entſtand ein ungewöhnlicher Lärm, Hausthore und Kaufläden ſchloſſen ſich. Nun fuhr unter Vortra-gung einer dreifarbigen Fahne der Podeſtà Caſati, gefolgt von dem ganzen Municipalrathe und einem von ihm bewaffneten Volkshaufen, der ſchnell zu einer bedeutenden Menge anwuchs, nach dem Regierungsgebäude, um die allſogleiche Bildung der vom Kaiſer bewilligten Nationalgarde zu verlangen. Auf dem Broletto (Municipalitäts-Gebäude) wehte bereits die Tricolore.

Als der Feldmarſchall, deſſen Kraft durch obige Note gerade im entſcheidendſten Momente gelähmt war, von dieſen Vorfällen Nachricht erhielt, verfügte er ſich in Begleitung mehrerer Offiziere, aus ſeinem Bureau auf die Eſplanade des Caſtells, um dort — wie ſein erſter General-Adju-tant ſagt — die weiteren Ereigniſſe mit der Hand am Degen, zu erwarten.

Immer ernſter wurden die einlaufenden Meldungen der ausge-ſchickten Patrouillen und einiger en civil zur Beobachtung der weiteren Vorgänge in die Stadt geſendeter Offiziere des im Kaſtell bequartirten 3. Bataillons E. H. Albrecht-Infanterie; letztere brachten die Nachricht, daß das Gonvernements-Gebäude vom Volke erſtürmt und die dortige Wachmannſchaft (1 Korporal, 1 Gefreiter und 9 Mann des Regiments Baron Paumgartten) aller Wahrſcheinlichkeit nach, gefangen oder nieder-gemacht ſei. Später erfuhr man durch einen der beiden am Leben geblie-benen Soldaten, daß die Inſurgenten auf die Verſicherung des Portiers hin „es wären dies Leute, die im Hauſe zu thun hätten", vom Wach-kommandanten eingelaſſen, die ganze Wachmannſchaft bis auf 2 Mann

ermordeten. Hierauf ergoß sich der Pöbel ins Innere des Palastes, plünderte und warf die Acten in den Hof, während Casati den Grafen
O'Donell zum Gefangenen erklärte. Volksmassen, hieß es ferner, durchziehen mit dreifarbigen Fahnen und Kokarden theils mit, theils ohne
Waffen, lärmend die Stadt; man begann das Straßenpflaster aufzureißen
und Barrikaden zu bauen, wozu die geeigneten Stellen zweifelsohne durch
eine besondere Kommission schon längst ausgemittelt waren. Von den
Thürmen rief die Sturmglocke die fanatisirten Einwohner zum Widerstande — die Revolution stand da in ihrer nackten, Abscheu erregenden
Gestalt.

Es war bereits ein Uhr geworden, als der Feldmarschall, der diesem verbrecherischen Treiben nicht noch länger zusehen wollte, Befehl zur
Allarmirung der Garnison ertheilte.

Kaum waren die Signalschüsse von den Kastellthürmen verhallt, als
die Garnison auf die ihr zugewiesenen Allarmplätze abrückte. Nur mehr
kämpfend und nach Ueberwindung unzähliger Hindernisse konnten diese
erreicht werden, denn mit Blitzesschnelle hatten sich in den engen Gässen
hunderte von Barrikaden erhoben und auf den Dächern, hinter Jalousien,
Kellerfenstern und anderen Verstecken lauerte der hinterlistige Wälsche,
Tod und Verderben seinen Feinden bereitend.

So versperrten auch zwei in der Straße Borgo di Monforte errichtete Barrikaden den Weg zum Gouvernements-Gebäude. Auf Befehl
des General-Majors von Wohlgemuth, dem nach der Allarmbispo-
sition die Ueberwachung der Strecke von Porta Tenaglia bis Porta Tosa
zufiel, rückte Hauptmann Schroth von Kaiser-Infanterie, mit seiner
Kompagnie unter dem heftigsten Feuer der Insurgenten, die aus Schwei-
zerstutzen, selbst auf 600 Schritte weit, mit sicherem Erfolge schossen,
gegen diese Barrikaden, nahm und zerstörte sie mit Hilfe der ihm vom
Gros seines Regimentes im Giardino pubblico, zugetheilten Zimmerleute.
Nach Besetzung des Gouvernements-Gebäudes und der beiden Eckhäuser
in genannter Straße, waren die Empörer auf diesem Punkte im Zaume
gehalten; bei Porta Orientale imponirte eine am Corso aufgefahrene
halbe Sechspfünder-Fußbatterie unter dem Feuerwerker Schramm.

Aber im Giardino pubblico, zunächst der Villa reale begann bald
ein lebhaftes Geplänkel, noch heftiger wurde das Feuer am linken

Flügel dieses Rayons bei Porta Tosa. General-Major Wohlgemuth schickte durch den Korporalen Noe der Oberst 1. Eskadron von König von Baiern-Dragoner, mehrere besondere Verhaltungsbefehle an den Kommandanten der dort aufgestellten Abtheilung; nur der ausgezeichneten Bravour dieses unerschrockenen Unteroffiziers gelang es zweimal die gefahrvolle Strecke zu passiren. Als später der General einen anderen Unteroffizier hiezu bestimmen wollte, bat Noe, ihm auch diese dritte Sendung anzuvertrauen, die er ebenfalls während des heftigsten Feuers der Insurgenten glücklich ausführte.

Ebenso erbot sich Korporal Baier von Kaiser-Infanterie, eine Patrouille in den Hof des Municipalitäts-Gebäudes zu führen und daselbst zu rekognosziren. Ungeachtet eines mörderischen Feuers der zahlreichen in diesem und den nächsten Häusern postirten Rebellen, führte er diesen kühnen Entschluß zweimal aus, wobei er seine Leute mit vieler Klugheit und großer Entschlossenheit führte, und jedesmal einen bewaffneten Insurgenten als Gefangenen mitbrachte.

Gegen Abend war auch die Verbindung zwischen Porta Romana und dem Domplatze durch sieben Barrikaden unterbrochen. General-Major Graf Clam-Gallas, dem die Besetzung der zwischen Porta Ticinese und Tosa befindlichen Stadtthore übertragen war, ertheilte dem Hauptmann Holzer von Baron Paumgartten-Infanterie den Auftrag, diese Kommunikation wieder zu eröffnen. Schon im ersten Anlaufe wurde jede der Barrikaden mit dem Bajonnete genommen und dann der Erde gleich gemacht. Hauptmann Holzer so wie seine ganze Kompagnie gaben hier Proben seltener Bravour. Die Verbindung zwischen den einzelnen Thoren wurde durch steten Patrouillengang längs des Walles gesichert; so mußte auch die 8. Kompagnie des Infanterie-Regiments Baron Reisinger, welche Porta Ticinese besetzt hielt, Patrouillen gegen Porta Lodovica entsenden. Zu deren Führung hatte sich der Regiments-Kadet Wittulay, obgleich sie aus den nahe gelegenen Häusern fortwährend beschossen und mehrere Soldaten getödtet oder verwundet wurden, immer freiwillig angetragen und die gefahrvolle Strecke zurückgelegt. Vorzüglich waren es zwei Häuser, welche die Passage gefährdeten; diese ließ Kadet Wittulay, ohne hiezu einen Befehl erhalten zu haben, erstürmen, wobei er seiner Mannschaft durch ausgezeichnete Tapferkeit voranleuchtete. Dem Scharfschützen Millinkovič vom Otochaner Grenz-Regimente, einem alten Soldaten, der obgleich im Jahre 1836 bei Jzachich durch die Türken schwer blessirt, sich freiwillig zum Ausmarsche nach Italien gemeldet hatte, — wurde die Kammerbüchse in der Hand zertrümmert, er selbst verwundet. Schnell ließ er sich von einem Kameraden einen Nothverband anlegen, bat um ein anderes Gewehr und setzte den Kampf fort.

General-Major Baron Rath, mit der Vertheidigung der vicekönig-lichen Burg und des angrenzenden Rayons beauftragt, hatte auch die Verbindung mit der Haupt- und Kriminalgebäude-Wache zu unterhalten und diese Posten zu unterstützen. Gleich den übrigen, konnten seine Truppen nur mit der größten Anstrengung ihre Aufstellungen erreichen.

Schon während des Marsches, den sie in einfachen Reihen-Kolonnen zu beiden Seiten der Häuser ausführen mußten, wurde unweit der Kirche St. Maria Segretta Oberlieutenant Truzettel leicht verwundet und 2 Mann von Erzherzog Franz Carl-Grenadier erschossen. Auf dem Domplatze angelangt, fand General Baron Rath die Fenster der sowohl auf diesem und dem Burgplatze, als auch der in allen dahin ausmündenden Gassen befindlichen Häuser von Insurgentenschützen besetzt, welchen man ansehen konnte, daß sie zum größeren Theile aus gedungenen Fremden be-standen. Er beorderte den Hauptmann Benkiser von Kaiser-Jäger, mit seiner Kompagnie zur Besetzung des erzbischöflichen Palastes und der Dom-kirche; Benkiser schickte den Lieutenant von Steffenelli mit einer hal-ben Kompagnie auf die Gallerien des Domes, dem Oberlieutenant Czar-necki übertrug er die Vertheidigung des aus letzterem in den erzbischöflichen Palast führenden unterirdischen Ganges, während der Rest der Kompagnie zur Sperrung des Haupteinganges bestimmt blieb. Nachdem die Mann-schaft des Lieutenants Steffenelli von der rings umher alles domini-renden Plateforme der Kirche die nächsten Dächer und Fenster, so wie den Fontana-Platz von Insurgenten gesäubert hatte, betrieben diese den Bar-rikadenbau hinter der Burg um so eifriger, auch wurde ihr An-drang von dieser Seite her immer heftiger. Um dem Einhalt zu thun, schickte Hauptmann Benkiser den Oberjäger Hupfauf mit 9 tüchtigen Schützen in das die Contrada larga bestreichende Zimmer der Burg.

Hupfauf stellte seine Leute hinter den Fensterbrüstungen bestmöglichst gedeckt auf, während er selbst, von einigen Jägern, welche hinter ihm die

Gewehre luden, unterstützt, aus einem Fenster seine nie fehlende Kugel nach allen Richtungen schickte. Die braven Tiroler bewiesen hier wieder, daß ihr Blei nicht nur die flücht'ge Gemse auf den heimatlichen Bergen und das Schwarze der Scheibe beim friedlichen Bestschießen, sondern auch das Herz des Feindes zu treffen wisse.

Mittlerweile hatte Casati dem Feldmarschall einige von dem gefangenen Grafen O'Donell unterzeichnete Dekrete zugesendet, das eine befahl die Auflösung des Polizei-Bataillons und die Abgabe seiner Waffen an die Nationalgarde, das andere wies die Gendarmerie an den Podestà an, ein drittes hob die General-Polizei-Direktion auf und verordnete ihre Uebergabe an die Municipalität. Der Feldmarschall antwortete hierauf mit der Erklärung Mailands in Belagerungszustand; zugleich ließ er dem Podestà wissen, daß er in Mailand keinen andern Herrn, keine andere Autorität, als sich und die Seinigen anerkenne und Jeden als Hochverräther behandeln lassen werde, der es wagen sollte, sich zu widersetzen. Auch verlangte er die Freilassung des Grafen O'Donell.

Um beiläufig fünf Uhr Nachmittags ertheilte der Feldmarschall-Lieutenant von Schönhals dem Hauptmann Giani des General-Quartiermeisterstabes, den Auftrag, mit anderthalb Kompagnien Otochaner und 2 Raketengeschützen aus dem Kastell gegen den Corso von S. Marcellino vorzugehen und das Eckhaus der Contrada del Lauro wo möglich mit Sturm zu nehmen; es war einer jener Hauptpunkte, von welchen jeder vorübermarschirenden Abtheilung durch Schüsse und Steinwürfe mitunter bedeutender Schaden zugefügt wurde. Zweimal rückte Giani zum Sturme vor, aber von den in allen Stockwerken angebrachten Gerüsten dieses eben im Bau begriffenen Gebäudes, so wie von den Dächern der gegenüber liegenden Häuser, fiel unausgesetzt ein dichter Steinhagel auf die Köpfe der Kolonne und das aus massiven Eichenstämmen gezimmerte und fest verschlossene Thor spottete den schwachen, meist stumpfen Aexten der Zimmerleute. Endlich versuchte Hauptmann Giani unter Mitwirkung der beiden Raketengeschütze, welche er in der Verlängerung des Ponte-Vetro so weit rückwärts als nur möglich, etwa auf eine Entfernung von 400 Schritten placirte, einen letzten Anlauf; aber die Granatenwürfe (die ersten, welche gegen die Stadt abgefeuert wurden) gingen ob der kurzen Distanz weit über das Ziel hinaus, und so blieb auch dieser Angriff

I.                                                        2

erfolglos. Hiedurch zur Ueberzeugung gelangt, daß die erhaltene Aufgabe nur mit schwerem Geschütze zu lösen möglich, eilte Hauptmann Giani um zwölfpfündige Kanonen in's Kastell, wo er jedoch den Bescheid erhielt, mit seinem Detachement wieder einzurücken, indem man für heute noch nicht zu so extremen Mitteln zu schreiten beabsichtige.

Von allen Thürmen der Stadt, die nicht in der Macht der Truppen waren, heulte der Sturm, auf allen Punkten donnerten die Kanonen um die Barrikaden zu zerschmettern, überall krachte das kleine Gewehrfeuer; volle sechs Stunden hatte der Kampf in den Straßen, eigentlich das Feuern und Schleudern aller Arten von Projektilen auf die Truppen gedauert, als sich der Feldmarschall entschloß, das Broletto um jeden Preis nehmen zu lassen. Dieses Gebäude störte nicht blos die Verbindung zwischen der Burg und dem Kastell, sondern es schien auch die Leitung des ganzen Widerstandes von hier auszugehen.

Um sieben Uhr Abends rückte Oberst Döll von Paumgartten-Infanterie, mit 8 Kompagnien seines Regiments und 2 sechspfündigen Geschützen, unter Führung des Hauptmanns Baron Buirette vom General-Quartiermeisterstabe, aus dem Kastell dahin ab. Nach Wegräumung der bei der Kirche S. Tomaseo errichteten Barrikaden fand die Kolonne in der Nähe des Broletto einen so heftigen Widerstand, daß sie auf den Platz Ponte-Vetro zurückweichen mußte. Die beiden vorgesendeten Geschütze konnten des Feuers der Insurgenten aus den Fenstern und Dachöffnungen und der engen Straßen wegen, den Palast nur schief bestreichen; ihre Schüsse blieben daher auf die Mauern dieses massiven, alterthümlichen und sehr weitläufigen Gebäudes fast ohne alle Wirkung. Dies bewog den Obersten Döll, die Bitte um Zusendung von 2 Zwölfpfündern in's Kastell zu schicken, indeß er von sämmtlichen Zimmerleuten des Regiments, unter der Leitung des die Avantgarde kommandirenden Lieutenants Fischer den Versuch machen ließ, das Thor einzuhauen. Bald war ein großer Theil der Zimmerleute todt oder verwundet, daher auch dieser Versuch aufgegeben werden mußte. Es mochte wohl halb eilf Uhr gewesen sein, als die erbetenen Zwölfpfünder unter Bedeckung einer halben Kompagnie des Otochaner-Grenz-Regiments ankamen. Lieutenant Fischer und Oberfeuerwerker Richter, mußten einen derselben sehr vortheilhaft zu placiren, indem sie den rückwärtigen Theil der Laffette, gegenüber des großen Eingangthores, in einen Putzladen einführten. Bald donnerte dieser der im Innern des Gebäudes zitternden Versammlung sein respektables „Aufgemacht" zu, und schon nach dem achten Schusse sank das Thor krachend in Trümmer. Nun stürmten Oberst Döll und Hauptmann Buirette an der Spitze der braven Truppe, unter dem stärksten feindlichen Feuer das Gebäude. Obwohl selbst noch im Hofe desselben die Exaltirtesten Widerstand entgegen zu setzen wagten, war doch um eilf ein halb Uhr Nachts der ganze Municipalitäts-Palast von den Truppen genommen. Man fand im Innern nebst mehreren revolutionären Fahnen und einer großen Anzahl von Gewehren und Munition, auch eine vollkommen eingerichtete Ambulance und eine geheime Buchdruckerpresse; endlich wurden gegen 250 Gefangene gemacht, doch Casati, Greppi, Boromeo u. A. hatten bereits über die Dächer das Weite gefunden. Auf diese Art füllte sich das Kastell immer mehr mit Gefangenen, welche die Truppen von allen Seiten einbrachten. Sie waren eine Verlegenheit; was sollte man mit denselben anfangen? es fehlte ohnehin an Lebensmitteln für die Truppen, sollte man auch noch eine Menge Gefangene füttern? Der Feldmarschall entließ sie bis auf einige siebenzig, die er als Geißeln zurückbehielt, um sie später gegen die Frauen, Kinder und Verwundeten auszuwechseln, welche durch den raschen Ausbruch der Revolution in die Hände der Meuterer gefallen waren. Er nahm diese Gefangenen bei seinem Abzuge mit, aber unser damaliges großmüthiges Ministerium geruhte sie in Freiheit zu setzen, ohne den Grafen Radetzky erst darüber zu befragen. Mit der Einnahme des Broletto trat für diese Nacht Ruhe ein.

Am 19. erneuerten sich die Angriffe auf Wachkommanden und das Feuern auf unsere Patrouillen, zahlreiche über Nacht errichtete Barrikaden unterbrachen wieder die Verbindung zwischen den einzelnen Posten; man mußte also zu neuen Straßengefechten schreiten.

Die Kommunikation zwischen dem Kastelle und der in der Contrada St. Margherita gelegenen k. k. Polizei-Direktion war durch acht Barrikaden unterbrochen. Hauptmann Baron Kaas des General-Quartiermeisterstabes, beauftragt, mit anderthalb Kompagnien Reisinger-Infanterie unter Oberlieutenant Rossig und 2 sechspfündigen Geschützen, diese Verbindung wieder herzustellen, ließ die bei der Kirche S. Giovanni in der

2*

Contrada Anbegari und auf dem Platze Quatro Facce errichteten Barrikaden wegräumen; drei am Platze des adeligen Casinos in großen Dimensionen erbaute, wollten jedoch ernsten Widerstand leisten; aber schon nach einigen wohlangebrachten Kugel- und Kartätschenschüssen zogen sich ihre Vertheidiger hinter die in der Contrada del Giardino erbauten Barrikaden zurück, welche dort die Kommunikation über den Corso di Porta nuova mit dem Münzamte (Zecca) störten. Hauptmann Kaas beschloß auch diese Verbindungslinie zu eröffnen. Wie in den meisten Gässen waren auch hier die ersten Barrikaden kleiner und wurden immer stärker und höher, je mehr sie sich den Hauptpunkten näherten; nachdem die erste, so auch die nächstfolgende, besser vertheidigte Verrammlung bei Seite geschafft waren, machte ein Hagel von Steinen aus dem zweiten Stockwerke von Casa Poldi, dann eine aus allerlei Material erbaute Barrikade ein weiteres Vordringen auf dieser Seite unmöglich und zwang den genannten Generalstabs-Offizier, als selbst ein lebhaftes Kartätschenfeuer gegen die Fenster dieses Hauses erfolglos blieb, in's Kastell wieder zurückzukehren.

Dort erbot sich Hauptmann Baron Kaas, mit frischen Truppen die angegebenen Hindernisse von rückwärts zu bewältigen, wozu er die 4. und halbe 3. Kompagnie von Baron Geppert-Infanterie unter Kommando des Hauptmanns Henriquez nebst 2 Geschützen der sechspfündigen Fußbatterie Nr. 8 unter Lieutenant Pranzl erhielt. Eine nächst der St. Bartolomeo-Kirche errichtete starke Barrikade, hinter welcher die Insurgenten hartnäckigen Widerstand leisteten, hielt jedoch die Kolonne in ihrem weiteren Vorrücken auf. Mit gewohnter Ausdauer ließ Baron Kaas das Thor eines der anstoßenden Häuser, aus welchem gleichfalls auf die Truppe geschossen wurde, durch die Zimmerleute Canobbio und Seghezzi einschlagen, worauf er an der Spitze seiner Mannschaft in das Innere des Gebäudes drang. Hier mußte Stock- für Stockwerk erstürmt werden, da man von selbst Oefen und alle Arten von Hausgeräthen, darunter sogar die werthvollsten alabasternen Vasen und Statuen, auf die Soldaten schleuderte. Außer zwei mit der Waffe in der Hand gefangen genommenen Insurgenten, welche nebst dem Eigenthümer des Hauses (einem k. k. Beamten) auf's Wachzimmer der Zecca geführt wurden, konnte Niemand aufgefunden werden. Auch eine hinter der dortigen Kanalbrücke errichtete Verrammlung mußte vorerst genommen werden, ehe man in Besitz der besagten großen Barrikade gelangen konnte. Das weitere Vordringen auf dem Corso di Porta nuova war das Zeichen zum allgemeinen Angriff von Seite der hier zahlreich verborgenen Insurgenten; jedes Haus bildete eine mit Schützen wohl besetzte Schanze und aus den Seitengassen fielen ganze Dechargen auf die vorbrechende Mannschaft. Schon waren mehrere Leute von Geppert-Infanterie und die beiden Kanoniere Stanzig und Gruber — letzterer, ohne es in der Hitze des Gefechtes zu wissen — verwundet, auch Gemeiner Merlo durch die Brust geschossen, er fiel unter dem Thore der Casa Melzi und der Gemeine Zacchi erhielt einen Schuß durch die rechte Schulter — sterbend ermuthigte er noch seine Kameraden durch den Zuruf: „avanti! corragio!“ zu heldenmüthiger Ausdauer, als auch der Kommandant Hauptmann Henriquez, wahrscheinlich aus einem Doppellaufe, eine Kugel in den linken Oberarm und gleichzeitig eine zweite in die Rippengegend erhielt, was ihm für den Moment die Stimme benahm. Schnell ließ er sich durch den Korporalen Gini im Feuer verbinden und suchte dann mit bewunderungswürdiger Unerschrockenheit an der Spitze seiner Kompagnie zu beiden Seiten des breiten Corso vorzudringen; aber ungeachtet der über alles Lob erhabenen Tapferkeit der Truppe, konnte diese lange Straße nicht forcirt werden. Hauptmann Kaas mußte sich zum Rückzuge hinter den Kanal entschließen, wobei der Gemeine Cavadini und ein Artillerist noch einmal vorliefen und die Gewehre der Verwundeten holten.

Auch die Kommunikation zwischen den Truppen des General-Majors von Wohlgemuth an der Umfassung und jenen des General-Majors Baron Rath im Innern der Stadt, war durch Barrikaden unterbrochen. Hauptmann Merizzi von Kaiser-Infanterie, beauftragt, mit der 2. Division dieses Regiments und 2 Geschützen die Verbindung über den Corso Orientale mit dem Domplatze wieder herzustellen, löste diese schwierige Aufgabe vollkommen, indem er trotz des heftigsten Feuers und der herabgeschleuderten Steine aus den Fenstern, an der Spitze seiner Abtheilung, die er durch Wort und Beispiel zu begeistern wußte, zwei vor der Kanalbrücke angebrachte Barrikaden mit vieler Bravour erstürmte und so den Corso wieder frei machte, worauf sich die Insurgenten ganz rückwärts gegen das Café della Colonna verbauten. Obgleich beim letzten Sturme verwundet, ließ sich dieser tapfere, vom regsten Ehrgefühle beseelte Offizier nicht abhalten, das Kommando seiner Division am andern Tage wieder zu übernehmen. Das erwähnte Vorbringen in das Innere der Stadt wurde mit bedeutenden Schwierigkeiten vom Gouvernements-Gebäude aus, durch die 12. Kompagnie Paumgartten unterstützt; sie rückte durch die Contrada Monforte bis über die Brücke S. Damiano vor, nahm dort eine starke Barrikade und reinigte die angrenzenden Häuser von den Insurgenten. Bei dieser Gelegenheit stürzte Feldwebel Güllich, durch einen aus dem obersten Stockwerke eines Hauses herabgeschleuderten Blumentopf getroffen, besinnungslos zu Boden, da springt der Tambour Arpata herbei, nimmt Güllich auf den Rücken und trägt ihn aus dem feindlichen Kugelregen zurück.

Die in der Strada Isara und besonders bei der Kirche S. Bartolomeo, dann im Boschetto sich sammelnden und bei der genannten Kirche im Barrikadenbau begriffenen Insurgenten wurden schon Vormittags durch Abtheilungen von der im Giardino pubblico aufgestellten Reserve im Verein mit den vom Obersten Baron Post aus der Zecca vorgeschickten Truppen zerstreut. Die Besatzungen des Münzgebäudes, der Verpflegs-bäckerei, wie auch jene Abtheilungen, welche Porta nuova und Comasina besetzt hatten, wurden zwar aus den nahe gelegenen Häusern fortwährend beunruhigt und mußten daher öfter unterstützt werden; die Haltung dieser Truppen vereitelte aber jeden Angriff.

Um die Posten im Gouvernements-Gebäude vor Umgehung zu schützen, wurde das Gäßchen ohne Namen, welches am rückwärtigen Theile des Palastes gegen den Wall führt, verrammelt und mit einem Zug besetzt, wodurch die Häuser zwischen dem erwähnten Palaste bis zum Café del rimaszimento rein erhalten blieben.

Dem Hauptmann Baron Buirette des General-Quartiermeister-stabes, gelang es, mit einer Kompagnie von Geppert-Infanterie und 2 Kanonen, die Verbindung des Kastells mit der Wohnung des Feldmar-schalls, nach Wegnahme mehrerer Barrikaden wieder herzustellen. Das beabsichtigte weitere Vorbringen gegen den Palazzo Boromeo, dem Sitze des revolutionären Comités seit Erstürmung des Broletto, mußte aber der nach diesem Objekte führenden engen Gässen wegen, aufgegeben werden.

Am Abende schien es, als wäre die Besatzung des Platzkommando-Gebäudes durch Barrikaden vom Kastell abgeschnitten. Oberlieutenant

Kuhn vom General-Quartiermeisterstabe, erhielt daher den Auftrag, mit 2 Kompagnien Geppert-Infanterie und 2 zwölfpfündigen Kanonen, dieselben noch an diesem Tage zu nehmen und zu zerstören. Oberlieutenant Kuhn rückte vom Kastell mit seinem Detachement bei der Detailkanzlei (Casa Cagnola) vorbei, direkte gegen das Stadtkommando-Gebäude, ließ herwärts des Kaffeehauses Brera die beiden Zwölfpfünder auffahren und das Feuer gegen die Barrikade, welche gegen Porta nuova, etwa hundert Schritte vom Platzkommando entfernt, errichtet war, so wie gegen die beiderseits anstoßenden Häuser, aus welchen auf die Truppen geschossen wurde, eröffnen. Nachdem hier das feindliche Feuer zum Schweigen gebracht war, überschritt Kuhn mit seiner Mannschaft rasch den zum Theater alla Scala und zur Brera führenden Kreuzweg, ließ daselbst zur Deckung seiner Flanke eine halbe Kompagnie zurück und führte den Rest bis zum Platzkommando vor. Dort brachte er in Erfahrung, daß von der daselbst sichtbaren Barrikade an, in Zwischenräumen von nicht hundert Schritten, mehr als fünf solche Verrammlungen errichtet, das Straßenpflaster aufgerissen, ja sogar vor der zweiten eine Mine angelegt sei, was der Zuruf „avanti! avanti!" aus den Fenstern der zunächst gelegenen Häuser, zu bestätigen schien. Da es jedoch im Sinne der Sendung lag, nur ein etwaiges Abschneiden des Platzkommando's vom Kastell, zu verhindern, die erste Barrikade zu nehmen und zu zerstören, so blieb Oberlieutenant Kuhn so lange bei dem erwähnten Gebäude stehen, bis die aus Meublen, Fässern, Wagen und andern Geräthschaften erbaute Barrikade in Asche verwandelt war, worauf er unter Mitnahme zweier in der Wohnung des Generals Wohlgemuth auf Ordonnanz kommandirter und nun aus ihrer höchst mißlichen Lage befreiter Gemeinen, seinen Rückmarsch in's Kastell antrat. Das Detachement erlitt bei dieser Expedition gar keinen Verlust.

An diesem Tage ward auch eine halbe Kompagnie von Baron Prohaska-Infanterie unter dem Kommando des Lieutenants Pelzl zur Verstärkung der von den Insurgenten stark bedrohten Polizei-Besatzung der Kaserne S. Bernardino entsendet. Kugeln und Steinwürfe begrüßen das Detachement auf seinem Wege. Lieutenant Pelzl wird zweimal verwundet; da springt Feldwebel Gaitschnigg desselben Regiments, der sich aus eigenem Antriebe dieser Abtheilung angeschlossen hatte, herbei, läßt den Offizier durch 4 Mann unter Aufsicht eines Korporals zurücktragen, übernimmt das Kommando über die Mannschaft und führt sie durch ein Labyrinth von Gefahren gegen die erwähnte Kaserne, wo sie sich mit einer Abtheilung der Besatzung unter Führung des Polizei-Feldwebels S t o i l e - v i ch vereinigt. Dieser wackere Feldwebel hatte sich nemlich freiwillig an- geboten, einen Zug dem anrückenden Detachement entgegen zu führen; durch seine aufopfernde Unerschrockenheit gelang ihm dies gefahrvolle Un- ternehmen. Vereint rückten nun beide Abtheilungen in die Kaserne.

Die Nacht vom 19. auf den 20. war noch finsterer als die vorher- gegangene, „selbst der Mond", hieß es in der pomphaften italienischen Sprache des Tages, „versagte in einer Totalfinsterniß den Barbaren das Licht." Das Geplänkel und Hämmern auf die Sturmglocken dauerte mit nur geringen Unterbrechungen fort, durch unzählige mitunter sehr hohe Barrikaden war jede Kommunikation im Innern der Stadt vollends un- terbrochen und der Aufstand hatte an Ausdehnung und Kraft bedeutend gewonnen. Wer von den Freiheitshelden nicht in unmittelbarer Nähe der Hauptstadt wohnte, wurde kostenfrei mittelst Eisenbahn hieher befördert und erhielt beim Aussteigen überdies noch Geld und Waffen — Spender der letzteren soll ein gewisser Conte Someja aus Cassano gewesen sein.

Oberst von M é s z á r o s von Sardinien-Husaren, hatte den Auf- trag, mit einem Detachement von 2 Kompagnien Otochaner-Grenzer, 2 Kompagnien Prohaska-Infanterie, einer Eskadron seines Regiments, einer Eskadron Baiern-Dragoner und einer halben Raketen-Batterie, den Kastellplatz gegen feindliche Angriffe, während der Nacht zu schützen. Früh Morgens beiläufig um ein Uhr fielen aus den um die Arena liegenden Häu- sern und dem Borgo degli Ortolani mehrere Schüsse auf die Piazza d' armi. Der dem Oberst M é s z á r o s beigegebene Oberlieutenant von K u h n des General - Quartiermeisterstabes, ließ diese Häuser sogleich durch 2 Raketengeschütze von der Arena aus, beschießen und stellte das 3. auf dem Arco della pace auf, mit welchem nun Borgo degli Ortolani ebenfalls beschossen und auch dort das Feuer der Insurgenten zum Schweigen ge- bracht wurde.

Während des Vormittags rückte dieser Generalstabs-Offizier mit einer Kompagnie Prohaska, einer Kompagnie Otochaner - Grenzer, 2 Raketengeschützen unter Oberlieutenant B i e d e r m a n n und 2 Zwölfpfündern unter dem Oberfeuerwerker Richter gegen Ponte-Vetro, um die dort errichteten Barrikaden zu zerstören und die Insurgenten für ihr nächtliches Feuer aus den Häusern gegen den Kastellplatz, zu züchtigen. Bald donnerten die Geschütze gegen die Barrikaden und jene Häuser, und jagten ihren Bewohnern nach Zerstörung der erstern, dermaß Schrecken ein, daß gegen zwölf Uhr der ganze Stadttheil bei der Carmine-Kirche die weiße Fahne flattern ließ, und eine Deputation von Geistlichen um Gnade bittend, erschien. Das Detachement zählte ungeachtet des von Ponte-Vetro aus gerichteten starken feindlichen Feuers nur einen Verwundeten von Prohaska-Infanterie.

Aus der Annäherung der Insurgenten durch das Innere der Häuser gegen den Borgo di Monforte, insbesondere aber gegen Porta Tosa, ließ sich ihre Absicht, die Verbindung zwischen Porta Orientale und Romana zu unterbrechen, leicht errathen. Die 1. Kompagnie von Kaiser- und die 12. von Paumgartten-Infanterie erstürmten auf Befehl des General-Majors von Wohlgemuth mehrere dieser Häuser und vertrieben die Rebellen daraus, aber auf die Wegnahme der gegen den Wall zu liegenden Gartenhäuser und des an die Kirche della Passione anstoßenden alten Klosters mußte man Verzicht leisten, da diese Gebäude mit hohen Mauern und dichten Hecken umgeben, festen Schanzen glichen, zu deren Bezwingung eine bedeutende Truppenmacht erforderlich gewesen wäre. Man begnügte sich deßhalb, den Feind auf diesen Punkten durch Geschützfeuer in Schach zu halten.

Desto eifriger suchten die Insurgenten bei den übrigen Thoren die Kommunikation zu stören; kaum war an einem Punkte eine Barrikade mit dem Bajonnete genommen oder durch Geschütze zertrümmert, so waren auch schon hunderte von Händen bemüht, an einem andern Orte eine neue, noch stärkere zu errichten. Es bedurfte, wie gesagt, aller Anstrengung, wenigstens die Thore und Wälle offen zu erhalten.

Bei einer der hiezu verwendeten Abtheilungen hat sich der Feldwebel Czerny unter Kommando des Lieutenants Baron Riese von Paumgartten-Infanterie ausgezeichnet. Mit wahrer Todesverachtung stellte er sich an die Spitze seines Zuges und nahm mit gefälltem Bajonnete unter dem Rufe: „Es lebe der Kaiser, Kameraden mir nach!" eine beim Ponte di Porta nuova erbaute, beinahe stockhohe Barrikade; er mußte aber der Ueber-

macht wieder weichen und sich zurückziehen. Nachdem nun General-Major
Wohlgemuth die Meldung von der Errichtung dieser Barrikade erhalten hatte, ließ er sie durch 2 Kanonen beschießen und hierauf neuerdings
stürmen. Wieder war Czerny der Erste, welcher die Barrikade erstieg
und der Mannschaft durch seine Bravour voranleuchtete. Auch bei Erstürmung der benachbarten Häuser zeichnete sich dieser herzhafte Feldwebel
rühmlichst aus. und war endlich bei Herabnahme der auf einem Kirchendache aufgesteckten Trikolore derjenige, welcher zu ihrer Eroberung das
Meiste beitrug.

Im Laufe des Nachmittags meldete der Postenkommandant von
Porta Comasina, Oberlieutenant Gapp von Kaiser-Infanterie, daß so
eben mehrere hundert Bewaffnete, größtentheils Schweizer, auf der Eisenbahn von Monza angekommen und bereits vom Bahnhofe gegen das genannte Stadtthor im Anzuge wären; — würde nicht bald Unterstützung
an Truppen mit Geschütz eintreffen, so sehe er sich nach Außen und Innen
im Gefecht begriffen und von beiden Seiten stark gedrängt, gezwungen, seinen Posten aufzugeben. In Folge dieser Anzeige wurde Hauptmann Giani vom General-Quartiermeisterstabe, mit einer Kompagnie
Otochaner, 2 Zügen Sardinien-Hußaren und 2 Sechspfündern zur
Unterstützung der Porta Comasina entsendet. Er eilte mit den beiden
Geschützen und den Hußaren im Trab und Galopp dem Thore zu, während die Infanterie im Doublirschritte nachfolgte, fand aber bei seinem
Eintreffen das Gefecht bereits beendet; die auf der Eisenbahn angekommenen Schweizer hatten nämlich ihre Richtung nach der Porta Ticinese
genommen. Einige, gegen die das Thor angreifenden Insurgenten wohlgezielte Schüsse, dann ein gleichzeitiger Angriff gegen die Vorstadt Comasina durch den aus der Kaserne Incoronata mit 3 Zügen seiner Kompagnie herbeigeeilten Hauptmann Kainz von Kaiser-Infanterie, hatten
die Abtheilungen des Oberlieutenants Gapp aus ihrer höchst bedrängten
Lage befreit. Der Unterstützung des Hauptmanns Kainz war es gelungen in einige von den Insurgenten besetzte Häuser einzudringen; Alles,
was darin athmete, wurde niedergemacht — eine grausame, eine anscheinend unmenschliche Art des Kriegführens — aber die einzig wirksame, um
Revolutionen im Keime zu ersticken. Der Posten am Stadtthore hatte
hierauf durch mehr als 24 Stunden vollkommene Ruhe; die Einwohner

brachten unaufgefordert den Soldaten Brot und Wein, ihre Kaufläden, früher feſt verſchloſſen, öffneten ſich wieder und — hat je ein Stadttheil Mailands die Rückkehr der Ruhe aufrichtig gewünſcht, ſo war es nach die= ſer Lektion der Borgo di Comaſina.

Gegen Mittag lief vom Kommandanten der Wache des Militärkom= mando = Gebäudes, Hauptmann Lehnert von Kaiſer = Infanterie, die Meldung ein, daß er ſich gegen den Andrang der vom Scala = Theater gegen die Brera=Straße wogenden Menſchenmenge eben ſo wenig halten könne, als er in dieſer Straße das Errichten von Barrikaden, mit ſeiner Mannſchaft zu hindern im Stande ſei, wodurch die Verbindung mit der Wache des Militärkommando = Gebäudes verloren gehe; er bitte daher dringend um Verſtärkung. Es wurde demnach unter Führung des Ober= lieutenants John vom General = Quartiermeiſterſtabe, die 22. Kom= pagnie Kaiſer = Jäger unter Kommando des Hauptmanns Kneſich, nebſt den beiden Raketengeſchützen unter Oberlieutenant Biedermann aus dem Kaſtell entſendet, um nach Säuberung der Brera = Straße, der hart bedrängten Wache im Militärkommando = Gebäude eine Verſtärkung von einem Zuge Baron Rukavina = Grenadier zuzuführen. Oberſt von Döll ſchloß ſich für ſeine Perſon dieſer Expedition an. An einer Straßenwendung in der Nähe des Brera = Palaſtes ließ Oberlieutenant John halten, während er ſelbſt vorging, und die hier mit Barrika= denbauen beſchäftigten Leute, deren wohl einige hundert an der Zahl waren, aufforderte, ſich zu entfernen, jedoch als Antwort eine Decharge erhielt. Nun ließ John die Geſchütze demaskiren, um dieſe Frech= heit mit einigen Kartätſchenladungen zu ſtrafen; aber ſchon nach dem erſten Schuſſe war die Straße von Menſchen leer — Alles hatte ſich rechts und links in die Häuſer geflüchtet und deren Thore geſperrt. Nach Wegräumung der Barrikade beim Militärkommando und der beiden vorwärts in der Brera = Straße gegen S. Giuſeppe angebrachten, drang John mit Zurücklaſſung der Raketen, welche von zwölf Schüſſen nur noch vier übrig hatten, mit den Jägern bis zur Olmetto = Straße vor, wo ebenfalls eine Verrammlung angebracht war. Auf dieſem Punkte empfing die Truppe ein wohlgenährtes Feuer, begleitet von einem Stein= hagel aus den beiden Eckhäuſern; doch auch dieſer Widerſtand erreichte ſein Ende, als Oberlieutenant John, nach Einſchlagen der Thüre eines

Zuckerbäckerladens, in Begleitung des Obersten Döll und dreier Jäger bis auf den Dachboden drang, wo jedoch Niemand aufgefunden werden konnte, weil die Vertheidiger über die Dächer der anstoßenden Häuser bereits entflohen waren.

Als gegen Abend Porta Tosa von der Stadt her bedroht schien, wurde Hauptmann Schroth von Kaiser-Infanterie, am Ausgange des Borgo di Monforte, von Porta Orientale aus mit einer halben Kompagnie und einem Geschütze nach dem gefährdeten Punkte entsendet, um dem dort vordringenden Feinde in die Flanke zu fallen; seinen umsichtigen Anordnungen ist es hauptsächlich zu danken, daß das feindliche Unternehmen vereitelt wurde.

An diesem Tage rückte Feldwebel Furdek vom Polizei-Wachkorps im Kastell ein; er hatte die Kaserne und das Amt mit 12 Mann auf's hartnäckigste vertheidigt, und später noch eine gefahrvolle Sendung auf die entfernte Polizei-Direktion ausgeführt, wobei er gefährlich verwundet wurde.

Das Polizei-Wachkorps in der Kaserne S. Bernardino hatte ebenfalls den Befehl erhalten, in's Kastell abzurücken. Gleich beim Austritte aus derselben wurde die Besatzung mit Schüssen und Steinwürfen empfangen; am Ambrogio-Platze angekommen, bemerkte Hauptmann Dell'll, daß sein Kamerad Hauptmann Gnoato nebst einiger Polizei-Mannschaft und dem am vorigen Tage eingetroffenen Succurs fehle. Sogleich erbot sich der schon früher rühmlich erwähnte Feldwebel Stoikovich, das allem Anscheine nach abgeschnittene Detachement mit einer Abtheilung aufzusuchen. Während des Rückmarsches erfuhr er, daß letzteres in die Kaserne zurückgedrängt wurde; trotz eines auf das kleine Häuflein gerichteten mörderischen Feuers, gelingt es dem wackeren Feldwebel, dieselbe zu erreichen. Bald darauf wird die Besatzung von den Insurgenten zur Uebergabe aufgefordert; Hauptmann Gnoato theilt dies der Mannschaft mit und fordert ihren Entschluß ab. Da tritt Feldwebel Stoikovich vor, seine Worte „ich werde mich nie ergeben, sondern bis auf den letzten Blutstropfen vertheidigen" flößen den Polizei-Soldaten neuen Muth ein — der schmähliche Antrag wird zurückgewiesen. Hierauf brennen die Rebellen das rückwärtige Kasernthor an und feuern in den Hof, aber Feldwebel Stoikovich vertheidigt demungeachtet mit unerschütter-

licher Standhaftigkeit von fünf Uhr Abends bis zwei Uhr Morgens den
Eingang, wobei ihn Feldwebel Gait schnigg von Prohaska-Infanterie,
mit seiner Mannschaft auf's Kräftigste unterstützt. Nun erhält Hauptmann
Gnoato erneuerten Befehl ins Kastell einzurücken. Die beiden genannten Feldwebel verrammeln den Eingang und schützen den Abmarsch der
Truppe, endlich gelingt es ihnen sogar mehrere Verwundete den Händen
des Feindes zu entreißen und mitzunehmen.

In der Nacht langte ein bereits verloren betrachteter Wachposten
unter seinem unternehmenden Kommandanten, dem Gefreiten Kohl von
Paumgartten-Infanterie, im Kastell an. Dieser Gefreite befand sich mit
3 Mann seit 18. in der Wohnung des Bataillons-Adjutanten Lieutenants Nowak; dort vertheidigte er das Haus gegen alle seither von den
Insurgenten gemachten Angriffe, wagte selbst Ausfälle, um den Bau von
Barrikaden zu hindern, und beschützte so mit Gefahr seines Lebens, das
Eigenthum der im Hause wohnenden Offiziere. Nun erschien er zur
Nachtzeit zum Erstaunen seiner Vorgesetzten, in Begleitung des Gemeinen Ulmann, im Kastell, weitere Verhaltungsbefehle sich erbittend,
und hatte, als ihm der Befehl zum Einrücken ertheilt war, die Verwegenheit, den gefahrvollen Weg nochmals zu machen, um auch die bei-
den andern Soldaten davon in Kenntniß zu setzen, mit denen er nach
Verlauf einer Stunde glücklich wieder zurückkehrte.

Der Aufstand hatte bereits einen so entschiedenen Charakter und
eine solche Ausdehnung nicht blos über die ganze Stadt, sondern
auch über alle außerhalb der Umfassung liegenden Vorstädte gewonnen, daß es nicht mehr möglich war, die inneren Posten länger
zu halten; ihre Verproviantirung, Unterstützung oder Ablösung war
nur unter fortwährenden Kämpfen, daher mit großen Verlusten möglich.
Der Feldmarschall hatte demnach beschlossen, sich blos auf die Behauptung einiger wichtiger Militär-Etablissements, des Walles und
der Stadtthore zu beschränken; Hauptmann Baron Kaas vom General-
Quartiermeisterstabe, überbrachte, als Gendarme verkleidet, dem General-
Major Rath den hierauf bezüglichen Befehl. Dieser General, durch
die Erfahrung belehrt, daß täglich nach zwei Uhr Morgens das Feuer
der Insurgenten nachlasse, avisirte die verschiedenen Posten von dem anbefohlenen Rückzuge, gab dem Kommandanten der Wache im Kriminal-

Gebäude, Hauptmann Bognar von Paumgartten - Infanterie, den Befehl, alle Thüren, wie auch das Hauptthor zu schließen und mit seiner Mannschaft auf die Burgwache zu rücken; endlich wurden die Trabanten-Leibgarde und alle Hofleute, welche der Truppe folgen wollten, von seinem Entschlusse benachrichtigt und 14 untransportable Blessirte der Aufsicht des Burgpfarrers übergeben. Die Operationskassa, welche sich im Militär-Kommando-Gebäude nächst der Brera befand, konnte gerettet werden, aber die im Palaste Marino befindliche Centralkassa mußte den Insurgenten leider preisgegeben werden. Dieses Gebäude ist sehr massiv und seine Thore und eisernen Riegel konnten nur durch Kanonen geöffnet werden, indem man keines Beamten habhaft werden konnte; sie hatten sich der Insurrektion angeschlossen und waren nun versteckt oder entflohen. Rechtfertigung dieser Anklage — am 12. März langte von Wien eine Anweisung auf 350,000 Gulden für das Militär, auf die Centralkassa lautend, an; die Beamten wußten aber der Realisirung dieser Anweisung allerlei Ausflüchte entgegenzusetzen, was in früheren Zeiten nie vorkam, und so gerieth auch diese Summe in die Hände der Rebellen. Das Gebäude zu erstürmen wäre wohl ein Leichtes gewesen; wo aber die Kassa hingeben? auf entladene Munitionskarren? Das wäre das einzige Mittel zu ihrer Transportirung gewesen; doch in der Lage, in welcher sich der Feldmarschall befand, waren seine Patronen nicht mit Geld aufzuwiegen, um so mehr als er nicht wußte, was mit dem aus Verona ihm zugeschickten großen Munitionstransporte geschehen sei.

Das Gerassel der Kanonen und Fuhrwerke und das Traben der Kavallerie hatte die schlaftrunkenen Rebellen allarmirt, denn am Corso del Broletto kaum angelangt, wurde die Kolonne bei Ponte-Vetro und Contrada Casani aus den Kellerfenstern der Häuser heftig beschossen, wodurch 2 Grenadiere an den Füßen verwundet und ein Hofkutscher erschossen wurde.

Schon fing der Tag an zu grauen, als die Kolonnen aus dem Innern der Stadt im Kastell einrückten. Die Wachfeuer, welche kurz vorher noch lustig aufflackerten, waren bereits verloschen; nur bei den vor den Kastellthoren aufgestellten Bereitschaften glimmten noch hin und wieder die letzten spärlichen Reste einer ehedem prachtvollen Carosse oder eines kunstvoll geschnitzten Schrankes, die man von einer erstürmten Barrikabe herbeigeholt hatte. Halb schlafend mit dem Gewehr im Arm, stand die Mannschaft um selbe herum, und nur die „Halt, wer da!" und einzelne Schüsse der im Kreise um das Kastell herum aufgestellten Piquets ließen erkennen, daß hier einige tausend Bajonnete im Lager stehen. Im Kastell selbst lag Alles im tiefen Schlafe — was in den gedeckten Räumen keine Unterkunft fand, auf dem ganz durchnäßten Boden, welcher durch den so häufig herabfallenden Regen eher einem See, denn festem Grunde glich.

Der Feldmarschall hatte der Stadt wohl angekündigt, daß er sie bei noch länger fortgesetztem Widerstande unverweilt bombardiren lasse, indessen ging seine Absicht dahin, diese energische Maßregel so lange als nur möglich zu verschieben, die Einwohner dagegen durch Her-anziehung aller in der Provinz disponiblen Truppen eng einzuschließen und so durch Hunger zur Uebergabe und Unterwerfung zu zwingen. Aber die zu diesem Zwecke abgeschickten Couriere, Ordonnanzen und Kaval-lerie-Abtheilungen konnten nicht mehr durchkommen, da bereits alle Straßen abgegraben oder verrammelt, das Landvolk der Fahne des Auf-ruhrs gefolgt, und hiedurch alle Kommunikationen derart unsicher gewor-den waren, daß man lediglich auf die eigene Kraft beschränkt blieb.

Unter den Wenigen, welchen es gelang, den Ort ihrer Bestimmung zu erreichen, befand sich Hauptmann Graf Huyn vom General-Quartier-meisterstabe, — als Gendarme verkleidet, brachte er die Nachricht vom Ausbruche der Empörung nach Verona.

Eben so gelangten wunderbarer Weise aus Mailand Verhaltungs-befehle und Nachrichten durch den Rittmeister Fürsten Bentheim von Baiern-Dragoner, nach Lodi und Crema.

Korporal Bogdan der Oberst 2. Eskadron Sardinien-Hußaren, zeichnete sich gleichfalls bei einer solchen Gelegenheit aus, indem er sich mit großer Bravour durch einen Haufen bewaffneter Insurgenten schlug, und nebstbei noch eine Requisition an Lebensmitteln in's Kastell brachte.

Die oben angedeutete Drohung hatte die in Mailand anwesenden Consuln auswärtiger Mächte veranlaßt, sich zum Feldmarschall Grafen Radetzky zu begeben, um einen Waffenstillstand zu erwirken, den dieser verweigerte, denselben jedoch bedeutete, daß ihre Schutzbefohlenen in einer von ihm bestimmten Frist durch Porta Vercellina und Tenaglia abreisen können.

In Folge einer in der Nacht vom Oberst Baron Po st von Kaiser-Infanterie, welcher in der Zecca kommandirte, eingelaufenen Meldung über die vorhandenen Vorräthe von 140,000 Gulden in Gold und Silberbarren und etwa 60,000 Gulden in Conventions-Münze, erhielt Hauptmann Baron Kaas vom General-Quartiermeisterstabe, den Befehl, mit anderthalb Kompagnien Reisinger-Infanterie, einer kleinen Abtheilung Sardinien-Hußaren und mehreren Fuhrwesens-Wagen, diese edlen Metalle — koste es, was es wolle — noch in der Nacht in's Kastell zu überführen. Obgleich auf dem Hin- und Rückwege jeder Schritt blutig erkämpft werden mußte, entledigte sich doch Hauptmann Kaas dieses schwierigen Auftrages mit eben so viel Glück als Tapferkeit.

Am 21. Früh wehte bereits von allen Thürmen die dreifärbige Fahne; die provisorische Regierung, deren vornehmste Glieder Casati, Boromeo Vitaliano, Guerrieri, Durini, Porro, Greppi, Beretta und Pompeo Litta waren, erklärte sich fortan unumwunden für offenen Kampf gegen Oesterreich, sie forderte die Mailänder durch Maueranschläge, jene vom Lande aber mittelst auf mehreren Thürmen errichteter Telegrafen und kleiner Luftballons, welche in der Richtung von Nord und Nordwest mit den erwähnten Plakaten trieben, zur Hilfeleistung auf. Unseren Soldaten, namentlich den Grenzern, dienten diese papiernen Aufwiegler als Zielscheiben.

Durch das Zurückziehen der Truppen aus der innern Stadt, hatte der Aufstand an Intension unendlich gewonnen, auch war jetzt durch die nun nach allen Seiten hin frei gewordene Kommunikation mehr Einheit in die Leitung des Ganzen gebracht worden.

Gegen Mittag meldete Oberstlieutenant Marjano von Kaiser-Infanterie, welcher das Verpflegsmagazin in der Strada del Ponte di Teresa besetzt hatte, daß die Insurgenten aus den nächstgelegenen Häusern besonders aus Casa Cattaneo (gegenüber der Tabakfabrik) ein lebhaftes Feuer und zwar schon gegen den inneren rückwärtigen Theil der Verpflegs-bäckerei unterhielten, auch mit Errichtung von Barrikaden an der daran-stoßenden S. Teresa-Brücke begannen. Er bat daher um Unterstützung, um diese Häuser zu säubern. Oberlieutenant John vom General-Quartiermeisterstabe, erhielt demgemäß den Auftrag, eine aus einer Kompagnie Prohaska und 2 zwölfpfündigen Geschützen bestehende Verstärkung dem genannten Stabsoffizier zuzuführen. Oberlieutenant John entledigte sich dieses Auftrages vollkommen, indem er eines der anstoßenden gefährlichen Häuser in Schutt verwandeln ließ und hiedurch den Oberstlieutenant wieder frei machte. Ein gleiches Loos traf ein im Bau begriffenes Haus beim Eingange des Vicolo dell' Anfiteatro, das von einer Grenzer-Abtheilung bereits angegriffen, auch der rückkehrenden Kolonne den Weg zu verlegen suchte, nun nach einigen unter der Leitung des Feuerwerkers Naldrich gegebenen wohlgezielten Vollkugelschüssen krachend zusammenstürzte, und so seine eigenen Vertheidiger begrub.

Gegen vier Uhr Nachmittags wurde Oberlieutenant Kuhn beauftragt, mit einer Kompagnie Prohaska-, einer Kompagnie Paumgartten-Infanterie, 2 Raketengeschützen unter Oberlieutenant Biedermann und 2 zwölfpfündigen Kanonen unter Oberlieutenant Schneider, die vom Kastell durch Barrikaden abgeschnittene Besatzung des Militär-Kommando-Gebäudes zu entsetzen, und mit ihr vereinigt in's Kastell zurückzukehren. Aber schon bei der S. Marco-Brücke suchten die in der Kirche S. Marco und den jenseits des Kanals gelegenen Häusern postirten Insurgenten die Wegräumung der dort errichteten Barrikaden, wozu noch einige Zimmerleute aus der Kaserne S. Simpliciano beigezogen wurden, zu verhindern. Rasch ließ der bei dieser Gelegenheit durch einen Prellschuß an der Brust verwundete Oberlieutenant Kuhn die beiden Zwölfpfünder abprotzen; schon in wenig Minuten schlugen die Flammen aus einigen Häusern, worauf des Gegners Feuer schwieg, die Barrikaden weggeräumt und die abgeschnittene Besatzung (eine Kompagnie Rukavina-Grenadiere und eine Kompagnie Prohaska-Infanterie) aus ihrer bedrängten Lage im Militär-Kommando-Gebäude befreit werden konnte. Weiter erreichte Kuhn in der Brera-Straße, nachdem er mehrere Barrikaden nehmen und Häuser, aus welchen auf seine Truppe geschossen wurde, erstürmen ließ, auch das Genie-Gebäude, wo sich aber die Wachmannschaft schon Tags vorher (mit Ausnahme einiger Mann des Regiments Geppert, die sich versteckt hielten) ergeben hatte. Nach eilf Uhr Nachts langte das Detachement mit der befreiten Besatzung des Militär-Kommando-Gebäudes im Kastell an. Major Medel von Kaiser-Infanterie, welcher diese Expedition aus eigenem Antriebe mitmachte, hatte eine Blessur am Kopfe erhalten.

Hauptmann Baron Kaas des General-Quartiermeisterstabes, wurde

L                                                                          3

im Laufe dieſes Tages mit mehreren gefahrvollen Expeditionen betraut; er hatte die Paſſage über den Rampart zur Porta Romana, welche durch die Beſetzung der Seidenfabrik bei Porta Vercellina mit hunderten von Inſurgenten gefährdet, ja ganz unpraktikabel gemacht war, wieder herzuſtellen und zu ſichern. Abends um ſechs Uhr erhielt er einen ähnlichen Auftrag bei der delle Grazie- und Vittore-Kaſerne, wo die Kommunikation durch einige neuerbaute Barrikaden und Beſetzung der Häuſer mit Schützen immer mehr gefährdet wurde. Endlich erhielt er um neun Uhr den Auftrag, die Beſatzungen aller in dieſem Stadtviertel gelegenen Kaſernen und Häuſer abzuholen.

Zu allen dieſen Expeditionen erhielt Kaas ſtets friſche Truppen, nur eine Kompagnie machte ſie alle mit, es war dies die 22. Kompagnie Kaiſer-Jäger, deren Kommandant Hauptmann von Kneſich ſeinen Kameraden Baron Kaas bat, ihn überall, wo immer er auch hingehe, als Freiwilligen mit ſeinen Jägern folgen zu laſſen. Bei einer dieſer Expeditionen gab dieſe Kompagnie einen ſchönen Beweis von ihrem vortrefflichen Geiſte. Es war nämlich nöthig, auf dem Corſo di Porta Vercellina Terrain für Geſchützplacirung zu gewinnen, ſomit Freiwillige zu gewagten Stürmen aufzufordern — allein auf den Zuruf ihres Kommandanten „Zeigt, daß Ihr Tiroler ſeid, Freiwillige, Marſch! Marſch!" nahm die ganze Kompagnie die Gewehre in die Balance und lief im Sturmſchritte vor, ſo daß ſich Hauptmann Kaas genöthigt ſah, zur Deckung der Geſchütze einen Zug wieder zurückzuführen.

Einen braven Mann verlor das Regiment Sardinien - Huſzaren an dieſem Tage. Derſelbe war mit einigen Kameraden als Ordonnanz in der delle Grazie-Kaſerne kommandirt. Stets ſeinen Dienſt eifrig erfüllend, focht er ſeit früh in ſeiner freien Zeit als braver Infanteriſt. Kaum hatte er gehört, daß Hauptmann Baron Kaas in's Kaſtell zurückkehre, um ein Raketengeſchütz zu holen, und mit dieſem verſuchen wolle, das jenſeits der erwähnten Kaſerne gelegene Haus, aus welchem auf jeden ſich ihm nahenden Soldaten gefeuert wurde, in Brand zu ſchießen, dann aber die neben demſelben errichtete Barrikade anzuzünden, als er während deſſen Abweſenheit tollkühn genug war, durch einige in's Fenſter gebrachte Schüſſe die Beſatzung deſſelben zu vertreiben, und unter dem Fenſter mit einem Zündhölzchen ein mitgenommenes Strohbündel und mit dieſem die Barrikade anzuzünden; als ihm dies gelungen, zog er sich zurück, doch in diesem Augenblicke fielen mehrere Schüsse auf ihn — er stürzte todt zu Boden. Gleich darauf kam Hauptmann Baron Kaas mit dem Raketengeschütze an; — war es auch zu spät, den Tod eines braven Soldaten zu hindern, so konnte er ihn doch noch würdig rächen. Nach einigen wirksamen Kanonenschüssen richtete er selbst die Rakete auf jenes Fenster und der Ober-Raketeur Schloßgo warf eine Brandrakete so glücklich hinein, daß nach dem ersten Wurfe die Flammen herausschlugen.

Unter Führung dieses Generalstabs-Offizieres wurde auch die 17. Kompagnie Kaiser-Jäger, unter Kommando ihres Hauptmanns Coreth, zur Bedeckung zweier zwölfpfündiger Kanonen und einer Haubitze verwendet, um die gegen Porta Tosa erbauten Barrikaden wegzuräumen.

Von diesen Expeditionen kaum zurückgekehrt, erbot sich Hauptmann Kaas, mit derselben Kompagnie, 2 Raketen und 2 zwölfpfündigen Geschützen, die Orden des Feldmarschalls Grafen Radetzky abzuholen; er führte dieses Unternehmen zur besondern Zufriedenheit des in der Suite des letzteren kommandirten Obersten Grafen Festetits aus, welcher als gemeiner Soldat verkleidet, diese Insignien in der Wohnung des Feldmarschalls übernahm.

Während dieser Gefechte der aus dem Kastell entsendeten Abtheilungen, nahm und demolirte mit seiner Kompagnie Hauptmann Hartung von Kaiser-Infanterie, mehrere Barrikaden in der Strada Cavalchina und bei der Kirche S. Bartolomeo und leitete mit Bravour und Umsicht den Sturm gegen zwei an die Kirche grenzende Häuser und den Kirchthurm, auf welchem neben einer dreifärbigen Fahne ein Telegraf in ununterbrochener Thätigkeit war. Bei dieser Gelegenheit bewies namentlich Lieutenant von Neuhauser große Unerschrockenheit; er drang bis in den Thurm, von welchem die Rebellen feuerten und Signale gaben und versuchte das hölzerne Gerüst mit einem Pechkranze anzuzünden. Ihm muthig zur Seite stand Korporal Skarabala, welcher der Erste den Kirchthurm erstiegen, dort mehrere Insurgenten mit dem Bajonnete niedergestochen und seinen Officier bei dem Versuche, die Stiege abzubrennen, thätigst unterstützte; endlich der Gemeine Slowak, der beim Abnehmen der am Thurme aufgepflanzten Fahne verwundet wurde.

Um die Hafer- und Mehltransporte aus dem Magazine al Foppone in's Kastell schaffen zu können, mußte die Passage bei Porta Tosa so viel als möglich offen erhalten werden, was nur durch die außerordentliche, jede Gefahr verachtende Thätigkeit des Batterie - Kommandanten, Oberlieutenants Gaus und seiner braven Artillerie - Mannschaft gelang, indem der Feind während der Zeit der Vorüberfahrt des Convois, durch selbe stets eingeschüchtert und von ernsten Angriffen abgehalten wurde.

Aber nicht bloß im Innern und auf den Wällen der Stadt, sondern auch außerhalb der Wallumfassung waren die Truppen im Gefechte. So wurden dort von einer Kompagnie des Otochaner-Grenz-Regiments, zwei mit Schützen besetzte Häuser, darunter das Eisenbahn - Wirthshaus erstürmt und die darin befindlichen Insurgenten theils verjagt, theils niedergemacht.

Auch nahm Oberlieutenant Kansumovic desselben Grenz-Regiments, mit einer halben Kompagnie, welcher ein Zug Hußaren als Reserve folgte, eine etwa 2000 Schritte vor der Porta Orientale auf der nach Loretto führenden Straße von Baumstämmen erbaute und stark besetzte Barrikade, durch Umgehung im ersten Anlaufe mit Sturm und eroberte eine dreifärbige Fahne, welche bis jetzt hoch in den Lüften flatternd, die bewaffneten Haufen auf diesen Versammlungspunkt gerufen. Es war dies dieselbe Barrikade, welche Tags vorher dem als Gendarm verkleideten Major Baron Schlechta des Pionier - Korps, den Weg nach Verona verlegt hatte.

Unterdessen mußten die Truppen des General-Majors Grafen Clam wiederholte, meist gleichzeitig von Innen und Außen der Stadt unternommene Angriffe bei Porta Romana, Ticinese und Vigentino abwehren,

An diesem Tage rückte Kadet Eberlin der 9. Kompagnie Kaiser-Jäger, mit seiner Mannschaft im Kastell ein. Dieser herzhafte Kadet, welcher mit 7 Mann am 18. Mittags den Polizeiwachposten im Stadt-Bezirk Nr. 4 bezog, hatte zu dessen Behauptung durch Besetzung der Thore und der angrenzenden Fenster, die erforderlichen Maßregeln so eben getroffen, als ein Zivilist, der sich für einen Polizei-Kommissär ausgab, mit der Forderung bei ihm erschien, dem Volke, wenn es den ober dem Thore angebrachten kaiserlichen Adler herabnehmen sollte, kein Hinderniß in den Weg zu legen; aber mit dem Bedeuten, daß Jeder, der solchen Frevel wage, niedergestochen werde, von Eberlin abgefertigt ward. Mit einer um zwei Uhr Nachmittags eingetroffenen Unterstützung von 14 Mann des Regiments Kaiser-Infanterie besetzte er nun auch die Fenster des ersten Stockwerkes, und leistete allen im Laufe des Nachmittags unternommenen Angriffen tapfern Widerstand. Eben so schlug, durch eine Abends einge-troffene aus 9 Mann bestehende versprengte Patrouille des nämlichen In-fanterie-Regiments verstärkt, die nun 30 Mann zählende Besatzung meh-rere noch an diesem und dem nächsten Tage versuchte Stürme der Insur-genten mit bewunderungswürdiger Entschlossenheit und Ausdauer ab, bis ein, wahrscheinlich von einem im oberen Stockwerke versteckt gewesenen Po-lizei-Beamten in den Hofraum geworfener Zettel, dem Kadeten in deut-scher Sprache mittheilte, daß sämmtliche Truppen aus der Stadt in's Ka-stell sich zurückgezogen hätten. Da das wilde Geschrei des Pöbels auf der Straße, diese Nachricht zu bestätigen schien und noch immer kein Befehl zum Einrücken angelangt war, so entschloß sich Eberlin mit seiner durch Hunger und Schlaflosigkeit beinahe aufgeriebenen kleinen Schaar zum Rückzuge in's Kastell, der nur unter dem heftigsten feindlichen Feuer und nach Ueberwindung unzähliger Hindernisse mit einem Verluste von 16 Mann ausgeführt werden konnte. Während desselben wurde ihm der Hut vom Kopfe geschossen, der Lauf seines Stutzens durch eine Kugel gekrümmt und der Kolben durch eine andere zertrümmert.

Immer größere Schwierigkeiten bot die Verpflegung der Truppen; zum Abkochen fehlte es an Zeit und dem Nöthigsten. Die Soldaten waren so erschöpft, daß sie stehend in Reih' und Glied einschliefen; manche Pferde waren durch volle vier Tage nicht abgesattelt, dazu die kalten Nächte und ein heftiger Regen, der nur mit geringen Unterbrechungen während der ganzen Dauer des Straßenkampfes anhielt — und dennoch verlor die Truppe keinen Augenblick ihre Kampflust, ihre Begeisterung für die gerechte Sache. „Eines aber," so drückt sich der Feldmarschall in ſeinem ersten Berichte aus, „Eines muß ich anführen, dazu drängen mich alle meine Gefühle. Meine Truppen sind wahrhaft bewundernswerth, sie leisten über die Möglichkeit und bleiben guten Muthes, obgleich sie seit vier Tagen unter dem furchtbarsten Wetter noch keine Ruhe genossen. Es könnte mir das Herz brechen, daß solcher Muth nicht gegen einen offenen Feind verwendet werden kann".

In der Nacht vom 21. auf den 22. dauerte der Kampf in Mailand fort, besonders in der Nähe des Gouvernements-Gebäudes im Borgo di Monforte. Zwar gelang es den Truppen des Generals Wohlgemuth den Insurgenten die Ersteigung des Walles zu verwehren, wobei Rittmeister Bärtling von Sardinien-Hußaren durch einige gelungene Attaquen kräftigst mitwirkte; dafür aber hatten sie sich in den dem Walle zunächst gelegenen Häusern und Gärten eingenistet, und konnten erst gegen Mittag nach dem Eintreffen einer diesem Generalen zugeschickten Verstärkung, bestehend aus dem Grenadier-Bataillon Freisauf, der 5. Division Kaiser-Jäger, einer halben zwölfpfündigen Batterie und 2 Raketengeschützen, hieraus vertrieben werden. Bei dieser Gelegenheit zeichnete sich der Zimmermann Hämmerle der 10. Kompagnie von Kaiser-Jäger aus, indem er 6 vom Kompagnie-Kommandanten, Hauptmann Schindler in ein nächst Porta Tosa gelegenes Haus beorderte Schützen, welche durch den großen Andrang der Insurgenten in Gefahr waren abgeschnitten oder gefangen zu werden, durch Einschlagen einer Gewölbthüre im heftigsten feindlichen Feuer rettete.

Desgleichen mußten die Truppen des General-Majors Grafen Clam durch ein Bataillon Prohaska- und ein Bataillon Erzherzog Sigmund-Infanterie unterstützt werden. Dieses Bataillon war erst Abends, aus Bergamo kommend, über Gorgonzola in Mailand eingetroffen, und da es im Regenschauer und dichten Nebel von den eigenen Truppen, welche die Wälle bei Porta Orientale besetzt hatten, nicht gleich erkannt wurde, ward von letzterem auf dasselbe gefeuert und nur dem raschen Vorgehen des Hauptmanns Gaspari, welcher den Irrthum aufklärte, hatte man zu danken, daß das Bataillon keinen Verlust erlitt. Hauptmann Stiller von Prohaska-Infanterie ließ die auf der Straße außerhalb Porta Romana errichteten Verhaue aufräumen, und die den Insurgenten Schutz bietenden Häuser mit Sturm nehmen und in Brand stecken; indeß Hauptmann Damschuh bei Porta Romana mit dem Bajonnete den Feind über den Wall zurückwarf, dem nun der von seiner Expedition eben zurückkehrende Hauptmann Stiller in Rücken fiel und vollends in die Flucht jagte. Eben so vereitelte Hauptmann Holzer von Paumgartten-Infanterie mit seiner eigenen und einer Grenzer-Kompagnie einen Angriff der Insurgenten bei Porta Tosa und Hauptmann Nagy mit 3 Kompagnien Reisinger und 2 Geschützen deren Andrang bei Porta Vigentina.

Immer mehr konzentrirte der Feind seine Angriffsmittel um das Kastell herum. Waren unsere Gegner wohl größtentheils unsichtbar und kann man denselben nichts weniger als persönliche Bravour nachrühmen, so kann man ihnen nichts desto weniger absprechen, daß ihr ganzer Plan gut angelegt und sistematisch durchgeführt wurde. Unsere Bereitschaften, deren Zahl bereits auf ein Minimum reduzirt war, konnten auf dem vorderen Kastellplaße beinahe nicht mehr Stand halten, sie wurden von allen Seiten her mit Projektilen auf das Lebhafteste beschossen. Zudem waren auf dem freien Plaße außer einigem Baumateriale, welches behufs des noch zu vollendenden Tambours zerstreut umherlag, gar keine deckenden Gegenstände vorhanden. Fast alle Augenblicke sah man bald da, bald dort einen Mann zusammensinken und was noch das Schlimmste dabei war, ohne zu wissen woher die Kugel kam, da von Seiten der Insurgenten meist mit Schießbaumwolle gefeuert wurde.

Feldmarschall Graf Radetzky, von dem Umsichgreifen des Aufstandes auch außerhalb der Städte und dem zu gewärtigenden Treubruche Carl Alberts, in dieser Nacht in Kenntniß gelangt, berief einen Kriegsrath, welcher seinem unter den obwaltenden für die Garnison höchst nachtheiligen, ja Verderben bringenden Umständen und auf höhere strategische Rücksichten basirten Entschlusse, Mailand zu räumen und aus einer rückwärts gelegenen, durch Kunst und Natur konzentrirten Stellung nach Vereinigung aller Streitkräfte die Besiegung des Feindes und Unterwerfung der empörten Provinz zu unternehmen, vollkommen beipflichtete. Es war wohl ein furchtbarer Entschluß, aber Mailand mußte verlassen werden, das ganze Land war in Empörung, die Armee im Rücken durch einen äußeren Feind bedroht, alle Brücken konnten abgebrochen werden und man hatte keine Balken um sie wieder herzustellen!

Gleichzeitig wurde die Nacht vom 22. auf den 23. März für den Abzug der Truppen bestimmt, sofort die nöthigen Anordnungen hiezu getroffen und dem General-Major von Wohlgemuth, welcher mit seiner Brigade den Abmarsch der Garnison zu decken hatte, eine entsprechende Verstärkung zugeschickt. Dieselbe, unter Führung des Generalstabs-Hauptmanns Baron Kaas, traf in dem Augenblicke ein, als es den Insurgenten nach dreistündigem Kampfe gelungen war, in einigen zum Bahnhofe gehörigen Gebäuden festen Fuß zu fassen. Sogleich ent-

sendete General Wohlgemuth unter Kommando des Oberstlieutenants
von Freisauf 4 Grenadier- und eine Otochaner-Grenz-Kompagnie auf
der äußeren Circumvallations-Linie, während er selbst mit der Grenadier-
Division Erzherzog Franz Carl, 4 zwölfpfündigen Kanonen unter Oberlieutenant Schneider und 2 Raketengeschützen auf dem Walle gegen das
stark besetzte Eisenbahn-Wirthshaus vorging. Bald empfing beide Kolonnen ein mörderisches Feuer, bis diese Gebäude vom Walle herab aus den
schweren Geschützen durch einige Kugelschüsse erschüttert und Granaten in
die Fenster geworfen wurden, von denen eine zündete. Diesen Moment benützten die Grenzer, denen die Grenadiere als Reserve folgten; vereint drangen sie von rückwärts in's Haus, ohne jedoch einen Widerstand zu finden,
denn in demselben Augenblicke führte ein Lokomotiv die Vertheidiger in
mehreren Waggons fort. Hauptmann Kussevich von Rukavina-Grena-
dier, wurde beim Vorrücken gegen das erwähnte Haus durch eine Kugel
sehr gefährlich im Gesichte verwundet und starb später in Folge dieser
Blessur. Kaum hatten die Geschütze ihr Feuer auf die äußeren Häuser
eingestellt, als sie auch schon gegen die Stadt gewendet wurden. Das
Eckhaus bei Porta Tosa war mit Schützen am stärksten besetzt; um es
genau zu bezeichnen, richtete Hauptmann Baron Kaas eigenhändig eine
Haubitze gegen dasselbe und während er ein Gleiches auch bei einem
Raketengeschütze zu bewerkstelligen suchte, gab der unermüdlich thätige
und geschickte Kommandant der Zwölfpfünder-Batterie, Oberlieutenant
Schneider, seinem Geschütze, und Feuerwerker Panek der Rakete die
nöthige Elevation. Haubitze und Rakete wurden in einem und demselben
Augenblicke abgefeuert; beide trafen so gut und waren von so glücklicher
Wirkung, daß beinahe gleichzeitig mit den einfallenden Granaten auch
schon die Flammen aus den Fenstern im ersten und dritten Stockwerke des
Eckhauses schlugen. In wenig Minuten stand dies schöne große Gebäude
in vollem Brande, worauf sowohl dieses als die andern in der Nähe befindlichen Häuser von einer Grenadier-Kompagnie Erzherzog Franz Carl
unter Hauptmann Mudrovčsich, von den Rebellen gereinigt wurden;
die 2. Grenadier-Kompagnie dieses Regiments unter Hauptmann Bracht.
diente ersterer als Unterstützung. Während dieses Kampfes kamen mehrere
hundert Bewaffnete mit wüthendem Geschrei durch den Corso di Porta
Tosa und versuchten das Thor in ihre Gewalt zu bekommen; da sie bis

auf die Auffahrt gegen den Wallgang, wo die Geschütze standen, vordrangen, führte Oberlieutenant S ch n e i d e r — um die Angreifenden
gehörig fassen zu können — die Kanonen bis an den Rand der Auffahrt,
wobei er selbst Hand anlegte, und beschoß sofort die keck Andringenden mit
Kartätschen und Schrottbüchsen. Dadurch war auch der von Porta Romana her durch Abtheilungen der Brigade C l a m unternommene Angriff
gegen das Thor, zeitgemäß unterstützt, und die Insurgenten sahen sich
zum Rückzuge in die rückwärts am Corso di Porta Tosa gelegenen Häuser
gezwungen. Auch eine auf der Eisenbahn ankommende Verstärkung der
letzteren wurde bei ihrer Annäherung an den Bahnhof, durch die Geschütze
so wirksam beschossen, daß der Train zum Anhalten genöthigt und so die
auf demselben befindliche feindliche Abtheilung am weiteren Vorrücken
gegen das Eisenbahn-Wirthshaus abgehalten wurde.

Gegen Mittag war die zur Bewachung des Ticino in Magenta gestandene Brigade des General-Majors M a u r e r und gegen Abend auch
die gegen die Schweizer-Grenze aufgestellte Brigade des General-Majors
Grafen S t r a f f o l d o von dort in Mailand eingetroffen.

Während dieser im Laufe des Nachmittags bis gegen Abends stattgehabten Gefechte ereignete es sich, daß Porta Comasina durch ein Miß-
verständniß von seinem Posten verlassen wurde und in Feindeshände
fiel. Die Kunde davon gelangte durch eine Kavallerie-Ordonnanz an
den bei der Zecca aufgestellten Hauptmann B e n k i s e r von Kaiser-
Jäger; ohne Befehl und ohne erst zu überlegen, entschloß sich dieser
tapfere Offizier zur Wiedereroberung benannten Objektes — mit Jubel
begrüßten die braven Tiroler seine Aufforderung. Das Feuer der Insurgenten war furchtbar und die Lage der Kompagnie um so gefährlicher, als
die in einiger Entfernung vom Thore angebrachten Laternen den ganzen
vorliegenden Raum, somit auch die vorrückende Kompagnie beleuchteten,
während sie das Thor in völliges Dunkel hüllten. Demungeachtet waren
die stürmenden Jäger mit Lieutenant S t e f f e n e l l i an der Spitze, bald
Herren des Thores, welches nun Oberst P o s t mit einer Abtheilung von
Kaiser-Infanterie besetzte.

In der Zwischenzeit als die hier geschilderten Gefechte vorfielen, hatten sich die Insurgenten des nächst Porta Lodovica gelegenen Kadeten-
Kompagnie-Gebäudes St. Lucca bemächtigt. Da dasselbe seiner Lage

wegen nicht in ihren Händen gelassen werden durfte, entsendete General-Major Graf Clam den Oberst Heynel von Erzherzog Sigmund-Infanterie, mit 3 Kompagnien seines Regiments, 2 Kompagnien Reisinger und 2 Kanonen zu dessen Wiedereroberung. Die Insurgenten hatten sich in St. Lucca und den der Porta zunächst gelegenen Häusern eingenistet, aber ungeachtet ihres verzweifelten Widerstandes dauerte der von beiden Seiten mit größter Erbitterung geführte Kampf nur kurze Zeit. Die Tapferkeit dieser braven Truppen hatte die Insurgenten bald zur Räumung sowohl dieses als auch der nächst dem Thore gelegenen Gebäude gezwungen.

Gegen Abend wurde auch Porta Tosa aus Unkenntniß der allgemeinen Gefechtslage von der dort aufgestellten Grenadier-Abtheilung verlassen und den Rebellen preisgegeben. Unverzüglich befahl General-Major Graf Clam die Wiedereroberung dieses für den beabsichtigten Abmarsch wichtigen Punktes. Unter den Augen des Generals und während eines mörderischen feindlichen Feuers nahm die hiezu beorderte Division Erzherzog Sigmund-Infanterie unter Kommando des Interims-Bataillons-Kommandanten Hauptmann Kort, welcher diesen Angriff mit vieler Umsicht und Bravour leitete, das Thor und anstoßende Mauthgebäude mit Sturm und behauptete dieselben trotz den wiederholten Angriffen von Seite der Insurgenten, bis zum gänzlichen Abmarsch der Garnison.

Da an diesem Abende eine feindliche Abtheilung auch gegen Porta Ticinese anrückte, so wurde die 2. Division des vor Porta Vercellina gelagerten 11. Feld-Jäger-Bataillons unter Führung des Bataillons-Kommandanten Major Bauer, auf der äußeren Circumvallations-Straße dahin gesendet. Bei der Brücke über den Naviglio entspann sich nach Auflösung einer Abtheilung in Tirailleurs, von beiden Seiten der Straße so wie aus einem zwischen der Kanal-Brücke und dem Stadt-Thore (nun im Rücken der Division) gelegenen Hause ein starkes Kreuzfeuer. Während die Tirailleurs dem Kanal entlang fochten, forderte Major Bauer den in der Bataillons-Adjutantur kommandirten Oberjäger Knapp, welcher sich dieser Expedition freiwillig angeschlossen hatte, zur Beschießung des erwähnten Gebäudes auf. Knapp näherte sich nach Passirung der Brücke unter unausgesetztem feindlichen Feuer dem Hause bis auf 30 Schritte und brachte seine Schüsse von da aus mit so gutem Erfolge in die Fenster, daß dem mörderischen Feuer der Insurgenten aus dem Gebäude, gänzlich Ein-

halt gethan und die zur Stürmung bestimmte Abtheilung ohne Verlust eindringen konnte. Nach Eroberung dieses Hauses fand man den wackeren
Oberjäger jenseits der Brücke, das Feuer aus einem andern mit allem
Nachdruck erwiedern, bis er sich endlich der mittlerweile zum Rückmarsche
beorderten Division anschließen mußte.

Um acht Uhr Abends standen sämmtliche Truppen mit Ausnahme
der auf dem Walle und bei den Thoren aufgestellten Brigaden Wohlgemuth und Clam, dann der Brigade Strassoldo, welche den Borgo
degli Ortolani besetzt hielt, auf dem großen Waffenplatze zum Abmarsche
bereit. Das Kastell selbst, nebst der Umfassungsmauer des Waffenplatzes
hielt das 3. Bataillon Kaiser-Jäger unter Major von Burlo bis nach
bewirktem gänzlichen Abzuge der Garnison besetzt.

Um ungefähr neun Uhr setzte sich die große Kolonne, in deren Mitte
die geretteten Kassen, die Hofwagen, eine große Anzahl deutscher Beamten-
Familien, die Trabanten-Leibgarde, Kadeten-Kompagnie und viele Bagage-
Wagen aufgenommen wurden, in Marsch, zog hinter der Arena an der
Porta Tenaglia vorüber, auf dem Wallgange und längs desselben bis zur
Porta Orientale, dann außerhalb der Stadt auf der äußern Circum-
vallations-Straße bis Porta Romana und schlug von hier die nach Lodi
führende Poststraße ein. Der Marsch ging, von den lichterlohen Flammen
brennender Häuser schauerlich beleuchtet, über dampfende, von der Feuers-
brunst roth gefärbte Schutthaufen, beinahe ohne alle Störung und Aufenthalt vor sich. Lautlos bewegten sich die langen Reihen und nur das
Geplänkel der zum Schutze des Abmarsches auf dem Walle aufgestellten
Abtheilungen, — indeß der Sturm mit unaufhörlichem Geheul auf den
Thürmen raste, — unterbrach die unheimliche Stille dieser verhängnißvollen Nacht. Jener Abmarsch lieferte wieder den sprechendsten Beweis
von der so oft erprobten Geistesstärke des tapferen Heerführers, von dem
unbeugsamen Muthe seiner braven Soldaten, die wohl mit den bittersten
Empfindungen in der Brust, eine Wahlstatt verließen, welche so mancher
tapfere Kamerad mit seinem Blute getränkt hatte — fest entschlossen, diesen
schändlichen Verrath durch blutige Siege furchtbar zu rächen. „Wir werden
bald wiederkehren“ waren die Abschiedsworte, die der Feldmarschall gen'
Mailand gewandt, sagte; und er hat ritterlich Wort gehalten — denn
schon nach fünfthalb Monden (am 6. August) zog er an der Spitze seiner

siegreichen Armee durch die Porta Orientale, zum Erstaunen Aller, die sich nicht träumen ließen, daß die schwachen Thore Verona's fest-halten würden in ihren Angeln gegen den Sturm sämmtlicher Völker Italiens.

Der Kolonne folgte die Brigade Wohlgemuth als Arrieregarde, die Brigade Clam zur Deckung der rechten und die Brigade Strassoldo zu jener der linken Flanke.

An die Verfolgung des abziehenden Feindes dachte Niemand in Mai-land, dessen Bewohner in voreiligem Siegesrausche zu den lächerlichsten Demonstrationen Anlaß fanden. Aber mit dem Absurden paarte sich das Niederträchtige! Mit thierischer Wuth fiel der Pöbel über die unter ärzt-licher Aufsicht im Garnisons-Hauptspitale zurückgebliebenen kranken und verwundeten Soldaten her, welche der Spitals-Kommandant Hauptmann Gerhauser von E. H. Albrecht-Infanterie, bisher gegen alle Angriffe der Insurgenten tapfer zu vertheidigen wußte. Diese hatten während jener verhängnißvollen Tage durch wohlgezielte Schüsse aus den Fenstern und Dachöffnungen der benachbarten Häuser, mehrere Kranke in ihren Betten ermordet oder blessirt und Hauptmann Gerhauser genöthigt, nicht bloß das Wachkommando durch die Krankenwärter und Rekonvales-zenten zu verstärken, sondern den Haupteingang in Ermanglung anderer Gegenstände, selbst mit den Leichen der Erschossenen zu barrikadiren. Jetzt erst drangen die Rebellen in das Innere des Spitals, mißhandelten Ger-hauser und nahmen ihn gleich den übrigen dort kommandirten Offizieren gefangen.

### Monza.

Dumpfer Kanonendonner verkündete der Umgebung den Ausbruch der Revolution in der Hauptstadt; da rief die Vergatterung am 19. März auch in Monza die aus 5 Kompagnien des Infanterie-Regiments Baron Geppert bestehende Garnison auf den Allarmplatz. Bald kam ein Volks-haufe mit einer trikoloren Fahne vorüber; der Bataillons-Kommandant Major Sterchele ließ ihn durch einen Zug auseinander treiben. Nach-mittags versuchten die Meuterer Sturm zu läuten, eine halbe Kompagnie sollte auch diesem Uebermuthe ein Ende machen; beim Thurme angelangt, begrüßte sie ein Steinhagel aus der gegenüber liegenden Gasse, wodurch einige Soldaten leicht verwundet wurden. Da knackten die Hähne und ohne Kommando gab die Mannschaft — vom besten Geiste beseelt — Feuer; 3 Todte und einige Verwundete fielen. Alle gegen den Platz führenden Straßen wurden nun mit Plänklern besetzt und zahlreiche Patrouillen durchstreiften die Stadt. Die Nacht verging ruhig. Die Truppe rückte wieder in die Kaserne, die Wachen wurden wie sonst bezogen.

Am 21. Früh erfuhr man, daß mehrere Tausend Bewaffnete vom Lande im Anzuge seien, das Bataillon formirte sich abermals; zugleich wurde der mit 2 Korporals und 15 Mann auf Kassawache in der Posta vecchia befindliche Oberlieutenant de Larenotière angewiesen, die Thore zu schließen und auf Ablösung oder Entsatz zu warten. Unterdessen rückten die Insurgenten näher, ihnen voran zwei abenteuerlich bewaffnete Parlamentärs, welche freien Durchzug durch die Stadt forderten. Als dies der Bataillons-Kommandant verweigerte, verlangten die beiden Freiheitsritter nichts weiter, als daß das Bataillon die Waffen strecke, und zogen sich zurück, als diese erbärmliche Zumuthung auf's Entschiedenste abgewiesen wurde. In diesem Augenblicke schlossen sich alle Fenster, eine Decharge fiel, ihr folgte ein Geplänkel; viele Soldaten stürzten, denn der Vortheil war wie natürlich auf Seite der Rebellen, die wohlgemuth und gut gedeckt, einen Mann nach dem andern auf's Korn nahmen. Der linke Flügel des Bataillons mußte in eine Gasse weichen, war aber in einer kleinen Stunde genöthigt, dem rechten zu folgen, der sich bereits in's Seminar geworfen und dasselbe vertheidigt hatte. Hier geschah es, daß der Führer Zanin verwundet zusammenstürzte und vom Schmerze überwältigt, die Fahne fallen ließ. Diesen Moment wollte eine Rotte benützen, aber die Korporäle Conti und Quaranta sprangen herbei, hoben die Fahne rasch auf und vertheidigten sie gegen die Andringenden.

Man behauptete sich noch eine Stunde und mußte nach einem heftigen Straßenkampfe, da viel zu verlieren, aber wenig zu gewinnen war, die Stadt um neun Uhr räumen, ohne Zeit und Gelegenheit zu gewinnen, die Besatzung der Posta vecchia aufzunehmen. Viele Todte und Verwundete bedeckten den Platz, unter letzteren befand sich nebst 3 andern Offizieren auch Hauptmann Graf Attems. Dieser brave Offizier, der sich hier besonders ausgezeichnet hatte, trug mit den gräßlichsten Schmerzen die Kugel im rechten Oberschenkel bis Mailand, wo er erst operirt werden konnte.

Die Uebrigen fielen nebst einigen Stabspartheien als Gefangene in die Hände der Insurgenten.

Während dieser Begebenheiten in der Stadt, hatten 300 Insurgenten den Palazzo reale, der von einem Korporalen und 10 Mann durch einige Zeit vertheidigt wurde, erstürmt und mit Ausnahme eines Einzigen, der seine Waffen unter der Pritsche versteckt hielt, diese Wachmannschaft desarmirt. Hierauf stellten sich um diese 11 Mann einige 40 Insurgenten und hielten sie so gefangen, der Rest dieser Schaar plünderte den Palast, zertrümmerte Spiegeln und Luster und suchte allenthalben nach den verhaßten „barbari tedeschi.“ Der verlorne Posten wurde nun von diesem netten Militär bezogen, ein hinkender Bube von etwa vierzehn Jahren, ordnungsmäßig als Schnarrpost aufgeführt, zugleich aber Vorkehrungen getroffen, um das Gebäude gegen einen Angriff von Seite der Kaiserlichen, zu vertheidigen und ihnen den Rückzug aus Monza streitig zu machen. Plötzlich ertönte der Manövrirmarsch, die Freiheitshelden im Palazzo reale stutzten, das Bataillon kam näher und im Nu waren ihrer 300 auf der Flucht; die Plänkler der Avantgarde mußten laufen, um diese flinkbeinigen Leutchen wenigstens noch zu Gesicht zu bekommen. Die 11 nun befreiten unglücklichen Vertheidiger des Palastes wurden von der Truppe aufgenommen worauf dieselbe mit Vermeidung aller Ortschaften ihren Marsch nach Mailand fortsetzte.

Oberlieutenant de Larenotière, noch immer auf seinem Platze, hörte vom Bataillone natürlicher Weise nichts mehr, wohl aber den Ruf: „alla posta vecchia, fratelli e poi siamo liberi!“ Seine Leute standen bereit auf den angewiesenen Plätzen, da knallte plötzlich ein Schuß, Fensterscheiben zerbrachen und Holzsplitter flogen herum wie Spreu. Ein Geistlicher hatte den Versuch gemacht mit einer kleinen Kanone, Bresche zu schießen, der ehrwürdige Mann wurde aber in dem Augenblicke, als er sein Geschütz für einen zweiten Schuß am Schleppseile näher führen wollte, von einem der Vertheidiger zu Boden gestreckt. Es entspann sich nun ein Geplänkel zwischen den Insurgenten und der Besatzung der Posta vecchia, aus der die Schüsse sparsam aber gut gerichtet fielen. Hoch auf dem Thurme wehte die Trikolore, denn Monza war frei, bis auf dieses kleine Häuflein, das noch im Wege stand. Man begehrte also Niederlegung der Waffen; eine Decharge war die Antwort. Die Leute, oft besser unterrich-

tet als selbst die Offiziere, wußten von Allem, kannten die Zustände in
Mailand und waren von der verheißenen Hilfe Piemonts in Kenntniß,
auch fingen sie zu überlegen an, ob sie gegen ihre Landsleute noch länger
fechten sollen; als aber alle Vorstellungen erfolglos geblieben, trat der
Degen in der Hand des tüchtigen Kommandanten in praktische Verwendung
— die Vertheidigung wurde fortgesetzt. Da fingen die Thore, die man
mit Brennmaterial bestrichen hatte, ohne daß es verhindert werden konnte,
zu brennen an; das Haus wurde von allen Seiten umzingelt; Einige
jedoch, die es wagten einzutreten, begrüßte das tödtliche Blei der ober
dem Eingange postirten Schützen. Nun stiegen die Verwegensten durch ein
Fenster, gelangten in die Küche und endlich in den Hof, wo sie die in den
ersten Stock zur Besatzung führende Stiege erstürmen wollten. Als jedoch
dieser Versuch tapfer zurückgeschlagen war, begehrten sie zu unterhandeln.
Man betheuerte, im Falle der Uebergabe, die Vertheidiger zu schützen und
schloß mit den Worten: „Alles ist umsonst, das Bataillon ist auf der
Flucht und Alles ist verloren."

Oberlieutenant de Larenotière hielt sich überzeugt, daß man
ihn, mit dem bereits bekannten Befehle ausgerüstet, als Wache an
einem Orte, wo sich 80,000 Gulden, sämmtliche Bagagen, einige Equipagen und 8 Reitpferde befanden, nicht als verlornen Posten betrachten
werde, während es dennoch so geschehen mußte. Fest entschlossen, sich bis
auf den letzten Mann zu vertheidigen, wies er alle Anträge zurück. Es
schlug zwei Uhr Nachmittags — nahe an sechs Stunden waren seit dem
Abzuge des Bataillons verstrichen; die Munition fing an zu mangeln;
die Leute wurden immer muthloser — an aller Hoffnung endlich verzwei-
felnd. Schon füllte der Rauch der brennenden Thore alle Gemächer, aber
noch immer wartete de Larenotière auf Entsatz, bis ihn endlich das
zügellose Treiben der Insurgenten, das Schlagen des Werbstreiches am
Platze, die Trikolore am Thurme und alle eingetretenen Umstände
überzeugten, daß es mit der Abwesenheit des Bataillons seine Richtigkeit
habe. Ihm blieb also keine Wahl mehr — er mußte mit den Insurgenten
unterhandeln.

Als er an's Fenster trat und mit dem Tuche winkte, welches Zeichen
die tobende Menge sogleich gewahrte, hörte das Feuern auf und Alles
war einen Augenblick ruhig. De Larenotière, der ersten Zusage einge-

denk, geht mit seiner Mannschaft in den Hof und übergibt dem feindlichen Anführer seinen Degen. Wild aussehende Gestalten, meist von Wein erhitzt und betrunken, drohen ihm mit geballten Fäusten, man erfaßt ihn bei der Brust, versetzt ihm Faustschläge in's Gesicht und stößt ihn zum Thore hinaus. Ein Schlag mit einem Gewehrkolben beraubt ihn des Czakos, zwei Säbelhiebe treffen seinen Hinterkopf, einer davon spaltet ihm das linke Ohr, die linke Wange und den Hinterschädel entzwei. Aber noch immer wankt er nicht, auf den Platz vorwärts gedrängt, macht ihn der Bajonnetstich eines dieser Elenden am rechten Schenkel, sinken. Racheschnaubend sehen diese Unmenschen zu, wie er sich das herabfließende Blut mit dem Sacktuche aufhält. Endlich sollte ein zweiter Stoß seinem Leben ein Ende machen, er wurde aber durch die Schnalle des Hosenträgers geschwächt und aufgehalten. Da drängt sich ein Mann hervor und mit dem Rufe: „Sind wir Kannibalen, daß wir einen Wehrlosen so behandeln," hilft er dem Offizier auf die Füße und bringt ihn mehr todt als lebendig in's Spital, wo er wunderbarer Weise wieder geheilt wurde.

**Varese, Como.**

In Varese, Como, Tradate und Saronno stand zur Bewachung der Schweizer-Grenze, die Brigade des General Majors Grafen S t r a s s o l d o, der Feldmarschall schickte ihr, wie wir gesehen haben, während des Straßenkampfes in Mailand, den Befehl dahin abzurücken. Das Beispiel der Hauptstadt äußerte wie in den meisten Orten, so auch hier seine traurigen Folgen. Man suchte dem Abmarsche der dort dislozirten Truppen alle möglichen Hindernisse in den Weg zu legen, doch erkannte Oberst von K o p a l, Kommandant des in Varese gelegenen 10. Jäger-Bataillons, das Gefahrvolle seiner Lage, erzwang sich nach Einziehung der detachirten Posten, mit den Waffen in der Hand den Ausweg und vereinigte sich mit der Brigade in Saronno. Unter den Detachirten befand sich auch der Unterjäger O b e r m a i e r mit 10 Mann in Clevio am Kordon. Er hatte vom Bataillons-Commandanten den Befehl erhalten, sich dem Offiziersposten in Arcisate anzuschließen und mit diesem vereint, zum Bataillon einzurücken. Allein als er nach Arcisate kommt, findet er diesen Aufnahmsposten bereits abmarschirt und 2 als Ordonnanzen zurückgebliebene Jäger von den Rebellen bereits entwaffnet und gefangen. Nachdem O b e r m a i e r

diese beiden Soldaten durch sein energisches Auftreten befreit hatte, be-
schließt er, mit seinem kleinen Detachement nach Navese zu marschiren. In
der Nähe dieses Ortes angelangt, bemerkt er einige Einwohner, welche
ihm auf's freundlichste entgegen eilen, und die Gefangennehmung der
dort stationirten Kompagnie Grenzer bekannt machend, unter vielen
Versprechungen ihn auffordern, sich mit seiner Mannschaft zu ergeben.
O b e r m a i e r weist den Antrag zurück, fordert zugleich seine Leute auf,
das Aeußerste zu wagen, um sich durchzuschlagen, und geht in dieser Absicht
auf derselben Straße einige Meilen weit zurück, um auf Umwegen über
das Gebirge, sein Bataillon zu erreichen, das er in Trabate endlich findet.

Da selbst die Umgegend schon unsicher war, so steckte der Gemeine
K e l l e m e n von Sardinien-Hußaren, welcher den Auftrag hatte, ein
Schreiben an das Brigade-Kommando nach Saronno zu überbringen, dasselbe aus Vorsicht unter den Czako-Ueberzug. Schon unweit Varese wurde
K e l l e m e n von einem Haufen Insurgenten angefallen; tapfer vertheidigte er sich mit Pistole und Säbel, bis ihm das Pferd unter dem Leibe
erschossen war. Nun fiel K e l l e m e n in die Hände seiner Verfolger, die
ihm unter Androhung des Aufhängens, Munition und Depesche abforder-
ten. Demungeachtet verheimlichte der brave Hußar die letztere, entsprang
in der Finsterniß seiner Haft, lief nach Trabate, warf sich dort auf ein
Bauernpferd und überbrachte glücklich das ihm anvertraute Dienstschreiben
nach Saronno.

In Como verweilte man, durch Täuschungen hingehalten, so lange,
bis die Revolution in hellen Flammen loderte. Schon hatten sich zahlreiche Barrikaden in den Gassen erhoben und wohlbewaffnete Freischärler,
welche zu Tausenden aus den nahen Bergen Tessins und des Veltlins zu-
geströmt waren, standen zu ihrer Vertheidigung bereit. Jetzt erst suchte
Major Baron Milutinović, Kommandant des ersten Bataillons Warasdiner-Creutzer, an der Spitze seiner Truppe das Freie zu gewinnen.
Durch einen Schuß tödtlich getroffen, sah er sich gezwungen, das Kommando an den rangsältesten Hauptmann zu übergeben, der sich durch das
Schicksal des Majors bestimmen ließ, in die Kaserne einzurücken. Nun war
Alles verloren, denn noch in derselben Stunde sperrten hunderte von Barrikaden alle Ausgänge und an allen Fenstern kamen Schützen zum Vorschein; dem Bataillon blieb keine Wahl mehr — es mußte kapituliren.

L 4

Dem Kadet-Feldwebel Gergić und dem Führer Pollak gelang es jedoch durch ihr entschlossenes und kluges Benehmen, die Fahne zu retten, indem sie dieselbe von der Stange rissen und bis zu ihrer Ranzionirung abwechselnd unter den Kleidern verborgen hielten. Keine Todesdrohung konnte diese Ehrenmänner zur Angabe bewegen, wo dieses Heiligthum verwahrt sei.

Vergeblich hatte die in der Kaserne S. Francesco gelegene Division Baron Prohaska-Infanterie auf den Abmarsch des Grenz-Bataillons gewartet, um sich demselben anschließen zu können; sie leistete langen und tapfern Widerstand. Gemeiner Stickler hatte den schwierigen und gefahrvollen Auftrag übernommen, das damals noch in Appiano gestandene Brigade-Kommando über die Lage der Division in Kenntniß zu setzen. Während der Nacht durch ein Fenster herabgelassen, wußte er in seiner Verkleidung als Bauer, die umstehenden Insurgenten zu täuschen und gelangte so nach Appiano.

Endlich überlieferten Hunger und Munitionsmangel die tapferen Vertheidiger der S. Francesco-Kaserne demselben Schicksale wie die Grenzer. Hier bewies der Bataillons-Tambour Klettner rühmliche Geistesgegenwart, indem er während der Waffenübergabe aus eigenem Antriebe zurücklief, daselbst die Fahne vom Stocke riß und um den Leib wickelte. Am 5. Tage nach seiner Gefangennehmung wurde er verrathen; die Insurgenten forderten ihm die Fahne ab; da er jedoch deren Abgabe selbst dann noch standhaft verweigerte, als man ihm mit dem Tode gedroht hatte, entriß man sie ihm mit Gewalt.

### Bergamo.

Die Kunde vom Ausbruche der Revolution in Mailand, traf noch am selben Tage hier ein, worauf sich um zehn Uhr Nachts, namentlich in der Vorstadt S. Bernardo, unter wildem Geschrei Zusammenrottungen bildeten. Immer ernster gestalteten sich die Dinge, dabei aber suchte man durch Deputationen, mit welchen man den dortigen Truppen-Kommandanten General-Major Erzherzog Sigmund bestürmte, jede Entwickelung militärischer Kräfte und insbesondere, nach der Weisung des Mailänder Governo provisorio, den vorauszusehenden Abmarsch der Garnison zu verhindern. Gegen Mittag des 20. überbrachte ein Gendarm den Befehl des

Feldmarschalls, dem zu Folge das Bataillon E. H. Sigmund-Infanterie gleich nach Mailand abzurücken, das Stadt-Kommando mit dem Grenz-Bataillone aber erst in einem außerordentlichen Falle die Stadt zu räumen haben.

Da das Bataillon gerade an diesem Tage den Wachdienst hatte, daher die Ablösung zu einer ungewöhnlichen Stunde stattfinden, auch die zur Fortbringung der Kasse und nothwendigen Feldrequisiten erforderlichen Vorspannswagen im gewöhnlichen Wege erst herbeigeschafft werden mußten, so konnte dessen Abmarsch wohl kein Geheimniß für die Einwohner bleiben. Sogleich erschienen Deputationen beim Erzherzog, man suchte die Nothwendigkeit des Verbleibens der Truppe zu erweisen, und da kurz vorher dies zugesichert wurde, so schrie man über Verrath und beschloß dem, durch obige Umstände bis vier Uhr Nachmittags verzögerten Abmarsche Widerstand entgegen zu setzen.

Ein Wagen im schnellsten Laufe des Pferdes fuhr durch die Contrada S. Bartolomeo gegen die Tête der Kolonne und in selbe hinein, wo dann der Eigenthümer durch Erschießen seines Pferdes eine Barrikade improvisirte und so Stocken und Unordnung in die Kolonne brachte. Gleichzeitig begann aus den Fenstern und von den Dächern der nächsten Häuser das Feuer auf die Truppe, wobei dem Bataillons-Kommandanten Oberstlieutenant Baron Schneider der rechte Arm zerschmettert und viele Leute des Bataillons getödtet und blessirt wurden. Ebenso eröffneten die durch Mauern und die Alleen des Prato gedeckten Insurgenten ein wohlgezieltes Feuer gegen die untere Hauptwache St. Marta, wobei 3 Mann fielen.

In einem Augenblicke wimmelten alle Fenster von Bewaffneten, die Dächer bedeckten sich mit Volk, welches auf die vorübermarschirende Truppe Ziegel schleudern sollte; das Pflaster wurde aufgerissen und beinahe alle Straßen, insbesondere jene im Stadttheile S. Bernardo, durch welchen das abmarschirende Bataillon seinen Weg zu nehmen hatte, mit Barrikaden gesperrt.

Die Verwundeten der Hauptwache, welche auf einem Fuhrwesenswagen in's Militärspital fuhren, so wie dessen Pferde wurden das Opfer der Wuth der in Casa Luppi versteckten Kannibalen, welche ein menschenschändendes Scheibenschießen nach den im Wagen liegenden Unglücklichen eröffneten. Die Eskorte-Mannschaft flüchtete sich in die nahe Wohnung

4 *

des Erzherzogs, der Korporal derselben hatte nicht weniger als acht Schuß-wunden.

Oberst Heinhel stand mit 4 Kompagnien des Bataillons E. H. Sig-mund auf dem Marktplahe der untern Stadt, 2 Kompagnien waren ver-sprengt, sammelten sich aber wieder in ihren Kasernen. Der Kommandant des Szluiner Grenz-Bataillons Major Kussenih nebst einem Korpora-len und 6 Mann war in einem Hause blockirt, mehrere Versuche ihn zu befreien, blieben erfolglos; nicht besser erging es dem Erzherzog, daher er erst um halb neun Uhr die Anfrage des Oberst Heinhel erhielt, ob der Abmarsch des Bataillons zur Vermeidung eines nächtlichen Straßen-kampfes nicht bis zum nächsten Tage verschoben werden dürfte. Er gab dem Bataillon den Befehl, durch die Porta nuova, welche weniger Wider-stand leisten konnte, abzumarschiren, während er selbst, von der Finsterniß begünstigt, durch die rückwärtigen Gärten seiner Wohnung in die Kaserne S. Agostino eilte. Von hier aus ließ er den Major Kussenih durch eine Kompagnie befreien und versuchte in eigener Person die Konzentri-rung des in drei Kasernen und auf vielen Wachposten zerstreuten Grenz-Bataillons zu bewirken, was aber ungeachtet der angestrengtesten Bemü-hungen nicht gelang. Am 20. drei Uhr morgens eilte der Erzherzog, dessen Gefangennahme die Insurgenten bereits beschlossen hatten, nach Brescia, wobei es dem Gendarmerie-Oberlieutenant Conte Naldi gelang, deren Aufmerksamkeit sowohl in Bergamo als auch auf dem Wege nach Bres-cia, zu täuschen.

Das Bataillon des Regiments E. H. Sigmund langte am Morgen des 22. vor Gorgonzola an, welcher Ort jedoch durch Abgrabungen und Verrammlungen zu kräftigem Widerstande bereit schien, es sah sich deßhalb genöthigt, die Hauptstraße zu verlassen und seinen Marsch über Vornago und Carugate Anfangs gegen Monza fortzusehen; später bog es aber auf Feldwegen gegen Loretto ein und langte am Abende vor Porta Orientale an. Was dieses brave italienische Bataillon in Mailand geleistet, haben wir bereits gesehen.

Noch müssen wir eines schönen Zuges von Anhänglichkeit und auf-opfernder Liebe erwähnen. Als nämlich das Bataillon nach Ueberwin-dung aller Hindernisse in Fornaci Halt gemacht hatte, suchte der Fou-rierschüh Salaorni vergebens nach seinem Dienstherrn — dem als schwer verwundet zurückgebliebenen Oberstlieutenant Baron S ch n e i d e r; ungeachtet aller Vorstellungen beschloß er augenblicklich denselben aufzusuchen, aber auf seinem Rückwege nach Brescia, in Canonica von Insurgenten umrungen, wurde er nach mehreren gewagten Versuchen zum Aufgeben seines Vorhabens gezwungen.

Am 21. Morgens erneuerten die Insurgenten ihre Angriffe auf das in Bergamo zurückgebliebene Grenz-Bataillon, dem es erst am folgenden Tage gelang, in der Kaserne S. Agostino seine Vereinigung zu bewirken, woselbst auch eine Kompagnie E. H. Sigmund-Infanterie aus der Kaserne S. Giovanni eintraf. Ein besonderes Verdienst um die Sammlung der zerstreuten Grenzer-Abtheilungen, erwarb sich der in der Kaserne Farra als Transports-Sammelhaus-Kommandant zurückgebliebene Lieutenant P a s q u a l i von Geppert-Infanterie, welcher mit Muth und genauer Lokalkenntniß die einzelnen Abtheilungen nach dem angegebenen Sammelplatze führte. Nicht minder zeichnete sich Korporal C v i a n o v i ć von den Szluinern, bei dieser Gelegenheit aus. Er hatte der in der S. Agostino-Kaserne bequartirten Kompagnie von E. H. Sigmund, den Befehl zum Abmarsche zu bringen; auf dem Wege dahin wurde er von den Insurgenten überfallen und in ein Kreuzfeuer gebracht, dennoch vertheidigte er sich mit großer Tapferkeit. Obgleich bereits aus sechs Wunden blutend, kämpfte er muthig fort und schlug sich an der Spitze seiner Patrouille durch den Feind bis in die erwähnte Kaserne.

Bald nach dem Abmarsche der Kompagnie aus dieser Kaserne, wurde das unter Feldwebel K l e u t h zum Schutze des Aerarialgutes dort zurückgelassene Detachement von allen Seiten durch die Insurgenten angegriffen, diese aber von dem kleinen Häuflein wiederholt mit Verlust zurückgeschlagen. K l e u t h, welcher selbst mit einigen Mann einen Ausfall wagte, wußte durch Wort und Beispiel seine Mannschaft zu begeistern und zur hartnäckigsten Vertheidigung der Kaserne zu ermuthigen, bis es endlich den Angreifern gelang, durch Uebersteigen der rückwärtigen Gartenmauer in Masse einzudringen und die Besatzung gefangen zu nehmen. Unter Mißhandlung von der erbitterten Rotte, ermahnte dieser wackere Feldwebel auch jetzt noch die Mannschaft an ihren Fahneneid.

Die Insurgenten, welche alle Zugänge der Kaserne S. Agostino mit großer Uebermacht besetzt und dadurch jeden Versuch zur Verpflegung vereitelt hatten, ließen schon am 21. Nachmittags den Major Kussenitz zur Niederlegung der Waffen gegen freien Abzug, Geld- und Natural-Verpflegung, auffordern. Nachdem dieser Antrag zurückgewiesen war, vermittelte am andern Tage eine Deputation eine Konvention, welche der Truppe freien Abzug nach Verona mit Waffen, Gepäck, Verpflegung und Transportsmitteln zusicherte. Bis zur Erfüllung dieses Versprechens behielt der Major die beiden Deputirten (einen Advokaten und einen Fabriksbesitzer) als Geißeln zurück. Die Insurgenten aber, um deren Loos sich wenig kümmernd, ließen mit der die ganze italienische Erhebung so charakterisirenden Treulosigkeit, die in der Konvention festgesetzte Stunde verstreichen, ohne zu ihrer Erfüllung Miene zu machen.

Um zwei Uhr Nachts wurde der nun auf Vorschlag des Hauptmanns Reznicek gefaßte kühne Entschluß: den Ausweg zu erkämpfen, mit geringem Verluste unter unausgesetztem Feuer ausgeführt und hierauf der Marsch durch die Porta S. Lorenzo, nach Entwaffnung der dort aufgestellten Insurgenten-Abtheilung, gegen Verona angetreten. Am 25. vereinigte sich die Kolonne, deren Führung der bereits genannte Lieutenant Pasquali übernommen hatte, auf der Haide von Montechiaro mit 3 Eskadronen Kaiser-Uhlanen aus Cremona unter Oberst Gravert. Da alle Brücken abgebrochen waren, mußte sie bei diesem Orte die Chiese durchwaten; kaum hatten die Einwohner dieses Städtchens die Truppe im Wasser erblickt, als sie auch schon alle Schleusen öffneten. Mehrere von der Mannschaft und den Pferden ertranken und ein Offizier der Grenzer wurde von diesen Feiglingen in dem Augenblicke erschossen, als er das steile Ufer erkletterte.

**Brescia, Rocca d' Anfo.**

In Brescia traf die Nachricht von den Ereignissen in Wien vom 15., so wie jene vom Aufstande in Mailand, in der Nacht vom 18. auf den 19. ein. Nun warf man auch hier die Maske ab; kaum war der Tag angebrochen, so verkündeten auch schon Redner und gedruckte Programme dem Volke die zu erzwingenden Forderungen, die Municipalität beschloß nebst der Errichtung einer Guardia civica die weiteren Maßregeln, trikolore Fahnen kamen auf den Straßen zum Vorschein. Feldmarschall-Lieutenant Fürst Carl Schwarzenberg, Truppen-Divisionär in Brescia,

wiewohl ohne genaue Kenntniß über die eigentliche Ursache dieser Aufregung, traf die zur augenblicklichen Verwendung der Truppen geeigneten
Dispositionen, wurde aber durch den Delegaten, der sich mit seiner Amts-
autorität für die baldige Herstellung der Ruhe verbürgte, am energischen
Einschreiten gehindert. Er begab sich jedoch in die Kaserne St. Giulia,
versammelte dort alle Truppen-Kommandanten und Militär-Beamten,
konsignirte die Truppen und ließ durch Anschlagzettel die Einwohner zur
Ruhe verweisen. Die Rettung der auf der Hauptwache in Verwahrung
gewesenen ärarischen Kassen war nur der Entschlossenheit der beiden Gemeinen Barbieri und Pederzini von Haugwitz-Infanterie, zu danken, indem sie diese bei ihrer Ueberführung in obbenannte Kaserne gegen
eine anstürmende raubgierige Horde mit Aufopferung vertheidigten.

Durch mehrere zum Fürsten abgeschickte Deputationen, welche ihn
der treuesten Anhänglichkeit an das Kaiserhaus versichern sollten, suchte
der Municipalrath einen Angriff auf die Stadt einstweilen zu verhindern,
denn man wollte Zeit gewinnen, um über die Vorgänge in Mailand und
den übrigen Städten nähere Details zu erhalten. In gleicher Lage befand
sich Fürst Schwarzenberg, auch er wünschte über die dortigen Ereignisse einige Kenntniß zu gewinnen, bis ihm am 21. Früh halb acht Uhr
der von Bergamo anlangende Erzherzog Sigmund die sichere Nachricht
überbrachte, daß Mailand seit 18. im Aufstande, und der Feldmarschall
in die Nothwendigkeit versetzt sei, Verstärkungen an sich zu ziehen. Nun
übernahm der Fürst, ohne auf die Zivilbehörde weiter zu hören, volle
Selbstständigkeit. — Drei Wege boten sich ihm: entweder Brescia zur
Ruhe zu zwingen; zur Verstärkung der schwachen Garnison nach Peschiera,
Mantua oder Verona aufzubrechen, oder endlich dem Feldmarschall entgegen zu rücken. Er entschied sich für das Letztere. Der Marsch gegen
Mailand konnte aber erst am andern Tage angetreten werden, da am 22.
ein großer, für die Garnison von Mailand bestimmter Munitions-Trans-
port von Verona in Brescia eintreffen sollte.

Der Fürst befahl den Ankauf von Lebensmitteln auf zehn Tage für
die Garnison, für die Besatzung des Kastells aber auf möglichst lange
Dauer; zugleich ließ er durch einen, der Sprache kundigen Offizier der
Municipalität die Zusicherung geben, daß die getroffenen Maßregeln nur
den Schutz der ruhigen Bürger und die Aufrechthaltung der Militär-

Autorität zum Zwecke haben. Eben so bewilligte er zur beſſern Beſchwich-
tigung des Volkes, die Vertheilung der im Arſenale vorräthigen Gewehre
an die eingeſchriebenen Bürgergarden.

Oberlieutenant Röggla von Kaiſer-Jäger, welcher auf der Durch-
reiſe nach Mailand, ſchon außerhalb Brescia von bewaffneten Banden angefallen und nun vom Fürſten Schwarzenberg zu Ordonnanzdienſten
verwendet wurde, traf, auf die Municipalität geſchickt, daſelbſt mit den
an die Leiter der Bewegung aus Mailand angelangten Eilboten zuſam-
men; ſeinem klugen Benehmen gelang es die aufgeregte Verſammlung
zur Ruhe und Mäßigung zu beſtimmen, ſo zwar, daß der Redner, welcher
das nach dem Platze ſtrömende Volk bereits haranguirte, nun der aus
dem Saale erhaltenen Weiſung gemäß, daſſelbe im Namen der Stadt
Mailand ermahnte, mit Ruhe und Geduld die Freiheit zu erwarten, welche
jetzt nur durch ſchweren Kampf zu erlangen wäre.

Im Laufe des Nachmittags ging der Fürſt ſelbſt auf die Municipalität, um die Stadt zur ferneren Erhaltung der Ruhe aufzufordern. Bald
darauf erfolgte das Zeughaus hundert (unbrauchbare, zahnloſe) Gewehre
an die Bürger.

In der Nacht beſchloß die revolutionäre Junta, welche Nachricht von
den in den meiſten Orten bereits getroffenen Widerſtandsvorkehrungen
erhalten hatte, am kommenden Tage angriffsweiſe aufzutreten, — ſie rief
daher das Volk zu den Waffen, verſuchte die Soldaten des italieniſchen
Bataillons auf den Wachen und in den Kaſernen durch Emiſſäre zum
Treubruche zu bewegen, und ließ die Thürme und Thore der Stadt durch
bewaffnete Abtheilungen beſetzen. In dieſer Verfaſſung erwarteten die
Brescianer den 22.

Feldmarſchall-Lieutenant Fürſt Schwarzenberg, noch immer
ohne Nachricht von dem bereits erwähnten Munitions-Transporte, ſendete
dieſem mit Tagesanbruch einen Zug König von Baiern-Dragoner unter
Lieutenant Raabl und die 12. Kompagnie von Prinz Hohenlohe-
Infanterie unter Kommando des Hauptmanns Fürſten Hohenlohe nach
St. Eufemia entgegen; es mußte ſomit Alles aufgeboten werden, den
nahen Sturm bis zum Eintreffen dieſes Transportes zu beſchwören. Der
deßhalb wieder auf die Municipalität geſchickte Oberlieutenant Röggla,
welcher zur Beſeitigung jeder feindlichen Abſicht, durch die im höchſten

Grade aufgeregte Stadt, ohne Begleitung ging, fand den Rathssaal und alle Räumlichkeiten des Stadthauses mit dem Revolutions-Klub und zahllosen Bewaffneten angefüllt. Man schien den Offizier nicht einmal zu bemerken, denn man ertheilte in seiner Gegenwart Befehle, und las unter anderen Berichten auch jenen über die Katastrophe von Cremona vor. Endlich gelang es nach längerem Warten, den Präsidenten zu bewegen, einen aus zwei Mitgliedern der Versammlung bestehenden Ausschuß, in die Kaserne St. Giulia ihm folgen zu lassen. Als sie den Rathssaal verließen, wurden schon Barrikaden gebaut und es fielen einzelne Schüsse. Glücklich hatten sie die beiden ersten Barrikaden überschritten, aber bei der dritten, welche von einer starken Insurgenten-Abtheilung besetzt war, angelangt, sprang der Anführer dieses Gesindels, als er des Oberlieutenants ansichtig wurde vor, und schlug seine Doppelflinte in einer Entfernung von wenig Schritten auf den Offizier an. Röggla blieb gelassen stehen und faßte den Rebellen scharf in's Auge; dies machte ihn unschlüssig und einige seiner Genossen fanden Zeit, das Gewehr abzulenken und den Tollen zur Mäßigung zu bestimmen.

Unterdessen erhielt der Fürst auf unbekanntem Wege eine Depesche des Feldmarschalls, in welcher die Befolgung aller nicht von ihm selbst unterfertigten Befehle untersagt, und das Dekret des Vicepräsidenten Grafen O'Donell, die Errichtung von Nationalgarden betreffend, annullirt wurde.

Da eine längere Zögerung gegenüber des bereits ausgebrochenen Aufstandes die Garnison in nachtheilige Straßenkämpfe verwickelt, ja vielleicht sogar am Abmarsche verhindert hätte, ließ nun Fürst Schwarzenberg die drei Allarmschüsse geben. Hierauf ging er dem Bataillon des Infanterie-Regiments Graf Haugwitz, welches sich längs den Bastionen mit den übrigen zunächst der Porta Torrelunga disponirten Truppen vereinigen sollte, entgegen. Anderthalb Kompagnien dieses Bataillons hatten bereits treulos ihre Fahnen verlassen und den eigenen Bataillons-Kommandanten Major Baron Wimpffen gefangen genommen, während es dem tüchtigen Hauptmann Hoffer gelang, die andern fünfthalb Kompagnien noch vereint zu halten. In diesem kritischen Augenblicke, wo das böse Beispiel leicht Nachahmung finden konnte, langte Fürst Schwarzenberg beim Bataillon an; er ergriff dessen Fahne und, indem er sie hoch empor hielt, rief er demselben zu: „Kennt Ihr den Adler, welchen ich hier in der Hand halte, den Ihr geschworen habt zu vertheidigen und nie zu verlassen? Wollt Ihr ausharren als brave Soldaten bei ihm und mit uns? Wollt Ihr treu bleiben dem Kaiser, den man verläumdet? Wollt Ihr erhalten den guten Namen des Regimentes, dem Ihr angehört? — Wer nicht mit uns will, trete aus, er gehe ganz ohne Furcht, er ist frei! — Geht Niemand?" — „Nein! Nein! wir bleiben Alle," rief einstimmig die Mannschaft, und mit klingendem Spiele marschirte die Truppe nach dem Allarmplatz.

Kaum waren die Allarmschüsse gefallen, als auch von allen Thürmen der Sturm zu rasen begann. Nun ordnete der Fürst den Abmarsch der Garnison an, welcher außerhalb der Porta Torrelunga anfangs unter den Wällen der Stadt vorbei, bis zum Thore S. Nazzaro, von den Insurgenten aus den nächsten Häusern stark belästigt, ausgeführt wurde, daher ein halbes Bataillon Hohenlohe unter Kommando des Majors Fürsten Bentheim auf die Wälle beordert, diese säubern und den Marsch der Kolonne decken mußte.

Der Fuhrwesens-Gemeine Wieser war beauftragt eine Haubitze aus dem Kastell zur abmarschirenden Batterie zu bringen; in der Straße angefallen, nahm die Bedeckung zwei Barrikaden, bei der dritten aber, durch die feindliche Uebermacht hart bedrängt, mußte sie das Geschütz den Rebellen preisgeben. Da Wieser, auf sich selbst beschränkt, für dasselbe keinen Ausweg mehr sah, machte er schnell seine Pferde los, sprengte im heftigsten feindlichen Kugelregen mit diesen durch die Straße und übersetzte noch zwei Barrikaden. Sein von Kugeln durchlöcherter Czako und Mantel, so wie das zerschossene Geschirr waren Zeugen seines Muthes und der Gefahr, in der er sich befand.

Eben so zeichneten sich an diesem für die Garnison von Brescia so verhängnißvollen Tage, Korporal Augenhammer und Gemeiner Maier von Baiern-Dragoner rühmlich aus. Vom Fürsten gegen Porta Milana zur Rekognoscirung, ob diese von den Truppen noch besetzt sei, abgeschickt, wurden sie in der Nähe des genannten Thores von den Insurgenten mit einer Decharge empfangen, worauf Maier's Pferd, von zwei Kugeln tödtlich getroffen, zusammenstürzte. Korporal Augenhammer verläßt jedoch den Gemeinen nicht, sondern Beide, der Eine zu Fuß, der Andere zu Pferd, schlagen sich mit großer Bravour durch einen Haufen von Rebellen und erstatten die Meldung über das Vorgefallene.

Wachtmeister B a t s ch a n d a desselben Regiments, eilte noch im letzten Augenblicke des Abmarsches, mit einer Abtheilung von 10 Mann in die Kaserne St. Marta zurück, um von den ärarischen Geldern noch so viel als möglich zu retten. Dort angelangt, erfaßte er einen Sack mit 300 Gulden in Silber und brachte denselben, ohne auf Rettung seiner eigenen Baarschaft, die er zurückließ, zu denken, unter einem Hagel von Projektilen aller Art und von den Insurgenten verfolgt, glücklich zur Eskadron.

Gegen das halbe Bataillon des Fürsten B e n t h e i m eröffneten die Insurgenten aus den dem Walle nächsten Häusern ein mörderisches Feuer, so daß dasselbe bald mehrere Todte und über 20 Blessirte zählte. Es entspann sich bei Porta S. Alessandro, welche von der Avantgarde der äußeren Kolonne irrthümlich für Porta S. Nazzaro gehalten wurde, ein lebhaftes Gefecht, in welchem die eigene Batterie das Thor zum Durchmarsche des obigen halben Bataillons zu öffnen suchte. Da dieses immer fechtend, mittlerweile größtentheils schon gegen das Thor S. Nazzaro passirt war, so besetzten die Insurgenten die zunächst der Porta S. Alessandro gelegenen Häuser und belästigten von hier aus sowohl den Rücken des Bataillons, als auch die Hauptkolonne selbst.

Zur Vermeidung zweckloser Menschenverluste sah sich letztere genöthigt, bei Porta S. Alessandro in die Straße von Cremona abzulenken und konnte ihren Marsch erst bei Traverso wieder in der vordisponirten Richtung gegen Orzinovi fortsetzen. Sie bestand aus 4½ Kompagnien Haugwitz-, 6 Kompagnien Hohenlohe-Infanterie, einer Division König von Baiern-Dragoner und der sechspfündigen Fußbatterie Nr. 9. 3 Kompagnien Hohenlohe unter dem Major Fürsten B e n t h e i m befanden sich schon nach Passirung von Porta Nazzaro auf der Straße gegen Orzinovi; 2 Kompagnien waren im Kastell in Brescia zurückgeblieben; eine Kompagnie und der Zug Dragoner, welche dem Munitions-Transporte entgegen geschickt wurden, fehlten noch).

Ehe wir von dem Bataillone des Fürsten B e n t h e i m scheiden, wollen wir noch des Feldwebels E r h a r d t von E. H. Franz Carl-Grenadier, gedenken. Derselbe hatte bereits ausgedient und war mit einem

Transporte auf dem Marsche von Mailand in seine Heimat begriffen; da aber die Verbindung mit Verona, bereits unterbrochen war, so mußte auch er in Brescia zurückbleiben. Dem Bataillon Hohenlohe zugetheilt, machte er den Kampf mit besonderer Tapferkeit und Kaltblütigkeit mit und wußte durch seine wiederholte Aeußerung: „Jetzt, da es gilt für das allerhöchste Kaiserhaus zu kämpfen, nehme ich meine Entlassung nicht eher, als bis der Krieg beendet sein wird," nicht bloß seinen militärischen Geist zu zeigen, sondern hiedurch auch auf die übrige Mannschaft begeisternd zu wirken.

Um sieben Uhr Abends langte die Kolonne an der Mella-Brücke bei Pontegatello an, setzte um zehn Uhr Nachts ihren Marsch weiter und traf am 23. um halb fünf Uhr Morgens in Orzinovi ein, vor welchem Orte das halbe Bataillon des Fürsten Bentheim bereits seit ein Uhr Nachts lagerte. Am frühesten Morgen des andern Tages wurde der Marsch nach Crema fortgesetzt; in Offanengo erhielt Feldmarschall-Lieutenant Fürst Schwarzenberg durch Gendarmen Nachricht von dem Abmarsche der Garnison aus Mailand, ebenso daß Crema von der schwachen, aus einer Division Kaiser-Jäger und einer Division Baiern-Dragoner bestehenden Garnison noch besetzt sei. Die eiligst dahin entsendete Kavallerie-Division benachrichtigte letztere von dem Anmarsche der Kolonne. Während Fürst Schwarzenberg, welcher der Kavallerie bald gefolgt war, bei der Porta Serio einritt, kam gleichzeitig ein Offizier aus Lodi an, er brachte die Nachricht vom Anmarsche der Armee unter dem Feldmarschall, welche am 25. in Crema eintreffen werde. Den 24. um halb sechs Uhr rückte die Kolonne des Fürsten Schwarzenberg in diese Stadt ein.

Nach dem Abmarsche der Garnison von Brescia plünderte und zertrümmerte die entfesselte Volkshefe das ärarische Gut in den verlassenen Kasernen, Militärspitälern, Verpflegsmagazinen und im Arsenal; man feuerte aus den Fenstern auf einzelne, ihren abmarschirten Truppenkörpern nacheilende Soldaten und Patrouillen, ermordete sämmtliche Artillerie-Arbeits-Mannschaft, die alten Offiziere der Garnisons-Artillerie und die Thorwachen, welche sich gegen das anstürmende Volk im Arsenale eine Zeit lang heldenmüthig vertheidigt hatten; ein gleiches Schicksal erlitt eine Kavallerie-Patrouille im Verpflegsgebäude. Nur Wenigen gelang es diesem Blutbade zu entkommen, unter diesen, einem Gemeinen von Baiern-Dragoner, welcher ventre à terre durch das Thor S. Alessandro sprengte, nachdem er noch unweit desselben einen Krämer, der eben den kaiserlichen Adler eines Tabakverschleißes zertrümmerte, niedergeschossen hatte. Auch eine Patrouille von einem Korporalen und 4 Mann des nämlichen Regiments, entkam glücklich durch Porta S. Giovanni. In deren Nähe angelangt, wurde sie von der beim Thore aufgestellten Guardia mit einer Decharge empfangen; dieser Widerstandsversuch kam aber letzterer theuer zu stehen, denn schon in den nächsten Augenblicken fühlte sie die blanken Klingen der attaquirenden Dragoner — sie wurde zusammengehauen.

Am nämlichen Tage wurde eine provisorische Regierung eingesetzt, sämmtliche Kassen mit Beschlag belegt, Barrikaden in allen Gässen erbaut und durch zahlreiche Emissäre die Bevölkerung der größeren Orte zur Erhebung aufgefordert. Allgemein war der Jubel, denn man schien der Meinung, daß mit dem Abzuge der Garnison das große Befreiungswerk vollbracht sei!

Inmitten dieses heillosen Treibens konnte die im Kastell unter Kommando des Hauptmanns Leveling zurückgebliebene Division von Hohenlohe-Infanterie, am Abende des 22. ganz unangefochten mit Sack und Pack abmarschiren. Eben so gelang es dem unter dem Fürsten Hohenlohe nach St. Eufemia geschickten Kommando, welches diesen stark verbarrikadirten Ort nicht passiren konnte und in dem festen Geschützgußhause, wohin es sich zurückgezogen hatte, den Abmarsch der Garnison erfuhr, auf der äußeren Circumvallation der Stadt, obiger Division zu folgen. Beide Abtheilungen nahmen ihren Weg durch die Bal-Sabbia über Rocca d'Anfo und Trient und rückten am 4. April bei der Armee wieder ein.

Im Fort Rocca d'Anfo war der Korporal Tscherne der 12. Kompagnie von Hohenlohe-Infanterie mit einem Gefreiten und 17 Mann detachirt. Am 23. rückte eine bedeutende Anzahl Landleute gegen das Fort, Tscherne versammelte seine Mannschaft, zog sich in den oberen Theil des Forts und traf seine Vertheidigungsanstalten. Bald darauf erschien der Kommandant des Forts, Hauptmann Majocchi, und forderte das Detachement auf, die Waffen niederzulegen und das Fort zu verlassen, welchem Ansinnen Tscherne jedoch keine Folge leistete. Später erschien

der treulose Kommandant wieder und zwar in Begleitung des Ortsvor-
standes und versuchte wiederholt durch Versprechungen den Korporal mit
seiner Mannschaft zur Ablegung der Waffen zu bewegen, wobei er noch
bemerkte, daß sich die Besatzung nicht halten könne, indem ihr die Lebensmittel mangeln. Tscherne wies diesen schmählichen Antrag abermals
zurück und hielt sich, bis das Kommando des Fürsten Hohenlohe in
Rocca d'Anfo eintraf, dem er sich mit seinem Detachement anschloß.

**Crema.**

Hier gelangte die Revolte nach dem Abmarsche der 1. und 2. Division des 4. Bataillons Kaiser-Jäger nach Mailand, am 19. März Vormittags zum Ausbruche; die Garnison trat in Bereitschaft und Rittmeister
Graf Beckers von Baiern-Dragoner, welcher mit seiner Eskadron, vor
der Kaserne S. Agostino zum Abmarsche auf den Allarmplatz, aufgestellt
war, sah sich genöthigt, in einen Haufen Insurgenten einhauen zu lassen.
Diese zogen unter Vortragung einer dreifärbigen Fahne mit dem Rufe:
„evviva la repubblica!" gegen genannte Kaserne, Beckers verwies sie
zur Ruhe und forderte ihnen die Fahne ab, als sie aber diese verwei-
gerten, riß er sie dem Träger aus der Hand; es fielen mehrere Schüsse,
die den neben Beckers gestandenen Korporalen Tippner verwundeten,
bis endlich dem ganzen Auftritte eine von den Dragonern ausgeführte
Attaque ein schnelles Ende machte. Die Meldung von diesem Vorfalle bewog den Stadtkommandanten Major Grafen Coudenhove desselben
Dragoner-Regiments, sich mitten durch die lärmende Menge auf die Municipalität zu begeben, wo er sich von der schlechten Gesinnung der politischen Beamten Ueberzeugung verschaffte; er hatte denselben schon früher
bedeutet, daß, im Falle nicht spätestens bis eilf Uhr die Ruhe hergestellt
sei, energische Maßregeln ergriffen werden. Als diese Drohung erfolglos
geblieben war, befahl er die Besetzung seines Quartiers, wo sich die Kassen
und Monturs-Magazine befanden, so wie entsprechende Verstärkung der
Wachen an den Stadtthoren und schritt sofort zum Angriffe, welcher durch
die am Allarmplatze vereinigte Garnison gleichzeitig nach drei Seiten unternommen wurde. Mit Schüssen und Steinwürfen aus den Fenstern und
von Dächern empfingen die an Zahl sich immer mehrenden Insurgenten
die vorrückenden Kolonnen; aber die braven Tiroler-Jäger erwiederten das

Feuer so wirksam, daß Fenster und Dächer bald gereinigt waren, indessen die Kavallerie in die renitenten Haufen einhieb, dieselben bis auf den Domplatz drängte und erst unter der Kolonnade des Domes eine gedeckte Aufstellung fand.

Als das Feuer der Insurgenten zum Schweigen gebracht war, ließ Major Graf Coudenhove eine Abtheilung Jäger und Dragoner unter Kommando des Lieutenants Grafen Schaffgotsche, vor das Munici-palitäts-Gebäude rücken, aus dem während des Straßenkampfes die meisten Schüsse gefallen waren, und den Podestà zu sich bescheiden. Demselben befahl nun Graf Coudenhove die Veröffentlichung einer Proklama-tion, welche die Einwohner unter Androhung der Todesstrafe zur Ablie-ferung aller Waffen bis längstens fünf Uhr Nachmittags aufforderte; bis dahin blieb die Stadt zweckmäßig besetzt, die Stadtthore wurden geschlos-sen und Patrouillen durchzogen die Gässen. Eben so gelang es die Serio-Brücke zu erhalten, wobei sich der thatkräftige Rittmeister Graf Forgács ein besonderes Verdienst erwarb.

Auf die Anzeige über die Ereignisse in Crema, beorderte der Stadt-Kommandant und Truppen-Brigadier in Lodi, General-Major Erzherzog Ernst, eine Division von Geppert-Infanterie und 2 Kanonen der Ka-vallerie-Batterie Nr. 4 eiligst dahin, welche Verstärkung nunmehr zur gänzlichen Pazifizirung und Ueberwachung der bereits eingezogenen Un-ruhestifter genügte.

Am 21. brachte der aus Crema in's Hauptquartier nach Mailand geschickte Rittmeister Fürst Bentheim die erste Nachricht von den dorti-gen Ereignissen. Dieser Offizier wurde auf seinem Courierritte von den ihn begleitenden Gendarmen verrathen und dem Landsturme förmlich in die Hände geliefert; nur im Carrière gelang es ihm durch Melegnano und auf der Straße selbst, wo er noch mehrere Male angegriffen wurde, unter dem heftigsten Feuer aus allen Fenstern, den Weg nach dem Kastelle zurückzulegen. Schon nach wenigen Stunden vom Feldmarschall zu-rückgeschickt, mußte er dieselbe Strecke unter noch schwierigeren Verhält-nissen durchreiten, konnte bei der mittlerweile ausgebrochenen Empörung, das schon verbarrikadirte Melegnano nicht mehr passiren, sah sich daher gezwungen durch das Dickicht der Kulturen, unter den mißlichsten Umstän-den zu Pferd, Kommunikationen aufzusuchen, den Ort zu umgehen und den in dieser Jahreszeit hoch angeschwollenen Lambro zu durchschwimmen. Nur seiner großen Besonnenheit und einem besonderen Glücke, hatte Fürst Bentheim seine Rettung und sein Wiedereintreffen in Crema zu danken.

### Lodi.

Auch in Lodi hatte sich ein Comité gebildet, das die Regierung zu usurpiren suchte, man wollte sich mit den Waffen in der Hand, dem Abmarsche der nach Crema und Mailand zur Verstärkung der dortigen Garnisonen beorderten Truppen widersetzen. Doch war der Stadt-Kommandant General-Major Erzherzog Ernst noch Herr seiner Stellung geblieben; er hatte bereits die Brücke über die Abda mit dem Gros der Truppe besetzt, der geringere Theil hielt die Stadt.

Während des Tumultes am 19. März wurde der Brigade-Adjutant Oberlieutenant Fischer von Baiern-Dragoner, verwundet, vom Volke umrungen, schwebte er bereits in augenscheinlicher Lebensgefahr; dies bemerkend stürzt sich Oberlieutenant Eccher von Kaiser-Jäger, mit gezogenem Säbel auf jene Rotte und befreit durch einige kräftige, nach beiden Seiten ausgetheilte Hiebe seinen am Boden liegenden Kameraden.

Am andern Tage erhielt der Erzherzog durch den Korporalen Derocchi von Geppert-Infanterie, die Nachricht von dem gleichzeitigen Ausbruche der Revolte in Pizzighettone. Dieser Korporal wurde mit dem Gemeinen Castelli, vom Hauptmann Weißmann aus letzterem Orte mit der Meldung über die dortigen Vorfälle nach Lodi geschickt, auf dem Wege jedoch von Insurgenten aufgehalten und eingesperrt. Derocchi wußte die Depesche zu verstecken und um seinen Landsleuten allen Verdacht zu benehmen, schaffte er für sich und seinen Begleiter dreifärbige Kokarden an. Diese List gelang vollkommen — man entließ Beide ihrer Haft und schon im nächsten günstigen Augenblicke sah man sie auf der Flucht gegen Lodi.

### Piacenza, Pavia, Cremona.

In Piacenza erlangte die Haltung des Volkes erst am 22. März einen drohenden Charakter; wie überall trat auch hier die Guardia civica mit ihren ungereimten Forderungen auf. Der Festungs-Kommandant Oberst Baron Haen sah sich hiedurch genöthigt, das 2. Bataillon Rukavina-Infanterie unter Major von Wutzel, die Uhlanen-Division und das Platz-Kommando in die Citadelle zu ziehen, während das 1. Bataillon Rukavina unter Oberstlieutenant Keßler, in der Kaserne konsignirt blieb, wo sich auch der Regiments-Kommandant Oberst Theissing befand. Am andern Tage erhielt die Besatzung Befehl, Piacenza zu räumen und über Cremona den Truppen des Feldmarschalls zu folgen. In Maleo (zwei Miglien vor Pizzighettone) vereinigte sie sich mit dem unter Oberst von Benedek aus Pavia kommenden Infanterie-Regimente Graf Gyulai.

In Cremona, wo man die Fahne des Aufruhres bereits aufgepflanzt hatte, gelang es der Umsturzpartei die dortige Garnison, nämlich das 1. und 2. Bataillon E. H. Albrecht — und das 3. Bataillon Graf Ceccopieri-Infanterie mit Ausnahme des größten Theiles der Offiziere und mehrerer deutscher Chargen, zum Treubruche zu bewegen, wodurch auch die sechspfündige Fußbatterie Nr. 7 in die Hände der Insurgenten fiel. Den Offizieren der abgefallenen Bataillone sollte nach der mit der Stadt abgeschlossenen Convention freier Abzug nach Tirol gestattet sein, die Brescianer jedoch, welche sich durch einen Pact von Cremona nicht gebunden glaubten, hielten diese Offiziere unweit Desenzano an und schleppten sie als Gefangene nach Brescia. Die in Cremona gestandenen 3 Escadronen von Kaiser-Uhlanen hatten sich unter ihrem Oberst von Gravert muthig durchgeschlagen und den Rückzug in der Richtung nach Montechiaro genommen, wo sie sich, wie wir bereits gesehen haben, mit dem aus Bergamo angekommenen Szluiner-Grenz-Bataillone vereinigten.

## Venedig.

Hier hatten namentlich die höheren Klassen der Gesellschaft durch gezwungenes Nichterscheinen im Theater, durch das Tragen der Nationalfarben und der weißen Schnalle vorne am Hute, dann der sogenannten Spitzbärte à la Pio nono, ihre Unzufriedenheit seit einiger Zeit an den Tag gelegt, die in den Versammlungen des Athenäums und der Provinzial-Kongregation ihre Sprecher fand.

Das Festungs-Kommando, auf eine damals schon mögliche Schilderhebung gefaßt, erließ neue Allarm-Dispositionen, die Kasernen wurden für einen etwa bevorstehenden Häuserkampf mit Brechstangen, Fackeln und Laternen versehen und denselben eine Anzahl Schiffe mit den erforderlichen

Ruderern beigestellt. Letztere Verfügung wurde jedoch einige Tage vor
Ausbruch der Empörung wieder aufgehoben, was sehr gefährlich werden
konnte, denn, wenn die Ruderer auch keine verläßlichen Leute waren, so
hätte es doch nie an Transportmitteln gemangelt. Von Seite der Militär-
behörde war zwar eine geheime Conskription aller in der Nähe der Kasernen
befindlichen Schiffe angeordnet, aber man wußte auch diese Maßregel durch
Entfernung der Ruder zu vereiteln.

In der Nacht auf den 17. hatte der Gouverneur Graf Palffy die
Nachricht von den kaiserlichen Entschließungen des 15. erhalten, deren nähere Details das Triester-Dampfboot um eilf Uhr Vormittags brachte.
Nun füllte sich der Markusplatz mit größtentheils zusammengerafftem
Volk unter dem Vorwande, dem Gouverneur seine Freude über diese Errungenschaften zu bezeugen. Graf Palffy ließ sich herbei das Gesindel zu begrüßen, das hiedurch kecker gemacht, die Freilassung von vier wegen ihren
republikanischen Gesinnungen verhafteten Subjekten — darunter Manin
und Tomaseo — begehrte. Palffy willigt in diese Forderung, das Volk
trägt die beiden Genannten auf den Schultern nach dem Marcus-Platze,
wo Manin's Revolutionspredigt mit Enthusiasmus aufgenommen wird.
Dreifarbige Kokarden, Bänder und Fahnen kommen zum Vorschein und
unter dem Rufe „Evviva l'Italia!" wird die Trikolore auf den drei großen Mastbäumen vor dem Dome aufgezogen, während einzelne Männer,
die sich als Volks-Abgesandte ausgeben, bis in die Gemächer des Gouver-
neurs dringen und dadurch denselben nöthigen, die bewaffnete Macht aufzubieten.

Um ein Uhr erhält das Regiment Graf Kinsky Befehl zum Aus-
rücken; der Kommandant dieses Regiments Oberst Baron Bianchi und
der Brigadier General-Major von Culoz eilen zum Gouverneur, wo sie
den Festungs-Kommandanten Feldmarschall-Lieutenant Grafen Zichy finden. Die englischen Schiffe im Hafen hatten mittlerweile die festlichen
Flaggen aufgehißt. Das Gouvernements-Gebäude wurde nun durch die
Bereitschaft von Kinsky besetzt und Oberstlieutenant Baron Karg, welcher
mit einer Kompagnie dieses Regiments aus der Incurabili-Kaserne zu
Wasser anlangte, erhielt beim Aussteigen auf der Piazzetta Befehl,
die Fahnen von den Mastbäumen herabnehmen zu lassen. Kaiserkadet
Garlik kletterte freiwillig auf einen derselben, aber es konnte ihm nicht

gelingen, die Fahne herabzureißen, dagegen schnitt er mitten im tobenden Volkshaufen, die Schnur einer andern Fahne ab.

Es war bereits drei Uhr, als die Alarmschüsse vom Hafenwachschiffe den übrigen Theil der Garnison — ein Bataillon Peterwardeiner-Grenzer, das italienische Grenadier-Bataillon Angelmayer, ein Bataillon Wimpffen-Infanterie und das 5. Garnisons-Bataillon — auf ihre Plätze riefen, auch einige kleine Schiffe der Kriegs-Marine legten am Ufer der Piazzetta an. Mit freudigem Zurufe begrüßte das Volk die Grenadiere. General von Culoz und Oberst Baron Bianchi, in Begleitung ihrer Adjutanten, der Oberlieutenants Calogerà und Duprée, suchten die Truppe zu erreichen, aber von einem Volkshaufen umringt, der unter Vorzeigen von Dolchen, nach Waffen schrie und die Entfernung der Truppen forderte, gelang es ihnen nur mit großer Anstrengung das Regiment Kinsky zu erreichen, in dessen Gliedern sie Schutz fanden.

Unterdessen waren einige Tumultuanten auf den Marcus-Thurm gestiegen, wo sie Sturm läuten wollten. Um dieß zu hindern, ließ Oberst Bianchi den Thurm durch Oberlieutenant Schaupp mit einer Abtheilung besetzen; als dieß das Volk gewahrte, fing es an, so stark gegen die beim Thurme unter Hauptmann Fürst aufgestellte Kompagnie zu drängen, daß dieser sich genöthigt sah, das Gesindel mit gefälltem Bajonnete bis unter die Bogengänge des Platzes zurückzutreiben. In dem Gedränge fiel ein Zivilist vom Schlage getroffen, todt zu Boden, das Volk benützte diesen Umstand, um seine Landsleute namentlich die Grenadiere aufzufordern, sich mit ihm zu vereinigen und diese Tyrannei zu rächen, indem es ihnen zurief: „Guardate granatieri, il vostro fratello è morto, imitate i vostri bravi camerati a Vienna, questi non volevano far fuoco sulla povera gente non armata!" Aber die Mannschaft blieb theilnahmlos und die Leiche mußte durch's Zivil weggeschafft werden; an mehreren Seiten konnte man die Bemerkung hören: „Die Grenadiere sind brave Leute, müssen aber den Canaillen, ihren Offizieren folgen." Bald darauf bewegte sich von der Piazzetta her ein mit Stangen bewaffneter Volkshaufe gegen den Platz, den jedoch Oberst Baron Bianchi durch 5 Züge seines Regiments alsogleich absperren ließ. Gegen fünf Uhr erhielten die Truppen Befehl in die Kasernen wieder einzurücken, wo sie in Bereitschaft blieben. Am andern Tage begann das Volk das Pflaster auf dem

Marcus-Platze aufzureißen, man bewarf die Burgwache von Kinsky-Infanterie mit Steinen, eine Decharge von dieser hatte 5 Todte und mehrere Verwundete zu Folge. Nun verbreitete sich der Lärm durch die ganze Stadt, die Kaufläden wurden geschlossen und wieder donnerten die Kanonen am Wachschiffe, aber der Festungs-Kommandant, statt den Belagerungszustand auszusprechen, läßt sich nach einer Berathung mit dem Gouverneur, durch eine Deputation der Bürger bestimmen, die Ausrückung der Garnison zu verbieten. Die Truppen bleiben also in ihren Kasernen consignirt; noch mehr — die Deputation verlangt die Bewaffnung von 200 Bürgern, Aufrechthaltung der Ruhe und gesetzlichen Ordnung vorschützend. Zichy bewilligt auch diese Forderung, er unterschreibt den Befehl, daß die Garnison keine Nachtpatrouillen mehr zu geben habe, indem die Guardia civica diesen Dienst von nun an besorge, jedoch die von letzterer etwa geforderten Assistenzen beizustellen seien und befiehlt noch zuletzt, daß der Civica die militärischen Ehrenbezeugungen geleistet werden!

Um eilf Uhr Nachts brachte ein Dampfer aus Triest die offizielle Bestätigung der verliehenen Constitution, die der Gouverneur noch vor Mitternacht vom Balkon herab verkündet.

Unter Jubel verging der 19., welchen eine glänzende Illumination der ganzen Stadt beschloß. Die Mannschaft der italienischen Bataillone durfte aus der Kaserne gehen, und schon am Vormittage sah man die Soldaten der Marine, besonders Chargen, Arm in Arm mit Zivilisten, lärmend und singend die Stadt durchziehen, was Nachmittags auch von den übrigen italienischen Soldaten nachgeahmt wurde. Bei der Retraite jedoch fand sich sämmtliche Mannschaft mit Ausnahme jener der Marine in den Kasernen ein; letztere hatte die Erlaubniß über die ganze Nacht auszubleiben.

Auf dieselbe Weise verstrich der 20., an welchem Tage die Nachricht von dem Ausbruche der Revolution zu Mailand, eingetroffen war. Mit neuen Forderungen bestürmt am folgenden Tage die Nationalgarde den Stadt- und Festungskommandanten, man verlangt den Abzug der das Regierungs-Gebäude bewachenden Grenzer; Zichy willigt ein. Knirschend vor Wuth und Scham zieht diese Kompagnie ab, nur 50 Mann zurücklassend, die mit eben so vielen Nationalgarden den Wachdienst versehen, bald aber durch Grenadiere auch abgelöst werden.

Am 22. empörten sich die Arsenalotten und ermordeten auf eine grausame Weise ihren Oberst von M a r i n o v i ch. Selbst Vice-Admiral Ritter von M a r t i n i, von treulosen Untergebenen in's Arsenal gelockt, fällt als Gefangener einem Haufen Meuterer unter Manin's Anführung in die Hände; da erscheint Major Baron B u d a y, der Kommandant der Marine-Infanterie mit dem Reste seines Bataillons zur Befreiung seines Admirals. Nachdem er seine Mannschaft bei ihrem Eide aufgefordert, treu und tapfer die Sache ihres Kaisers und Herrn zu verfechten, führt er die kleine Schaar (kaum 200 Mann) zum Angriffe auf's Arsenal. Dort jedoch werden sie von dem zuströmenden Volke und der Nationalgarde mit dem Rufe: „Viva l'Italia! viva la Marina!" empfangen, und ein Offizier der leptern erklärt den Soldaten, daß sie von nun an nur der provisori-schen Regierung von Venedig zu gehorchen hätten. Umsonst erinnert jept B u d a y seine Leute an ihren Schwur, umsonst fordert er sie auf ihrer Pflicht treu zu bleiben, das Volk zu zerstreuen und mit ihm in's Arsenal zu dringen, schon hatten mehrere Offiziere die Degen versorgt und die Mannschaft, dies sehend, wollte keinen Schritt mehr vorwärts machen. Dadurch ermuthigt, forderte der Kommandant der Nationalgarde dem Major den Degen ab; mehrere seiner Soldaten, von denen er geliebt und verehrt wurde, umarmten und beschworen ihn, jeden weiteren nur frucht-losen Widerstand aufzugeben und dadurch sein Leben zu retten. „Es gab zwei Wege," sagt B u d a y selbst, „die mich aus dieser schrecklichen Lage befreien konnten: entweder feige meinen Degen abgeben, oder mit Ehren fallen. Ich war Gott Lob keinen Augenblick über die zu treffende Wahl in Zweifel" — und mit dem Rufe: „Es lebe der Kaiser, Soldaten ver-theidigt Euern Kommandanten!" stürzte er sich unter die Nationalgarden und bewaffneten Arsenalotten; — er sank mit acht Bajonnetstichen und drei Säbelhieben bedeckt zu Boden. Zwar hatte schon früher ein junger Mensch aus der wüthenden Volksmenge, nur einige Schritte von ihm ent-fernt, zweimal den schändlichen Versuch gemacht, durch einen Pistolenschuß den heldenmüthigen Offizier zu ermorden, aber jedesmal sein Ziel ver-fehlt. Nun wurde B u d a y als Gefangener in's Arsenal geschleppt; dort erst konnte man ihm den krampfhaft in der Hand gehaltenen Degen ent-reißen. Bewußtlos lag er hier durch viele Stunden, bis endlich ein auf der Wache befindlicher Chirurg so menschlich war, ihn zu verbinden. Hätte

Budat) nicht treulose Soldaten befehligt oder hätte nur ein kleiner Theil der in ihren Kasernen konsignirten steierischen oder kroatischen Truppen ihm zu Hilfe kommen können, so wäre Venedig vielleicht gerettet gewesen! —

Während dieser Vorgänge im Arsenal, begab sich eine Abordnung der Bürger zum Festungs-Kommandanten, der die unbegreifliche Schwäche hatte, jene unheilvolle Kapitulation (ohne Zuziehung des Artillerie- und Geniekommando's) zu unterzeichnen, welche Venedig mit all' seinen Forts, Batterien, Arsenalen und Schiffen den Händen der Rebellen überlieferte. So geschah das Ungeheure, das beinahe Unerhörte: eine große, feste Stadt wurde ohne Schwertstreich einem noch nicht einmal organisirten Volkshaufen übergeben!

Dieser schmachvolle Vertrag ist eine so wichtige Urkunde, daß wir ihn wohl nicht stillschweigend übergehen dürfen, wenn gleich er einen damaligen österreichischen Generalen brandmarkt, denn wo Schwäche zum Verbrechen wird, fällt jede Beschönigung mit Weichherzigkeit weg. — Die Kapitulation lautete also:

„Um Blutvergießen zu vermeiden, hat seine Exzellenz der Herr Graf Ludwig Palffy, Gouverneur der venetianischen Provinzen — als er von Seiner Exzellenz dem Grafen Giovanni Correr, Podestà von Venedig, den Municipal-Assessoren und andern hiezu abgeordneten Bürgern vernahm, daß dieser Zweck ohne die unten folgenden Bestimmungen nicht erreicht werden könne — indem er sich seines Amtes begab, welches er in die Hände Seiner Exzellenz des Grafen Ferdinand Zichy, Kommandanten der Stadt und Festung, niederlegte, auf's Wärmste demselben empfohlen, Rücksicht auf diese durch schöne Denkmale ausgezeichnete Stadt zu nehmen, für welche er stets die lebhafteste Zuneigung und loyalste Anhänglichkeit beurkundet hat. In Folge dessen hat der Herr Graf Zichy, von der Nothwendigkeit durchdrungen und im gleichen Wunsche, vergebliches Blutvergießen zu verhüten, mit den Unterzeichneten folgendes Uebereinkommen getroffen:

1. In diesem Augenblicke hört die Zivil- und Militärregierung sowohl zu Land, als zur See auf und wird in die Hände der provisorischen Regierung niedergelegt, welche eingesetzt und sofort von den unterzeichneten Bürgern übernommen werden wird.

2. Die Truppen des Regiments Kinsky, die Kroaten, die Landartillerie, das Genielorps werden die Stadt und alle Forts verlassen und in Venedig werden alle italienischen Truppen und Offiziere bleiben.

3. Das Kriegsmaterial jeder Art wird in Venedig verbleiben.

4. Der Transport der Truppen wird sofort mit allen möglichen Mitteln zur See stattfinden.

5. Die Familien der Offiziere und Soldaten, welche abgehen sollen, werden geschützt werden und die Transportmittel von der einzusetzenden Regierung erhalten.

6. Allen italienischen und nichtitalienischen Zivilbeamten wird für ihre Person, Familie und Vermögen Bürgschaft geleistet.

7. Seine Exzellenz der Herr Graf Zichy gibt sein Ehrenwort als letzter, zur Gewähr für die Vollziehung des Vorstehenden in Venedig zu bleiben. Ein Dampfboot wird Seiner Exzellenz für seine Person, sein Gefolge und die letzten noch zurückbleibenden Soldaten zur Verfügung gestellt werden.

8. Da sämmtliche Kassen hier bleiben sollen, so wird bloß das für die Bezahlung und den Truppentransport nöthige Geld ausgefolgt werden. Die Zahlung geschieht auf drei Monate.

Ausgefertigt in doppeltem Original. Graf Zichy, FeldmarschallLieutenant und Kommandant der Stadt und Festung; Francesco Dr. Beltrame, als Zeuge; Antonio Muzari, als Zeuge.

Wer mag es einer, durch einen so unblutig errungenen, so unerwarteten Erfolg übermüthig gemachten Volksherrschaft verargen, wenn sie im ersten Rausche ihrer Freude, mit derselben Tinte, womit sie obigen Vertrag unterzeichnet hatte, folgende pomphafte Proklamation erließ:

„Es lebe Venedig! Es lebe Italien! — Bürger! der Sieg ist unser und ohne Blut. Die österreichische Zivil- und Militärregierung ist entsetzt. Ruhm unserer Nationalgarde! Die Unterzeichneten, Euere Mitbürger, haben folgenden (nemlich obigen) Vertrag geschlossen. Eine provisorische Regierung wird eingesetzt und einstweilen haben die Unterzeichneten sich derselben unterziehen müssen. Der Vertrag wird heute in einer besondern Beilage unserer Zeitung veröffentlicht. Es lebe Venedig! Es lebe Italien! Unterzeichnet: Giovanni Correr, Luigi Michiel, Dataico Medin, Pietro Fabris, Giovanni Francesco Avesani, Angelo Mengaldo, Leone Pincherle."

Als dieser unheilvolle Vertrag abgeschlossen wurde, hielt Oberst Baron Bianchi mit 3 Kompagnien seines Regiments die Incurabili-Kaserne besetzt, 4 Kompagnien waren in der Gesuiti-Kaserne, 2 bildeten die Besatzung des Lido und 3 befanden sich nach den Forts S. Andrea, Alberoni und Malghera seit fünf Uhr Nachmittags unter Wegs; das Peterwardeiner-Grenz-Bataillon war in der Transportshaus-Kaserne bequartirt; die italienischen Bataillone Angelmayer-Grenadier, Wimpffen-Infanterie, das Garnisons-Bataillon und die Marine gehörten der provisorischen Regierung an. General von Culoz eilte mit der Nachricht vom Abschlusse der Convention in die Incurabili-Kaserne, wo er zugleich erklärte, daß er für seine Brigade, den ohne ihn abgeschlossenen Vertrag nicht anerkenne; mit Enthusiasmus ward diese Aeußerung aufgenommen. Dennoch konnte bei der Vereinzelung der treuen Truppen, der feindlichen Uebermacht, dem gänzlichen Mangel an Geschützen und dem geringen Munitions-Vorrathe, ohne alle Lebensmittel, an kein angriffweises Vorgehen gedacht, sondern nur getrachtet werden, Zeit zu gewinnen, bis eine Hilfe von Außen eingetroffen sein würde (man hoffte auf die Ankunft des Infanterie-Regiments Baron Fürstenwärther, das aber in Triest zurückbehalten wurde.)

Indeß hatten 2 von den zur Besetzung der Forts bestimmten Kompagnien S. Andrea und Alberoni anstandslos erreicht, aber die nach Malghera beorderte 12. Kompagnie traf erst spät Abends daselbst ein; der Strom der Lagune hatte die Schiffe auf größere Distanzen auseinander gebracht, so daß das erste anlangende Schiff zufällig jenes war, welches den Oberlieutenant Visconti mit 12 Mann und dem ganzen Gepäcke führte. Als dieser Offizier an's Land steigen wollte, war das Fort bereits durch eine starke Abtheilung Guardia und die in Mestre übergetretene italienische Garnisons-Truppe besetzt, welche ihn mit Gewehrfeuer empfingen; auch hatten die Ruderer, welche schon nach dem ersten Schusse die Flucht ergriffen, das Schiff an's andere Ufer des Kanals gestoßen, wo nun das kleine Detachement Schutz hinter der Brustwehr eines Außenwerkes fand. Korporal Kantner, der der Zweite mit 9 Mann anlangte, wurde ebenfalls mit Schüssen begrüßt. Als Dritter kam endlich Lieutenant Neuhauser; als aber die Gondoliers in das Feuer des Forts kamen, schnitten sie die Leine ab und überließen das Fahrzeug dem Wasser. Korporal Lowetz und Gemeiner Hoffer stürzten sich im feindlichen Feuer in die Lagune und zogen das Schiff an's andere Ufer, wo nun die Mannschaft ausschiffte und zum Angriffe geordnet wurde. Der Feind, welcher den Wall und das Wachzimmer der östlichen Kaserne besetzt hatte und von da aus sein Feuer auf die nun zum Sturme anrückende Truppe richtete, erwartete den Zusammenstoß nicht, sondern verließ das Wachzimmer, das sogleich von letzterer besetzt wurde. Mittlerweile war es auch dem Oberlieutenant Visconti gelungen, über den Kanal zu setzen, und eben wollten beide Offiziere die Einnahme des Forts beendigen, als sich denselben mehrere Nationalgarden näherten und ihnen bekannt gaben, daß in Venedig die Republik ausgerufen, der Festungs-Kommandant kapitulirt habe und das Fort Malghera bereits von Tau-senden besetzt sei.

Diesen zwar verdächtigen Nachrichten, welche aber durch die Guardia civica vorgebracht waren, an deren Verrath bei der Abfahrt der Kompag-nie, in Venedig noch Niemand dachte, meinten die beiden Offiziere doch einigen Glauben schenken zu können, es kam sonach eine Uebereinkunft zu Stande, nach welcher um weitere Befehle nach Venedig geschickt wurde und Kinsky die eine Kaserne besetzt hielt, während die Guardia civica in der andern blieb.

Oberlieutenant Giupponi, dessen Schiffe am weitesten zurück-geblieben, war noch während des Gefechtes eingetroffen, er hatte sich mit seinen 40 Mann als Reserve hinter dem Eisenbahndamme aufgestellt und rückte nun ebenfalls nach Malghera. Der Verlust der Kompagnie in die-sem Gefechte bestand in 2 Verwundeten.

In Folge eines in der Nacht aus Venedig erhaltenen Befehls räumte die Kompagnie das Fort und traf am 23. Früh wieder in der Gesuiti-Kaserne ein. Eben so rückten mehrere auf Inselwachen gewesene Posten in die Kasernen, dem Versammlungsorte Aller, die bei ihren Fahnen bleiben wollten. Dort wohnten auch von nun an General von Culoz, die Offiziere der italienischen Bataillone und die Militär-Beamten mit ihren Familien. Nur ein einziger auswärtiger Wachposten vom Regi-mente Kinsky fehlte noch; es war jener vom Pulverthurme der Insel S. Spirito. Korporal Gornig mit einem Gefreiten und 17 Mann nebst einem Feuerwerker befand sich dort als Wache, als zwei bewaffnete

Kanonenboote nahten; ein zur Republik übergetretener Marine-Offizier und ein seiner Fahne ebenfalls abtrünnig gewordener Grenadier-Feldwebel — letzterer als Dolmetsch — forderten nach bewirkter Landung unter Vorweisung eines in italienischer Sprache gedruckten, angeblichen Befehles vom Festungs-Kommando, den genannten Korporalen zur Uebergabe auf. Dieser jedoch weigerte sich solchem Ansinnen Folge zu leisten, indem er erklärte, seinen Posten ohne ausdrücklichen Befehl nie zu verlassen. Als ihm jedoch der Offizier drohte, Gewalt zu gebrauchen, erklärte Gornig weiter, daß er eher entschlossen sei, sich mit seiner Mannschaft in die Luft zu sprengen, als den Pulverthurm zu übergeben. Nun versuchte jener treulose Offizier die Mannschaft zum Abfalle zu bereden, aber Gornig trat dazwischen und erinnerte sie in windischer Sprache an ihre Pflicht und Soldatenehre; zugleich befahl er dem Verführer sich augenblicklich zu entfernen, widrigenfalls er ihn niederschießen wolle. Nach Erhalt eines so unerwarteten Bescheides entfernten sich die beiden Venetianer, mit der Versicherung, bald mit einem weitern schriftlichen Befehle zur Uebergabe des Postens zurückzukehren. Nach Verlauf einiger Stunden überbrachte ein anderer Marine-Offizier in Begleitung desselben Feldwebels den wirklichen Befehl zur Uebergabe. Gornig ließ sich jedoch erst auf die bestimmte Erklärung des anwesenden Feuerwerkers, daß die vorgezeigte Unterschrift echt sei, zur Uebergabe des Pulverthurmes herbei, verweigerte aber die geforderte Niederlegung der Waffen. Dem Marine-Offizier blieb unter solchen Umständen nichts Anderes übrig, als ihm und den Seinigen den Abzug mit voller Rüstung und Munition zu verbürgen, worauf denn auch die Uebergabe des Postens erfolgte.

In den Kasernen abgeschlossen, erwartete nun die Truppe die weiteren Ereignisse. General-Major von Culoz hatte, gleich nachdem er die Nichtannahme der Kapitulation erklärt hatte, um jede Kaserne einen kleinen Rayon von Vorposten ziehen lassen, innerhalb welchem die freie Bewegung gestattet war und dem gegenüber die Guardia civica ihre Wachposten aufgestellt hatte. So verstrichen unter gegenseitiger Beobachtung mehrere Tage in Ruhe, während welcher Zeit die Uebergabe der verschiedenen Aerarial-Güter ihren ungehinderten Fortgang nahm. Da man der Truppe sobald wie möglich los zu werden suchte, bewilligte man alle Forderungen; es wurde dieselbe mit Brot versehen, die auf der Hauptwache gewesenen fünf kaiserlichen Fahnen zurückgegeben, mehrere gefangen gehaltene Offiziere ausgeliefert, abgenommene Waffen und Rüstungen rückerstattet, die in Mestre mit Beschlag belegten Militär-Fuhrwerke überbracht und endlich auch der Abzug mit Waffen zugesichert. Da aber dem Generalen Culoz darum zu thun war, authentische Nachrichten vom Feldmarschall Grafen Radetzky und Feldmarschall-Lieutenant Baron D'Aspre zu erhalten, so hatte auch jede Bewilligung von Seite der provisorischen Regierung, eine neue Forderung von Seite der Truppe zur Folge.

Endlich erhielt man von D'Aspre's Abmarsch aus Padua nach Vicenza und der Kapitulation von Treviso Kunde; es fiel somit die letzte Hoffnung auf Hilfe und mußte nach siebentägigem Zögern in die Abreise gewilligt werden. Die Grenzer, die Artillerie und die Besatzung der Inseln wurden zuerst eingeschifft, zuletzt jene der Kasernen Gesuiti und Incurabili, welche nebst dem Generalen Culoz und mehreren Militär-Parteien am 28. März Abends auf einem Dampf- und 17 kleineren Segel-schiffen Benedig verließen. Unter den ihrer Fahne treu Gebliebenen befanden sich bei 300 Mann Italiener, nebst dem größeren Theile ihrer Offiziere.

Nach so langer peinlicher Lage war Alles froh, die Schiffe zu besteigen, obwohl Niemand wußte, wie es in den andern Provinzen aussehe; theils um die Truppe einzuschüchtern, theils um den Muth des Pöbels zu erhöhen, hatte man nämlich mehrmals Gerüchte von neuen Republik-Ausrufungen verbreitet, die wie natürlich beim Volke großen Enthusiasmus hervorriefen. So sollten namentlich Laibach und Triest die Republik proklamirt haben.

Am 29. Früh wurden die Anker gelichtet und unter dem Spiele der Volkshymne und ausgebreiteter kaiserlicher Flagge auf dem Vorderdeck des Dampfers, nach Triest gesegelt. Dort aber war keine Republik — weit hinaus in die See blickten die schwarzgelben Wimpel und der Ruf: „Evviva la fedeltà!" erquickte die Ankommenden.

### Treviso, Rovigo, Udine, Palmanuova, Cioppo.

Dem Beispiele Benedigs folgten auch die Städte der venetianischen Terra ferma. In Treviso, wo das 3. Bataillon Zanini-Infanterie, unter dem Major von Frank in Garnison stand, wurde die vom Kaiser bewil-

ligte Conſtitution am 20. publicirt und ſchon am Abende zog ein großer
Theil der Mannſchaft, beſonders Unteroffiziere mit den beinahe wilden
Horden des Pöbels, unter dem Ruſe: „viva l' Italia, viva Pio nono,"
durch die Straßen und zeigte ſo die Fraterniſirung mit der Volksbewe-
gung, für die man ſie ohne Zweifel ſchon ſeit langer Zeit bearbeitet
hatte. Dennoch behielt die Mannſchaft bis zum 23. den äußern Firniß
der Diſziplin, aber man konnte überzeugt ſein, daß bei einem Auf-
ſtande auf die Mannſchaft nicht mehr zu rechnen ſei, denn auch hier hatte
es die Zivilbehörde dahin gebracht, daß unter dem Vorwande der Be-
ſchwichtigung des Volkes und Erhaltung der Ruhe, den von der Nationalgarde beſtrittenen Patrouillen, kleine Abtheilungen zugewieſen, die Soldaten auf dieſe Art immer mehr und mehr der Militär-Autorität aus den
Händen genommen und dafür den Ueberredungsmitteln ihrer Landsleute
— Weiber, Wein und Geld — hingegeben wurden.

Auf die Nachricht, daß in Venedig die Republik ausgerufen ſei,
begab ſich noch am Abende des 22. eine Deputation zum Truppen-
Diviſionär Feldmarſchall-Lieutenant Grafen L u d o l f, der eben ſo
ſchwach wie Z i c h y, eben ſo willig eine Kapitulation mit den Aufrührern ſchloß, nach welcher auch hier das Militär der Revolution zur
Verfügung geſtellt wurde. Am 24. erfolgte die Uebergabe der ärariſchen
Kaſſen und ſonſtigen Gutes an die proviſoriſche Regierung. Statt
auf die genaue Einhaltung der Kapitulations-Bedingniſſe zu ſehen, reiſte
L u d o l f ab, deſſen Anſehen zwar zu Nichts herabgeſunken war, und
ſo geſchah es, daß die chevalereske Treviſaner-Regierung die Auszahlung
der bedungenen dreimonatlichen Gage an alle nichtitalieniſchen Offiziere
anfangs verzögerte und endlich ganz verweigerte. Auch ließ man dieſelben
nicht abreiſen, nur verkleidet gelang es den Hauptleuten von A l t h, Baron G u r e ß k y und S c h u l h e i m, ſobald ſie ſahen, daß das Regierungs-
Comité die Konventions-Bedingniſſe nicht erfüllen wolle, die Stadt zu
verlaſſen und ſich zur Armee zu ſchlagen. Die in Treviſo geſtandene Eskadron von Fürſt Windiſchgräß-Chevaur-legers marſchirte nach Görz. Die
Zurückgebliebenen wurden verhaftet und nach Verlauf eines Monats mei-
ſtens mit Zurücklaſſung ihrer Habe, ſammt ihren Familien nach Venedig
geführt, wo man ſie im Lazzaretto auf der kleinen Inſel S. Lazzaro größtentheils gemeinſchaftlich mit Fuhrweſens-Mannſchaft einſperrte.

In Rovigo, wo eine Division des 8. Jäger-Bataillons garnisonirte, kam die Revolte in dem Augenblicke zum Ausbruche, als eine andere Division dieses italienischen Bataillons, am Marsche von Polesella nach Vicenza, vor Rovigo erschien. Der Meineid dieser Truppen-Abtheilung, welche sogar ihren eigenen Kommandanten den Oberst Poschacher gefangen zurückhielt, zwang die ebenfalls in Rovigo gestandene Oberst 1. Eskadron Reuß-Hußaren unter ihrem umsichtigen Rittmeister Szalay nach Ueberwindung mannigfacher Hindernisse über Este, wo sich eine Division desselben Jäger-Bataillons und Rittmeister Baron Lazarini mit der wenigen Depots-Mannschaft an die Eskadron anschlossen, nach Vicenza zu marschiren.

Auch Udine proklamirte die Republik. Das hier und in Palmanuova stationirte 3. Bataillon des Regiments E. H. Victor d'Este machte gemeinsame Sache mit den Rebellen, wodurch die Festung Palmanuova mit 30 Geschützen, 15000 Gewehren und noch anderen Kriegsvorräthen, der Insurrektion in die Hände fiel.

Auf gleiche Weise ward die kleine Bergfeste Osoppo mit einem bedeutenden Pulvervorrathe dem Feinde überliefert.

### Ferrara.

Der offenbar an den Tag gelegte Haß der Bevölkerung gegen die k. k. Garnison und mehrere Warnungen vor Ueberfällen, welche der Festungs-Kommandant von Ferrara, Oberstlieutenant Graf Khuen von unbekannter Seite erhielt, veranlaßten denselben, die Bastionen der Citadelle mit den disponiblen Kanonen zu armiren und das Wurfgeschütz, worunter 2 Mörser, auf der der Stadt zugekehrten Front, endlich in jede Kapitalspitze der beiden eben dahin gewendeten Bastionen Nr. 1 und 5 einen Zwölfpfünder aufführen zu lassen.

Immer gehässiger wurde in Ferrara die öffentliche Stimmung, in die Kasernen gelangten Brandbriefe, und das Gerücht, daß starke Kolonnen mobiler Civica aus Bologna, der Romagna und der Umgegend in der Absicht, die Citadelle und die österreichischen Kasernen zu überfallen, in Kurzem eintreffen werden, gewann immer mehr Wahrscheinlichkeit. Der Festungs-Kommandant zog daher am 22. März die in der Kaserne S. Domenico bequartirten anderthalb Kompagnien des 1. Waras-

diner St. Georger = Grenz = Bataillons in die Citadelle und ordnete die
strengste Bereitschaft an; in der genannten Kaserne blieb nur eine Wache
zurück.

Von dieser Zeit an war jede Kommunikation zwischen der Garnison
von Ferrara und den jenseits des Po gelegenen k. k. Truppen gänzlich
gesperrt, weßhalb der sonst zum Postgeschäfte verwendete Kadet-Feldwebel
Fortner am 23. von St. Maria Maddalena nicht mehr zurückkehrte;
später brachte man in Erfahrung, daß alle hierher, so wie die von hier
über den Po geschickten Korrespondenzen aufgefangen und dem dirigirenden
sogenannten liberalen Comité in Ferrara überantwortet wurden. Am 24.,
ehe man noch von den Vorgängen jenseits des Po und dem Abmarsche
unserer Truppen aus der Polesina, Kenntniß hatte, ging Oberlieutenant
Rußzan vom St. Georger-Grenz-Regimente, mit einer Depesche als
Courier nach Padua; aber in Polesella von Insurgenten aufgefangen, wurde
ihm dieselbe mit Gewalt entrissen.

Am 23. machte man den ersten Versuch, den Festungs-Kommandanten zur Uebergabe der Festung zu bereden. Der Cardinal-Legat Ciacchi
schickte nämlich den Legations-Consultore Ronchi und den Gonfaloniere
Righini zum Grafen Khuen; sich darauf stützend, daß Venedig kapitulirt und die Republik proklamirt, endlich das ganze venetianische Gebiet
der Hauptstadt sich angeschlossen habe, daß die in österreichischen Dien-
sten gestandenen italienischen Soldaten übergegangen seien, die einer andern Nationalität aber in ihre Heimath abgeschickt wurden, die Garnison
in Ferrara isolirt stehe und auf keinen Succurs rechnen könne, daher die
Vertheidigung dieses Platzes nur unnütz Blutvergießen hieße, — machten
sie den bescheidenen Antrag zur gütlichen Uebergabe der Citadelle. Der
Festungs-Kommandant bedeutete ihnen, daß er von dem Allen keine offizielle Nachricht habe, mithin dem ganzen Geschwätze keinen Glauben schenken könne, wohl aber die ihm von seinem Kaiser anvertraute Festung gegen
jeden Angriff zu behaupten fest entschlossen sei.

Einer bald darauf in gleicher Absicht erschienenen Deputation des
leitenden Comités der liberalen Partei, bestehend aus dem Kommandanten der Ferrareser-Civica, Major Mosti und dem Doktor Ghizlinzioni,
die mit denselben Beweggründen um Uebergabe der Festung anhielt und
von sehr bedeutenden Zuzügen mobiler Kolonnen sprach, welche die Fe-

stung mit Gewalt zu nehmen beabsichtigen, wurde ganz einfach bedeutet, daß sich die Citadelle nicht ergebe und daß man mit den vielen zu Gebote stehenden Mitteln, jedem Angriffe zu widerstehen vollkommen im Stande sei. Das nämliche Manöver wiederholte sich am 25. und 26. An ersterem Tage versuchten städtische Abgeordnete durch Ueberreichung gedruckter Notizen über den hoffnungslosen Zustand der österreichischen Provinzen, die gütliche Uebergabe der Festung zu erwirken; selbst der englische und französische Gesandte trugen ihre Vermittlung zu einer Convention an, wofür sich der Festungs-Kommandant abweisend bedankte. Am 26. erschien wieder eine Deputation, um wegen Uebergabe der Citadelle zu unterhandeln — der Erzbischof von Ferrara, Cardinal Gabolini stand an ihrer Spitze. Es wurden dieselben Argumente ausgekramt, mit welchen man bisher Fiasco gemacht und der Cardinal glaubte der schönen Rede dadurch mehr Gewicht zu verschaffen, indem er anführte, daß er sich als Oberhaupt der Kirche verpflichtet fühle, das Blutvergießen zu verhindern. Oberstlieutenant Graf Khuen wiederholte seinen Entschluß mit dem Beisatze: das Blutvergießen könne nur vermieden werden, wenn man die Festung nicht angreife und ihrer Verproviantirung nichts in den Weg lege, denn sonst werde — davon möge man überzeugt sein, viel, ja sehr viel Blut fließen.

An diesen beiden Tagen rückten bei 800 Mann Schweizer-Truppen mit 4 Geschützen in Ferrara ein. Die in der S. Domenico-Kaserne zurückgebliebene Wache weigerte sich zwar, den Quartiermachern von der Civica ihren Posten zu übergeben, mußte aber endlich der Uebermacht weichen und sich in die Citadelle zurückziehen.

Bei der Gewißheit vom Anrücken vieler vereinigter Kolonnen der mobilen Civica und Freischaaren aus Bologna und der Romagna, und dem Umstande, daß die Ferrareser über mehr als dreitausend Gewehre verfügen konnten, wurde auch die bis jetzt in der S. Benedetto-Kaserne bequartirte Division Warasdiner St. Georger in die Citadelle gezogen; das Detachement von Fürst Reuß-Hußaren unter dem Oberlieutenant Potskay war schon Tags vorher dahin beordert worden. Bald darauf kamen die mobilen Kolonnen (Freischaaren) in der Stärke von etwa 2500 Mann in Ferrara an. Die in der S. Benedetto-Kaserne gebliebene Wache wurde von der Ferrareser-Civica verdrängt, jedoch von derselben zum Schutze gegen jene Freischaaren, bis an den Fuß des Glacis begleitet. Unter Lärm und Jubel verstrich die Nacht. Am andern und den folgenden Tagen ging man mit dem Plane um, die Citadelle durch Ueberfall zu nehmen, wozu sogar viele auswärtige Freischärler auf sechs Tage in Sold genommen wurden; aber die stete Wachsamkeit der Garnison, die auf den Wällen aufgestellten Geschütze und der gefüllte Wassergraben schienen die Sturmlustigen zum ernsten Nachdenken gebracht zu habeu.

**Varma.**

Hier stand seit dem am 17. September 1847 erfolgten Ableben der Erzherzogin Marie Louise, die früher in Modena stationirte 2. Majors 2. Eskadron von Fürst Reuß-Husaren in Garnison, welche im Jänner noch mit 4 Kompagnien des Infanterie-Regiments E. H. Franz Ferdinand d' Este unter Kommando des Hauptmanns Torri verstärkt wurde. Am Abende des 19. März erfuhr der im Palazzo Soragno bequartierte Rittmeister Németh von den Hausleuten, daß das Volk sicherem Anscheine nach, am kommenden Tage etwas Großartiges auszuführen beabsichtige. Er begab sich deßhalb noch in der Nacht in die Kaserne, wo er für den nächsten Tag eine Ausrückung mit Sack und Pack, Ober- und Untergewehr sammt scharfer Munition am Exerzierplatze anordnete.

Kaum stand die Eskadron, wie befohlen, am 20. um 7 Uhr früh am Exerzierplatze, so fielen in der Stadt mehrere Schüsse und ein Adjutant des regierenden Herzogs brachte die Nachricht von dem Ausbruche der Revolution und der Errichtung von Barrikaden in den meisten Gassen. Rittmeister Németh ließ sogleich die Eskadron alle Feuerwaffen scharf laden, schickte den Lieutenant Grafen Hunyady, der mit einem Zug in der Burg bequartiert war, auf Umwegen dahin, während er selbst mit den übrigen 3 Zügen nach dem Hauptwachplatz eilte und gleichzeitig eine Abtheilung in die Kaserne zur Bewachung der Estandarte und Eskadrons-Effekten beorderte. Als die Eskadron nach Wegräumung einiger Hindernisse bei der Hauptwache ankam, war der Platz bis auf einige Todte und Verwundete bereits gesäubert; von Seite des Militärs waren Oberlieutenant Banizza von Este-Infanterie nebst einigen Mann todt geblieben und viele blessirt. Es wurde aus allen Fenstern auf die Truppen geschossen, selbst von den erst angelangten Husaren waren bereits mehrere Leute und Pferde verwundet, bis die Infanterie ernstlich gegen die Fenster zu feuern begann und dadurch dem Plänkeln ein Ende machte. Noch weit schlimmer erging es den Patrouillen in den zum Theil verrammelten Gassen; sie wurden mit Steinen, Holz und Dachziegeln beworfen, und nur mit Mühe konnte noch die Verbindung erhalten werden. Auch Major von Vetter von Reuß-Husaren, der in Begleitung einer Ordonnanz nach dem Hauptplatze ritt, erhielt einen Schuß in den Unterleib, seine Ordonnanz blieb todt.

Bisher waren die herzoglichen Truppen nur kalte Zuschauer gewesen, als sich aber das bewaffnete Volk, durch fortwährende Zuzüge von den umliegenden Ortschaften verstärkt, in und auf der Kirche St. Lucia immer mehr sammelte und von dort aus mit weittragenden Kugelstutzen die Truppen beschoß, wurde auf Befehl des parma'schen Oberst und Regiments-Kommandanten, gegen diese Kirche ein Geschützfeuer eröffnet und dadurch das Volk von diesem Punkte vertrieben. Gegen zwölf Uhr erschien der Adjutant des Herzogs mit flatterndem weißen Tuche in der Hand und proklamirte die vom Regenten zugestandene Constitution, worauf die Bar-rikaden verschwanden, und die Truppen in ihre Kasernen einrückten. So-gleich steckte das parma'sche Militär die dreifärbige Kokarde auf.

Nun begab sich Hauptmann Torri, welcher nach der Verwundung des Majors Vetter, das Kommando über das österreichische Detache-ment übernommen hatte, in Begleitung des Rittmeisters Németh zum Sohne des regierenden Herzogs, Kommandanten sämmtlicher im Lande befindlichen eigenen und österreichischen Truppen. Derselbe wollte jedoch die Bitte um Entlassung aus Parma, wo sich das Volk die Freiheit bereits errungen hatte, ohne Genehmigung seines Vaters nicht gewähren, auch konnte er wegen des eben abgehaltenen Staats-Conseils, die beiden Offi-ziere dem Letzteren an diesem Tage nicht vorführen. Diese gingen sofort zu dem in Parma anwesenden k. k. Generalen Richer, der aber auch keinen andern Bescheid gab, blos auf die von den beiden Herren abgege-bene schriftliche Erklärung, daß sie alle Anstalten treffen werden, um am andern Tage nach den österreichischen Staaten abzumarschiren, selbst mit-zugehen versprach.

In der Nacht vom 20. auf den 21. war die ganze Stadt festlich be-leuchtet und bei 10,000 bewaffnete Nationalgarden durchzogen mit Musik-banden und trikoloren Fahnen die Straßen. Noch in derselben Nacht er-

I. 6

theilte der Herzog durch einen seiner Adjutanten dem Hauptmann Lorri den mündlichen Auftrag: mit seinen Truppen für Nachmittag des nächsten Tages zum Abmarsch bereit zu sein, da er mit der ganzen herzoglichen Familie sich anzuschließen gedenke; am besagten Nachmittage befahl er jedoch den Abmarsch auf den 22. Früh zu verschieben, indem er jetzt noch nicht abreisen könne. Am 22. Früh überschickte endlich das neu eingesetzte Stadt-Kommando dem Hauptmann Lorri die nachgesuchte Marschroute mit dem Bedeuten, daß der Herzog und dessen Familie aus Parma nicht entlassen seien, sondern daselbst zurück zu bleiben haben.

Da die Revolution bereits in hellen Flammen loderte und die Gefahr mit jeder Stunde drohender wurde, blieb nichts übrig, als gleich abzumarschiren, um bei Zeiten Colorno, wo man den Po zu passiren hoffte, zu erreichen. Major von Vetter, Oberlieutenant Wetterhahn, ein Korporal und 6 Gemeine mußten als schwer verwundet, zurückgelassen werden.

Zu Colorno angekommen, wurde die gehegte Besorgniß, daß der Po-Uebergang zerstört sein könnte, leider zur traurigen Wahrheit; die Ueberfuhr und alle Barken waren vom diesseitigen Ufer entfernt und vom jenseitigen empfing man die Truppe mit Gewehrfeuer, wobei 3 Mann von Este-Infanterie verwundet wurden.

Dieses somit von allen Seiten abgesperrte Detachement war aller Mittel beraubt, um in die k. k. Staaten zu gelangen und mußte nothgedrungen bis 7. April ohne alle Nachrichten von der Armee, in Colorno verbleiben, während welcher Zeit der Mannschaft unzählige revolutionäre Plakate zugeschoben und alle möglichen Verführungsmittel angewendet wurden, die jedoch auch nicht bei einem einzigen Mann einen Erfolg hatten.

In dieser peinlichen Lage erhielt Hauptmann Lorri die Nachricht, daß Piacenza von piemontesischen Truppen bereits besetzt sei und daß Karl Albert die Kriegsgefangennehmung oder auf sonst was immer für eine Art zu bewirkende Entfernung der im Parma'schen befindlichen österreichischen Truppen anbefohlen habe. Hauptmann Lorri und Rittmeister Németh sahen sich somit gezwungen mit der provisorischen Regierung eine Convention abzuschließen, nach welcher die Truppen ihre Waffen und Munition gegen baare Bezahlung an erstere ablieferten, und dann über Modena und

Bologna nach Ferrara abmarschirten. Auf Veranlassung des hier anwesenden römischen Generals Durando wurden sie, mit Zurücklassung sämmtlicher Dienstpferde, welche wegen Mangel an geeigneten Schiffen nicht
einbarkirt werden konnten, in Ponte Lago scuro eingeschifft und unter
Begleitung eines sardinischen Kriegsschiffes nach Triest gebracht. Von
dort marschirte Hauptmann Torri mit seinen 4 Kompagnien sogleich zur
Armee nach Italien, Rittmeister Németh mit der Eskadron aber zur
Reorganisirung nach Steiermark; es war ihr gelungen in jener traurigen
Katastrophe, wo sie Waffen, Munition und selbst Pferde an Rebellen ab-
liefern mußte, die Estandarte der 2. Majors-Division zu retten.

### Modena.

Obgleich der Herzog von den Vorfallenheiten in Wien informirt,
seinem Lande ebenfalls eine Constitution bewilligt hatte, sah er sich durch
den immer zunehmenden Aufruhr und die von Stunde zu Stunde wach-
sende Gefahr doch schon am 21. Früh veranlaßt eine Interims-Regierung
einzusetzen, seine eigenen Truppen zur Aufrechthaltung der Ordnung im
Lande zurück zu lassen und sich mit seinem Hofstaate, unter Begleitung der
dort stationirten österreichischen Truppen, vorläufig nach Mantua zu
verfügen.

Schon am frühen Morgen reiste die Herzogin mit ihrem Oheim dem
Erzherzog Ferdinand d'Este, der sich dort auf Besuch befand, unter Begleitung von 4 Kompagnien Este-Infanterie, welche Oberst Castelliz
befehligte, nach Novi ab. Die in der Stadt bequartierte halbe Eskadron
der 2. Majors 1. Eskadron von Reuß-Hußaren wurde gegen zehn Uhr
Vormittags in die Burg beordert, wo einige Reitpferde für den regierenden Herzog in Bereitschaft standen. Gegen eif Uhr verließ derselbe Modena unter Bedeckung von einem Zug Hußaren, unter Kommando des
Rittmeisters von Baranyai, durch den rückwärtigen Trakt der Burg, und
holte auf den kürzesten Feldwegen im Trab und Galopp die übrigen Fa-
milien-Mitglieder schon in Carpi ein. Der 1. Zug dieser Eskadron rückte
unter Oberlieutenant Kellner mit dem herzoglichen Marstalle gegen
zwölf Uhr Mittags nach. Gleichzeitig wurden mittelst Estafette die in
Reggio stationirten 4 Kompagnien Este-Infanterie unter Kommando des
Obersten Grafen Salis und der mit dem 2. Flügel derselben Hußaren-

Esfadron eben dort gewefene Rittmeifter Graf Cavriani angewiefen, über Modena ohne Verzug nachzurücken.

In Novi erhielt Oberlieutenant Kellner den Auftrag, mit dem Marftalle des Herzogs und einem Convoi aus beinahe dreißig Wagen, auf welchen fich nebft mehreren höheren Beamten und einem großen Theile des Dienftperfonals, die Central-Caffa der beiden Städte Modena und Reggio befand, mit feinem Zug über Legnago nach Catajo nächft Padua abzurücken.

Nach einem viertägigen ziemlich anftrengenden Marfche, langte der Train in dem zu Catajo befindlichen herzoglichen Jagdfchloffe an. Hier erfuhr Oberlieutenant Kellner, der in Padua zu feinem Regimente zu ftoßen hoffte, vom Schloßverwalter, daß fowohl diefes, als auch fämmt- liche in und um Padua gelegenen Truppen nach Vicenza abmarfchirt feien, und in erfterer Stadt die Revolution ausgebrochen fei. Er marfchirte daher nach Vicenza, wo wir diefem umfichtigen Offizier bald wieder be- gegnen werden.

**Mantua.**

Unter vielen Gerüchten hatten fich hier am 18. März auch jene von dem zu Wien ausgebrochenen Aufftande und der Verleihung einer Con- ftitution verbreitet. Die gewöhnlichen Mittel, mit welchen die Leiter der Bewegung Jedem, felbft dem Unbefangenften ihre Begriffe von der Unab- hängigkeit Italiens und dem Joche der verhaßten Fremdherrfchaft beizu- bringen fuchten, wurden von den Mitgliedern des leitenden Comités, welches im Café Partenope feine Sitzungen hielt, auch hier angewendet, und was nicht Reden und Vorftellungen bewirken konnten, follte durch Geld, Weiber und Wein, diefe mächtigen Hebel beim Volke, gelingen. Unter Lärmen und Umzügen mit trikoloren Fahnen durch die Gaffen, ver- ging der ganze Tag. Man wollte das Volk, da nirgends Gewaltthätig- keiten vorfielen, klugerweife austoben laffen.

Aber fchon am Abende fielen in dem feftlich beleuchteten, von Zu- fchauern überfüllten Theater ernftere Demonftrationen vor; der Feftungs- Kommandant General der Kavallerie von Gorczkowski fand fich hie- durch veranlaßt, mit den verfammelten Autoritäten der Stadt und Feftung, die zur Herftellung der Ordnung geeigneten Maßregeln zu berathen.

Am folgenden Tage gelangte die Nachricht von den Vorgängen in Mailand und Venedig, an das geheime Comité; hiedurch zu vermehrter Thätigkeit angespornt, war bald ein Sicherheits-Ausschuß mit dem Podestà Conte d' Arco an der Spitze, gebildet, welcher im Municipalitäts-Gebäude seine Sitzungen hielt. Er nahm Waffenvertheilungen vor und forderte das Volk zum Barrikadenbau auf, man insultirte das Militär und der Canonicus Strambio suchte das Volk zum Sturm auf's k. k. Waffen-Depot zu bewegen.

Der Festungs-Kommandant mußte sich darauf beschränken, die wichtigsten Punkte zu besetzen und die Truppen der Garnison konsignirt zu halten. Diese bestand aus dem 1. und 2. Bataillon Graf Haugwitz-Infanterie; welche ihre Rekruten aus der Provinz Brescia bezogen, dem 6. Garnisons-Bataillon, der Mehrzahl nach ebenfalls Italiener, 2 Escadronen Fürst Windischgräz-Chevaux-legers und einem kleinen Detachement Garnisons-Artillerie nebst einigen Genie-Soldaten. General der Kavallerie von Gorczkowski schickte daher eine Meldung und Bitte um Verstärkung oder Wechslung der Garnison, nach Verona.

Doch das Volk hatte bereits Anstalten getroffen, dergleichen Zuzüge nicht in die Festung zu lassen: man hatte die Wege abgegraben und die Po-Ueberfuhren zerstört, um dem Regimente E. H. Franz Ferdinand d' Este und der Division von Reuß-Hußaren, den Uebertritt aus dem Modenesischen und Parma'schen in die k. k. Staaten zu verwehren.

Der zufällige Einmarsch eines kleinen, zu einer Fassung bestimmten Detachements von Kaiser-Uhlanen, welches von den Einwohnern für die Avantgarde einer größeren Truppenmacht gehalten wurde, erschreckte die Gemüther und reichte hin für den Augenblick die Ruhe herzustellen.

Die Comité's arbeiteten aber in den nächsten Tagen mit doppeltem Eifer, Waffenvertheilungen wurden fortgesetzt und die Errichtung einer Guardia cittadina beschlossen. Man riß die kaiserlichen Wappen herunter, zierte sich mit dreifärbigen Kokarden, sammelte Material zum Barrikaden-baue, hielt Ordonnanzen und Couriere auf und verbreitete Gerüchte von der Vernichtung Radetzky's und der Versprengung der ganzen Armee. Dabei blieb kein erdenkliches Mittel unversucht, um die Truppen zum Treubruche zu verführen.

Der Kommandant, einsehend, daß bei seiner Lage ein offener Kampf sehr prekär sei, mithin bis zum letzten Augenblicke hinausgeschoben werden müsse, besetzte alle Forts mit kleinen Abtheilungen, die Citadelle mit einer Division Haugwitz unter Hauptmann Mauler, der Rest blieb in den Kasernen konsignirt, wo es den unermüdlichen Anstrengungen der Oberste Graf Pergen und Vojnovitz, so wie aller Offiziere gelang, die Mannschaft mit geringen Ausnahmen bei der Fahne zu erhalten. Der ganze Patrouillendienst fiel den beiden Chevaux-legers-Eskadronen zu, deren Kommandanten, die Rittmeister Ergert und Rachovin eine außerordentliche Thätigkeit entwickelten. Die Artillerie stand auf den Wällen, die Geschütze mit den Mündungen gegen die Stadt. Der Belagerungszustand wurde angedroht. So vergingen der 20. und 21., an welchem Tage die Erlaubniß zur Bildung einer Guardia civica von 300 Mann, aus Verona, wo sich der Erzherzog-Vicekönig befand, anlangte.

In der Nacht trafen Nachrichten vom Abmarsche des Regiments E. H. Franz Ferdinand d'Este aus dem Modenesischen ein, eben so gelangten Proklamationen und Verordnungen von der provisorischen Regierung zu Mailand, in die Festung. In Folge dessen waren am Morgen des 22. eine Menge von Barrikaden entstanden, welche alle Kommunikationen im Innern mit der Citadelle sperrten. Einige tausend Empörer hatten sich in der Andreaskirche festgesetzt, dort verbarrikadirt und einen Telegraphen am Thurme errichtet, andere hielten die wichtigsten Punkte der Stadt besetzt. Die Behörden waren machtlos, die Gutgesinnten terrorisirt und alle Bemühungen des Delegaten, Polizeikommissärs und Bischofs fruchtlos. Der blutige Zusammenstoß schien unvermeidlich.

Da schickte General Gorczkowski den Platzmajor Horvath und den Gendarmerie-Rittmeister Contini in's Comité, mit dem Auftrage, die Wegräumung der Barrikaden zu verlangen, und um dieser Forderung Nachdruck zu geben, ließ er die ganze Garnison auf die Allarmplätze rücken. Man stand sich schlagfertig gegenüber.

Der Bischof und der Polizeikommissär Martello waren rastlos bemüht, die Menge zu beschwichtigen; eingetroffene Nachrichten, daß die Verstärkungen schon ganz nahe seien und das kluger Weise vom Artillerie-Oberst Baader ausgestreute Gerücht von einer Unterminirung der Stadt, verhinderten auch diesmal einen offenen Kampf.

Das Comité schickte an den Festungs-Kommandanten eine Deputation, bestehend aus den Chefs der geistlichen und Civil-Behörden, begleitet von Marchese Peverillo und dem frechen Domherrn Strambio als Wortführer; dieselbe verlangte unter dem Vorwande die Aufregung hiedurch zu beschwichtigen, die Räumung der inneren Stadt und den Rückzug der Truppe in die Außenwerke oder wenigstens deren Einrückung.

Gorczkowski wies dieses Begehren mit imponirendem Ernste zurück, erklärte sich jedoch bereit, die Truppen in die Kasernen einrücken zu lassen, sobald die Barrikaden weggeräumt sein würden. Gleichzeitig erließ er eine Kundmachung des Inhalts: daß die militärischen Maßregeln nur das Beste der Stadt bezwecken, nie aber gegen den ruhigen Bürger gerichtet seien. Nichts desto weniger arbeitete das Revolutions-Comité in seiner Weise fort.

Im Laufe des Nachmittags langten der Feldmarschall Erzherzog Ferdinand und die Herzogin von Modena mit ihrem Hofstaate, auf der Durchreise nach Wien, in Mantua an; sie wurden von der Guardia civica nach der Municipalität begleitet, wobei sich ein Conte Arrivabene beifallen ließ, der Herzogin von Modena (gebornen Prinzessin Adelgunde von Baiern) seinen Schutz anzubieten und Muth zuzusprechen, welchen Antrag jedoch die erhabene Frau mit den Worten zurückwies: „Eine deutsche Frau kennt keine Furcht." Auf die Nachricht von ihrer Ankunft, eilte General von Gorczkowski zu Fuß, nur von zwei Offizieren begleitet, in's Comité, um die genannten hohen Herrschaften zu begrüßen. Dieser Augenblick schien den exaltirten Faktionärs günstig; man beantragte unter stürmischen Debatten nicht nur die Festnehmung aller hohen Personen als Geißeln, sondern sogar ihre Ermordung. Aber gegen diesen Antrag sträubte sich doch noch das Rechtlichkeitsgefühl mancher ruhig Denkender, so daß derselbe gegenüber dem kalten Ernste des Festungs-Kommandanten keine Wirkung fand. Die hohen Herrschaften reisten ab und Gorczkowski kehrte mitten durch die bewaffnete Menge zu Fuß in seine Wohnung zurück.

Auf die Nachricht, daß die herzogliche Familie Modena verlassen habe, somit die Mission des Regimentes E. H. Franz Ferdinand d'Este beendiget sei, hatte der Festungs-Kommandant dem Obersten Castellitz eine Kavallerie-Patrouille entgegen geschickt, welche aber durch bewaffnetes Landvolk an ihrem Auftrage verhindert, bald wieder in die Festung zurückkehrte. General von Gorczkowski schickte nun in der Nacht eine Kompagnie von Haugwitz-Infanterie und einen Flügel Chevaur-legers unter Rittmeister von Csergheö an den Po zur Sicherung des Ueberganges.

Das Comité hievon benachrichtigt, beschloß noch in dieser Nacht loszuschlagen. Doch entstanden erst am Morgen neue Barrikaden, man sperrte die Straßen mit Ketten, riß das Pflaster auf, schleppte Balken und Steine in die oberen Stockwerke und suchte durch alle erdenklichen Mittel mit der Truppe, deren moralische Schwäche beim Regimente Haugwitz bereits fühlbar zu werden begann, in Verbindung zu kommen. Zwar suchte noch die gemäßigtere Partei geltend zu machen, daß nach den bereits erlittenen Schicksalen der Armee unter Radetzky, die Festung endlich doch und das ohne Schwertstreich in die Hände der Patrioten fallen müsse, aber ihre Ansicht blieb ohne Wirkung bei den bewaffneten Haufen, denn diese standen nicht mehr in der Hand jener, die sie geschaffen hatten.

Eine Deputation von dem wüthenden Domherrn Strambio und dem übelberüchtigten Conte Arrivabene geführt, verlangte kategorisch die Uebergabe der Stadt und den Abmarsch der Truppen, welche Forderung jedoch eben so kategorisch vom Festungs-Kommandanten abgewiesen wurde. Racheschnaubend stürzten hierauf die Empörer unter das Volk, um es sogleich zur blutigen That zu führen, aber die Besonneneren boten noch immer Alles auf, den Ausbruch für den Augenblick hinzuhalten, indem sie vorschlugen, eine Deputation an den Vice-König nach Verona zu senden, um von ihm das zu verlangen, was der Festungs-Kommandant so hartnäckig verweigere.

Die Deputation ging wirklich ab, doch die Ruhe war damit noch keineswegs erlangt, denn noch am Abende rückte ein Haufe von mehreren hundert bewaffneten Arbeitern, durch successive errichtete Barrikaden sich deckend, gegen das besetzte Thor Ceresa, durch welches das Regiment E. H. Franz Ferdinand d'Este einrücken sollte.

Das ausgeschickte Detachement hatte die abgeschnittene Po-Fähre von S. Benedetto vier Miglien stromabwärts wieder aufgefunden, Oberst Castelliz war mit seinem Regimente über den Fluß gesetzt und während die Empörer bei der Porta Ceresa ihn erwarteten, defilirten in der Nacht 8 Kompagnien des genannten Regimentes, nebst einem Flügel Reuß-Hußaren durch die Porta Strabella vor dem Festungs-Kommandanten und waren bald darauf bei S. Sebastiano aufgestellt. Hierdurch entmuthigt, verlief sich der Pöbel.

Dennoch war die Gefahr für die Festung damit noch keineswegs beseitigt, weil man nicht wissen konnte, ob die Mannschaft der 3 italienischen Bataillone auch bei einem Straßenkampfe ihre bisherige loyale Haltung bewähren werde, man hatte somit zu einem eigentlichen Kampfe gegen eine empörte Stadt von 30000 Einwohnern nur 8 Kompagnien und dritthalb Eskadronen, auf die man mit Bestimmtheit rechnen konnte; allein der Muth des Pöbels war schon bedeutend gesunken und alle Mittel des Comité's konnten ihn nicht mehr zu einer entscheidenden Höhe bringen, er war durch das mehrtägige Toben ermattet, und man fing an einzusehen, daß der günstigste Zeitpunkt bereits versäumt worden sei.

Am 24. und 25. fielen zwar einzelne Krawalle vor, auch drohte unter dem Regimente Haugwitz eine Widersetzlichkeit auszubrechen, die aber durch die persönliche Energie des Oberstlieutenants Martini augenblicklich unterdrückt wurde. Am 25. kehrte die an den Vice-König entsendete Deputation mit der Antwort zurück, daß der Erzherzog dem Festungs-Kommandanten es anheimstelle, unter den obwaltenden Umständen „nach Pflicht und Gewissen" zu verfahren. Zugleich langte die Nachricht von dem Rückzuge des Feldmarschalls aus Mailand gegen Mantua an. Das Comité wollte daher noch einen Versuch machen, sich vor dessen Ankunft der Festung zu bemächtigen. Man verlangte vom Kommandanten, einen Befehl des Vice-Königs vorschützend, die Uebergabe der Festung an die Bevölkerung und den Abmarsch der Truppen. Aber General von Gorezkowski erwiederte mit unerschütterlicher Ruhe, daß ihm ein solcher Befehl weder zugekommen sei, noch vom Feldmarschall Grafen Radetzky, dem allein er in Bezug aller militärischen Maßregeln unterstehe, zukommen könne, daß man ihm die von Seiner Majestät anvertraute Festung nur mit dem Leben entreißen werde und daß er mit allen seinen Untergebenen fest entschlossen sei, sich bis auf den letzten Blutstropfen zu vertheidigen.

Noch einmal versuchten die Leiter des Aufstandes alle Mittel, um den Muth des Pöbels zu entflammen, es wollte indeß nichts mehr gelingen, im Comité selbst riß Uneinigkeit ein, kein Vorschlag bot mehr die Garantie des Gelingens. Zwar entstanden am Vormittage des 27. in der Nähe der Citadelle noch einige Barrikaden und die Haltung des Pöbels nahm noch-

mals einen ernstlichen Charakter an, als plötzlich Nachmittags das unga-
rische Infanterie-Regiment E. H. Ernst mit 2 Bataillons, aus Verona
kommend, in die Stadt einrückte.

In Castiglione Montovana empfing man die Avantgarde dieses
Regimentes mit Sturmläuten und Flintenschüssen; sie erstürmte aber den
Eingang, machte mehrere Empörer, darunter den Pfarrer des Ortes, der
sich mit dem Feuergewehre entgegengestellt hatte, nieder, und führte Andere
als Gefangene mit sich fort. Die Nachricht hiervon hatte in Mantua einen
heilsamen Schreck verbreitet, die Bewaffneten verschwanden, die Kompro-
mittirtesten reisten ab, die Barrikaden wurden weggeräumt.

So war Mantua gerettet. Es genügten fortan Patrouillen, um
Ruhe und Ordnung in der Stadt aufrecht zu erhalten.

### Padua, Vicenza.

Als der Kommandant des zweiten Armee-Korps, Feldmarschall-Lieutenant Baron d'Aspre in Padua die Uebergabe Venedigs vernahm, und
hierdurch auch um das Schicksal Verona's, Mantua's und der übrigen
Festungen besorgt wurde, faßte er in richtiger Erkenntniß seiner eigenen
Lage und jener des Feldmarschalls, den über alles Lob erhabenen Entschluß,
die Stadt ohne weiteren Aufschub der mit jedem Augenblicke auszubrechen
drohenden Insurrektion Preis zu geben und alle disponiblen Kräfte seines
Korps bei Vicenza zu konzentriren. Er schloß daher mit der Municipalität
eine Art von Konvention und marschirte mit der ganzen Garnison, jedoch
mit Zurücklassung sämmtlicher Magazine, Bagagen und der untransper-
tablen Kranken im Spitale — da an Aufbringung von Vorspann oder
sonstiger Transportsmittel ungeachtet aller Energie des Korps-Kommandanten nicht zu denken war — am 24. März um sechs Uhr Abends nach
Vicenza ab. Am andern Tage gegen neun Uhr Früh vor dieser Stadt
angelangt, wurde ein Lager bezogen und nach dem Abkochen und
nach Vereinigung mit der in Montagnana stationirt gewesenen Oberst
2. und der zu Rovigo gestandenen Oberst 1. Eskadron von Reuß-
Hußaren, dann einer Division des 8. Jäger-Bataillons nach Verona
abmarschirt.

Kaum waren die Truppen einige Miglien weit von Vicenza entfernt,
so ließ auch die Bevölkerung dieser Stadt ihren unblutig errungenen Frei-

heiten vollen Lauf. Die Hauptwache und Thore besetzte die Guardia civica, Alles, Jung und Alt, griff zu den Waffen, Viele, besonders die Anführer, gefielen sich, treu ihrem angebornen theatralischen Sinne in sammtenen, dem Mittelalter nachgeäfften Costümen. Man proklamirte nach dem Beispiele Venedigs die Republik, Illuminationen, trikolore Fahnen und Kokarden, Freiheitsbäume und Jubelgeschrei, Herabreißen und Zertrümmern der kaiserlichen Embleme von den Tabak-Trafiken und öffentlichen Aemtern, waren auch hier an der Tagesordnung.

Es war Sonntag um vier Uhr Nachmittags, als Oberlieutenant Kellner von Reuß-Hußaren, der mit seinem Zuge den herzoglichen Marstall von Modena nach Catajo begleitet hatte, nach einem zwölfstündigen beschwerlichen Marsche vor den Thoren Vicenza's anlangte; von den Vorfallenheiten und dem ernsten Charakter, den diese allenthalben erreicht hatten, in völliger Unkenntniß, dabei Mangel an Fourage, Lebensmitteln und Geld leidend, Mann und Pferd im höchsten Grade der Erholung bedürftig, stand er nun überrascht da. Ein schneller Entschluß mußte gefaßt werden; zaudern, und in Mitte von hundert neugierigen, von Wein erhitzten, größtentheils bewaffneten Zuschauern rathlos stehen, hätte die eigene Mannschaft entmuthigt, andererseits beim Volke den Verdacht von Schwäche und wenig Selbstvertrauen erweckt. Oberlieutenant Kellner übergab deßhalb mit der größten Gleichgültigkeit dem Korporal Márton das Kommando über seine Abtheilung, ertheilte schnell einige Instruktionen für etwa eintretende Fälle und begab sich zu Fuß auf die Municipalität. Dort angelangt, erklärten ihn die Leiter der Bewegung für ihren Gefangenen und forderten seinen Säbel ab. Lachend fragte sie Kellner: „Habt Ihr schon einen Hußaren ohne Säbel gesehen?"

Seinem weiteren klugen und energischen Auftreten gelang es, nicht nur den Aufforderungen zur Uebergabe der Waffen seiner Mannschaft, zur Abschließung einer Konvention und endlich den Drohungen mit Entwaffnung und Gefangennehmung, kräftigst entgegen zu treten, sondern sogar die unentgeltliche Verabreichung von Fourage und Brot für seine Hußaren, vom Komité der provisorischen Regierung zu erzwingen. Mit grauendem Morgen des andern Tages verließ das Detachement Vicenza mit einer doppelten Heuportion im Sattel und rückte, von keiner Seite mehr angefochten in Verona ein.

Hier langte der Erzherzog-Vicekönig am 17. März aus Mailand an und beinahe gleichzeitig mit ihm, die Nachricht von den Wiener Errungen- schaften. Schon am nächsten Tage erschienen beim Erzherzog mehrere De- putationen, geführt von frechen Wortführern, es gelang ihnen die Bewil- ligung zur Errichtung einer Nationalgarde durchzusetzen, die wie überall, wenig nach der erlaubten Zahl fragte. Als sie aber in ihren Forderungen immer weiter gehend, endlich auch die Räumung mehrerer Forts verlangten, ließ ihnen der Stellvertreter des Kommandirenden, Feldmarschall-Lieutenant von Gerhardi wissen, daß es mit den Zugeständnissen nun ein Ende habe, wobei er ihre Blicke auf die Mörser am Kastell lenkte, welche unge- duldig des Augenblicks zu harren schienen, wo man ihnen gestatten würde, ihren metallenen Mund aufzuthun.

Von Stunde zu Stunde stieg die Aufregung und nur die feste Hal- tung der Besatzung hatte einen blutigen Zusammenstoß mit der 60 bis 70,000 Einwohner zählenden Bevölkerung bis jetzt verhindert — nach der Abreise des Erzherzogs schien er unvermeidlich; da wirbeln plötzlich Trommeln und, wie einst St. Hilaire an der Spitze von 500 Dampierre'schen Reitern zur Befreiung des bedrängten Monarchen in der Kaiserburg einzog, so rückt jetzt Feldmarschall-Lieutenant Baron d' Aspre an der Spitze von 5 Infanterie-Bataillons, einer Jäger-Division und 9 Eskadronen Kavallerie nebst 2 Batterien, mit fliegenden Fahnen durch die Porta del Vescovo zur Rettung des bedrohten Verona ein. Den Aufrührern fallen die Waffen aus der Hand und aus Erzrevolutionärs werden sie nun ruhige Bürger. Verona, der Hauptmanövrirpunkt im ganzen Feldzuge, von dessen Besitz jener Italiens abhing — ist gerettet.

Die erste Sorge des Feldmarschall-Lieutenants Baron d' Aspre nach seinem Eintreffen in Verona, war die Sicherung der Festungen Mantua, Peschiera und Legnago. Nach Mantua entsendete er das Infan- terie-Regiment E. H. Ernst mit 2 Bataillons; Legnago ward durch eine Division des Brooder-Grenz-Regiments verstärkt, und die in Peschiera befindliche Division E. H. Sigmund-Infanterie durch eine Division Brooder abgelöst.

Bei Verona wurden auf beiden Ufern der Etsch in einem bestimmten Umkreis um die Festung Truppen verlegt und hiedurch deren Dislocirung erleichtert, die Gegend gedeckt und die Bewegung nach allen Seiten hin frei erhalten. Die Verbindung mit Mantua sicherten eine nach Villafranca verlegte Division des Brooder-Grenz-Regiments und eine Escadron Fürst Windischgräß-Chevaux-legers. Gleichzeitig forderte Feldmarschall-Lieutenant Baron d'Aspre den Militär-Kommandanten von Triest, Feldmarschall-Lieutenant Grafen Gyulai auf, die aus dem Venetianischen anlangenden Truppen und nach Möglichkeit noch andere hinter dem Isonzo zu sammeln, um mit diesen Kräften entweder gerade auf Verona vorzugehen, oder falls dies nicht mehr möglich wäre, sich mit ihm über Trient zu vereinigen. Endlich ward noch das Militär-Kommando zu Innsbruck dringend angegangen, dort für die Ansammlung bedeutender Verpflegs-Vorräthe, deren die Armee bei Verona bald bedürfe, vorzusorgen.

## Rückzug des ersten Armee-Corps bis an die Chiese.

### Einnahme von Melegnano.

Straßenabgrabungen und Barrikaden hatten den Marsch von Mailand nach Melegnano — der ersten Marschstation — derart verzögert, daß zum Zurücklegen der Strecke von vier Stunden, die ganze Nacht erforderlich war.

Dieses Städtchen wagte den tollen Versuch, den Aufforderungen des Mailänder Governo provisorio und seinen Emissären Folge leistend, der Armee den Durchzug zu verwehren. Als die Avantgarde der Brigade Graf Gyulai gegen den Ort rückte, waren Fenster und Ortseingang von einer großen Anzahl Bewaffneter besetzt. Oberst Graf Wratislaw des General-Quartiermeisterstabes, näherte sich in Begleitung des Hauptmanns Grafen Castiglione und des Stabstrompeters Ciavotti von Kaiser-Jäger, dem Ortseingange in der Absicht, die Einwohner von ihrem wahnsinnigen Entschlusse abzubringen, und die Herbeischaffung der für die ermüdeten Truppen nöthigen Lagerbedürfnisse zu veranlassen. Sie wurden aber von der tobenden Menge umringt, gefangen genommen, entwaffnet und unter fortwährendem Sturmläuten auf die Municipalität geschleppt, wo man von ihnen nichts weiter verlangte, als daß der Feldmarschall die Waffen strecke und sich mit seinen Truppen gefangen ergebe. Ungeachtet aller Vorstellungen von Seite des Oberst über das Unsinnige eines solchen Begehrens, waren sie nicht zur Raison zu bringen; sie bedrohten vielmehr Wratislaw mit dem Tode, worauf dieser ihnen erwiederte, daß er sein Leben, wenn es sein müsse, eben so gut hier, wie auf dem Schlachtfelde beendigen könne, denn es gehöre seinem Herrn und Kaiser. Durch das Einschreiten einiger besonnener Bürger jedoch entging er dem Tode, man sperrte ihn nebst seinen Begleitern vorderhand in's Kastell.

Mittlerweile hatte die Avantgarde auch die letzte Straßenabgrabung überbrückt und von dem Schicksale der beiden Offiziere Kenntniß erlangt. Oberlieutenant Kuhn vom Generalstabe, erzählte das Vorgefallene dem General-Adjutanten Feldmarschall-Lieutenant Schönhals, welcher sofort dem Feldmarschall hierüber Bericht erstattete. Sogleich setzte sich dieser zu Pferd und befahl die Beschießung Melegnanos. Haubitzen und Raketen-geschütze fuhren vor, es wurden Granaten geworfen, von denen eine glücklicher Weise im Hofe des Kastells explodirte, während mehrere Ko-lonnen gleichzeitig zum Sturme schritten.

Hauptmann Zigau von Kaiser-Jäger, rückte mit 2 Zügen der 20. Kompagnie gegen die rechte Flanke, diesen folgte die andere halbe und die 19. Kompagnie gegen den Haupteingang, eine Division Prohaska-Infanterie wurde gegen den südlichen, eine Division Kaiser-Jäger gegen den nördlichen Theil des Städtchens dirigirt; da aber letztere auf einen tiefen Graben stieß und nicht vorwärts konnte, wurde eine Division Oto-chaner unter Hauptmann Wimmer dahin beordert.

Der Widerstand war kurz, denn gleich im ersten Anlaufe drangen die Jäger und Grenzer in den Ort und letztere steckten die gegen Mailand gelegenen Häuser in Brand. Die Brücke über den Lambro, welche den Ort in zwei Theile scheidet, war mit Quadersteinen verrammelt, ihre Wegräumung hätte viel Zeit erfordert, es wurde daher Hauptmann Knesich von Kaiser-Jäger, beauftragt, mit seiner Kompagnie diese Bar-rikade zu übersteigen, wo er sofort ohne den geringsten Widerstand zu finden, bis an die entgegengesetzte Ortsumfassung gelangte und den Aus-gang besetzte.

Während dieses Angriffes war es einem Gefängnißwärter im Orte gelungen, die Thüre des Gefängnisses mit einer Brechstange zu sprengen und die drei Gefangenen gerade in dem Augenblicke zu befreien, als die

eigene Mannschaft des Grafen Castiglione zur Rettung ihres Kommandanten gegen das Kastell anrückte.

Nach zweistündiger Arbeit war auch die Lambro-Brücke wieder hergestellt.

Die Avantgarde-Brigade Gyulai rückte nun bis Tavazzano, das
Gros des Korps lagerte zunächst Melegnano am linken Lambro-Ufer, das
Hauptquartier nebst dem großen Wagentrain blieb im Orte selbst, die
Arrieregarde-Brigade Wohlgemuth bezog bei S. Giuliano ein Lager, wäh-
rend die Brigade Clam zur Sicherung der rechten Flanke nach Landriano,
und die Brigade Strassoldo zu jener der linken bis Paullo rückte.

Es sei uns hier erlaubt des Unterjägers Borgonovo vom 11.
Jäger-Bataillon, Erwähnung zu thun. Derselbe hatte sich außerhalb
Mailand mit mehreren Soldaten verschiedener Truppenkörper auf den Feldern verirrt, und die Richtung gegen Lodi eingeschlagen. Vor Paullo angekommen, wurde diese Mannschaft von einer Schaar bewaffneter Bauern,
angeführt von Deputirten und der Orts-Geistlichkeit, umringt, entwaffnet
und in die Häuser gesperrt, wo nun die Bewohner ihre Landsleute zum
Treubruche zu bewegen suchten, die einer andern Nationalität dieses verunglückten Häufleins aber aufzuhängen beschlossen. In dieser trostlosen
Lage erblickt Borgonovo von den Fenstern seines Gefängnisses aus,
die Avantgarde der letztgenannten Brigade; ohne sich nur einen Augenblick zu besinnen, springt er aus dem ersten Stockwerke in den Hof, klettert
über die Mauer, bricht sich durch die am Ortseingange Stehenden muthig
Bahn, und meldet dem anrückenden Generalen die Gefangenschaft seiner
Kameraden, die nun bald befreit sind.

Die wohlverdiente Züchtigung Melegnanos — einige abgebrannte
und geplünderte Häuser — trug gute Früchte, denn mit Blitzesschnelle
durchflog die wie gewöhnlich in solchen Fällen übertriebene Nachricht von
dessen Schicksal, das ganze Land; Abgrabungen und Barrikaden auf den
Straßen verschwanden und Niemand wagte mehr die Armee auf ihrem
weiteren Marsche, auf dem sie sich, wie wir bereits gehört haben, mit
den Garnisonen mehrer empörter Städte vereinigte, zu beunruhigen. In
Montechiaro erhielt der Feldmarschall durch den aus Peschiera entsendeten
Oberlieutenant Grafen Pimodan die beruhigende Anzeige, daß Verona,
Mantua und Peschiera noch in unsern Händen seien. Er beorderte sogleich

den General - Major Wohlgemuth nach Pontevico, um von dort mit den unter den Obersten Benedek und Haen im Abmarsche befindlichen Garnisonen von Pavia und Piacenza nach Mantua zu rücken, und schon am 31. daselbst einzutreffen.

Die Gewißheit, noch im Besitze der genannten drei Festungen zu sein, bestimmte den Feldmarschall, Front machend, an der Chiese eine zeitweilige Aufstellung zu nehmen und diesen Fluß mit dem rechten Flügel von Ponte del Bettoletto bis Calcinato, mit dem linken vom letzteren Orte über Montechiaro bis Carpenedolo zu beobachten, um so Nachrichten über das Vorschreiten der piemontesischen Armee, so wie überhaupt eine weitere Entwicklung der Ereignisse zu erwarten. Es wurden demgemäß die nöthigen Anordnungen erlassen und die Truppen unter Feldmarschall-Lieutenant Grafen Wratislaw in eine neue Eintheilung gebracht. Der Feldmarschall verlegte sein Hauptquartier mit einer Brigade, welche zur Eskortirung des großen Wagentrains bestimmt war, nach Verona.

Am 31. nahmen die Truppen in engen Kantonnirungen folgende Aufstellung:

Die Division Fürst Schwarzenberg stand am äußersten rechten Flügel in Lonato und Desenzano; sie besetzte die Uebergänge von Calcinato, Ponte S. Marco, und deckte durch Entsendung einer Abtheilung nach Padenghe die eigene rechte Flanke. Die Division E. H. Ernst kantonnirte in Montechiaro und Carpenedolo und besetzte die Brückenübergänge der Chiese sowohl bei ersterem Orte, so wie bei Bosco rückwärts Carpenedolo, das Korps-Hauptquartier wurde nach Castiglione delle Stiviere, die Division Weigelsperg ebendahin und nach Solferino verlegt. Der mit seiner Division nach Mantua beorderte General-Major Wohlgemuth ließ zur Besetzung der Brücke bei Goito am Mincio und des weiter rückwärts gelegenen Ortes Roverbella 2 Bataillons von Kufavina-Infanterie, einen Flügel Kaiser-Uhlanen und eine halbe Batterie zurück, mit den übrigen Truppen aber rückte er zur anberaumten Zeit in die Festung.

An diesem Tage befand sich der Feldmarschall Graf Radetzky mit seinem Hauptquartier bei der Brigade Schaffgotsche (Division Wocher) in Desenzano, um am 1. April nach Castelnovo und am 2. nach Verona zu rücken. Er für seine Person aber eilte schon am 1. April über Peschiera dahin.

# Concentrirung der k. k. Armee am Mincio und bei Verona.

Die Verhältnisse im Venetianischen und bei Verona, so wie die Schwäche des eigenen Heeres *) bestimmten den Feldmarschall Grafen

---

*) Die Armee hatte durch die Revolution folgende Truppen-Abtheilungen verloren:

### Vom 1. Armee-Korps.

| | | |
|---|---|---|
| Br. Geppert-Infanterie | 5 Kompagnien, | wurden in den zerstreuten Garnisonen versprengt. |
| C. H. Albrecht-Infanterie | 12 „ | gingen in Cremona verloren. |
| Gr. Ceccopieri-Infanterie | 6 „ | |
| 6pfündige Fußbatterie Nr. 7 | 6 Geschütze, | wurden ebendort von den Insurgenten gefangen genommen. |
| Br. Probasta-Infanterie | 2 Kompagnien, | haben in der Garnison Como nach einem vergeblichen Versuche sich durchzuschlagen, kapitulirt, und sind in das Innere des Landes zurückmarschirt. |
| Warasdiner-Creutzer-Grenzer | 6 „ | |

### Vom 2. Armee-Korps.

| | | |
|---|---|---|
| Warasdiner St. Georger-Grenzer | 6 Kompagnien, | wurden in der Citadelle Ferrara von der Armee abgeschnitten und verblieben dort. |
| Peterwardeiner-Grenzer | 6 „ | wurden in Folge der Kapitulation von Venedig, nach Fiume übergeschifft. |
| Gr. Kinsky-Infanterie | 12 „ | |
| Br. Wimpffen-Infanterie | 6 „ | gingen in Folge derselben Kapitulation in Venedig verloren. |
| Angelmayer-Grenadiere | 4 „ | |
| 5. Garnisons-Bataillon | 6 „ | |
| 8. Jäger-Bataillon | 4 „ | gingen in Rovigo verloren. |
| C. H. Viktor d'Este-Infanterie | 6 „ | gingen in Udine und Palmanuova verloren. |
| Zanini-Infanterie | 6 „ | gingen in Treviso verloren. |
| 1. Banal-Grenz-Regiment | 6 „ | wurden in Belluno und Conegliano von der Armee abgeschnitten und sind zurückmarschirt. |
| 2. Banal-Grenz-Regiment | 2 „ | wurden in Ceneda und Serravalle von der Armee abgeschnitten und sind zurückmarschirt. |

Radetzky mit dem ersten Armee-Korps statt der ausgedehnten, wenig vertheidigungsfähigen Stellung an der Chiese, die Linie des Mincio zu besetzen, mit dem zweiten Korps aber Verona und die Umgegend zu decken. Schon am 4. April befanden sich beide Armee-Korps zwischen Mantua, Peschiera, Verona und Legnago vollkommen conzentrirt, u. z. nahm das erste Armee-Korps folgende Stellung ein. Das Korps-Hauptquartier stand in Villafranca; die Division Weigelsperg, welche durch die Brigade Wohlgemuth den Mincio von Goito bis Valeggio beobachten ließ, kantonirte mit der Brigade Rath in Roverbella und Villafranca; die Division Schwarzenberg mit der Brigade Clam in den Orten zwischen Villafranca und Osteria del Bosco, sie übertrug die Beobachtung der Mincio-Strecke von Peschiera bis Valeggio der leichten Brigade Strassoldo; die Division Wocher (Brigade E. H. Sigmund und Maurer) stand als Reserve in Verona und die durch das 4. Bataillon Kaiser-Jäger und das Regiment Este (vom zweiten Korps) verstärkte Brigade Nugent als Besatzung in Mantua. Die Division E. H. Ernst, aus der Kavallerie und Reserve-Artillerie gebildet, kantonirte mit ersterer längs dem Rideau von Tomba bis Chievo, mit der Artillerie in Verona.

Drückend waren die Sorgen, riesengroß die Arbeiten, die den Feldmarschall bei seiner Ankunft in Verona erwarteten — und doch war der zweiundachtzigjährige Greis der Mann, der ihnen kühn die Stirne bot. Mit der ihm eigenen Energie und unbeugsamen Willenskraft erließ er die nöthigen Anordnungen zur Instandsetzung dieses Platzes, der von nun an der Drehpunkt aller militärischen Operationen werden mußte.

Verona und die übrigen Festungen wurden in Belagerungs-, das Land in Kriegszustand erklärt, die Nationalgarde auf die ursprünglich bewilligte Stärke reduzirt und dem Befehle des Festungs-Kommandanten untergeordnet, löste sich jedoch aus Furcht gegen den Feind verwendet zu

| | | |
|---|---|---|
| E.H. Franz Ferd. d'Este-Infanterie . | 4 Kompagnien | wurden in Parma von der Armee abgeschnitten und nach Triest überschifft. |
| Fürst Reuß-Hußaren . . . . . . . | 1 Eslabron, | |
| Fst. Windischgrätz-Chevaux-legers . | 1 „ | ist nach der Kapitulation von Triest nach Görz zurückmarschirt. |

In Allem 99 Kompagnien, 2 Eslabronen, 6 Geschütze (gegen 17,000 Mann), von denen erst später einzelne Abtheilungen wieder zur Armee gestoßen sind.

werden, selbst auf. Die Armee wurde auf den Kriegsfuß gesetzt, das Landes-General-Kommando in Verona mit allen dazu gehörigen Administrations-Behörden, nebst dem treu gebliebenen Militär-Polizei-Wachkorps und der Gendarmerie nach Trient und Bozen verlegt; Tausende von Händen in Bewegung gebracht, um Patronen zu erzeugen, dem Mangel an Artilleristen, durch Abrichtung von Infanterie-Mannschaft in der Geschützbedienung bestmöglichst abgeholfen, endlich die geringen Ressourcen der Umgegend mit Beschlag belegt, ein Hauptmagazin *) und eine Intendanz errichtet. Mit der Ueberführung der im Lazaretto aufbewahrten Munitions-Vorräthe nach Verona, wurde Major Baron Schlechta beauftragt, was demselben auf 8 großen Frachtschiffen schon nach dritthalb Tagen gelungen war; ebenso veranlaßte dieser thätige Pionnier-Bataillons-Kommandant den Transport sämmtlichen Pulvers aus den Pulverthürmen von S. Michele und bei Chievo in die Stadt.

Mittlerweile waren die Piemontesen in Brescia und Cremona eingerückt, und da auch schon eine Abtheilung in den Giudicarien eingedrungen, so entsendete der Feldmarschall den Oberst Baron Zobel von Kaiser-Jäger, mit dem 3. Bataillon seines Regimentes am 7. nach Süd-Tirol, mit der Weisung, den Marsch dahin mit größter Eile bei Tag und Nacht fortzusetzen.

In Mantua konnte der Festungs-Kommandant General der Kavallerie von Gorczkowski erst nach dem Eintreffen des General-Majors Wohlgemuth mit 5 Bataillons, 3 Eskadronen und 3 Batterien, welchen noch am Abende desselben Tages 2 Bataillons Rukavina-Infanterie folgten, wogegen das Regiment E. H. Ernst am 1. April nach Verona zurückkehrte, mit jener Kraft und Energie handeln, in welchen allein die sichere Bürgschaft des Erfolges liegt; jetzt erst vermochte sich seine Thatkraft — befreit von ihren lästigen Fesseln — auf alle die mannigfaltigen Zweige des Dienstes und der Verwaltung zu erstrecken, die bei dem zauberähnlichen Uebergange vom sorglosen Frieden zum ernstesten Kriege, in dieser großen unausgerüsteten Festung eben so zauberähnlich heranwuchsen, denn auch sie hatte die verderblichen Folgen eines mehr als dreißigjährigen

*) Der Rapport vom 1. April über den gesammten Vorrath im Verpflegs-Magazine zu Verona weist aus: 17,500 Brotportionen, Mehl für 573,156, Heu für 104,780 und Streustroh für 5533 Portionen.

7*

Friedens erfahren. Viele Werke waren unvollendet, andere hingegen dem gänzlichen Verfalle nahe; die Innundation, deren Ausdehnung den wichtigsten Moment der Defensivkraft Mantuas bildet, war seit Beginn des Jahrhunderts nicht experimentirt worden, die Munition, obgleich zu Tausenden von Zentnern vorhanden, lag unverarbeitet in den vier bis fünf Miglien entfernten Friedens-Pulvermagazinen Fontana, Stradella und Migliaretto. Aber Gorczkowski wußte alle diese Uebelstände zu bemeistern. Er ernannte den General-Major Grafen Nugent zum Stadt-Kommandanten und erklärte am 2. April die Festung in Belagerungs-stand, unterordnete alle Zivilbehörden dem Festungs-Kommando und befahl eine allgemeine Entwaffnung binnen 24 Stunden. Alle im Festungs-Rayon gestandenen Baumpflanzungen wurden gelichtet, die im Schuß-bereiche liegenden Gebäude demolirt und zur Herstellung der ausgedehnten Pallisadirungen, Plateformen, Traversen und Pulvermagazine gegen 800 Zivil-Arbeiter in Taglohn genommen. Bald standen durch die rastlose Thätigkeit des Oberlieutenants Sattler, Kommandanten der Kavallerie-Batterie Nr. 1, 109 Geschütze auf den Wällen aufgeführt, zu deren Bedienung in Ermanglung von Festungs-Artillerie (nur für 16 Piècen vorhanden) aus der Besatzungs-Truppe eine Geschützbedienungs-Kompagnie von 2 Offizieren und 280 Mann zusammengestellt wurde; eben so gelang dem Lokal-Genie-Direktor Oberstlieutenant von Rohn, die Innundation schon in den ersten Tagen des Menats April so weit zu bringen, daß die römische Poststraße zwischen dem Dorfe Cerese und der Festung sechs Schuh unter Wasser stand und auch jene nach Verona und Brescia überfluthet waren. Ferner wurde auf dem Torre della gabbia — dem höchsten Thurme der Stadt — unter der Leitung des Hauptmanns Dorigo von E. H. d' Este-Infanterie, ein Obfervatorium errichtet. Zur Erzielung einer größeren Wohlfeilheit und Förderung der Approvisioni-rung verzeichnete eine Militär-Kommiffion die vorhandenen Lebensmittel und der Festungs-Kommandant dekretirte ihre zollfreie Einfuhr, wogegen er ihre Ausfuhr verbot, durch diese Maßregeln konnte die Festung auf drei Monate mit Proviant aller Art versehen und sogar der Armee bei Verona mit 180 Stück Schlachtvieh ausgeholfen werden. Ferner schloß er zur Geldverpflegung der Truppen vorläufig ein Zwangsanlehen von 200,000 Gulden mit der Stadt ab und errichtete später sogar eine eigene

Münze, durch welche die Menge ungeprägten Silbers der Einwohner, in Verkehr gelangte.

Kleine Streifzüge nach allen Richtungen sicherten die Umgegend so wie häufiger Patrouillengang die Ruhe im Innern der Stadt.

Von ersteren stieß am 3. April ein gegen den Oglio entsendetes Kommando bei Castellucchio auf eine bei 300 Köpfe starke Insurgentenschaar; es versprengte die Aufständischen, welche bei dieser Gelegenheit einige Mann am Platze ließen, während das Detachement selbst nur 1 Uhlan verlor.

Dagegen hatte die an demselben Tage vom Oberst Castelliz von Franz Ferdinand d'Este-Infanterie, mit einem Bataillon seines Regiments, einem Flügel Uhlanen und 3 Geschützen nach Borgoforte unternommene Expedition, um die in Parma gestandenen 4 Kompagnien desselben Regiments, über deren Schicksal man bisher nichts erfahren konnte, an sich zu ziehen, nicht den gewünschten Erfolg.

Am 4. April rückten auf Befehl des Feldmarschalls das Infanterie-Regiment Haugwitz, die beiden Eskadronen Chevaurlegers und die sechspfündige Fußbatterie Nr. 5 nach Verona ab, und am 7. wurde eine Division Kaiser-Uhlanen durch eine Division Baiern-Dragoner abgelöst. General-Major Wohlgemuth hatte schon am 5. die bei Goito gestandene Brigade übernommen.

In der kleinen Festung Peschiera kommandirte Feldmarschall-Lieutenant Baron Rath; auch hier waren verhältnißmäßig große Arbeiten zu verrichten, als: Baumpflanzungen niederzuhauen, Pallisaden zu setzen, Geschütze auf die Wälle zu führen, Munition zu elaboriren, für die Abdeckung der bombenfreien Gebäude zu sorgen; Alles dies war in kürzester Zeit bewerkstelligt, aber an Proviant fehlte es gänzlich, — dieser mußte erst von Mantua zugeführt werden, was bei dem großen Mangel an Fuhrwerken nur sehr langsam geschehen konnte, und durch den Uebergang der Piemontesen über den Mincio, bald ganz unterbleiben sollte. Die Festung war damals nur für vierzig Tage verproviantirt und ein Nachschub nicht einmal von Tirol aus möglich, da die Dampfschiffe am Garda-See leider in Feindes Hand gefallen waren. Der Feldmarschall verstärkte die dortige Garnison durch 2 Kompagnien des Otochaner-Grenzregiments und einen Zug Uhlanen.

Eben so verstärkte er die damals schon auf 4 Kompagnien des Brooder-Grenzregiments gebrachte Besatzung von Legnago durch die aus Peschiera abgerückte 3. Division desselben Regiments. Die Arbeiten für die Sicherstellung des Platzes wurden mit großem Fleiße betrieben und für dessen Approvisionirung durch das Verbot der Ausfuhr von Lebens- mitteln bestmöglichst Sorge getragen. Durch ausgeschickte Patrouillen erfuhr der Festungs-Kommandant General-Major Baron Wuesthoff, daß sich an der untern Etsch in Badia zahlreiche Haufen römischer Crociatis und anderer Freikorps versammelt, und nach ihrem Uebersetzen auf's linke Etsch-Ufer und in der Gegend von Este und Monselice bis Padua ausge- breitet hatten. Auch waren von diesen am 6. April 5- bis 600 Bewaffnete unter einem Oberst Zambeccari nach dem sechs Miglien von der Festung entfernten Bevilacqua gekommen, wo sie sich in dem festen mit hohen Mauern umgebenen Schlosse eingenistet hatten, dessen Eigenthümerin — eine Gräfin gleichen Namens — eben damals bei den Insurgenten in Brescia lebte. Die in den folgenden Tagen in dieser Richtung ausge- schickten Recognoscir-Patrouillen kehrten mit der Meldung zurück, daß diese Insurgenten auf der Hauptstraße von Padua gegen die Festung zu von den Alleebäumen einen großen Verhau mit vorgelegtem Graben, dann auf einem Seitenwege gegen den Ort Minerbe eine zwei Klafter hohe, mit Gräben und Pallisaden umgebene Barrikade errichtet, endlich auf dem Seitenwege gegen Marega, wo sie umgangen werden konnten, die Brücke über die Fratta abgebrochen und ein Piquet aufgestellt hatten.

Da es aber wegen der schwachen Besatzung, — welche statt den hierzu erforderlichen 3500 Mann, in Allem nur etwas über 1300 Mann betrug, wohl nicht im Plane des Festungs-Kommandanten liegen durfte, weit entfernte Expeditionen zu unternehmen und dadurch fühlbare Verluste an Mannschaft zu wagen, mußte er diese Insurgenten, so lange sie nichts gegen die Festung unternahmen, in ihrer festen Stellung dulden.

# Gefecht bei Marcaria

## am 6. April.

Durch ein am 5. April aus Mantua gegen den Oglio entsendetes Streif-Kommando unter Hauptmann Benkiser von Kaiser-Jäger, brachte der Festungs-Kommandant in Erfahrung, daß Tags vorher mehrere Rüst- und Bagagewagen der Piemontesen in Piadena eingetroffen seien und noch am nämlichen Tage in Marcaria ankommen dürften; ferner ließ sich aus einem um diese Zeit aufgefangenen vom 20. März datirten Briefe, welcher von der Kommune in Marcaria an einen Bäcker in Casatico gerichtet war, entnehmen, daß letzterer den Brotbedarf für 2800 Piemontesen augenblicklich zu besorgen habe.

Diese unzweifelhaften Daten von einer feindlichen Annäherung bestimmten den Festungs-Kommandanten durch einen Streifzug sich darüber genauer zu unterrichten. Er beauftragte demgemäß den Obersten von Benedek von Gyulai-Infanterie, mit dem 1. Bataillon seines Regiments, der 11. Kompagnie von Kaiser-Jäger, einem Zug Kaiser-Uhlanen und 2 Geschützen behufs einer scharfen Rekognoszirung, mit einbrechender Dunkelheit nach Marcaria abzurücken, um sich mit Tagesanbruch am 6. von der Stärke und Stellung des Feindes zu überzeugen. Der am vorigen Abende eingerückte und noch mit keinem Kommando betraute Oberstlieutenant Graf Kielmansegge von Paumgartten-Infanterie, schloß sich der Expedition als Volontair an. Das Detachement kam nach einer kurzen Rast in Castellucchio, ungehindert bis an den Tartaro-Bach, wo Hauptmann Streicher von Kaiser-Jäger, welcher die Avantgarde führte, ungefähr anderthalb Miglien vor Marcaria auf ein feindliches Piquet stieß, das sich jedoch nach einigen gewechselten Schüssen, welche die Besatzung des Ortes allarmirten, zurückzog. Oberst Benedek rückte nun rasch vor, er begegnete noch vor Marcaria einer starken piemontesischen Patrouille, welche Oberlieutenant Graf Logothetty von Kaiser-Uhlanen mit 4 Mann in die Flucht jagte. Hierauf ließ Benedek die vordersten barrikadirten Häuser, aus denen die Truppe mit einem heftigen Feuer empfangen wurde, von der 1. und 2. Kompagnie seines Regiments angreifen, hob ein Piquet von Genua-Dragoner auf, dessen Offiziere nebst 2 Unteroffizieren bei dem ersten Schusse die Flucht ergriffen hatten, und erbeutete 13 gesattelte und gezäumte Pferde, mehrere Säbel, Helme und Infanterie-Czakos. Mittlerweile fielen einige Kanonenschüsse. Geschütze rollten durch die Straßen und da diese eine sehr vortheilhafte Aufstellung gefunden hätten und der Ueberfall bereits verrathen war, trat Oberst B e n e d e k seinen Rückmarsch nach Mantua an, wo er um zwölf Uhr Mittags wieder einrückte. — Es war dies der erste Zusammenstoß österreichischer und piemontesischer Truppen in dem nun beginnenden Kriege. Oberlieutenant R e g e n s b u r g e r und 2 Mann von Kaiser-Jäger wurden verwundet.

_____

Ehe wir den weiteren Begebenheiten folgen, wollen wir einen Blick auf die sich bekämpfenden Heere werfen.

### Ordre de Bataille der k. k. österreichischen Armee in Italien
#### (im Monate April.)

Armee-Kommandant — Feldmarschall Graf R a d e t z k y.
General-Adjutant — Feldmarschall-Lieutenant Carl S c h ö n h a l s.
General-Quartiermeister — Oberst Graf W r a t i s l a w.
General-Artillerie-Direktor — Oberst K e m p e n.

### I. Armee-Korps.

Korps-Kommandant — Feldmarschall-Lieutenant Graf W r a t i s l a w.
Korps-Adjutant — Major von W o y c i e c h o w s k y.
Chef des General-Quartiermeisterstabes — Oberstlieutenant von N a g y.
Zugetheilt — Hauptmann B u r d i n a vom 10. Jäger-Bat.
Artillerie-Kommandant — Major von O l i v e n b e r g vom 5. Reg.

### Division F. M. L. Weigelsperg.
#### G. Q. M.-Stab: Hauptm. Br. Raas.

| Brigade G. M. Wohlgemuth, | Brigade G. M. Br. Rath. |
|---|---|
| G. Q. M.-St. Oberl. Krismanić. | G. Q. M.-St. Lieut. Gallina. |
| 4. Bat. Kaiser-Jäger, | 1. und 2. Bat. Prohaska-Inf., |
| 1. Bat. Oguliner-Grenzer, | 1. und 2. Bat. Geppert-Inf., |
| 1. Bat. Gradiskaner-Grenzer, | 2 Esk. Radetzky-Huß. (Oberstl.-Div.) |
| 2 Esk. Radetzky-Huß. (1. Maj. Div.) | Fußbatt. Nr. 3. |
| Kavallerie-Batt. Nr. 4. | |
| 3 Bat., 2 Esk., 6 Gesch. | 4 Bat., 2. Esk., 6 Gesch. |

**Division F. M. L. Fürst Schwarzenberg.**

G. O. M.-Stab: Hauptm. Giani.

| | |
|---|---|
| **Brigade G. M. Gf. Strassoldo.** | **Brigade G. M. Gf. Clam.** |
| G. O. M.-St. Oberlieut. Kuhn. | G. O. M.-St. Oberlieut. Wagner. |
| 10. Jäger-Bat. | 1. und 2. Bat. Reisinger-Inf., |
| 1. Bat. Otochaner-Grenzer (in Pes- | 3. Bat. E. H. Albrecht-Inf., |
| chiera). | |
| 3. Bat. E. H. Sigmund-Inf., | 1. Bat. E. H. Sigmund-Inf., |
| 1. und 2. Bat. Hohenlohe-Inf., | 2 Esk. Radetzky-Huß. (Oberst-Div.), |
| 2 Esk. Radetzky-Huß. (2. Maj.-Div.), | Fußbatt. Nr. 2. |
| Kavallerie-Bat. Nr. 3. | |
| 5 Bat., 2 Esk., 6 Gesch. | 4. Bat , 2 Esk., 6 Gesch. |

**Division F. M. L. von Wocher.**

G. O. M.-Stab: Hauptm. Br. Buirette.

| | |
|---|---|
| **Brigade G. M. Maurer.** | **Brigade G. M. Gf. Nugent** (in Mantua). |
| G. O. M.-St. Lieut. Stanoilovics. | G. O. M.-St. Hauptm. Stäger. |
| 1. Bat. Brooder-Grenzer (in Legnago). | 1. und 2. Bat. Ghulai-Inf., |
| 1. und 2. Bat. Kaiser-Inf., | 1. und 2. Bat. Bukavina-Inf., |
| Grenadier-Bat. D'Anthon, | 1. und 2. Bat. Paumgartten-Inf., |
| Grenadier-Bat. Weiler, | 6. Garnisons-Bat. |
| 2 Esk. Baiern-Drag. (Oberst-Div.), | 2 Eskadr. Baiern-Drag. (Oberst- |
| Fußbatterie Nr. 9. | lieut.-Div.). |
| | 1 Esk.-Kaiser-Uhl., |
| | 2 Fußbatterien (Nr. 1 und 8), |
| | Kavallerie-Bat. Nr. 1. |
| 5 Bat., 2 Esk., 6 Gesch. | 7 Bat., 3 Esk., 18 Gesch. |

**Division G. M. Erzherzog Ernst.**

| | |
|---|---|
| **Brig. G.M. Gf. Schaffgotsche.** | **Artillerie-Reserve.** |
| G. O. M.-St. Oberlieut. de Crouy. | Kommandant: Hauptm. Lulsch v. 3. Reg. |
| 2 Esk. Baiern-Drag. (Maj.-Div.), | 1 Raketen-Batt. |
| 4 Esk. Liechtenstein-Chev.-leg. | 1 12pf. Batt. |
| 5 Esk. Kaiser-Uhlanen. | 3 Komp. Pioniere. |
| — Bat., 11 Esk., — Gesch. | ⅛ Bat., 12 Gesch. |

**I.**

8

### II. Armee-Korps.

Korps-Kommandant — Feldmarschall-Lieutenant Baron D'Aspre.
Korps-Adjutant — Major von Schmerling.
Chef des General-Quartiermeisterstabes— Hauptmann v. Meißrimmel.
Artillerie-Kommandant — Major Pittinger vom 4. Reg.

#### Division F. M. L. Graf Wimpffen.

G. Q. M.-Stab: Hauptm. Bach.

| Brigade G. M. Fürst Liechten-stein. | Brigade G. M. E. H. Sig-mund. |
|---|---|
| G. Q. M.-St. Hauptm. Paleny. | G. Q. M.-St. Oberlieut. Krzisch. |
| 9. Jäger-Bat., | 8. Jäger-Bat. (komb.), |
| 1. u. 2. Bat. E. H. Franz-Carl-Inf., | 1. Bat. vom 2. Banal-Grenz-Reg., |
| 4 Eskl. Reuß-Huß., | 1. und 2. Bat. Piret-Inf., |
| Kavallerie-Batt. Nr. 2. | Fußbatt. Nr. 6. |
| 11. Pionier-Komp. | |
| 3¼ Bat., 4 Eskl., 6 Gesch. | 4 Bat., — Eskl,, 6 Gesch. |

#### Division F. M. L. Fürst Taxis.

G. Q. M.-Stab: Hauptm. Hahn.

| Brigade G. M. Fürst Taxis. | Brigade G. M. Gf. Gyulai. |
|---|---|
| G. Q. M.-St. Oberlieut. Knebel. | G. Q. M.-St. Hauptm. Baltin. |
| 2. Bat. Kaiser-Jäger (in Mantua). | 1. und 2. Bat. E. H. Ernst-Inf., |
| 1. Bat. Szluiner-Grenzer (davon 2 | 1. und 2. Bat. E. H. Franz Ferdi-nand d'Este Inf. (in Mantua), |
| Komp. in Peschiera). | |
| 1. und 2. Bat. Haugwitz-Inf., | 11. Jäger-Bat., |
| Fußbatt. Nr. 4. | 3. Bat. Haugwitz-Inf., |
| | Fußbatt. Nr. 5. |
| 4 Bat., — Eskl., 6 Gesch. | 6 Bat., — Eskl., 6 Gesch. |

| Brig. G. M. Br. Simbschen. | Reserve-Artillerie. |
|---|---|
| G. Q. M.-St. Oberlieut. Br. Warnbüler. | Kommandt. Hauptm. Samek v. 4. Reg. |
| 3 Eskadr. Reuß-Huß., | Raketen-Batt. Nr. 2, |
| 7 Eskadr. Windischgrätz-Chev.-leg. | Kavallerie-Batt. Nr. 5, |
| | 12pf. Batt. Nr. 2 und 3. |
| — Bat., 10 Eskadr., — Gesch. | 24 Gesch. |

## Recapitulation.

I. Armee-Korps:

| | Bat. | Eskadr. | Gesch. |
|---|---|---|---|
| Division Weigelsperg | 7 | 4 | 12 |
| „ Schwarzenberg | 9 | 4 | 12 |
| „ Wocher | 12 | 5 | 24 |
| „ E. H. Ernst | $\frac{1}{2}$ | 11 | 12 |
| Zusammen | $28\frac{1}{2}$ | 24 | 60 |
| Hievon als Besatzung in Mantua | 7 | 3 | 18 |
| „ Peschiera | 1 | — | — |
| „ Legnago | 1 | — | — |
| Zusammen | 9 | 3 | 18 |
| Mithin verblieben zur Disposition | $19\frac{1}{2}$ | 21 | 42 |

II. Armee-Korps:

| | Bat. | Eskadr. | Gesch. |
|---|---|---|---|
| Division Wimpffen | $7\frac{1}{6}$ | 4 | 12 |
| „ Taxis | 10 | — | 12 |
| Kavallerie-Brigade Simbschen | — | 10 | — |
| Reserve-Artillerie | — | — | 24 |
| Zusammen | $17\frac{1}{6}$ | 14 | 48 |
| Hievon als Besatzung in Mantua | 3 | — | — |
| Mithin verblieben zur Disposition | $14\frac{1}{6}$ | 14 | 48 |

Total-Summe der disponiblen Truppen in Italien $33\frac{2}{3}$ Bat., 35 Eskadr., 90 Gesch.

Ueber diese Streitkräfte (36713 Mann, 4800 Pferde, 90 Geschütze) wovon jedoch wenigstens 8000 Mann zur Besetzung Verona's abzurechnen sind, konnte der Feldmarschall Graf Radetzky bei Beginn der Campagne, im freien Felde verfügen.

Die Armee, ohne Unterstützung aus dem Innern der Monarchie — ein Reserve-Korps unter dem Feldzeugmeister Grafen Nugent bestand damals zum größten Theile erst auf dem Papier — war wohl auf ihre aufopfernde Tapferkeit allein beschränkt. Durch Venedig im Rücken bedroht, ihre einzige Verbindung mit Tirol gefährdet, ihre Verpflegssphäre durch die von allen Seiten anrückenden Haufen von Kreuzfahrern immer mehr beengt, sah sie sich bald auf das Stück Land angewiesen, das sie eben besetzt hielt. In solch' verzweiflungsvoller Lage erprobte sich wieder die seltene Geistesstärke des Feldmarschalls, die aufopfernde Hingebung seiner braven Soldaten, die voll Zuversicht auf ihren geliebten Führer blickten und Trost und neue Hoffnung aus seiner ruhigen Miene schöpften.

8*

## Königlich sardinische Armee.

### Infanterie.

Garde-Brigade: 4 Grenadier- und 2 Jäger-Bataillone;

1. Brigade Savoyen: Regiment Nr. 1 und 2;
2. „ Piemont: Regiment Nr. 3 und 4;
3. „ Aosta: Regiment Nr. 5 und 6;
4. „ Coni: Regiment Nr. 7 und 8;
5. „ Regina: Regiment Nr. 9 und 10;
6. „ Casale: Regiment Nr. 11 und 12;
7. „ Pignerol: Regiment Nr. 13 und 14,
8. „ Savona: Regiment Nr. 15 und 16;
9. „ Acqui: Regiment Nr. 17 und 18.

Jedes Garde-Grenadier-Bataillon zählt 1100, jedes Jäger-Bataillon der Garde 1000 Mann; jedes Infanterie-Regiment ist zu 2 Infanterie-Bataillons zu 5 und einem Jäger-Bataillon zu 4 Kompagnien.

Real-Navi (Marine-Infanterie) zu 3 Bataillons, auch für den Dienst zu Land verwendbar.

Bersaglieri (savoy'sche Scharfschützen) 1 Bataillon, bildet ein selbstständiges Korps.

### Kavallerie:

Regiment Nr. 1 Königreich Piemont;

„ Nr. 2 Genua;

„ Nr. 3 Nizza;

„ Nr. 4 Savoyen;

„ Nr. 5 Novara;

„ Nr. 6 Aosta.

Jedes Kavallerie-Regiment zu 6 Eskadronen mit einem Soll-Etat von 1000 Pferden.

### Artillerie:

2 zwölfpfündige Batterien,

8 sechspfündige Batterien,

2 sechspfündige reitende Batterien.

Jede Batterie zu 8 Geschützen.

### Technische Truppen.

1 Sappeur-Bataillon mit 1 Mineur-Kompagnie.

Mithin war die Gesammtstärke der königlichen Armee 38 Bataillons mit 64000 Mann, 36 Escadronen mit 6000 Pferden, 12 Batterien mit 96 Geschützen, wozu noch ein zahlreicher Belagerungs-Train zu rechnen ist. Der Stand der Bataillone war jedoch beim Beginne des Krieges nicht vollzählig, und jener der Escadronen konnte bei dem Umstande, daß beinahe alle Reitpferde aus Nord-Deutschland bezogen werden müssen, selbst wäh= rend des Feldzuges nie ganz erreicht werden.

Ueberhaupt schien man sich zu viel auf das Reservewesen verlassen zu haben, nach welchem jeder Eingeborne dienstpflichtig ist und nach vollendeter dreijähriger Dienstzeit noch sechzehn Jahre gewärtig sein muß, im Bedarfs= falle einberufen zu werden, wodurch wohl der doppelte Stand erreicht wer= den könnte; unter diesen Reserve-Soldaten befinden sich aber viele Fami= lienväter, die wohl keine sonderliche Lust haben, den heimatlichen Herd mit dem Schlachtfelde zu vertauschen.

Die Infanterie schießt gut auf weite Entfernungen hinter deckenden Gegenständen, scheint aber einen Kampf in freiem Felde ziemlich unbehag= lich zu finden; eben so wenig hält sie einem Bajonnetangriffe Stand (was sie ziemlich oft bewies).

Die Versaglieri sind mit ausgezeichneten Kammerbüchsen bewaffnet, auch wissen sie damit sehr gut umzugehen; dieses Korps verdient die Elite des ganzen Heeres genannt zu werden.

Die Kavallerie ist gut, aber schwerfällig beritten, sie besitzt wenig Selbstvertrauen und Schwung; das erste Glied führt Lanzen — so furcht= bar auch diese Waffe in der Hand eines tüchtigen Reiters wird, nützt sie dem Piemontesen doch wenig, indem sie ihn im freien Gebrauche seines Säbels nur hindert.

Die Artillerie besitzt vortreffliches Materiale, auch hat sie eine sehr gute Schule und hält im Feuer aus.

Hätte man die Offiziersstellen nicht ausschließlich dem Adel vorbehal= ten, so würde es an guter Führung gewiß nie gefehlt haben.

Die Armee war unter den Befehlen der General-Lieutenants Bava und Sonnaz in 2 Armee-Korps eingetheilt, von denen jedes aus 2 Divi= sionen bestand; eine selbstständige Reserve-Division kommandirte der Herzog von Savoyen. Chef des Generalstabs war General-Lieutenant Graf

Salasco; den Oberbefehl führte der König in Person. Der laute
Hilferuf aus Mailand mochte ihn wohl früher, als es in seiner Absicht
gelegen, bestimmt haben, den Ticino zu überschreiten, denn obgleich Carl
Albert schon lange mit seinem Invasionsplane schwanger ging, war seine
Armee noch nicht an der Grenze conzentrirt, ja nicht einmal für einen Krieg
gerüstet; die einzelnen Brigaden mußten sich erst während ihres Vorrückens sammeln — dies, Ursache, warum der König den sich zurückziehenden österreichischen Truppen nicht auf dem Fuße folgte.

Neben der regulären Armee wurden durch königliche Dekrete verschiedene Frei-Korps errichtet. Auch mußte Neapel 15000 Mann Hilfstruppen schicken, diesen folgten 17000 Römer, 6 bis 7000 Toscaner und
aus Parma und Modena etwa noch 4000 Mann. Den Schluß dieses
Bundesgenossen-Heeres machte jenes Gesindel, dem wir als lombardische
und venetianische Kreuzfahrer bald begegnen werden. Die Verbündeten
mochten etwa 40 bis 50000 Mann betragen haben.

### Gefecht bei Goito

#### am 8. April.

Kundschafter und gegen Guidizzolo und Gazzoldo ausgeschickte Streifkommanden meldeten schon am 6. und 7., daß starke feindliche Kolonnen
gegen den Mincio im Anrücken seien. General-Major Wohlgemuth
hatte, wie bereits erwähnt, am 5. vom General-Major E. H. Sigmund
die Vorpostenkette von Goito aufwärts bis Pozzolo übernommen, die Reserven standen in Roverbella und Valeggio. Die Vorposten des ersten
Armeekorps am Mincio waren über Goito mit jenen von Mantua in
Verbindung; hiedurch sowohl, wie durch den Umstand, daß die Wah-
rung der Brücke durch die Behauptung des jenseits des Flusses gelegenen und von dort aus dominirten Ortes bedingt wird, bekam letzterer
eine erhöhte Wichtigkeit. Der General hatte die gemessene Weisung:
das Städtchen Goito nur so lange zu vertheidigen als für den Rückzug
seiner Truppen erforderlich sei, und darauf Bedacht zu nehmen, daß
der Feind nicht zugleich mit den über die Brücke sich Zurückziehenden
das linke Ufer erreiche; nach bewirktem Uebergange aber die Brücke zu
sprengen.

Am 7. um ein Uhr Nachts waren die Vorarbeiten zur Sprengung bereits beendigt, ein heftiger Regenguß hatte jedoch die eingelegte Stupine verdorben, man mußte daher das unter der Brückendecke angebrachte Pulverfaß wieder wegnehmen, und dafür durch requirirte Arbeiter zwei Joche der Brücke abtragen lassen. Kaum war diese Arbeit begonnen, als die Meldung einlief, daß sich eine starke feindliche Abtheilung — sie wurde auf 3 bis 4000 Mann geschätzt — auf der Straße von Gazzoldo nähere. Es war die sardinische Brigade Regina nebst einem Bataillon Real navi und einer Abtheilung Bersaglieri unter persönlicher Führung des Korps-Kommandanten General-Lieutenants Bava.

Die 24. Kompagnie Kaiser-Jäger hielt die Vorposten, die 22. unter unmittelbarer Leitung des Interims-Bataillons-Kommandanten Hauptmanns Knezich, stand zu beiden Seiten der Brücke am rechten Ufer und hatte die dortigen Häuser besetzt; der Rest dieses, so wie das Oguliner Grenz-Bataillon, 3 Geschütze und die Hußaren-Division waren am linken Ufer aufgestellt, das Grabiskaner-Bataillon nebst einem Geschütze hatte Pozzolo besetzt, 2 Geschütze standen en reserve in Marengo.

Um sieben Uhr griff der Feind unsere vor Goito aufgestellten Vorposten an, welche sich nun fechtend zurückzogen und auf der Straße zu beiden Seiten vor der Brücke aufstellten. Der Feind schritt hierauf unter Vorsendung von Plänklern zum Angriffe auf den Ort, wurde aber durch das Feuer der in den Häusern postirten Tiroler-Jäger dreimal zurückgewiesen. Als aber General Bava 14 Geschütze in die vordere Linie rücken und ein verheerendes Feuer auf das Städtchen richten ließ, mußte die kleine Schaar über die Brücke zurückweichen.

Mittlerweile war das Pulverfaß unter die Brückendecke wieder eingehängt, und da es an Zeit mangelte eine Feuerleitung anzubringen, bot sich Oberfeuerwerker Grünwald freiwillig an, die Zündung mit einem Stück Zündlichtel zu bewerkstelligen, welch' gewagten Versuch er mit Nichtachtung jeder Gefahr ausführte. Bei den unzureichenden Mitteln konnte jedoch der beabsichtigte Zweck nur theilweise erreicht werden, und so blieb die rechtsseitige Brüstung der Brücke stehen.

Um sowohl Mannschaft als Pferde keinem unnützen Verluste auszusetzen, wurden dieselben vor der Sprengung einige hundert Schritte weit zurückgezogen; kaum war jedoch diese bewirkt, so rückten die Jäger wieder

vor und besetzten die diesseits gelegene Filanda (Seidenspinnerei), den anstoßenden kleinen Garten und das weiter rückwärts gelegene Haus. Durch
das Scheuwerden der Bespannungspferde einer mit den übrigen Geschützen
vor der Sprengung zurückgezogenen Haubitze, stürzte dieselbe von der dritthalb Klafter breiten Chaussée in den 6 bis 7 Schuh tiefen Straßengraben;
nur der aufopfernden Anstrengung des Vormeister-Bombardiers Fikerment gelang es mit Hilfe einiger Kanoniere und Jäger im größten Kugel-
und Kleingewehrfeuer, die Haubitze binnen sechs Minuten auf die Straße zu
bringen, die hierauf zu den unterdessen bei der Brücke abgeprotzten Kanonen vorrückte, und gleich diesen ihr Feuer gegen die feindliche Hauptkolonne,
welche sich unterdessen auf 6 bis 700 Schritte Goito genähert hatte, eröffnete. Dort versieht Vormeister Fikerment ungeachtet eines bei dieser
Gelegenheit erhaltenen Streifschusses, zu gleicher Zeit die Funktionen dreier
Nummern. Dem Vormeister-Kanonier Kolienz wird der Schenkel zerschmettert, — mit bewunderungswürdiger Selbstverläugnung verrichtet er,
auf einem Fuße stehend, den Dienst bei seinem Geschütze, bis er endlich nach
dem 3. Schusse, von Schmerzen überwältigt, ohnmächtig zu Boden sinkt.

Während mehrere Schwadronen des Kavallerie-Regiments Aosta im
scharfen Galopp in den Ort sprengten und das Gros der Infanterie denselben Weg einschlug, beorderte General-Lieutenant Bava zwei starke
Abtheilungen der letzteren unter dem Schutze einer Plänklerkette gegen die
Brücke. Eine Abtheilung besetzte die beiden an derselben gelegenen Häuser,
die andere stellte sich hinter dieser gedeckt auf. Da hiedurch unsere Geschütze
an der Brücke zu exponirt schienen, ließ General-Major Wohlgemuth
dieselben auf der Straße nach Marengo etwas zurückziehen, und so gut es
die Oertlichkeit gestattete, dort gegen den Feind placiren.

Dieser besetzte nun mit den Bersaglieri alle gegen den Fluß gelegenen Häuser, ließ 2 Kanonen hinter der östlichen Umfassungsmauer, 2
an dem südlichen Thore und eine (mit schwarzgelber Laffettirung) gegenüber der Brücke auffahren, und die von uns besetzten Häuser mit Kartätschen beschießen; gleichzeitig schickte er Raketen und Schützen auf die beiden
Thürme des Städtchens. Aber all' diese Anstrengungen zerschellten an der
unerschütterlichen Standhaftigkeit, an dem aufopfernden Muthe der braven Tiroler, die dem Feinde durch ihre wohlgezielten Schüsse nicht blos
bedeutenden Schaden zufügten, sondern auch den kühnen Versuch einer

Abtheilung Versaglieri, über die stehengebliebene Brüstung der Brücke zu gehen, vereitelten. Eben so gelang es unserer Artillerie schon nach dem 3. Schusse, das feindliche Geschütz an der Brücke zu demontiren, und auch bald darauf die Raketen und Schützen von den Thürmen zu verjagen. General-Major Wohlgemuth, welcher schon früher eine Kompagnie Oguliner herangezogen hatte, stellte nun dieselbe zur Deckung der bei Molino d'Isola und zwischen diesem Punkte und der Brücke befindlichen Furten auf. Und wirklich debouchirte der Feind gegen eilf Uhr mit unge= fähr 4 Kompagnien aus dem nördlichen Thore von Goito, wandte sich rechts und machte Miene, den Fluß an einer der seichten Stellen zu passi= ren; aber einige gutgezielte Kartätschenschüsse zwangen ihn bald zum schleu= nigen Umkehren. Ein später wiederholter Versuch, an derselben Stelle über den Mincio zu gehen, wurde ebenfalls durch das rechtzeitig und gut angebrachte Feuer der Geschütze, unter der Leitung des umsichtigen und unerschrockenen Oberfeuerwerkers Grünwald, der nach Verwundung des Batterie-Kommandanten Oberlieutenants Trenkler das Kommando derselben übernommen hatte, vereitelt.

Der Feind erlitt bei dieser Gelegenheit große Verluste, auch schien der Muth seiner Truppen bedeutend erschüttert worden zu sein, denn als gegen zwölf Uhr jene Umgehungs-Kolonne zum dritten Male sich zeigte, waren einige Kanonenschüsse und das Plänklerfeuer einer vom Korporalen Sabliak von den Ogulinern geführten Patrouille hinreichend, eine solche Verwir= rung in derselben anzurichten, daß sie umkehrte und in regelloser Flucht den schützenden Mauern des Ortes zueilte. Dieser Korporal hatte aus eigenem Antriebe um die Erlaubniß gebeten, mit einer aus 5 Mann be= stehenden Patrouille stromaufwärts streifen zu dürfen, dort faßte er hinter einer Mauer Posto und trug, wie gesagt, durch sein Feuer zur Vereit= lung des feindlichen Unternehmens wesentlich bei. Wären dem Generalen Wohlgemuth größere Streitmittel zu Gebote gestanden, so würde er wohl sicher den Versuch gemacht haben, dem Feinde mit einem Theile der= selben durch die Furt zu begegnen, was im Falle des Gelingens ohne Zweifel einen entscheidenden Einfluß auf den Gang des Gefechtes gehabt, und die Offensive eingeleitet hätte.

Gegen halb eilf Uhr war vom Major Ramp, Kommandanten des in Pozzolo detachirten Gradiskaner-Grenz-Bataillons, welcher den Kampf in der linken Flanke vernommen hatte, selbst aber nicht angegriffen wurde, die Meldung eingetroffen, daß er nach dem Kampfplatze eile; doch der General, um den wichtigen Uebergangspunkt Pozzolo besorgt, befahl ihm, mit 3 Kompagnien den Ort wieder zu besetzen, mit dem Reste des Bataillons aber nach Marengo zu rücken, und mit der dort bereits angelangten Oguliner-Kompagnie als Reserve, Stellung zu nehmen.

Am linken Flügel hatte unterdessen der Kampf mit beispielloser Hartnäckigkeit schon nahe an drei Stunden gedauert. Um jedoch die Mannschaft, welche die Filanda besetzt hielt und in diesem dem Einsturze nahen Hause nur mehr unvollkommene Deckung fand, nicht nutzlos zu opfern, ließ ihr General von Wohlgemuth das Zeichen zum Rückzuge geben. Aber nur Oberlieutenant Baron Zephyris führte seine halbe Kompagnie über die Kanalbrücke zurück und besetzte das rechts von derselben gelegene Haus; die andere halbe Kompagnie, unter dem bereits am Arme verwundeten Hauptmann Knezich blieb in der Filanda und dem Garten zurück — sie war nach dem Verluste eines ihrer liebsten Offiziere, des Lieutenants von Hofer (eines Enkels des um Oesterreich so hochverdienten Sandwirthes aus dem Passeyerthale), derart von Kampflust hingerissen, daß sie kein Befehl, zum Rückzuge über den Kanal zu bewegen vermochte.

Während des Rückmarsches der halben Kompagnie unter dem Oberlieutenant Zephyris, langten die beiden in Marengo zurückgebliebenen Brigade-Geschütze an und wurden sofort zur Ablösung der vordersten Piècen, welche sich bereits verschossen hatten, beordert. Doch kaum hatten sie im heftigsten Feuer nahe an dem Hause abgeprotzt, als 3 Pferde getödtet und einer Kanone ein Rad zertrümmert wurde, sie stürzte in den Graben und da sie nicht mehr gerettet werden konnte, mußte man sich begnügen, dieselbe mit abgebrochener Raumnadel schußunfähig zu machen.

Schon hatte der Kampf durch volle vier Stunden gedauert, als sich General-Major Wohlgemuth, der seine Aufgabe — dem ersten ArmeeKorps Zeit zum Sammeln und Aufstellen zu verschaffen — bereits erfüllt glaubte, Befehl zum Abbrechen des Gefechts gab. Große Schwierigkeiten bot nun der Rückzug jener halben Kompagnie, welche die Filanda so tapfer vertheidigt hatte, indem die Brücke über den Kanal schon früher abgebrochen werden mußte. Bei dieser Gelegenheit zeichnete sich der Gemeine Benedetti durch beispiellose Bravour aus, indem er 12 seiner Kamera-

ben, darunter mehrere Blessirte, dadurch rettete, daß er sie in einem großen Weinfasse, während eines mörderischen feindlichen Feuers successive
über den Kanal schaffte. Eben so rettete in demselben Augenblicke der
Gemeine Zintinger den schwer verwundeten Unterjäger Lindescher
und 2 Gemeine durch Schwimmen vor dem sichern Tode; von letzteren
erfuhr man, daß ihr heldenmüthiger Kommandant gefallen sei. Kühn
und tapfer focht Knezich bei jeder Gelegenheit, durch einen Schuß in
den Kopf, fand er hier seinen rühmlichen Tod — betrauert von seinen Kameraden, von Allen, die ihn als Soldaten kennen zu lernen Gelegenheit hatten.

Zur Aufnahme der vordern Abtheilungen wurden eine Kompagnie
Jäger und die Oguliner Division weiter rückwärts auf der Straße nach
Marengo aufgestellt, und sofort der Rückzug in der größten Ordnung
und in steter Bereitschaft, mehrmals Front gegen den Feind machend,
ausgeführt. Doch dieser, dem der Muth und die Ausdauer unserer
Truppen während des Gefechtes, in welchem er alle Vortheile des Terrains
für sich hatte, ohne Zweifel imponirten, wagte ungeachtet seiner großen
Ueberlegenheit nicht, denselben zu folgen und den Rückmarsch zu beunruhigen.

In Marengo angekommen, wohin von Mezzecane Feldmarschall-
Lieutenant Weigelsperg mit 10 Kompagnien Geppert-Infanterie und
der sechspfündigen Fußbatterie Nr. 3 der Brigade Rath geeilt war, erhielt General-Major von Wohlgemuth den Befehl, mit seinen Truppen
nach Massimbona zu rücken und dort hinter dem bereits aufmarschirten
Regimente Prohaska auf der Anhöhe Stellung zu nehmen.

Der Verlust der Brigade Wohlgemuth in diesem Gefechte bestand:
Vom 4. Bataillon Kaiser-Jäger — Hauptmann Knezich, Lieutenant
von Hofer *) und 17 Mann todt; Hauptmann Graf Castiglione,
Capitain-Lieutenant Zigau und 13 Mann verwundet; 68 Mann (abgeschnitten in der Filanda) vermißt.

---

*) Knezich, Hofer, ein Jäger und Hauptmann Baron Pirquet (letzterer am 22. Juli
bei Rivoli gefallen) wurden von ihren Landsleuten — den biedern Tirolern —
im Jahre 1850 aus ihren Gräbern geholt und in der Franziskaner-Hofkirche zu
Innsbruck feierlich beigesetzt. Ehre dem Volke, das in dankbarer Erinnerung die
Namen seiner Helden in Marmor verewigt.

Vom Oguliner Grenz-Bataillon — 11 Mann verwundet.

Von der 1. Majors-Division Graf Radetzky-Hußaren — 1 Mann verwundet; 1 Pferd todt, 2 verwundet.

Von der Kavallerie-Batterie Nr. 4 — Oberlieutenant Trenkler und 10 Mann verwundet; 8 Pferde todt, 9 verwundet.

Der Verlust des Feindes dürfte unsern weit überstiegen haben; unter den Verwundeten befanden sich General della Marmora und Oberst Maccoranie von Real navi.

Durch die Infanterie-Brigade Aosta und die Freischaaren-Kompagnie Grissini während des Gefechtes verstärkt, mochte der Feind vor Beendigung desselben wohl an 10000 Mann betragen haben.

Als General der Kavallerie von Gorczkowski das Gefecht bei Goito vernahm, entsendete er zur Verstärkung des linken Flügels der im Feuer gestandenen Truppen den Oberst Theissing mit einem Bataillon Rukavina-Infanterie, einem Zug Baiern-Dragoner und einer halben Fußbatterie, aus Mantua nach dem Kampfplatze. Genannter Oberst fand aber Goito vom Feinde bereits besetzt; er zog sich daher nach Marmirolo zurück, wo er durch eine Vorpostenstellung die eben bewerkstelligte Ausräumung des Pulverthurmes Fontana deckte. Eben so hatte der Feldmarschall auf die Nachricht von dem feindlichen Angriffe auf Goito, um zwei Uhr Nachmittags die Brigade Maurer und die Kavallerie-Brigade Schaffgotsche zur Verstärkung des ersten Armee-Korps, von Verona nach Villafranca beordert, sie fanden jedoch bei ihrem Anlangen in letzterem Orte das Gefecht bei Goito bereits entschieden. Zum Ersatze der beiden genannten Brigaden erhielt die am vorigen Tage nach Villanova detachirte Brigade Liechtenstein die Weisung, nach Rücklassung von 2 Bataillons und 2 Geschützen, nach S. Michele und S. Martino zu rücken.

Gegen Abend zog sich die Brigade Wohlgemuth wieder nach Marengo zurück; die somit vereinigte Division Weigelsperg rückte nun nach Mozzecane, wo sie mit 2 Bataillons Geppert, dem Oguliner, dem 4. Bataillon Kaiser-Jäger, 3 Kompagnien Gradiskaner und 2 Batterien ein Bivouac bezog, während 3 Kompagnien Gradiskaner die Vorposten bestritten.

## Gefechte bei Valeggio, Monzambano und Pozzolo
### am 9. April.

Nachdem der Feind durch seine Uebermacht bei Goito den Flußübergang erzwungen und durch schnell aufgebrachte Mittel hergestellt hatte,
unternahm er am andern Tage Angriffe auf Valeggio, Monzambano und
Pozzolo. Mit ungefähr 2 Bataillons, 8 zwölfpfündigen Geschützen und
2 kleinen einpfündigen Bergkanonen rückte er gegen Borghetto, als eben
die Brücke über den Mincio in schwachen Flammen stand, denn auch hier
ließ sich bei dem feuchten Materiale, durch die Sprengung kein günstigeres
Resultat erzielen. Die diesseitigen Höhen hielten 4 Kompagnien E. H.
Sigmund-Infanterie besetzt.

Als der Donner der feindlichen Geschütze, den Angriff auf diesen
Punkt verkündete, eilte General-Major Baron Rath, der sich eben im
Marsche nach Pozzolo befand, über Quaderni nach Valeggio; er erkannte
jedoch bald, daß der Gegner bei der dominirenden diesseitigen Stellung hier
blos demonstriren werde, weßhalb er dieselbe mit einem Bataillon Geppert, 3 Kompagnien Prohaska-Infanterie und 2 Kanonen verstärkte, mit
dem Reste der Brigade (3 Bataillons und 4 Geschützen) aber zur Unterstützung des General-Majors Grafen Strassoldo gegen Monzambano
sich wandte. Aber auf diesem Punkte war es dem Feinde unter dem Schutze
seiner auf den jenseitigen Höhen sehr vortheilhaft placirten Geschütze, noch
vor Ankunft des General-Majors Baron Rath gelungen, den Uebergang
zu forciren, und trotz der heldenmüthigen Ausdauer des Oberfeuerwerkers
Poitzel, der mit nur 2 Kanonen der Kavallerie-Batterie Nr. 3, ungeachtet eines starken Verlustes an Artillerie-Mannschaft, das Feuer von
8 feindlichen Geschützen durch volle vier Stunden ausgehalten hatte, die
leichte Brigade Strassoldo zum Rückzuge auf die Höhen von Ca Brentina
zu nöthigen.

Auch bei Pozzolo, wohin General-Major Wohlgemuth, welcher
der Brigade Rath über Quaderni gefolgt war, dirigirt wurde, mußte
man dem überlegenen feindlichen Andrange weichen.

Bei Valeggio hatten die beiden Geschütze unter dem Oberfeuerwerker
Schramm, den Kampf nicht nur muthvoll ausgehalten, eine feindliche
Kanone demontirt, und die Kavallerie zum Verlassen ihrer Aufstellung,

sonbern gegen Sonnenuntergang auch die feindliche Infanterie durch wohl= gezielte Granatenwürfe, welche an mehreren Stellen zündeten, zum gänzlichen Rückzuge aus Borghetto gezwungen. Unser Verlust auf diesem Punkte bestand nur in einem Pferde vom Pulverkarren, welches durch eine von einer Mauer abgeprellte Kugel getödtet wurde.

Somit hatte der Feind bis zum Abende des 9. den Mincio an drei Stellen — bei Goito, Pozzolo und Monzambano überschritten.

**Aufstellung des 1. Armeecorps und Rückzug gegen Verona. — Armirung der Festungen.**

Nachdem der Gegner diese Vortheile errungen, war mit Einbruch der Nacht das erste Armee-Korps in folgende Aufstellung gerückt: die Brigade Strassoldo, welche noch durch die Brigade Rath verstärkt wurde, hielt die Höhen von Brentina und Valeggio besetzt, die Brigade Maurer bivouaquirte südöstlich von letzterem Orte, die Brigade Wohlgemuth östlich und die Brigade Clam westlich von Quaderni, die Brigade Schaffgotsche bei Rosegaferro, endlich die Brigade E. H. Sigmund bei Villafranca.

Da aber der Feldmarschall das erste Armee-Korps den Wechselfällen einer Schlacht nicht aussetzen wollte, zumal er jetzt selbst im Falle eines Sieges die errungenen Vortheile nicht benützen konnte, indem das zweite Armee-Korps zur Sicherung Verona's verwendet bleiben mußte, so ordnete er den Rückzug des ersteren über Sommacampagna und Villafranca an, welche Bewegung durch starke Vorposten, die den Gegner am Mincio nicht aus dem Auge ließen, maskirt wurde. Gleichzeitig beorderte er die Brigade Liechtenstein wieder zur Besetzung des Alpone-Ufers. Am Morgen des 9. befand sich das erste Armee-Korps zum größten Theile schon in der angewiesenen Stellung.

Der besondern Thätigkeit des Majors Baron Schlechta war es mittlerweile gelungen, mit dritthalb Pionnier-Kompagnien alle am Rideau von Chievo bis Tombetta gelegenen Gehöfte in Vertheidigungsstand zu setzen und diese Position nach Möglichkeit durch Mittel der Feldbefestigung zu verstärken. Eben so hatte die Armirung Verona's unter den Augen des Feldmarschalls einen erfreulichen Fortgang genommen. Bis zum 10. waren auf den Werken am rechten Etsch-Ufer und zwar auf den Bastionen Crocefisso, S. Francesco, Trinita, dei Riformati, Spirito, Bernardino, Zeno,

Procolo, di Spagna und dem Kastell Vecchio 73 Geschütze aufgeführt; am linken Ufer und zwar am Ravelin bei Porta S. Giorgio, im Kastell S. Felice, Graben-Batterie Nr. 21, den Bastionen S. Toscana, della Maddelena, Campo Marzo, Batterie Pellegrini, Thurm Nr. 30 auf der Anhöhe Gaina, den Werken Nr. 34 auf der Anhöhe S. Mattia, Nr. 35 auf der Anhöhe S. Leonardo und Nr. 36 unterhalb letzterer, standen 80 Geschütze. Die Armirung der hier nicht genannten Werke erfolgte nach Möglichkeit in den nächsten Tagen.

Um die Sicherheit Mantua's konnte der Feldmarschall nunmehr unbekümmert sein, zumal vom Festungs-Kommandanten und dem Vertheidigungsrathe die bestimmte Erklärung abgegeben wurde, daß diese Festung bereits in den Stand gesetzt sei, selbst ernsten Angriffen die Stirne zu bieten, sich somit aufs Aeußerste halten werde.

Für Peschiera bot gleichfalls dessen Kommandant und eine zwar kleine aber muthige Besatzung, hinreichende Gewähr des äußersten Widerstandes; was auch von Legnago galt. Und so konnte der österreichische Feldherr in seinem unbezwinglichen Festungssystem zwischen dem Mincio und der Etsch, die Verstärkung seiner Armee und die weiteren Ereignisse ruhig abwarten.

### Gefechte bei Sorio und Corre di Confine
#### am 8. April.

Wie bereits erwähnt, hatte Feldmarschall Graf Radetzky dem General-Major Fürsten Liechtenstein am 7. den Auftrag ertheilt, mit seiner Brigade Villanova, Monteforte und Caldiero zu besetzen und eine Rekognoszirung gegen das angeblich von Venetianern, Paduanern und Vicentinern besetzte Montebello auszuführen, im Falle der Möglichkeit aber auch diesen Ort zu nehmen, um so einen weiteren Vormarsch gegen Vicenza zu ermöglichen.

Der General marschirte am andern Tage um vier Uhr Früh mit 4 Kompagnien des 9. Jäger-Bataillons unter Kommando des Obersten Weiß, 2 Bataillons E. H. Franz Carl-Infanterie unter Oberst von Pottornyai, 3 Eskadronen Reuß-Hußaren unter dem Obersten Grafen Török, der 11. Pionnier-Kompagnie unter Hauptmann Thürmann und der Kavallerie-Batterie Nr. 2 unter Lieutenant Bauer, von Verona ab. In S. Martino schloß sich der Brigade das 1. Bataillon Haugwitz, unter Kommando des Oberstlieutenants Martini an; dagegen wurde eine Division des 2. Bataillons Franz Carl in Caldiero zur Sicherung dieses Ortes und Bewachung der Ponte dell' Asse, als des wichtigsten Kommunikationspunktes mit Verona, zurückgelassen. Die Brigade langte um zehn Uhr in S. Bonifacio an, wo sie sich mit dem schon früher unter Kommando des Major Cöeh von Reuß-Hußaren, dahin entsendeten Detachement von 4 Kompagnien des 2. Banal-Grenz-Regiments und einer Eskadron Hußaren vereinigte. Die in Villanova gestandene Eskadron Windischgräß-Chevaux-legers wurde zur Sicherung des Rückzuges, auf der Straße gegen Verona echellonirt.

Da nun General-Major Fürst Liechtenstein in Villanova in Erfahrung brachte, daß die Straßen zu beiden Seiten des Chiampo verdorben, die Brücken theilweise zerstört, jene bei Montebello, so wie der Ort selbst und die Höhen von Sorio stark besetzt, endlich die Hauptstraße bei Torre di Confine von den Insurgenten durch bedeutende Hindernisse gesperrt sei, auch seine Mannschaft erst ablochen mußte, was bis zwei Uhr dauerte, so behielt er sich die weiteren Unternehmungen für den nächsten Morgen vor. Unterdessen entsendete er jedoch eine starke Patrouille unter Kommando des Lieutenants Piscevich von C. H. Franz Carl, zur Vertreibung der sich auf den Höhen von Sorio und Monteforte zeigenden Insurgenten; es entspann sich ein kurzes Plänklergefecht, wobei von letzteren 1 Mann fiel. Bald darauf (um halb vier Uhr) unternahm der General mit einer Division Haugwitz, einer Kompagnie Banalisten, einer halben Pionier-Kompagnie, einem Flügel Hußaren und 2 Geschützen eine Rekognoszirung gegen eine bei Perarolo erbaute Barrikade, von welcher am vorigen Tage auf eine Hußaren-Patrouille geschossen wurde; er fand sie aber unbesetzt und ließ sie zerstören. Auf der Straße weiter vorrückend, stieß die Kolonne hinter Casa Negri auf einen von Alleebäumen errichteten bei 2000 Schritte langen Verhau, von welchem bald einige Schüsse fielen, es entspann sich ein Geplänkel zwischen einer Kompagnie Haugwitz und den Insurgenten; nun wurde auch eine Haubitze vorgenommen, doch fand sie wenig Arbeit, indem ein einziger Schuß hinreichte, die Vertheidiger jenes Verhaues zu verjagen. Da aber derselbe nicht gleich weggeräumt werden konnte, so ließ der General den Oberstlieutenant Martini mit dem erwähnten Detachement, das noch durch eine Division E. H. Franz Carl verstärkt und die Haubitze durch eine Kanone abgelöst wurde, bei dem Verhaue mit der Weisung: am andern Tage auf der Hauptstraße vorzurücken und sobald die Hauptkolonne die Höhen von Sorio erreicht habe, die Dazio-Brücke zu forciren und auf Montebello vorzugehen.

Während Oberst Pottornyai mit 4 Kompagnien seines Regimentes, 2 Kompagnien Haugwitz und 3 Eskadronen in S. Bonifacio blieb, um Monteforte und die für seine Verbindung wichtigen Brücken zu besetzen, und durch Entsendung starker Patrouillen gegen Lonigo, die rechte Flanke zu decken, rückte Fürst Liechtenstein mit dem Reste der Brigade — 4 Kompagnien E. H. Franz Carl unter dem Obersten Baron Kavanagh, 3 Kompagnien des 2. Banal-Regiments, einer halben Eskadron Hußaren, einer halben Pionier-Kompagnie und 4 Geschützen — um halb sieben Uhr Früh über Monteforte und Sta. Croce gegen Campanella, seine rechte Flanke durch ein Detachement Franz Carl, die linke durch eine Kompagnie Jäger unter Hauptmann Anader deckend.

Vor Campanella fand man den Weg abgegraben und die steinerne Brücke über den Rio Vanzanella, dessen Wassertiefe durch den immerwährenden Regen fünf Schuh erreicht hatte, abgebrochen; man mußte demnach erst eine Brücke schlagen, welche durch die Umsicht des Hauptmanns Thürmann in zwei Stunden zu Stande gebracht war. Mittlerweile hatte Anader auf Fußsteigen Campanella erreicht, die auf der Straße gegen Sorio über den Camisello abgebrochene Brücke durch hineingeschobene Wagen und darüber gelegte Bretter in so weit hergestellt, daß sie für Infanterie praktikabel war, und den auf der Straße nach Gambellara, über dieses Flüßchen führenden noch nicht zerstörten Uebergang besetzt. Der Feind machte zwar den Versuch dieses Unternehmen durch seine Plänkler und das auf der Straße vor Sorio aufgestellte Geschütz zu vereiteln, wich aber, ohne einen Angriff abzuwarten.

Während der hier geschilderten Vorgänge hatte Oberstlieutenant Martini den Verhau hinter Casa Negri, durch die Pionier-Abtheilung unter Oberlieutenant Frisch wegräumen lassen. Torre di Confine war von Insurgenten besetzt und vertheidigt; Hauptmann Weigl von Franz Carl Infanterie, griff diese Häusergruppe mit seinen Plänklern in der

I.                                                       9

Front und mit einem Zug in der linken Flanke an, während die 1. Kompagnie Banal-Grenzer durch ihr entschlossenes Vorrücken längs des Chiampo-Dammes, die Rückzugslinie der Vertheidiger bedrohte. Diese zogen sich hierauf schnell hinter die am Ausgange des Orts befindliche, mit einer Brustwehr versehene und gesprengte steinerne Brücke, wurden aber bald durch die mittlerweile in die Häuser gedrungenen Plänkler auch von dort vertrieben und verschwanden zuletzt, als sie unsere beiden Geschütze auffahren sahen, in dem sehr durchschnittenen Terrain in der Richtung gegen Montebello. Ein Geschützfeuer, welches von den Höhen bei Sorio auf die unter dem Oberstlieutenant Martini vorrückende Kolonne eröffnet wurde, erwiederten die beiden Kanonen unter dem Oberfeuerwerker Czehovini, aufs Kräftigste. Unterdessen waren alle rückwärtigen Straßen-Abgrabungen ausgefüllt worden, und Martini erwartete nun den Angriff auf Sorio.

General-Major Fürst Liechtenstein konnte aber Campanello erst um halb zwei Uhr verlassen; zur Sicherung der dortigen Brücke blieb eine Kompagnie Jäger zurück. Gleichzeitig mit dem auf der Straße gegen Gambellara vordringenden General, ging Major Rukavina mit 3 Kompagnien seines Bataillons und einer Division von Haugwitz über die oben erwähnte Nothbrücke gegen Menarotto, um längs des Chiampo vorrückend, in die linke Flanke des bei Sorio stehenden Feindes zu wirken.

Die auf den Höhen sich zeigenden Menschengruppen, welche sich unthätig verhielten, wurden durch Seitenpatrouillen von der vordringenden Kolonne entfernt gehalten. Kaum hatte diese die Albega passirt und den Weg gegen Sorio, Gambellara links lassend, eingeschlagen, als sie von 2 auf den Höhen von Mason und den beiden nächst Sorio auf demselben Höhenrücken postirten Geschützen mit einem lebhaften Feuer empfangen wurde. Augenblicklich ließ General Fürst Liechtenstein eine Haubize bis in die Plänklerkette vorrücken und im Vereine mit der 2. beim Damme des früher genannten Baches placirten, das Feuer beantworten. Gedeckt durch dieses Kreuzfeuer rückte nun die Kolonne vor; 2 Kompagnien Jäger drangen in die ersten Häuser, — immer lebhafter wurde das Kleingewehrfeuer, bis Hauptmann Zsoldos mit seinen Jägern die Kirche erstürmte und von dort die auf der Höhe angebrachte, die Straße sperrende Barrikade wirksam beschoß. Dieser Angriff wurde in der linken

Flanke von der Kompagnie des Hauptmanns Anacker kräftigst unterstützt, während Hauptmann Descovich, sich ganz links haltend, mit seiner Kompagnie den steilen Berg zu erklettern und so des Gegners Rückzugslinie zu gefährden suchte.

Mittlerweile hatte sich Major Rukavina mit 2 Kompagnien, denen die beiden andern als Unterstützung folgten, Mason genähert, die Vertheidiger der vordersten Häuser delogirt und von Haus zu Haus gedrängt; wobei ihn das wohlberechnete Feuer der beiden Haubitzen wirksam unterstützte. Nach Wegnahme der letzten Häuser ergriffen die Insurgenten die Flucht, ohne auf die Rettung ihrer Geschütze zu denken.

Nun rückte auf Befehl des Generals, Hauptmann Becsey mit seiner Kompagnie, unterstützt von einer andern unter persönlicher Führung des Oberst Kavanagh, zum Sturme gegen eine bei zwei Klafter hohe Barrikade. 2 Kompagnien Grenzer, durch eine tiefe Schlucht von dieser Angriffs-Kolonne getrennt, so wie eine Kompagnie Haugwitz, die hier ins Feuer vorgezogen wurde, soutenirten den Angriff gleich den in zerstreuter Ordnung vordringenden Jägern. Einige im Augenblicke des Sturmes gut berechnete Kanonenschüsse erschütterten den Gegner. Die Kolonne drang unaufhaltsam vor, Lieutenant Piscevich von E. H. Franz Carl erstieg der Erste die Barrikade und riß dem Fahnenträger die Tricolore aus der Hand; in weniger als dreiviertel Stunden war das ganze Gefecht mit der Feuerwaffe beendet. Nach der Einnahme von Sorio suchte der Feind, welcher schon beim Beginne des Kleingewehrfeuers die beiden bei Sorio aufgefahrenen Geschütze auf kleinen Karren zurückgezogen hatte, in wilder Flucht das Gebirg zu erreichen. Leider verhinderte die Barrikade den Durchgang der Kavallerie und Artillerie, und schützte so die Fliehenden vor Verfolgung.

Während dieses Angriffes auf Sorio, war Oberstlieutenant Martini, dessen Flanke nach Wegnahme der Geschütze frei geworden, gegen die Dazio-Brücke vorgerückt. Doch die hier hinter Erdaufwürfen und Sandsäcken geschützten Insurgenten, welche sich durch das Feuer einer Grenzer-Kompagnie und einer zweiten von E. H. Franz Carl-Infanterie in beiden Flanken und nach Wegnahme der Höhen von Sorio, selbst im Rücken bedroht sahen, erwarteten den Angriff der sich formirenden Sturmkolonne von Haugwitz-Infanterie nicht, sondern zogen sich noch früher eiligſt zurück, worauf unſere vorgeſchobenen Plänkler die Verſchanzung erſtiegen und die hinter derſelben aufgeführten Kanonen nahmen.

Nun ritt Oberſtlieutenant Martini nur von 6 Huſaren begleitet, nach Montebello; Patrouillen durchſuchten den Ort, fanden ihn jedoch von den Inſurgenten bereits verlaſſen. Eine Diviſion Infanterie nahm hierauf am Eingange des Ortes, eine andere am Ausgange gegen Vicenza, Stellung, die übrigen Truppen bezogen ein Lager vor und hinter der Dazio-Brücke.

Bei dieſer Expedition wurden dem Feinde 4 zwölfpfündige Schiffs-kanonen auf altartigen Laffetten abgenommen, man mußte ſie wegen Man-gel an Transportsmitteln vernageln, und theils ins Waſſer, theils von der Anhöhe hinab werfen. Die eroberten Gewehre, zum größten Theile aus dem Marine-Zeughauſe von Venedig genommen, ſo auch die übrigen Waf-fen, worunter viele Piken mit dreifärbigen Bändern, wurden zerſchlagen. Der Gegner hatte ſich im Feuer gut gehalten, erſt der Angriff mit der blanken Waffe konnte ihn zur Flucht bringen; er verlor 50 Mann an Todten und einige 30 an Gefangenen. Von letzteren erfuhr man, daß der feindliche Kommandant der ehemalige franzöſiſche Oberſt Conte S. Fermo ſei, daß in Vicenza ein ſtarkes Korps von Inſurgenten mit 8, und in Treviſo ein beinahe eben ſo ſtarkes mit 4 bis 5 Geſchützen ſtehe.

Der eigene Verluſt beſtand in 1 Gemeinen von E. H. Franz Carl-Infanterie, welcher beim Sturm auf Sorio, und 1 Mann vom 2. Banal-Grenz-Regimente, welcher bei der Dazio-Brücke fiel, nebſt 8 Verwundeten.

Die Brigade trat am 9. um halb ſieben Uhr früh ihren Rückmarſch nach Verona an, wo ſie um fünf Uhr Abends eintraf.

**Beſchreibung Peschiera's. — Beſetzung von Caſtelnovo durch Inſurgenten.**

Als ſich das erſte Armee-Korps vom Mincio gegen Verona zurückzog, drangen die improviſirten Generale und Oberſte der italieniſchen Frei-ſchaaren in den König, demſelben auf dem Fuße zu folgen, während ſie nach Ueberſchiffung des Garda-Sees, die Verbindung mit Tirol aufheben und in des Feldmarſchalls rechte Flanke operiren wollten; doch Carl Albert, wohl einſehend, daß ein Unfall in dem gefährlichen Dreieck zwiſchen Peschiera, Verona und Mantua, für ſeine Armee die bedenk-lichſten Folgen haben könnte, beſchloß vorerſt deren Complettirung, am

rechten Mincio-Ufer abzuwarten. Um aber seiner lästigen Gäste los zu
werden, ließ er ihnen wissen, daß er eine Unternehmung gegen Peschiera
beabsichtige, die sie durch eine Diversion unterstützen könnten.

Am Morgen des 10. erschien vor Porta Brescia ein Parlamentär aus dem Hauptquartier des Königs; er verlangte die Uebergabe der
Festung, wurde aber mit diesem Begehren von Feldmarschall-Lieutenant
Baron Rath kurz abgewiesen. Nachmittags zeigten sich 2 feindliche
Ingenieur-Offiziere, um bei Frassine und Ponti Geschützpositionen auszu-
mitteln und bald darauf wagten sich Infanterie-Kolonnen unter Vorsendung von Plänklern so nahe an die Vorwerke Alt- und Neu-Salvi, daß
sich der Festungs-Kommandant genöthigt sah, ihnen einige Kanonenschüsse
zuzusenden, die aus der bei Casa Ricchione im Bau begriffenen Batterie,
(jedoch wirkungslos) erwiedert wurden. Successive besetzten feindliche Truppen die umliegenden Höhen vom Wirthshause al Papa an bis gegen
Frassine und Ponti, und unterhielten bis sechs Uhr Abends ein zweck-
loses Geschützfeuer gegen das Fort Salvi. Lieutenant Wukellic von
den Otochanern, nahm bei dieser Gelegenheit einen piemontesischen Soldaten, welcher sich dem letztgenannten Fort genähert hatte, gefangen.

Große Besorgniß machte dem Festungs-Kommandanten das wegen
Mangel an Mannschaft, besonders an Artillerie, unbesetzt gebliebene Fort
Mandella, indem sich der Feind nach Passirung des Mincio oder von Pacengo her, leicht in dessen Besitz setzen, und von hier aus die Festung
wirksam beschießen konnte.

In der Nacht errichteten die Piemontesen nächst Ponti in einem Oli-
vengehölze 2 Batterien, welche mit Haubitzen und zwölfpfündigen Kanonen
vom Fort Salvi und dem Cavalier der Bastion Nr. 5 beschossen wurden;
auch gelang es das in der Batterie bei Casa Ricchione errichtete Pulver-
Magazin in die Luft zu sprengen.

Gleichzeitig mit diesem Angriff auf Peschiera, überschiffte eine Abtheilung von 5 bis 600 Mann des aus Mailändern, Genuesern und
Schweizern zusammengesetzten Bataillons Manara von Salö nach Bardolino, rückte von hier über Lazise gegen Castelnovo, überfiel die aus einem
Korporalen und 13 Mann vom 1. Ottochaner-Grenz-Bataillon, bestehende
Wache des etwa drei Miglien entfernten Friedens-Pulvermagazins, nahm
dieselbe gefangen, und während ein Theil der italienischen Freischärler mit

dem Wegschaffen des Pulvers beschäftigt war, setzte sich der andere in Castelnovo fest. Bald darauf kam Feldwebel S t a u b von E. H. Albrecht-Infanterie, mit den Köchen von den Vorposten bei Casa Torrioni zum Einkaufe von Viktualien nach Castelnovo. Die Mannschaft hatte ihre Einkäufe kaum beendigt, als vom Kirchthurme herab ein starker Trommelschlag hörbar wurde; auf dieses Zeichen stürzten die Insurgenten aus den Häusern, überfielen das von S t a u b geführte Kommando, und nahmen es gefangen. Nur Einigen, worunter S t a u b, gelang es, sich zu verbergen; als Letzterer jedoch den Versuch zum Entfliehen machen wollte, wurde er gesehen, ergriffen und vor Manara geführt. Dieser begrüßte S t a u b als Kameraden, versprach ihm gute Bezahlung, und reichte ihm Waffen und Kokarde; aber der brave Soldat wies jenen Antrag mit der Erklärung zurück, daß er nie gegen seinen Monarchen meineidig handeln werde. Dafür sollte er büßen; er wurde strenge bewacht, selbst mißhandelt und zuletzt zum Erschießen verurtheilt. Plötzlich ertönte der Ruf „all' armi! all' armi!" — eine Hußaren-Patrouille hatte sich Castelnovo bis auf einige hundert Schritte genähert. Diesen Augenblick der allgemeinen Verwirrung benützte S t a u b; ohne zu überlegen, versetzte er einem der beiden ihn bewachenden Posten einen derben Schlag, fiel über den andern her und entwaffnete ihn; während des Ringens kamen Beide unter einen Wagen, hiedurch im freien Gebrauche der Glieder und der Entwicklung seiner Kraft gehindert, biß S t a u b seinen Gegner so lange in die Kehle, bis dieser eine Leiche war. Nun machte er sich, von der Finsterniß begünstigt, auf den Weg; er wurde zwar verfolgt, es wurde nach ihm geschossen, dennoch entkam er glücklich, und meldete sich mit Tagesanbruch bei den Vorposten der Brigade Strassoldo.

### Gefecht bei Castelnovo

#### am 11. April.

Durch das Festsetzen der Freischärler in Castelnovo, war die Verbindung zwischen Verona und Peschiera unterbrochen. Um nun diese Kommunikation wieder frei zu machen, entsendete der Feldmarschall noch vor Tagesanbruch den General=Major Fürsten Wilhelm T h u r n - T a x i s mit dem 2. Bataillon Haugwitz-, dem 1. Bataillon Piret-Infanterie, einer

Division Windischgräz-Chevaux-legers und der sechspfündigen Fußbatterie
Nr. 4 gegen Castelnovo. Nachdem die Truppen auf der Piazza Brà gesammelt waren, rückte der genannte General — mit dem Bataillon Haugwitz
als Avantgarde — bis an den Tione-Bach; in Osteria del Bosco blieb
zur Sicherung der Verbindung mit Verona, die 3. Division von Piret
zurück, die 4. Kompagnie dieses Bataillons besetzte eine Anhöhe in der
linken Flanke. Man fand die Straße an mehreren Stellen mit großen
Baumstämmen verlegt, zugleich brachte man in Erfahrung, daß Castelnovo
von den Insurgenten besetzt sei, auch waren einige Kanonenschüsse in der
Richtung gegen Peschiera hörbar.

Während man mit dem Wegräumen dieser Verrammlungen beschäftigt
war, eröffneten die auf der letzten Höhe vor dem Orte in beträchtlicher
Anzahl aufgestellten Insurgenten ein lebhaftes Feuer auf die mittlerweile
vorgerückte Avantgarde. General Fürst Taxis ließ sogleich eine Plänklerkette mit Unterstützungen formiren und den Feuerwerker Reisinger
mit 2 Geschützen vorrücken; einige Kartätschenschüsse, denen ein rascher
Bajonnetangriff folgte, waren hinreichend, den Gegner nach Castelnovo
zurückzuwerfen. Dieser Ort war auf das Stärkste barrikadirt, und der so
geschützte Vertheidiger empfing die Truppe mit ganzen Dechargen aus den
Fenstern der vordersten und von den Dächern vieler rückwärtiger Häuser,
indeß die Sturmglocke am Thurme unaufhörlich raste.

Mittlerweile hatte auch die früher erwähnte, zur Besetzung einer
links von der Straße gelegenen Anhöhe verwendete Kompagnie von Piret,
eine Patrouille von einem Gefreiten und 6 Mann unter dem Kadeten
Roderich, gegen Castelnovo entsendet, welche jedoch bald aus dem
Hofe Casati beschossen wurde. Roderich stürmte muthig an der Spitze
seiner kleinen Schaar gegen das Haus, konnte aber dessen Eingang nicht
forciren; erst nach dem Anlangen des Oberlieutenants Merl mit einem
Zuge, gelang die Einnahme dieses Gebäudes. In demselben wurden 13
Insurgenten, worunter ein schon bejahrter, bis an die Zähne bewaffneter
Geistlicher, dessen Kutte auf der Brust ein rothes Kreuz zierte, nieder-
gemacht, und 3 Freischärler gefangen genommen.

Nachdem von der Hauptkolonne auch die letzte Höhe genommen und
eine halbe Batterie auf dem Rideau links der Straße vortheilhaft placirt
war, ließ Fürst Taxis die ersten Häuser, die vorderste Barrikade und

den Glockenthurm beschießen, der sein Geläute schon nach dem ersten Schusse einstellte. Nun wurde die vorderste Barrikade durch die Avant-garde unter Hauptmann Mauler von Haugwitz-Infanterie, mit dem Bajonnete genommen und viele ihrer Vertheidiger niedergemacht. Hier müssen wir den Feldwebel Skarka nennen, da er derjenige war, welcher der Erste in die, wie bereits gesagt, stark verbarrikadirte Straße drang und gegen das vom Eingange links gelegene Haus ganz allein stürmte; durch sein Beispiel begeistert, eilten die Gemeinen Gerloni und Aller-ghini herbei und bewirkten ungeachtet des Feuers aus den nächsten Häu-sern, die völlige Eroberung dieses Gebäudes.

Dennoch hörte der Widerstand nicht auf, im Gegentheile wurde das Feuer aus den Fenstern noch lebhafter, und die Zahl der auf den Dächern postirten Schützen stieg zusehends. Da man überdies entdeckte, daß im Innern des Ortes zahlreiche Barrikaden die Gassen gänzlich sperrten, mit-hin deren Einnahme nur mit bedeutenden Opfern zu erlangen wäre, ließ General-Major Fürst Taxis vorerst die Dächer mit Granaten bewerfen; diese zündeten an mehreren Stellen, vertrieben die Schützen von dort und den oberen Stockwerken, und schienen eine allgemeine Verwirrung ange-richtet zu haben. Jetzt erst konnte man zur Einnahme des Ortes schreiten, wozu 2 Umgehungs-Kolonnen gebildet wurden — links von Haugwitz-, rechts von Piret-Infanterie, — sie hatten die Aufgabe: den Ort zu um-fassen und in die Seitengassen zu bringen, während eine Kolonne von Piret, nach Zurücklassung einer starken Reserve von ersterem Regimente, auf der Hauptstraße gegen den Haupteingang stürmte. Nichts konnte dem Ungestüme der tapferen Truppen widerstehen, die Barrikaden und verram-melten noch besetzten Häuser wurden genommen und ein Blutbad unter den Vertheidigern angerichtet. Mit der Einnahme des Glockenthurmes war die Eroberung von Castelnovo beendet, der Feind in wilder Flucht nach Lazise, wo die rettenden Schiffe seiner harrten.

Unterdessen war die Nacht hereingebrochen und da der Ort bei dem sich erhebenden Winde immer heftiger zu brennen anfing, die Barrikaden nicht schnell genug weggeräumt werden konnten, um der Artillerie und geschlossenen Kavallerie-Abtheilungen den Durchgang zu gestatten, endlich die Brücke am jenseitigen Ende von Castelnovo gesprengt und kaum für einzelne Leute gangbar war, so wurde die Infanterie auf die diesseitigen

Höhen zurückgezogen, wo sie ein Bivouac bezog; Artillerie und Kavallerie lagerten noch weiter rückwärts.

Der Verlust der Brigade in diesem Gefechte bestand aus 4 Todten, 7 Verwundeten und einem Vermißten von Haugwitz-, 3 leicht Verwundeten von Piret-Infanterie, einem Verwundeten von der Artillerie-Mannschaft, dann einem verwundeten Pferde von der 29. Bespannungs-Division. Auch hatte General-Major Fürst Taxis durch eine Musketenkugel eine starke Contusion erhalten; dem Oberstlieutenant Rieben von Piret, war eine Kugel durch den Rockschoß gefahren, ohne ihn zu verletzen.

Der Verlust des Feindes dürfte sich wohl auf 150 Todte belaufen haben; gefangen wurden 46, darunter 2 Blessirte. Unter den Gefangenen befand sich auch ein Geistlicher, der mit der Waffe in der Hand ergriffen wurde. Die Soldaten hatten ihm einen Czako aufgesetzt, Bajonnetscheide und Patrontasche umgehängt, deren weißes Riemzeug auf der schwarzen Kutte einen recht possirlichen Anblick bot; in dieser netten Adjustirung mußte der wohlbeleibte Herr Pater nach dem Takte der Trommel marschiren.

Während der Beschießung flogen die großen von den Insurgenten im Orte aufgehäuften Pulvervorräthe in starken Explosionen auf und waren Ursache der beinahe gänzlichen Zerstörung Castelnovo's. Groß war auch die Zahl der noch vorgefundenen Gewehre, die zum größten Theile zerbrochen wurden.

Am andern Tage entsendete Feldmarschall-Lieutenant Baron Rath den Hauptmann Wimmer mit der 2. Otochaner-Kompagnie, einer Haubitze und 8 Hußaren gegen Castelnovo, um über dessen Schicksal Kenntniß zu erlangen. Wimmer fand den Ort theils brennend, theils in Schutt und die Gassen streckenweise noch verbarrikadirt, Leichen, halb verkohlt, lagen auf den rauchenden Trümmern, und kein lebendes Wesen war zu finden, das über die Ursache jener Verwüstung Nachricht geben konnte, auch war General-Major Fürst Taxis nach Osteria del Bosco bereits zurückmarschirt, wo er insolange Stellung nahm, bis das erste Armee-Korps seine Vorposten am Rideau vor Verona ausgestellt hatte.

**Expedition an den Po. — Rekognoszirung gegen Goito. — Feindliches Unternehmen gegen Mantua über den obern Lago. — Lago-Flotille.**

Obgleich die aus Mantua auf einige Miglien gegen Süden und Westen ausgeschickten Streifkommanden auf keinen Feind stießen, gingen doch die Aussagen der Landleute dahin, daß piemontesische Truppen am untern Oglio stünden, und starke Freischaarenzüge gegen den Po im Anmarsche wären. Der Festungs-Kommandant schickte deßhalb am 11. ein Kommando an den Po, um die dortigen Ueberfuhren zu zerstören, diese waren jedoch sämmtlich schon am jenseitigen Ufer in Sicherheit gebracht und dasselbe vom Feinde besetzt, daher das Detachement unverrichteter Sache zurückkehren mußte.

In der Nacht des 12. April wurden die von der Citadelle bei Soave und Bancole aufgestellten Vorposten angegriffen und zurückgedrängt; dies veranlaßte den Generalen der Kavallerie von Gorczkowski, mit Tagesanbruch des 13. eine scharfe Rekognoszirung gegen Goito anzuordnen, wozu Oberst Theissing mit 8 Kompagnien Rukavina, einer Jäger-Kompagnie, einem Zug Kavallerie und einer halben Fußbatterie bestimmt wurde. Oberst Theissing stieß auf keinen Widerstand, nur bei Bancole wurde eine Patrouille angegriffen und versprengt; hingegen fand er die Straße bei Rotta abgegraben und verhauen, und Goito selbst bereits verschanzt und barrikadirt.

Auch war durch Kundschafter die Nachricht in die Festung gelangt, daß die Insurgenten über den obern Lago mit den Mantuanern in Verbindung zu kommen und Waffen einzuschmuggeln trachten; es wurden deßhalb die Bereitschaften an der Umfassung zwischen der Ponte Prabella und Ponte Mulini verstärkt. Und in der That zeigten sich auch wirklich am 15. um zwei Uhr Morgens in der Richtung des Waldrandes von Fontana, mehrere Fahrzeuge, welche aber auf einige Kanonenschüsse aus dem Retranchement Nr. 11 wieder verschwanden. Dieser Versuch des Feindes bestimmte den Festungs-Kommandanten, den Major Duodo von E. H. Ferdinand d'Este-Infanterie, mit der Zusammenstellung einer Flotille, wozu die vorhandenen Finanz- und Fischerbarken das Materiale lieferten, zu beauftragen*).

---

*) Durch die besondere Thätigkeit des genannten Majors war die Lago-Flotille am 12. Mai geschaffen, armirt, mit Leuten der Garnison, welche größtentheils im Wasserfahren erst eingeübt werden mußten, bemannt, und folgendermaßen vertheilt: Im oberen Lago standen 2 große Ruderbarken, jede mit 8 Doppelhaken armirt; sie hatten des Nachts den Patrouillendienst zwischen den Schilfinseln zu versehen. Zum schleunigen Rekognosziren diente eine 3. mit 8 Doppelhaken ausgerüstete Barke mit Schaufelrädern statt der Ruder, der auch mehrere kleine

Unterdessen hatte die Beschießung Peschiera's durch die sardinische Brigade Pignerol fortgedauert, zumal die Besatzung zu schwach gewesen, den Bau neuer Batterien zu hindern, daher der Feind schon am 13. um eilf Uhr Vormittags sein Feuer aus 20 Geschützen gegen die Festung eröffnen konnte, das ungeachtet der möglichst kräftigen Entgegnung durch volle sechs Stunden währte und nicht unbedeutenden Schaden, namentlich in den Forts anrichtete; so schlugen allein in die Brustwehr des kleinen Vorwerkes Alt=Salvi 94 (meist vierundzwanzigpfündige) Kugeln, wodurch eine Haubitze und ein Bombenmörser demontirt und ein Gemeiner blessirt wurden.

Gegen halb sechs Uhr erschien vor Porta Brescia ein piemontesischer Hauptmann als Parlamentär, um im Namen seines Königs, der Garnison für den Fall der Uebergabe, freien Abzug mit Waffen und allen militärischen Ehren mit dem Beifügen anzutragen, daß sich der König für die ausgezeichnete Vertheidigung der Festung, bei deren Kommandanten bedanken lasse. Aber Feldmarschall-Lieutenant Baron Rath, ein alter Haudegen, fertigte ihn mit den Worten ab: „Sagen Sie Ihrem Könige, daß sich ein Theresien = Ritter nicht ergibt, so lange noch ein Stück Brot in der Festung vorhanden ist."

An eben diesem Tage rückte eine Division des 1. Szluiner = Grenz-Bataillons unter Kommando des Hauptmanns Glavás nebst 30 Artilleristen unter Oberlieutenant Eisler; dann am 15. unter Eskorte einer Division Baron Piret = Infanterie, ein Convoi mit mehreren Wagen und 7 Stück Schlachtvieh, in die Festung ein. Der Feldmarschall hatte nämlich den General = Major E. H. Sigmund beauftragt, an dem bezeichneten Tage um sechs Uhr früh mit 4 Infanterie-Bataillons, 2 Grenzer-Kompagnien, einer Kavallerie-Division und einer Sechspfünder = Fuß-batterie von Verona aufzubrechen und von Cavalcaselle aus, wo er um

---

Patrouillir-Boote beigegeben waren. Im mittleren Lago befanden sich an dem Damme Chasseloup als Wachschiffe 2 ebenfalls mit 8 Doppelhaken versehene Ruderboote; das Vorderdeck des einen war mit einer dreipfündigen Kanone, das des andern mit einer vier und zwanzigpfündigen Haubitze armirt. Der Mincio-Durchgang am Damme wurde mit einer Barre von schwimmenden spanischen Reitern gesperrt.

ein Uhr Mittags anstandslos einrückte, den erwähnten Convoi nach Peschiera zu schicken, mit der Brigade jedoch bis zur Rückkunft der Escorte, bei genanntem Orte ein Bivouac zu beziehen.

Nachmittags ritt der Erzherzog selbst nach Peschiera, wo er sich einige Zeit auf dem nur eine Schußweite von der Batterie bei Casa Ricchione, entfernten Kavalier nächst Porta Brescia, aufhielt. Bei seinem Abgehen erhielt das Otochaner-Grenz-Bataillon den Befehl, in der Verfassung zu bleiben, um vor Tagesanbruch einen Ausfall gegen die feindlichen Batterien zu unternehmen, welchen der Erzherzog mit seiner Brigade, die um die festgesetzte Stunde in die Festung einrücken sollte, unterstützen würde. Das Bataillon stand demnach die ganze Nacht hindurch in voller Bereitschaft, bis gegen Morgen ein Courier den Gegenbefehl überbrachte. Erzherzog Sigmund hatte schon um neun Uhr Abends Ordre zum Abmarsche aus seiner Stellung bei Cavalcaselle nach Verona, erhalten. Diese Bewegung wurde dem Feinde von den Landleuten in der Gegend von S. Giorgio in Salice, durch Raketen signalisirt.

**Recognoscirung und Expedition nach Bevilacqua.**

Im Schlosse zu Bevilacqua hatten sich die Insurgenten unter Zambeccari, bedeutend verstärkt, ja sogar berittene Patrouillen bis zu dem kaum drei Miglien von Legnago entfernten Friedenspulverthurme ausgeschickt, welche den dortigen Wachposten umschwärmten, während man noch mit Ueberführen der Munitionsvorräthe nach der Festung, beschäftigt war. Ihre beispiellose Keckheit ging so weit, daß sie einen beim Pulvermagazine angestellten alten Artilleristen, auf dem Wege nach Minerbe, wo er täglich Wein und Brot für die Wachmannschaft zu holen pflegte, aufhoben, den ruhigen Landleuten der Umgegend bei Todesstrafe verboten, Requisitionen, selbst Schlachtvieh gegen baare Bezahlung an die k. k. Truppen abzugeben, endlich das Postfelleisen seit acht Tagen zurückhielten. Dies bestimmte den Festungs-Kommandanten von Legnago, einen Offizier mit 50 Mann des Brooder-Grenz-Regiments, und 9 Uhlanen zur Recognoscirung des etwa tausend Schritte vor Bevilacqua, auf der Straße angelegten Verhaues zu entsenden. Gleichzeitig rückte Oberlieutenant Appel von Kaiser-Uhlanen, mit 20 Mann auf dem links über Minerbe führenden Wege gegen das Schloß. An einer Straßenwendung, ungefähr eine Miglie vor Bevilacqua, wurde dieses Detachement mit einer Decharge von einer bei zwei Klafter hohen pallisadirten Schanze, hinter welcher 60 bis 70 Insurgenten vollkommen gedeckt standen, überrascht. Ungeachtet des fortgesetzten feindlichen Feuers gelang es doch dem umsichtigen Offizier, sich zu überzeugen, daß ein tiefer, breiter Graben jede Umgehung des Epaulements unmöglich mache, weßhalb er sich zum Rückzuge entschloß. Das Detachement hatte 2 leicht verwundete Pferde, auch brachte es einen mit der Waffe in der Hand gefangen genommenen Insurgenten mit, welcher wichtige Mittheilungen machte. Als die Infanterie das Feuern in der linken Flanke hörte, zog sie sich nach dieser Seite hin, konnte sich jedoch der vielen Hecken und Gräben wegen, mit der Kavallerie nicht vereinigen, daher beide Abtheilungen erst in der Gegend des Pulverthurmes bei Minerbe zusammenstießen, worauf sie vereint in die Festung zurückkehrten.

Auf Grundlage dieser Rekognoszirung entschloß sich General-Major Baron Wuesthoff eine größere Expedition nach diesem Insurgenten-Schlupfwinkel zu unternehmen, wozu er sich schon früher vom Feldmarschall Grafen Radetzky eine Verstärkung an Truppen erbeten hatte. Es wurde demnach Oberst Heynzel von E. H. Sigmund-Infanterie, mit einem Bataillon seines Regiments, 2 Kompagnien des 10. Jäger-Bataillons, einer Eskadron Radetzky-Husaren, 34 Pionieren, 2 Raketen und 2 Haubitzen unter Führung des Hauptmanns Mollinary vom General-Quartiermeisterstabe, behufs eines Handstreiches auf Bevilacqua, am 19. nach Legnago beordert.

Das Kommando brach am 20. aus der Festung auf und rückte in 3 Kolonnen gegen Bevilacqua. Die 1. oder rechte Kolonne unter der unmittelbaren Leitung des Oberst Heynzel, bestehend aus 3 Kompagnien E. H. Sigmund-Infanterie, anderthalb Kompagnien Jäger, einem Zug Pioniere, 2 Raketengeschützen und 60 Mann von Radetzky-Husaren, marschirte um zehn Uhr Abends von Legnago über Marega und S. Salvatore auf die von Montagnana nach Bevilacqua führende Straße; die 2. oder mittlere Kolonne — anderthalb Kompagnien Brooder und 18 Uhlanen mit dem Oberlieutenant Appel, unter Befehl des Hauptmanns Berlelovic vom Brooder-Grenz-Regimente, brach um ein Uhr auf und rückte auf der Poststraße bis zum Verhau; endlich die 3. oder linke Kolonne unter Hauptmann Mollinary von E. H. Sigmund-Infanterie, bestehend aus 3 Kompagnien nebst allen Zimmerleuten dieses Regiments, einer halben Jäger-Kompagnie, 2 Haubitzen und 40 Hußaren rückte um zwölf Uhr Nachts aus der Festung über Minerbe und S. Zenone gegen Bevilacqua.

Die 1. Kolonne stieß auf eine breite und tiefe Straßenabsperrung, hinter welcher zehn bis zwölf Schüsse fielen, ohne jedoch zu treffen. Sowohl dieser Uebergang, als die zerstörte Brücke über die Fratta war durch die Pioniere unter Oberlieutenant Susich bald hergestellt, worauf die Kolonne unaufgehalten bis Bevilacqua rückte. Die 2. Kolonne stieß auf mehrere auf der Poststraße angebrachte von den Insurgenten verlassene Verhaue, Barrikaden und Abgrabungen; öffnete sich jedoch bald die Passage. Die 3. über Minerbe vorgerückte Kolonne fand daselbst den Weg mittelst der schon früher erwähnten hohen, mit Pallisaden und tiefen Wassergräben gänzlich abgeschlossenen Barrikade verlegt, aber ebenfalls ohne Vertheidiger; nachdem sie einige Granaten ins Schloß geworfen hatte, öffnete sie sich nicht ohne Mühe den Durchzug.

Alle 3 Kolonnen trafen fast zu gleicher Zeit im Orte ein, fanden jedoch sowohl diesen, als das Schloß von Bewohnern und Insurgenten verlassen, im Innern des Schlosses standen Thore und Thüren offen, und das Arrangement in den Gemächern ließ vermuthen, daß sie zu Kasernen gedient hatten. In einer Stunde war das Schloß mit all' seinen Vorräthen ein Raub der Flammen. Die Insurgenten, wohl 700 an der Zahl, hatten noch am vorhergegangenen Tage eine Verstärkung von beiläufig 200 Mann und 2 Kanonen erhalten und waren, ungeachtet aller Vorsichtsmaßregeln von der gegen sie anbefohlenen Expedition unterrichtet, um neun Uhr früh von Bevilacqua abgezogen. Das Detachement marschirte noch an demselben Tage nach Verona zurück.

# Ereignisse in Süd-Tirol

**Stärke und Dislokation der k. k. Truppen. — Landesvertheidigung. — Trient.**

In Tirol standen zu Ende März unter dem Kommando des Feldmarschall-Lieutenants Baron Welden, folgende Truppen:

1. Bataillon Kaiser-Jäger,
3. Feld-Jäger-Bataillon,
1. und 2. Bataillon G. H. Baden-Infanterie,
1. und 2. Bataillon Fürst Schwarzenberg-Infanterie,
1. und 2. Bataillon E. H. Ferdinand Viktor d'Este-Infanterie,
2 Divisionen Fürst Liechtenstein-Chevaux-legers,
2 sechspfündige Fußbatterien,

in Allem 8 Bataillone, 4 Eskabronen, 2 Batterien; u. z. kantonnirte
die Brigade des General-Majors Grafen Lichnowsky in Vorarlberg,
jene des General-Majors von Eliatschek lag in Innsbruck und den
größern Ortschaften des Unter-Innthales. Von ersterer konnte bei dem
Umstande, als nicht vorauszusehen war, welche Rolle die Schweiz spielen werde, zumal von Carl Albert an den Bundesrath die Einladung
zum Bündnisse gegen Oesterreich ergangen war, im gegenwärtigen Augenblicke kein Mann weggenommen werden; bei letzterer befanden sich
2 Bataillone Italiener.

Tirol hat wohl eine besondere Landesvertheidigung, aber sie war,
wie überhaupt Alles, was nicht zum stehenden Heere gehörte, in Ver-
fall gerathen; nichts war organisirt, weder für Evidenthaltung der Kompagnien, noch für Instandsetzung der Waffen gesorgt. Gewiß wird
Niemand den Nutzen jener Landesschützen wegläugnen, ihre Leistungen
schmälern wollen, aber — als Soldat gesprochen — bleibt es immer
eine mißliche Sache, diese Zuzüge ins Calcul militärischer Operationen zu
ziehen, denn abgesehen davon, daß es nicht denkbar ist, feindliche Kolonnen im Lande selbst vordringen zu lassen, vielmehr beinahe immer die
Nothwendigkeit vorliegt, sie sogleich über die Grenze zurückzuwerfen, in

welchem Falle man nur von dem jeweiligen guten Willen dieser Zuzüge abhängig bleibt, bietet eine Truppe, die nach langem Frieden erst aus ihren Thälern herausgetrommelt werden muß und nach vierzehn Tagen wieder der Heimat zueilt, weil sie die Feldarbeit nach Hause ruft, ohne immer ihre Ablösung abzuwarten, —durchaus keinen militärischen Anhalt.

In Welschtirol hatte das Projekt eines Anschlusses an das freie Italien schon längst Eingang gefunden, unverhohlen sprach die Gemeinde von Trient diesen Wunsch aus, und die provisorische Regierung Mailands trug wenig Bedenken, den Grenzpfahl Italiens bis auf den Gipfel des Brenner hinauszurücken. Auch steht es außer Zweifel, daß zwischen dem Adel von Trient und jenem Mailands schon lange das innigste Einver-ständniß herrschte, denn fast gleichzeitig mit dem Ausbruche der Empörung in der Lombarden-Hauptstadt, erhob sich (am 19. März) Trient; man entfaltete auch hier die Tricolore, und während ein Theil der Einwohner lärmend die Straßen durchzog, zerstörte das zugeströmte Landvolk in seiner blinden Wuth die an den Thoren befindlichen Finanzwachthäuser. Bald jedoch hatte die geringe Besatzung des dortigen Kastells die Ruhe mit den Waffen wieder hergestellt, wobei mehrere der Ruhestörer verwundet, und 2 derselben getödtet wurden. Die am Abende des anderen Tages verkün-dete Constitution wurde unter Jubel und Beleuchtung der Stadt aufge-nommen; augenblicklich improvisirte sich eine Nationalgarde mit dreifärbi-gen Fahnen und Schärpen, und nur die feste Haltung der Truppe hielt noch die Ruhe aufrecht.

Auf Veranlassung des Landes-Militär-Kommandos fanden mehrere Truppenbewegungen nach Süd-Tirol statt. Roveredo, Ala, Peri erhiel-ten Besatzungen vom 3. Feld-Jäger-Bataillon, Arco, Riva und Torbole von Schwarzenberg-Infanterie, und die Garnison von Trient — 4 Kom-pagnien des 3. Feld-Jäger-Bataillons, 2 Kompagnien Kaiser-Jäger und ·4 Kompagnien Schwarzenberg-Infanterie — wurde noch durch eine Division Kaiser-Jäger verstärkt, endlich das Kastell dieser Stadt in Vertheidi-gungsstand gesetzt.

Wie bereits erwähnt, hatte der Feldmarschall den Oberst Baron Zobel von Kaiser-Jäger, mit 6 Kompagnien seines Regiments aus Ve-rona nach Trient geschickt, wo er am 9. April zum Erstaunen der Ein-wohner, mit 4 Kompagnien eintraf, 2 Kompagnien waren (die eine in

Bolargne, die andere in Ala) zurückgeblieben. Oberst Z o b e l übernahm nun den Befehl über die in Süd-Tirol bereits aufgestellten und noch zu sammelnden Truppen, damals:

| | | |
|---|---|---|
| 3. Feld-Jäger-Bataillon | 6 | Kompagnien, |
| 3. Bataillon Kaiser-Jäger | 6 | ,, |
| 1. Bataillon Kaiser-Jäger | 2 | ,, |
| Schwarzenberg-Infanterie | 4 | ,, |
| Liechtenstein-Chevaur-legers | 2 | Eskadronen, |
| Geschütze | 2 | Haubitzen. |

18 Kompagnien, 2 Eskadronen, 2 Geschütze.

Das energische Auftreten des Oberst Baron Z o b e l in Trient bewies, daß er die Wichtigkeit seiner Aufgabe vollkommen begriffen, und den festen Willen besitze, dieselbe um jeden Preis durchzuführen. Für die Behauptung der 12000 Einwohner zählenden und in der Gegend ringsumher eines zahlreichen Anhanges versicherten Stadt, standen dem genannten Oberst anfangs nur 800 Mann und die beiden Geschütze zu Gebote, er zog deßhalb die Truppe ins Kastell, und ließ die Stadt bloß von kleinen Kavallerie-Patrouillen durchstreifen. Die vornehmsten Häupter der italienischen Partei wurden festgenommen und als Geißeln nach Innsbruck geschickt, die Bürgerschaft entwaffnet, das Tragen von Parteiabzeichen verboten und dem Magistrate erklärt, daß beim leisesten Versuche eines Aufstandes die Stadt in Brand geschossen und der Plünderung Preis gegeben werde. Diese energischen Maßregeln erschreckten die Trienter dermaßen, daß sie schon am andern Tage eine Deputation nach Wien abschickten, um die Versicherung ihrer Treue an den Stufen des Thrones niederzulegen. Endlich ließ Oberst Baron Z o b e l die Orte Mori, Nago und Torbole mit Abtheilungen des 3. Feld-Jäger-Bataillons, das auch eine Verstärkung nach Riva abgeben mußte, besetzen.

### Feindlicher Einfall in Tirol.

Wie wir gesehen, mußte dem Könige schon jetzt daran gelegen sein, sich jener Gäste zu entledigen, die sich in seine Operationspläne drängten und ihm mit ihren Rathschlägen lästig zu werden anfingen. Ihre undisziplinirten Haufen waren nur geeignet höchst nachtheilig auf den Geist seiner Soldaten einzuwirken, und konnten ihm an einem Schlachttage selbst

L                                                                 10

arge Verlegenheiten bereiten. Er bestimmte sie deßhalb zu einem Einfalle in Tirol, um den Feldmarschall, wie er hoffte, durch Bedrohung seiner einzigen Verbindung mit den übrigen Erblanden, zum Verlassen seiner Stellung bei Verona, zu zwingen — ein Unternehmen, das, wäre es durch einige reguläre Bataillone gehörig unterstützt worden, zwar den Feldmarschall aus seiner Position nicht wegmanövrirt, aber jedenfalls zur Theilung seiner Kräfte genöthigt hätte.

Die unter Allemandi's Anführung zur Invasion nach Tirol bestimmten Freischaaren hatten von Brescia aus, den Weg längs des Idro-Sees eingeschlagen; sie nannten sich nach ihren Führern Arcioni, Sedaboni, Beretta, Longhena, Manara, Vicari und Thannberg, und hatten mit ihrer Avantgarde unter Longhena, schon am 9. April die Grenze Tirols überschritten, und Condino in den Giudicarien besetzt. Dieser Kolonne folgten in Abständen von einem Tage die Bataillone Arcioni und Sedaboni. Von Condino wandte sich eine Abtheilung rechts nach dem Val di Ledro und besetzte alle Pässe bis an den Garda-See. Am 16. trafen 350 Mann — die Ueberreste des Bataillons Manara, welche dem Blutbade in Castelnovo entkommen — in Condino ein. Eine andere Schaar von 400 Freiwilligen aus Val Camonica, zog über den Tonal nach dem Sulzberg; bei Cles vereinigte sich mit ihnen ein gewisser Scotti mit 100 Mann des Bataillons Longhena, er hatte von Condino den Weg über Tione und das Joch von Campiglio nach Malè genommen. Diese Expedition nach Süd-Tirol war ein Triumphzug, d. h. man stieß nirgends auf Widerstand, und die armen Bauern der Gebirgsthäler, um ihre patriotischen Gesinnungen zu zeigen, zogen überall die dreifarbige Fahne auf und gaben her, was sie hatten, um sich dadurch vor Plünderung zu retten.

Wahrscheinlich war der Zweck dieses Einfalls: zwischen Trient und Bozen das Etschthal zu erreichen, dort mit den Insurgenten des venetianischen Gebirges zusammenzustoßen, und sofort im Vereine mit den übrigen im Sarca-Thale und vom Garda-See aufwärts rückenden Kolonnen durch einen conzentrirten Angriff auf Trient, sich dieses wichtigen Punktes zu bemeistern.

### Gefechte bei Ranzo, alle Sarche, Castel Doblino und Vezzano

#### am 13., 14. und 15. April.

Auf die Nachricht von jenem Einfalle der Insurgenten, rückte Hauptmann Baß von Kaiser-Jäger, mit der 1. Division dieses Regiments
und 7 Chevaux-legers, am 8. Mittags gegen Stenico vor, wo er am
andern Tage um neun Uhr früh anlangte; die üble Gesinnung eines
Theiles der Bewohner, die geringe Stärke seines Detachements (230
Mann) und die geringen Kräfte, welche dem Oberst Baron Zobel in
Trient zur Disposition standen, bestimmten ihn, hier während des schlechten Wetters zu halten. Am 10. Mittags traf die 5. Kompagnie
Schwarzenberg-Infanterie unter Oberlieutenant Mravinchich, als Verstärkung ein. Die Insurgenten waren an diesem Tage bis Tione, ihre
Avantgarde bis Pez vorgerückt, wo eine Patrouille die ersten Neckereien
mit derselben hatte; auch erhielt Baß die Meldung, daß sie gegen
S. Alberto detachirten. Da er befürchten mußte, daß sie das in seinem
Rücken gelegene Defilée der Marozzi zwischen Villa und alle Sarche be-
setzen, wodurch er Gefahr lief, umgangen zu werden, so brach er am
andern Tage von Stenico auf und zog sich nach Castell Doblino, von wo
er seine Vorposten bis alle Sarche vorschob. Am 12. ging der Jäger
Bassetti als Bauer verkleidet in das hochgelegene Dorf Ranzo, wo
es ihm gelang, die Stellung und Stärke des Feindes auszukundschaften.
Auf Grundlage dieses Berichtes griff Hauptmann Baß am 13. gegen
Mittag den Ort Ranzo von zwei Seiten zugleich an, indeß alle Sarche und
Castell Doblino von Schwarzenberg besetzt blieben. Die 1. Kompagnie
gelangte auf einem Felsenpfade in den Rücken der feindlichen Aufstellung,
die 2. Kompagnie unter dem Hauptmann Grafen Künigl rückte
durch eine Schlucht directe gegen dieselbe. Aber schon nach einigen gewechselten Schüssen räumten die Insurgenten das Dorf, worauf die Division gegen Abend die Stellung bei Doblino wieder bezog. Die an
demselben Tage eingetroffene 15. Kompagnie Kaiser-Jäger unter Hauptmann Zerboni, wurde während dieses Gefechtes nach Castell Doblino
und später nach Pabernione verlegt; durch diese Verstärkung zählte nun
das Detachement 450 Mann.

**10\***

Auf eine am andern Tage von den Vorposten eingelaufene Meldung, daß der Feind mit bedeutender Uebermacht über den Monte-Casale vor- gerückt sei und die Brücke bei alle Sarche forcirt habe, weßhalb sich die auf Vorposten gestandene Kompagnie von Schwarzenberg-Infanterie, der erhaltenen Weisung gemäß, gegen das am südlichen Ende des Sees gele- gene Haus Torre-Sela zurückzog, ließ Hauptmann Batz die in der Schlucht von Ranzo gelegenen Häuser durch eine halbe Kompagnie unter Oberlieutenant Graf Bernstorf und das Schloß Doblino durch eine eben so starke Abtheilung unter Oberlieutenant Lorenz besetzen, er selbst eilte mit 2 Zügen unter Lieutenant Pußlacher und den Chevaux- legers, welchen die 15. Kompagnie von Pabernione im Schnellschritte folgte, nach alle Sarche; in der rechten Flanke kotopirte die Kolonne Hauptmann Graf Künigl mit einer halben Kompagnie. Batz fand nicht nur die Brücke bei alle Sarche in Feindes Händen, sondern auch die am diesseitigen Ufer gelegenen Häuser von dessen Schützen besetzt; nach einem kurzen aber erbitterten Kampfe waren sie mit einem Verluste von 5 Todten wieder über die Brücke gejagt. Unserer Seits wurden 4 Mann verwundet. Da an eine Vorrückung über die Sarca-Brücke, bei der großen Uebermacht des auf den jenseits des Flusses gelegenen Höhen sehr vor- theilhaft postirten Gegners, wohl nicht zu denken war, so stellte Batz die nun vereinigte 2. Kompagnie an die Gartenzäune und Mauern des Ortes und etwa 200 Schritte hinter dieser, die mittlerweile eingetroffene Kompagnie Schwarzenberg-Infanterie und die 15. von Kaiser-Jäger en colonne, gedeckt auf. In dieser Verfassung wartete Hauptmann Batz mit seinen 3 Kompagnien durch anderthalb Stunden auf den feindlichen Angriff, der aber nicht erfolgte.

Die vorgerückte Tageszeit und die Besorgniß, daß sich die feindlichen Seitenkolonnen auf die in der Schlucht unter Oberlieutenant Bern- storf aufgestellte halbe Kompagnie werfen, somit bei Doblino, wo diese Schlucht in die Hauptstraße mündet, den geraden Weg nach Trient ver- legen könnte, veranlaßte den genannten Hauptmann, alle 4 Kompagnien im Castell zu vereinigen. Seine Besorgniß erwies sich vollkommen ge- gründet, denn kaum hatte er Castell-Doblino besetzt, als die von Lon- ghena geführte ungefähr 1000 Mann starke Seitenkolonne aus der Schlucht hervorbrach, um sofort, besonders auf die westliche Seite des Schlosses, ein lebhaftes Feuer zu eröffnen, das eine ziemlich wirksame Erwiederung erfuhr, der Besatzung einen Mann kostete und erst um eilf Uhr Nachts gänzlich schwieg, am Morgen des andern Tages aber wieder erneuert wurde.

Bei dem Rückzuge aus alle Sarche, hätte wohl Hauptmann Batz die Stellung bei Bezzano beziehen können, aber diese war für seine geringen Kräfte zu ausgedehnt; das nämliche galt von jener bei Cadine, denn, wenn er auch das Defilée der Bucca di Vela behauptet hätte, so blieb er doch zu schwach, um auch Sopramente und die überall zugänglichen nördlichen Höhen gehörig zu besetzen, endlich hätte sich das Gefecht in der Nacht ganz in die Nähe des aufgeregten Trient gezogen. Er setzte voraus, daß der Feind, welcher nur auf Seitenwegen vorrücken konnte, 450 Mann, die jeden Augenblick bereit waren, aus dem Castell vorzubrechen, wohl schwerlich in seinem Rücken lassen, so wie, daß ihn Oberst Baron Zobel noch rechtzeitig unterstützen werde. Bis zu diesem Zeitpunkte hoffte er sich in dem, mit Proviant für seine Truppe auf vierzehn Tage versehenen Castell Doblino zu halten.

Auf die Meldung von diesen Vorfällen beorderte Oberst Zobel den Major Burlo mit der 13. und 16. Kompagnie Kaiser-Jäger nach Bucca di Vela zur etwaigen Aufnahme des Hauptmanns Batz, so wie zur Sicherung der Straße nach Trient. Dort angelangt, unternahm genannter Major eine Rekognoszirung gegen Bezzano, wobei er in Erfahrung brachte, daß beiläufig 300 Freischärler, welche einiges Landvolk nach sich zogen, nach Mezzo Lombardo gerückt seien, um wahrscheinlich von dort nach Lavis zu gehen. Dies bewog den Oberst Zobel eine aus der 4. Kompagnie des 3. Feldjäger-Bataillons, einer Kompagnie Hohenlohe-Infanterie und einer dreipfündigen Kanone bestehende Verstärkung nach Bucca di Vela zu entsenden. Zugleich erhielt Major Burlo den Befehl, mit seinem nun 4 Kompagnien starken Detachement zum Entsatze des Hauptmanns Batz nach Castell Doblino vorzurücken. Zur Sicherung der Straße von Lavis ward eine Kompagnie des 3. Feldjäger-Bataillons nach Gardolo detachirt und zu ihrer Unterstützung eine Kompagnie Schwarzenberg-Infanterie in Trient bei Porta S. Martino aufgestellt; 2 Kompagnien Schwarzenberg hielten die Brücke S. Lorenzo, 2 Kompagnien das Kastell besetzt. Burlo rückte demnach am 14. in der Nacht nach

Cabine und von dort am folgenden Tage um drei Uhr Morgens nach Bezzano, wo er die Disposition für die weitere Vorrückung traf. Diese erfolgte in 3 Kolonnen — den rechten Flügel bildete die 13. Kompagnie, sie ging über Sta. Massenza vor, die Mittelkolonne, aus der 16. Jäger- und der Kompagnie Hohenlohe gebildet, marschirte über Pabernione, endlich der linke Flügel oder die 4. Kompagnie des 3. Feldjäger-Bataillons nebst dem Geschütze, rückte auf dem nach Calavino führenden Wege weiter, von wo sie sich ebenfalls gegen Pabernione wandte. Bei Bezzano war eine Insurgenten-Abtheilung Longhena's zur Bewachung der Straße nach Trient aufgestellt. Burlo griff sie an, der Widerstand war gering, die Insurgenten flüchteten auf die Gipfel der nahen Gebirge, wobei die Jäger 3 Gefangene machten. Bei Pabernione war die bei zwölf Schritte lange Brücke gänzlich zerstört, die von Massenza nach Doblino führende Straße mit dem Brückenmateriale verrammelt; beide wurden aber in kürzester Zeit wieder practikabel gemacht.

Hauptmann Batz, welcher den Rückzug der Insurgenten über die unter Margon und Ranzo liegenden Höhen bemerkt hatte, unternahm gegen acht Uhr früh mit der 5. Kompagnie Schwarzenberg-Infanterie unter Oberlieutenant Mravinchich und einem Zug der 15. Kompagnie Kaiser-Jäger unter Oberlieutenant Eccher, einen Ausfall, warf den in der Schlucht von Ranzo aufgestellten Feind mit dem Bajonnete zurück, wobei letzterer 2 Todte auf dem Platze ließ und nahm daselbst Stellung, in der er durch eine große, vom Feinde zwischen dem Gebirgsfuße und dem See während der Nacht errichtete Barrikade, selbst gegen einen Angriff auf der Straße von alle Sarche her, gedeckt war. Da er aber nach Verlauf einer halben Stunde noch nichts von dem anrückenden Succurs entdeckte, zog er sich wieder in's Schloß zurück, und brach gegen Mittag neuerdings hervor, als er den Major Burlo auf der Straße von Pabernione heranrücken sah, mit dem er sich nun vereinigte.

Da das Castell auf einer Erdzunge im See liegt, somit keine Stellung bietet, und durch die Zerstörung der Brücke — des einzigen schmalen Zuganges — aller Kommunikation beraubt war, ordnete Major Burlo den Rückzug, welchen Hauptmann Graf Künigl mit seiner Kompagnie deckte, bis Vigolo und Baselga an, wo die 1. Division die Vorposten bezog und 4 Kompagnien bivouaquirten, während 2 Kompagnien unter dem Major bei Bucca di Bela lagerten. Hierdurch wurde die Kommunikation mit Riva den bei Bezzano aufgestellten Insurgenten freigegeben; unverzüglich befahl Oberst Baron Zobel auf die Nachricht von dieser Bewegung, die Vorrückung bis an den Straßenknoten bei Bezzano. Unser Verlust in dem letzten Gefechte bestand aus 3 Todten und 5 Verwundeten; jener der Insurgenten war bedeutend größer, auch wurden ihnen bei dieser Gelegenheit 21 Gefangene abgenommen, darunter 17 Deserteurs von Geppert und Haugwitz, welche noch die kaiserliche Montur trugen, Zobel ließ sie am andern Tage füsiliren. Am 17. wurde das Detachement des Major Burlo durch 3 Kompagnien des 3. Feldjäger-Bataillons unter dem Oberstlieutenant Signorini abgelöst.

**Schutz-Deputationen. — Eintheilung und Dislokation der k. k. Truppen.**

Nach dem Beispiele der Vorzeit hatte das Gubernium die Konstituirung von Schutzdeputationen zu Innsbruck, Bozen und Vorarlberg angeordnet; Erzherzog Rainer so wie Feldmarschall Graf Radetzky erließen Aufrufe an die biedern Gebirgssöhne — sie hatte ihr Vertrauen nicht getäuscht! Nochmals erwachte der alte Geist Tirols, auch jetzt griff Alles zu den Waffen, und Alt und Jung strömte herbei zur Vertheidigung des heimatlichen Bodens. Am eifrigsten betheiligten sich an dieser schönen Aufgabe die der südlichen Grenze zunächst liegenden Städte und Thäler; die Pusterthaler und Ampezzaner verjagten schon am 6. April bei Ampezzo die fremden Eindringlinge, und im Nonsthale, woher die größte Gefahr drohte, weil die Insurgenten daselbst bereits eingedrungen und in Cles die Republik ausgerufen hatten, sicherten die Schützen von Bozen, Kaltern, Eppan, Meran, des obern Etsch-, des Sarren-, Passeyer- und Ulten-Thales die Landesgrenze. Am 19. wurde General-Major von Roßbach zum Oberkommandanten der Tiroler-Landesvertheidigung ernannt; unter seiner Leitung hatte sich gar bald eine ansehnliche Wehrkraft entwickelt, die im Laufe dieser Kriegs-Epoche über 140 Kompagnien erreichte. Am 16. übernahm Feldmarschall-Lieutenant Baron Welden das Kommando über sämmtliche Truppen in Süd-Tirol; er verlegte schon am nächsten Tage sein Hauptquartier nach Trient, welche Stadt mit Benützung ihrer mittelalterlichen Ringmauer und Barrikadirung der Straßen, in Vertheidigungsstand gesetzt wurde. Alles was von den Truppen in Nord-Tirol entbehrlich schien, zog über Landeck und Glurns nach Botzen; das italienische Regiment E. H. Victor d'Este kam aus Innsbruck nach Vorarlberg, wo nur das 1. Bataillon G. H. Baden, eine Eskadron und eine Batterie zur Beobachtung der Schweizer-Grenze zurückgeblieben waren. Zur Verpflegung der Armee bei Verona wurden in Baiern große Vorräthe an Lebensmitteln aufgekauft, und bald sah man die große Heer-straße über den Brenner mit endlosem Fuhrwerk bedeckt. Die Truppen erhielten nun folgende Eintheilung:

**Brigade Oberst von Melczer.**

1. und 2. Bataillon Fürst Schwarzenberg-Infanterie,

2. Bataillon Prinz Hohenlohe-Infanterie,

½ Bataillon Kaiser-Jäger,

1 Eskadron Fürst Liechtenstein Chevaux-legers,

2 sechspfündige Geschütze.

**Brigade Oberst Baron Zobel.**

3. Feldjäger-Bataillon,

3. Bataillon Kaiser-Jäger,

2. und 3. Bataillon G. H. Baden-Infanterie,

2 Eskadronen Fürst Liechtenstein Chevaux-legers,

3 sechspfündige Geschütze,

zusammen 40 Kompagnien (5428 Mann), 3 Eskadronen (436 Mann mit 333 Pferden) und 5 (mit Postpferden bespannte) Geschütze.

Mit dieser geringen Streitmacht wollte Feldmarschall-Lieutenant Baron Welden so lange als möglich die Verbindung am linken Etsch-Ufer mit der Hauptarmee bei Verona, erhalten; für den Fall aber, als sie aufgegeben werden müßte, beabsichtigte er nach Roveredo zurückgehend, jene durch das Val Arsa über Schio zu erhalten, und sollte ein etwaiger Rückzug des Feldmarschalls an die Brenta, auch Roveredo aufzugeben nöthigen, Trient so lange zu halten, bis dieser Bassano besetzt hätte, um durch das Val Sugana mit ihm in Verbindung zu kommen.

Demgemäß waren am 18. die Truppen in nachstehender Dislokation: In Trient — 5 Kompagnien Kaiser-Jäger, 4 Komp. Schwarzen-berg, 3 Komp. Baden, 1 Komp. Hohenlohe, 1 Eskadron Liechtenstein-Chev., 3 sechspf. Geschütze; in Roveredo — 3 Komp. Kaiser-Jäger,

2 Komp. Schwarzenberg; in Riva — 2 Komp. Schwarzenberg. 2 Komp. vom 3. Feld-Jäger-Bataillon; in Ala — 1 Komp. Hohenlohe; in Peri — 1½ Komp. Hohenlohe; in Volargne — 1½ Komp. Hohenlohe, 1. Gesch.; in Ponton — 1 Gesch.; in Parona — 1 Komp. Hohenlohe; in Bucca di Vela — 2 Komp. Schwarzenberg; in Vezzano — 4. Komp. vom 3 Feldjäger-Bat.; in Mezzo tedesco — 1 Komp. Schwarzenberg; in Spor maggior — 1 Komp. Schwarzenberg; in Dercolo und Ai Massi — 1 Komp. Baden; in Rocchetta — 1 Komp. Schwarzenberg; in S. Michele — 1 Zug Liechtenstein-Chev.; in Salurn — 2 Komp. Baden, 1 Zug Liechtenstein; in Neumarkt — 1 Zug Liechtenstein; in Brannzoll 1 Zug Liechtenstein; in Massetto — 2 Komp. Baden.

Durch die Besetzung von Trient mit 13 Kompagnien, 2 Eskadronen und 3 Geschützen hatte Welden nicht bloß diese Stadt, als den Herd der Revolution in Süd-Tirol, in der Hand, sondern konnte sich von diesem Hauptknoten aus, auch nach allen Richtungen frei bewegen, und die durchs Gebirge in ihren Operationen getrennten feindlichen Kolonnen nach und nach wieder hinauswerfen.

### Gefecht bei Varano
#### am 18. April.

Eine aus dem obern Sarca-Thale über Balin und Tenno vorrückende bei 600 Mann starke Insurgenten-Kolonne hatte die bei Varano auf Vorposten gestandene 6. Kompagnie des 3. Jäger-Bataillons angegriffen; sie wurde von derselben im Vereine mit der 2. Kompagnie Schwarzenberg-Infanterie nach allen Seiten zurückgedrängt und theilweise zersprengt. Die Insurgenten erlitten bei dieser Gelegenheit einen bedeutenden Verlust an Todten, da sich die braven Tiroler und Ungarn nicht Zeit nahmen, Gefangene zu machen.

Am Nachmittage zeigten sich zwei Dampfschiffe mit vielen kleinen Imbarkationen im Schlepptau, welche eine Landung zwischen Riva und Torbole besorgen ließen. Auf die Meldung von diesem feindlichen Vorhaben schickte Feldmarschall-Lieutenant Baron Welden einige Geschütze und Artillerie mittelst Post nach der gefährdeten Stelle, aber bei deren Eintreffen in Nago, hatten die Insurgenten, durch das Feuer einiger am Ufer postirter Jäger-Abtheilungen abgewiesen, ihre Rückfahrt bereits angetreten.

### Gefechte bei Malè, Selews, Villa und Riva

Weit entfernt, des Feindes Ankunft im Etschthale abzuwarten, beschloß Feldmarschall-Lieutenant Welden nach richtigen Grundsätzen der Kriegführung in Gebirgsländern, den feindlichen Kolonnen entgegenzugehen. Er ordnete daher einen allgemeinen Angriff auf das Rons-Thal, auf Stenico, und von Riva aus gegen das Val di Ledro an, um jene Rotten zu vertreiben, die bald da, bald dort erschienen, das Landvolk verführten oder erschreckten und so das ganze Etschthal in immerwährender Gährung erhielten. Zu diesen Expeditionen wurde der 19. April bestimmt.

Von Botzen war eine Kompagnie Kaiser-Jäger, an die sich eine Abtheilung Landesschützen aus Kaltern, unter Hauptmann Röggler, anschloß, über die Mendola gegen Fondo gegangen, um Cles, das von einem Haufen, der über den Tonal gekommen, besetzt war, in Flanke zu nehmen. Die Insurgenten von der Annäherung dieser Kolonne bei Zeiten unterrichtet, zogen sich, nachdem einige Schüsse gewechselt und 2 Mann verwundet worden, schnell in ihre feste Stellung bei Malè hinter den Rabbies-Bach; ihre Stärke mochte daselbst 6 bis 800 Mann betragen haben. In Uebereinstimmung mit dieser Bewegung war Oberst Melczer von Schwarzenberg-Infanterie, mit der in der Rocchetta postirten 11., dann der 14., halben 13., und halben 16. Kompagnie von G. H. Baden, 8 Chevaux-legers und 2 Geschützen, ohne auf Widerstand zu stoßen, durch das Ronsthal nach Cles gerückt, während die 15. Kompagnie von Baden mit einem Geschütze die Rocchetta, 2 Züge der 13. die Brücke bei Massetto und 2 Züge der 16. Salurn besetzt hielten.

Am 21. rückte Oberst Melczer von Cles gegen Malè und griff die Insurgenten, welche am rechten Ufer des Rabbies-Baches sehr vortheilhaft placirt waren, an. Unter lauten Evvivas und Glockengeläute empfingen sie die anrückenden Abtheilungen und schienen wirklich ihre Stellung behaupten zu wollen. Da jedoch die verbarrikadirte Brücke und die steilen Ufer des Baches ziemliche Hindernisse zeigten, so wurden eine Abtheilung Jäger, dann ein Zug der 13. Kompagnie Baden-Infanterie unter Lieutenant Mayer und ein Zug der 14. unter Lieutenant Schaub zur Umgehung des Feindes in der rechten Flanke, und die halbe

14. Kompagnie unter Kommando des Hauptmanns von Engel zum An-
griff auf dessen linken Flügel beordert. Es entspann sich ein Tirailleur-
gefecht, welches durch das Geschütz unterstützt wurde und anderthalb
Stunden lang anhielt. Als aber die Umgehungs-Kolonne über den Bach
und in Malè eingedrungen war — zugleich die Kolonne des Hauptmanns
Engel den linken Flügel des Feindes plänkelnd angegriffen und sich am
Rande des Rabbies-Baches festgesetzt hatte, sahen sich die Insurgenten in
Rücken und Flanke bedroht; sie versuchten anfänglich einen geordneten
Rückzug, der sich aber — von den Landesschützen verfolgt — bald in eine
wilde Flucht gegen Dimaro verwandelte. Hier theilen sich die Wege —
der eine zieht über den Tonal in das Val Camonica, der andere über den
Monte Spinal nach Tione; hier theilten sich auch die Flüchtigen, von
denen die einen über den Tonal, die andern gegen Tione in solcher Eile
zogen, daß sie diesen Ort schon am 21. Mittags, ebenfalls in der Richtung
von Condino passirten. Die Truppen hatten keinen Verlust, die Insurgenten einige 20 Mann an Todten und Verwundeten, auch wurden viele
Gewehre, einige Fahnen und Schriften in Malè erbeutet. Aus letzteren
ersah man, daß Tione der Centralpunkt der Insurrektion in Süd-Tirol
geworden, eine provisorische Regierung errichtet und Allemandi daselbst
sein Hauptquartier aufgeschlagen habe. Nach einer aufgefundenen Disposition bestand sein Korps aus 4 Kolonnen: die 1. unter Scotti war angewiesen, über den Tonal; die 2. unter Sebaboni über Stenico; die 3.
unter Arcioni und die 4. unter Manara (erstere über Balin, letztere von
Salò) gegen Riva zu operiren. Jede dieser Kolonnen zählte beim Ausmarsche beiläufig 1200 Mann, welche sich den aufgefundenen Listen der
Neuangeworbenen zu Folge, täglich vermehrten.

Feldmarschall-Lieutenant Welden rechnete darauf, daß sich die Tiroler um ihre eigene Haut wohl selbst wehren dürften; er überließ daher bei seinen geringen unzulänglichen Streitmitteln, die Vertheidigung
des Sulzthales, von wo aus Bozen bedroht war, dem guten Willen der
Landesschützen, und befahl dem Oberst Melczer, nach Zurücklassung der
3. Kompagnie Kaiser-Jäger unter Kommando des Hauptmanns Bonn.
mit den übrigen Truppen wieder nach Trient zu marschiren. Die nur einen
Marsch von Trient entfernte Rocchetta blieb zur Verbindung mit dem Etsch-
thale, von der 16. Kompagnie Baden-Infanterie besetzt.

Gleichzeitig mit der eben geschilderten Bewegung war die Haupt-
kolonne, bestehend aus 11 Kompagnien und einem Flügel Kavallerie unter
Welden's persönlicher Führung, von Trient über Bezzano nach Castell
Doblino gegangen. Bei Ranzo überstieg Major Scharinger mit einer
Abtheilung das Gebirge und besetzte S. Lorenzo, um sich mit der aus
Spor maggiore über Molveno angekommenen Division des Hauptmanns
Berg von Schwarzenberg Infanterie, zu vereinigen. Oberstlieutenant
Signorini, welcher mit 2 Divisionen des 3. Jäger-Bataillons alle
Sarche, Calavino und Padernione besetzt hatte, erhielt den Befehl, gegen
Stenico zu marschiren, während die 3. Division dieses Bataillons am 19.
von Riva über Drò und am 20. den Monte Casale übersteigend, eben-
falls dahin vorzurücken angewiesen war.

Da man auch auf einen Angriff von der Seeseite her gefaßt sein
mußte, wurden 2 Kompagnien Schwarzenberg über Drò gegen Arco und
Riva detachirt.

Feldmarschall-Lieutenant Baron Welden, der sich am 19. in alle
Sarche befand, gab für den nächsten Tag Befehl zum Vorrücken, und kehrte
dann wieder nach Trient zurück.

Mit einbrechender Dunkelheit erstiegen 3 Kompagnien des 3. Jäger-
Bataillons nach Zurücklassung einer Kompagnie in alle Sarche, ungeachtet des in Strömen herabfallenden Regens, die Höhen von Selemo und
Villa. In Stenico, wo sich Arcioni befand, verursachte die bloße Nachricht von des Feindes Annäherung, unter den Freiwilligen eine große Verwirrung. Arcioni schrieb an Manara, er möchte ihm eiligst zu Hilfe kommen. Als nun Manara in Stenico eintraf, stellte er unter Arcioni's Leuten wieder einige Ordnung her, und ließ eine Kompagnie Scharfschützen
und eine Kompagnie Cremoneser nebst seiner eigenen Legion bei Selemo
eine Stellung nehmen. Ihre Vorposten zogen sich nach kurzem Geplänkel
mit den Jägern in den Ort zurück. Mittlerweile war Major Scharinger
mit dem Bataillon Schwarzenberg bis Tavo vorgerückt.

Am Morgen des andern Tages erfolgte der Angriff auf Selemo und
Villa in 2 Kolonnen mit solchem Ungestüm, daß ein großer Theil der
Insurgenten in die Hände der erbitterten Soldaten fiel; das Bajonnet
allein fand hier Arbeit, denn vom Schießen konnte bei dem Unwetter
keine Rede sein. Unser Verlust bestand in 2 verwundeten Jägern und

einem Unteroffizier von Schwarzenberg, welcher beim Sturm auf Villa fiel. Scharinger ließ nun seine Truppen in Selemo und Villa aus- ruhen und ging dann noch am 20. nach Stenico, welches aber vom Feinde verlassen war, denn bereits hatte Arcioni erklärt, daß er seine Kolonne als aufgelöst betrachte. Hier langte gleichzeitig die 3. Division und am 21. die in alle Sarche zurückgebliebene Kompagnie des 3. Feldjäger- Bataillons an. Die Insurgenten waren noch am 20. neun Stunden weit bis Tione zurückgeeilt.

Oberstlieutenant Signorini übernahm nun das Kommando, besetzte mit dem 3. Jäger-Bataillon Campo, Ragoli und Tione, während Major Scharinger mit seinem Bataillon in das Sarca-Thal zurück- marschirte.

Am 19. war eine feindliche Kolonne an dem Eingange in das Val di Lebro mit Dampf- und Schleppschiffen bei Ponal gelandet und hatte Riva von der Land- und Seeseite angegriffen, wurde aber vom Oberst- lieutenant Baron Póchy von Schwarzenberg-Infanterie, ohne Anstren- gung mit ziemlichem Verluste zurückgeworfen.

**Streifungen ins V. Eugana, V. Arsa und V. di Lebro.**

Feldmarschall-Lieutenant Baron Welden hütete sich wohlweislich, seine Truppen in einer nutzlosen Verfolgung des Feindes nach den entlege- nen Thälern zu zersplittern, sondern begnügte sich, demselben bloße Streif- parteien nachfolgen zu lassen. Die Posten von Malè, Stenico und Riva blieben besetzt, wozu 2 Bataillone und eine Kompagnie verwendet wur- den. Das Gros der Truppen war schon am 22. und 23. in Trient und Roveredo wieder beisammen, um bald auf einer andern Seite verwendet zu werden.

Um sich von dem Charakter, den die Insurrektion des venetianischen Gebietes angenommen, Ueberzeugung zu verschaffen, beorderte Welden am 22. den Major von Lindenhain von G. H. Baden-Infanterie, mit der 7. und 8. Kompagnie dieses Regiments, der 13. und 15. Kom- pagnie von Kaiser-Jäger und einer halben Eskabron Liechtenstein-Chevaur- legers in das Val Sugana. Lindenhain erreichte am andern Tage Borgo, seine Avantgarde Grigno. Die Bestürzung in Primolano, dem ersten italienischen Orte, war ungeheuer, Alles kam wie ein Ameisenhaufe

in Bewegung; die Straße war abgegraben und verbarrikadirt, Felsen-
sprengungen vorbereitet, und man dachte selbst Primolano zu zerstören,
welches ein so elendes Dorf ist, daß dessen Verlust leicht zu verschmer-
zen gewesen wäre. Der beabsichtigte Zweck war erreicht; die Kolonne marschirte bis Levico zurück. Von hier entsendete Hauptmann von Zerboni
von Kaiser-Jäger, 2 Rekognoszirungs-Patrouillen — die eine unter
dem Oberlieutenant Eccher nach Centa, die andere unter Lieutenant von
Römer gegen Vesena. Beide waren noch nicht zurückgekehrt, als Zerboni den Befehl erhielt, nach Caldonazzo zu rücken, diesen Ort zu besetzen und seine Vorposten auf den Höhen von Centa vorzupoussiren. Am andern Tage um sechs Uhr früh ging derselbe mit seiner nun wiedervereinig-
ten Kompagnie längs des Centa-Baches aufwärts, erstieg bei einer drückenden Hitze die steilen Höhen zwischen Lovarone und Carbonari, wo er
Stellung nahm, und schickte Patrouillen über Luserna bis an die italienische Grenze. Da dieselben nichts Feindliches entdeckten, setzte Zerboni
seinen Weg über S. Sebastiano, Folgarina, Mezzo monte und Calliano
nach Roveredo fort, von wo eine Streifpartei in das Val Arsa gegangen
war. Diese fand an der Grenze die Straße abgegraben und mit 2 Signal-
kanonen besetzt, welche eine feindliche Vorrückung bis nach Vicenza berichten sollten.

In der Nacht vom 23. auf den 24. erhielt Feldmarschall-Lieutenant
Baron Welden die Weisung, zu Gunsten der bei Pastrengo aufgestellten
Brigade Wohlgemuth, seine Truppen im Etschthale weiter abwärts rücken
und verstärken zu lassen. Demgemäß wurden unter Oberst Baron Zobel
4 Kompagnien Jäger, welche schon Tags vorher nach Roveredo gegangen
waren, bis Ala, Bo und Borghetto, wo sie den 24. Abends eintrafen,
in Marsch gesetzt. 1¼ Batterien und 2 Kompagnien G. H. Baden rückten
unter Hauptmann Stiber an diesem Tage von Trient nach Roveredo —
es war die Avantgarde der für das untere Etschthal bestimmten Kolonne,
bestehend aus 6 Kompagnien Schwarzenberg, 4 Kompagnien Baden und
einer Eskadron Chevaux-legers (ohne obige Avantgarde zu rechnen). In
Trient blieben 2 Kompagnien und ¼ Eskadron, in Roveredo 2 Kompagnien Jäger und ¼ Batterie als Reserve für Riva zurück.

Zur Sicherung der linken Flanke der am linken Etschufer vorrückenden Kolonne wurde Hauptmann Stiber von G. H. Baden-Infanterie,

mit der 12. Kompagnie in das Val Arsa detachirt. Außer Piano bei einer großen Straßenwendung war in einer sehr vortheilhaften Stellung eine Insurgenten-Abtheilung, etwa 120 Mann stark, und einige hundert Schritte hinter dieser, als Reserve bei 400 Mann nebst 2 kleinen Berg-kanonen aufgestellt. Stiber griff die vordere Abtheilung an, warf sie auf ihre Reserve zurück, welche die Geschütze abfeuerte, und hierauf eben-falls ihr Heil in der Schnelligkeit der Füße suchte; es waren größtentheils Paduaner Studenten, von mehreren Deserteurs des 8. Feldjäger-Bataillons geführt. Mehrere ärarische Jäger-Stutzen und Haubajonnete wurden erbeutet.

In der rechten Flanke war schon am 24. eine Division von Schwarzenberg-Infanterie, unter Hauptmann Lendvay, von Riva über Pranz und den Monte Pari nach Pieve vorgegangen, wo sich eine feindliche Abtheilung, größtentheils Studenten aus Pavia, der sorglosesten Ruhe über-ließ. Mit grauendem Morgen stiegen die Ungarn gegen den Ort herab, die Nachricht von ihrer Ankunft war allein schon hinreichend, die jugend-lichen Helden über Tiarno durch Val Ampola schneller zurückzuführen, als sie durch dasselbe gekommen waren. Sie wurden eine Strecke weit ver-folgt, bis sie aus Storo eine Unterstützung bekamen. Lendvay bezog nun mit seiner Division eine vortheilhafte Stellung vor Tiarno, besetzte den Kirchhof, empfing die Heranrückenden mit einer Decharge und ging ihnen endlich selbst mit dem Bajonnete auf den Leib, wobei feindlicher Seits gegen 30 Todte und Verwundete auf dem Platze blieben, während der Rest nach Storo zurückeilte.

### Expedition nach Storo

#### am 27. April.

Um diesen Neckereien ein Ende zu machen, ordnete Feldmarschall-Lieutenant Baron Welden für den 27. eine gleichzeitige Vorrückung im Chiese- und Ampola-Thale an. Hiezu wurden die 15. Kompagnie Kaiser-Jäger und 6 Kompagnien Schwarzenberg-Infanterie, unter Kommando des Oberstlieutenants von Péchy am 26. um fünf Uhr Morgens in Riva eingeschifft; nach dritthalb Stunden landeten sie in Ponale, von wo sie sofort über Mezolago mit Hauptmann Lenday in Verbindung traten. Die von Schwarzenberg-Infanterie verlassenen Orte Riva, Torbole und Nago wurden nun von Baden-Infanterie besetzt.

Oberstlieutenant Signorini verließ Tione am 27. um ein Uhr Nachts und erreichte Storo nach zwölfstündigem Marsche mit 4 1/2 Kompagnien des 3. Feldjäger-Bataillons; die Bozner Schützen hatten sich denselben angeschlossen — sie waren unter ihrem Hauptmann Murmann vom Ronsthale auf dem höchstbeschwerlichen Wege über Madonna di Campiglio nach Tione gekommen. Signorini hatte die Weisung: mit den Insurgenten ein Gefecht zu engagiren und dieselben je nach Umständen entweder an der Grenze festzuhalten, oder durch einen fingirten Rück= zug zur Verfolgung zu locken, damit ihnen die aus dem Ampola-Thale unter Péchy vorrückende Kolonne in Rücken fallen könne.

Kaum wollten die ermüdeten Jäger in Storo ein wenig ausruhen, als um zwei Uhr Nachmittags eine 5 bis 600 Mann starke feindliche Ab= theilung — es war das Regiment von Mailand, unter seinem Oberst Amfossi — welche eine Haubitze mit sich führte, ein heftiges Tirailleur= feuer gegen die vor dem Orte ausgestellten Posten eröffnete. Der erhalte= nen Instruktion gemäß nahm Oberstlieutenant Signorini die Richtung gegen Condino, der Feind folgte ziemlich langsam nach; es war fünf Uhr, als Péchy's Avantgarde — die 15. Kompagnie Kaiser-Jäger, unter Hauptmann Zerboni, — auf der hohen, weit sichtbaren Bergstraße erschien, was den Gegner zum augenblicklichen Rückzuge bewog. Da man auch erfahren hatte, daß Ponte Tedesco abgetragen sei, so blieb nichts übrig, als auf dem kürzesten Wege gegen die Chiese zu eilen, dort eine Furt zu suchen oder doch wenigstens die retirirenden Insurgenten in der rechten Flanke zu beschießen. Die 15. Kompagnie Kaiser-Jäger, unterstützt von einer Kompagnie Schwarzenberg, umging daher Storo und rückte auf dem Engpunkte zwischen Darzo und Ponte del Dazio, wo die Straße knapp am rechten Ufer zwischen Berg und Fluß führt, während die übrigen 5 Kom= pagnien Schwarzenberg durch Storo gegen Ponte del Dazio marschirten; unterdessen hatten sich jedoch die Insurgenten auf der Straße bereits zu= rückgezogen, und nur die Berglehne war noch mit zahlreichen Schützen besetzt. Als aber Hauptmann Zerboni eine halbe Kompagnie Jäger längs des Flusses hinter dem Damme in Tirailleurs aufgelöst und diese

ungeachtet der Entfernung von ungefähr 450 Schritten ein wirksames
Feuer eröffnet hatten, ergriffen sie auch von dort die Flucht.

Oberstlieutenant S i g n o r i n i ließ mittlerweile dem flüchtigen Feinde
auf der Straße kräftig nachsetzen und ihn hinter die barrikadirte Caffaro-
Brücke und das verschanzte Schloß Lodrone zurückwerfen.

Nachdem die Insurgenten die genannte Brücke hinter sich abgeworfen,
kehrte Oberstlieutenant P é c h y mit seinem Detachement, dem sich auch
die Bozner-Schützen anschlossen, durch das Ampola- und Ledrothal wieder nach Riva zurück, besetzte aber unter Wegs Tiarno und Pieve, jeden
dieser Orte mit einer Kompagnie. Oberstlieutenant S i g n o r i n i blieb
mit dem 3. Feldjäger-Bataillon zur Beobachtung des Feindes hinter dem
Caffaro, und hatte 2 Kompagnien bei Darzo, 2 bei Condino, eine in
Pieve di buono und eine in Tione aufgestellt.

### Streifungen nach B. Arsa, B. Astico und Calbonazzo.

Kaum hatte Feldmarschall-Lieutenant Baron W e l d e n seinen Bericht
vom 28. an den Feldmarschall: „daß kein Feind mehr auf Tirolerboden stehe,"
geschlossen, als von allen Seiten lauter Hilferuf der ängstlichen Landes-
behörden, in Riva, wo er sich eben befand, einlangte. So hieß es, daß
ein beträchtlicher Haufe Crociati durch das Val Arsa abermals eingebro-
chen, und bis an die Parochia, zwei Stunden von Roveredo, gerückt sei;
das Landgericht zu Strigno sah schon eine 900 Mann starke Insurgenten-
Kolonne in das Val Sugana einbrechen und laut einer dritten Meldung
aus Pedemonte rückte eine Schaar von Kreuzfahrern aus dem Val Astico
gegen Lovarone. Gleichzeitig erhielt W e l d e n aus Verona die Aufforderung gegen eine feindliche Kolonne ähnlicher Art, welche noch immer die
Chiusa Veneta bedrohe, streifen zu lassen.

Werfen wir einen Blick auf die militärischen Kräfte, über welche der
Feldmarschall-Lieutenant damals disponiren konnte. Im Kastell in Trient
waren als Besatzung und zur Ueberwachung der Stadt, 80 Mann von
G. H. Baden; in Roveredo standen 6 schwache Kompagnien von Schwarzenberg-Infanterie, welche die Reserve für das Etschthal, für die Giudicarien
und für Riva bilden sollten. Was konnte man also den in den Thälern
vordringenden feindlichen Abtheilungen entgegenstellen, womit die hiedurch
bedrohte eigene linke Flanke decken? W e l d e n hätte seine Lage eine ver-

L          11

zweiflungsvolle nennen müssen, wäre er nicht überzeugt gewesen, daß diese feindlichen Operationen, wenn sie wirklich statt hatten, jedes Zusammenhanges entbehren, und daß jene Schreckens-Rapporte der furchtsamen Zivil-Behörden, die wohl nicht selten in ein Paar zerlumpten Wegelagerern die Vorhut eines ganzen Insurgenten-Korps erblicken wollen, weit übertrieben seien. Um also zu sehen, was an der Sache Wahres ist, beorderte er aus Rovered eine Kompagnie mit einem Geschütz in das Val Arsa, einige 50 Mann nach Val Astico und ungefähr eben so viele nach Calbonazzo, welche aber von den Tausenden, die gegen ihn anrücken sollten, nicht einen einzigen Mann erblicken konnten.

## Rekognoscirung der Piemontesen gegen Mantua

**am 19. April.**

Bei den sich gegenüber stehenden Hauptarmeen hatte sich bis zum 19. nichts von Belang ereignet. Diesen Tag hatte Carl Albert, nicht gewitzigt durch den schlechten Erfolg seines Unternehmens gegen Peschiera, zu einer großen Rekognoszirung gegen Mantua bestimmt — so wenigstens nannte man den verunglückten Versuch im Hauptquartier des Königs; in der That war es aber auf die Einnahme dieser großen Festung abgesehen, wobei Verrath wieder die Hauptrolle spielen sollte. Man hoffte nämlich im Einverständniß mit den Einwohnern, Mantua mittelst eines Handstreiches zu nehmen, wozu man diesen Tag wählte — es war der Geburtstag des Kaisers Ferdinand — den die Garnison unter andern Umständen mit einer Kirchenparade gefeiert hätte, wozu diesmal sogar eine Aufforderung von Seite der Zivil-Behörden ergangen war.

Zur Ausführung dieses Manövers rückte Generallieutenant Bava mit den Kavallerie-Regimentern Nizza und Aosta, den Infanterie-Brigaden Aosta, Casale und Cuneo, nebst Bersaglieri und den Freiwilligen Griffini's, dann einer beträchtlichen Anzahl von Geschützen, mitunter auch schweren Kalibers, von Gazzoldo, Sacca, Ceresara, la Motta und la Bozelli gegen die Lünette Belfiore. Bald nachdem vom Observatorium feindliche Abtheilungen in der Gegend von le Grazie angezeigt waren, erschien eine Kavallerie-Abtheilung auf der Straße von gli Angeli, und da die Vorposten am Tage in die Lünette zurückgezogen waren, ritt sie ganz sorglos bis auf 500 Schritte gegen dieselbe, wo sie auf den ersten Kartätschenschuß auseinander stäubte.

Die Kultur vor der Lünette, welche wie in dem größten Theile der Lombardie, aus dichten waldähnlichen und durch Weinreben verbundenen Maulbeerpflanzungen besteht, hatte man bis auf eine Entfernung von 900 Schritten zum größten Theile schon gelichtet und nur einige zerstreute Casinen waren wegen Mangel an Arbeitskräften, zu jener Zeit noch nicht abgetragen; auch gestatteten mehrere Terrainvertiefungen so wie die Gräben der Cremoneser-Poststraße und des Circumvallationsweges eine gedeckte Annäherung.

Der Feind entwickelte nun zu beiden Seiten der Chaussée einige Infanterie-Bataillone und schickte gegen die Lünette eine dichte Plänkler-kette, welche sich in den erwähnten Casinen und Bodenvertiefungen festzu-setzen suchte; auch gelang es ihm eine Achtpfünder-Batterie vor gli Angeli so vortheilhaft zu placiren, daß sie einige Kugeln in die Lünette brachte, ohne jedoch den geringsten Schaden anzurichten. In der Absicht den Geg-ner in's freie Feld und unter die Kanonen des Werkes zu locken, ließ der Festungs-Kommandant General der Kavallerie von Gorczkowski, der sich mit dem ersten Schusse in der Lünette einfand, von einer Division Gyulai-Infanterie längs des oberen Lago einen Ausfall gegen das Dorf gli Angeli unternehmen, und die halbe Kavallerie-Batterie Nr. 1 unter Oberlieutenant Sattler, auf dem Glacis auffahren. Während letztere eine feindliche Kanone demontirte, die Batterie zum Schweigen und eiligen Rückzug brachte, erstürmte die Division mit dem Verluste von 2 Todten und 8 Verwundeten eine Casine. Da sich aber der Feind aus dem freien Felde bereits ganz zurückgezogen hatte und die Truppe bei einem Angriffe zu wenig Deckung fand, wurde sie wieder einrücken gemacht. Die in Eile abziehenden Piemontesen begleiteten noch einige nachgeschickte Kugeln. Nach dritthalb Stunden (um halb zwei Uhr) war das Gefecht zu Ende.

Dieser Expedition soll der König in Person beigewohnt haben. Als die sanguinischen Mantuaner dessen festlichen Empfang vorbereitet hatten, vergaßen sie wohl den tapfern Festungs-Kommandanten und seine braven Soldaten mit in Anschlag zu bringen, sonst würden sie gewiß nicht so viele Kerzen zu einer glänzenden Beleuchtung im Teatro filarmonico aufgesteckt haben. Statt den Empfang der Spada d'Italia in Mantua zu verherr-lichen, sollten diese Kerzen noch am nämlichen Abende in den Hornlaternen der Batterien gute Dienste leisten.

### Gefecht bei Castelaro

#### am 23. April.

Am 21. vereinigte sich die toscanische Hilfsdivision mit den Truppen des Königs; sie bestand unter den Befehlen des toscanischen General-lieutenants d'Arco Ferrari aus 5000 Mann nebst 200 Reitern und einer

Batterie von 8 Geschützen. In dieser Zahl sind 1500 Freiwillige aus Toscana, dann das von seinen Professoren begleitete Studentenkorps aus Pisa und 250 Neapolitaner mitbegriffen; die modenesischen Truppen wurden ebenfalls in diese Division eingetheilt. Der König übertrug ihr die Stellung am Osone, welche die Linie am Curtatone bildet und die er nun verschanzen ließ. Auch die römischen und neapolitanischen Streitkräfte hatten sich dem Po bereits genähert; den Befehl über dieses Hilfskorps übernahm General Durando (ein ehemaliger piemontesischer Stabsoffizier).

Die sogenannte Mantuaner-Legion und modenesische Truppen hatten sich in Governolo festgesetzt und am 22. etwa 4—500 Mann nach Castellaro vorgeschoben. Hiedurch war die Verbindung mit Verona unterbrochen, der Postverkehr, schon seit einiger Zeit nur auf Nebenwegen möglich, jetzt nur unter starker Eskorte ausführbar geworden.

Goreczkowski, der dieses nicht dulden konnte, beorderte den Major Martinich von Kaiser-Jäger, mit 2 Kompagnien seines Bataillons, 3 Kompagnien Rukavina-Infanterie, einem Zug Baiern-Dragoner und 2 Geschützen, zu deren Vertreibung. Das Detachement langte am 23. gegen fünf Uhr Morgens vor Castellaro an; Martinich ließ die den Eingang des Ortes sperrende Barrikade durch seine Geschütze beschießen und während einzelne Tirailleurs-Abtheilungen der Jäger über sehr beschwerliche Stellen in die Flanken des Ortes rückten, führte er eine Kompagnie Rukavina unter Hauptmann Slawitz zum Sturme gegen die Barrikade. Bald war diese genommen, die Insurgenten zogen sich nun in die nächsten zur Vertheidigung hergerichteten Häuser; Martinich ließ augenblicklich die erstürmte Barrikade abtragen, die beiden Geschütze vorfahren und des Feindes Feuer mit solchem Erfolge erwiedern, daß in kurzer Zeit vier dieser Häuser in Flammen standen. Mittlerweile hatten die Jäger festen Fuß im Orte gefaßt und unter Führung des Majors, welcher dahin geeilt war, die Vertheidiger von Gasse zu Gasse mit solcher Hast gedrückt, daß diese endlich die Waffen wegwarfen, um sich in regelloser Flucht in der von Hecken und tiefen Wassergräben durchzogenen Campagna zu zerstreuen. Da diese Leute in ihrer Bauerntracht waren, konnte man sie nach Wegwerfen ihrer Waffen von den Landleuten der Gegend nicht unterscheiden, daher mit Ausnahme eines uniformirten Toscaners keine Gefangenen machen. Nebst vielen Waffen aller Art wurden

2 Tricolor-Fahnen erbeutet. Das Detachement hatte 2 leicht bleſſirte Jäger und kehrte um zehn Uhr in die Feſtung zurück.

Zur Flankendeckung dieſer Kolonne hatte der Feſtungs-Kommandant kleinere Abtheilungen nach Caſtel Belforte und Formigoſa entſendet. Die nach Caſtel Belforte dirigirten 2 Kompagnien unter Hauptmann H a u ſ e r von Kaiſer-Jäger, wurden vor dieſem Orte in der Flanke von Inſurgenten angegriffen, weßhalb ſie eine defenſive Aufſtellung bei Ghiſiolo bezogen; ſie erlitten keinen Verluſt. Die rechts detachirte Kolonne gelangte, ohne auf den Feind zu ſtoßen, nach Formigoſa, wo ſie in Erfahrung brachte, daß Governolo von modeneſiſchem Militär verſchanzt ſei, und eine neapolitaniſche Kolonne am nächſten Tage daſelbſt eintreffen werde.

## Gefecht bei Governolo

### am 23. April.

Auf dieſe Nachricht beſchloß G o r c z k o w s k i Governolo noch vor Vereinigung der feindlichen Truppen zu rekognoſciren; er beauftragte hiezu den Oberſt C a ſ t e l l i tz von Eſte-Infanterie, mit 7 Kompagnien ſeines Regiments, 2 Kompagnien Kaiſer-Jäger, einem Flügel Uhlanen und einer ſechspfündigen Fußbatterie. Zur Sicherung der linken Flanke wurden 2 Kompagnien nebſt einer Abtheilung Baiern-Dragoner über Stradella nach Roncoferraro dirigirt, und bei erſterem Orte eine Kompagnie Rukavina als Rückendeckung aufgeſtellt. Das Detachement unter C a ſ t e l l i tz rückte um Mitternacht vom 22. auf den 23. aus der Lünette S. Giorgio, ſtieß bei Barbaſſo und Garolda auf die erſte und dann in kurzen Abſtänden noch auf vier Barrikaden, welche ohne Anwendung der Feuerwaffe, mit dem Bajonnete bald genommen und weggeräumt wurden. Durch dieſen Aufenthalt hatte der Feind Zeit gewonnen, ſich in Bereitſchaft zu ſetzen, denn als die Kolonne um halb vier Uhr früh auf dem ſchmalen, ſtellenweiſe über zwei Klafter hohen Mincio-Damme, welcher in gerader Linie gegen den Ortseingang führt, erſchien, ward ſie mit einem lebhaften Geſchütz- und Kleingewehrfeuer empfangen. Die vor Governolo aufgeſtellten feindlichen Abtheilungen wurden bald in den Ort zurückgeworfen; nun fuhr die Artillerie mit vieler Schwierigkeit auf dem ſchmalen Damme auf, um durch ihr Feuer das Vorrücken der vom Oberſt C a ſ t e l l i tz geführten Sturmkolonnen zu protegiren. Hier geschah es, daß eine Kanone vom Damme hinabstürzte; nur der aufopfernden Thätigkeit des Lieutenants Bataillons-Adjutanten von Mészáros hatte man ihre Rettung zu danken. Auch fiel durch das Scheuwerden der Pferde ein bereits größtentheils geleerter Munitionskarren in den Mincio, doch konnte die Bespannung durch Abschneiden der Stränge noch gerettet werden.

Zweimal führte der tapfere Oberst mehrere Abtheilungen seines Regiments ungeachtet eines mörderischen Feuers unerschrocken und kaltblütig gegen den Ortseingang, ihm zur Seite stürmte der Führer der Kolonne Hauptmann Graf Neipperg vom Ingenieur-Korps; über 200 Kugeln hatte die Batterie in den Ort gesendet — aber trotz aller Tapferkeit und Ausdauer war es nicht möglich den durch Barrikaden und starke Erdaufwürfe gesicherten Eingang zu forciren, daher das Detachement nach anderthalbstündiger vergeblicher Anstrengung, mit einem Verluste von 9 Todten, 3 Vermißten und 18 Verwundeten, unter letzteren Hauptmann Willerding und Lieutenant Tekus von Este-Infanterie, seinen Rückzug antrat. Der Verlust des Feindes dürfte sich wohl zwischen 50 bis 60 Mann an Todten und Verwundeten nebst 4 Gefangenen belaufen haben.

**Rekognoscirungen der Piemontesen am linken Mincio-Ufer**

**am 23. und 25. April.**

Carl Albert hatte sich nach dem Rückzuge des ersten Armee-Korps auf Verona, an beiden Ufern des Mincio ausgebreitet; sein rechter Flügel unter Bava, zog sich bis Curtatone und stand über Valeggio und Monzambano mit Sonnaz in Verbindung, der, den linken Flügel bildend, sich an den Gardasee lehnte. Er hatte die Uebergänge von Monzambano, Valeggio, Pozzolo und Goito durch Verschanzungen zu schützen gesucht, im Uebrigen aber — die verunglückten Unternehmungen gegen Peschiera und Mantua abgerechnet — sich unthätig verhalten. Jetzt waren seine Reserven und ein großer Theil seiner Bundesgenossen eingetroffen, seine Armee mußte in jener Epoche wohl an 60,000 Mann erreicht haben; es stand daher mit jedem Tage der Beginn eines Hauptschlages auf Verona zu erwarten. Freiheit der Bewegungen nach allen Richtungen hin, die Ressourcen des reichen Italiens standen ihm zu Gebote — und doch scheute auch er eine Schlacht. Ihn bewogen aber hiezu ganz andere Gründe wie den Feldmarschall, der mit Ungeduld die Tage zählte, nach welchen er nach bewirkter Vereinigung mit dem Reserve-Korps, in den Stand gesetzt sein würde, zur Vernichtung des Feindes aus seinen Verschanzungen hervorzubrechen; wogegen der König dem ungewissen Kriegsglück nicht überlassen wollte, was er von Verrath erwartete. Wenigstens in indirekter Verbindung mit den Demagogen auf andern Punkten der Monarchie, hoffte er von diesen und auswärtigem Einflusse, daß sie ihn ohne Schlacht von seinem gefürchteten Gegner befreien — zum Herrn Italiens machen würden. Bis dahin wollte er wahrscheinlich durch einzelne Postengefechte, durch Abschneiden der Zufuhren, überhaupt durch eine geschickte Anwendung des kleinen Krieges, die feindliche Hauptarmee entkräften, so wie ihre Vereinigung mit dem Nugent'schen Korps, welches mittlerweile seine Operationen begonnen, verhindern. Für letztere Absicht war Venedig von unbestrittener Wichtigkeit. Er schickte deßhalb den Generalen della Marmora — einen seiner tüchtigsten Offiziere — dahin.

Sein nächstes Augenmerk war nun auf Peschiera gerichtet, dessen Besitz ihm wesentliche Vortheile gebracht hätte, denn nebst der vollständigen Beherrschung des obern Mincio und des südlichen Theiles vom Gardasee, bot ihm Peschiera einen geeigneten Stützpunkt für eine Operation im Etschthale aufwärts. Aber auch diese Einschließung unter den Augen eines kriegstüchtigen Gegners, und mit dem beständigen Vorbehalt, sich in keine Schlacht einzulassen, mußte mit Umsicht eingeleitet und behutsam ausgeführt werden.

Um sich zu überzeugen, ob man nicht auf die Armee des Feldmarschalls, am linken Mincio-Ufer stoßen würde, rückte am 23. Generallieutenant de Sonnaz mit 12 Bataillons, einer Kavallerie-Brigade, einer Fuß- und einer reitenden Batterie, von Monzambano und Valeggio über den Tione bis auf die Höhen oberhalb Sommacampagna und Custozza, indeß er zur Deckung seiner linken Flanke die Orte Salionze und Oliosi besetzen und eine Plänklerkette gegen Peschiera vorgehen ließ. Die Kavallerie und Artillerie bewegten sich in der Ebene zur Rechten nach Villafranca. Der König folgte den Bewegungen der Infanterie in Person und ging dann über Custozza nach Villafranca, wo er aus den Rapporten seiner Generale ersah, daß man nirgends auf den Feind gestoßen sei. Er ließ daher die Truppen wieder in ihre früheren Quartiere rücken.

Zwei Tage später unternahm der Herzog von Savoyen eine ähnliche Rekognoszirung. Mit seiner ganzen Division (12 Bataillonen, einer Kavallerie-Brigade, 2 Batterien und einigen Kompagnien Scharfschützen) brach er von Guidizzolo auf, ging bei den Mühlen von Volta auf einer Schiff-brücke über den Mincio und erreichte in vier Kolonnen die, eine bis anderthalb Stunden vom Flusse entfernten Orte Grezzano, Castiglione-Mantovano, Tezzoli und Marmirolo. Nachdem man sich durch vorge-schickte Kavallerie-Patrouillen überzeugt hatte, daß sich der Feind inner-halb der festen Plätze Verona und Mantua ruhig verhalte, kehrte die Division nach ihren vorigen Stationen zurück. Auch bei dieser Expedition war der König anwesend.

**Aufstellung der Brigade Wohlgemuth bei Pastrengo. — Aufstellung der königlich sardinischen Armee zwischen Villafranca und dem Gardasee. — Blokade von Peschiera.**

Wir haben bereits erwähnt, welche Maßregeln der Feldmarschall zur Sicherung der Verbindungslinie im Etschthale, dem Feldmarschall-Lieute-nant Baron Welden anbefohlen hatte.

Mit diesen im Einklange erhielt General-Major Wohlgemuth Befehl, mit seiner Brigade, welche noch durch das combinirte 8. Jäger-Bataillon und die halbe Raketen-Batterie Nr. 1 verstärkt wurde, am 24. nach Pastrengo zu rücken, um dort mit der Front gegen Süden eine Auf-stellung zu nehmen. Dieser Punkt ist von unbestrittener Wichtigkeit, er nimmt die Stellung vorwärts Verona oder Peschiera in der Flanke und deckt jene von Rivoli. Er bildet gleichsam einen natürlichen Brückenkopf, indem er in einem Halbkreis von günstig gelegenen Höhen umgeben ist. Wären letztere verschanzt gewesen, so würde diese Stellung allerdings unangreifbar gewesen sein. Jetzt aber war sie eine sehr gewagte, denn das Terrain in ihrem Rücken stürzt schroff gegen die Etsch ab — eine Truppe, welche zum Uebergange auf's linke Ufer gezwungen ist, muß, wenn sie vom Feinde stark gedrängt wird, hier in die mißlichste Lage kommen. auch ist ihre Unterstützung sehr schwierig.

Wohlgemuth hatte die Weisung, in dieser Stellung die vorwär-tige Gegend unausgesetzt zu beobachten, jede Bewegung, die der Gegner etwa gegen Verona oder Peschiera unternehmen könnte, durch Demonstra-tionen in dessen Flanke zu stören, ohne sich jedoch hiebei in größere

Gefechte einzulassen, endlich ein offensives Vorgehen von unserer Seite kräftigst zu unterstützen. Einem Angriff mit überlegenen Kräften, hatte sich
die Brigade zu entziehen, indem sie mittelst der bei Ponton zu schlagenden
Kriegsbrücke auf das linke Etschufer übersetzt und sodann dieselbe abbricht.
Sollte jedoch wider Vermuthen dieser Rückzug zu einer Nothwendigkeit
werden, bevor noch die erwähnte Brücke geschlagen wäre, so müßte er
nach Caprino hin erfolgen, um durch die Truppen des Oberst Zobel,
die zu eben diesem Zwecke am rechten Ufer der Etsch bis Rivalta und
Spiazzi vorzugehen hatten, aufgenommen zu werden.

Am 25. sieben Uhr Morgens war die Brücke bei Ponton geschlagen
und zu ihrer Sicherheit das 8. Jäger-Bataillon dahin abgerückt. Wohl-
gemuth's Aufstellung war über die Monti S. Martino, le Bionde und
Ronchi nach den Monti delle Costiere zurückgebogen, seine Reserve stand in
Piovezzan, die Rückendeckung auf den Ronchi, dann in Sega und Ponton.
Die bei Pescantina und Arcè bestandenen Ueberfuhren wurden zerstört.

Die nach allen Richtungen, selbst bis an den Garda-See ausgeschickten Patrouillen meldeten bei ihrer Rückkehr, nichts vom Feinde entdeckt zu
haben. Eben so traf die am 26. aus Verona zu einer Rekognoszirung gegen
Sta. Giustina vorgesendete Brigade Fürst Liechtenstein auf keinen Feind.

Aber am selben Tage hatte das erste piemontesische Armeekorps unter
Bava bei Goito den Mincio überschritten, und rückte nun bis Roverbella,
mit der Bestimmung, die vortheilhafte Höhenstellung von Custozza über
Sommacampagna bis Sona einzunehmen, so wie auch das auf der Hauptstraße von Verona nach Roverbella liegende Städtchen Villafranca zu besetzen und durch Mittel der Feldbefestigung haltbar zu machen. Der Brückenkopf bei Goito erhielt als Besatzung das 10. neapolitanische Regiment.

Das zweite piemontesische Armee-Korps rückte am 27. in die Stellung von Sta. Giustina und Castelnovo; sein äußerster linker Flügel
lehnte sich an den Garda-See. Die Reserve-Division besetzte Guastalla,
Oliosi und die zunächst gelegenen Orte, während die Kavallerie bei S.
Giorgio in Salice aufgestellt wurde. Der König verlegte sein Hauptquartier nach Sommacampagna. Die eigentliche Blokade von Peschiera, dessen
Verbindung mit Verona nun gänzlich abgeschnitten war, übernahm bis
zum Eintreffen des erwarteten großen Belagerungsparkes, die Brigade
Pignerol.

Vorposten-Gefechte vor Villafranca und bei Caselle d'Erbe
am 26. April.

An diesem Tage stieß eine von den Vorposten der Brigade Straffoldo über Sommacampagna gegen Villafranca ausgeschickte Patrouille, von einer halben Kompagnie Reisinger-Infanterie und einem Zug Radetzky-Husaren, auf eine etwa aus einem Regimente Infanterie und einer Esladron bestehende feindliche Abtheilung (erstere war ohne Tornister, letztere hatte leicht gepackt). Oberlieutenant Ahober warf sich mit seinen Husaren in den Rücken der feindlichen Reiter-Avantgarde und brachte sie in Unordnung. Durch die herbeigeeilte Unterstützung jedoch angegriffen, war er zuletzt selbst genöthigt, sich durch den ersten Peloton durchzuhauen, wobei er von feindlichen Lanciers umringt, in Gefangenschaft gerathen wäre, hätte nicht der Gemeine Tóth sich in ihre Reihen gestürzt und seinen Offizier aus dieser gefährlichen Lage befreit. Ein Korporal und ein Gemeiner von den Husaren, erhielten leichte Kopfwunden, nachdem sie ihre Pferde verloren hatten; ein drittes Pferd bekam 3 Kugeln in den Leib.

Die halbe Kompagnie von Reisinger, welche sich gleich beim Beginne der ersten Attaque in die Chaussée-Gräben geworfen und die feindlichen Reiter beschossen hatte, zerstreute sich beim Anrücken ihrer Unterstützung in die Felder. Nur der Offizier hatte sich mit 17 Mann in ein Haus geworfen. Dort vertheidigte er sich durch volle drei Stunden gegen die abgesessenen Lanciers und trat erst dann seinen Rückzug gegen Sta. Lucia an, als die Angreifer, das Vergebliche ihrer Anstrengung erkennend, bereits auf dem Wege nach Sommacampagna sich befanden. Auf die Meldung von diesem Vorfalle, hatte General-Major Graf Straffoldo zu ihrer Aufnahme eine halbe Kompagnie Reisinger-Infanterie, nebst einer halben Eskadron über die Vorposten hinausgesendet.

Auch hatte sich nach zwei Uhr Nachmittags von Caselle d'Erbe her ein Haufe Insurgenten, in eine Plänklerkette aufgelöst, unserer Bedettenlinie genähert, und die am rechten Flügel des 1. Bataillons Reisinger bei Casone aufgestellte Feldwache zum Rückzuge genöthigt. Als hierauf Oberlieutenant Lightowler mit einer starken Patrouille gegen dieses Gebäude vorrückte, zogen sich die Insurgenten tiraillirend wieder nach Caselle. Lightowler schickte nun einen Einwohner aus Casone, gegen die letztgenannte Häusergruppe, um zu erfahren, bis wohin die Insurgenten ihren Rückzug fortgesetzt hätten. Der Bote kehrte mit der Nachricht zurück, daß Caselle vom Feinde gänzlich verlassen sei. Als jedoch der Offizier seine Patrouille dahin führen wollte, empfing ihn ein heftiges Gewehrfeuer aus den Fenstern, weßhalb er um Unterstützung zurückschickte, selbst aber eine gedeckte Stellung bezog. Bald langte Hauptmann Nagy mit der in Sta. Lucia als Reserve aufgestellten 6. Kompagnie vor Caselle an; man durchsuchte nun die Häuser, fand aber nichts mehr als Erfrischungen auf den Tischen, und aus den halbgeleerten Weingläsern ließ sich die Eile erkennen, mit der die Insurgenten entflohen waren. Ihr Verlust bestand in 2 Todten. Der verrätherische Bote wurde zwischen Casone und Caselle ertappt und festgenommen, doch gelang es ihm, wieder zu entkommen; da fielen 4 Schüsse, ohne ihn zu treffen, bis Lieutenant Takáts von den Husaren ihm nachjagte und den Schurken zusammenhieb.

## Gefechte bei Pastrengo

### am 28., 29. und 30. April.

Am 28. gegen zwei Uhr Nachmittags unternahm General Bes mit einem Theile der Brigade Piemont in der Richtung von Colà her, einen Angriff auf die bei Pastrengo aufgestellten Truppen. General-Major Wohlgemuth ließ ihm das Oguliner-Grenz-Bataillon unter Major Knezevich entgegenrücken, welchem es nach zweistündigem Gefechte gelang, den Feind zum Weichen zu bringen.

Um halb sieben Uhr Abends ernenerte sich der Kampf auf dem linken Flügel der Stellung. Eine feindliche Kolonne — 3 Bataillone mit 5 Geschützen — griff, auf der von Sta. Giustina nach Pastrengo führenden Straße vorrückend, die in Osteria nuova unter Hauptmann Baron Piquet aufgestellte 21. und die auf dem Monte S. Martino postirten 3 Kompagnien von Kaiser-Jäger an. Die ihm entgegengerückten Abtheilungen der Brigade wurden von der feindlichen Uebermacht zurückgedrängt; man mußte sich also auf die Vertheidigung der Stellung beschränken. Es entspann sich beiderseits ein sehr lebhaftes Kleingewehr- und Geschützfeuer, das bis zum Einbruch der Dunkelheit dauerte, wo sich dann der Feind wieder auf Colà, Sandrà und Sta. Giustina zurückzog.

Bei dieser Gelegenheit zeichnete sich der mit der halben 24. Kompagnie Kaiser-Jäger auf Kanonenbedeckung gestandene Kadet-Oberjäger Crescini aus; mit seiner Mannschaft in einer gedeckten, vortheilhaften Aufstellung wußte er dem Gegner durch wohlgezielte Schüsse bedeutenden Schaden zuzufügen.

Als der Feldmarschall von jenem Gefechte Nachricht erhalten, beorderte er die Brigade E. H. Sigmund von Verona zur Unterstützung des Generalen Wohlgemuth nach Ponton, wo sie am andern Tage um vier Uhr Morgens eintraf. Hiedurch war wohl dem Bedürfnisse einer besseren Anbahnung an die Etsch und einer entsprechenden Reserve Genüge geleistet, aber noch immer nicht die Möglichkeit gegeben, die Stellung gegen den Garda-See, etwa gegen den Monte Dragone, auszudehnen und so vor Umgehung zu sichern. Eben so wurde die Brigade Fürst Taxis, bestehend aus 2 Bataillons Hangwitz-Infanterie, dem 9. Feldjäger-Bataillon, 2 Eskadronen Reuß-Hußaren, 2 Eskadronen Windischgrätz-Chevauxlegers und der sechspfündigen Fußbatterie Nr. 4, mit Tagesanbruch von Verona nach Bussolengo disponirt, um im Falle eines erneuerten Angriffes von Seite der Piemontesen, gegen deren rechten Flügel zu wirken,

Die Brigade Wohlgemuth wurde nun mehr concentrirt, sie bildete den linken, jene des E. H. Sigmund den rechten Flügel der Aufstellung. Das Kommando über diese Division übernahm Feldmarschall-Lieutenant Wocher.

Nachdem sich der Feind in Colà und selbst in Sandrà ruhig verhielt und blos auf den Höhen von Sta. Giustina einige Bewegungen zu bemerken waren, ertheilte Feldmarschall-Lieutenant Wocher der Brigade Taxis den Befehl, auf letztgenannten Ort einen Scheinangriff zu unternehmen, während General-Major Wohlgemuth mit 5½ Kompagnien (2 von Kaiser-Jäger, 2 Oguliner und 1½ Gradiskaner) um neun Uhr früh gegen die vom Feinde stark besetzten Häuser vor Sta. Giustina rückte, um dessen Stärke und Stellung zu rekognosziren.

Bald entspann sich ein Plänklergefecht, und trotz der Heftigkeit des Widerstandes gelang es den tapfern Jägern im Verein mit den Ogulinern, die Häuser mit dem Bajonnete zu nehmen; als aber der Feind neue Truppen in's Gefecht brachte, sahen sie sich genöthigt, die errungenen Vortheile wieder aufzugeben. Nach einem fast dreistündigen, bald heftigeren, bald schwächeren Kampfe mußte das Gefecht, ohne erhebliche Resultate geliefert zu haben, abgebrochen werden. Die halbe 24. Kompagnie von Kaiser-Jäger war durch die Einsattlung der Höhen zwischen Pastrengo und Bussolengo stürmend vorgedrungen. Hier geschah es, daß ihr Kommandant Hauptmann Nagel, von drei Kugeln getroffen, fiel; da kein Offizier bei jener Abtheilung anwesend war, übernahm Kadet Crescini das Kommando über dieselbe. Dreimal führte er sie zum Angriff auf eine Anhöhe, aber ungeachtet der heldenmüthigsten Anstrengung und Ausdauer der braven Jäger, gelang es nicht, den an Zahl weit überlegenen Feind von dort zu vertreiben. Der General belobte noch auf dem Kampfplatze die tapfere Schaar, unter ihnen besonders den Kadet-Oberjäger Crescini und Unterjäger Pigedeg.

Der Gemeine Radosawljevich von den Grabislanern, hatte während des Rückzuges seiner Kompagnie, unter einem Baume Posto gefaßt, dort ungeachtet des raschen Vordringens einer feindlichen Abtheilung, 7 Mann aus ihren Reihen zu Boden gestreckt und erst, als er beinahe umzingelt war, diesen Platz verlassen. Gemeiner Kriwbich hatte einen feindlichen Unteroffizier verwundet; ohne sich lange zu besinnen, sprang er unter die feindlichen Tirailleurs, um ihn mit dem Gewehrkolben zu erschlagen.

Während der Nacht leistete der Feldwebel Luketich von den Ogulinern wesentliche Dienste, indem er eine Schleichpatrouille von 4 Mann gegen den Feind führte und endlich in dessen Nähe angelangt, baarfuß sich bis zu einem Offiziersposten schlich, um dessen Aufstellung zu erspähen.

Gemäß der erhaltenen Instruktion war die Brigade Taxis über Bussolengo gegen die Höhen zwischen Sta. Giustina und Pastrengo vorgerückt; ihr rechter Flügel hielt die Verbindung mit Wohlgemuth. Eine Kompagnie des 9. Jäger-Bataillons, in Plänkler aufgelöst, engagirte das Gefecht, eben so gelang es eine halbe Batterie ungeachtet des ungünstigen Terrains, in eine ziemlich vortheilhafte Aufstellung zu bringen, von wo sie dem Feinde nicht unbedeutenden Schaden zufügte. Allein der anfangs zurückweichende Gegner entwickelte bald eine Stärke von 3 bis 4000 Mann nebst zahlreichem Geschütz; das in der Ebene vorrückende 2. Bataillon Haugwitz wurde mit Kartätschen zurückgewiesen und trotz des zweistündigen lebhaften Feuergefechtes konnte kein Boden gewonnen werden.

Um halb ein Uhr ließ Feldmarschall-Lieutenant Wocher den General Taxis durch den Rittmeister Fürst Liechtenstein zu einem erneuerten Angriff auf die Höhen und zwar diesmal in der Richtung gegen Sandrà auffordern. Das 9. Jäger-Bataillon, nunmehr durch eine Division Haugwitz unterstützt, rückte vor; der Feind zog sich eiligst zurück — alle Wahrscheinlichkeit eines guten Erfolges war vorhanden. Aber in demselben Augenblicke erhielt Taxis die Meldung, daß seine linke Flanke und Rückzugslinie aufs ernsteste bedroht seien, indem starke Kolonnen von Sta. Giustina her, anrücken und feindliche Patrouillen schon bis in die Nähe von Bussolengo streifen, welcher Ort nur von einer Division Haugwitz besetzt war. Bald kam auch ein an Wohlgemuth geschickter Offizier mit der Meldung zurück, daß dieser General, bei dem Umstande, als er sich überzeugt habe, daß der Feind sehr stark und ganz in der Verfassung sei, eine förmliche Schlacht anzunehmen, keinen weiteren Angriff beabsichtige, sondern wieder seine frühere Stellung beziehen werde. Dem General-Major Fürst Taxis blieb die Wahl, sich entweder auf Wohlgemuth oder gegen Verona zu repliiren. Er brach demnach das Gefecht ab und trat einen wohlgeordneten Rückzug bis hinter Bussolengo an, das nun von seiner Arrieregarde besetzt blieb.

Hier möge die ausgezeichnete That des Qua.-Wachtmeisters Zallmann von Windischgrätz-Chevaux-legers, Erwähnung finden. Derselbe attaquirte mit nur 4 Mann 8 feindliche Lanciers, die eben im Begriffe waren, einen gestürzten Mann seines Regiments gefangen zu nehmen; er allein hieb deren 3 vom Pferde, während die übrigen in die Flucht gejagt wurden.

Der Verlust der Brigade an diesem Tage war größer als er anfangs schien. Das 9. Jäger-Bataillon zählte 15 schwer und 5 leicht Verwundete nebst 2 Vermißten; Haugwitz 3 Todte, den Oberst Graf Pergen, welcher durch eine Musketenkugel an der Brust verwundet, jedoch nach angelegtem Verband wieder zu Pferd gestiegen war und bis Abends kommandirt hatte, dann 1 Korporal leicht verwundet, endlich 5 Korporale und 36 Gemeine an Vermißten.

Nachmittags zwei Uhr wurden der Brigade Taxis, unter Kommando des General-Majors Fürsten Friedrich Liechtenstein 2 Infanterie-Bataillone, 2 Kompagnien Jäger und eine Zwölfpfünder-Batterie, von

Verona als Unterſtützung nachgeſendet. Später rückten noch 4 Eskadronen der Brigade Schaffgotſche auf der Hauptſtraße von Verona gegen Oſteria del Boſco, und gegen Abend folgten weitere 3 Eskadronen Baiern-Dragoner auf der Straße nach Lugagnano, wo ſie ſich à cheval derſelben, zwiſchen dieſem Orte und Ca Salvi aufſtellten.

Die Diviſion Wocher, welche auf Unterſtützung vom oberen Etſchthale hoffte, hatte während der Nacht folgende Aufſtellung genommen: Die Brigade Wohlgemuth, den linken Flügel bildend, ſtützte ſich mit dem 1. Oguliner Grenz-Bataillon und 2 Geſchützen an die Etſch, auf den Höhen von S. Martino ſtand das 4. Bataillon Kaiſer-Jäger mit 2 Geſchützen, auf der Straße von Paſtrengo nach Buſſolengo und jener nach Sandrà, dann auf der Höhe von Monte le Vionde das Gradiskaner-Bataillon. Die Brigade E. H. Sigmund (am rechten Flügel) in Verbindung mit jener des General-Majors Wohlgemuth, hatte 4 Kompagnien Banaliſten auf den Höhen delle Coſtiere und auf dem Monte Brochi poſtirt. Caſa Ronchi und die Abfälle der Höhen aufwärts der Etſch bis gegenüber von Ponton, wurden vom 8. Jäger-Bataillon beobachtet. Die Reſerve endlich, beſtehend aus dem Regimente Piret, einer ſechs-pfündigen Fuß- und einer halben Raketenbatterie, war auf der Höhe von Piovezzano aufgeſtellt. .

Die Brigade Taxis ſtand bei Caſa Pontara (2000 Schritte ſüdöſt-lich von Buſſolengo), die Brigade Liechtenſtein bei Caſa Capri (auf der von Verona nach Peschiera führenden Hauptſtraße). Die Brigade Rath ward gegen Lugagnano vorgeſchoben und am äußerſten linken Flügel beob-achtete die Kavallerie-Brigade Schaffgotſche die Straße nach Somma-campagna. .

Am 30. mit Tagesanbruch rückte die Brigade Rath vollends nach Lugagnano, wo ſie mit 4 Kompagnien Prohaska, dem 3. Bataillon E. H. Albrecht, dem nur 1 Bataillon formirenden Regimente Geppert und der ſechspfündigen Fußbatterie Nr. 3 Stellung nahm. Die vorerwähnten 3 Eskadronen Baiern-Dragoner bildeten die linke Flankendeckung; die Brigade Schaffgotſche, die Reſerve, Taxis und Liechtenſtein blieben in ihren bisherigen Aufſtellungen. Das Kommando über dieſe in der Ebene aufgeſtellten Brigaden, führte Feldmarſchall-Lieutenant Baron D'Aspre; ſie hatten die Beſtimmung: jedes Unternehmen des Feindes gegen die bei

Paftrengo aufgeftellte Divifion Wocher durch eine Diverfion auf deffen
urfprüngliche Front (S. Giuftina — Cuftozza) zu paralyfiren.

Belehrt durch die an zwei auf einander folgenden Tagen gemachten
fruchtlofen Anftrengungen und wahrfcheinlich darauf bauend, daß er es in
der Front nur mit Demonftrationen zu thun habe, verfammelte nun der
Feind am 30. einen guten Theil feiner Referven gegen die Stellung der
Divifion Wocher. Es mochte neun Uhr gewefen fein, als General
Broglio mit der Brigade Savoyen, dem 16. Regimente Savona und dem
1000 Mann ftarken Freikorps aus Parma, von Sta. Giuftina aus den
Verfuch machte, in der Richtung auf S. Martino vorzudringen; er wurde
aber durch die aufopfernde Tapferkeit der Tiroler - Jäger und Grenzer
in feinem Vorhaben aufgehalten.

Nahe an drei Stunden hatte der Kampf bereits gedauert, als gegen
Mittag Oberlieutenant Tallián von Radetzky-Hußaren, die Meldung
brachte, daß eine fehr ftarke feindliche Kolonne mit zahlreichem Gefchütz
von Cola her, die Divifion in der rechten Flanke zu umgehen trachte.
Gleichzeitig erneuerte die Brigade Savoyen in 2 Kolonnen mit noch größerer Heftigkeit den Angriff in der Front. Das Gefecht ward allgemein
und entbrannte nun auf der ganzen Linie mit gleicher Erbitterung. Unter-
deffen feßte die oben erwähnte (5000 Mann ftarke) Kolonne unter General-
Lieutenant Federici, die Marfchdirektion auf Ponton nehmend, ihre Umgehung fort. Wocher konnte ihr — wollte er fich nicht in der Front zu
fehr fchwächen — nichts als 3 Kompagnien Piret-Infanterie entgegen-
ftellen. Die Pofition war fomit unhaltbar, der Rückzug dringende Nothwendigkeit geworden. Wohl find die Stellungen von Paftrengo und
Piovezzan zur Vertheidigung in der Front nach Süden, fehr günftig, aber
ihre Rückzugslinie ift ganz offen und in ihrer rechten Flanke ohne allen
natürlichen Schuß. Noch eine Viertelftunde zögern — und die Divifion wäre
von mehr als dreifacher Uebermacht umzingelt, von Ponton abgefchnitten
und wahrfcheinlich wenigftens theilweife gefangen gewefen. Obgleich der
Rückzug, wie bereits erwähnt, große Schwierigkeiten bot, wurde er doch
unter dem Schuße des bei Ronchi aufgeftellten 8. Jäger-Bataillons, während des heftigften Feuers mittelft einer Schwenkung rechts rückwärts, in
guter Ordnung ausgeführt.

Den Rückzug des Oguliner-Bataillons aus Paftrengo, hatte Ober-

L                                                                    12

lieutenant Leppold durch Tirailleurs zu decken; der genannte Offizier erfüllte nicht blos seinen Auftrag mit Umsicht und Entschlossenheit, sondern hielt sich freiwillig im Orte selbst bis zum Eintreffen des Feindes.

Hauptmann Baron Pirquet von Kaiser-Jäger, hatte mit seiner Kompagnie die Osteria nuova besetzt; die hohe Wichtigkeit der kräftigen Vertheidigung dieses Postens erkennend, entschloß er sich denselben bis aufs Aeußerste zu halten. Durch diese Kühnheit lenkte er die Aufmerksamkeit des ganzen feindlichen rechten Flügels auf sich, der in der Meinung, eine zahlreiche Truppe vor sich zu haben, anfangs ein heftiges Kleingewehr- und zuletzt sogar das Feuer aus 8 Geschützen dahin conzentrirte, dem Pirquet mit seinen vortheilhaft postirten Jägern wacker Stand hielt. Erst, als der Feind von allen Seiten gegen ihn eindrang und der Kompagnie in mehreren Sprachen zurief, sich zu ergeben, sammelte der heldenmüthige Kommandant die kleine Schaar, warf sich mit dem Bajonnete auf eine feindliche Abtheilung, welche ihm den Weg versperrte und brach sich bis zur Etschbrücke bei Ponton muthig Bahn, wo er gerade im rechten Augenblicke ehe sie abgebrochen wurde, anlangte. Durch die heldenmüthige Vertheidigung der Osteria nuova hatte Hauptmann Baron Pirquet die feindliche Artillerie und Kavallerie am Vorrücken auf dem kürzesten Wege zur Etsch-Brücke gehindert und auf diese Weise den Uebergang der sich auf das linke Ufer zurückziehenden Truppen kräftigst geschützt.

Lieutenant Neuwirth hielt mit den beiden auf dem Monte S. Martino aufgestellten Geschützen der Kavallerie-Batterie Nr. 4, bis zum letzten Augenblicke standhaft aus. Während des Angriffes hatte er dem Feinde durch sein Feuer großen Schaden zugefügt; schon war der Rückzug auf dem überdies ungünstigen Terrain sehr schwierig geworden, aber dem ungeachtet empfing der tapfere Offizier die Anstürmenden noch mit Kartätschen, bevor er zum Aufprotzen kommandirte.

Während des Rückzuges geschah es, daß piemontesische Lanciers die Tête des Oguliner-Grenz-Bataillons auf einem zur Bildung von Klumpen höchst ungünstigen Terrain attaquirten und auf die Fahne des in Reihen formirten Bataillons Jagd machten; da sprang der Korporal Povich dem kühn vorauseilenden feindlichen Offizier entgegen und stieß ihn mit dem Bajonnete vom Pferde. Seinem Beispiele folgten die Gemeinen

Chubra und Cheruvia, indem sie einen Unteroffizier nebst dessen Pferd, dann das Pferd eines Gemeinen mit dem Bajonnete durchbohrten.

Der drohendste und gefährlichste Moment für den Rückzug der letzten Abtheilungen, war wohl auf der Höhe hinter Casa Ronchi zu erwarten; doch gelang es dem Kommandanten des Oguliner-Bataillons, Major Knezevich, in der Tiefe an der Etsch dessen Ralliirung zu bewirken. Es war ein kritischer Moment — von der Haltung dieser Truppe hing jetzt Alles ab. Major Knezevich hat sich hier als ein tüchtiger Kommandant bewährt, indem er selbst in diesem Augenblicke der größten Gefahr eine seltene Ruhe an den Tag legte und dadurch dem Andrange des Feindes gegen die Brücke ein Ziel setzte.

Um vier Uhr Nachmittags war die ganze Division Wocher mit Ausnahme des bei Corsale aufgestellten halben Bataillons von Piret, bei Ponton mittelst der Kriegsbrücke auf das linke Etsch-Ufer übergegangen, welche nun von den Pionieren unter der Leitung des Hauptmanns von Grünbühl, ohne vom Feinde belästigt zu werden, abgebrochen wurde.

Das hier erwähnte halbe Bataillon von Piret-Infanterie, hatte in der Hitze des Gefechtes den Befehl zum Rückzuge überhört, wurde in seiner Stellung in der Front und auf beiden Flügeln mit großer Uebermacht angegriffen, von seiner Rückzugslinie nach Ronchi abgeschnitten, und nach tapferer Gegenwehr mit großem Verluste auf die Straße von Piovezzano nach Ronchi geworfen, wo ihm das traurige Loos der Gefangenschaft zufiel.

Oberst Baron Zobel, welcher von Rivoli mit 6 Kompagnien Kaiser-Jäger zur Unterstützung der Division Wocher herbeigeeilt war, kam gerade noch zur rechten Zeit, um die Brücke vor ihrem Abbrechen zu passiren; nur eine Kompagnie, welche etwas zurückgeblieben war, daher zu spät am Uebergangspunkte eintraf, mußte mittelst einer vom Hauptmann Grünbühl auf eigene Verantwortung stehen gelassenen Fähre an's jenseitige Ufer gebracht werden. Derselben verdankten auch 5 Hußaren ihre Rettung; sie hatten den Weg zur Brücke verfehlt, und wurden nun von dem Pionier-Oberlieutenant Langlacher, welcher sich in Begleitung des Oberpioniers Geppell auf's rechte Ufer wagte, zur Ueberfuhr geleitet.

Die Division Wocher rückte nun nach Domegliara, wo sie ein Lager bezog und zur Beobachtung der Etsch, Ponton, Arcè und Pescantina besetzte.

Der Verlust in diesen dreitägigen Gefechten war nicht gering. Von Kaiser-Jäger blieben todt, Hauptmann **N a g e l** und 6 Mann, verwundet wurden 24 Mann; vom 8. Feld-Jäger-Bataillon — todt 1, verwundet 6, vermißt 3 Mann; 9. Jäger-Bataillon — todt 3, verwundet 20 Mann; Oguliner 1. Grenz-Bataillon — todt 3, verwundet 44 Mann; 1. Gradiskaner Grenz-Bataillon — todt 2, verwundet 21, vermißt 4 Mann; 1. Bataillon vom 2. Banal-Grenz-Regiment — todt 2, verwundet 4 Mann; Haugwitz-Infanterie — todt 3, verwundet Oberst Graf **P e r g e n** und 1 Mann, vermißt 38 Mann; Piret-Infanterie — todt 4, verwundet Lieutenant **T o t h** und 20 Mann, gefangen 5 Offiziere, 336 Mann; Kavallerie-Batterie Nr. 4 — verwundet 3 Mann; sechspfündige Fuß-Batterie Nr. 6 — verwundet 2 Mann. Mithin todt 1 Offizier, 24 Mann; verwundet 2 Offiziere, 145 Mann; vermißt 45 Mann; gefangen 5 Offiziere, 336 Mann. — Der Verlust des Feindes kann nicht unter 500 Mann gewesen sein.

Der gegebenen Disposition gemäß, war Feldmarschall-Lieutenant Baron D'**A s p r e** mit den zwischen Lugagnano und Bussolengo gestandenen Brigaden gegen die vom Feinde scheinbar entblößten Höhen offensiv vorgegangen; doch geschah dieß viel zu spät und nicht mit jenem Nachdruck, um die gewünschte Wirkung — den Gegner von der Division Wocher abzuziehen — zu erreichen; denn conträrer Wind ließ das Feuer auf den Höhen von Pastrengo, in der Ebene erst gegen Mittag, mithin zu einer Zeit vernehmen, wo das Gefecht beinahe entschieden war.

Mittlerweile hatte der Feind hinreichende Zeit gefunden, auch auf den Höhen von Sona und Sta. Giustina seine Kräfte zu entwickeln, und eine solche Geschützzahl in's Feuer zu bringen, daß ein Angriff auf diese Linie, wenig Erfolg versprach. Das Gefecht wurde daher um halb vier Uhr, als der Kanonendonner bei Pastrengo verstummte, auch auf dieser Seite abgebrochen, und der Rückmarsch angeordnet.

**Ausfall aus Peschiera.**

Als der Kanonendonner auf den Höhen von Pastrengo, in Peschiera gehört wurde, befahl Feldmarschall-Lieutenant Baron **R a t h** einen Ausfall. 2 Kompagnien Otochaner unter Kommando des Hauptmanns **W i m m e r**, rückten gegen die Batterie bei Casa Ricchione, ihre linke

Flanke deckte Lieutenant S e r a v i c z a mit einem Zug Szluiner, die rechte cotoyirte Oberlieutenant S a l a d i n mit einigen Hußaren auf der nach Brescia führenden Straße. Ein von einem Hußaren auf die feindlichen Bedetten zu früh abgegebener Schuß allarmirte 2 im Lager bei Osteria del Papa mit dem Abkochen beschäftigte Bataillone; es entspann sich ein hitziges Gefecht, welches erst durch das Erscheinen der nach dem Kampfplatz geeilten feindlichen Unterstützungen nach drei viertel Stunden beendigt ward. Die Otochaner zogen sich hierauf wieder in die Festung, deren Kanonen im Vereine mit jenen der beiden Vorwerke Salvi dem weiteren Nachdringen des Feindes Einhalt thaten. Mittlerweile hatte derselbe seine Geschütze in die Batterien eingeführt, welche nun ihr Feuer gegen die Festung und die Vorwerke eröffneten, das ungeachtet der kräftigsten Entgegnung erst gegen halb vier Uhr verstummte.

**Aufstellung der k. k. Armee bei Verona und zur Beobachtung der Etsch.**

Am 1. Mai befand sich die Armee in folgender Aufstellung: 1. Korps mit den Brigaden Clam und Strassoldo am Rideau von Tombetta bis Sta. Lucia; Brigade Wohlgemuth zur Beobachtung des linken Etsch-Ufers in Tanti Balconi; die Brigaden Rath und Maurer unter Feldmarschall-Lieutenant Fürst T a x i s, als Besatzung in Verona; endlich die Kavallerie-Brigade Schaffgotsche im Lager außerhalb Porta Vescovo. Das 2. Korps besetzte das Rideau von Sta. Lucia bis Chievo mit den Brigaden Gyulai, Liechtenstein und Taxis; die Brigade E. H. Sigmund stand in Parona zur Unterstützung der Brigade Wohlgemuth, die Kavallerie-Brigade Simbschen als Reserve am Glacis der Festung.

**Uebergangszirung der Linie am Cariotore**

**am 4. Mai.**

Die nächste Folge der von den Piemontesen bei Pastrengo errungenen Vortheile war die gesicherte vollständige Einschließung Peschieras. Ein gleiches Loos stand der Festung Mantua bevor; der Feldmarschall suchte daher dem Mangel an Artillerie-Mannschaft, durch Zusendung einer Kompagnie dieser Waffengattung, bestmöglichst noch bei Zeiten abzuhelfen.

Obschon die vor Mantua gestandenen piemontesischen Truppen in der
letzteren Zeit längs des Mincio aufwärts gezogen waren, blieb doch die
Umgebung dieser Festung nichts weniger als vom Feinde entblößt, indem
die eben angekommenen Verstärkungen aus Toscana, Neapel und der
Romagna, die Abziehenden ersetzten. Ihre Patrouillen störten die zur Lichtung der Kultur im Circumvallations-Rayon des rechten Mincio-Ufers
verwendeten Arbeiter in ihrer Beschäftigung und am 2. Mai Nachmittags,
so wie am 3. Morgens war es mit den zu ihrer Sicherung aufgestellten
Vorposten zu so ernsten Plänkeleien gekommen, daß die geängstigten Zivil-
Arbeiter die Flucht ergriffen und zur Fortsetzung ihres Geschäftes nicht
wieder zu bewegen waren. Dies veranlaßte den Festungs-Kommandanten
mit dem Zwecke einer scharfen Rekognoszirung der Linie des Osone, gleichzeitig eine Bestrafung des lecken Gegners, den man nach dem erwähnten
Abzuge der Piemontesen für Freischärler hielt, zu verbinden.

Diese Rekognoszirung wurde am 4. Mai um zehn Uhr Vormittags
in 3 Kolonnen ausgeführt: die rechte Kolonne — 1 Kompagnie Ezluiner,
2 Kompagnien Ghulai, ½ Eskadron Baiern-Dragoner und 3 Kavallerie-
Geschütze unter Kommando des Oberstlieutenant Graf Kilmansegge
von Ghulai-Infanterie, rückte gegen Curtatone; die mittlere — 1 Kompagnie Ezluiner, 4 Kompagnien d'Este, 1 Zug Dragoner, 4 Raketen- und
2 Kavallerie-Geschütze unter dem Obersten Grafen Salis von Este-
Infanterie, gegen Montanara; endlich die linke Kolonne — 1 Kompagnie
Ezluiner, 4 Kompagnien Paumgartten und 2 sechspfündige Geschütze
unter dem Oberstlieutenant Freisauf von Paumgartten, gegen S.
Silvestro. Als Reserve für diese Kolonnen dienten 2 Kompagnien d'Este-
Infanterie und 1 Eskadron Kaiser-Uhlanen, welche am Glacis vor der
Lünette Belfiore Stellung nahmen.

Die Vorrückung geschah gleichzeitig. Die rechte Kolonne erstürmte
mehrere Casinen und erbeutete viele Waffen (worunter die neapolitanischen
Gewehre mit Steinschlössern), sie drang bis gegen Curtatone vor, fand
aber diesen Ort verbarrikadirt und durch Geschütze vertheidigt. Die Mittel-
kolonne hatte durch längere Zeit ein wohlgenährtes Feuer auf Montanara
unterhalten und einen Sergeant der Livorneser Guardia civica gefangen
genommen. Oberst Graf Salis erhielt einen matten Prellschuß am rechten Arme. Die linke Kolonne erstürmte vor S. Silvestro zwei Häuser,

ftreckte gegen 20 Neapolitaner (worunter 1 Offizier) nieder, und nahm
1 Gemeinen vom 10. neapolitanischen Linien-Regimente gefangen. Von
den beiden Gefangenen erfuhr man, daß toscanische Freischaaren, unter
ihnen die Livorneser-Legion und das 10. neapolitanische Linien-Regiment
mit einigen Batterien, die Linie am Curtatone (Osone) besetzt hielten, und
päpstliche Truppen in S. Biagio und Governolo angekommen seien, so
wie, daß sie unter den Befehlen des Generals Durando stehen.

Nachdem so der Feind auf allen Punkten empfindlich gestraft und
überall in seine Verschanzungen zurückgeworfen war, kehrten die Kolonnen
mit einem Verluste von 5 Blessirten in die Festung zurück, wo sie um zwei
Uhr Nachmittags fast gleichzeitig eintrafen.

**Aufstellung der k. k. Truppen bei Rivoli.**

Durch den Rückzug der Division Wocher auf das linke Etsch-Ufer,
war die Stellung bei Rivoli bloßgegeben. Dieser durch einen Sieg Napoleons in unverdienten Ruf gekommene Punkt war jedoch in diesem Augenblick für die Stellung bei Verona von hoher Wichtigkeit. Das Thal der
Etsch wird hier von Bergen eingeengt, und die am linken Ufer hinziehende
Straße von dem Plateau von Rivoli aus dergestalt beherrscht, daß dadurch
jede Kommunikation selbst für Einzelne gefährdet ist. Nun war aber eben
diese Straße die einzige Verbindungslinie, und das Wenige, was man
noch durch Tirol erhielt, mußte auf diesem Wege nach Verona kommen —
seine Erhaltung war somit von höchster Wichtigkeit. Feldmarschall-Lieutenant Baron W e l d e n, die Bedeutung dieser durch den Rückzug der Division Wocher gefährdeten Stellung erkennend, hatte dieselbe so gut es seine
geringen Kräfte zuließen besetzt: 6 Kompagnien Kaiser-Jäger (unter
Oberst Z o b e l) standen in Volargne, 1 Division Schwarzenberg und
1 Division Baden in Rivoli, 1 andere in Brentino und Rivalta, das
2. Bataillon Schwarzenberg in Peri, 1 Division Baden in Ala. Wiewohl
nicht anzunehmen war, daß der Feind die Thorheit begehen werde, etwa
bei Arcè, wo eine Einbiegung der Etsch einem Uebergange günstig ist, den
Fluß zu passiren, wurden doch für diesen Fall in Volargne 10 Brander
vorbereitet, um einer über den Fluß gegangenen feindlichen Kolonne durch
Zerstörung der Brücke den Rückzug abzuschneiden, während sie R a d e t z k y
in der rechten, W e l d e n aber in ihrer linken Flanke angepackt hätte.

Am 3. Mai befand sich die Haupttruppe zwischen Dolce und Volargne
conzentrirt, ihre Avantgarde (8 Kompagnien) stand in Rivoli. Der Feind
hatte auf den Höhen von Cavajon bis gegenüber Ponton nur einige Bataill-
lone im Bivouac, in Piovezzano und Pastrengo stand das Gros (etwa 10
bis 12000 Mann), in Colà seine Reserve. Aber schon in der Nacht vom
3. auf den 4. konnte man aus der veränderten Stellung der Wachfeuer,
auf eine rückgängige Bewegung desselben schließen, und in der That meldeten die mit Tagesanbruch nach allen Richtungen ausgeschickten Patrouillen, daß er seine Stellung am Tasso verlassen habe.

Welden ging daher noch am Abende dieses Tages mit einem Theile
seiner Truppen mittelst einer Schiffbrücke auf das rechte Ufer, um den
Gegner durch diese Demonstration mit einer Vorrückung von Rivoli her
zu bedrohen. Während der Höhenzug zwischen dem Tasso, der Etsch und
dem Monte Baldo zweckmäßig besetzt war, konnte der genannte General
für die Eingänge nach Tirol, zumal durch Volargne auch die Chiusa Veneta gesichert, vollkommen ruhig sein. Seine Vorposten (7 Kompagnien)
hielten die Höhen längs Brentino, Caprino, Cerebella, Gazzoli, Affi und
Gajun besetzt; 1 Bataillon blieb in Rivoli als Reserve.

Gegen Abend stand selbst zwischen Piovezzano und Calmasino kein
Feind mehr, nur Lazise am Garda-See war stärker besetzt; die beiden
Dampfer Benacco und Lombardo, welche viele Schleppschiffe mit sich führten,
hatten einige tausend Freischärler von Salò dahin gebracht, wo schon am
Vormittage das Regiment Piemont nebst einer halben Batterie ein-
getroffen war.

## Gefecht bei Rivoli
### am 5. Mai.

Sei es nun, daß der Gegner durch einen Angriff der Position bei
Rivoli des Feldmarschalls Aufmerksamkeit von einer andern großen Unternehmung, mit der er umging, ablenken, vielleicht zu einer Detachirung
verleiten wollte; sei es, daß er wirklich leichten Preises in den Besitz jener
Stellung zu gelangen hoffte, da er wohl Kenntniß von Welden's schwachen Streitkräften haben mußte — gleichviel, er beschloß sie anzugreifen.

Am 5. gegen Mittag entwickelte er zwischen Piovezzano und Cavajon
eine Stärke von 5000 Mann; sein rechter Flügel, vom Regimente Piemont

gebildet, rückte unter einem heftigen Feuer oberhalb Sega über die Tasso-Brücke auf der Straße gegen Rivoli, und warf den dort mit einer Kompagnie Schwarzenberg aufgestellten Hauptmann Porschütz mit einem Verluste von 4 Todten, 8 Verwundeten und 20 Vermißten zurück, indeß sein linker Flügel, bestehend aus Freiwilligen mit den Geschützen, über Affi ebenfalls gegen Ponton vordrang.

Feldmarschall-Lieutenant Baron W e l d e n hatte den Befehl ertheilt: Rivoli auf's Aeußerste zu vertheidigen, nöthigenfalls Volargne zu räumen und die Chiusa zu halten. Zur Unterstützung der vorwärtigen Abtheilungen erhielten gleich beim Beginne des feindlichen Angriffes die in Dolce und noch weiter rückwärts (zwischen Ala und Roveredo) aufgestellten Truppen Befehl zum Vorrücken.

Vor Rivoli hatte sich das Gefecht auf der ganzen Vorpostenlinie entsponnen; ihr Kommandant Oberstlieutenant von P é c h y war bald genöthigt, seinen rechten Flügel durch eine Division Baden unter Hauptmann Leithner zu verstärken, während von Gajun eine Division Schwarzenberg unter Hauptmann Marx zur Unterstützung des Hauptmanns Porschütz vordisponirt wurde. Immer lebhafter wurde der Andrang der feindlichen Kolonnen, so zwar, daß Péchy's Vortruppen nur mit großer Anstrengung noch Stand halten konnten. Péchy beorderte noch die 6. Kompagnie Schwarzenberg nebst einer halben Batterie zu ihrer Unterstützung; letztere empfing die anrückenden feindlichen Kolonnen mit einem solch' mörderischen Feuer, daß sie zum Halten gezwungen waren und jeden weiteren Versuch aufgaben. Am Abend zog sich der Feind gegen den Tasso-Bach, über welchen er während der Nacht wieder zurückging.

## Schlacht bei Sta. Lucia

### am 6. Mai.

Der leicht bewerkstelligte Uebergang über den Mincio, die Gefechte bei Pastrengo, die mit jedem Tage zunehmende Stärke der eigenen Armee, während jene des Gegners ihre durch Gefechte und Krankheiten erlittenen Verluste auf keine Weise ersetzen konnte, endlich die traurigen Ereignisse in der Residenz des Kaisers, waren für Carl Albert so große Lockungen, daß er sich entschloß, durch einen großen gegen die Hauptarmee geführten Schlag dem Kampfe ein Ende zu machen.

Die Stellung der k. k. Armee vor Verona zog sich längs des die Stadt außer dem wirksamen Geschützertrag überragenden steilen Terrainabsturzes, welcher an der Etsch bei Chievo beginnt und bis zur Bastion S. Spirito zieht, dann vor Porta nuova sich wieder erhebt und bei Tombetta an der Etsch endet. Diese Terrainerhöhung — damals nicht verschanzt — war dem Debouchiren hinderlich, lähmte daher die Offensivkraft Verona's. Nach dem ursprünglichen Befestigungsentwurf sollten an dem Ufer der Etsch bei Sta. Caterina ein starkes Fort und bei Tombetta und Sta. Lucia einige Redouten erbaut werden, unter deren Schutz die Garnison nicht blos aus Porta nuova leicht debouchiren, sondern auch durch einen vollkommen gedeckten Flußübergang den auf dem Rideau aufmarschirten Feind in die rechte Flanke und im Rücken nehmen konnte. Allein in einer Zeit, wo die höchste Staatsweisheit darin bestand, der Wehrkraft einige hundert tausend Gulden abzuzwicken, um sie nach wenig Jahren mit Millionen zum Fenster hinauszuwerfen zu müssen, hatte man diese Befestigungswerke für überflüssig erklärt. Was damals an einigen Spatenstichen erspart wurde, mußte nun durch Oesterreich's edelstes Blut erkauft werden; waren die erwähnten Punkte befestigt, so war die Schlacht bei Sta. Lucia überhaupt nicht möglich. Auf dem Rideau liegen die Dörfer Chievo, Croce Bianca, S. Massimo und Sta. Lucia, welche durch eine gute Straße mit einander in Verbindung stehen; bei letzterem Orte bildet die von Villafranca kommende Chaussée einen Winkel und zieht gleichsam als Fortsetzung des Rideaus bis zum oben erwähnten Thore, vor welchem sie sich mit der über Tombetta von Legnago kommenden Straße vereinigt. Die Stellung wird von den von Peschiera, Sona, Villafranca und Vigasio führenden Straßen durchschnitten. Sowohl diese als alle kleineren, zwischen Chievo und Tombetta nach Verona führenden Zugänge waren durch Abgrabungen und Traversen gesperrt, die vor dem Rideau gelegenen Umfassungsmauern crenelirt, und die Häuser und einzelnen Gehöfte verrammelt, endlich in den Zwischenstrecken Verhaue angelegt und Jägergräben ausgehoben. Unzählige Steindämme durchziehen den Boden nach allen Richtungen und dichte Maulbeerpflanzungen verhindern jede Aussicht;

dennoch bietet diese über eine Meile betragende Stellung dem Vertheidiger einige Vortheile, indem die erwähnten Steindämme eben so viele Brustwehren bilden, während der Angreifer auf diesem Terrain den Vortheil der freien Bewegung verliert.

Die Aufstellung der k. k. Armee war folgende:

Vom 2. Armee-Korps:

Brigade Fürst Taxis — am äußersten rechten Flügel der ganzen Aufstellung bis Chievo und links durch eine Division Infanterie mit der Brigade Liechtenstein in Verbindung. Ihre Vorposten hielten die Linie von Corno bis Ca dell' Albera besetzt.

Brigade Fürst Liechtenstein — mit obiger durch eine Division E. H. Franz Carl in Verbindung, links von derselben auf der nach Bussolengo führenden Straße 2 Zwölfpfünder und da man diesen Punkt als schwach erkannte, wurde er noch durch 2 Sechspfünder verstärkt. Zwischen den nach Bussolengo und Peschiera führenden Straßen stand hinter einem Verhau eine Kompagnie des 9. Jäger-Bataillons, und zu ihrer Aufnahme in Ca Labbia eine Division Franz Carl, auf letztgenannter Straße selbst 2 zehnpfündige und links von diesen 2 siebenpfündige Haubitzen; in der Zwischenstrecke von dieser Straße und Sagramoso hatte eine Kompagnie des 9. Jäger-Bataillons den Verhau besetzt, eine Kompagnie desselben Bataillons stand zu ihrer Unterstützung 500 Schritte weiter rückwärts. Sagramoso war von einer Division Franz Carl besetzt, links von ihr 2 Zwölfpfünder, endlich hinter dem Verhau von Sagramoso bis S. Massimo eine Division Franz Carl, welche die Verbindung mit der Brigade Gyulai hielt. Das Gros der Brigade war vor Croce Bianca aufgestellt, ihre Vorposten standen von Ca dell' Albera bis Corte Salvi.

Brigade Graf Gyulai — mit 2 Bataillons E. H. Ernst-Infanterie und der sechspfündigen Fußbatterie Nr. 5 in S. Massimo; sie hatte die Gehöfte Cava und Colombara besetzt und erstreckte sich bis Pellegrino, wo sie mit der Brigade Strassoldo in Verbindung trat. Das 11. Jäger-Bataillon und die 1. Majors-Division von Reuß-Hußaren hielten in der Linie zwischen Corte Salvi und Camponi die Vorposten.

Kavallerie-Brigade Baron Simbschen — eine Division Reuß-Hußaren rechts, die Oberst-Division von Windischgrätz-Chevaux-legers links der Chaussée (etwa 800 Schritte vor Porta S. Zeno) hinter derselben eine

Eskadron Reuß-Hußaren. Zwischen der Chaussée und Chievo war eine Division Windischgrätz derart echelonirt, daß ihre vorderste Abtheilung unweit der letzten Häuser dieses Ortes stand. Die Kavallerie-Batterie Nr. 5 nebst einer halben Eskadron Reuß-Hußaren stand vor Croce Bianca zu beiden Seiten der Straße zur Disposition der Brigade Liechtenstein.

### Vom 1. Armee-Korps.

Brigade Graf Strassoldo — schloß sich an die Brigade Ghulai an, 4 Kompagnien des 10. Jäger-Bataillons und 3 Geschützen war die Vertheidigung des nördlich von der Straße nach Villafranca gelegenen Theiles von Sta. Lucia, 3½ Kompagnien des 3. Bataillons E. H. Sigmund jene des südlichen Theiles und der kleinen Gehöfte bis Chioda übertragen. Zur Bestreichung der Straße waren 2 Geschütze vortheilhaft placirt. 2 Kompagnien des 10. Jäger-Bataillons hielten die Vorposten zwischen Camponi und Madonna di Dossobuono, 2¼ Kompagnien Sigmund von da bis Trezze. Als Reserve konnte von dieser schwachen Brigade nur die 2. Majors-Division Radetzky-Hußaren erübrigt werden.

Brigade Graf Clam — stand mit dem Grenadier-Bataillon D'Anthon, einer Eskadron Radetzky-Hußaren und 2 Haubitzen am Rondell vor Porta nuova; 3 Kompagnien Reisinger hielten die Vorposten von Trezze bis zu der von Verona nach Isola della Scala führenden Straße und 2¼ Kompagnien Prohaska von da bis Ca di Rafaldo; als Unterstützungen standen 3 Kompagnien Reisinger in Roveggia und eine Kompagnie Prohaska in Tomba; endlich als Reserve 2¼ Kompagnien dieses Regiments, eine Eskadron Radetzky-Hußaren und 4 Geschütze in Tombetta.

Die Brigade Wohlgemuth zur Beobachtung der Etsch in Tanti Balconi; die Brigade E. H. Sigmund zu ihrer Unterstützung in Parona. Die Brigaden Rath und Maurer unter den Befehlen des Feldmarschall-Lieutenants Fürsten Taxis als Besatzung in Verona. — Die Kavallerie-Brigade Schaffgotsche auf dem Campo fiore, wo sie seit dem 4. Mai lagerte.

An diesem Tage hatten Nachrichten, die einen Angriff des Feindes gegen Verona vermuthen ließen, eine Allarmirung der Truppen in der Stellung am Rideau, veranlaßt; doch unterblieb die erwartete feindliche Vorrückung und die beiden Armeen standen sich noch zwei Tage lang ruhig gegenüber.

In der Nacht vom 5. auf den 6. meldeten die Vedetten des 10.
Jäger-Bataillons, eine Vermehrung der Lagerfeuer auf den Höhen von
Sommacampagna bemerkt zu haben, auch wurden von dem auf der Straße
nach Sommacampagna stehenden Vorposten der Brigade Gyulai berichtet,
daß man das Herannahen von Kavallerie und Geschützen vernehme. Eine
um drei Uhr Morgens unter dem Lieutenant Takáts von Radetzky-Husaren,
gegen Villafranca entsendete Patrouille, kehrte um sechs Uhr früh mit der
Meldung zurück, daß vom Feinde nichts zu sehen sei, daß sich jedoch
derselbe nach der Aussage der Landleute am vorhergegangenen Nachmittage mit einem großen Theile seiner Truppen gegen Sommacampagna
gezogen und in Villafranca selbst, nur 2 bis 3000 Mann zurückgelassen
habe — wodurch die Vermehrung der Lagerfeuer auf den Höhen bei
Sommacampagna erklärlich.

Um halb neun Uhr Morgens meldeten die Vorposten, daß sich feindliche Patrouillen nähern und Kolonnen mit Geschütz sichtbar werden.

Ehe wir in der Schilderung der folgenden Ereignisse weitergehen,
wollen wir einen Blick auf die Angriffs-Dispositionen des Feindes werfen:

Das erste Korps sollte von Villafranca und Custozza kommend, den
schwächsten und exponirtesten Punkt, den Schlüssel der Stellung —
Sta. Lucia — forciren und von da aus, die ganze Stellung gegen beide
Flanken hin aufrollen; das zweite, auf den von Sommacampagna und
Sona unter einander parallel und senkrecht auf die Stellung führenden
Straßen vorrückend, gegen den rechten Flügel des Feindes blos demonstriren. Jeder Moment des Kampfes war auf vier langen Seiten vorgezeichnet. Alles war, wie für ein Manöver gewissermaßen mit der Uhr
in der Hand berechnet; aber die meisten Generale erhielten die Abschrift
dieser ziemlich weitläufigen Disposition erst in dem Augenblicke, als ihre
Truppen schon zum Abmarsche bereit standen, daher das ungleichzeitige,
sogar verspätete Eintreffen der Kolonnen.

Die Stärke des Feindes war zwischen 45 und 50000 Mann mit
66 Geschützen; die unserer Truppen kaum über 19000 Mann mit
63 Geschützen.

Es war halb neun Uhr als der Feind — die Division des General-Lieutenants Marquis d'Arvillars — auf der von Sommacampagna
nach Verona führenden Straße gegen unsere Stellung anrückte. Beim

Aufnahmsposten in Camponi entspann sich zuerst das Geplänkel, wobei der Gefreite Biró von E. H. Ernst-Infanterie, viel Entschlossenheit bewies, indem er mit 4 Mann, einer Abtheilung Lanciers, welche die Vorhut der feindlichen Avantgarde bildete, aus eigenem Antriebe entgegenging, und dieselbe mit solchem Ungestüm angriff, daß sie umkehrte. Auch das bald nachgerückte Gros der Avantgarde — etwa 800 Mann Infanterie nebst einer Kavallerie-Division — wurde hier in seinem Vorrücken aufgehalten, indem Lieutenant Frankovits, welcher Camponi mit 39 Mann besetzt hielt, der großen Uebermacht beinahe eine halbe Stunde lang kräftigen Widerstand leistete. Gleichzeitig wurde der Posten von Ca nuova angegriffen, den Lieutenant Wukellich desselben Regiments, eben so tapfer vertheidigte. Durch diesen Aufenthalt war dem Major von Odelga die Möglichkeit verschafft, die übrigen Vortruppen des Regiments ungehindert in die Gefechtsstellung nach S. Massimo zurückzuziehen.

Nun marschirte die Division d'Arvillars auf — das Geschütz vor der Mitte, hinter demselben die Brigaden Acqui und Casale, Reiterei und Scharfschützen auf den Flügeln. — Bald darauf erfolgte unter lautem Evviva-Geschrei auf Carlo Alberto und Italien, die Vorrückung der piemontesischen Schlachtlinie in der Richtung auf S. Massimo.

Die früher bei Casa Moreschi als Aufnahmsposten aufgestellte Kompagnie des 10. Jäger-Bataillons übernahm das Tirailleurgefecht und zog sich langsam von Steinriegel zu Steinriegel in die angewiesene Gefechtsstellung bei Sta. Lucia, wohin auch jene Vorposten dieses Bataillons beordert wurden, welche auf der Straße nach Villafranca standen, obgleich der Feind auf derselben bis jetzt noch nicht sichtbar war.

Um ungefähr halb zehn Uhr rückten starke feindliche Kolonnen gegen Casa Fenilone vor; die früher dorthin gezogene Jäger-Kompagnie mußte wie natürlich der Uebermacht weichen. Hierauf fuhren 3 feindliche Geschütze auf der Straße von Sommacampagna auf, welche schon während des Auffahrens von den beim Friedhofe placirten der Kavallerie-Batterie Nr. 3 unter Lieutenant Reichel beschossen wurden; doch konnten letztere nicht Stand halten, da sie bald von feindlichen Scharfschützen in der Flanke stark beunruhigt wurden.

Das Gefecht begann alsbald an den westlichen Ausgängen von Sta. Lucia einen sehr lebhaften Charakter anzunehmen und in kurzer Zeit waren

alle Punkte der Stellung, auf dieser Seite engagirt. Aus den hier entwickelten Kräften des Feindes, konnte man leicht dessen Absicht — Sta.
Lucia zu forciren — errathen. Es wurden daher die noch im Rondell aufgestellten 4 Kompagnien des Grenadier-Bataillons d'Anthon (Division
Haugwitz und Geppert) als Verstärkung herangezogen, wo sie hinter dem
Orte auf der Straße in geschlossenen Divisions-Kolonnen Stellung nahmen. Die Division E. H. Sigmund-Grenadier war schon früher zur
Unterstützung der hinter dem Verhau zwischen Pellegrino und Sta. Lucia
postirten Jäger verwendet worden.

Um diese Zeit war auf der Straße von Villafranca eine starke feindliche Kavallerie-Kolonne, welcher Infanterie-Abtheilungen folgten, sichtbar — es waren die Brigaden Aosta und Regina — bei welcher sich der
König und Bava befanden. Als sich die Kavallerie dem Orte näherte,
wurde sie von den unter dem Oberfeuerwerker Poitze auf der Straße
placirten Geschützen der Kavallerie-Batterie Nr. 3 mit solcher Wirksamkeit
beschossen, daß sie links und rechts abweichend, gegen den Verhau und
die Fläche vor dem großen Garten, sich zog.

Obgleich die 2. Division des 1. Korps noch nicht eingetroffen war,
wollte General-Lieutenant Bava, — da der linke Flügel seinen Angriff
bereits begonnen, — nicht länger warten und gab auch hier den Befehl
zum Angriff.

Als die Geschütze beim Friedhofe sich zurückgezogen hatten, über-
schütteten die bei Casa Fenilone aufgefahrenen feindlichen, so wie die mittlerweile südlich der Straße von Sommacampagna vorgerückten, den Friedhof
und den ganzen Ort mit einem Hagel von Kugeln und Granaten, auch
suchten die vortheilhaft placirten Schützen, die rechts vom Friedhofe hinter
einem Steindamme postirten Jäger mit Erfolg zu beschießen. Nun schritten
piemontesische Garde-Grenadiere zum Sturm gegen den Friedhof; sie
wurden aber mit dem Bajonnete zurückgeworfen, denn festgewurzelt wie im
Boden die Eiche, schien die kleine Heldenschaar auf dieser Hand voll Erde.
Endlich gelang es ihnen den Verhau links, welchen Hauptmann Beck
mit anderthalb Kompagnien aufs Heldenmüthigste vertheidigte und hierauf
den Friedhof selbst zu nehmen; aber Hauptmann Brand hatte ihnen
mit seinen tapferen Jägern denselben bald wieder entrissen, wobei der
erst vor zwei Tagen als Volontär eingetretene Oberlieutenant Bognar

des Armeestandes, und Lieutenant Marianowitz, an der Tête der Kompagnie stürmend, als Opfer ihres Muthes fielen.

Volle drei Stunden hatte der ungleiche Kampf um den Besitz des Friedhofes bereits gedauert, und schon fehlte den heldenmüthigen Vertheidigern die Munition, als das Geschrei der angreifenden Brigade Bevilacqua das Eintreffen der 2. Division des 1. Korps (Jarori) verkündete. Bava ließ nun den 3. Sturm auf den Friedhof unternehmen; mehr als ein Bataillon warf sich auf die tapfere Kompagnie. Diesem Angriffe konnte die kleine Schaar nicht widerstehen — sie mußte sich hinter die Kirche zurückziehen. Hauptmann Jablonsky, welcher mit seiner Kompagnie hinter einem Steinriegel stehend, bisher die rechte Flanke der Friedhof-Besatzung gedeckt hatte, protegirte durch ruhmvolle Ausdauer, den nun unvermeidlichen Rückzug der letzteren. Die hinter der Steingallerie von Casa bei Recchi bis Pellegrino aufgestellten Jäger, durch die Division E. H. Sigmund-Grenadier unterstützt, behaupteten sich gleichfalls noch immer in ihrer Aufstellung.

Jetzt erst, nachdem der Friedhof in seinen Händen war, sah sich der Feind in der Lage auch den rechts der Straße gelegenen Theil des Ortes mit Nachdruck angreifen zu können. Mit 2 Bataillons drang er längs dem Verhau gegen die Fläche vor dem großen Garten, während Abtheilungen südlich, durch die Kultur und Steinriegel gedeckt, die linke Flanke dieser Verschanzung angriffen; aber die in derselben aufgestellte Kompagnie des 3. Bataillons E. H. Sigmund-Infanterie leistete in dem Maße andauernden Widerstand als der Angriff des Gegners heftig wurde. Sein Verlust war bedeutend, auch ward bei dieser Gelegenheit ein piemontesischer Stabsoffizier vom Pferde geschossen. Gleiches Loos hatten Parlamentärs, welche ihre Landsleute vom Regimente Sigmund, zum Uebergange aufforderten. In Gefahr, von der Haupttruppe abgeschnitten zu werden, da der Feind bereits über die Kirche hinaus vordrang, wurde nach heldenmüthiger Vertheidigung, zuerst die Schanze und dann der Garten aufgegeben, und die Stellung im zweiten Dorfabschnitte sowohl von dieser Kompagnie, als von jener, welche in Colombara durch piemontesische Grenadiere angegriffen war, bezogen. Der Verlust der Kompagnie in der Schanze und dem Garten war groß. Lieutenant Baravalle und 14 Mann waren todt, 29 Mann blessirt, Lieutenant Tebaldi und 23 Mann gefangen, dann 32 Mann vermißt.

Die beiden Geschütze auf der Straße von Villafranca waren schon vor dem Angriff gegen den Friedhof, zurückgegangen, Oberfeuerwerker Poize hatte im Orte selbst neuerdings Posto gefaßt, und, indem er sich dort bis zu dessen gänzlichen Räumung behauptete, Beweise von rühmlicher Ausdauer und der seiner Waffe so eigenen Ruhe und Kaltblütigkeit gegeben.

Chioda wurde von feindlicher Infanterie angegriffen und forcirt, indeß die Grenabiere gegen die von E. H. Sigmund besetzte linke Flanke des zweiten Abschnittes mit Uebermacht vorgingen. Durch diese Tournirung des Ortes wurde das 3. Bataillon Sigmund zu dessen gänzlichen Räumung genöthigt, aus dem es sich nun fechtend zurückzog.

Die den Steinriegel bei Pellegrino vertheidigende Kompagnie des 10. Jäger-Bataillons, welche den Feind in seinem Vordringen zwischen der eigenen und der Brigade Gyulai aufhielt, mußte, nachdem sie ihre Patronen bereits verschossen hatte, von der als Reserve aufgestellten Grenabier-Kompagnie E. H. Sigmund abgelöst werden; dieselbe zog sich, als Sta. Lucia von uns geräumt war, bis ans Rideau zurück, wo sie jedem weiteren Vorgehen des Feindes Schranken setzte, und später, als sie sich ebenfalls verschossen hatte, durch eine Kompagnie Geppert-Grenadier abgelöst und en reserve aufgestellt wurde.

Von der Brigade Clam, welche ebenfalls die Vortruppen eingezogen und ihre Vertheidigungslinie besetzt hatte, war nur jene Kompagnie des 1. Bataillons Reisinger, welche auf der Strada d'Azzano stand, im Gefechte. Als die Brigade Strassoldo Sta. Lucia räumte, wurde auch der Rückzug des rechten Flügels der Brigade Clam, und zwar theils von der Straße d'Azzano, theils in der Richtung der Häuser Battaglia und Silvestrini gegen die Chaussée von Sta. Lucia und das Rondell begonnen, und zuletzt auch am linken Flügel vom 1. Bataillon Prohaska die Orte Tomba und Tombetta unter dem Schutze einer starken Arrieregarde und der im Rondell placirten Geschütze, nach und nach verlassen und von demselben auf dem Wege, welcher zwischen dem Rondell und der Etsch gegen die Bastion Sta. Trinita führt, eine Arrieregarde-Stellung genommen.

Gleichzeitig mit diesen Vorgängen im Centrum und auf den linken Flügel der Stellung, griff der Feind, wie bereits erwähnt, auch die Vortruppen des 2. Armee-Korps an. Beiläufig um neun Uhr, nachdem schon

früher feindliche Kolonnen im Anmarsch gesehen wurden, fuhren gegenüber
von S. Massimo feindliche Batterien auf, richteten jedoch nur geringen
Schaden an, indem nur einige Voll- und Hohlkugeln, Granaten und
Raketen in dem Ort fielen, wodurch 2 Mann schwer, 2 leicht verwundet,
dem Lieutenant Batterie-Kommandanten Huniek und einem Hußaren die
Pferde unter dem Leibe erschossen wurden. Durch 4 Geschütze der Fuß-
Batterie Nr. 5 (von der Brigade Gyulai) lebhaft erwiedert, war ihr Feuer
bald zum Schweigen gebracht, wobei sich der Artillerie-Korporal Hub-
mann durch standhafte Entgegnung des Feuers aus 6 Piècen, besonders auszeichnete.

Eben so wurde gegen eilf Uhr eine feindliche Kolonne, welche auf der
Straße von Sona anrückte und einen Angriff auf S. Massimo beabsichtigte, durch das gut gezielte Feuer der Vormeister-Kanoniere Egger,
Walter und Vincenz zum Umkehren gezwungen. Ersterem war es schon
nach dem 2. Schusse gelungen, eine Kavallerie-Abtheilung zum Rückzuge
zu bringen; Walter demontirte mit seinem 1. Schusse dem Feinde ein
Geschütz, und Vincenz hatte durch 2 glücklich gemachte Granatwürfe die
seitwärts der Straße zum Angriffe formirte Infanterie versprengt.

Dieses Vorrücken des Feindes auf den beiden von Sona und Sommacampagna herführenden Straßen wiederholte sich noch einige Male, wurde
aber immer durch unser Geschützfeuer abgewiesen. Es war augenscheinlich,
daß uns der Gegner auf diesem Punkte nur beschäftigen wollte, um unsere
Aufmerksamkeit und Kräfte von Sta. Lucia abzuziehen.

Nachdem nun dieser Ort nach heißem Kampfe, in den Besitz des
Feindes gelangt war, versuchte derselbe zwischen diesem Punkte und
S. Massimo bis zum Rideau vorzudringen. Der Korps-Kommandant Feld-
marschall-Lieutenant Baron D'Aspre hatte aber, dies vorausssehend, zur
Unterstützung seines linken Flügels und zur Verbindung mit dem 1. Korps,
2 Kompagnien Franz Karl-Infanterie, 1 Kompagnie des 2. Bataillons
Kaiser-Jäger unter Hauptmann Auge, und 2 Kompagnien Haugwitz-
Infanterie unter Hauptmann Wolf von seinem nicht bedrohten rechten
Flügel bereits dorthin disponirt, und verstärkte nun diese Strecke noch mit
1 Bataillon Ernst und 1 Kompagnie des 11. Jäger-Bataillons von der
Brigade Gyulai, welchen Truppen es gelang, sich an jenen stark bedrohten
Punkten zu behaupten.

Gegen ein Uhr rückte der Feind — die Division des General-Lieutenants Grafen Broglio — in 3 starken Kolonnen, eine Reserve bei Ca dei Capri zurücklassend, zum Haupt-Angriff auf Croce Bianca vor. Nachdem er denselben durch ein kräftiges Geschützfeuer, welches von der Zwölfpfünder-Batterie Nr. 2 unter dem Oberlieutenant Borzaga und der Kavallerie-Batterie Nr. 2 unter Oberlieutenant Pauer lebhaft erwiedert wurde, vorbereitet hatte, griff eine starke Kolonne unter Vorsendung von dichten Plänklerschwärmen Croce Bianca an, ward jedoch mit Kartätschen empfangen, bald zum Umkehren genöthigt, wobei die Kavallerie-Batterie Nr. 5 von der Brigade Baron Simbschen vortreffliche Dienste leistete. Major Pittinger hatte sie während des Anrückens der Angriffs-Kolonnen, in die Vertheidigungslinie vorgezogen und mit 3 Piècen links von der Hauptstraße vor Sagramoso, mit den anderen 3 Geschützen zur Unterstützung der Kavallerie-Batterie Nr. 2 vor Croce Bianca hinter dem dortigen Schleppverhau aufgestellt, von wo sie zur Abwehr der Anstürmenden wesentlich beitrug.

Nun bildete der Feind Sturmkolonnen auf beiden Flügeln, um den Ort in den Flanken zu nehmen, wurde aber durch unser Geschütz- und das heftige Kleingewehr-Feuer aus dem Hofe Ghetto so wie aus den anderen zur Vertheidigung eingerichteten Häusergruppen und den längs der ganzen Linie hinter Steindämmen und Verhauen postirten Schützen, abermals abgewiesen, worauf er unter dem Schutze seiner Kanonen und des sehr coupirten Terrains, den Rückzug antrat, welcher in eine Flucht ausartete, als ihn einige von den am linken Flügel der Brigade Taxis unter dem Oberfeuerwerker Reisinger aufgestellten 2 Haubitzen der Fußbatterie Nr. 4 und den beiden Raketengeschützen der Raketen-Batterie Nr. 2 unter Oberfeuerwerker Gläser nachgeschickte Granaten erreichten.

Als der Kampf vor S. Massimo und Croce Bianca am heftigsten entbrannte, Zischen und Pfeifen der Kugeln, Hurrahgeschrei, Trommel- und Hornsignale die Lüfte erfüllten; da konnte man eine heh're Erscheinung schauen, es war ein gar ritterlich schöner Jüngling — Erzherzog Franz Josef, der, noch nicht achtzehn Jahre alt, als Freiwilliger die Mühen und Gefahren der Soldaten theilen wollte, die bald die seinen werden sollten. Ruhig stand er da auf diesem Leichenfelde, wo Tausende von Kugeln das Terrain durchfurchten, der Tod seine grause Ernte hielt.

Mit Blitzesschnelle hatte sich sein Name von Mund zu Mund gepflanzt und unbeschreiblichen Jubel in die tapfern Reih'n gebracht. Namenlose Freude malte sich auf den sonnverbrannten Gesichtern der alten Krieger bei dem Anblicke ihres kaiserlichen Prinzen, doch nicht ohne Kummer für das theure Leben. Plötzlich schlägt eine Kugel dicht zu seines Pferdes Füssen. Lächelnd blickt der jugendliche Held auf's tödtliche Geschoß. Man bittet ihn auf sein Leben Bedacht zu nehmen, aber umsonst; er weicht keinen Schritt von der gefahrvollen Stelle — in seinen Adern fließt ja Habsburger Fürstenblut.

Zu jener Zeit hatte die Division Schwarzenberg (ungefähr um zwei Uhr Nachmittags) ihre Stellung verändern müssen, und es standen nunmehr von der Brigade Straffoldo das 10. Jäger-Bataillon und 2 Divisionen D'Anthon Grenadier, die Kavallerie-Batterie Nr. 3 und die Division Hußaren hinter dem Rideau von Sta. Lucia, links vom 10. Jäger-Bataillon am Rideau in dem Raume zwischen dessen Abfalle und der vom Rondell nach Sta. Lucia führenden Hauptstraße eine Division Grenadiere, und am äußersten linken Flügel das 3. Bataillon E. H. Sigmund Infanterie. Die Brigade Clam formirte in der Nähe des Rondells Divisions-Kolonnen, und zwar mit dem Bataillon Reisinger rechts, und mit jenem von Prohaska links der Straße vor Porta nuova. Die Geschütze waren auf den vortheilhaftesten Punkten aufgefahren, die Kavallerie stand en reserve. Die Verbindung zwischen beiden Brigaden erhielten 2 Kompagnien Prohaska; welche, zur Besatzung von Verona gehörig, während des Gefechtes den linken Flügel der Armee verstärkt hatten. Sie waren daselbst in dem Augenblicke eingetroffen, als Sta. Lucia von unseren Truppen geräumt wurde und hatten vereint mit der 3. Division D'Anthon Grenadier deren Rückzug auf das Erfolgreichste gedeckt. 2 Haubitzen der Fußbatterie Nr. 2, welche unter Oberfeuerwerker Semmler an der Stelle aufgefahren waren, wo die Chaussée von Sta. Lucia nach Verona durch den von Chioda kommenden Landweg durchschnitten wird, hinderten im Vereine mit den beiden Haubitzen der Kavallerie-Batterie Nr. 3, welche am Rande des Rideau's sehr vortheilhaft placirt wurden, durch ihr verheerendes Feuer, nicht allein das Debouchiren des Feindes aus Sta. Lucia, sondern brachten auch dessen 2 die Chaussée der Länge nach bestreichende Positionsgeschütze zum Schweigen. Nach so erfülltem Zwecke fuhren die beiden Haubitzen der Fußbatterie Nr. 2 von der Straße ab, und schlossen sich der am Rideau aufgestellten Kavallerie-Batterie Nr. 3 an.

Kaum hatte der Feldmarschall von der Bastion S. Spirito aus, wohin er sich gleich beim Beginn der Schlacht verfügte, die rückgängige Bewegung seines linken Flügels wahrgenommen, so ließ er die vor dem Rondell aufgestellten Truppen der Brigade Clam, durch 1 Bataillon Geppert von der Besatzung verstärken, und gab sofort der Division Schwarzenberg den Befehl zur Wiedereroberung von Sta. Lucia. Gleichzeitig erhielt Feldmarschall-Lieutenant Baron D'Aspre die Weisung, den Angriff zu unterstützen.

General-Major Graf Clam formirte 2 Angriffs-Kolonnen, von welchen die linke — 1. Bataillon Prohaska — über Palazzo und Ca nuova gegen Colombara, um den rechten Flügel des Feindes zu tourniren, die rechte aber — 1. Bataillon Reisinger — über Roveggia vorzugehen angewiesen waren. Das 1. Bataillon Geppert-, das 3. Bataillon E. H. Sigmund-, 2 Kompagnien Prohaska-Infanterie und 4 Geschütze der sechspfündigen Fußbatterie Nr. 1 griffen in westlicher Richtung zwischen der Hauptstraße und dem Abfalle des Rideaus vorrückend, das Centrum des bei Sta. Lucia aufgestellten Feindes an, während das 10. Jäger-Bataillon unter seinem tapfern Oberst Kopal, unterstützt von dem Grenadier-Bataillon D'Anthon, welch' letztere Truppen dem Orte Sta. Lucia zunächst standen, in dem Maße mitwirken sollte, als die Brigade Clam und das Centrum, Terrain gewinnen würden. 2 Kompagnien Prohaska-Infanterie, 1 Eskadron Uhlanen, dann 4 Geschütze der sechspfündigen Fußbatterie Nr. 2 blieben vorläufig als Reserve beim Rondell zurück.

So glücklich und erfolgreich das Vorgehen des General-Majors Grafen Clam mit dem 1. Bataillon Prohaska war, so schwierig waren die Hindernisse zu überwinden, auf welche die Bataillone Reisinger und Geppert stießen. Ersteres erstürmte wohl mit 3 Kompagnien la Bassa, wobei sich Hauptmann Pezoldt und Escherich durch hervorleuchtende Bravour besonders auszeichneten. Ebenso that sich Korporal Winter durch Selbstaufopferung rühmlich hervor, indem er den schwer verwundeten Hauptmann Pezoldt aus dem Feuer trug, wobei er durch einen Bajonnetstich das rechte Auge verlor. Bei seinem weiteren Vordringen fand aber das Bataillon in Ca Roveggia einen so heftigen Widerstand, daß ungeachtet des tapferſten Angriffes und des aufopferndſten Beiſpieles der Offiziere, welche an der Spiße der Kolonne tollkühn vorauseilten, dieſer Punkt nicht genommen werden konnte. Das Bataillon Geppert, kaum an dem Kreuzwege von Chioda angelangt, wurde vom Feinde aus einer gedeckten Aufſtellung mit einem Hagel von Kartätſchen überſchüttet, und dadurch jedes weitere Vordringen zur Unmöglichkeit.

General-Major Graf Straſſoldo, welcher den Angriff in des Feindes rechte Flanke abwartete, um dann in der Front offenſiv vorgehen zu können, wurde plößlich in ſeiner linken Flanke von einem Kugelregen überraſcht, wobei General-Major Baron Salis-Soglio, Kammer-vorſteher des Erzherzogs Sigmund, welcher als Freiwilliger der Schlacht beiwohnte, durch die Bruſt und Oberlieutenant Brigade-Adjutant Kirch-ner durch den linken Arm geſchoſſen wurden. Dreimal hatten die braven Truppen — 10. Jäger-, 3. Bataillon (E. H. Sigmund und 3 Kompag-nien D'Anthon-Grenadiere — gegen den, hinter Steindämmen gedeckt ſtehenden Feind geſtürmt, aber ungeachtet aller Tapferkeit, konnten dieſel-ben des mörderiſchen feindlichen Feuers wegen, nicht genommen werden; man mußte ſich begnügen die Stellung zu behaupten. Bei dieſen Stürmen benahm ſich der Feldwebel Czirngaſt der 1. Haugwiß-Grenadier-Kom-pagnie, ſehr tapfer; indem er, obgleich die 2. Kompagnie an der Tête war, an der Seite des Bataillons-Kommandanten ſtets voraus ſich befand und den Grenadieren ermuthigende Worte zurief. Desgleichen haben ſich Lieutenant Dieſcher der 2. Haugwiß- und Feldwebel Jzerſſy bei dieſer Gelegenheit beſonders hervorgethan. Ausgezeichnet war ferner das Benehmen des bereits durch Kinn und Hals geſchoſſenen Korporals Buttarini der 1. Geppert-Grenadier-Kompagnie, welcher mit möglichſt lauter Stimme zu wiederholten Malen ausrief: „Evviva nostro imperatore Ferdinando I.! coraggio camerati! avanti! ammazzategli!" Der Bataillons-Adjutant Oberlieutenant Radherny hatte ſich zu Fuß freiwillig einer Abtheilung — es war der 1. Zug der 2. Haugwiß- unter Oberlieutenant Bonacina und der 4. Zug der 2. Geppert-Grenadier-Kompagnie unter Lieutenant Fabro — an-geſchloſſen und einen Sturm mitgemacht. Der Feind, welcher bedeutende Verſtärkungen an ſich gezogen, empfing aber die kleine Abtheilung mit ganzen Dechargen, wobei der tapfere Bataillons-Adjutant von 2 Kugeln in die Brust getroffen, fiel.

Feldmarschall-Lieutenant Fürst Schwarzenberg ertheilte zwar, als er das Zurückweichen seines Centrums sah, den beim Rondell auf-gestellten beiden Kompagnien Prohaska nebst einem Flügel Uhlanen den Befehl zum Vorrücken, stellte das Gefecht wieder her, konnte aber für den Augenblick die auf beiden Flügeln über den Gegner gewonnenen Vortheile wegen gänzlichem Mangel einer Reserve, nicht benützen.

Feldmarschall-Lieutenant Graf Wratislaw sagt in seiner Rela-tion: „Ich war selbst auf diesem Punkte und kann als Augenzeuge bestä-tigen, daß nichts unterlassen wurde, um den Feind zu werfen. Einen Beweis hievon liefert der Tod des Oberstlieutenants Leutzendorf und dessen Adjutanten*), die an der Spitze ihrer Kolonne als Opfer ihrer Unerschrockenheit fielen, und eben so die gefährliche Verwundung des General-Majors Baron Salis der durch sein Beispiel Alles that, den ohnehin alles Lob verdienenden Muth unserer Soldaten noch mehr an-zufeuern."

Reisinger, Geppert und das 3. Bataillon E. H. Sigmund, so wie die beiden Kompagnien Prohaska mußten den Rückzug antreten, der von den 4 Geschützen der sechspfündigen Fußbatterie Nr. 2 kräftigst geschützt wurde. Hiedurch war auch General-Major Graf Clam, welcher mit dem 1. Bataillon Prohaska unter Leitung des Obersten Baron Reischach anstandslos in des Feindes rechte Flanke vorgedrungen, genöthigt, seine errungenen Vortheile aufzugeben, um nicht außer alle Verbindung zu kommen. Die Truppen des Centrums machten außerhalb des feindlichen Schußertrages Halt.

Ein nach drei Uhr mit keinem besonderen Nachdruck unternommener Angriff des Feindes auf den Kirchhof von S. Massimo, wurde durch das Feuer der dort aufgestellten Geschütze abgewiesen.

Nachdem das 1. Bataillon E. H. Sigmund-Infanterie und 4 Kom-pagnien des Grenadier-Bataillons Weiler nebst einer zwölfpfündigen Batterie um halb fünf Uhr aus Verona angekommen waren, befahl den Feldmarschall einen nochmaligen Angriff.

---

*) Lieutenant Battistig.

Derselbe ward in der vorbezeichneten Weise, nur mit dem Unter-
schiede angeordnet, daß das 1. Bataillon E. H. Sigmund zwischen Prohaska und Reisinger als Echelon eingeschoben und Geppert als Reserve
für die Brigade Clam, ferner Weiler-Grenadier nördlich der Chaussée
in erster Linie, und das 3. Bataillon E. H. Sigmund als Reserve für
Weiler-Grenadier verwendet wurde.

Dieser Angriff wurde in dem Augenblicke begonnen, wo man in Sta.
Lucia die Nachricht von der Niederlage des linken Flügels erhielt, daher
man sich auch hier zum Rückzuge entschloß. Diese Bewegung war schwierig;
im Orte selbst, wo fast 5 Brigaden zusammengepfropft waren, herrschte
grenzenlose Verwirrung. Zum Glück für den Feind, kannte Bratislaw
diesen Zustand nicht; ein Sturm auf Sta. Lucia in diesem Augenblicke
ohne Rücksicht auf Menschenleben unternommen, hätte die Schlacht zu einer
entscheidenden gemacht!

Die Kolonnen fanden bei ihrem Anlangen in Sta. Lucia den Ort
vom Feinde geräumt und die überall herumliegenden Waffen, Montur-
und Rüstungsstücke bestätigten, übereinstimmend mit den Aussagen der
Blessirten und Gefangenen, daß dessen Rückzug schon jetzt zu einer regel-
losen Flucht geworden. Leider gestattete die Beschaffenheit des Terrains
die Verwendung größerer Kavalleriekörper nicht, daher nur einzelne kleine
Abtheilungen dieser Waffe, zur Verfolgung der Fliehenden verwendet
werden konnten.

Um sechs Uhr Abends befand sich die Division Schwarzenberg wieder
im Besitze ihrer am Morgen innegehabten Stellung; ihre Vorposten blieben
jedoch während der Nacht näher an die Haupttruppe herangezogen.

Nach fünf Uhr hatte auch Feldmarschall-Lieutenant Baron D'Aspre
die Mittheilung von der Wiederbesetzung Sta. Lucia's erhalten, worauf
die Vorposten des 2. Korps gleichfalls ausgestellt wurden.

Haben wir in unserer Beschreibung der Schlacht bei Sta. Lucia,
des Zusammenhanges wegen, die Namen mancher Braven nicht genannt,
manche tapfere That mit Stillschweigen übergangen, so möge nun das
Versäumte nach den vorliegenden Quellen gewissenhaft nachgetragen werden.

Vor Allen seien die glorreichen Namen der Erzherzoge Franz
Josef, Albrecht, Wilhelm und Leopold verehrend genannt. Die
schmachvollen Ereignisse des Vaterlandes hatten sie in die Reihen der ita-

lienischen Armee geführt, um dort eine ihnen würdige Stelle zu suchen. Hier unter den Fahnen des ergrauten Feldmarschalls kämpften sie um die Lorbeeren des Sieges wacker mit, waren überall zu sehen, wo Gefahr drohte, theilten mit den Soldaten Mühen und Entbehrungen, und entflammten ihren Muth durch ihre belebende Gegenwart. Wie viele Offiziere stürzten sich in's dichteste Kampfgewühl und boten kühn dem sicheren Verderben Trotz, wenn sie hoffen durften, ihre Aufmerksamkeit auf sich zu ziehen. Die Gefahr schwand in Nichts dahin vor der Ehre, einen beifälligen Blick von ihnen zu erhaschen — unter ihren Augen hatte der Tod für diese Tapferen seine Schrecken verloren.

Feldmarschall-Lieutenant Graf Wratislaw befand sich in Begleitung seines Generalstabs-Chefs Oberstlieutenant von Nagy eben in Parona zur Besichtigung der am linken Ufer der Etsch in Angriff genommenen Vertheidigungs-Arbeiten, als der Kanonendonner vor Sta. Lucia, den Beginn der Schlacht verkündete; sogleich eilte er auf diesen bedrohten Punkt, wo er stets in den vordersten Reihen und im heftigsten Feuer das Gefecht leitete, und endlich, als der Feind in dem Orte eindrang, erst mit den letzten Tirailleurs denselben verließ.

Feldmarschall-Lieutenant Fürst Carl Schwarzenberg, welcher durch eine Gewehrkugel leicht verwundet wurde; General-Major Graf Strassoldo, der mit seiner schwachen Brigade durch drei Stunden einem mehr als sechsfach überlegenen Gegner löwenmüthigen Widerstand leistete; General-Major Graf Clam-Gallas, welcher durch die umsichtig und energisch geleitete Umgehung des feindlichen rechten Flügels mit seiner Brigade das Gefecht auf diesem Punkte entschied. Ihnen gebührt die Ehre des Tages; ihr Ruhm wurde der Ruhm der Truppen, die in jener denkwürdigen Schlacht unter ihnen fochten, die sich — durch ihr Beispiel von Begeisterung hingerissen — an Tapferkeit und Standhaftigkeit gegenseitig zu übertreffen suchten.

General-Major Fürst Friedrich Liechtenstein, welcher durch seine zweckmäßigen Vertheidigungsanstalten und durch die erfolgreiche Verwendung seiner Geschütze bei Croce Bianca den mit großer Uebermacht unternommenen feindlichen Haupt-Angriff vereitelte.

Vom General-Quartiermeisterstabe: Oberstlieutenant von Nagy, Generalstabs-Chef des 1. Armee-Korps und Major Ritter von

Schmerling, vom 2. Korps, dem ein Pferd unter dem Leibe getödtet wurde, so wie der bei der Brigade Straffoldo zugetheilte Hauptmann von Kuhn, haben sich durch umsichtige Leitung der Bewegungen ein großes Verdienst erworben.

Von der Adjutantur: 1. Armee-Korps — Oberstlieutenant von Woyciechowsky und Major Burdina, letzterer am Fuße leicht verwundet, Rittmeister von der Breling von Kaiser-Kürassiier, der als Volontär dienende Rittmeister Fürst Aueréperg, Oberlieutenant von Rupprecht von König von Baiern-Dragoner, Oberlieutenant Kanz von Kaiser- und Baron Esebeck von Civalart-Uhlanen; vom 2. Korps — Oberstlieutenant Taube, Rittmeister Fürst Rudolf Liechtenstein und der zugetheilte Hauptmann Ritter von Steinhauser von Paum-gartten-Infanterie, waren eben so thätig als unerschrocken.

Vom 10. Jäger-Bataillon*): Oberst von Kopal, der stets auf den gefährlichsten Punkten sichtbar, die Seinigen zum Widerstande anfeuerte. Bataillons-Adjutant Oberlieutenant Lammer, welcher sich durch sein Benehmen einer besonderen Erwähnung würdig gemacht hat, indem er mit der aufopferndsten Todesverachtung im stärksten Kugelregen die Befehle an die einzelnen Abtheilungen überbrachte und durch seine Unerschrockenheit und Thätigkeit zu den Leistungen des Bataillons viel beitrug. Die 1. Kompagnie nennt: den erst seit einem Monate dienenden Kadetten von Klimburg, welcher sich durch besondere Tapferkeit, Muth und Ausdauer des größten Lobes würdig gemacht hat. Er war im stärksten Kugelregen immer voran und machte die Vertheidigung von Sta. Lucia mit einem gefährlichen Musketenschusse durch den linken Arm so lange mit, bis er, von Blutverlust entkräftet, beinahe zu-sammensank; aber selbst dann noch ließ er sich nur mit Gewalt auf den Verbandplatz bringen. Der Oberjäger Harrer, welcher den Unter-stützungszug bei der Kirche führte, bewies bei dieser Gelegenheit viel

---

*) Wollte man die Namen aller Ausgezeichneten der durch ihre Tapferkeit zu einer Berühmtheit gelangten „Zehner-Jäger" aufführen, so müßte man sie wohl Alle nennen, denn Alle — vom rangsältesten Hauptmann bis zum jüngsten Jäger herab — haben mit gleicher Bravour gekämpft, haben sich die Bewunderung ihrer Kameraden, den Dank des Vaterlandes in hohem Grade erworben. Es mögen deßhalb nur Jene hier genannt werden, welchen es gelang, sich unter den Augen ihrer Vorgesetzten besonders auszu-zeichnen.

Umſicht und Kaltblütigkeit, weßhalb derſelbe, ſo wie der ex propriis
Scheuerle, Unterjäger Neubacher und Stefan, dann der Jäger
Böhm, wegen ihrer Selbſtaufopferung und ihres muthvollen Benehmens
nahmhaft gemacht wurden. Die 2. Kompagnie erwähnt beſonders des
Oberjägers Radler, welcher ſich als trefflicher Schütze bewährt hat; zu
rühmen iſt ferner die Aufopferung des Jägers Peyrl, der, obgleich beim
Beginn des Kampfes, am Kopfe verwundet, dennoch dem ganzen Gefechte
beiwohnte. Oberjäger Sailer wurde vom Rideau aus zur Unterſuchung
der feindlichen Stellung, mit 4 Freiwilligen gegen das vom Feinde beſetzte
Sta. Lucia vorgeſchickt, bei welcher Gelegenheit er dem letztern 2 Mann
erſchoß und eine Diviſions-Eſtandarte des 5. Regiments (Brigade Aoſta)
eroberte. Endlich werden noch wegen beſonderer Tapferkeit und Herzhaf-
tigkeit, der Patrouilleführer Dubios, Jäger Maßauer, Flügler und
Mattek, welch' letzterer an der rechten Hand ſtark bleſſirt, ſeine Kompagnie nicht verließ, angerühmt. Die 5. Kompagnie, welche den Friedhof
ſo heldenmüthig vertheidigte, nennt wegen muthvollen und unerſchrockenen
Benehmens, den Oberjäger Fiſcher, Patrouilleführer, Lammer, Jäger
Meiſinger und Hortensky. Bei der 6. Kompagnie, welche den
Rückzug der vorerwähnten gedeckt, und ſich beim Andrange des Feindes
von allen Seiten, mit größter Standhaftigkeit benommen, einen Sturm
abgeſchlagen und erſt, nachdem die 5. Kompagnie geſichert war, ihren
Rückzug auf das Rideau fechtend angetreten hatte, der Oberjäger Grieß-
maier, welcher beordert wurde, den Anſtürmenden in die linke Flanke
zu fallen, wobei er ſich mit großer Umſicht und Tapferkeit benahm, und
weſentlich beitrug, daß die Kompagnie von ihrer Rückzugslinie nicht abgeſchnitten wurde, auch erſchoß er bei dieſer Gelegenheit 2 feindliche Offiziere. Oberjäger Baltes, der an der Spitze einiger Rotten aus der
Plänklerkette über den Steindamm ſprang, mit gefälltem Bajonnete in
den Feind drang und 2 Züge zum Weichen brachte. Vice-Unterjäger
Bachmann, obgleich zweimal verwundet, blieb er in der Kette, eilte,
als die feindlichen Maſſen heranrückten, mit ſeiner Abtheilung denſelben
entgegen, und drängte ſie zurück. Erſt dann ließ er ſich, vom Blutverluſte
ganz erſchöpft, zurückführen. Der Jäger Bauer, obgleich ebenfalls bereits
zweimal verwundet, blieb, ohne ſich verbinden zu laſſen in der Kette, focht
ungeachtet des ſtarken Blutverluſtes noch vier Stunden mit großer Tapferkeit

und erschoß 3 feindliche Offiziere. Endlich haben sich noch ausgezeichnet: Unterjäger Humann, Kipp, Giffinger, Patrouilleführer Brunner, Hopf und Mürzbacher, dann die Jäger Gruber und Zeis. Ganz besonders brav hat sich der ex propriis Unterjäger Lehr benommen.

Vom 11. Jäger-Bataillon: Gemeiner Soncino, von 2 feindlichen Soldaten überfallen, schoß er den einen nieder, jagte den andern in die Flucht, und eilte erst dann zu seinem Kettengliede zurück, als eine größere Abtheilung gegen ihn vordrang, bei welcher Gelegenheit ihm der Hut vom Kopfe geschossen ward. Ex propriis Oberjäger Ratta, Unterjäger Fasola, Salice, Trompeter Fabris, Patrouilleführer Korzen, dann die Jäger Stella und Ghezzi haben sich beim Tirailleurgefechte mit Bravour und Gewandtheit benommen.

Vom Grenadier-Bataillon: D'Anthon (Division Geppert) Korporal Bottorini, welcher nach zweimaliger Verwundung weggeführt, sich noch gegen seinen Hauptmann wandte, und demselben mit möglichst lauter Stimme zurief: Signor Capitano! evviva il nostro Imperatore Ferdinando, evviva la casa d'Austria! coraggio camarati! avanti! (Division Haugwitz) Lieutenant Dierkes, Grenadier Squarzanti, welcher Gelegenheit fand, sich unter den Augen des Feldmarschall-Lieutenants Fürsten Schwarzenberg auszuzeichnen; er wurde während des Plänklergefechtes durch den Arm geschossen, ging aber nicht zurück, sondern eiferte seine Kameraden zum Vorwärtsgehen an, die durch seine Worte begeistert, ihm folgten. Endlich verdienen noch genannt zu werden: die Grenadiere Martini, Balbera, Betera und Inselvini.

Von Reisinger-Infanterie: die Oberlieutenants Wolff und Bagutovacz, Feldwebel Pschonder, die Korporale Dautnatsch, Fuchs, Brozoworczky, Ortmann, Auszicjka, Baier und Hoffmann, Gefreite Schmidt, Treutner und Seye, Zimmerleute Luz, Steffek und Mikisch, Gemeine Eliasch, Janisch, Hoffmann und Czisak.

Vom 3. Bataillon E. H. Sigmund-Infanterie haben sich unter der Leitung ihres tüchtigen Kommandanten Majors Knoll, durch muthvolles Benehmen besonders hervorgethan: Die beiden Oberlieutenants Seidel und von Hreglianovich. Von der 14. Kompagnie

Gemeiner Boccaglini, welcher schwer verwundet wurde. Von der
16., Kadet-Korporal Zwirzina, Korporal Lavezzo und Bisentini, dann der Tambour Zampieri, der im heftigsten Feuer unaufgefordert sich stets an der Seite des Bataillons-Kommandanten befand,
um die Bewegungen zu signalisiren; sogar verwundet verließ er den selbst
gewählten Posten erst dann, als der Blutverlust seine Kräfte lähmte. Von
der 17., Feldwebel Durino, welcher beim Rückzug aus Sta. Lucia,
Proben großer Selbstverläugnung gab, indem er durch einen Musketenschuß nicht unerheblich verwundet, ungeachtet mehrmaliger Aufforderung
auf dem Verbandplatze zu bleiben, wieder eintrat, und alle Stürme mit
großer Bravour mitmachte*). Von der 18. Kompagnie, Korporal
Negrini, derselbe zeichnete sich bei der Vertheidigung des Hofes Colombara durch Muth und Entschlossenheit aus; eben so tapfer benahm er sich
bei dem dreimaligen Sturme auf einen vom Feinde besetzten Steindamm,
wo er mit einer Kugel im Leibe stets voraus war und durch sein aufopferndes Beispiel den Muth seiner Leute aneiferte, bis er in Folge des
erlittenen starken Blutverlustes niedersank und weggetragen wurde. Endlich verdienen von dieser Kompagnie noch genannt zu werden: Korporal
Corombaroli und Gemeiner Bonafini.

Von E. H. Ernst-Infanterie: Feldwebel Chossich, am
rechten Flügel der Plänklerkette fechtend, hatte er durch sein muthvolles
Benehmen wesentlich beigetragen, daß derselbe in Verbindung mit der
7. Kompagnie blieb, obgleich die 11. Kompagnie, bei welcher genannter
Feldwebel eingetheilt war, weit mehr vom Feinde gedrängt wurde. Die
Gemeinen Takáts, Pály, Janzsó und Pellinger, welche sich
unter dem unerschrockenen Gefreiten Biró auszeichneten. Feldwebel
Graslý befand sich auf dem nach Pellegrino führenden Wege, unter
seiner umsichtigen und entschlossenen Leitung gelang es den ihm zunächst
befindlichen Kettengliedern nicht nur diesen Weg durch ihr Feuer aufs
Wirksamste zu bestreichen und dadurch ein weiteres Vordringen des Feindes
auf diesem Punkte zu verhindern, sondern denselben sogar aus dem erwähnten Hause zu vertreiben. Gefreiter Lezer behauptete sich durch

---

*) Feldwebel Durino diente damals 37 Jahre, besaß aus den Feldzügen 1813
und 1814 höchst ehrenvolle Zeugnisse über persönliche Tapferkeit, die er auch jetzt wieder
bewährte.

mehrere Stunden hinter einem geringen Deckungsgegenstande, wo er sich die geladenen Gewehre von den rückwärtigen Kettengliedern reichen ließ, um seine wohlgezielten Schüsse dem Feinde zuzusenden; den größten Schaden fügte aber demselben der wackere Gefreite in dem Augenblicke zu, als er aus einem Defilée debouchiren und die Tirailleurlinie durchbrechen wollte. Die Korporale Franichevich und Herberth haben sich sowohl durch persönliche Bravour als zweckmäßige Führung ihrer Kettenglieder ausgezeichnet und so wie der Gemeine Habusch als tüchtige Schützen bewährt.

Von Erzherzog Franz Carl-Infanterie: Oberst von Pottornyai, welcher das Centrum der Brigade Liechtenstein kommandirte, gab der Truppe durch seine wirklich erbauliche Todesverachtung, mit welcher er im größten Kanonenfeuer mitten auf der Straße blieb, ein herrliches Beispiel. Und selbst als ihm eine Kanonenkugel einen Arm zerschmettert hatte, bewies er noch eine merkwürdige Selbstverläugnung, indem er sich dem Korps-Kommandanten Feldmarschall-Lieutenant Baron D'Aspre mit den Worten vorstellte: „Ich melde Euer Excellenz gehorsamst, daß ich den rechten Arm verloren habe, und mich aus dem Gefechte zurückziehen muß." — Die Annalen Sparta's haben keinen großartigeren Zug stoischer Selbstverläugnung aufzuweisen. — Lieutenant von Kedves welcher sich, wiewohl leicht verwundet, in der Häusergruppe Ghetto, gegen den Angriff eines zehnfach überlegenen Feindes so lange hielt, bis dieser zurückwich.

Von Fürst Reuß-Hußaren (1. Majors 2. Eskadron): Gemeiner Alberth, welcher als Ordonnanz vom Divisionär Feldmarschall-Lieutenant Weigelsperg zur Vorposten-Abtheilung des Oberlieutenants Baron Lazarini geschickt wurde. Nachdem er sich seines Auftrages entledigt, und den Rückweg angetreten hatte, gerieth er in die feindliche Plänklerkette; von 3 Lanciers angegriffen, hieb er einen derselben vom Pferde, und brachte letzteres, — auf seinem, durch einen Lanzenstich bei dieser Gelegenheit schwer verwundeten eigenen, nur mit Mühe fortkommend, als Beute zurück. Kaum hatte er dem eigenen die Gurte gelüftet, so stand es um; der brave Hußar sattelte nun das erbeutete Pferd mit seinem Zeug und stellte sich sofort wieder in seine Eintheilung.

Von der Artillerie: Major von Olivenberg, Kommandant der Artillerie des 1. und Major Pittinger, Artillerie-Kommandant

des 2. Korps, leiteten ihre tapferen Untergebenen mit eben so viel Unerschrockenheit als günstigem Erfolge. Korporal Baga, welcher, auf der
Straße von Buffolengo stehend, ungeachtet eines durch längere Zeit beinahe nur gegen ihn allein gerichteten heftigen Kleingewehrfeuers, keinen
Augenblick wankte, und zuletzt durch sein gut gezieltes Kartätschenfeuer
den Rückzug des Feindes, auf diesem Punkte entschied. Kanonier Frey,
gleich beim Beginne des Kampfes durch eine Kanonenkugel am linken
Knie verwundet, verließ er ungeachtet des Zuredens des Erzherzogs
Albrecht sein Geschütz nicht, und war selbst nach beendigtem Gefechte
nur durch ernste Vorstellungen zu bewegen, auf den Verbandplatz zurückzugehen.

Unser Verlust an diesem heißen Tage war ziemlich groß: Schwer verwundet wurde General-Major Baron Salis-Soglio (in Folge seiner
Verwundung gestorben). Vom 2. Bataillon Kaiser-Jäger: todt
2, verwundet 4 Mann. Vom 9. Jäger-Bataillon: todt 2, verwundet Lieutenant Noger (durch eine Kanonenkugel an der linken Seite
gestreift) und Draffenberger (durch einen Streifschuß an der Hand)
dann 6 Mann; vermißt 17. Mann. Vom 10. Jäger-Bataillon:
todt Volontär Oberlieutenant Bognar, Lieutenant Marianovits,
16 Mann, verwundet 50, vermißt 30 Mann. Vom 11. Jäger-
Bataillon: todt 3, verwundet 6 Mann. Vom Grenadier-Bataillon D'Anthon: todt 3, verwundet 12 Mann. Vom Grenadier-Bataillon Weiler: todt 6, verwundet 10 Mann. Vom
Baron Prohaska Linien-Infanterie-Regimente Nr. 7:
todt 3, verwundet 16 Mann. Vom Baron Reifinger Linien-Infanterie-Regimente Nr. 18: todt Lieutenant Ptak und 10 Mann,
verwundet Hauptmann Petzoldt (in Folge seiner Verwundung gestorben), Oberlieutenant Wolff-Eggenberg und 26 Mann, vermißt
10 Mann. Vom Graf Haugwitz Linien-Infanterie-Regimente
Nr. 38: todt 2, verwundet 1 Mann. Vom Baron Geppert Linien-
Infanterie-Regimente Nr. 43: todt Oberstlieutenant Ritter von
Leutzendorf, Oberlieutenant Rabherny, Lieutenant von Battistig
und 7 Mann, verwundet Lieutenant Deffoye und 22 Mann, vermißt 23
Mann. Vom E. H. Sigmund Linien-Infanterie-Regimente
Nr. 45: todt Lieutenant Baravalle und 14 Mann, gefangen Lieutenant

Tebaldi und 23 Mann, vermißt 32 Mann. Vom C. H. Ernst-Linien-Infanterie-Regimente Nr. 48: todt 1 Mann. Vom C. H. Franz Carl Linien-Infanterie-Regimente Nr. 52: todt 1 Mann, verwundet Oberst von Pottornyai, Lieutenant von Kebbes und 6 Mann. Vom Fürst Reuß-Hußaren-Regimente Nr. 7 (1. Majors-Division) todt 2 Pferde. Vom Kaiser-Uhlanen-Regimente Nr. 4: todt 1, verwundet 4 Mann. Von der Kavallerie-Batterie Nr. 2: verwundet 1 Mann. Von der Kavallerie-Batterie Nr. 3: todt 1, verwundet 2 Mann. Mithin: todt 1 Stabs-, 6 Ober-Offiziere, 72 Mann und 2 Pferde; verwundet 1 General, 1 Stabs-, 6 Ober-Offiziere, 194 Mann; gefangen und vermißt 1 Offizier und 135 Mann.

Der Feind gibt seinen Verlust, wie folgt, an: Todt — Oberst Cavalier Caccia vom 5. Regimente, Adjutant des Generals Marquis Sommariva, Lieutenant Cavalier Balbis-Bertone, die Artillerie-Lieutenants Marquis dell Caretto und Marquis Colli, dann 98 Mann (größtentheils von den Brigaden Garde, Aosta und Savona. Verwundet — General-stab: Hauptmann Cavalier Righini. Garde-Brigade: Major Cavalier Gazani, Lieutenant Cavalier Marquetti, dann 3 andere Offiziere und 19 Mann. Brigade Savoyen: 153 Mann. Brigade Aosta: Lieutenant Sigga und Palombello vom 5., Oberst Cavalier Manassero vom 6. Regimente, dann 205 Mann; Brigade Casale: Lieutenant Cavalier Malaspine vom 11 Regimente und 1 Mann. Brigade Savona: 115 Mann. Brigade Acqui: Major Aitelli, Hauptmann Molinari vom 17. Regimente, dann 34 Mann. Bersaglieri: Lieutenant Testa und 23 Mann. Artillerie-Hauptmann Cavalier della Valle, dann von der 2. Feld-Batterie 3, von der 7. 3, von der 8. 2 Mann, von der halben 1. reitenden 3 und von der 1. Positions-Batterie 2 Mann, endlich von den Freiwilligen aus Parma 5 Mann. Mithin todt 1 Stabs-, 3 Ober-Offiziere und 98 Mann; verwundet 3 Stabs-, 11 Ober-Offiziere und 659 Mann.

Die Zahl der Getödteten muß jedoch viel größer gewesen sein. Die meisten Opfer hatte dem Feinde der Sturm auf den Friedhof von Sta. Lucia, und der Angriff auf Croce Bianca gekostet; man fand daselbst ganze Reihen Todter und schwer Verwundeter dahingestreckt, obgleich ein großer Theil der letztern noch während der Schlacht auf die Verbandplätze zurückgeschafft wurde.

Bemerkenswerth ist es, daß viele verwundete Piemontesen baten, man möchte ihnen die Augen lassen. Als man sich um den Grund dieser seltsamen Bitte erkundigte, erfuhr man, daß man der Mannschaft — um sie zu größerer Tapferkeit anzuspornen — vorsagte: „Die Oesterreicher stechen ihren Gefangenen die Augen aus." Aber in welchem Widerspruche mit diesem böswilligen Gerüchte stand die bekannte Menschenfreundlichkeit des österreichischen Soldaten, der nach beendetem Gefechte bemüht war, jene Unglücklichen aufzusuchen, sie, wie seine eigenen Kameraden ins Spital zu tragen, wohin er ihnen noch den Tornister nachschleppte.

Von beiden Seiten ward mit großer Erbitterung gefochten. Der Feldmarschall selbst sagt in seiner Relation an's Kriegs-Ministerium: „Der Kampf dauerte im Ganzen durch volle vier Stunden; die Brigade Strassoldo kämpfte löwenmuthig — noch nie habe ich ein so wohlgenährtes Schlachten-Feuer gehört als jenes, welches der Feind hier entwickelte. Nur eine kurze Pause trat ein, in welcher Zeit der Feind S. Massimo angriff und gegen meinen rechten Flügel, den die Brigaden Gyulai, Liechtenstein und Taxis bildeten, fortwährend demonstrirte, hier jedoch zurückgedrängt wurde."

War auch Radetzky bei dem schwachen Stande seiner Armee, nicht in der Lage den erfochtenen Sieg zu verfolgen, so blieb doch die Schlacht bei Sta. Lucia von unberechenbaren Folgen: bisher hatte sich die Armee von den geringen Ressourcen, welche die nächste Umgebung lieferte, und dem Wenigen, was ihr durch's Etschthal aus Tirol zufloß, erhalten. Wäre es aber dem Feinde gelungen, am Rideau festen Fuß zu fassen, so gingen auch diese spärlichen Verpflegs-Quellen für sie verloren, und sie hätte — nun in Verona eingeschlossen — wohl in die schlimmste Lage kommen müssen, aus der sie sich nur durch neue blutige Kämpfe und mit großen Opfern wieder befreien konnte. Die Truppen wußten dies — sie mußten stehend kämpfen und kämpfend siegen oder fallen. — Sie siegten durch ihre Tapferkeit allein! Jetzt erst kam der Feind zur Erkenntniß, daß nicht Furcht, sondern strategische Rücksichten ihren Rückzug aus der Lombardie veranlaßten, und daß er es mit einem tapferen und noch kräftigen Gegner zu thun habe, der fest entschlossen sei, keinen Schritt weiter zurück-

I.  14

zuweichen. Es war der letzte Tag der Offensive der Piemontesen, und die Spada d'Italia, welche diesen Stoß mit Aufwand aller Kräfte geführt hatte, brach schon damals ihre Spitze an der ehernen Brust der treuen österreichischen Bataillone.

So wurde die Behauptung der Stellung auf dem Rideau vor Verona, der Grundstein zu jenen späteren Siegen, welche — unter günstigeren Verhältnissen errungen — die gänzliche Befreiung des vaterländischen Bodens vom Feinde, zur Folge hatten.

**Beabsichtigte Diversion aus Mantua in des Feindes Flanke und Rücken nach der Schlacht bei Sta. Lucia.**

In Mantua, wo man die Kanonade hörte, vermuthete man Anfangs dieselbe vor Peschiera, indem vom Observationsthurme in der bis in das Gebirge hinter Verona, deutlich zu überblickenden Ebene, kein Rauch zu entdecken, auch seit der Belagerung Peschiera's jeder einzelne Schuß von dort, dessen Schall auf der Wasseroberfläche des Mincio sich fortpflanzte, zu hören war. Als aber der Kanonendonner wahrscheinlich durch eine veränderte Luftströmung immer deutlicher aus der Gegend von Villafranca vernommen wurde, und der Festungs-Kommandant schon am 1. Mai Kundschafts-Nachrichten hatte, daß der Feind einen Hauptschlag gegen Verona beabsichtige, so ließ sich wohl mit Grund annehmen, daß dieser Angriff jetzt wirklich stattfand, und daß die piemontesische Armee — nach den immer hörbarer werdenden Schüssen zu urtheilen — über Villafranca zurückweiche.

General der Kavallerie von Gorczkowski entsendete daher gegen Mittag die Brigade des General-Majors Grafen Nugent in der Richtung gegen Mozzecane, um dem fliehenden Feinde in Flanke und Rücken zu operiren. Um sich gegen Goito hin zu decken, schickte die Brigade ein Detachement über Marmirolo, und Patrouillen über Soave und Calarina, weßhalb sie nur langsam vorrücken konnte. Richtung und Stärke des Kanonendonners änderten sich durchaus nicht, je mehr Terrain auch die Brigade gewann, bis er nach fünf Uhr Abends gänzlich verstummte, wo die Brigade vor Castiglione Mantovano angekommen war, ohne selbst von den Bewohnern das Geringste erfahren zu können, oder auf etwas Feindliches gestoßen zu sein, wenn nicht ein paar Reiter, welche man von dem Straßenecke von Bancole aus, in großer Ferne davoneilen sah, etwa für einen feindlichen Beobachtungs-Posten gelten sollen. Nachdem auch hier die ausgeschickten Uhlanen-Patrouillen nirgends auf den Feind gestoßen, ein heftiger Platzregen und bald darauf die Nacht eingetreten waren, erhielt die Brigade den Befehl zum Rückmarsche.

**Lage der k. k. Armee nach der Schlacht bei Sta. Lucia. — Fortifikatorische Verstärkung Verona's. — Garda-See-Flottille. — Armirung von Mantua und Legnago. — Streifzüge.**

Wie bereits erwähnt, erlaubten die geringen Streitmittel dem Feldmarschall Grafen Radetzky nicht, seinen bei Sta. Lucia erfochtenen glänzenden Sieg zu verfolgen — er blieb wie vorher auf die Defensive angewiesen, und die Armee hatte wohl die traurige Aussicht, die düstern Mauern Verona's noch eine Zeitlang betrachten zu müssen. Wer ihre Kampflust, insbesondere nach dem 6. Mai, kennt, wird das Peinliche ihrer Lage begreifen. Die Armee ertrug geduldig ihr Schicksal, sie theilte es ja mit dem geliebten Führer, dessen Blicke nun gegen den Jsonzo gerichtet waren.

Doch die Bewegungen des so sehnlichst erwarteten Nugent'schen Korps, das zwar am 17. April seine Operationen begonnen, konnten nur langsam vor sich gehen; die Unterwerfung der aufrührerischen Städte, der Uebergang über die vielen das Land durchschneidenden Wasserstraßen, endlich die Besiegung der an selben aufgestellten feindlichen Kräfte erforderten Zeit — für einen Feldherrn wohl das Kostbarste!

Radetzky benützte sie seinerseits zu den Vorbereitungen für die künftige Offensive. Vor Allem war sein Augenmerk auf die fortifikatorische Verstärkung seines Hauptmanövrirpunktes — Verona, gerichtet: die Orte Tombetta, Sta. Lucia, S. Massimo und Croce Bianca wurden mit neuen Batterien versehen, und auf Vorschlag des Feldmarschall-Lieutenants von Heß, welcher nach der Schlacht bei Sta. Lucia die Leitung der Generalstabs-Geschäfte übernommen hatte, rückwärts derselben fünf große Reserve- und zwei kleinere Zwischen-Redouten im stärksten Profile erbaut, und mit Achtzehnpfündern armirt. Zugleich befahl der Feldmarschall, dieselben, wenn es die Zeit erlauben würde, mit gemauerten Blockhäusern zu versehen. Zur Aufmunterung der Armee benannte er sie in der Reihenfolge vom linken zum rechten Flügel: Redoute Clam, Wratislaw, Schwarzenberg, d'Aspre; Batterie Strassoldo und Kopal; Redoute Liechtenstein und Wallmoden. Die Generale baten ihn aber, dem Hauptwerke bei S. Massimo — als im Centrum des Rideau's gelegen — seinen Namen geben zu dürfen.

Die Brigade Wohlgemuth wurde bis auf ein Grenz-Bataillon, eine Eskadron Hußaren und eine halbe Kavallerie-Batterie, welche in der Aufstellung bei Parona verblieben, nach Verona gezogen und hiedurch eine Reserve für den gefährlichsten Punkt des linken Flügels (Sta. Lucia), erzielt. Ferner befahl der Feldmarschall, daß die bisher nur auf zehn Tage approvisionirten Forts von Verona, auf sechs Wochen mit Lebensmitteln zu versehen seien.

Eine weitere Verfügung endlich betraf die Errichtung einer Garda-See-Flottille, mit deren Zusammenstellung der thätige Hauptmann Molinary des General-Quartiermeisterstabes, beauftragt wurde; sie sollte die Unternehmungen der beiden in Feindeshände gefallenen Dampfschiffe paralysiren. Der genannte Offizier fand aber in den Hafenplätzen am nördlichen Ende des Sees (Torbole, Riva und Ponale) nur 4 größere und 14 kleinere zu diesem Dienste geeignete Schiffe. Auch war das schlechte Segelwerk dieser Flottille und der Mangel an guten Matrosen Ursache, daß sie von keinem außerordentlichen Nutzen war.

Aber nebst den Vorbereitungen zu einer künftigen Offensive, war noch eine andere Sorge, die schwer wie ein Alp auf den Schultern des greisen Feldherrn lastete — es war die Verpflegung der Armee. War dieselbe bisher mit den größten Schwierigkeiten verbunden, so mußte sie jetzt (nach beinahe fünf Wochen) um so ärgere Verlegenheiten bieten. Nur der unermüdlichen Thätigkeit des Armee-Intendanten Gubernialrathes Grafen Pachta, gelang die Herbeischaffung der nothwendigsten Sustentationsmittel, die Verpflegung der Truppen so zu sagen von einem Tage bis zum andern, denn die ausgeschickten Requisitions-Kommanden konnten der Lebensmittel nur sehr wenige in der zwischen Freund und Feind getheilten kurzen Strecke vom Mincio bis zur Etsch, aufbringen, und wenn gleich die Verbindung mit Tirol offen war, so ist dieses doch ein so armes Gebirgsland, daß es kaum für seinen eigenen Unterhalt genug erzeugt, was also von dort her kam, mußte aus weiter Ferne gebracht werden — konnte somit ebenfalls nicht in hinreichender Menge der Armee bei Verona zufließen.

Mittlerweile waren in Mantua die Anstrengungen in den Befestigungs-
und Armirungsarbeiten vom lohnendsten Erfolge: Die Inundation war
zu einer solchen Höhe gebracht, daß der ganze Raum des verschanzten Lagers einem See glich, durch welchen nur die Dammstraßen in die Bastion I
des verschanzten Lagers und in das Fort Pietole führten. Die Lichtung
der Esplanade vor der Citadelle, dem letztgenannten Fort, den Lünetten
S. Georgio und Belfiore bis zur Rayonslinie von 600 Klaftern von den
Vorsprüngen des bedeckten Weges, und die Demolirung der innerhalb dieser Linien gelegenen Gebäude war bewirkt, die Herstellung der Haupt-
Pulvermagazine, Traversen und Bonnetirungen, so wie die Eindeckung
der Blockhäuser vollendet, endlich Faschinen und Schanzkörbe in hinreichender Menge erzeugt, und durch die rühmliche Thätigkeit des Artillerie-
Hauptmanns Sattler 173 Geschütze auf den Wällen aufgeführt. Mantua
befand sich sonach am 12. Mai im vollkommenen Vertheidigungsstande.

Bei den unausgesetzten Patrouillirungen nach allen Richtungen geschah es, daß eine Kompagnie von Gyulai-Infanterie, am 10. Mai Vormittags das feindliche Lager bei Curtatone ganz unerwartet verlassen fand.
Als sie sich jedoch anschickte, dasselbe in Brand zu stecken, und die Bewohner des Ortes anhielt die feindlichen Verschanzungen zu zerstören, wurde
sie plötzlich von einer starken Kolonne angegriffen, und zum Rückzuge, den
sie fechtend antrat, gezwungen. Sie hatte 3, der Feind 9 Blessirte. Curtatone wurde nun von Letzterem nicht wieder verlassen.

In Legnago waren zu jener Zeit der Vorgraben des Glacis, die niederen Strecken des verschanzten Lagers und die Gräben der vorliegenden
Lünetten größtentheils mit Wasser gefüllt; auf den Wällen am rechten
Etsch-Ufer (in Legnago) 17, auf jenen am linken Ufer (in Porto) eben so
viele drei- bis vierundzwanzigpfündige Kanonen, und auf der Etsch-Brücke
2 Dreipfünder aufgeführt.

Einem Gerüchte zu Folge sollten sich Freischärler selbst bis in die
nächste Umgebung des Platzes gewagt haben; der Festungs-Kommandant
entsendete daher eine Kompagnie des Brooder-Grenz-Regiments nebst einem
Offizier und 20 Uhlanen zu einem Streifzuge über St. Pietro, Vanga-
dizza, Vigo nach Villa Bartolomeo, wo aber nichts Feindliches zu entdecken war.

### Rekognoszirung der Linie am Curtatone
#### am 13. Mai.

Während man sich über Goito ziemlich verläßliche Nachrichten und sogar eine Zeichnung über die dortigen Verschanzungen zu verschaffen im Stande war, wollte ein Gleiches mit der Linie des Curtatone, welche man mit neuen und zahlreichen Truppen besetzt wußte, nicht gelingen. Da überdies der Festung Mantua, nach der Vereinigung des Nugent'schen Korps mit der Hauptarmee, eine wichtige Rolle zufallen mußte, so beschloß der Festungs-Kommandant die Linie des Curtatone nochmals rekognosziren zu lassen, wozu die Hauptdispositionen dieselben blieben, welche schon am 4. als Richtschnur gedient hatten.

Die gegen Curtatone dirigirte Kolonne unter dem Befehle des Oberst Benedek bestand aus der 4. und 6. Kompagnie Szluiner, dem 1. Bataillon Gyulai-Infanterie, einem Flügel der Oberst 2. Eskadron Kaiser-Uhlanen, 4 Geschützen der sechspfündigen Fußbatterie Nr. 1, und 4 Raketengeschützen, nebst einer Pionnier-Abtheilung des Regiments d'Este; die Mittel-Kolonne unter dem Obersten Castelli war aus einer Kompagnie Szluiner, einem Bataillon d'Este, einem Zug Baiern-Dragoner und 2 Kavallerie-Geschützen zusammengesetzt, und rückte gegen Montanara; die linke Flügel-Kolonne endlich bestand unter Kommando des Oberst Döll aus einem Bataillon Paumgartten, 2 Geschützen der Fuß-Batterie Nr. 1 und einem Zug Dragoner, und war angewiesen, schon um 1 Uhr Nachmittags aus dem Fort Pietole gegen S. Silvestro abzurücken, während die beiden vorerwähnten erst um zwei Uhr nach den angegebenen Objekten abmarschirten. Das Dorf Cerese hielt eine Kompagnie Paumgartten-Infanterie besetzt; 4 Kompagnien Gyulai, 1 Kompagnie Szluiner, ein Flügel Uhlanen und 4 Kavallerie-Geschütze waren als allgemeine Reserve vor der Lünette Belfiore aufgestellt.

Die Mittel-Kolonne stieß schon ungefähr 2000 Schritte vor Montanara auf den Feind; das Feuer seiner beiden dort aufgestellten Geschütze ward bald zum Schweigen gebracht, worauf er sich in den verschanzten, in der Front durch 5, und in jeder Flanke durch 2 bis 3 Geschütze vertheidigten Ort zurückzog. Die Kolonne rückte bis zum wirksamen Kanonenertrag vor, beschoß den Feind und steckte ein Haus in Brand, worauf sie mit 7 schwer Blessirten, darunter Lieutenant Bayer von d'Este-Infanterie, welcher den rechten Arm verlor, und Lieutenant Schwaner, der einen Kartätschenschuß ins Knie bekam, den Rückmarsch antrat.

Die rechte Flügel-Kolonne gelangte mit einer Kompagnie Szluiner bis auf ungefähr 900 Schritte an die Verschanzungen von Curtatone. Oberst Benedek und Oberstlieutenant Graf Kilmannsegge stiegen vom Pferde, und formirten das Bataillon Ghulai links neben der Straße in Angriffs-Kolonne, während die 3. Kompagnie desselben Bataillons der 4. Oguliner als Unterstützung folgte. Die 4 Raketengeschütze mit der tragbaren Munition wurden unter Bedeckung rechts der Straße aufgestellt; die Geschütze der Fußbatterie, unter dem Oberlieutenant Utikal hinge- gen, sollten nach der ausdrücklichen Weisung des Obersten Benedek vor einem Straßenbuge abgeprotzt, und dann erst schußgerecht eingeführt wer- den. Aber der Batterie-Kommandant rückte ungefähr 50 Schritte über die bezeichnete Stelle, und protzte mit 2 Geschützen im wirksamsten feindlichen Kugelertrage ab, während er die beiden andern en réserve zurückließ. Der erste feindliche Kanonenschuß streckte einen Kanonier zu Boden, der dritte riß dem Oberlieutenant den linken Fuß weg, als er, seinen Fehler einsehend, eben (nach dem 11. Schusse) zum Aufprotzen kommandirte. Die Geschütze zogen sich hierauf aus dem Feuer; dennoch wollte der unterdessen an der Spitze der Angriffs-Kolonne vorgerückte Oberst Benedek den Sturm versuchen, als plötzlich die Meldung einlangte, daß die Raketen ihre Munition verschossen haben, und die Oguliner-Kompagnie zurückgedrängt werde. Da hiedurch die eigene rechte Flanke bloßgestellt war, ordnete Benedek den Rückmarsch an, der im heftigsten feindlichen Kartätschen- und Kleingewehrfeuer, welch' letzteres von der Truppe wirksam erwiedert, unter zeitweisem Halten und Frontherstellen ausgeführt wurde, wobei die Raketengeschütze, welchen genannter Oberst durch Uhlanen Munition zuge- schickt hatte, kräftig mitwirkten.

Der Verlust dieser Kolonne bestand in 3 Todten, 11 Verwundeten und 4 Vermißten vom Bataillon Ghulai; 3 Verwundeten von der 4. Szluiner-Kompagnie; dann außer dem verwundeten Oberlieutenant Uti- kal in 2 Kanonieren von der sechspfündigen Fußbatterie Nr. 1. Jener des Feindes kann wohl nicht genau angegeben werden, doch muß derselbe

jedenfalls sehr beträchtlich gewesen sein, indem ihm schon unser Kleingewehrfeuer — es kamen mit Ausnahme einer halben Kompagnie, alle Truppen zum Feuern — bedeutenden Schaden zugefügt, noch mehr aber jene
11 Kanonenschüsse und 42 Raketenwürfe (letztere besonders im Innern der
Verschanzungen) eine gute Wirkung gemacht haben dürften.

Oberst von Benedek rühmt in seiner Relation den seiner Kolonne
zugetheilt gewesenen Hauptmann von Stäger des General-Quartiermeisterstabes, welcher besondere Ruhe und Ueberlegung im dichtesten und
nahen feindlichen Geschütz- und Kleingewehrfeuer bewies, daher Beweise von
Todesverachtung und kaltblütiger, verständiger Entschlossenheit an den Tag
legte, so wie ihm derselbe in den nothwendigen Dispositionen an Ort und
Stelle mit vieler Hingebung und Anstrengung an die Hand ging. Auch
hat sich der genannte Generalstabs-Offizier um die Rettung des schwer
verwundeten Batterie-Kommandanten, welcher schon nahe daran war, in
feindliche Gefangenschaft zu fallen, verdient gemacht. Oberlieutenant Wer-
banecz von d'Este-Infanterie, so wie die von ihm kommandirte Regi-
ments-Pionnier-Abtheilung haben sich brav und muthig benommen. Das
Bataillon Gyulai, unter Oberstlieutenant Graf Kilmannsegge hat
einen solch' schönen Beweis von hohem Pflichtgefühl, Muth und Todesverachtung abgelegt, daß Benedek gar keinen Offizier nominativ anführen kann, denn alle zeigten den edelsten Wettstreit, ihrer Mannschaft vor-
anzuleuchten; es verdient somit das ganze Bataillon mit seinem tapfern Kommandanten lobend genannt zu werden. Von der Mannschaft hat sich Tambour
Bankó besonders bemerkbar gemacht, indem er an der Seite seines Oberst,
durch fortwährenden Sturmstreich seine Kameraden anfeuerte, und selbst,
als ihm durch eine Kugel ein Trommelschlägel aus der Hand gerissen war,
er aber unverletzt blieb, sich nicht aus der Fassung bringen ließ, sondern
mit der andern Hand allein fortfuhr, den Sturmstreich zu schlagen. Die 6.
Szluiner-Kompagnie unter Hauptmann Jankovic hat ihre Aufgabe gut
gelöst; von der 4. Kompagnie desselben Regiments verdient Hauptmann
Weiß genannt zu werden. Endlich hat sich der Kommandant der Raketen-
Geschütze, Feuerwerker Sagasser, vorzüglich brav gehalten.

Von der linken Flügel-Kolonne, bei welcher sich auch General-Major
Graf Nugent befand, erstürmten die Plänkler während des Vorrückens
die besetzten Casinen Gardoni, Capiluppi, Mezzalana und Poldi; die

Kolonne stieß um halb vier Uhr auf den hinter der Häusergruppe S. Silvestro aufgestellten Feind, und drängte denselben von der Straße nach
Buscoldo ab und ebenfalls gegen Montanara. Einige hundert Schritte
vor diesem stark verschanzten Orte wurde mit der weiteren Vorrückung
eingehalten, als plötzlich die Meldung eintraf, daß die Mittel- und rechte
Flügel-Kolonne sich bereits zurückgezogen haben. Die Kolonne trat hierauf
mit einem Verluste von 1 schwer und 3 leicht Verwundeten ihren Rückmarsch an. Der Verlust des Feindes konnte auch hier nicht ermittelt
werden, dürfte aber nicht unbedeutend gewesen sein, auch verlor derselbe
9 Gefangene.

Nebst dem Oberst D ö l l von Paumgartten-Infanterie, welcher sich
durch kaltblütige und zweckmäßige Leitung der Bewegungen hervorthat, hat
sich Major L i l i a desselben Regiments durch umsichtige Führung seines
Bataillons, und Kapitänlieutenant von S a r a g e r i, letzterer durch sein
aneiferndes Benehmen, welchem zum großen Theile mehrere günstige
Momente zu verdanken waren, besonders ausgezeichnet. Ferner verdient
noch der Regiments-Kaplan L u r i n s k y, der mitten im stärksten Kugelregen den sterbenden Feinden den letzten Segen gab, ehrend genannt
zu werden.

Das Resultat dieser Rekognoszirungen war eine genaue Detailkennt-
niß der feindlichen verschanzten Linien; auch erfuhr man, daß in der Strecke
von Borgoforte bis nach Goito 12 bis 13000 Mann, hinter den Verschanzungen am Osone nuovo aber 7000 Mann unter den Befehlen des toskanischen General-Lieutenants d'Arco-Ferrari stehen. Endlich brachte man
in Erfahrung, daß zur Deckung des Po gegen S. Benedetto, so wie bei
Governolo am rechten Mincio-Ufer die Straße bei Zaita abgegraben,
S. Bagio und Baguolo verbarrikadirt und mit Erdwerken versehen seien.

### Streifung über Gabla-Caladena nach S. Andrea
#### am 19. und 20. Mai.

Um im Rücken der Aufstellung bei Verona, wenigstens die Straße
nach S. Bonifacio für die Verpflegung der Armee offen zu erhalten, war
in Caldiero ein stehender Posten (eine Kompagnie Haugwitz-Infanterie und
ein Flügel Windischgrätz Chevaur-legers) detachirt; aber demungeachtet
suchten die Insurgenten aus den nahen Gebirgen, kleinere Requisitions-

Kommanden, wo es nur anging, bei ihrem Geschäfte zu beunruhigen, ja selbst die Ablieferung der nach Verona bestimmten Lebensmittel zu hintertreiben. Um nun diesem Gesindel für seine Frechheit wenigstens einigen Schreck einzujagen — dasselbe in seinen Schlupfwinkeln zu züchtigen, war wohl im Augenblicke nicht leicht ausführbar, — erhielt Hauptmann Schindler von Kaiser-Jäger, am 19. Nachmittags den Auftrag, mit seiner Division und 2 Raketengeschützen über Calbiero, wo er das obenerwähnte Detachement an sich zog, aufwärts des Torrente d'Jllasi zu rücken.

In dem Orte Jllasi brachte Hauptmann Schindler in Erfahrung, daß etwa 180 Crociati vor zwei Tagen zur Fiera-Zeit in Badia gewesen seien, welche Angabe auch in Tregnago vom dortigen Distrikts-Kommissär mit dem Beisatze bestätigt wurde, daß dieselben noch am 17. genannten Ort verlassen, und in die Gebirge sich zurückgezogen hätten. Schindler beschloß demnach ungesäumt nach Badia vorzugehen, wo er des schlechten Wetters und der beschwerlichen Flankendetachirungen wegen, erst nach neun Uhr Abends anlangte. Hier erfuhr er vom Ortsvorsteher, daß die Insurgenten, 400 an der Zahl, zum großen Theile aus zerlumpten und schlecht bewaffneten Bauern aus Recoaro bestehen, welche sich für ein Handgeld von 12 Scudi und einen täglichen Lohn von 40 Centesimi anwerben ließen; daß sich dieselben nach Requirirung von einigem Vieh gegen Empfangsbestätigung, welche von einem gewissen Bitarello, Tenente Commandante di Crespadoro unterfertigt ist, und Konfiszirung der nach Verona bestimmten Schlachtthiere, bald wieder in ihre Schlupfwinkel nach S. Andrea, S. Bartolomeo, Bolca Purga und Crespadoro zurückgezogen, und bei dieser Gelegenheit einen Einwohner von Badia mitgeschleppt hatten.

Nachdem das Detachement einige Stunden in dem rechts von der Straße gelegenen und von seinen Bewohnern verlassenen Kloster gerastet, marschirte es mit Zurücklassung eines Zuges Infanterie und einer halben Eskadron Chevaur-legers um halb drei Uhr Morgens nach S. Andrea in der Hoffnung, die Insurgenten daselbst noch vereint zu finden. Diese aber waren nicht blos auf den Höhen von S. Andrea, sondern bis nach S. Bartolomeo und Bulka in kleinen Trupps aufgestellt; Schindler hätte sonach sein ganzes Detachement in jener defiléreichen Gegend zersplittern müssen, um sie anzugreifen, wozu sich noch der Uebelstand gesellte, daß sie sogar vor den ausgeschickten Patrouillen, in Abtheilungen von 12 bis 20 Mann, zurückwichen. Unter solchen Umständen mußte sich genannter Hauptmann mit der bloßen Rekognoszirung zufrieden stellen, daher er um eilf Uhr Vormittags nach Illasi, wo er die Nacht zubrachte, und am Morgen des 21. nach Verona zurückmarschirte.

Eintreffen des Nugent'schen Korps in Verona. — Entwurf der ersten Offensiv-Operation. — Eintheilung der Armee. — Marsch nach Mantua.

Am 25. Mai hatte sich endlich nach einem Versuche sich Vicenza's zu bemeistern, das Korps des Feldzeugmeisters Grafen Nugent (wegen Erkrankung desselben, vom Feldmarschall-Lieutenant Grafen Thurn kommandirt) mit der Haupt-Armee in Verona vereinigt*). Doch bedurfte dieses Korps der anstrengenden Märsche in den letzteren Tagen halber eines Rasttages; es wurde somit der 26. zum Beginn der Offensive bestimmt.

Das erste Objekt einer Angriffsbewegung mußte der Entsatz Peschiera's sein. Carl Albert hatte diese Festung im Angesichte der kaiserlichen Armee belagert; nicht seine Kanonen, sondern der Mangel an Proviant hatten sie bereits auf's Aeußerste gebracht. Es wäre ein Zeugniß von Schwäche gewesen, das man sich selbst ausstellte, wenn man sie in Feindeshände fallen ließe, ohne einen Versuch zu ihrem Entsatze gemacht zu haben. Allerdings schien ein Angriff auf die Front des Gegners am schnellsten zum Ziele zu führen, denn unsere Vorposten standen kaum drei Stunden von dem bedrängten Peschiera entfernt; aber abgesehen davon, daß ein solcher auf eine Stellung, welche der Gegner während eines sechswöchentlichen ungestörten Besitzes durch alle möglichen Mittel der Feldbefestigung verstärken konnte, immer eine gewagte und mit großem Menschenverluste verbundene Unternehmung bleibt, und eine Umgehung desselben rechts über Rivoli nicht rathsam war, indem die Armee bis zu ihrem Aufmarsche auf dem Plateau und von da weiter, große taktische Hindernisse gefunden hätte, war eine Operation derselben ohne Gefährdung von Verona, so lange dessen verschanztes Lager noch im Bau begriffen, überhaupt gar nicht denkbar. Der Feind mußte also um jeden Preis von diesem Platze wegmanövrirt werden; — hiezu war eine weit ausholende, ihm um Flanken und

*) Um den Zusammenhang der Begebenheiten bei der Haupt-Armee nicht zu stören, werden wir die Operationen des Nugent'schen Korps in einem späteren Kapitel nachtragen.

Rücken Besorgniß einflößende Bewegung nöthig, weil eine nähere, auf seine Front oder linke Flanke gerichtete, bei welcher er stets die kürzeren Linien der Bewegungen für sich erhielt, um uns überall mit vereinten Kräften zuvorkommen zu können, diesen in unserer Lage nothwendig gewordenen Hauptzweck nie erreichen konnte.

Der Feldmarschall entschloß sich sonach auf Vorschlag seines General-Quartiermeisters, den äußersten rechten Flügel, zugleich schwächsten Punkt der feindlichen Stellung zu umgehen. Durch diese Bewegung verlegte Radetzky seine Truppen aus der von Lebensmitteln entblößten Umgegend von Verona, auf der noch nicht so stark mitgenommenen Straße von Montagnana über Legnago nach Mantua, von dort aus hoffte er den Feind aus seiner bisherigen Position wegzumanövriren, Peschiera zu entsetzen, unter günstigen Umständen ihn zu schlagen, während er im Nothfalle zu einer Operation nach rückwärts freie Hand behielt.

Vor dem Beginne dieser Bewegung war die Armee in eine neue Eintheilung gebracht, wie aus nachstehender Ordre de Bataille ersichtlich:

### Ordre de Bataille
#### am 26. Mai.

### I. Armee-Korps.

Korps-Kommandant — Feldmarschall-Lieutenant Graf Wratislaw.

Division F. M. L. Fürst Carl Schwarzenberg.

Brig. G. M. Gr. Strassoldo.     Brig. G. M. Gr. Clam.

Division G. M. Fürst Felix Schwarzenberg.

Brig. G. M. Wohlgemuth.     Brig. Obst. Benedek (bereits in Mantua)

Reserve-Artillerie.

___

15 Bat., 8 Esk., 36 Gesch.

### II. Armee-Korps.

Korps-Kommandant — Feldmarschall-Lieutenant Br. D'Aspre.

Division F. M. L. Gr. Wimpffen.

Brig. G. M. Fürst Liechtenstein.     Brig. G. M. Br. Simbschen.

Division F. M. L. Gr. Schaffgotsche.

Brig. G. M. Fürst Taxis.     Brig. G. M. Gr. Gyulai.

Reserve-Artillerie.

___

17 Bat., 8 Esk., 36 Gesch.

**Reserve-Korps.**

Korps-Kommandant — Feldmarschall-Lieutenant von Wocher.

| | |
|---|---|
| Brig. G. M. Br. Rath. | Brig. G. M. Schulzig. |
| „ G. M. Maurer. | |

Kavallerie-Division F. M. L. Fürst Taris.

| | |
|---|---|
| Brig. G. M. Gr. Schaffgotsche. | Brig. G. M. E. H. Ernst. |

Reserve-Artillerie.

11 Bat., 25 Esk., 84 Gesch.

Truppen in Süd-Tirol.

Division F. M. L. Graf Lichnowsky.

| | |
|---|---|
| Brig. Oberst Br. Zobel. | Brig. Oberst Melezer. |

7 Bat., 3 Esk., 9 Gesch.

Besatzungs-Truppen.

| | |
|---|---|
| in Verona, | in Legnago, |
| „ Mantua, | „ Peschiera |

18. Bat., 5 Esk., 12 Gesch.

Detachirte Truppen.

| | |
|---|---|
| an der Piave, | vor Palma, |
| in Udine, | „ Osoppo. |

18½ Bat., 5 Esk., 34 Gesch.

In Allem 86½ Bat., 54 Esk., 211 Feld-Gesch. (86690 Mann).

Am 27. um halb neun Uhr Abends brach die Armee in 3 Kolonnen von Verona auf und rückte nach Mantua ab, und zwar:

Das 1. Armee-Korps auf der Straße über Tomba, Vigasio, Trevenzuolo und Roncaleva nach Castelbelforte, wo es ablochte, dann weiter seinen Marsch über Casa Rossi, Casa Pastori und Boschetto nach Mantua fortsetzte, und daselbst am 28. um halb drei Uhr Nachmittags eintraf.

Zur Sicherung der rechten Flanke wurde schon Mittags der Weg von Verona über Rizza bis Isolalta von einer Hußaren-Eskadron durch-patrouillirt; während des Marsches detachirte jede Brigade eine Kompagnie Infanterie und einen Zug Kavallerie nach dieser Seite. Diese Cotopir-

Abtheilungen zogen über Ca Bernascone, Rizza, Isolalta, Bigasio, Noga-
role und Bagnolo.

Das 2. Armee-Korps, welches die zweite Kolonne bildete, nahm seine
Richtung auf der Hauptstraße bis Isola della Scala, von da jedoch, sich
rechts wendend, über Torre, Erbè, Pontepossaro, Sorgà nach Castellaro,
wo es abkochte, und dann seinen Marsch auf der von Legnago nach Mantua
führenden Poststraße weiter fortsetzte. Dieses Korps rückte in Mantua den
28. um sieben Uhr Abends ein.

Dem 2. Korps folgten auf derselben Straße die Infanterie-Brigaden Maurer und Rath des Reserve-Korps, der Brückentrain und die
Artillerie-Reserve.

Die 3. Kolonne, welche aus der Kavallerie-Division des Reserve-
Korps bestand, nahm ihren Weg von Verona über Tombetta, Pozzo,
Villafontana, Bovolone und Nogara, wo sie abkochte, und dann ihren
Marsch weiter auf der Poststraße nach Mantua fortsetzte. Sie deckte ihre
linke Flanke von Nogara an durch kleine Abtheilungen gegen Ostiglia und
den Po, und erreichte, da sie den weitesten Weg hatte, den Ort ihrer
Bestimmung erst in der Nacht vom 28. auf den 29.

Sämmtlichen Truppen war während des Marsches die größte Ruhe
geboten, Offizieren und Mannschaft das Tabakrauchen und Mitnehmen
jedes Gepäckes strengstens untersagt; nur die Kesselpferde und Medika-
menten-Fuhrwerke wurden mitgeführt. Nach ihrer Ankunft in Mantua
lagerten die Truppen theils auf dem Glacis vor der Porta S. Giorgio,
theils in den Straßen und auf den Plätzen der Stadt.

Um den Abmarsch der auf dem Rideau aufgestellten Truppen zu decken,
übernahm die Brigade Schulzig die Besetzung der Vorposten, und folgte
erst in der Nacht, nachdem sie von den Garnisonstruppen Verona's abgelöst
worden, als Rückendeckung der Armee nach Mantua nach, wo sie noch
während der Nacht vom 28. auf den 29. eintraf.

Ein Flankenmarsch im Angesichte des Feindes bleibt immer ein sehr ge-
wagtes Unternehmen; jener des Feldmarschalls hatte indessen den Vortheil,
daß sobald die Armee zum Aufmarsche gezwungen, ihre ganze Stärke sogleich
vereinigt gewesen wäre. Die Seitenentfernung jeder Kolonne von der
andern betrug höchstens anderthalb Stunden; auch kam im Falle eines
Aufmarsches den beiden Flügeln die Nähe der Festungen Verona und

Mantua wohl zu statten, wie auch nicht zu besorgen stand, daß während des Marsches, der Feind zwischen die Armee und eine der Festungen sich werfen könne. Dennoch war nur mit Truppen von vollendeter taktischer Ausbildung und Disziplin diese Bewegung ausführbar, denn kein wesentliches Hinderniß trennte die Marschlinie von der feindlichen Stellung und die zweite Kolonne stand der ersten nicht viel näher, als die erste der bei Villafranca gelagerten feindlichen Abtheilung.

Eine herrliche Frühlingsnacht begünstigte diesen kühnen Flankenmarsch; wie das Rollen des fernen Donners tönte das Rasseln der Geschütze. In geringer Ferne brannten die Wachfeuer des Feindes, an dessen Vorposten die rechte Kolonne kaum einen Kanonenschuß entfernt, vorüberzog. Heiter und wohlgemuth ritt Feldmarschall Graf Ra d e tz k y, neben ihm mit dem Frohsinn der Jugend, Oesterreichs künftiger Herrscher an der Spitze des 2. Korps. Nur zuweilen unterbrach ein ferner Schuß die Stille der Nacht, wenn die Patrouillen der zurückgelassenen Vorposten auf feindliche stießen.

Dem Könige war der Marsch der Armee vollkommen unbekannt geblieben. Erst am 28. meldete der in Villafranca kommandirende General Marquis Bevilacqua seinem Korps-Kommandanten General-Lieutenant Bava, daß während der Nacht starke feindliche Kolonnen durch Isola della Scala und mehrere andere in dieser Richtung liegende Orte gegen Mantua gezogen seien. Dieser setzte den bei Curtatone kommandirenden toskanischen Generalen in Kenntniß, erklärte jedoch die Angabe, daß jene Kolonnen 6 bis 8000 Mann stark gewesen seien, für übertrieben, warnte ihn aber dennoch auf seiner Huth zu sein, gab ihm den Befehl, im Falle der Noth sich gegen Goito zurückzuziehen, und versprach ihm kräftige Unterstützung, falls er angegriffen würde. Allein die Unterstützung blieb aus, und La u gier, seinen eigenen Kräften überlassen, ward fast aufgerieben.

### Gefecht bei Bardolino

#### am 28. Mai.

Während nun der Feldmarschall den Marsch seiner Armee nach Mantua ausführen ließ, hatte derselbe, um dieses Vorhaben zu unterstützen, früher dem bei Rivoli stehenden Oberst Baron Z o b e l den Befehl gegeben, am 28. einen Scheinangriff auf Garda und Bardolino zu unternehmen, und wenn der Feind vielleicht durch Entsendung seiner Kräfte vom linken auf das rechte Mincio-Ufer sich geschwächt hätte, ihn am folgenden Tage wirklich anzugreifen, um dadurch die Festung Peschiera mit Lebensmitteln versehen zu können.

Diesem Auftrage gemäß rückte Oberst Baron Zobel am 18. um halb zwei Uhr Nachmittags mit der 11. und 12. Kompagnie G. H. Baden-Infanterie und 2 Raketengeschützen nach Caprino, und von hier um vier Uhr — verstärkt durch die daselbst unter Major Burlo gestandenen 4 Kompagnien des 3. Bataillons Kaiser-Jäger — gegen Garda vor, welches er jedoch vom Feinde leer fand. Nach kurzer Rast marschirte er nach Bardolino, wo seine Avantgarde (9. Division Kaiser-Jäger unter Hauptmann Baron Coreth) um sieben Uhr Abends auf den Feind stieß. Derselbe (etwa 500 Insurgenten) hatte in dem hart vor dem Orte gelegenen verbarrikadirten Kirchhofe und einigen mit Mauern umgebenen Gebäuden eine ziemlich haltbare Stellung, aus der er die Kolonne unter Sturmläuten mit großem Geschrei empfing. Zobel ließ sogleich zur Vorbereitung des Sturmes einige Raketen in den Kirchhof und die am stärksten besetzten Häuser werfen, worauf er zu Fuß seine Kolonne gegen die genannten Objekte vorführte. Dieselbe stieß jedoch auf eine in großen Dimensionen erbaute wohl vertheidigte Barrikade; ihre Wegnahme hätte viele Leute gekostet. Zobel nahm daher seine Truppen wieder zurück, und detachirte die 18. Kompagnie Kaiser-Jäger nebst den beiden Raketengeschützen auf die links von Bardolino gelegene Anhöhe; nach einigen Raketenwürfen begann diese Kompagnie — mit der einen Hälfte unter Führung des Lieutenants Köth in die linke Flanke, mit der andern unter Lieutenant von Mastwyk in der Front — den Angriff auf den Kirchhof, während gleichzeitig die Hauptkolonne unter Zobel gegen den Ort stürmte. Nachdem letztere mit Lieutenant Strehle an der Spitze, die den Ortseingang sperrende Barrikade erstiegen hatte, drang sie in den Ort. Wenige Minuten darauf war die Einnahme Bardolino's beendet. Da mittlerweile die Nacht hereingebrochen, wurden die Vorposten gegen Lazise ausgestellt.

Die Insurgenten hatten 7 bis 8 Todte, während von den Truppen nur ein Jäger von der 14. Kompagnie (beim Zusammenstoße mit einer feindlichen Patrouille) am Fuße leicht blessirt wurde. Bei der später vorgenommenen Hausdurchsuchung konnte man nur einen Sack mit Reis, etwas Sped und einige Fäſſer Wein finden, welche Viktualien auf zwei Wagen gepackt und für Peschiera beſtimmt wurden; alle Einwohner waren aus dem Orte geflohen.

Nach Mitternacht war die Verbindung mit der mittlerweile nach Cavajon vorgerückten Kompagnie Schwarzenberg-Infanterie hergeſtellt, und es ſtand nun die Vorpoſtenlinie von Gajun über S. Pietro, Cavajon, Modena bis Bardolino, und zwar auf der Straße von Gajun nach Sega 2 Kompagnien (E. H. Ludwig-Infanterie, auf jener von Rivoli nach Paſtrengo 3 Kompagnien desſelben Regiments (ſämmtlich unter dem Befehle des Majors Braſſier), von letzterer Straße bis Modena hatte Schwarzenberg-Infanterie die Vorpoſten ausgeſtellt, an welche ſich rechts eine Kompagnie G. H. Baden (von der Kolonne des Oberſt Zobel) anſchloß.

### Gefechte bei Curtatone und Montanara
#### am 29. Mai.

Nachdem Feldmarſchall Graf Radetzky ſeine ſämmtlichen disponiblen Truppen auf die oben beſchriebene Art, und ohne das mindeſte Hinderniß von Seiten des Feindes, in Mantua konzentrirt hatte, beſchloß er mit Zuziehung eines Theiles der dortigen Garniſon am folgenden Tage die verſchanzte Linie des Curtatone anzugreifen und zu nehmen, durch dieſe Operation den Feind auf ſeinem äußerſten rechten Flügel zu umgehen, ſomit entweder zur Verlaſſung der Mincio-Linie oder zur Annahme einer Schlacht zu zwingen, was bei einem günſtigen Reſultate in beiden Fällen den Entſatz von Peschiera herbeiführen mußte.

Am 29. Mai rückten die für den Angriff der (wie ſchon früher erwähnt von Toscanern und Neapolitanern beſetzten) Linie des Curtatone beſtimmten Truppen in 3 Kolonnen in nachſtehender Ordnung vor:

Auf der Hauptſtraße über Caſtelnuovo gegen die bei Curtatone befindliche Brücke und Schanze — die Diviſion Fürſt Felix Schwarzenberg mit der Brigade Benedek, welche zum Angriffe, und der Brigade Wohlgemuth, welche als Reſerve für erſtere, beſtimmt war.

Auf der vom Fort Belfiore nach Montanara führenden Straße — die Diviſion Fürſt Carl Schwarzenberg mit der Brigade Clam zum Angriffe, mit der Brigade Straſſoldo als Reſerve.

I.                                                                              15

Auf dem vom Fort Belfiore über S. Silvestro nach Buscoldo führenden Wege — die Brigade Liechtenstein; sie war angewiesen dort den Uebergang über den Osone frei zu machen, oder nach Umständen das Unternehmen der ihr zur Rechten vorrückenden Brigade Clam zu unterstützen. Endlich zur Sicherung des Angriffs auf den Curtatone gegen den Po und untern Mincio, zwischen den Straßen nach Govvernolo und Borgoforte — die Brigade Simbschen.

Auf diese Art disponirt rückten die 3 Hauptkolonnen auf gleicher Höhe mit ihren Têten bis an den von gli Angeli transversal über Palazzina, Dosso del Corso und Chiese nuova ziehenden Weg, wo sie die Weisung zu den weiteren Bewegungen erwarteten.

Es war zehn Uhr, als der Feldmarschall den Befehl zur allgemeinen Vorrückung und zum Angriff gab.

Oberst Benedek hatte schon früher — als erste abmarschirte Brigade — die Zeit benützt, während die anderen Truppen aus der Festung zur Formation ihrer Kolonnen hervorbrachen, gedeckt durch das mit Bäumen bepflanzte Terrain, seine Truppen aus der Kolonne in die Angriffsstellung zu entwickeln, und zwar: 4 Kompagnien Szluiner in zerstreuter Schlachtordnung à cheval der Straße; das 2. Bataillon Paumgartten-Infanterie rechts, das 1. Bataillon Gyulai links als erstes; das 1. Bataillon Paumgartten rechts, das 2. Bataillon Gyulai links der Straße als zweites Treffen. ¼ Eskadron nebst den noch in der Festung zurückgelassenen 1¼ Eskadronen Radetzky-Hußaren bildeten die Reserve.

Nachdem bis ein Uhr Nachmittags bloß einzelne Plänklerschüsse gefallen waren, stellte der Kommandant der Zwölfpfünder-Batterie Nr. 1, Oberlieutenant Schneider, an seine Mannschaft die Aufforderung: wer den Muth habe, bis auf Kartätschendistanz vorzurücken. Sogleich erbot sich Vormeister-Kanonier Fejonka zu diesem tollkühnen Unternehmen; er führte die Bewegung vorwärts im Galopp aus, und eröffnete aus dieser Entfernung ein mörderisches Kartätschenfeuer, unter dessen Schutze Oberst Benedek 2 zwölfpfündige Geschütze auf der Straße, die Raketen-Batterie aber rechts derselben bis auf 900 Schritte gegen die Schanze vorrücken, und von hier aus, das Feuer beginnen ließ. Hierauf wurde von der 10. Pionier-Kompagnie unter Hauptmann Kloiber, eine kleine Laufbrücke über den linksseitigen breiten Chausséegraben geschlagen, und über

selbe 6 Haubitzen — 2 von der zwölfpfündigen Batterie Nr. 1, 2 von der
sechspfündigen Batterie Nr. 1, und 2 von der sechspfündigen Batterie
Nr. 8 (letztere von der Brigade Wohlgemuth) — aufgefahren. Nach und
nach konnten noch 2 zwölf- und 4 sechspfündige Kanonen rechts der Straße
vortheilhaft placirt, und endlich auch 1 zwölfpfündige Kanone und die
beiden langen Haubitzen, welche eine Zeit lang links von der Straße gewirkt hatten, auf dieser Seite aufgefahren werden. Es standen somit nach
ungefähr einer Stunde folgende Geschütze im Feuer: rechts von der
Straße 6 Raketengeschütze, 3 zwölf- und 4 sechspfündige Kanonen, dann
2 lange Haubitzen; auf der Straße selbst eine zwölfpfündige Kanone; links
derselben 4 Haubitzen. Sie beschossen unter ihren unerschrockenen Kommandanten, den beiden Oberlieutenants Schneider und Biedermann,
die durch gut angelegte Erdwerke und den Curtatone-Damm sehr fest verschanzte feindliche Stellung mit solchem Erfolge, daß schon nach den ersten
Schüssen, bei welchen Schneider die Geschütze selbst gerichtet hatte, eine
über Bank feuernde Kanone demontirt, und — durch eine Raketengranate
eines vom Oberfeuerwerker Sagasser gerichteten Geschützes getroffen —
ein Munitionskarren im Innern der Verschanzung in die Luft flog, wodurch
mehrere aus Reisig und Schilf geflochtene Lagerhütten in Brand geriethen,
und große Verwirrung angerichtet wurde.

Später avancirte der tapfere Oberlieutenant Schneider auf weitere
100 Schritte gegen die Verschanzung, und deckte durch sein Feuer das Vorrücken der Angriffs-Kolonne, bis er endlich in dem Maße, als diese Terrain
gewonnen, bis auf Kartätschendistanz vorprellte. Hier müssen wir des
Privatdieners (vom genannten Batterie-Kommandanten) Delbiuch Erwähnung thun. Da die Munitionskarren wegen des heftigen feindlichen
Feuers, der Batterie nur in großer Entfernung folgen konnten, trug
Delbiuch die Munition mit aller Kraftanstrengung zu, und brachte sogar,
als die Batterie auf Kartätschenschußweite feuerte, einen ganzen Verschlag
Kartätschenmunition herbei, wodurch das Feuer im wichtigsten Momente
fortgesetzt werden konnte.

Nun saß Oberst Benedek vom Pferde, und führte die aus einer Division Szluiner, der 11. und 12. Kompagnie Gyulai-Infanterie gebildete
Angriffs-Kolonne links von der Straße zum Sturme vor, der aber ungeachtet
der an Todesverachtung grenzenden Tapferkeit des Führers und dem Unge-

15 *

ſtüm der braven Truppe, des mörderiſchen feindlichen Feuers wegen, mißlang. Hierauf wurde noch das 1. Bataillon Gyulai in die vordere Linie gezogen, und von beiden Bataillons dieſes Regiments ein zweiter Sturm, doch wieder vergebens, verſucht.

Glücklicher war das rechts vom Oberſt Döll von Paumgartten-Infanterie, vorgeführte 2. Bataillon dieſes Regiments, indem der Feind hier ſchon im erſten Anlaufe aus den Häuſern zunächſt des Lago ſuperiore und der Gartenſchanze geworfen wurde. Zwar ſuchte das nun vorgeſchickte Piſaner-Univerſitäis-Bataillon nach Beſetzung der gegenüber liegenden Gebäude, das Bataillon Paumgarten wieder zum Verlaſſen der erwähnten Häuſer zu zwingen, aber Oberſt Döll — feſt entſchloſſen, die bereits errungenen Vortheile um keinen Preis wieder aufzugeben, — ließ aus den oberen Fenſtern gegen die Verſchanzungen ein Bataille-Feuer eröffnen. Nun rückte die Brigade Wohlgemuth zur Unterſtützung des Oberſt Benedek mit dem Oguliner-Grenz-Bataillon rechts, mit dem 1. Bataillon E. H. Sigmund (von General Wohlgemuth ſelbſt vorgeführt) und 2 Geſchützen links von der Straße vor. Die proponirte Ablöſung des Regiments Gyulai durch E. H. Sigmund-Infanterie, lehnte Oberſt von Benedek mit den Worten ab: „Das Regiment Gyulai muß die Schanze nehmen", worauf er demſelben den Befehl gab, zum dritten Male zu ſtürmen; nur die Diviſion des Oberlieutenant Bagnalaſta von E. H. Sigmund-Infanterie, erwirkte ſich die Erlaubniß, dieſen Angriff in aufgelöſter Ordnung mitmachen zu dürfen.

Rechts von der Straße erſtürmte Major Lilia von Paumgartten-Infanterie, dirigirt von ſeinem Oberſt, mit der vom Hauptmann Savageri kommandirten Diviſion die Schanze; ihm nach drang das vom Hauptmann Graf Reipperg des Ingenieur-Korps, welcher die Dienſte eines General-ſtabs-Offiziers bei der Brigade Benedek verſah, rechtzeitig herbeigeführte 1. Oguliner-Grenz-Bataillon unter Major Kneſevich. In 3 Angriffs-Kolonnen formirt, näherte es ſich der an die Gartenſchanze grenzenden Verſchanzung bis auf 100 Schritte, warf ſich hierauf in vollem Lauf auf dieſelbe, erſtieg ſie und drang in dieſelbe ein, wobei es durch einige von dem tapfern Hauptmann Savageri geführte Leute des Regiments Paumgartten unterſtützt wurde. Bei dieſem Sturme haben ſich die Hauptleute Baichetta und Buncsich, der bei dieſer Gelegenheit ſchwer verwunbete Oberlieutenant Leypold, Lieutenant Lattas und Wukellić, dann Feldwebel Luketić, welcher ebenfalls schwer blessirt wurde, durch persönlichen Muth und Entschlossenheit besonders ausgezeichnet.

Der Feind hielt jedoch noch hinter der Brücke Stand, und es gelang ihm mit Hilfe eines Geschützes das Gefecht zum Stehen zu bringen. Es bekam daher das 4. Bataillon Kaiser-Jäger den Auftrag, ebenfalls vorzurücken. Der Interims-Bataillons-Kommandant Graf Castiglione drang der Erste durch eine Schießscharte, ihm folgte Hauptmann Krismanić vom General-Quartiermeisterstabe, unmittelbar nach, und so war die nächst der Brücke befindliche Redoute bald erstürmt, und der Feind zum gänzlichen Rückzuge mit Zurücklassung des erwähnten Geschützes gezwungen.

Während der hier geschilderten Vorgänge war es dem Regimente Gyulai, mit dem tapfern Qua-Divisionär General-Major Fürsten Felix Schwarzenberg zu Fuß an der Tête, gelungen, mehrere Casinen zu nehmen, und den Damm in seiner ganzen Ausdehnung zu erstürmen, wobei Major Seyffert der Erste die Crête erstiegen hatte.

Diese Erfolge zwangen hier den Feind zur schleunigen Flucht, machten uns zu Meistern des historischen Schlüsselpunktes der Linie am Curtatone.

Die Brigade Wohlgemuth übernahm hierauf die Verfolgung des Feindes, während sich Oberst Benedek mit dem Regimente Gyulai, 4 Kompagnien Szluiner, 3 Kompagnien E. H. Sigmund-Infanterie und 4 Raketen-Geschützen gegen Montanara wandte, wo die Division Fürst Carl Schwarzenberg noch im Gefechte stand, das jedoch noch vor dem Eintreffen des erwähnten Succurses bereits entschieden war. Nur Benedek's Avantgarde (6 Kompagnien von E. H. Sigmund-Infanterie unter Hauptmann Buccellari) kam hier noch ins Feuer, indem sie im Vereine mit den Tirailleurs der Brigade Liechtenstein eine vom Feinde hartnäckig vertheidigte Brücke erstürmte und eine Kanone eroberte, welche jedoch wegen Mangel an Bespannung, stehen gelassen werden mußte.

Als der dem fliehenden Feinde nachgesendete Rittmeister Strasser von der Oberst 2. Escadron Radetzky-Hußaren (Brigade Benedek) einer neuerdings vorrückenden feindlichen Kolonne ansichtig wurde, detachirte er den Lieutenant Fejér mit einem Zug auf einem Umwege in dessen Flanke, während er selbst mit dem andern Zuge eine so glänzende Attaque ausführte, daß die ganze feindliche Kolonne (ein toscanisches Bataillon) versprengt, und 1 Offizier und 23 Mann gefangen genommen wurden. Sie fiel jedoch dem Hauptmann Grafen Castiglione von Kaiser-Jäger in die Hände. Als dieser sie bemerkt hatte, ließ er sie aus den beihabenden 2 Geschützen beschießen, und unternahm dann mit ½ Kompagnie Jäger unter Oberlieutenant Benkifer, ½ Kompagnie Oguliner unter Oberlieutenant Fanfogna und einem Flügel Uhlanen unter Rittmeister Asbahs einen Angriff auf dieselbe. Er war so gut geleitet und mit solchem Ungestüm ausgeführt, daß der Feind gezwungen wurde, sich in einen nahe gelegenen Hof zurückzuziehen, und nachdem auch dieser erstürmt worden, die Waffen zu strecken. 2 feindliche Stabsoffiziere, 22 Ober-Offiziere und mehrere 100 Mann fielen in unsere Hände.

Von den gleichfalls auf der Straße von Curtatone vorgerückten 9 Kompagnien des Regiments E. H. Sigmund wurde die 3. Kompagnie des Regiments gegen ein links gelegenes Haus entsendet. Hauptmann Passi, welcher dieses Haus mit seiner Kompagnie stürmen wollte, fand plötzlich eine dichte Tirailleurkette vor sich, richtete daher ohne Zeitverlust seinen Angriff gegen dieselbe, und trieb sie zurück; während er nun die Erstürmung des Hauses begann, war ihm der linke Flügel der feindlichen Kette in Flanke und Rücken gegangen, weßhalb er schleunigst seinen 1. Zug gegen dieselbe nach rückwärts entsendete. Das Haus wurde genommen und bei dieser Gelegenheit eine Fahne, 9 Trommeln und 180 Gewehre erobert, dann 2 Offiziere und 53 Mann gefangen genommen. Mittlerweile wurde dieser Kompagnie die 1. Division des Bataillons unter Hauptmann Bagnalasta, als Unterstützung nachgesendet, welche den Feind bei einem andern Hause antraf, dasselbe erstürmte und ebenfalls viele Gefangene machte. Endlich nahm die unter Hauptmann Schützenau entsendete 18. Kompagnie von E. H. Sigmund-Infanterie eine ungefähr 500 Schritte links von der Straße gelegene Häusergruppe, und eroberte eine feindliche Fahne, eine bedeutende Anzahl Gewehre nebst 7 Trommeln, welche jedoch nicht mitgenommen werden konnten.

Auch bei Montanara war der Sieg unsern Waffen hold. General Major Graf Clam rückte mit dem Grabiskaner-Grenz-Bataillon und 2 Geschützen der Kavallerie-Batterie Nr. 3 in 2 Kolonnen über Pioppe und Rizzarda gegen des Feindes linke Flanke; mit dem 1. Bataillon dieses Regiments, 2 Geschützen der Kavallerie-Batterie Nr. 3 und einem Zug

Radetzky-Husaren über Ca Poldi und Ca Pillegri in 2 Kolonnen gegen Spagnola und Ca Rainera in die rechte Flanke der feindlichen Aufstellung vor; als Reserve folgte das 1. Bataillon Hohenlohe (der Brigade Straf-solvo). Die zwölfpfündige Batterie Nr. 2 beschoß von der Straße aus die feindlichen Verschanzungen in der Front, während die Raketen-Batterie Nr. 2 zu beiden Seiten der Straße placirt, die Häuser von Montanara bewarf. In der Höhe von Ca Pazzoni und Ca Poldi stießen die Truppen auf die feindlichen Vorposten, sie waren augenblicklich zurückgedrängt, und nun wurde zum Angriff auf den Ort vorgerückt, indeß die Geschütze ihr Feuer verdoppelten, wobei ein Theil der abgesessenen Mannschaft des unter Lieutenant Becker auf Kanonenbedeckung gestandenen Zuges Radetzky-Husaren, angeeifert durch das Beispiel ihres Rittmeisters Ottinger, durch Zutragen von Munition, die Artillerie unterstützte.

Das Gradiskaner-Grenz-Bataillon stürmte mit vieler Bravour in des Feindes linke Flanke, mußte aber weichen, worauf es sich hinter dem rechten Flügel des Bataillons Hohenlohe wieder formirte. Das 1. Batail-lon Prohaska nahm Ca Spagnola, und das 2. Bataillon desselben Regi-ments einen vor Ca Rainera gelegenen wohlvertheidigten Friedhof.

3 Kompagnien Hohenlohe hatten den Angriff gegen die linke Flanke wiederholt, aber denselben unüberwindlichen Widerstand wie die Gradis-kaner gefunden.

Nun ließ General-Major Graf Clam 2 Raketengeschütze am Fried-hofe vor Ca Rainera placiren und das Innere von Montanara beschießen, worauf Oberst Baron Reischach von Prohaska-Infanterie — die Wich-tigkeit des Augenblickes erkennend — 5 neben ihm stehende Züge seines Regiments in Angriffs-Kolonne formirt, mit hochgeschwungenem Säbel unter dem Rufe: „Es lebe der Kaiser!" zum Sturme auf das nächste Haus führte. Das Feuer war jedoch so heftig und so allseitig, daß seine Soldaten einen Moment im Vordringen inne hielten. Aber Reischach läßt sich nicht aufhalten: er dringt ungeachtet des mörderischen feindli-chen Feuers, allein gegen das stark verrammelte Thor. Des Komman-danten heldenmüthiges Beispiel wirkt elektrisirend auf die Soldaten; sie eilen ihm nach, bahnen sich mit unwiderstehlicher Gewalt einen Weg durch die Fenster des Erdgeschosses, und werfen die Vertheidiger aus dem Hause.

Oberst Reischach läßt hierauf durch die mittlerweile nachgerückte Unterstützungs-Division das Gebäude besetzen, und sammelt, während Clam die feindliche Redoute beschießen läßt, mehrere Abtheilungen seines Regiments, die er zum Angriff auf den zweiten, ebenfalls stark verbarrikadirten und vertheidigten Hof führt; in wenig Augenblicken ist auch dieser erobert. Bei dieser Gelegenheit entriß Zimmermann Achaz, welcher unter den Ersten in den Hof drang, und mit seinem Beile kräftig gewirkt hatte, einem feindlichen Führer die Fahne. Nun stürzen die braven Soldaten mit dem Rufe: „Reischach ist da, der Sieg ist unser!" mit dem Bajonnete durch Rauch und Dampf todesmuthig auf die Toscaner, ihnen voran der tapfere Oberst. Einige der Vertheidiger werfen die Waffen weg und bitten um Pardon, während andere sich noch zu vertheidigen suchen. Da ertönt's plötzlich: „Vivat Prohaska, schießt nicht!" — die andern Kompagnien hatten nämlich die Redoute genommen, und warnten so ihre Kameraden inmitten dieser Rauchwolken vor todbringenden Irrthümern. Montanara war genommen, 200 Gefangene gemacht, eine Menge Waffen und eine feindliche Fahne erbeutet; der Feind, in wilder Flucht begriffen, fiel jedoch in die Hände des anrückenden 4. Bataillon Kaiser-Jäger und der früher erwähnten vom Rittmeister Asbahs geführten halben Escadron Kaiser-Uhlanen.

Die 3. Kolonne unter General-Major Fürst Liechtenstein war in der Zeit, als die Brigade Clam den Angriff auf Montanara begann über S. Silvestro in Amadei eingetroffen; der General entsendete von hier unter Führung des Hauptmanns Pakeny vom General-Quartiermeister-Stabe, eine Kompagnie Kaiser-Jäger unter Kommando des Hauptmanns Dietl, zur Unterstützung des linken Flügels des Regiments Prohaska beim Sturme auf Ca Spagnola und Ca Rainera; sie fiel dem Feinde in Flanke und Rücken, und trug hiedurch nicht wenig zur Eroberung dieser beiden Höfe bei. Ganz besonders haben sich hiebei Oberlieutenant Röggla und Patrouilleführer Körber ausgezeichnet; beide drangen an der Spitze einer halben Kompagnie über den vorgelegten Verhau in den Hof, und Letzterer, obgleich bereits am rechten Oberarm verwundet, erschoß mehrere Toscaner, und trug sogar mit Hilfe eines andern Mannes, den schwer verwundeten Jäger Renner aus dem feindlichen Feuer

Mittlerweile war die Brigade bis Badina und Strozza vorgerückt, nachdem sie zur Deckung ihrer rechten Flanke so wie zur Verbindung mit der Brigade Clam, das 8. Feldjäger-Bataillon und die 4. Division Kaiser-Jäger bei Amadei, Campi, Maggi und Carobiolo zurückgelassen hatte. Mit der Tête in Babina angelangt, entsendete General-Major Fürst Liechtenstein ein Bataillon E. H. Franz Carl-Infanterie, die 6. Division Kaiser-Jäger und 2 Geschütze nach Buscoldo zur Sicherung des dortigen Uebérganges; und da er zu jener Zeit den Auftrag erhielt, die Brigade Clam beim zweiten Angriffe auf Montanara zu unterstützen, so beschloß er über la Santa auf die von benanntem Orte nach Gazzuolo führende Straße zu marschiren. Den Kommandanten des 2. Bataillons Kaiser-Jäger Major Martinich, beauftragte er die über 2 Miglien vorgeschobene 6., und die gegen Carobiolo detachirte 4. Division einzuziehen, und sonach der Brigade zu folgen; zugleich bedeutete er dem genannten Stabsoffizier, daß er mit der, ohnehin durch den Tags vorher nach Mantua gemachten Gewaltmarsch, sowie durch den eben jetzt bei der drückenden Sonnenhitze hieher zurückgelegten Weg, in hohem Grade erschöpften Mannschaft, welche als Avantgarde und zur Flankensicherung verwendet wurde, wohl schwerlich mehr zur rechten Zeit zum Gefechte eintreffen dürfte. Major Martinich hatte jedoch die Bemerkung des Ordonnanz-Offiziers, welcher den Befehl des Feldmarschalls: den Generalen Clam zu unterstützen — überbrachte, gehört: „daß, wenn es der Brigade nicht gelänge, zeitig an dem Gefechte theilzunehmen, Montanara an diesem Tage wohl schwerlich genommen werden dürfte."

Dies, sowie die Hoffnung vielleicht in irgend einem entscheidenden Augenblicke zur Hand zu sein und mitwirken zu können, bewogen den Major Martinich die eben in Buscoldo eingetroffene 6., und die um einige 20 Minuten später angelangte 4. Division aus eigenem Antriebe aufzufordern, all' ihre physischen Kräfte aufzubieten, um die wohl 3 bis 4 Miglien betragende Strecke bis Montanara, in Eilschritten zurückzulegen, dadurch der Ehre, dort vielleicht siegend mitzukämpfen, theilhaftig zu werden, und so den Lohn für die bisherigen Anstrengungen, welche sonst nutzlos gewesen sein dürften, zu finden. Diese Aufforderung war hinreichend, die zwar im hohen Grade ermüdeten, aber demungeachtet wie immer kampflustigen Tiroler, zu jenem angestrengten Eilmarsche zu bewegen.

Als der in Babina bei der Brigade wieder eingetroffene Hauptmann

Paleny des General-Quartiermeisterstabes, die feindliche vor dem Ausgange von Montanara aufgestellte Reserve erblickte, ließ er die bei der Avantgarde eingetheilten beiden Geschütze der Kavallerie-Batterie Nr. 2 auf der Straße auffahren, um den Feind im Rücken zu beschießen. Um sich aber zu überzeugen, ob die hinter dem Orte aufgestellte Kolonne auch wirklich eine feindliche sei, was man im ersten Augenblicke nicht genau unterscheiden konnte, ritt der Batterie-Kommandant Oberlieutenant Pauer, auf der Straße vor; bald hatten ihn einige entgegengeschickte Kugeln davon überzeugt. Nun eröffnete Oberfeuerwerker Czehovini aus seinen beiden Haubitzen das Feuer, das er mit der größten Unerschrockenheit in einem furchtbaren feindlichen Kugelregen, und ungeachtet einer durch einen Granatsplitter erhaltenen Wunde so lange fortsetzte, bis die feindlichen Geschütze verstummten, wobei ihn 2 links von der Straße aufgefahrene Kanonen unterstützten.

Mittlerweile hatte General-Major Fürst Liechtenstein seine Angriffs-Dispositionen getroffen, wie folgt: Das 9. Jäger- und 5 Kompagnien des 2. Bataillons E. H. Franz Carl-Infanterie sollten durch ihr Vorrücken links von der Straße, dem Feinde den Rückzug abschneiden, während eine Kompagnie desselben Bataillons unter Hauptmann Cavallar auf der andern Seite der Straße vorging; 2 Kompagnien Kaiser-Jäger wurden schon von Casa Morro gegen Montanara beordert, um mit den vor Ca Spagnola stehenden beiden Kompagnien den Angriff zu unterstützen. Das aus Buscoldo, wo es durch das 8. Feldjäger-Bataillon abgelöst wurde, nachgerückte Bataillon Franz Carl blieb bei la Santa en réserve.

Der Feind, durch das Geschützfeuer in seinem Rücken überrascht, zog seine Reserven schnell aus Montanara zurück, und besetzte, in der Meinung, nur durch eine kleine Abtheilung umgangen zu sein, gegen welche er sich leicht behaupten könne, die Höfe Nuova, Villani und Rocca, um durch deren kräftige Vertheidigung den Rückzug seiner Haupttruppe aus Montanara zu decken; 2 seiner Geschütze placirte er auf der Straße, die 3 andern bei Rocca. Erstere zog er nach einigen Schüssen nach Ca Villani, letztere begrüßte Oberfeuerwerker Czehovini mit einem solch wirksamen Feuer, daß sie nicht einmal zum Schusse kommen konnten. Nebst dem tapfern Oberfeuerwerker zeichnete sich hier der Kanonier Ruczkai durch besondere Kaltblütigkeit aus.

Kaum hatte der Feind die genannten Höfe besetzt und sein Feuer zu ihrer Vertheidigung begonnen, so sah er sich auch schon von allen Seiten angegriffen. Selbst Major von M a r t i n i ch war nach einem ziemlich forcirten Marsche mit der 4. und 6. Division Kaiser-Jäger in gleiche Höhe mit den Tirailleurs des 9. Feldjäger-Bataillons gelangt, und bildete somit den äußersten rechten Flügel gegen den Maierhof Corte Villani, welchen der genannte Major, auf dessen rechtzeitiges Eintreffen, wie oben erwähnt, gar nicht gerechnet werden konnte, zu nehmen beschloß. Er ließ hiezu 2 Züge der 6. Division in Plänkler aufgelöst vorgehen, und die andern 6 Züge dieser Division in Angriffs-Kolonne formiren, und die 4. Division als Unterstützung nachfolgen. Während dieser Vorrückung hatte ein feindlicher Kanonier eine der beiden, vor dem großen Thore des Hofes, placirten Kanonen abgefeuert, da sprang der Jäger H a s e l w a n- t e r aus der Kette, und kaum begann sich die dichte Rauchwolke ein wenig zu verziehen, so traf seine Kugel den eben zum Abbrennen des 2. Geschützes sich anschickenden Artilleristen. Diesen Moment schnell benützend, ließ Major M a r t i n i ch zum Sturme blasen; die beiden in Plänkler aufge- lösten Züge unter Kommando der Lieutenants von B ö t t i ch e r und Ba- ron S t e r n b a ch stürmten rasch vor, ihnen folgte der Major an der Spitze der Kolonne, mit welcher er durch das Thor in den Hof drang. Dieser Angriff wurde durch den Hauptmann C a v a l l a r von E. H. Franz Carl kräftigst unterstützt, der wie erwähnt, anfangs rechts der Straße vorge- rückt war, dort jedoch auf keinen Feind stieß, und sich mit seiner Kompagnie schnell gegen Villani gewendet hatte. Gemeiner T i l g e r übersprang der Erste einen vier Schuh breiten Wassergraben, half seinem Hauptmanne über denselben, und eiferte durch sein Beispiel und Zurufen die Mannschaft zur Passirung dieses Hindernisses an, worauf er neben dem Kompagnie- Kommandanten an der Spitze der Kompagnie vorrückte, aber bald darauf fiel. Auch Oberlieutenant von G r ö s s i n g des 9. Feldjäger-Bataillons, hatte sich mit seinen Plänklern dem vordringenden Hauptmann C a v a l l a r angeschlossen und bei Erstürmung jenes Hofes kräftigst mitgewirkt.

Am äußersten linken Flügel führte Hauptmann P u l s z k y von E. H. Franz Carl-Infanterie, die Sturmkolonne gegen die bei Rocca aufgestellten 3 Geschütze und nahm sie, wobei sich Lieutenant S ch u l l e r des 9. Feld- jäger-Bataillons und Korporal H o t t ó der 9. Kompagnie Franz Carl durch kühnes Vordringen und Aneifern der Mannschaft, ganz besonders hervorthaten.

Der nach der Einnahme der genannten Höfe von allen Seiten umringte Feind sah sich abgeschnitten und streckte die Waffen.

Der günstige Moment des Angriffes gleichzeitig mit jenem der Brigade Clam, vorzüglich aber die gelungene Umgehung bis in den Rücken des Feindes, hatte das Schicksal des Tages und das Gefecht auch hier, sowie bei Curtatone entschieden.

Unser Verlust an diesem für die österreichischen Waffen so ruhmvollen Tage war: Von Kaiser-Jäger — todt 1; verwundet Lieutenant Bataillons-Adjutant Tartler und 5 Mann. 8. Feldjäger-Bataillon — verwundet 1 Mann. 9. Feldjäger-Bataillon — todt 1; verwundet 3 Mann. Oguliner-Grenz-Bataillon — todt 2 Mann; verwundet Oberlieutenant Leppold und 15 Mann; vermißt 10 Mann. Szluiner 1. Grenz-Bataillon — todt 2 Mann; verwundet die Hauptleute Weiß und Kúdúmillo, dann 45 Mann; vermißt 16 Mann. Gradiskaner 1. Grenz-Bataillon — todt Lieutenant Popović und 9 Mann; verwundet Hauptmann Fromm, Oberlieutenant Heinrich und 67 Mann; vermißt 3 Mann. Br. Prohaska-Infanterie — todt Hauptmann Damschuh, Lieutenant von Spinette und Hoffmann, dann 25 Mann; verwundet Hauptmann Stiller, die Oberlieutenants Baron Apfaltern und Mayer, die Lieutenants Graf Schönfeld und Hagen, dann 67 Mann; vermißt 118 Mann. Prinz Hohenlohe-Infanterie — todt Lieutenant Baron Mareschall, dann 18 Mann; verwundet Oberstlieutenant von Riera, Hauptmann Graf Thurn-Valsassina und 49 Mann; vermißt 25 Mann. Br. Reisinger-Infanterie — todt Oberlieutenant Brigade-Adjutant Schestak. Br. Paumgartten-Infanterie — todt Oberlieutenant Zaremba, Lieutenant Baron Schönau und 14 Mann; verwundet die Hauptleute Kunsti und von Simon, die Oberlieutenants Graf Wengersky und Wolff, die Lieutenants Röhlein, Köllner, von Fischer, Babich und Heller, dann 116 Mann; vermißt 3 Mann. Gr. Gyulai-Infanterie — todt 10 Mann; verwundet die Hauptleute Kezzer und Maksay, Oberlieutenant Klacsányi, die Lieutenants Carpani, von Sughó, Rauch und Pechár, dann 98 Mann; vermißt 3 Mann. E. H. Sigmund-Infanterie — todt 1; verwundet 9; vermißt

1 Mann. (E. H. Franz Carl-Infanterie — tobt 3; verwundet 7 Mann. Sechspfündige Fuß-Batterie Nr. 1 — tobt 1 Mann. Kavallerie-Batterie Nr. 2 — verwundet 2 Mann. Raketen-Batterie Nr. 1 — verwundet 1 Mann. Zwölfpfündige Batterie Nr. 1 — verwundet 3 Mann. Mithin: tobt 8 Ober-Offiziere und 87 Mann; verwundet 1 Stabs-, 28 Ober-Offiziere und 488 Mann; vermißt 179 Mann.

Der Verlust des Feindes an Todten und Blessirten kann nicht angegeben werden, indem er viele derselben beim Rückzuge mitgeführt hatte; an Gefangenen verlor er gegen 2000 Mann, worunter 4 Stabs- und 59 Ober-Offiziere, ferner 5 Kanonen und eben so viele Pulverwägen.

Die Erstürmung der starken, vom Feinde nicht gehörig gewürdigten Linie von Curtatone und die Vernichtung der sie vertheidigenden toscanischen Hilfs-Division unter Oberst de Laugier, welcher (nach Abberufung des General-Lieutenants d'Arco Ferrari nach Florenz) seit 27. das Kommando derselben führte, mußten Carl Albert nicht nur zur Erkenntniß bringen, daß er es mit der ganzen österreichischen Armee zu thun habe, sondern auch jeden Zweifel über Radezky's Absichten benehmen. Goito war damals höchstens von einem Regimente besetzt; ein rasches Vorrücken des 2. Armee-Korps, welches, mit Ausnahme der Brigade Liechtenstein, an diesem Tage gar nicht ins Gefecht kam, würde diesen Punkt in unsere Hände gebracht und den König vielleicht genöthigt haben, die Sammlung seiner Streitkräfte mit Preisgebung ihrer Magazine erst bei Brescia zu bewerkstelligen. Leider fehlten dem österreichischen Feldherrn verläßliche Nachrichten über des Feindes Stärke und Stellung, er war somit gezwungen, nur mit großer Vorsicht zu operiren.

Die Armee nahm nach errungenem Siege folgende Aufstellung: Brigade Benedek in Rivalta, Brigade Wohlgemuth in Castellucchio, Brigaden Clam und Straffoldo in le Crosette, Brigade Liechtenstein bei Ospitaletto, Brigade Taxis bei Gabbiana, Brigade Gyulai bei Panicella. Die Brigade Simbschen wurde angewiesen, aus ihrer Aufstellung zwischen Governolo und Borgoforte noch während der Nacht über Montanara nach Gabbiana zu rücken. Die Brigaden Rath und Maurer des Reserve-Korps, nahmen ihre Aufstellung bei le Grazie; die Brigade Schulzig desselben Korps, die Reserve-Kavallerie und Artillerie-Reserve der Armee verblieben in Mantua.

### Gefechte bei Calmafino und Cifano

**am 29. Mai.**

An diesem Tage versuchte auch Oberst Baron Zobel seine Operation gegen Peschiera fortzusetzen. Die Vorrückung geschah in 2 Kolonnen, wovon die Hauptkolonne, bestehend aus 12 Kompagnien Schwarzenberg-Infanterie und der sechspfündigen Fußbatterie Nr. 1, unter Zobel's persönlicher Leitung auf dem über Cavajon nach Calmafino führenden Wege, vorging; die andere — 4 Kompagnien Kaiser-Jäger, 11. und 12. Kompagnie G. H. Baden-Infanterie und eine halbe Raketen-Batterie — unter Major von Burlo über Cifano, längs des Garda-Sees gegen Lazife zu rücken, im Falle jedoch dieser Ort zu stark besetzt wäre, sich mit ersterer Kolonne zu vereinigen, angewiesen war.

Oberst Zobel stieß vor Calmafino auf den Feind, und drängte denselben bis in seine Aufstellung bei diesem Orte, zurück. Nun wurde Hauptmann Moga von Schwarzenberg-Infanterie, mit 2 Kompagnien rechts längs der Höhe, und Hauptmann Moser desselben Regiments, mit 2 Kompagnien links gegen die Höhen entsendet, während in der Front Haubitzgranaten den Angriff vorbereiteten. Nebstdem rückte noch eine Division unter Hauptmann Leiml zur Unterstützung des Hauptmanns Moser vor. Nun begann der Angriff — rechts gewann Hauptmann Moga immer mehr Terrain, doch links war man nicht so glücklich; die Anhöhe war sehr steil, wurde zu früh gestürmt, und Hauptmann Moser fiel gleich beim ersten Angriff, beim zweiten fiel Hauptmann Leiml. Da Zobel die Vortheile, welche Moga rechts errungen hatte, nicht aufgeben wollte, so entsendete er noch eine Kompagnie unter Hauptmann Baron Holzhausen zu dessen Unterstützung. Bald hatte derselbe die Höhe erstiegen, und schon drangen jene 3 Kompagnien gegen die Rocca vor, als sie plötzlich mit einer Decharge empfangen, und von einem ganzen Bataillon der Brigade Piemont angegriffen wurden. Nun drangen auch die andern Unterstützungen des Feindes vor, und die beiden Hauptleute mußten, um nicht durch die Uebermacht zersprengt oder gar abgeschnitten zu werden, die schwer erkämpften Vortheile aufgeben. In diesem Augenblicke scheint der Feind auch von rückwärts Verstärkungen erhalten zu haben, denn Alles warb im Orte lebendig und seine Geschütze arbeiteten noch rascher als zuvor. Die Anhöhen so leicht wieder zu nehmen, war nicht wahrscheinlich, daher Oberst Zobel den Rückzug auf die vor Cavajon liegenden Höhen anord- nete, welcher durch Major Scharinger in bester Ordnung ausgeführt wurde. Der Feind suchte ihn auch hier zu tourniren, wurde jedoch im letzten Momente daran gehindert, und in seine Stellung durch das Feuer der Geschütze brillant zurückgewiesen. Das Gefecht hatte von eilf bis nach sieben Uhr Abends gedauert.

Die rechte Kolonne unter Major von Burlo setzte sich um zwölf Uhr Mittags in Marsch; ihre rechte Flanke cotoyrte die 12., ihre linke die 11. Kompagnie von G. H. Baden-Infanterie. Lieutenant Strehle von Kaiser-Jäger, stieß an der Spitze der Avantgarde etwa 500 Schritte außerhalb Cisano auf den Feind. Die Kolonne entwickelte sich nun aus der Marschordnung, und es entspann sich sogleich ein äußerst hartnäckiges Gefecht, in welchem Lieutenant Baron Schneeburg durch vier Kugeln schwer blessirt, von dem Jäger Burtscher zurückgetragen wurde. Der Gegner hatte seine Stellung durch einige Verschanzungen verstärkt, Barri- kaden errichtet, die Häuser und Umfangsmauern mit Schußlöchern versehen, endlich vom Dorfe bis zum See einen Jägergraben aufgeworfen. Der Angriff auf den so gedeckten, an Zahl weit überlegenen Feind, welcher noch aus Lazise Verstärkungen erhielt, war somit dem stärksten Kreuzfeuer aus- gesetzt, auch suchte er durch eine auf den Höhen entsendete Kolonne, dem Major Burlo in die linke Flanke zu kommen; sie wurde aber von der 11. Kompagnie G. G. Baden unter Hauptmann Leithner angegriffen und zurückgeworfen, wobei Korporal Pengauer viel Entschlossenheit bewies. Auch zeichneten sich die Korporale Geißhütter und Bama- cher bei dieser Gelegenheit besonders aus, indem sie ungeachtet der eigenen Erschöpfung die schwer Blessirten in Sicherheit brachten.

Major Burlo rekognoszirte die feindliche Stellung, ordnete den An- griff und führte in eigener Person die Plänkler vor. Das ununterbrochene mörderische Kreuzfeuer aus der feindlichen Stellung, ließ die Truppe un- geachtet aller Anstrengung nicht mehr Terrain gewinnen. Hier müssen wir des Trompeters Schmiedinger der 18. Kompagie erwähnen; obgleich bereits verwundet, blies er dennoch die verschiedenen Signale, erhielt noch zwei Streifschüsse und verlor zuletzt durch eine Gewehrkugel das Mundstück seiner Trompete. Nun ergriff Schmiedinger die Kammerbüchse eines schwer verwundeten Kameraden und feuerte gleich den Uebrigen nach dem Feinde. Ein unter dem Schutze der halben Raketenbatterie mit erneuerter Anstrengung wiederholter Angriff scheiterte gleichfalls an dem überwiegenden feindlichen Feuer, und so sah sich zuletzt Major Burlo genöthigt, in einen passiven Widerstand überzugehen. Die Lage der Truppe verschlimmerte sich noch durch die gleichzeitig bewerkstelligte Ueberschiffung feindlicher Truppen auf dem von Salò nach Garda segelnden Dampfboote.

Die Unmöglichkeit erkennend, durchzubringen, war Major von Burlo nach vierstündigem ununterbrochenen Kampfe eben entschlossen, das Gefecht abzubrechen, als ein Offizier mit einem Zug Schwarzenberg-Infanterie, vom Oberst Baron Zobel geschickt, dessen Befehl zum Rückzug überbrachte, indem auch der Angriff auf Calmasino ohne Erfolg geblieben. Hierauf wurde der Rückmarsch ungeachtet der großen Ueberlegenheit des Feindes, unangefochten von diesem, nach Caprino ausgeführt.

Die Brigade Zobel verlor in diesen Gefechten: Von Kaiser-Jäger: todt 7 Mann, verwundet Oberlieutenant Zerboni (tödtlich), Lieutenant Baron Schneeburg und 15 Mann, vermißt 7 Mann. Schwarzenberg-Infanterie: todt die Hauptleute Moser und Leiml, dann 13 Mann, verwundet Lieutenant Steinforth und von Schertlin, dann 33 Mann. G. H. Baden-Infanterie: todt 2, verwundet 11 Mann,

Jener des Feindes kann nicht angegeben werden, da er seine Stellung behauptete. Die Besatzung von Calmasino mag anfangs 800 Mann stark gewesen sein, im Laufe des Gefechtes wurde sie bis auf 2000 Mann verstärkt; in Lazise waren nach der Aussage des Conte Forri 1400 Mann; in Piovezzan und Pastrengo standen nach der Meldung des Majors Brassier gegen 2000 Mann mit 10 bis 12 Geschützen hinter Verschanzungen.

### Gefecht bei Goito

#### am 30. Mai.

Nach Sprengung der verschanzten Linie am Curtatone, stand der Armee kein Hinderniß mehr zur Fortsetzung ihrer weiteren Offensiv-Operationen entgegen. In zwei Kolonnen getheilt, wurde sie daher am folgenden Tage mittelst einer Rechtsschwenkung gegen Goito und Ceresara dirigirt. Das erste Armee-Korps war angewiesen, über Rivalta, Sette Frati und Sacca gegen Goito vorzurücken; ihm folgte das Reserve-Korps mit der Kavallerie- und Artillerie-Reserve bis Rivalta nach, wo es seine weitere Bestimmung zu erwarten hatte; das zweite Armee-Korps erhielt die Richtung von Castellucchio über Rodigo nach Ceresara. Das erste und Reserve-Korps marschirten rechts, das zweite links ab, um bei einem Aufmarsche sich näher zu sein.

Da auf diese Art das zweite Armee-Korps einen ziemlich weitläufigen Bogen zu beschreiben hatte, während dem ersten die gerade Richtung nach Goito vorgezeichnet war, so setzte sich des letzteren Avantgarde erst um ein Uhr Nachmittags in Bewegung, als jene des zweiten Korps in Rodigo bereits eingetroffen war.

Oberst von Benedek, welcher die Avantgarde kommandirte, hatte gleich hinter Sacca seine Brigade zur weiteren Vorrückung geordnet, wie folgt: rechts der Straße 2 Kompagnien Szluiner und hinter diesen 2 Kompagnien Paumgartten, links der Straße 2 Kompagnien Szluiner und 10 Kompagnien Paumgartten im 1. Treffen (die Szluiner in zerstreuter Schlachtordnung, Paumgartten in 2 Kolonnen auf gleicher Höhe); dann 10 Kompagnien Gyulai im 2. Treffen, ebenfalls in 2 Kolonnen auf gleicher Höhe. Eine Eskadron Radetzko-Hußaren bildete die Tête und hatte Abtheilungen vorgeschoben, eine andere Eskadron desselben Regiments marschirte hart an der Straße in gleicher Höhe mit dem 2. Treffen.

Die übrigen Brigaden des ersten Armee-Korps rückten in Kolonnen auf der Straße nach.

Bald meldeten die vor und seitwärts entsendeten Hußaren-Patrouillen das Erscheinen feindlicher Kavallerie-Vedetten auf der Straße und ungefähr eines Flügels Reiterei links von derselben, welche sich jedoch bei dem Vorrücken unserer Truppen ohne Widerstand zurückzogen. Auch hatte man von den Landleuten in Erfahrung gebracht, daß Goito vom Feinde besetzt und derselbe bei Balle di Burato und Segrada, welche Häusergruppen verschanzt waren, Stellung genommen habe.

Es mochte halb vier Uhr gewesen sein, als die Tête der Kolonne an einem Straßenbuge ungefähr 1000 Schritte außerhalb Ca Franchini mit einigen gut gezielten Kanonenschüssen begrüßt wurde.

Daß der Feind Goito stark besetzt habe, darauf mußte man wohl gefaßt sein, aber daß General-Lieutenant Bava 18 bis 20000 Mann mit 54 Geschützen (Division d'Arvillars und die Reserve-Division des Herzogs von Savoyen) auf diesem Punkte bereits concentrirt habe, das erwartete man nicht. In der starken Stellung von Volta stand eine Division.

Nun fuhren nebst der Sechspfünder-Batterie der Brigade Benedek die zwölfpfündige Batterie Nr. 1, so wie die halbe Raketen-Batterie Nr. 1, unverweilt auf und, obgleich sie das Feuer des Feindes mit der größten Lebhaftigkeit erwiederten, blieben sie doch gegen sein an Zahl und Kaliber weit überlegenes Geschütz im Nachtheile.

Indessen wurde die Brigade Wohlgemuth angewiesen, links der Brigade Benedek vorzurücken, und die Brigade Strassoldo in des Feindes rechte Flanke gegen Gobbi dirigirt. Man versprach sich von diesem Manöver einen um so günstigeren Erfolg, als auch die Mitwirkung des zweiten Armee-Korps gegen des Feindes Rücken und Flanke, erwartet wurde. Unterdessen hatte Benedek den ungleichen Kampf mit aller Anstrengung und Aufopferung muthvoll fortgesetzt.

In gleicher Höhe mit der Brigade Benedek angekommen, griff General-Major Wohlgemuth mit dem 4. Bataillon Kaiser-Jäger und dem 1. Oguliner-Grenz-Bataillon, welchen 2 Bataillone E. H. Sigmund-Infanterie als Reserve nachfolgten, die am Rideau liegenden Häuser an. Die Jäger und Grenzer erstürmten den Straßendamm und trieben den Feind, der Gewehre und Tornister von sich warf, in wilder Flucht in die bezeichneten Häuser zurück, wo jedoch in demselben Augenblicke das 2. Garde-Regiment zur Unterstützung der Brigade Coni eingetroffen war. Gegen diese Häuser wurde nun ein dreimaliger Sturm unternommen, aber leider isolirt und ehe das Regiment E. H. Sigmund herbeigekommen war. Die Oguliner erstürmten wohl mit großer Tapferkeit mehrere derselben; mußten sie aber wieder verlassen. Wegen muthvollen Benehmens bei diesen Stürmen, verdienen besonders genannt zu werden — von Kaiser-Jäger: Hauptmann Baron Pirquet, welcher auf den Vorschlag, um Verstärkung anzusuchen, erwiederte: „Wir brauchen keine Verstärkung, wir stürmen so auch", hierauf mit seiner Kompagnie gegen den Damm stürmte, und den Feind auf diesem Punkte zurückwarf, dann Hauptmann Köth und Oberlieutenant Baron Montluisant; von den Ogulinern: die Hauptleute Baichetta, Buncsich und von Körber, endlich der zugetheilte

Hauptmann T o m a s vom Ingenieur-Korps, welcher freiwillig mit den
stürmenden Ogulinern vorging.

Bereits waren durch das feindliche Kartätschenfeuer 3 Bespannungspferde von einer Kanone der sechspfündigen Fußbatterie Nr. 8 getödtet,
ein zweites Geschütz war in einen Graben gefallen; beide galten für verloren, da sich die Batterie eben zurückziehen mußte. Dennoch gelang es den
Fuhrwesen-Gemeinen M o s b a c h e r und N e k o w e ß unter der Leitung
des Artillerie-Korporals F a b i a n, die getödteten Pferde bei Seite zu
schaffen, und die Kanone mit Einem Pferde zu retten; eben so brachte der
Gemeine B r a t e s, das heftigste feindliche Feuer nicht achtend, durch
geschicktes Lenken seiner Pferde, das Geschütz aus dem Graben zur Batterie.

Die hinter der Brigade Wohlgemuth vorgerückte Brigade Strassoldo,
bestimmt den äußersten linken Flügel des 1. Armee-Korps zu bilden, war
eben an der von Sta. Maria nach Goito führenden Straße angelangt, als
die erstere zurückgedrängt wurde. Da man die Ursache dieses Zurückwei-
chens nicht gleich erkannte, so bildete das 10. Jäger-Bataillon, welches in
Divisions-Kolonnen auf gleicher Höhe marschirte, Massen; setzte aber bald
wieder seinen Marsch fort, gefolgt von dem in Bataillons-Kolonne nachrückenden 1. Bataillon Hohenlohe. Das 2. Bataillon dieses Regiments
marschirte auf dem über Caigole führenden Wege mit der Brigade-Batterie,
welche in Folge des Rückzuges der Brigade Wohlgemuth, rechts umkehrte,
doch bald wieder links vorwärts dirigirt wurde. Sie marschirte hierauf über
die früher erwähnte von Sta. Maria führende Straße und faßte daselbst
Posto, um die Häusergruppen Longhino und Gobbi zu beschießen, und
dadurch den Angriff auf den rechten feindlichen Flügel, welcher zugleich
der strategische Angriffspunkt war, vorzubereiten. Das 10. Jäger- und
2. Bataillon Hohenlohe, gefolgt von dem 1. Bataillon des letzteren Regiments, griffen nun mit Entschlossenheit die genannten stark besetzten Gehöfte
an und bemächtigten sich derselben, wurden aber bald von dem mit beträchtlichen Reserven herangerückten Gegner zum Rückzuge genöthigt; auch ein
zweiter Sturm ward abgeschlagen.

Die Brigade hatte gleich nach dem ersten Sturme auf die Unzuläng-
lichkeit der 3 Bataillone gegen einen so wichtigen und entscheidenden Punkt
aufmerksam gemacht, und um Verstärkung gebeten, diese jedoch nicht
erhalten. —

16*

Der Feind hatte, um seine strategisch sehr ungünstige Lage zu ver-
bessern, seinen rechten Flügel in Staffeln nach vorwärts aufgestellt, und
denselben bedeutend verstärkt.

Auf dem rechten Flügel unterstützte die als Reserve für das 1. Armee-
Korps zurückbehaltene Brigade Clam mit 2 Bataillons Prohaska und
2 Kompagnien Grabiskaner, die durch den langen Kampf bereits erschöpfte
Brigade Benedek, und erhielt — durch die vom Artillerie-Hauptmann
Edlinger vorgeführte zwölfpfündige Batterie Nr. 3 verstärkt — noch
einige Zeit das Gefecht. Bei dieser Gelegenheit gab der Kommandant der
zum Rückzuge beorderten Zwölfpfünder-Batterie Nr. 1, Oberlieutenant
Schneider erneuerte Beweise seiner Geistesgegenwart und Ausdauer,
indem er den Rückzug der Brigade, und endlich mit dem letzten sich zurückziehenden Geschütze, jenen der übrigen deckte. Nachdem er so seine Geschütze
und Munitionskarren in Sicherheit gebracht, führte er auf Ansuchen des
früher genannten Hauptmanns, dessen Batterie in die eben verlassene Aufstellung vor. Daselbst angelangt, erneuerte der Feind sein Feuer mit
solcher Heftigkeit, daß schon während des Abprotzens und Wendens der
Geschütze, mehrere Fuhrwesen-Soldaten von der Bespannung, fielen; die
ihrer Führer entledigten Pferde wurden scheu, und rissen eine Protze nebst
mehreren Artilleristen in den an der Straße befindlichen Thalgrund hinab,
wodurch die der feindlichen Linie am nächsten aufgefahrene Kanone einige
Zeit ohne Bedienung gewesen wäre, wenn nicht Oberlieutenant Schneider dies bemerkend, sogleich vom Pferde gesprungen, an's Geschütz getreten
wäre, und durch längere Zeit die Funktion dreier Nummern verrichtet
hätte. Erst gegen Abend, mithin zu einer Zeit, wo das Gefecht bereits zu
Ende oder eigentlich abgebrochen war, erschien die Brigade Maurer des
Reserve-Korps hinter der Brigade Strassoldo. Sie gab die Vorposten zur
Deckung des 1. Armee-Korps, lehnte sich rechts an den Mincio, den linken
Flügel setzte sie bei Cagliara in Verbindung mit den Vorposten der Brigade
Rath des Reserve-Korps, das Gros der Brigade stand bei Ca Franchini.

Wäre das Reserve-Korps in Rivalta nicht unthätig stehen geblieben,
sondern nach Sta. Maria vorgerückt, wohin es eigentlich gehörte, um den
linken Flügel des 1. Armee-Korps unterstützen zu können, so wäre der
rechte Flügel der Piemontesen sicher geworfen worden. Ein Hauptfehler
war auch, daß die 3 Brigaden successive nacheinander ins Gefecht gebracht

wurden, und jede erst dann aufmarschirte, als die nebenstehende bereits zurückgedrückt war. Wohin dieser Sieg geführt hätte, wenn gleichzeitig das 2. Armee-Korps in der rechten Flanke des Feindes erschienen wäre, haben wir schon früher angedeutet — er hätte bei gehöriger Verfolgung mit einer Katastrophe für die Piemontesen enden müssen.

Am Kampfe haben eigentlich nur die Brigaden Benedek, Wohlgemuth und Strassoldo mithin etwa 10.000 Mann Theil genommen, während der Feind 22.000 Mann stark war.

In der Nacht rückte das 1. Armee-Korps mit der Division Fürst Carl Schwarzenberg nach Sacca, mit der Division Fürst Felix Schwarzenberg nach Sette Frati, mit der Artillerie-Reserve und dem Brückentrain nebst dem Korps-Hauptquartier nach Rivalta, wo sich auch das Hauptquartier des Feldmarschalls und die Brigade Schulzig des Reserve-Korps befanden.

Das 2. Armee-Korps stand mit der Division Schaffgotsche in Ceresara, mit der Division Wimpfen bei Ca del Gallo, das Korps-Hauptquartier in Ceresara.

Der Verlust des 1. Armee-Korps an diesem Tage war: General-Major Fürst Felix Schwarzenberg am Arme verwundet. Von Kaiser-Jäger — todt 6 Mann; verwundet Hauptmann Toth und 33 Mann; vermißt 29 Mann. Vom 10. Feldjäger-Bataillon — todt 10 Mann; verwundet Lieutenant von Suppanzigh und 47 Mann; vermißt 2 Mann. Vom 1. Szluiner-Grenz-Bataillon — verwundet die Lieutenants Erdelaß und Mudrovcsić, dann 24 Mann; vermißt 15 Mann. Vom 1. Oguliner-Grenz-Bataillon -- todt Lieutenant Wuzellić und 5 Mann; verwundet Hauptmann Körber, Oberlieutenant Paul, die Lieutenants Mikasinović, Boroević und Lattas, dann 59 Mann; vermißt 18 Mann. Vom 1. Gradiskaner-Grenz-Bataillon — verwundet 5; vermißt 4 Mann. Von Br. Prohaska-Infanterie — vermißt 3 Mann. Von Prinz Hohenlohe-Infanterie — todt 13 Mann; verwundet Major Fürst Bentheim-Steinfurth, die Lieutenants Baron Wollensperg, Graf Auersperg, Kolb, Posch und Entner, dann 55 Mann; gefangen Major Fürst Bentheim-Steinfurth und Lieutenant Tormin; vermißt Oberlieutenant Baron Eck und 112 Mann. Von Br. Paumgartten-Infanterie — todt 11 Mann; verwundet Oberst von Döll und Oberstlieutenant von Freisauf (welch' beiden von ein und derselben

Kanonenkugel, dem einen der rechte, dem andern der linke Fuß zerschmettert wurde), dann Oberlieutenant Czappek und 39 Mann; vermißt 8 Mann. Von Gr. Ghulai-Infanterie — todt 9 Mann; verwundet Lieutenant Killich und 32 Mann; vermißt 17 Mann. Von E. H. Sigmund-Infanterie — todt 8; verwundet 11; vermißt 12 Mann. Von der 1. Majors-Division Gr. Radetzky-Hußaren — todt Oberlieutenant von Mecséry; verwundet 1; vermißt 1 Mann. Von der sechspfündigen Fußbatterie Nr. 1 — todt 1; verwundet 2 Mann. Von der sechspfündigen Fußbatterie Nr. 8 — todt 1 Mann; verwundet Oberlieutenant Geuß und 2 Mann. Von der zwölfpfündigen Batterie Nr. 1 — verwundet 1 Mann. Von der zwölfpfündigen Batterie Nr. 3 — todt 1; verwundet 1 Mann. Von der Raketen-Batterie Nr. 1 — todt 1; verwundet 1 Mann. Mithin todt 2 Ober-Offiziere und 66 Mann; verwundet 1 General, 3 Stabs-, 17 Ober-Offiziere und 313 Mann; gefangen 1 Stabs- und 1 Ober-Offizier; vermißt 1 Ober-Offizier und 221 Mann.

Der Feind soll an diesem Tage an Todten 2 Offiziere und 55 Mann, an Verwundeten nebst mehreren Offizieren über 280 Mann verloren haben.

**Aufstellung der k. k. Armee. — Unmöglichkeit jeder Operation. — Nachricht von der Capitulation Peschiera's. — Entschluß des Feldmarschalls.**

Am 31. wurde das 2. Armee-Korps näher an das 1. gezogen, und zwar rückte die Division Schaffgotsche nach Sta. Maria, wo sie hinter dem Caldone-Graben Stellung nahm, die Division Wimpffen hinter dem Gorgolino-Graben. Die Brigade Rath des Reserve-Korps stand hinter dem Solfero-Bache in der Höhe von la Motta zur Sicherung des Rückens nach Robigo; die Reserve-Kavallerie-Division Fürst Taxis bei Fossato.

Ein gegen Mittag eingetretener sehr heftiger Regen versetzte alle Kommunikationen in den Niederungen des Mincio und Po in einen grundlosen Zustand, wodurch die Fortsetzung der Operationen zur Unmöglichkeit ward. Man mußte sich daher begnügen Rekognoszirungs-Patrouillen und Streif-Kommanden — aus leichter Kavallerie mit Infanterie-Abtheilungen gemischt — zu entsenden, welche gegen Marcaria, Asola, Castel Goffredo und Guidizzolo zu streifen beauftragt waren, unter dem Kommando des General-Majors Fürsten Edmund Schwarzenberg standen, und von dem Oberstlieutenant Schantz von Radetzky-Hußaren, den Majors Graf

Coudenhove und von Deirer von Baiern-Dragoner, geführt wurden.

Die durch selbe in den beiden nächsten Tagen, während welchen der Regen fortwährend in Strömen sich ergoß, und die Armee zum Stillstande zwang, eingelaufenen Nachrichten stimmten alle dahin überein, daß der Feind in der letzten Zeit bedeutende Verstärkungen an Truppen und Geschütz vom linken Mincio an sich gezogen, und mit dem Gros und den Reserven die äußerst vortheilhafte Stellung bei Volta eingenommen habe, während seine Avantgarden die Linie von Goito über Cerlungo, Ceretta bis Guidizzolo besetzt hielten.

Am Morgen des 2. Juni überbrachte ein feindlicher Parlamentär den Rapport des Festungs-Kommandanten von Peschiera von der erfolgten Uebergabe und Kapitulation dieser Festung. Nachdem hiedurch der Hauptzweck der unternommenen Offensive verfehlt war, so entstand nun die Frage, ob die Angriffsbewegung fortzusetzen und dem Könige eine entscheidende Schlacht zu liefern sei, oder ob man umkehren, sich mit Ungestüm auf die römischen Truppen werfen und so das Venetianische unterwerfen soll.

Der Feldmarschall entschied sich für das Letztere, und das mit großem Rechte; denn gesetzt, er hätte dem Könige eine Niederlage beigebracht, so war er doch nicht stark genug, große Vortheile daraus zu ziehen. Ein rascher Schlag aber, den er gegen die römischen Streitkräfte ausführte, machte ihn zum Meister des venetianischen Festlandes, eröffnete seiner Armee große Hilfsquellen, stellte die direkte und kürzeste Verbindung mit der Monarchie her — und gerade damals lauteten die Nachrichten von Wien so niederschlagend, daß ihm an der Eröffnung einer Kommunikation mit der Hauptstadt Alles gelegen sein mußte. Konnte der treu ergebene Diener seines Kaisers, der aufrichtige Freund seines Vaterlandes wohl wissen, wozu er sie noch brauchen werde? Man hätte momentan Italien wohl bis auf die Festungen räumen können, aber den Thron durfte man nicht sinken lassen — so dachte der Feldmarschall, so dachte die Armee.

## Belagerung und Capitulation der Festung Peschiera
### im Monate Mai.

Das Belagerungs-Korps von Peschiera unter dem Befehle des Generals Manno bestand aus den Brigaden Pignerol und Piemont, dem

Bataillon Real Navi und einigen lombardischen Freikorps; der Bau der feindlichen Batterien schritt, ohne daß man es hindern konnte, rasch vorwärts, während sich die Lage der Besatzungstruppen von Tag zu Tag verschlimmerte. Schon am 5. Mai begann die Fassung des Rindfleisches mit ½ Pfund pr. Kopf, am 7. wurde sie nur auf ¼ Pfund reduzirt; endlich mußte diese halbe Ration, um noch weiter damit auszulangen, nur auf einen Tag der Woche beschränkt werden, und dennoch ging der Fleischvorrath, für welchen meist Zugvieh requirirt war, am 20. Mai zu Ende. Selbst die 500 armen Bewohner der Stadt hatten nichts, als das vorgefundene Schweinefleisch, und auch dieses war in sehr kleinen Rationen bis zum 23. Mai verzehrt, obwohl die Garnison nur 12 Libra Salami, 12 Libra Speck und eine Libra Schweinefett pr. Kompagnie gefaßt hatte. Der ganze Mehl-Vorrath im Verpflegs-Magazine reichte für die gewöhnliche Broterzeugung bis 12. Mai hin, und blos dadurch, daß die Garnison schon früher auf ¾ und dann auf ½ Ration gesetzt und der bei den Einwohnern vorgefundene Vorrath an Mais mit dem gewöhnlichen Mehle vermengt gebacken wurde, konnte Brot bis 21. erzeugt werden. Von diesem Tage an diente der geringe Rest an Mais, in der Kaserne auf Handmühlen zerrieben, und in Wasser gekocht, als Ersatz des Brotes. Doch konnte theils wegen Mangel an Frucht, theils wegen mangelhafter Konstruktion der Mühlen, nur eine sehr geringe Quantität Mehl erzeugt werden; man war daher gezwungen die Maiskörner zu rösten, und mit Salpeter bestreut (denn auch Salz fehlte) zu kochen. Endlich erhielt der Soldat vom Major abwärts, für 24 Stunden nur 40 Maiskörner, welche geröstet genossen wurden. Nicht besser stand es mit den Vorräthen an Wein und Branntwein, und selbst das requirirte Heu verbrannte durch das feindliche Feuer.

Am 18. Mai um sieben Uhr Morgens eröffnete eine feindliche Batterie ihr Feuer auf das Fort Mandella, bis der Geschützkampf nach zwei Uhr Nachmittags aus 8 Batterien mit 20 Geschützen (worunter 2 Mörser) auf der ganzen feindlichen Linie mit großer Heftigkeit entbrannte, um halb neun Uhr Abends jedoch schwächer wurde, und erst am Morgen des 19. ungeachtet der kräftigsten Erwiederung aus den Forts und den Bastionen Nr. 2, 3 und 5 (es wurden 1400 Schüsse abgefeuert) ganz verstummte.

Nachdem die Piemontesen am 19. und 20. mit großer Thätigkeit theils an der Ausbesserung der beschädigten Batterien, theils an deren Ver-

längerung gearbeitet hatten, und am letzteren Tage der aus Turin gekommene große Belagerungstrain, dessen Transportirung 1600 Pferde erforderte, vor Peschiera eingetroffen war, begann unter persönlicher Leitung
des Herzogs Ferdinand von Genua am 21. um sieben Uhr früh das Bombardement der Festung und ihrer Vorwerke aus 9 Batterien mit Bomben,
dreißigpfündigen Granaten, vierundzwanzig und sechsunddreißigpfündigen
Kanonenkugeln. Die Erde erzitterte bei dem furchtbaren Donner der Geschütze, der durch volle sechs Tage ohne Unterbrechung anhielt. Man zählte
in der Festung mehrere tausend feindliche Bomben-, eben so viele Granatwürfe und vielleicht doppelt so viele Kugelschüsse. Es gab kein Gebäude,
das nicht von Kugeln durchlöchert war, viele waren bereits Ruinen, sie
hatten den Einwohnern ihren geringen Vorrath an Lebensmitteln im Schutte
vergraben; die Gässen und Plätze der Festung glichen einem frischgepflüg-
ten Felde, und selbst die sogenannte bombenfreie Kaserne bot keinen Schutz
mehr. Beinahe jede Granate hatte gezündet — den Brand zu löschen war
unmöglich, denn alle vier Feuerspritzen waren von den feindlichen Projektilen zertrümmert. Die Einwohner mit ihrem Pfarrer an der Spitze, hatten
sich während der Beschießung in zwei Poternen verkrochen, der Festungs-
Kommandant, viele Offiziere und die Beamten bezogen die mit Kranken
und Blessirten überfüllte Rocca, aber auch hier schlugen die Kugeln durch
die schwache Decke.

Im Fort Mandella hatte eine Granate ein Pulverfaß getroffen, es
flog in die Luft, entzündete die in der Nähe gelegenen Bomben und Granaten, durch deren Explosion 3 Kanoniere und 9 Mann von den Otochanern
gräßlich verbrannt wurden. Bei diesem Ereignisse sprangen die piemontesischen Artilleristen mit dem Rufe „Evviva Carlo Alberto!" auf die
Batterie. Allein trotz der großen Verwirrung, welche die Explosion und
die noch immer krachenden Granaten im Vorwerke verursachten, hatte
der Gemeine Modrić die Geistesgegenwart, eine Rohrdecke über den
in der Nähe gelegenen Munitionsvorrath zu werfen, worauf er 5 geladene, nach der feindlichen Batterie gerichtete Geschütze schnell nacheinander
abbrannte.

Während jener sechs Tage wurden getödtet: 2 Artilleristen, 3 Mann
von den Otochanern, und 6 Mann von den Szluinern; verwundet: 5 Artilleristen, 18 Otochaner und 4 Szluiner; ferner wurden 9 Geschütze demontirt.

Nachdem am 26. Mai das feindliche Feuer aufgehört hatte, erschien um zwei Uhr Nachmittags der piemontesische Artillerie-Major della Marmora als Parlamentär vor der Festung, um im Namen seines Königs, unter der Bedingung des freien Abzuges der Garnison mit Waffen und Gepäck, den Platz zur Uebergabe aufzufordern. Nur an Schutt und Trümmer stießen seine Füße auf dem Wege nach dem Kastell, den er mit verbundenen Augen durchschritt.

Der Parlamentär machte im Namen des Herzogs von Genua, und unter feierlicher Versicherung der Wahrheit, Mittheilungen über die politische und militärische Lage Oesterreichs, welche eine baldige Vorrückung der österreichisch-italienischen Armee und somit einen baldigen Entsatz Peschiera's nicht hoffen ließen; er zeigte einen vom piemontesischen Gesandten an den König eingegangenen Bericht vor, nach welchem der Kaiser von Oesterreich am 17. Mai Wien verlassen, und sich in eine deutsche Stadt entfernt habe; endlich behauptete er, daß die Revolution an allen Punkten des Kaiserstaates im Ausbruche sei.

Zur Beantwortung seiner Aufforderung war eine Frist von vierundzwanzig Stunden zugestanden.

In dem, am andern Tage um neun Uhr Vormittags abgehaltenen Kriegsrathe wurden nebst der Lage der Festung, der Wirkung der feindlichen Batterien und dem für die Vertheidigung des Platzes bereits Geleisteten noch folgende Punkte in Erwägung gezogen:

1. Die Festung Peschiera war überhaupt mit dem Nöthigsten nicht versehen, um die Hoffnung auf eine längere Haltbarkeit geben zu können.

2. Die Vertheidigung dreier Vorwerke mit 2 ¼ Kompagnien, der innere Festungsdienst, wozu noch täglich 40 bis 50 Mann zur Arbeit bei der Artillerie gegeben werden mußten, ferner die Komplettirung der Geschütz-Bedienung. (es war pr. Geschütz kaum 1 Kanonier vorhanden) steigerten den Dienst derart, daß eine Ablösung durchaus nicht Statt haben konnte, ja selbst die beim Tage von den Vorwerken abgelöste Truppe mußte während der Nacht zur Bereitschaft verwendet werden, und so gelangte der Mann während eines Zeitraumes von fünf Wochen zu gar keiner Erholung.

3. Die schlechte Nahrung und die außerordentlichen Anstrengungen hatten die Zahl der Kranken sehr gesteigert, die Dysentrie hatte bereits mehrere Opfer gefordert, und der noch gesunden aber schon ganz erschöpften

Mannschaft drohte ein ähnliches Loos. Das Spital war mit Verstümmelten und schwer Blessirten überfüllt, endlich ein Oberarzt (Dr. Wache) mit wenigen Arzneien und unzureichenden Bandagen nicht mehr im Stande, dieselben zu versehen.

4. Die in den beiden Poternen, wohin sich beinahe alle Einwohner geflüchtet hatten, entstandene schlechte Luft hatte Krankheiten erzeugt, welchen Viele elend erlagen, und es drohte bei längerem Verweilen in diesen engen Räumen der Ausbruch pestartiger Uebel. Der Hunger machte diesen Armen das Maß ihres Unglückes voll, denn die Meisten hatten aus ihren brennenden oder eingestürzten Häusern nichts gerettet; mit dem geringen Vorrathe an Mais mußte ihnen aufs Sparsamste ausgeholfen werden, was der Garnison, wie natürlich großen Abbruch that; sie konnte sich bei größter Entbehrung kaum noch vier Tage halten, in welcher Zeit wohl kein Entsatz anzuhoffen war.

Das Armee-Kommando wußte, daß der Vorrath an Lebensmitteln nur bis 12. Mai hinreiche, es mußte ihm die bedrängte Lage der Festung um so mehr bekannt sein, als jeder Kanonenschuß in Verona deutlich gehört wurde.

5. Die Demontirung der Geschütze war besonders in der letzteren Zeit sehr häufig, und die Reserve-Laffeten, von denen nur ein geringer Vorrath vorhanden, taugten nicht viel.

6. Gerade im wichtigsten Momente, wo sich der Gegner mit Laufgräben dem Platze näherte, war Mangel an Granaten, Kartätschen und Brandröhren eingetreten. Es wurden bis zum heutigen Tage über 20.000 Schüsse abgefeuert, der Feind hatte wohl doppelt so viele, darunter gegen 3000 Bombenwürfe gemacht.

Von der Armee abgeschnitten, in einem insurgirten Lande, ohne Lebensmittel und ohne Aussicht auf Entsatz war somit die Lage der Garnison hoffnungslos.

In Erwägung dieser höchst mißlichen Umstände ward bezüglich der Uebergabe der Festung Peschiera nunmehr beschlossen, daß die Festung jedenfalls aufs Aeußerste zu halten, und die Dauer des Vorrathes an Lebensmitteln, auch für die Dauer der Vertheidigung anzunehmen sei.

Dieselbe ward auf vier Tage festgesetzt, nach welcher Zeit erst die Uebergabe der Festung unter den vom Feinde gemachten ehrenvollen Bedingungen statthaben könne.

Diesen Beschluß überbrachte Major von Ettingshausen am 27. Nachmittags um halb drei Uhr ins feindliche Hauptquartier nach Cavalcaselle. Der Herzog von Genua empfing ihn aufs Zuvorkommendste, wies aber seinen Vorschlag zurück, und forderte bis fünf Uhr Nachmittags die Uebergabe des Platzes; im Weigerungsfalle sollten die Feindseligkeiten um diese Zeit wieder beginnen.

Eine Stunde nach jener Unterredung kam jedoch Major della Marmora, um der Garnison freien Abzug nach vier Tagen anzutragen; die Waffen sollten aber nur den Offizieren belassen werden. Feldmarschall-Lieutenant Baron Rath forderte ein Gleiches auch für die Mannschaft, worauf der piemontesische Stabs-Offizier wieder nach Cavalcaselle zurückkehrte.

Nach Verlauf weiterer zwei Stunden erschien della Marmora abermals, und eröffnete folgende vom Könige selbst, gemachte Bedingungen:

1. Die Frist von vier Tagen wird genehmigt, es hat daher am 31. zur Mittagszeit die Uebergabe des Platzes, und der Abzug der Garnison mit Belassung ihrer Waffen zu geschehen.

2. Ist der österreichische Truppen-Kommandant Major von Ettingshausen als Geißel ins Hauptquartier nach Cavalcaselle zu senden.

Diese letztere Bedingung ward einstimmig verworfen, worauf die Unterhandlungen abgebrochen, in Folge dessen um zehn Uhr Nachts die Feindseligkeiten mit gegenseitiger Beschießung begonnen, und bis 30. zehn Uhr Vormittags bei Tag und Nacht fortgesetzt wurden. Der Feind richtete sein Feuer vorzüglich auf die Kaserne, die Rocca und die Bastionen Nr. 1 und 2, wo er beinahe alle Geschütze demontirte, endlich drohte er durch seine schon sehr nahe an's Veroneser-Thor vorgetriebenen Laufgräben, der Besatzung im Fort Mandella, den Rückzug abzuschneiden.

Da hiedurch die Lage der Festung immer bedrängter wurde, die Lebensmittel ganz zu Ende gingen, und dieser hoffnungslose Zustand durch Ueberläufer aus dem Zivile, den Belagerern verrathen war, so entschloß sich der Festungs-Kommandant, bei dem traurigen Umstande, daß die Uebergabe des Platzes ohnehin am nächsten Tage erfolgen mußte und, um eine brave, selbst nach der öffentlichen Anerkennung des Feindes, tapfere Truppe dem Staate zum weiteren Dienste zu erhalten, auf Uebergabe der Festung anzutragen.

Mit bitterem Schmerze machte sich Major von Ettingshausen, vom

Festungs-Kommando mit der Vollmacht zur Abschließung der Konvention versehen, auf den Weg nach Cavalcaselle.

Obgleich derselbe die Parlamentärs-Fahne hatte, und von einem Trompeter begleitet war, wurde doch von den vor Porta Verona versteckten feindlichen Scharfschützen nach den auf der Bastion Nr. 2 stehenden Offizieren gefeuert, und hierdurch Oberlieutenant Kansumovič tödtlich verwundet. Fast gleichzeitig fiel ein Schuß aus der Batterie beim Olivenwäldchen, dessen zwölfpfündige Kugel der Schildwache auf dem Fort Salvi den Kopf wegriß.

Der Herzog von Genua befand sich eben auf Rekognoszirung beim Wirthshause all' Papa, als Major Ettingshausen aus der Festung ritt; um sein Begehren zu erfahren, schickte er den Major Marmora zur Porta Brescia. Feldmarschall-Lieutenant Rath ließ dem Herzoge durch den Platz-Oberstlieutenant Peppert in Begleitung des Oberlieutenants von Hreglianovič und des Platz-Lieutenants Grünenthal, die Antwort überbringen. Der genannte Oberstlieutenant bekam von ihm die Zusage des freien Abzuges mit Waffen und Gepäck, jedoch behielt er sich vor noch früher mit seinem Vater (dem Könige) Rücksprache hierüber zu pflegen.

Um acht Uhr Abends kehrte Ettingshausen wieder nach der Festung zurück, und ritt, nachdem er dem Festungs-Kommandanten über den Erfolg seiner Mission Bericht erstattet, nach Verlauf einer halben Stunde wieder nach Cavalcaselle, wo um eilf Uhr Nachts nachstehende Kapitulation, mithin in dem Augenblicke abgeschlossen wurde, als die Armee zu ihrem Entsatze bereit stand. Ein nachtheiliger Wind hatte den Schall der Kanonenschüsse stromabwärts getrieben, und so erfuhr Feldmarschall-Lieutenant Rath Radetzky's Offensiv-Operation erst, als es zu spät war.

## Kapitulation
### die Übergabe der Festung Peschiera betreffend.

Im Namen Seiner Majestät des Königs von Sardinien schlossen Seine königliche Hoheit der Herzog von Genua, welcher die Belagerung von Peschiera leitete, mit dem hiezu vom Herrn Feldmarschall-Lieutenant Baron Rath, Festungs-Kommandanten, bevollmächtigten Major Sigmund

Ettingshausen des Otochaner-Grenz-Regiments, folgende Bedingungen bei der Uebergabe der Festung ab:

1. Noch diese Nacht besetzen die königlichen Truppen das Fort Mandella.

2. Am 31. Mai früh sieben Uhr rücken die königlichen Truppen in Peschiera ein, und besetzen die Wälle, die beiden Forts Salvi, und die Thore der Festung.

3. Die kaiserlichen Truppen verlassen die Festung am 31. Mittags um zwölf Uhr mit allen Kriegsehren, die Herren Offiziere so wie auch die Unteroffiziere behalten die Waffen selbst auf dem Marsche; was die der Gemeinen anbelangt, so werden solche nach beendeter Defilirung auf dem Glacis der Festung niedergelegt, in Kisten verpackt, und auf diese Weise der Truppe nachgeführt, bis selbe den Boden Seiner Majestät des Kaisers betritt.

4. Die Besatzung behält ihre Tambours, die Husaren die Trompeter und kann sich ihrer bedienen.

5. Die Husaren behalten ihre Pferde bis zum Einbarkirungsplatze, wo sie den, von Seiner Majestät dem Könige eigens hiezu bestimmten Personen übergeben werden.

6. Alle Magazine, die Munition, Geschütze und Kriegsmateriale sind morgen Vormittag einem von Seiner königlichen Hoheit dem Herzoge von Genua, dazu bestimmten Offiziere zu übergeben.

7. Die kaiserlichen Truppen nehmen mit ihren Offizieren den Weg über Desenzano, Brescia, Cremona Parma, Modena und Bologna nach Ancona, wo sie nach Kroatien eingeschifft, und wo möglich bis Zengg geführt werden.

8. Seine Excellenz der Herr Feldmarschall-Lieutenant Baron Rath, mit dessen Stabe und anderen nicht zur Truppe gehörenden Herren Offizieren und Militär-Beamten können nach eigenem Gutdünken ihren Weg nehmen.

9. Die Truppen der Besatzung versprechen bei ihrem Ehrenworte, nicht gegen die Waffen Seiner Majestät des Königs, noch gegen Seine Alliirten Italiens, und zwar so lange der Krieg währt, zu dienen.

10. Für den Transport, nicht nur der Herren Offiziere, sondern auch für deren Bagage, dann für die Kranken wird die sardinische Regierung alle Sorge tragen.

11. Auf dem Marsche werden die Herren Offiziere, deren Bequarti-

rung betreffend, ganz so behandelt werden, wie jene Seiner Majestät des Königs. Die Mannschaft wird Obdach und Stroh erhalten.

12. Die Unteroffiziere und Gemeinen erhalten während des Marsches Verpflegung und Sold, wie die Soldaten Seiner Majestät des Königs.

13. Die Herren Offiziere bekommen ihre Gage so wie die Offiziere der königlichen Armee auf Kriegsfuß.

14. Ein königlicher Kommissär ist beauftragt, sich mit dem Kommandanten der Truppe wegen Unterkunft derselben, ins Einvernehmen zu setzen.

15. Seine königliche Hoheit gefällt sich, der gesammten Besatzung für die geleistete heldenmüthige Vertheidigung Peschiera's gebührende Anerkennung und Gerechtigkeit widerfahren zu lassen.

Cavalcaselle, am 30. Mai 1848.

**Ferdinand von Savoyen,** m/p.
kommandirender General der Belagerung
von Peschiera.

**von Ettingshausen,** m/p.
Major im Otochaner-Grenz-Regiment.
bevollmächtigt vom Festungs-Kommandanten von Peschiera.

In Folge dieser Konvention besetzte am 31. um ein Uhr früh eine Kompagnie Artillerie nebst einer Schützen-Kompagnie des 13. Linien-Regiments, das Fort Mandella; mit Tagesanbruch brachten die Piemontesen von Cavalcaselle eine große Menge Fleisch, Brot, Reis und Wein, welche Lebensmittel sogleich unter den Truppen vertheilt wurden. Um sechs Uhr traf ein Oberarzt mit 2 Gehilfen zur Uebernahme des Spitals und eine Stunde später ein Detachement zur Besetzung der Thorwachen und Uebernahme des Pulvermagazins, in der Festung ein.

Gegen zehn Uhr Vormittags rückten 3 Bataillone des 13. Regiments und das parmaische Milizkorps mit klingendem Spiele bei noch rauchenden Trümmern, an ihrer Spitze der Herzog Ferdinand von Savoyen in die Festung ein, worauf die Besetzung derselben und der beiden Vorwerke Alt- und Neu-Salvi erfolgte.

Schlag zwölf Uhr geschah die Defilirung der kaiserlichen Besatzungs-Truppen auf dem Rocco-Platze. Es war ein düsterer regnerischer Tag; der Herzog von Savoyen hielt mit seinem von Gold und Silber strotzenden Generalstabe mit der Front gegen das Thor des Kastells, hinter ihm war das 13. Linien-Regiment aufgestellt; diesem gegenüber stand der Festungs-Kommandant Feldmarschall-Lieutenant Baron Rath — tiefen Kummer im Antlitze. Die piemontesische Musikbande schlug ein, als Oberlieutenant Szalabin mit seinen 18 Hußaren, welche die Avantgarde bildeten, nahte; der einzige Trompeter blies den Marsch, und der Offizier salutirte seinem Festungs-Kommandanten, ohne nach den Piemontesen zu blicken. Ein Gleiches that Major von Ettingshausen an der Spitze seiner Grenzer, welche mit ernster Miene und gemessenen Schrittes, die kaiserliche Fahne hoch flatternd, und selbst in der Demüthigung den Doppelaar stolz entfaltend, vor dem alten General und vor dem Feinde, welcher das Gewehr präsentirte, defilirte. Den Schluß der Kolonne machte die Artillerie.

Auf dem Glacis vor Porta Brescia standen 3 Bataillone Infanterie, Grenadiere und Jäger, dann eine Lanciers-Abtheilung aufgestellt, neben diesen Truppen befand sich eine Abtheilung Freiwilliger zu Pferde, deren Kommandant, eine Amazone mit Pistolen und Dolch im Gürtel, vor ihnen hielt.

Nach einem halbstündigen Marsche gegen Desenzano machte die Truppe Halt; die Mannschaft mit Ausnahme der Unteroffiziere setzte die Gewehre in Pyramiden, Hußaren und Artillerie gaben ebenfalls ihre Waffen ab, welche in die bereit gehaltenen Wagen verpackt und an der Queue der Truppe nach Ancona nachgeführt wurden.

Zu ihrer Sicherheit ward vom 13. Regimente eine Division unter Kommando des Majors Nava beigestellt, und sofort der Marsch nach Ancona angetreten, wo die Kolonne am 21. Juni einrückte, jedoch wegen Mangel an Schiffen erst am 7. Juli unter Begleitung einer sardinischen Goelette und einer Peniche nach Zengg überschifft werden konnte.

Feldmarschall-Lieutenant Baron Rath*) langte in Begleitung von 2 Stabsoffizieren, 2 Hauptleuten, 6 subalternen Offizieren, 54 Mann von der Garnisons-Artillerie, 3 Beamten und 14 Mann von der Verpflegs-Branche auf zwei Dampfern, welche ein Schiff im Schlepptau hatten, am 2. Juli Abends in Riva an.

Die Besatzung hatte während der Belagerung verloren: Vom Otochaner-Bataillon — 8 Mann an Todten, 60 an Verwundeten und 23 an Vermißten; die Division Szluiner verlor 5 Mann an Todten und 7 an Verwundeten; die Artillerie 3 Mann an Todten, 8 an Verwundeten.

---

*) Die schönste Anerkennung für die heldenmüthige Vertheidigung Peschiera's gab wohl der Monarch dem Feldmarschall-Lieutenant Baron Rath dadurch, daß er ihn nach dem Abzuge der Piemontesen wieder zum Kommandanten derselben Festung ernannte.

An Geschützen blieben in der Festung zurück: Auf der Bastion Nr. 1
— 1 Vierundzwanzig-, 1 Zwölf- und 3 Sechspfünder, dann 1 zwölf-
zölliger Mörser; auf der Bastion Nr. 2 — 2 Zwölf- und 5 Sechspfünder;
auf der Bastion Nr. 3 — 1 Vierundzwanzig- und 2 Sechspfünder, 3
Haubitzen, 1 zwölf- und 1 achtzölliger Mörser; auf der Bastion Nr. 4 —
3 Sechspfünder und 1 Haubitze; auf dem Ravelin Nr. 3 — 3 dreipfündige Kanonen; auf dem Kavalier — 1 Vierundzwanzig- und 3 Zwölfpfünder; auf der Bastion Nr. 5 — 3 Sechspfünder und 1 achtzölliger
Mörser. Im Fort Mandella — 1 Achtzehn-, 4 Zwölf- und 1 Sechspfünder,
2 Haubitzen, 1 sechszölliger und 1 achtzölliger Mörser. Im Fort Alt-Salvi
— 1 achtzölliger Mörser, 1 sechszöllige lange, und 1 sechszöllige kurze
Haubitze, ferner 2 eiserne Zwölf- und 3 französische Vierpfünder. Im
Fort Neu-Salvi — 3 Zwölf-, 4 Sechspfünder und 2 Haubitzen. In
Allem 63 Geschütze.

------

I.                                                                    17

## Ereignisse in Süd-Tirol

#### im Monate Mai.

##### Stärke und Aufstellung der k. k. Truppen.

Die Stärke der in Süd-Tirol aufgestellten Truppen, über welche Feldmarschall-Lieutenant Graf Lichnowsky *) am 7. das Kommando übernahm, war zu Anfang Mai folgende:

#### Brigade Oberst von Melczer.

3. Feldjäger-Bataillon,

2 Kompagnien 3. Bataillon Kaiser-Jäger,

2. Bataillon E. H. Ludwig-Infanterie,

3 Kompagnien 3. Bataillon G. H. Baden-Infanterie,

2 Eskadronen Fürst Liechtenstein-Chevaux-legers,

½ sechspfündige Batterie.

#### Brigade Oberst Baron Zobel.

4 Kompagnien 3. Bataillon Kaiser-Jäger,

1. und 2. Bataillon Fürst Schwarzenberg-Infanterie,

4 Kompagnien 2. Bataillon G. H. Baden-Infanterie,

1 Kompagnie 3. Bataillon G. H. Baden-Infanterie,

1 Eskadron Fürst Liechtenstein-Chevaux-legers,

½ sechspfündige Batterie,

½ Raketen-Batterie,

zusammen 38 Kompagnien (4569 Mann), 3 Eskadronen (444 Mann mit 444 Pferden), 1 sechspfündige und ½ Raketen-Batterie.

Ihre Dislokation: in Trient — 1 Eskadron Chevaux-legers; in Roveredo — 1 Kompagnie Erzherzog Ludwig-Infanterie, 1 Eskadron Chevaux-legers; in Torbole und Riva — 1¼ Kompagnie G. H. Baden-Infanterie; in Ponale — ¼ Kompagnie G. H. Baden-Infanterie und

---

*) Feldmarschall-Lieutenant Baron Welden ward zur Organisirung eines Reserve-Korps nach Graz abberufen.

1 sechspfündige Kanone; in Tiarno — 1 Kompagnie G. H. Baden-Infanterie; in Storo — 2 Kompagnien Kaiser-Jäger; in Tione, Condino und Darzo — 3. Feldjäger-Bataillon (6 Kompagnien); in Peri — 3 Kompagnien E. H. Ludwig-Infanterie und 2 sechspfündige Geschütze; in Rivalta und Brentino — 2 Kompagnien G. H. Baden-Infanterie; in Caprino — 1 Kompagnie G. H. Baden-Infanterie; in der Position von Rivoli — 1. Bataillon Fürst Schwarzenberg-, 2 Kompagnien G. H. Baden-Infanterie, ¼ Raketen-Batterie; in Gajun — 2 Kompagnien Fürst Schwarzenberg-Infanterie; von Ceraino bis Bolargne — 4 Kompagnien Fürst Schwarzenberg-Infanterie; in Bolargne — 4 Kompagnien Kaiser-Jäger, 2 Kompagnien E. H. Ludwig-Infanterie, 1 Eskadron Chevaux-legers, ½ sechspfündige Batterie.

### Streifungen nach Val Astico

#### vom 10. bis 14. Mai.

Um die in Val Astico eingedrungenen Insurgenten über die Tiroler-Grenze wieder zurückzuwerfen, und wo möglich die Verbindung mit dem Nugent'schen Korps aufzusuchen, erhielt Major von Brassier von E. H. Ludwig-Infanterie, den Auftrag, mit einer Kompagnie dieses Regiments, einem Zug Chevaux-legers und der 1. Fügner-Landesschützen-Kompagnie noch am 10. nach Lovarone zu marschiren, woselbst schon am Vormittage die 1. Kompagnie Kaiser-Jäger unter Hauptmann Batz, nebst den Sterzinger-Landesschützen eingetroffen waren. Während am andern Tage Major Brassier mit seiner Kolonne, bei welcher sich auch die 1. halbe Kompagnie Kaiser-Jäger, unter Oberlieutenant Graf Bernstorff, befand, den Hauptweg einschlug, suchte Hauptmann Batz mit der andern halben Kompagnie und den Sterzinger-Landesschützen über Luserna in den Rücken der vor dem verbarrikadirten Dorfe S. Pietro aufgeworfenen Schanze zu gelangen. Um drei Uhr Nachmittags waren die in Casetta befindlichen Insurgenten über den Tiroler-Boden zurückgeworfen, und unter gegenseitigem Geplänkel die Brücke an der Grenze besetzt. Ungeachtet des von den beiderseits gelegenen Höhen unterhaltenen, jedoch unwirksamen feindlichen Feuers stürmte der Oberjäger Mayer mit 4 Mann freiwillig gegen die vor S. Pietro auf einem steilen Hügel gelegene Schanze. Bei seinem Anlangen stand aber dieselbe vom Feinde schon verlassen, indem

17*

die Jäger Baffetti, Sarklet und Leitner im Schnelllaufe in das der Grenze zunächst befindliche Haus bereits eingedrungen waren, und durch dessen Besetzung den Rückzug der Insurgenten aus der Verschanzung herbeigeführt hatten. Um fünf Uhr langte auch Major Brassier daselbst an, nachdem er die Insurgenten durch einige auf dem rechten Ufer des Astico entsendete Abtheilungen von den dortigen Höhen vertrieben hatte, bei welcher Gelegenheit sich der Unterjäger Lucchetta durch Erstürmung einer Verschanzung und Wegnahme einer in derselben aufgestellten Berg-kanone, mit 5 Jägern und 24 Tirolerschützen besonders auszeichnete.

Nach Vereinigung der beiden Kolonnen rückte Hauptmann Baß mit seiner Kompagnie und den Sterzinger-Schützen weiter vor, vertrieb die Insurgenten aus S. Pietro, und verfolgte sie noch eine Strecke weit, wo-bei sie einen Verlust von 4 Todten erlitten; Major Brassier war ihm mit den übrigen Truppen nachgefolgt.

Am andern Tage führte Lieutenant Pußlacher eine Streifpatrouille auf der Hauptstraße im Val Astico. Ungefähr eine halbe Stunde außer S. Pietro ließen die auf der Höhe befindlichen Insurgenten eine dort an-gebrachte Steinbatterie wirken; zum Glücke bemerkte sie der genannte Offizier noch rechtzeitig, und brachte die Patrouille, indem er schnell über den Bach setzte, ohne Verlust zurück.

Da über das Vorrücken des Feldzeugmeisters, Grafen Nugent nichts zu erfahren war, und die Insurgenten bis Pedescala zurückwichen, so wurde wegen Mangel an Lebensmitteln am 12. gegen Mittag der Rückmarsch nach Lovarone angetreten, auf welchem die Kolonne bei Scalzeri auf jene des Majors Hubel stieß.

Dieser Stabsoffizier wurde am 10. Abends vom Erzherzog Johann beauftragt, mit der 4. Kompagnie Kaiser-Jäger, der 2. Kompagnie Tiro-ler-Studenten (welche die Vertheidigung des heimathlichen Bodens dem unberufenen politischen Getriebe der Wiener-Aula vorgezogen hatten) und den Thaurer-Landesschützen, gegen Bigolo und Centa vorzugehen, die dor-tige Gegend von den, einem Gerüchte zu Folge, eingedrungenen Insur-genten zu säubern, und hierauf wieder nach Trient zurückzukehren. Bis zu seiner Rückkehr blieb ein auf dem Durchmarsch befindlicher Ergänzungs-Transport von 200 Mann als Besatzung in Trient. Major Hubel mar-schirte um halb zwölf Uhr Nachts in 2 Kolonnen — wovon eine (2 Züge

Kaiser-Jäger und die Thaurer-Landesschützen) unter seiner Führung über
S. Rocco, die andere (2 Züge Jäger und die Innsbrucker-Studenten)
über Matarello nach Val Sarba. Da dessen Bewohner über die dort vermutheten Insurgenten gar keine Auskunft geben konnten, und die Nacht
sehr finster war, wartete Hubel das Anbrechen des Tages in Sarda ab.
Selbst die am andern Tage in die nächsten Ortschaften und auf die Alpen
des Monte Scanapia bis Centa ausgeschickten Patrouillen konnten von
den Insurgenten nichts entdecken. Am 12. in Lovarone eingetroffen, erfuhr
Hubel die Expedition des Majors von Brassier; obwohl seine Aufgabe bereits erfüllt war, entschloß er sich, nicht nach Trient zurück, sondern
nach Casotta zu marschiren, um sich mit der Kolonne des Letztgenannten zu
vereinigen. Auf dem Wege dahin war es, wo beide Kolonnen sich trafen.

Auf die Nachricht, daß eine Insurgentenschaar aus dem Val b'Assa
in Besana eingetroffen sei, beschlossen beide Stabsoffiziere einen Streifzug
gegen dieselben. Hubel marschirte noch am 12. nach Casotta, wohin
bald nach dem Abrücken des Majors Brassier einige 40 Insurgenten
gekommen waren, um Lebensmittel zu requiriren, jedoch auf die Nachricht
von der Annäherung der Kolonne eines Anderen sich besonnen hatten.
Nur die Höhen am rechten Astico-Ufer waren von 60 bis 70 Mann besetzt;
sie verschwanden aber auch von dort, als Lieutenant Graf Anblau mit
einem Zug Kaiser-Jäger und einigen Landesschützen zu ihrer Vertreibung
vorging. Eben so waren 2 feindliche Abtheilungen (in der Stärke von
300 Mann) auf der Höhe hinter der südlich von S. Pietro in das Val
Astico ausmündenden Schlucht zu sehen, da aber Major Hubel nicht
ermächtigt war, die Tiroler-Grenze mit den Landesschützen zu überschreiten,
und ein ausdrücklicher Befehl des Erzherzogs dahin lautete: „seine Studenten nicht ohne äußerster Noth einem hitzigen zweifelhaften Gefechte
auszusetzen", so konnte er gegen jene Abtheilungen weiter nichts unternehmen. Am andern Tage marschirte er nach Luserna zurück, von wo
aus er eine Streifung über die Alpen südlich von Besena, unternahm,
und sich endlich mit der Kolonne des Majors Brassier, welche über die
Alpe Besina gestreift hatte, wieder vereinigte. Am 14. rückte Hubel
in Trient, Brassier in Lovarone ein.

## Gefechte bei Ponte Cedesco und Darzo

Unterdessen hatten auch die Vorposten-Neckereien um Caffaro fortgedauert, wo unter dem Befehle des Generals Jakob Durando das sogenannte
Todesregiment (Mailänder-Freiwillige) unter Oberst Anfossi, und das Bres-
cianer-Regiment unter Oberst Beretta standen. Am häufigsten geschah die
Allarmirung unserer Posten um zehn Uhr Vormittags, um die Truppe am
Menagiren zu hindern, oder gegen zwei Uhr Nachmittags, wo gewöhnlich
der größte Theil der Freischärler schon betrunken war. Sie formirten sich
alsdann unter großem Lärmen und Geschrei zum Angriffe, aber die Kraft
des Weines schwand jedes Mal in der Nähe unserer Aufstellung, und sie
fanden es alsdann immer wieder gerathener, die barbari tedeschi noch
einige Zeit leben zu lassen.

Am 12. Vormittags jedoch brachte Fürst Fritz Schwarzenberg
(Oberst in der Armee, welcher sich bei der Wiltauer-Landesschützen-Kom-
pagnie am rechten Ufer der Chiese befand) in Erfahrung, daß die Insurgenten Ponte tedesco hergestellt, und ziemlich starke Abtheilungen nach
Vondone entsendet haben, auch ein fleißiges Ueberschiffen von Rocca d'Anfo
nach Besto zu bemerken sei; — Grund genug zur Vermuthung, daß sie
über Bocca de Val und Val Lorena, Storo zu umgehen beabsichtigten.

Um sich also von ihrem Vorhaben besser zu unterrichten, beorderte
Hauptmann Zerboni einen Zug Kaiser-Jäger unter Lieutenant Bruck-
ner, zur Rekognoszirung gegen Ponte Tedesco. Dieser Abtheilung hatten
sich auch Hauptmann von Engel von G. H. Baden-Infanterie, welcher
am 7. mit der 14. Kompagnie dieses Regiments zur Ablösung der 13.
von Kaiser-Jäger, in Storo eingetroffen war, und gegen 50 Wiener-Aka-
demiker angeschlossen. Die Patrouille erreichte ungehindert die genannte
(bis auf einen einzigen stehengebliebenen Balken) zerstörte Brücke, zu deren
Beobachtung der Patrouilleführer Schutz mit 4 Jägern und einigen Aka-
demikern zurückblieb, während sie selbst längs dem Abfalle des Gebirges,
am linken Ufer der Chiese bis auf die Hügel am Idro-See vorging, ohne
jedoch den Feind zu entdecken. Die stellenweise ganz offene Gegend, besonders bei der Brücke, und die auffallende Kleidung mehrerer Akademiker,

die sich von Federhut und Bändern durchaus nicht trennen konnten, hätten den Insurgenten die Rekognoszirung verrathen. Kaum war die Patrouille über Baitoni hinausgerückt, so brach der Feind in der Stärke von einigen 100 Mann aus Lodrone hervor, und gelangte, gedeckt durch die dichten Auen, am rechten Ufer bis in die Nähe der Ponte tedesco, wo er eine Kanone aufführte und den Uebergang versuchte, um der Patrouille den Rückzug abzuschneiden. Die an der Brücke aufgestellten Jäger und Akademiker gaben Feuer, hiedurch von der drohenden Gefahr avisirt, wollte Hauptmann Engel die Rekognoszirungs-Abtheilung schnell nach diesem Punkte zurückführen; aber die Wäl'schen hatten sie mit einem solch mörderischen Feuer empfangen, daß genannter Hauptmann sein Vorhaben, sich mit der bei der Brücke aufgestellten Patrouille zu vereinigen, aufgeben mußte. Mittlerweile hatte Hauptmann Zerboni die letztere durch zwei Züge der 14. Kompagnie von G. H. Baden, unter Lieutenant Mayer, verstärkt und den Oberjäger Bosio mit 9 Mann zur Furt zwischen Lodrone und Storo detachirt; er selbst folgte mit 3 Zügen Kaiser-Jäger, 2 Zügen G. H. Baden-Infanterie und einem Zug Akademiker zur Ponte tedesco nach, wo aber die tapfere Haltung der Truppe das feindliche Unternehmen bereits vereitelt, und die Insurgenten zum Rückzug nach Lodrone genöthiget hatten. In diesem Gefechte blieb 1 Akademiker todt, 2 wurden leicht verwundet; der Feind hingegen erlitt einen viel größeren Verlust, denn jeder Insurgent, der den stehengebliebenen Balken der Brücke betrat, stürzte, von den Kugeln der Plänkler getroffen, blutend in die Chiese.

Der 13. verging ohne erhebliche Ereignisse; aber am 14. schienen die Insurgenten einen ernstlichen Angriff auf Giudicarien beabsichtigt zu haben. Um neun Uhr früh rückten nemlich 1000 bis 1200 Mann in 2 Kolonnen von Caffaro gegen Darzo vor. Ihr erstes auf 500 Schritte eröffnetes Feuer ließen unsere Plänkler unerwiedert, und erst, als der Feind nach einer halben Stunde näher herankam, entspann sich ein lebhaftes Gefecht. Obwohl derselbe bald darauf aus einer, wahrscheinlich von piemontesischen Artilleristen bedienten Haubitze 10 bis 12 Kartätschenschüsse auf die in geschlossener Ordnung vorrückende Abtheilung des 3. Feldjäger-Bataillons gab, ging dieselbe, unterstützt von den Tiroler-Schützen, doch bald aus der Vertheidigung zum Angriffe über, und drängte den an Zahl überlegenen Gegner bis an den Caffaro und den dortigen,

zum kräftigen Widerstande eingerichteten Palazzo zurück, wobei sich Hauptmann Cappi vom 3. Feldjäger-Bataillon durch umsichtige Führung und
muthvolles Benehmen besonders auszeichnete.

Da ein weiteres Vordringen für diesmal nicht beabsichtiget wurde,
so gingen die Truppen nach dreistündigem Gefechte in die frühere Aufstellung bei Darzo wieder zurück. Ihr Verlust bestand in 1 Todten vom
3. Feldjäger-Bataillon; jener des Feindes in 21 Todten, vielleicht eben so
vielen Verwundeten und 1 gefangenen Deserteur des Regiments Haugwitz.

**Streifung nach B. Arsa**

**am 19. Mai.**

Um sich Gewißheit über die Stärke und Stellung der im Val Arsa
neuerdings versammelten Insurgenten zu verschaffen, wurde Lieutenant
Bayer von E. H. Ludwig-Infanterie, mit einem Zug dieses Regiments,
am 19. um halb sechs Uhr Abends von Pieve aus dahin entsendet; in
gleicher Absicht ward auch eine 16 Mann starke Patrouille von der 1. Landesschützen-Kompagnie, geführt von dem Unterjäger von Furtenbach,
nach Val Arsa beordert, welche in Pieve zum vorerwähnten Detachement
stieß. Vereint rückte nun die kleine Schaar unaufgehalten bis gegen die
Grenze vor, wo sie die Höhen von feindlichen Vorposten besetzt fand. Die
Stellung der Insurgenten war von der Art, daß — wollte man den vorgesetzten Rekognoszirungszweck erreichen — ihre Vorposten angegriffen
werden mußten. Mit Ungestüm und ohne erst die Zahl der Feinde zu
zählen, drang die tapfere Schaar unter ihrem tüchtigen Offizier vor, griff
dieselben rasch an, und warf sie bis in ihre befestigte, durch 2 Kanonen
vertheidigte Stellung zurück. Bei dem hiebei entsponnenen lebhaften Feuer-
gefechte entwickelte der Gegner eine Stärke von 200 bis 300 Mann,
nachdem hiemit der beabsichtigte Zweck vollkommen erreicht war, brach die
Abtheilung erst bei eingebrochener Dunkelheit das Gefecht ab, und trat
sofort ihren Rückweg an. In diesem ungleichen Kampfe, wo Soldaten
und Landesschützen an Muth und Ausdauer mit einander wetteiferten,
wurde 1 Mann von E. H. Ludwig-Infanterie erschossen, und der tapfere
Lieutenant Bayer blessirt; der Feind verlor 30 bis 40 Mann an Todten
und Verwundeten.

## Gefecht bei Lodrone

### am 22. Mai.

Um den fortwährenden Beunruhigungen der im Chiese-Thale aufgestellten Truppen durch die Insurgenten, ein Ende zu machen, und das Thal von
diesem Gesindel zu reinigen, ertheilte Feldmarschall-Lieutenant Graf Lichnowsky dem Oberst von Melczer den Auftrag: „das vom Feinde besetzte
Schloß Lodrone zu nehmen, und Bagolino — den Hauptherd der Insurrektion in dieser Gegend — zu züchtigen", wozu ihm 6 Kompagnien des
3. Feldjäger-Bataillons, 2½ Kompagnien (13., 15. und halbe 2.) von
Kaiser-Jäger, 1 Kompagnie (14.) von G. H. Baden-Infanterie, 4½
Kompagnien Landesschützen, eine Abtheilung Pioniere, 2 sechs- und eine
dreipfündige Kanone nebst 2 Raketengeschützen zugewiesen wurden. Melczer erließ für diese Truppen folgende Disposition: Die auf den westlichen
Höhen von Darzo bis zur Schneeregion hinauf als Vorposten aufgestellten
2 Kompagnien Landesschützen erhielten die Bestimmung, mit einer Kompagnie auf dem Gebirge vorzurücken, und die äußerste rechte Flanke
zu bilden, mit der andern aber, nebst 3 Kompagnien des 3. Feldjäger-
Bataillons, als Repli zu dienen und die rechte Kolonne zu bilden.
Die anderen 3 Kompagnien dieses Bataillons mit den Geschützen, der
halben 2. Kompagnie Kaiser-Jäger und einem Theile der Akademiker (beide
letztere als Geschützbedeckung) waren als mittlere; endlich die 13. und 15.
Kompagnie Kaiser-Jäger, ein Zug der Rattenberger-Schützen und die
Pionier-Abtheilung als linke Kolonne, vorzurücken bestimmt. Als Reserve
wurde die 14. Kompagnie G. H. Baden-Infanterie verwendet. Zur Besetzung des Ledro-Thales ward von letzterem Regimente aus Riva ⅛ Kompagnie nach Pieve di Ledro, ⅛ nach Tiarno und ⅛ zur Besetzung des
Ampola-Thales beordert.

Nachdem am 21. Abends die zur Expedition bestimmten Truppen in
Storo konzentrirt waren, geschah am folgenden Tage um fünf Uhr früh
die Vorrückung. Während die rechte Kolonne unter Kommando des Oberstlieutenants Signorini auf den Höhen vorrückte, die ihr gegenüber
gestandenen feindlichen Posten zurückdrängte, und die linke Flanke des in
Lodrone aufgestellten Gegners zu bedrohen suchte, ging die linke Kolonne

unter Hauptmann Zerboni über die Ponte Darzo auf's linke Chiese-
Ufer, bewirkte die Herstellung der Ponte Tedesco, überschritt auch diese,
und stieß in ihrem Weitermarsche, ebe sie noch auf gleiche Höhe mit der
mittleren Kolonne gekommen war, mit ihrer Plänklerkette, deren rechten
Flügel Lieutenant Pott von Dy, den linken aber Lieutenant Römer
mit vieler Umsicht und Entschlossenheit durch das hohe Gestrüppe, die
tiefen Wassergräben und vielen Weingärten führten, auch hier auf feindliche Tirailleurs, welche an dem Torrente Caffaro, dessen rechtes Ufer erhöht
und mit Gebüsch bedeckt ist, um so ernsteren Widerstand zu leisten suchten,
als nach dessen Passirung ihre Rückzugslinie bedroht war. Unter dem heftigsten feindlichen Feuer führte der unerschrockene Lieutenant Römer
seine Kette, welche noch durch einen Zug unter Lieutenant von Eccher
verstärkt wurde, im Sturmschritte vor, wobei sein Kaputrock von Kugeln
durchlöchert, die Scheide seines Säbels abgeschossen, und er selbst durch
einen Schuß an der linken Wade verwundet wurde, daher von dem Jäger
Angerer aus dem Gefechte getragen werden mußte. Erst nach Erstürmung
eines Hauses durch Lieutenant Egger, bei welcher Gelegenheit sich Oberjäger Rinsbacher und Kadet-Oberjäger von Höffern durch persönliche
Bravour auszeichneten, ward der Feind zum Verlassen seiner vortheilhaften
Stellung gezwungen.

Die anfängliche Stärke desselben bestand nach den übereinstimmenden
Aussagen der Gefangenen aus 8 Kompagnien des Bataillons Beretta, eben
so viel von den Einwohnern Bagolino's, den aus dem Brescianischen
eingetroffenen Zuzügen (in Allem 14 bis 1600 Mann). Er hatte außerhalb Lodrone einige Verschanzungen aufgeworfen, alle der freien Aussicht
hinderlichen Bäume gefällt, und die Straße an mehreren Stellen abgegraben. Aber ungeachtet dieser Widerstandsvorkehrungen, vertheidigte er den
Ort nur leicht, und zog sich bald in seine zweite Aufstellung nach Schloß Lodrone zurück. Mit der Kompagnie des Hauptmanns Grafen Künigl von
Kaiser-Jäger, war auch Zimmermann Pedit in das Dorf eingedrungen,
auf dessen Thurme eine dreifärbige Fahne wehte. Augenblicklich war der
wackere Zimmermann auf dem Thurme, und riß die erwähnte Tricolore,
ungeachtet des heftigsten Geschützfeuers aus den Verschanzungen und dem
Schlosse, herab, wobei er einen Streifschuß am Kopfe erhielt. Der Zugang
zu letzterem war an sechs Stellen verrammelt, vor dem Schlosse (gegen

die Chiese) eine Verschanzung aufgeworfen, deren Fortsetzung eine mit Creneaux versehene Mauer bildete, das Schloß selbst war mit einer neun Schuh hohen Mauer umgeben, deren dem Orte zugekehrte Seite ebenfalls mit Schußlöchern versehen, und durch einen Vorgraben gesichert war; in der linken Seite wird Lodrone von einem jäh abstürzenden Berg- rücken, in der rechten von stark kultivirtem Flachland, und im Rücken durch den Caffaro-Bach, über welchen hier eine hölzerne Brücke führt, begrenzt. Die Position war derartig, daß es einer entschlossenen Truppe beburfte, um sie zu nehmen.

Nachdem die Jäger den dem Schlosse zugekehrten Umfang des Dorfes besetzt hatten, wurde das Feuer der im Innern des Hofes und der Verschan- zungen placirten feindlichen Geschütze immer lebhafter, dasselbe aber von unse- ren bei der Kirche aufgefahrenen 2 Kanonen und den beiden Raketen mit großer Heftigkeit in so lange erwiedert, bis alle 3 Angriffs-Kolonnen auf gleicher Höhe mit der Kirche, angekommen waren, und hierauf der Sturm unternom- men. Der Feind verließ seine Verschanzungen erst in dem Augenblicke, als die Stürmenden den Grabenrand erreicht hatten, worauf er sich ins Schloß und sofort über die Caffaro-Brücke, theils auf der Hauptstraße gegen S. Giovanni, theils auf die jenseits des Baches gelegenen steilen Höhen zurückzog. Diese Höhen bilden die Verbindung zwischen Rocca d'Anfo und Bagolino; die in bedeutender Höhe über Schloß Lodrone hinführende Straße war vom Feinde stark besetzt, der hinter Mauer-Parapets vollkom- men gedeckt stand. Auch ist diese Aufstellung durch das vorliegende ganz offene und steil abfallende Terrain der Art begünstigt, daß jede Annäherung der Truppe ungeachtet wiederholter Angriffe und aller Bravour und Aus- dauer nur bis auf höchstens 50 Schritte gelang. Da die Position von 3 sehr gut bedienten Geschützen vertheidigt wurde, deren Feuer der steilen Ansteigung des Terrains wegen gar nicht erwiedert werden konnte, der Gegner bedeutende Verstärkungen erhalten hatte, und mit Festhalten der Höhen bei Ponte Caffaro, auf den Abhängen des Chiese-Ufers sich auszu- breiten, somit unsere rechte Flanke und unseren Rückzug zu bedrohen begann, endlich das Schloß selbst, ohne den Besitz jener Höhen, wozu jedoch eine ansehnliche Truppenmacht gehörte, ganz unhaltbar ist, so beschloß Oberst von Melczer seine Truppen in ihre ursprüngliche Aufstellung zurückzu- führen, welche Bewegung, obgleich die Kolonne vom Feinde in der rechten

Flanke fortwährend und mit Uebermacht angegriffen, in größter Ordnung ausgeführt wurde. Nach acht Uhr Abends war die Stellung bei Darzo wieder bezogen.

Oberst von Meleczer rühmt in seiner Relation die Ausdauer und ausgezeichnete Bravour aller im Gefechte gewesenen Truppen, insbesondere gingen die Offiziere ihren Untergebenen mit dem schönsten Beispiele voran. Obschon die Truppen von drei Uhr Morgens bis Abends fortwährend auf den Beinen, darunter durch mehr als zwölf Stunden im Feuer waren, und nicht einmal abgekocht hatten, bewiesen sie bis zum Ende gleiche Ausdauer. Ganz besonders werden genannt: Oberstlieutenant Graf Favancourt von G. H. Baden-Infanterie, dem die Leitung der Avant-, und beim Rückmarsche jene der Arrieregarde übertragen war; Ingenieur-Hauptmann Bujanovich, der die Geschäfte eines Generalstabs-Offiziers versah, Oberlieutenant Baron Gamera, Adjutant des Oberst Meleczer. Von den Landesschützen, (welche mit lobenswerther Beharrlichkeit am Gefechte Theil genommen, und durch ihre Verwendung im Gebirge gute Dienste geleistet hatten) die Hauptleute Mörl und Pichler.

Der Verlust der Truppen bestand in 8 Todten und 18 Verwundeten, unter Letzteren Hauptmann Sperl und Lieutenant Höffern vom 3. Feldjäger-Bataillon, dann Lieutenant Römer von Kaiser-Jäger. Jener des Feindes ist unbekannt, indem er alle Anstalten getroffen hatte, die Gefallenen auf Wagen fortzuschaffen; an Gefangenen verlor er 17 Mann, ferner 4 eiserne Pöller und eine Feld-Apotheke.

**Streifungen nach Malcesine, im B. Arsa und B. Ronchi**

**28. bis 31. Mai.**

Um zu erfahren, ob die Küste des Garda-Sees von Insurgenten besetzt sei, beorderte Oberst von Meleczer am 28. den Hauptmann Kopal von G. H. Baden-Infanterie, mit 2 Zügen der 7. Kompagnie dieses Regiments und der Zöttl'schen Landesschützen-Kompagnie von Roveredo über den Monte Baldo nach Madonna di Navena. Als sich das Detachement Navena näherte, fuhr eben der Dampfer Benacco mit 50 Mann und 2 Geschützen am Bord, nebst zwei anderen Schiffen, wovon eines eine Kanone am Bord hatte, in der Richtung gegen Riva. Nachdem ersterer ein kleines Schiff anlegen ließ, welches ihm wahrscheinlich Nachricht von der Annähe-

rung des Streifkommando's brachte, machte derselbe einen Abstecher nach
Limone, setzte dort einige Leute ans Land, und kehrte hierauf wieder zurück,
um im Verein mit dem Kanonenboote, zuerst ein Geschütz- und bald darauf
auch ein Kleingewehrfeuer auf die mittlerweile am Ufer angelangte Truppe
zu eröffnen. Anfangs ließ dieselbe das feindliche Feuer, der großen Entfernung halber, ganz unerwiedert, als sich aber der Dampfer der Küste mehr
näherte, fielen 3 bis 4 Schüsse von den Zöttl'schen Schützen, wodurch
ein Offizier am Bord getroffen wurde. Hierauf kehrte das Schiff mit solcher Eile um, daß es eines seiner beiden Boote umwarf, und fuhr endlich,
nachdem es oberhalb Malcesine eine Abtheilung zur Beobachtung des
Streifkommandos ans Land gesetzt hatte, in der Richtung nach S. Vigilio.
Eine gegen diese Abtheilung abgeschickte Patrouille fand dieselbe weder vor,
noch in Malcesine; sie erfuhr von den Einwohnern, daß der Feind zwar
keinen stehenden Posten halte, jedoch zeitweise kleine Trupps ans Land
setze, um die Gegend zu durchsuchen. Am 31. rückte Hauptmann Kopal
mit seinem Kommando wieder in Roveredo ein.

Eben so hatte Lieutenant Baron Holzschuher von G. H. Baden,
mit der 2. Hälfte der 7. Kompagnie dieses Regiments, aus seiner Detachirung im Val Arsa, eine Rekognoszirung gegen die venetianische Grenze
hin unternommen, wo er auf Insurgenten stieß, dieselben nach einstündigem Gefechte zurückdrängte, und hierauf wieder in seine frühere Stellung
nach Chiesa zurückging.

Eine Abtheilung der 8. Kompagnie G. H. Baden-Infanterie durch-
streifte die Val Ronchi.

**Marſch nach Vicenza.**

Unter den angegebenen verhängnißvollen Umſtänden faßte der Feldmarſchall im Laufe des 3. Juni den Entſchluß, für dieſen Augenblick den
Gedanken an eine weitere Offenſive gegen des Feindes Stellung am rechten
Mincio-Uſer aufzugeben, und die Armee mit demſelben feſten Mannesſinne,
mit derſelben Entſchloſſenheit, mit welcher er ſie in einem gewagten kühnen
Marſche vorgeführt hatte, eben ſo ſchnell zur Wiedereroberung der venetianiſchen Provinzen zurückzuführen, um dann — auf dieſe ſichere Baſis
geſtützt — von den Ereigniſſen der Zukunft den Zeitpunkt abzuwarten,
welcher eine abermalige Offenſive der Armee geſtatten würde.

Dieſelbe brach daher noch in der Nacht vom 3. auf den 4. in aller
Stille auf, und zwar ging: Das 1. Armee-Korps durch Mantua durch,
und ſtellte ſich auf dem Glacis der Citadelle auf; zu ſeiner Deckung rückte
die Brigade Benedek gegen Marmirolo und Caſtiglione Mantovano vor.
Das 2. Armee-Korps rückte ebenfalls durch Mantua auf der nach Legnago
führenden Straße bis Stradella, wo es hinter dem Derbasco-Bache à cheval
der Straße ein Lager bezog. Das Reſerve-Korps, welches ſchon früher bis
an den Curtatone zurückmarſchirt war, und daſelbſt mit den Infanterie-
Brigaden Stellung genommen hatte, folgte nun als Arrieregarde den beiden
erſteren nach. Es lagerte mit der Infanterie in der Feſtung, mit der
Reſerve-Kavallerie, der Artillerie-Reſerve und dem Brückentrain am Glacis
vor dem Fort S. Giorgio. Das Hauptquartier blieb während der Nacht
in Mantua.

Am 4. hatte die Armee einen Raſttag, deſſen ſie ſehr bedurfte.

Am 5. marſchirte das 1. Armee-Korps mit Ausnahme der zur Beſatzung
von Mantua gehörigen Brigade Benedek, über Caſtel-Belforte, Corte
Alta und Erbè bis Bovolone; das 2. Corps nebſt dem Hauptquartier
bis Sanguinetto; das Reſerve-Korps bis Nogara.

Am 6. ſollte das 1. Armee-Korps über Malvicina, Angiari und
Minerbe nach Cologna rücken, aber der hohe Waſſerſtand der Etſch vereitelte das Schlagen einer Brücke bei Angiari, daher das Korps den Fluß
bei Legnago überſchritt, und bis Bevilacqua ging. Das 2. Armee-Korps
nebſt dem Hauptquartier marſchirte nach Montagnana.

Bei der großen Ausdehnung Verona's, seiner schwachen Besatzung in Allem 10.000 Mann) und dem schlechten Geiste der Einwohnerschaft, hegte der Feldmarschall wohl einige Besorgniß für diesen Platz. Um sich dieser Sorge zu entheben, schickte er am andern Tage den größten Theil des Reserve-Korps über Bovolone und Villafranca nach Verona; nur die Kavallerie-Brigade Schaffgotsche, die Reserve-Artillerie und der Brücken-train blieben beim 2. Korps. Gleichzeitig befahl er die Schanzen vorwärts Porta nuova und jene bei Sta. Lucia, endlich die auf der Höhe von Sta. Caterina erbauten Redouten mit Anstrengung aller Kräfte zu vervollstän-digen und haltbar zu machen.

Die Bewegung des Reserve-Korps gegen Verona, in welchem der Feind die ganze Armee zu erblicken glaubte, bestärkte ihn in der Voraus-setzung, daß Radetzky mit seiner ganzen Macht dorthin zurückkehre. Als er später dessen Etschübergang erfuhr, wähnte er, daß sich die Armee aufs linke Etschufer gezogen habe, um gegen einen Flankenangriff gesichert zu sein.

In Sanguinetto trennte sich der Erzherzog Franz Josef von der Armee, um einer andern Bestimmung — nach Böhmen — entgegen zu gehen. Ungern sah das Heer ihren liebsten Waffengefährten scheiden, die Erinnerung an den heißen Tag von Sta. Lucia hatte sich tief in ihr Inner-stes eingegraben, sie wird — deß möge Jedermann überzeugt sein, so lange das Herz in diesen Braven schlägt, gewiß ihr werthvollstes Andenken bleiben; sie hätte sehnlichst gewünscht, daß der ritterliche Prinz Zeuge der Standhaftigkeit, der Mühen und Kämpfe geblieben wäre, die sie noch erwarteten, um ihm eine der schönsten Kronen zu erhalten.

Am 7. hielt die Armee einen Rasttag.

Am 8. marschirte das 1. Armee-Korps bis S. Ubaldo, das 2. nach Ponte di Barbarano, wohin auch das Hauptquartier kam.

Am 9. rückte das 1. Armee-Korps mit der Brigade Wohlgemuth nebst dem Artillerie-Reserve-Park, bei dem sich 4 zu Mantua ausgerüstete achtzöllige französische Mörser befanden, über Longara, wo sie mittelst einer Kriegsbrücke über den Bacchiglione ging, bis in die Höhe von Torri di Quartesolo; die Brigade Clam lagerte in Longara und Debba, ihre Vor-posten standen bei S. Croce, die Brigade Straßoldo in Debba und auf den Höhen, endlich die Brigade Wohlgemuth am linken Bacchiglione-Ufer

in Secula. Das 2. Armee-Korps ging bei Montegaldella, wo eine zweite
Brücke geschlagen wurde, über den Bacchiglione, und lagerte in der Höhe
von Torri di Quartesolo am Tessina-Bache.

Zur Hemmung der Kommunikation zwischen Vicenza und Padua,
wurde an diesem Tage die Eisenbahnbrücke über die Ceresone durch ein
abgeschicktes Streifkommando unter Führung des Hauptmanns Mollinaro
vom General-Quartiermeisterstabe, gesprengt, wobei sich der Oberlieutenant Fritsch des Pionier-Korps, durch schnelles Schlagen einer Brücke
über den sehr angeschwollenen Bacchiglione auszeichnete und dadurch zum
Gelingen der ganzen Unternehmung wesentlich beitrug.

Gleichzeitig mit der geschilderten Bewegung der beiden Armee-Korps
gegen Vicenza, rückte am 7. auf Befehl des Feldmarschalls, Qua-Divisionär General-Major von Culoz mit 29 Kompagnien, 2 Eskadronen,
4 Geschützen der Kavallerie-Batterie Nr. 5 und 5 Geschützen der Raketen-
Batterie Nr. 4 von Verona nach S. Bonifacio. Er hatte die Weisung am
10. über Brendola oder Altavilla auf dem Höhenkamme der Monti-Berici
gegen Madonna del Monte oberhalb Vicenza vorzurücken, und den Angriff
auf diese Stadt gleichzeitig mit den in der Ebene vorrückenden Armee-
Korps zu unternehmen. Die Monti-Berici beherrschen die Stadt Vicenza
vollkommen, mit ihrer Eroberung hört jede kräftige Vertheidigung der
letzteren auf, ihr Besitz ist daher für den Angreifer von höchster Wichtigkeit. In genauer Erwägung dieses Umstandes machte der Generalstabs-
Offizier der Brigade, Hauptmann von Maroičić seinem General folgende
Vorschläge:

Nur einen geringen Theil der Truppen in der Ebene zu einem Schein-
angriffe zu verwenden, mit dem Gros aber den Weg über Brendola,
Perarolo und Arcugnano zu nehmen, indem dieser kürzer sei, und bei
Weitem weniger Schwierigkeiten darbieten dürfte. Ferner, obwohl nur
sehr schmale Karrenwege über die Höhen führen, dennoch die 2 Haubitzen
und alle Raketengeschütze nebst 2 Munitionskarren mitzunehmen, indem
das unerwartete Erscheinen mit Geschützen auf unpraktikablen Wegen, den
Feind überraschen, und aus der Fassung bringen dürfte; auch könnten
selbst im schlimmsten Falle die Raketen durch die Mannschaft getragen, und
die Geschütze noch immer zurückgeschickt werden. Endlich wäre der Weitermarsch nicht nach der erhaltenen Disposition erst am 10. zu beginnen,

sondern schon am 9. von Montebello aufzubrechen, und bis Arcugnano vorzugehen, weil sonst die Truppe, bei der großen Entfernung und den vorhandenen Hindernissen, viel zu spät kommen würde, um im Einklange mit den Bewegungen der Hauptarmee, zu manövriren; auch würde die Mannschaft durch die Anstrengung des forcirten Marsches zu erschöpft auf den Höhen anlangen. Ein weiterer Vortheil bestehe noch darin, daß man durch diesen Vorsprung nicht blos den Feind überraschen, sondern vielleicht schon am frühesten Morgen einen glücklichen Handstreich ausführen könne.

In richtiger Würdigung dieser Vorschläge ward noch am 8. Oberst Suppikaß mit dem 2. Oguliner-Grenz-Bataillon, der Chevaux-legers-Division und 2 sechspfündigen Geschützen nach Tavernelle mit der Weisung vorgeschoben, als selbstständig detachirt auf der Straße zu bleiben, und am 10. den Angriff der Division auf Vicenza, durch Beschießung dieser Stadt zu unterstützen.

Das Gros der Division trat am 9. um ein Uhr Nachmittags den Marsch über Brendola an. Die besorgten Hindernisse zeigten sich nur zu bald sehr störend, aber die Soldaten, insbesondere die beiden Batterie-Kommandanten Lieutenant Hoffmann und Rauch — durchdrungen von der Wichtigkeit der Aufgabe — wußten durch lobenswerthe thätige Aufmunterung und mit Beihilfe der Mannschaft des Regiments Latour, diese Hindernisse glücklich zu überwinden; nur einer der zur Fortbringung der Blessirten mitgenommenen 3 Rüstwagen stürzte sammt den Pferden in ein Präcipiß. Vor Perarolo waren selbst die Tags vorher aufgeregten Elemente dem Vorhaben günstig geworden, der heftige Regen hatte nemlich eine tiefe Straßenabgrabung mit Sand ausgefüllt, welche nun mit einigen Reisigbündeln überdeckt, bald praktikabel gemacht war. Nachdem auf diese Weise auch das letzte Hinderniß überwunden, langte die Spitze der Kolonne um sieben Uhr Abends, das Regiment Latour mit den Geschützen und Karren aber erst um zehn Uhr Nachts (mithin nach neunstündigem Marsche) in Arcugnano an, wo verdeckt ein Lager bezogen wurde.

### Gefecht bei Rivoli
#### am 10. Juni.

Carl Albert wollte die Abwesenheit der Hauptarmee von Verona benützen, um sich in den Besitz der Stellung von Rivoli zu setzen. In der

I.                                                          13

Vorausſetzung, dort einen kräftigen Widerſtand zu finden, verſtärkte er ſeinen linken Flügel bis auf 20.000 Mann (Diviſion des General-Lieute-nants Broglio und des Herzogs von Genua) unter den Befehlen des General-Lieutenants de Sonnaz.

Rivoli mußte aber in dem Augenblicke ſeine Wichtigkeit für Verona verlieren, wo es der Armee gelang, ſich Vicenza's zu bemeiſtern, denn von hier führt eine geſicherte, gute Straße über Schio und durch Val Arſa nach Roveredo. Dieſer Umſtand beſtimmte auch den Feldmarſchall, welcher den Angriff auf Rivoli vorausgeſehen hatte, ſeine Kräfte nicht unnützer Weiſe zu theilen, ſondern die Brigade Zobel, welche ſich noch am 29. Mai Abends aus der gefährdeten Stellung bei Cavajon aufs Plateau von Rivoli zurückgezogen hatte, ſich ſelbſt zu überlaſſen.

Am 10. um ſechs Uhr früh rückte eine Kolonne in der Stärke von 9 Bataillons von Cavajon auf den Höhen von C. Cocche bis S. Pietro vor, jedoch anfangs mit der größten Behutſamkeit, bis ſie ſich mit einer von Affi kommenden in Verbindung geſetzt hatte; ihre Reſerven ſtanden bei Cavajon. 2 andere Kolonnen in der Stärke von 5 Bataillons, einem Flügel Kavallerie und einer Batterie, bewegten ſich, und zwar die eine über Peſina und Boi, die andere über Ceredello gegen Caprino; ſie hatten ihre Reſerven bei Coſtermano.

Da die Brigade Zobel in der ausgedehnten Stellung vor Rivoli, ſolch überlegenen Kräften nicht gewachſen war, ſo konzentrirte ſie ſich auf der zweiten Höhenreihe, welche Rivoli von Norden nach Süden in einem Halb-kreis umfängt, und ſicherte ſich ihre Rückzugslinie nach Incanale durch 3 Kompagnien Kaiſer-Jäger, 1 Bataillon Schwarzenberg und 6 Geſchütze.

Ringsum von einem übermächtigen Feinde angegriffen, mußte die Brigade auch dieſe konzentrirte Stellung verlaſſen. Ihren Rückzug nach Incanale vollführte ſie in der größten Ordnung unter dem Schutze der 14. und 16. Kompagnie Kaiſer-Jäger, welche die Arrieregarde bildeten, und beſonders beim alten Monumente ſtark ins Feuer kamen. Der Feind konnte ſeine Geſchütze nur einzeln, und zwar erſt dann ins Geſecht brin-gen, als der Rückzug der Brigade beinahe ſchon vollendet war, denn alle nach Rivoli und Caprino führenden Straßen waren durch Steindämme, Barrikaden, Verhaue und Abgrabungen für jegliches Kriegsfuhrwerk unpraktikabel gemacht. Die Brigade nahm bei la Groara wieder Stellung.

Eine Seiten-Kolonne unter Major Brassier von E. H. Ludwig-Infanterie zog sich, die rechte Flanke der Brigade deckend, über Pazzone nach Madonna della Corona, wo sie die 6. Division G. H. Baden-Infanterie zurückließ, 50 Mann des 3. Wiener-Freiwilligen-Bataillons besetzten Ferrara, während der Rest der Kolonne mit dem Gros der Brigade bei Groara sich wieder vereinigte. Von hier aus detachirte Oberst Zobel das 3. Wiener-Freiwilligen-Bataillon nebst 2 Kompagnien E. H. Ludwig-Infanterie aufs linke Etschufer, wo sie in gleicher Höhe mit Groara, Stellung nahmen.

Am andern Tage setzte der Feind seinen Angriff fort. In 2 Kolonnen stieg er von S. Martino gegen Spiazzi hinan, eine andere Kolonne hatte von Malcesine durch die Val Larga den Rücken des Monte Baldo erstiegen, und erschien unvermuthet bei Ferrara, welches das kleine Detachement der Wiener-Freiwilligen verlassen mußte. Eben so zog sich die Division von G. H. Baden-Infanterie nach Brentino ins Etschthal zurück, worauf Oberst Zobel mit seiner vereinten Brigade bis Avio zurückging.

## Gefecht bei Vicenza

### am 10. Juni.

Der Gegner hatte Zeit gehabt, sich in Vicenza zu verschanzen; besonders aber wurden auf dem Monte Berico und mehreren seiner Vorsprünge, welche die ganze Ebene beherrschen, geschlossene Werke erbaut, oder einzelne Gebäude in Vertheidigungsstand gesetzt, so: das Kloster und die Kirche der Madonna del Monte, von welch' letzterer ein Säulengang über die steilen Abfälle nach der Stadt führt, die zierliche Casa Rombaldo und die vorliegende spitze Kuppe la bella Vista, welche ein Blockhaus vertheidigte, dann die Villa Rotonda. Alle Zugänge aus der Ebene waren durch Barrikaden, deren Brustwehren dem stärksten Kaliber trotzten, geschlossen, und Hunderte von Verrammlungen durchschnitten nach einem wohl durchdachten System das Innere der Stadt. Die Garnison bestand unter Befehl des päpstlichen Generals Durando aus:

4 Bataillons der Fremden-Regimenter Nr. 1 und 2 (Schweizer),
3 „ Linientruppen Jäger Nr. 1 und 2, Füseliere Nr. 6,
6 „ Römische Legionen (Civica) nebst ihrem Geschütz,
1 Bataillon Civica von Faenza,

1 Bataillon   Civica vom untern Reno,

1      „      Freiwillige von Bologna,

1 Kompagnie Sappeurs,

1      „      Freiwillige von Ferrara,

2 Batterien Linien-Artillerie (1 päpstliche, 1 Schweizer),

Artillerie der Civica von Bologna und Ferrara,

Päbstliche Dragoner und Karabiniere,

Zusammen 15 bis 17.000 Mann.

Das Geschütz bestand aus 16 päpstlichen Feld- und 22 (aus Venedig hergeschickten) Kanonen, von welch' letzteren jede mit 200 Schüssen dotirt war.

Nach der entworfenen Disposition sollte der Angriff um zehn Uhr Vormittags gleichzeitig beginnen, und zwar von der Brigade Culoz auf dem Monte Berico; vom 1. Armee-Korps (rechts mit Culoz, links durch die Brigade Wohlgemuth mit dem 2. Korps in Verbindung) mit der Division Schwarzenberg (Brigade Clam und Strassoldo) auf der von Este führenden Straße; endlich vom 2. Armee-Korps mit der Brigade Liechtenstein gegen die Vorstadt vor Porta di Padova, mit der Brigade Taxis gegen die Vorstadt S. Vito und die Porta Sta. Lucia, die Brigaden Simbschen, Gyulai und Schaffgotsche folgten als Reserven.

Aber General-Major Culoz hatte gegen ein Uhr Nachts dem Oberst Hahne von Latour-Infanterie, den Auftrag ertheilt, mit 2 Divisionen des 3. Bataillons seines Regiments und der Oguliner-Division (8. und 9. Kompagnie) noch vor Tagesanbruch von Arcugnano aufzubrechen, und den vorliegenden Höhenzug Sta. Margherita zu nehmen, um das Kastell Rombaldo, welches vom Feinde stark besetzt war, beschießen zu können. Demnach erfolgte um drei Uhr Morgens die Vorrückung mit den Ogulinern unter Kommando des Oberlieutenants Jović, und der beiden Pionier-Abtheilungen der Regimenter Latour und Reisinger, erstere unter Kommando des Oberlieutenants Böh, letztere unter Lieutenant Darenberg. Drei verbarrikadirte Straßenabgrabungen wurden in aller Stille und mit großer Anstrengung praktikabel gemacht, und Sta. Margherita, aus welchem sich die Crociati nach Abfeuern ihrer Gewehre zurückzogen, von den Ogulinern besetzt. Eben so wurde das Schloß Rombaldo, welches von Schweizern besetzt war, geräumt, indem sie sich in das auf dem steilen

Hügel la bella Vista erbaute Blockhaus, auf dem trotzig die Blutfahne wehte, zogen.

Bis jetzt hatte der Gegner nur die Oguliner und eine Division Latour zu Gesicht bekommen; es handelte sich nun, dem guten Anfang eine rasche Folge zu geben, wozu die beiden anderen Divisionen des 3. Bataillons Latour (eine rechts, die andere links der Straße) zur Unterstützung der Oguliner vordisponirt wurden.

Bald hatten die Pioniere des Regiments Reisinger, ungeachtet des feindlichen Geschütz- und Kleingewehrfeuers, eine Straßenabgrabung ausgefüllt, worauf die Raketen aus einer vortheilhaften Placirung ihr Feuer beginnen konnten. Eben so hatte Lieutenant Hoffmann die beiden Haubitzen, nachdem er sie im schärfsten Tempo über die Straßenabgrabung vorgeschoben, auf halbe Schußdistanz in Thätigkeit versetzt. Seine gelungenen Würfe brachten unter der dicht zusammengepfropften Besatzung Unordnung und Wanken hervor; diesen günstigen Augenblick benützend, führte Oberlieutenant Jović seine Division rasch zum Sturme gegen das Blockhaus, das die braven Grenzer unter lautem Živio-Rufe mit dem Bajonnete nahmen. Lieutenant Bavičić erkletterte die Stange und riß die Fahne herab. Das Blockhaus wurde in Brand gesteckt, und die aufsteigende Rauchsäule verkündete der in der Ebene vorrückenden Armee, daß bereits ein Theil der schwierigen Aufgabe der Brigade Culoz gelöst sei.

Da wohl zu besorgen stand, daß die Truppen des General-Majors Culoz durch die errungenen Vortheile angefeuert, eher vordringen dürften, bevor die beiden Armee-Korps in der Verfassung wären, auch ihrerseits den Angriff auf Vicenza zu beginnen, so schickte der Feldmarschall durch einen Adjutanten dem genannten General die Weisung, mit der weiteren Vorrückung einstweilen einzuhalten.

Nachdem Hauptmann Giani des General-Quartiermeisterstabes, den von S. Croce nach Rombaldo führenden Weg rekognoszirt und für Geschütze praktikabel gefunden hatte, wurde Hauptmann Mollinary vom General-Quartiermeisterstabe, beauftragt, der Brigade Culoz das 10. Feldjäger-Bataillon, die zwölfpfündige Batterie Nr. 1 und die Raketen-Batterie Nr. 1 als Verstärkung zuzuführen. Zum leichteren Fortkommen auf dem ziemlich steilen Wege wurde die Munition aus den vierspännigen Munitions-Karren auf einen leichten zweirädrigen Wagen und auf Schiebkarren

gelaben, unb ben Geſchützen nachgeführt; bie Munitions-Karren folgten
ſpäter ber Kolonne. Auch rückten 2 Haubitzen ber Fußbatterie Nr. 2 unb
baß 3. Bataillon Hohenlohe ben letzteren nach.

Während ber entſtanbenen Gefechtspauſe (von halb ſieben Uhr Früh
biß brei Uhr Nachmittags) biſponirte Culoz ſeine Truppen, wie folgt:
Daß 1. Bataillon Latour auf bie rechtß von ber Straße gelegenen Höhen,
baß 3. Bataillon bieſeß Regimentß unb bie Diviſion Oguliner (letztere alß
äußerſter linker Flügel) linkß ber Straße zur Beſetzung einiger Häuſer; baß
2. Bataillon Reiſinger, zur Unterſtützung beß Regimentß Latour, eß erhielt
ſeine Aufſtellung hinter bem Blockhauſe; enblich baß 10. Jäger- unb baß
2. Bataillon Reiſinger in Villa Rombalbo alß Reſerve. Um baß verwegene
Vorbringen ber feinblichen Plänkler auf bem öſtlichen Abhange zu mäßigen,
wurden unter Leitung beß Lieutenantß Müllner 42 Kammerbüchſen-
Schützen beß 10. Jäger-Bataillonß, borthin beordert. Eine ſorgfältige
Rekognoßcirung ber feinblichen Stellung zeigte, baß bieſe nur bann mit
geringem Verluſte zu nehmen ſei, wenn ber Gegner ſelbſt angriffßweiſe
vorgehen, unb baburch ben Truppen Gelegenheit verſchaffen würbe, nach
abgeſchlagenem Angriffe gleichzeitig mit ihm, bie Poſition zu gewinnen. Eß
blieben baher bie Truppen ſo viel alß möglich verbeckt aufgeſtellt, unb bie
halbe zwölfpfünbige Batterie Nr. 1, welche biß an bie Wenbung ber Straße
vorzurücken angewieſen war, einſtweilen zurückgezogen. Später wurde ein
Geſchütz bieſer halben Batterie burch Hauptmann Mollinary auf bem
öſtlichen Abhange zur Beſchießung ber gegenüber in einer eigenen Batterie eingeführten feinblichen Kanone, vortheilhaft placirt. Die Raketen-
Batterie Nr. 4 ſchloß ſich an bie rechtß von ber Straße auf einer Anhöhe aufgefahrene Raketen-Batterie Nr. 1; ber Abhang bieſer Höhe war von Tirailleurß
beß Regimentß Latour beſetzt, welche ſelbſt während ber, bei ber Brigabe ange-
orbneten Gefechtspauſe von ben Schweizern unaußgeſetzt beſchoſſen wurden.

Um zehn Uhr ſetzten ſich bie Kolonnen ber in ber Ebene aufgeſtellten
Brigaben in Bewegung.

Deß Felbmarſchallß Anorbnungen waren auf möglichſte Schonung
ber Truppen berechnet, ſeine überlegene Artillerie hauptſächlich ſollte bie
Bezwingung Vicenza's bewirken. Er ſelbſt begab ſich auf einen Hügel
gegenüber beß Monte Berico, von wo er bie ganze Schlachtlinie überſehen,
unb ben Kampf leiten konnte.

Um ungefähr halb eilf Uhr fielen bei der Brigade Clam, welche sich mittlerweile der Villa Rotonda genähert hatte, die ersten Schüsse. Diese Brigade war angewiesen, hier blos zu demonstriren, indem der Hauptangriff — auf dem Höhenzuge der Monti Berici — Aufgabe der Brigade Culoz sei.

Dort wurden nun die beiden Zwölfpfünder bis über die Straßenkrümmung vorgeschoben, und von diesen und der weiter hinten aufgestellten halben Batterie unter Leitung des unerschrockenen Oberlieutenants S ch n e i d e r, das Feuer gegen eine die Straße sperrende feindliche Batterie mit großer Heftigkeit eröffnet; eben so bewarfen die Raketen die von Infanterie besetzten Punkte und die dem Abhange gegenüber gelegene Batterie, und lieferten wieder den Beweis, welch' furchtbaren Effekt diese Waffe bei zweckmäßiger Anwendung hervorzubringen vermag. Schon waren feindlicher Seits über hundert Schüsse gefallen, ohne unseren Geschützen den geringsten Schaden zugefügt zu haben; endlich aber regelten sie ihre Richtung, und verursachten den unserigen, namentlich den Zwölfpfündern, solch' empfindlichen Schaden, daß sich Oberlieutenant S ch n e i d e r in die Nothwendigkeit versetzt sah, seine beiden exponirtesten Geschütze in die etwas höher gelegene Aufstellung zu bringen, von wo sie vereint mit der andern halben Batterie, jene des Feindes noch wirksamer beschießen konnten, indeß die am untern Abhange detachirte Haubitze, die Verschanzung mit Granaten und Granatkartätschen unausgesetzt bewarf. Der Munitionsnachschub nach diesen beiden Punkten war etwas schwierig, und schon trat für einen Augenblick die Besorgniß ein, das Feuer im entscheidenden Momente aussetzen zu müssen; zum Glücke aber kam die Munition noch zur rechten Zeit an.

Gegen drei Uhr erhielt jedoch General-Major Graf C l a m den Befehl, die Villa Rotonda zu nehmen. Er dirigirte zu diesem Angriffe das Regiment Prohaska in 2 Kolonnen, von welchen die eine (6 Kompagnien unter Hauptmann T r o s t) auf der Straße vorrückte, während die andere (4 Kompagnien, welchen noch 3 Kompagnien Gradiskaner folgten, unter Oberst Baron R e i s ch a ch) links derselben, in dem mit einer Mauer umschlossenen Garten eindrang. Bald hatte der tapfere Oberst die Villa erstürmt, und Hauptmann T r o s t den Feind auf der Straße zurückgeworfen.

Gleichzeitig war die für die Dauer des Gefechtes unter das Kommando des 2. Armee-Korps gestellte Brigade Wohlgemuth am linken Bacchiglione-

Ufer bis Mainentl vorgerückt, wo es ihr gelang, das Feuer aus 2 feindlichen Batterien — auf dem ersten Höhen-Absatze oberhalb Porta del Monte, und vor der Brücke über den Eisenbahn-Tunnel — auf sich zu ziehen.

Um diese Zeit ließ auf dem Monte Berico das Zusammenziehen starker feindlicher Abtheilungen vermuthen, daß selbe den von Culoz gewünschten Angriff unternehmen wollen; es wurde daher das 10. Jäger-Bataillon im Eilschritte vorgezogen, um an der Tête der Division Reisinger dem Feinde zu begegnen, ihn zu werfen, und mit ihm zugleich, seine Verschanzungen zu erreichen. Eine zweite Kolonne suchte den linken Flügel der Brigade zu umgehen, indem sie kühn bis auf 50 Schritte gegen die Geschütze vorrückte. Es war somit der entscheidende Augenblick eingetreten, wo der General das Gros seiner Infanterie in volle Thätigkeit bringen konnte.

Der Feind wurde mit wohlangebrachten Geschützlagen empfangen, und 3 Kompagnien Reisinger unter Hauptmann Krebs, den in der linken Flanke Vorrückenden entgegen geworfen. Die Artillerie, durch die Batterie-Kommandanten Oberlieutenants Schneider und Biedermann zur größten Thätigkeit aufgefordert, brachte die feindlichen Geschütze zum Schweigen, während das 10. Jäger-Bataillon unter seinem ritterlichen Oberst Kopal, gefolgt von 3 Kompagnien des Regiments Reisinger, ohne einen Befehl abzuwarten, sich mit Ungestüm gegen die auf der Straße vordringenden Schweizer warf. Die Todesverachtung der tapfern Jäger erregte gleiche Entschlossenheit bei den übrigen Truppen. Ohne den Feind zu Athem kommen zu lassen, wird er nun von allen Seiten angegriffen, geworfen und verfolgt. Die Crociati verlassen in größter Eile die Verschanzungen, Latour und Oguliner besetzen sie, während gleichzeitig eine Abtheilung von Latour deren äußersten linken Flügel ersteigt. Der Feind flieht in wilder Flucht zur Madonna del Monte; Kirche, Thurm, die nächsten Häuser und Villen werden vertheidigt, ja selbst im Innern der Kirche wird gekämpft, aber nichts kann den siegestrunkenen Soldaten widerstehen — sie stürmen unaufhaltsam vorwärts. Nur in dem nach der Stadt hinabführenden Bogengange suchen sich die Schweizer festzusetzen und Widerstand zu leisten.

Mittlerweile hatte General-Major Graf Clam 2 Kanonen auf der Straße vorgezogen, welche das Feuer der beiden am Umfange der Vorstadt Sta. Catterina aufgefahrenen feindlichen Geschütze mit gutem Erfolge erwiederten; später wurde noch die Raketen-Batterie Nr. 6. zur Villa

Rotonda vorgeschoben und die weitere Vorrückung gegen die Villa Valmarana vorbereitet. Nachdem der genannte General die linke Kolonne unter Oberst Baron Reischach, noch mit 2 Kompagnien Gradiskanern verstärkt hatte, ordnete er die weitere Vorrückung mittelst einer doppelten Plänklerkette, welcher der tapfere Oberst an der Spitze der Kolonne folgte. Der Feind wurde geworfen, und die Villa Valmarana unter dem Jubelrufe des braven Regiments Prohaska besetzt. Noch waren einige Barrikaden zu nehmen; Reischach erstürmte auch diese mit 3 Kompagnien. Bei dieser Gelegenheit zeichnete sich der Rittmeister Graf Ingelheim von Radetzky-Husaren, Oberlieutenant von Jena von Windischgrätz-, und Lieutenant Graf Stockau von Liechtenstein-Chevaux-legers, rühmlich aus, indem sie sich freiwillig zu Fuß an die Spitze der Stürmenden stellten, und durch ihr muthvolles Benehmen der Mannschaft ein schönes Beispiel gaben; — solche Züge sind es, die im Herzen des gemeinen Mannes ein Echo finden und das Vertrauen zum Offizier in hohem Grade nähren.

Während der Erstürmung der Barrikaden hatte Hauptmann Trost mit 4 Kompagnien die gleichfalls verbarrikadirte und mit Geschütz vertheidigte Stellung auf der Straße, ebenfalls angegriffen und genommen.

Bei dem weiteren Vordringen gegen das auf der Höhe gelegene Wirthshaus erhielt Oberst Reischach drei leichte und Oberlieutenant Jena eine schwere Blessur; Beide trug Rittmeister Ingelheim mit großer Selbstaufopferung aus dem feindlichen Feuer zurück. Nachdem auch dieser Punkt genommen war, floh auch hier der Feind in regelloser Flucht über die Höhen, bei welcher Gelegenheit 50 Gefangene gemacht wurden. Rasch wurden nun die Raketen vorgebracht und die Vertheidiger des Säulenganges hinter der Madonna del Monte, in Flanke genommen, während Culoz dieselben in der Front angriff.

Diesem zweifachen Angriff konnte der Gegner nicht widerstehen, er ward geworfen — der Schlüsselpunkt der feindlichen Stellung genommen und mit ihm das Schicksal der Stadt entschieden.

Nun drangen Jäger, Reisinger und Latour bis in die Vorstadt, deren erste Häuser erstürmt und besetzt wurden. Augenblicklich waren die Gräben ausgefüllt, alle sonstigen Hindernisse weggeräumt, die Geschütze zur Madonna del Monte vorgezogen, und hierauf Vicenza bis spät in die Nacht hinein beschossen.

Es war ein schrecklich schönes Schauspiel — so schreibt ein Offizier, welcher an diesem Kampfe theilgenommen — zu unseren Füßen lag die Stadt, halb verhüllt vom Pulverdampf, den die Lohe der brennenden Häuser gierig durchzüngelte; diesem Schreckensbilde gegenüber vergoldete die untergehende Sonne die Schneehäupter der Tiroler-Berge, blutigroth spiegelte sich der Abendhimmel in den nahen Gewässern.

Unterdessen hatte die Brigade Wohlgemuth das Feuer der beiden feindlichen Batterien auf's Kräftigste erwiedert und dadurch der Brigade Clam den Angriff wesentlich erleichtert, wozu 4 Kanonen auf dem Punkte auffuhren, wo der über Casale nach Vicenza führende Weg den Eisenbahn-Damm durchschneidet. Später wurden sie auf Anordnung des Feldmarschall-Lieutenants Baron D'Aspre noch durch 2 Geschütze der Kavallerie-Batterie Nr. 5 verstärkt. Ihr Feuer muß hier mörderisch gewirkt haben und dem Feinde besonders in dem Augenblicke, als er sich über die Eisenbahn-Brücke zurückzog, große Verluste beigebracht haben; auch räumte er bald darauf die Kaserne S. Francesco, so wie die umliegenden Häuser. Nun erst konnten sich die Plänkler unter Hauptmann von Hartlieb vom Oguliner-Grenz-Regimente, der Porta del Monte nähern, wo sie hinter einer Mauer gedeckt, Posto faßten. Eben so gelang es dem Oberlieutenant Baron Zephyris von Kaiser-Jäger, nachdem er auf einem Kahne den Bacchiglione überschifft hatte, gegen das genannte Thor vorzudringen. Dieser entschlossene Offizier war auf Aufforderung des Generals Wohlgemuth, schon früher mit 8 Jägern freiwillig bis an den Fluß vorgegangen, wo er den Feind aus einer vortheilhaften Aufstellung sehr wirksam beschoß. Die Geschütze links vom Damme, avancirten in dem Maße, als die Brigade Clam Terrain gewann, ihr Feuer richtete sich meist gegen die unterhalb der Madonna del Monte gelegenen Häuser und die dort aufgestellten feindlichen Batterien.

Um den sich zurückziehenden Gegner wirksam zu beschießen, erhielt Hauptmann Schindler von Kaiser-Jäger, den Auftrag, mit seiner Kompagnie in dessen linke Flanke vorzugehen, und die eben erwähnten Häuser nächst Porta di Monte zu besetzen. Er gelangte über die Eisenbahn-Brücke und durch den Tunnel bis in den Bahnhof; eine halbe Kompagnie zog sich gegen Porta Lupia, und hielt den Feind auf diesem Punkte in Schach, der auf einer der beiderseits längs des Schienenweges sich hinziehenden

Mauern eine große Menge Steine in der Absicht aufgehäuft hatte, sie auf die vorrückende Truppe zu werfen. 2 Kompagnien Kaiser-Jäger und 4 Kompagnien Oguliner folgten dem Hauptmann Schindler als Angriffs-Kolonne, das Regiment E. H. Sigmund bildete die Reserve.

Mittlerweile war jedoch die Nacht herangebrochen und, da ein Straßenkampf überhaupt nicht räthlich schien, der Brigade der Befehl ertheilt worden, ein Bivouac zu beziehen; nur der Bahnhof, die beiden Häuser nächst Porta Lupia und der Palazzo Carcano blieben von 3 Kompagnien Jäger besetzt. Das Gros der Brigade lagerte bei Ca Mainenti.

Der Feind setzte während der Nacht das Geplänkel gegen die in den beiden Häusern bei Porta Lupia postirte halbe Kompagnie fort; seine Versuche hier eine Barrikade zu bauen, wurden jedoch durch die sicher treffenden Kugeln der Jäger vereitelt.

Eben so siegreich wie der linke, war der rechte Flügel der Armee; seine Fortschritte konnten jedoch nicht so entscheidend sein, denn die dichte Kultur erschwert auf dieser Seite den Angriff — sie verbirgt den Kanonen die Zielpunkte, und schwächt die Wirkung des Horizontalschusses.

Die Brigade Liechtenstein begann um zehn Uhr Vormittags ihren Angriff. Die Vorrückung geschah in 2 Kolonnen. Die linke unter dem Kommando des Oberst Grafen Török von Reuß-Hußaren, bestand aus dem 2. Bataillon Kaiser-Jäger, 3 Eskadronen Reuß-Hußaren, der Zwölfpfünder-Batterie Nr. 3 und den beiden Haubitzen der Kavallerie-Batterie Nr. 2; sie war angewiesen auf der Paduaner-Straße gegen Porta di Padova vorzugehen, Borgo di Casale und das Thor selbst, zu nehmen. Rechts rückten unter Liechtensteins persönlicher Führung das 8. und 9. Feldjäger-Bataillon, 2 Bataillone E. H. Franz Karl-Infanterie, eine Eskadron Reuß-Hußaren, 4 Kanonen der Kavallerie-Batterie Nr. 2, die Haubitz-Batterie Nr. 1 und die Mörser-Batterie gegen den zwischen Porta di Padova und Borgo Sta. Lucia gelegenen äußeren Stadttheil.

Nachdem beide Kolonnen um halb ein Uhr auf gleiche Höhe und in Verbindung gelangt waren, ließ Oberst Graf Török 2 Geschütze auf der Straße vorrücken, und das Feuer gegen Borgo di Casale eröffnen. Ein Erdwall, welchen eine aus einer Scharte feuernde Kanone vertheidigte, sperrte denselben, die anstoßenden Gebäude waren zum Widerstande hergerichtet und auf etwa 100 Schritte vor dem Walle, mehrere Häuser von feindlichen Schützen besetzt.

Nach ungefähr zwei Stunden ließ das Feuer der Letzteren nach; es rückten nun 2 Kompagnien vor, und bald fielen die letzten Schüsse aus den erwähnten Häusern. Hierauf wurde die mittlerweile vorgekommene Raketen-Batterie Nr. 5 vortheilhaft aufgestellt und in Thätigkeit versetzt. Links der Straße fuhren auf dem zur Eisenbahn führenden Wege 2 Haubitzen auf; sie konnten jedoch der geringen Entfernung halber, in welcher man genöthigt war, sie zu placiren, den Angriff nicht gehörig unterstützen, weßhalb sie ihr Feuer gegen das Innere der Stadt richteten. Auch eine später durch Oberst Török in der Kultur aufgestellte zwölfpfündige Kanone konnte dieserwegen nicht gehörig wirken.

General-Major Fürst Liechtenstein war mit seiner Avantgarde (8. Feldjäger-Bataillon) bis auf 100 Schritte an die äußerste Vertheidigungslinie des Feindes und die dort errichteten Barrikaden vorgerückt. Es entspann sich sogleich ein lebhaftes Geplänkel, das bald in ein gegenseitiges Geschützfeuer überging. Der Feind hatte ein an einem Straßenbug gelegenes Haus stark besetzt. 2 hinter Erdaufwürfen aufgestellte Geschütze — eines neben dem Hause, das andere hinter einer Mauer, welche Punkte durch einen tiefen Graben in Verbindung standen — bestrichen die Wegwendungen, von denen eine zwischen Gartenmauern führte. Die 4 Kanonen der Kavallerie-Batterie Nr. 2 fuhren rechts vom Wege hinter einem die Stadt von dieser Seite umschließenden Graben auf, ein Hagel von Kartätschen begrüßte sie; die Haubitz-Batterie Nr. 1 erhielt weiter rückwärts ihre Aufstellung, dennoch war die Entfernung vom Angriffs-Objekte, zu gering, und sie mußte sich darauf beschränken, die Stadt selbst zu bewerfen. Gleichzeitig wurde eine Division des 9. Feldjäger-Bataillons, zur Verbindung mit der Brigade Taxis in die rechte Flanke detachirt.

Nachdem das Feuer der Geschütze einige Zeit gedauert hatte, sammelte Oberst Poschacher des 8. Feldjäger-Bataillons, seine Leute, führte sie zum Angriff mit dem Bajonnete vor, und nahm das oben bezeichnete Haus, welches sofort durch eine Abtheilung besetzt wurde, während der Rest des Bataillons in dem vertieften Wege hielt, und die Brigade-Pioniere mit Ausfüllen des Grabens beschäftigt waren. Der Feind zog sich in seine verschanzte rückwärtige Vertheidigungslinie.

In dieser Lage hielt sich das Gefecht längere Zeit, ohne daß es den Jägern gelingen wollte, weitere Fortschritte zu machen, auch verringerte der Mangel an freier Aussicht die Wirkung der Geschütze.

Um diese Zeit langte der Feld-Artillerie-Direktor Oberst Baron Stwrtnik mit den Mörsern an. Nach zwei Stunden der angestrengtesten und gefährlichsten Arbeit waren dieselben, so wie das übrige Materiale von den Wagen abgeladen, und mit Schlag drei Viertel auf vier Uhr machten sie ihren ersten Wurf. Die Kriegsgeschichte — so reich an Beispielen aller Art dieselbe auch ist — dürfte wohl kaum einen Fall aufzuweisen haben, daß Mörser im offenen Felde auf eine Entfernung von 500 Schritten vom Feinde, und ohne alle Deckung gegen den geraden Schuß, aufgestellt wurden.

Während dieser Zeit wurde noch ein Versuch gemacht die feindlichen Geschütze in den Verschanzungen, zum Schweigen zu bringen, wozu 2 Kanonen der Kavallerie-Batterie auf dem Felde links von der Straße vorrückten; aber auch hier war ihre Wirkung ohne den gehofften Erfolg, ja sie mußten sogar des mörderischen Kartätschenfeuers wegen, in ihre frühere Aufstellung zurückgezogen werden. Feldmarschall-Lieutenant Graf Schaffgotsche, welcher sich bei der Brigade Liechtenstein von dem Gange des Gefechtes Ueberzeugung verschaffte, rief die sechspfündige Fußbatterie Nr. 5 (von der Brigade Gyulai) vor; nachdem die Pioniere einen tiefen Graben überbrückt hatten, nahm sie ihre Aufstellung vor einem 150 Schritte seitwärts von der Haubitz-Batterie gelegenen Hause. Sie eröffnete nun im Vereine mit den Geschützen der Kavallerie-Batterie ein sehr lebhaftes Kreuzfeuer; die Jäger versuchten mehrere Male den Angriff, konnten jedoch nicht durchdringen.

Es blieb somit nichts übrig, als dieselben zu unterstützen, (wozu 3 Kompagnien E. H. Franz Carl-Infanterie verwendet wurden), und hierauf einen energischen Bajonnetangriff gegen die Verschanzung zu wagen. Das Geschützfeuer wurde eingestellt und die Sturm-Kolonne drang unter Führung des Oberst Baron Kavanagh von E. H. Franz Carl, rasch vor. Aber ein am Fuße der Verschanzungen angelegter nasser breiter Graben hielt die Stürmenden im weiteren Vordringen auf. Der Feind, dies benützend, feuerte in dieser Nähe einen mörderischen Kartätschenschuß ab. Oberst Kavanagh von vier Kartätschenschrotten getroffen, stürzte sammt seinem Pferde, eben so Oberlieutenant Konkoly an der Spitze seiner Abtheilung, und der Adjutant des 8. Jäger-Bataillons Lieutenant Wernlein.

Die Mannschaft wich, der Feind hatte den Sturm abgeschlagen und drängte sogar aus seinen Verschanzungen nach. Doch schnell sammelten sich wieder die Zurückweichenden auf den Zuruf des Generals Fürsten Liechtenstein; mit Muth drangen sie nun wieder vor und warfen den Feind.

Da jene 3 Kompagnien Franz Carl nach dem ersten Anschein, einen sehr großen Verlust hatten, und ihre Reihen erschüttert waren, so wurde das 2. Bataillon dieses Regiments vorgezogen, während das 11. Jäger-Bataillon (von der Brigade Gyulai) dessen Platz einnahm, und eine Division die Bedeckung der Sechspfünder-Batterie Nr. 5 verstärkte. Auch die Kavallerie-Batterie Nr. 2, welche sich zum Theile bereits verschossen hatte, mußte sich aus dem Gefechte zurückziehen. Das Feuer der Haubitzen und Mörser dauerte jedoch bis zum Einbruch der Nacht fort, wo dann dasselbe eingestellt, und von der Brigade eine konzentrirte Aufstellung genommen wurde.

Die Brigade Taxis endlich, als die äußerste rechte Kolonne, kam in Folge der Disposition um Mittag bis auf eine geringe Entfernung an die Vorstadt Sta. Lucia ungefähr in gleicher Höhe mit dem neuen Friedhofe an, als sie der Feind mit einem lebhaften Kartätschenfeuer begrüßte.

Auf der Straße beim Eingang in die Vorstadt war eine starke Barrikade mit Geschütz, nächst dem Seminarium eine Schanze mit 2 Kanonen, das Seminarium selbst mit Schützen besetzt, links davon noch eine Schanze und einige Kanonen auf dem Thurme des Zivil-Spitals, von wo aus sie ein heftiges Feuer gegen die vorrückenden Truppen eröffneten.

Es wurde sogleich die 12. Kompagnie Kaiser-Infanterie, welche die Avantgarde bildete, in Plänkler aufgelöst und gegen die vorliegenden Häuser gesendet; die 11. Kompagnie diente ihr als Unterstützung. Zur Deckung des rechten Flügels ward Major Medl desselben Regiments, mit der 9. und 10. Kompagnie beordert; er drang am neuen Friedhofe rasch gegen das Seminar und die Schanze, wo er die nächsten Häuser besetzte. Oberlieutenant Lettinger und Lieutenant Seling leiteten hier ihre Plänkler mit großer Umsicht, besonders verdient des Erstern kühnes Voreilen ungeachtet eines mörderischen Kanonen- und Kleingewehrfeuers, lobend erwähnt zu werden, so wie er auch der Erste in das auf dem von S. Bartolomeo nach Borgo Sta. Lucia führenden Wege gelegene Haus drang. Die Brigade-Batterie (sechspfündige Fuß-Nr. 4) fuhr auf der Straße auf.

Da nach der Oertlichkeit und der gedeckten sehr vortheilhaften Aufstellung des Feindes jeder Zeitverlust noch größeren Verlust an Mannschaft und Pferden herbeigeführt hätte, so wurde noch die zwölfpfündige Batterie Nr. 4 der Armee-Geschütz-Reserve, vorgenommen, und durch dieses überlegene erfolgreiche Feuer, welches der die Batterien bei der Brigade respizirende Hauptmann Baron Stein selbst leitete, der Feind erschüttert.

Dieser Augenblick schien günstig, sich der nächsten Häuser zu bemächtigen, wozu Hauptmann Hartung mit der 7. Kompagnie Kaiser-Infanterie bestimmt wurde. Ungeachtet eines heftigen feindlichen Feuers ging dieser unerschrockene Offizier an der Spitze seiner braven Mannschaft vor, bemächtigte sich mehrerer links und eines rechts der Straße gelegenen Gebäudes, von wo es ihm gelang, durch sein Feuer aus den Fenstern, jenes der Schanze beim Seminarium auf sich zu ziehen. Aber trotz der Zerstörung durch die feindlichen Geschosse behauptete sich die Kompagnie in den Häusern mit vieler Tapferkeit.

Um weiter vordringen zu können, wurden der 7. Kompagnie die Pionier-Abtheilung und die Zimmerleute unter Leitung des Lieutenants Ripper von Haugwitz-Infanterie, zugesendet; sie eröffneten im Innern der Häuser Kommunikationen, so daß bis auf 50 Schritte Entfernung gegen die Barrikade gefeuert werden konnte. Unterdessen rückte die 8. Kompagnie Kaiser als Unterstützung nach, ihr folgte Oberst Graf Pergen mit dem 2. Bataillon Haugwitz. Eben wollte Oberst Baron Post von Kaiser-Infanterie, aus den besetzten Häusern mit dem Hauptmann Hartung eine Rekognoszirung der erwähnten Barrikade vornehmen, als er die Meldung erhielt, daß der Brigadier General-Major Fürst Taxis tödlich verwundet sei. Er übertrug daher die Leitung der Truppen auf diesem Punkte, dem Oberst Grafen Pergen, und verfügte sich zurück, um den Zusammenhang des Gefechtes zu erfahren, und das Kommando der Brigade zu übernehmen.

Das feindliche Geschützfeuer hatte die 10. Kompagnie von Kaiser genöthigt, die eroberten Häuser wieder zu verlassen, es erhielt daher Oberstlieutenant Martini den Auftrag, mit seinem Bataillon den Major Mebl zu unterstützen, wozu ihm noch vom Generalen Taxis die halbe Brigade-Batterie zugewiesen wurde; diese konnte ungeachtet der Unwegsamkeit des Terrains durch die aufopfernde Thätigkeit des Lieutenants Crespiny von Haugwitz-Infanterie, so vortheilhaft placirt werden, daß sie dem überlegenen feindlichen Feuer imponirte, und dasselbe von den Häusern ableitete, worauf sie durch Hauptmann Wolf von Haugwitz, wieder besetzt wurden. Genannter Hauptmann wußte durch seinen persönlichen Muth und seine seltene Todesverachtung die Mannschaft so zu begeistern, daß sie inmitten des stärksten Kugelregens standhaft aushielt, bis sie wegen Mangel an Munition durch eine Kompagnie unter Oberlieutenant Szimić abgelöst werden mußte. Zur Deckung der rechten Flanke ward Lieutenant Czako mit einem Zug hinter den alten Friedhof detachirt, wo er zugleich als Bedeckung der Geschütze diente, welche unter Leitung des Korporals Schneider, die feindlichen auf dem Thurme des Seminars beschossen.

Um ungefähr vier Uhr langten 4 Kompagnien St. Georger-Grenzer (von der Brigade Gyulai), zur Unterstützung jener des General-Majors Fürsten Taxis an, wodurch eine bessere Sicherung des rechten Flügels vor Umgehung, erzielt werden konnte. Blos 32 Schützen von denselben wurden in die besetzten Häuser vorgeschickt, wo es ihnen gelang der Bedienungs-Mannschaft der feindlichen Geschütze so wie der Besatzung der Schanze selbst, durch gut gezielte Schüsse empfindlichen Schaden zuzufügen.

Gegen neun Uhr Abends war auch auf dieser Seite der Stadt der Kampf zu Ende.

Der Feldmarschall hatte sich um diese Zeit in sein Hauptquartier zu Longara zurückbegeben; — fest entschlossen, den Kampf am nächsten Morgen wieder zu erneuern, und um jeden Preis Sieger der Stadt zu werden.

Schon wehte die weiße Fahne auf ihren Thürmen, als plötzlich wieder die rothe erschien, wenige Augenblicke bevor die Nacht dem Gefechte ein Ende machte. Ahnungsschwer lagerte sie auf der Stadt, und nur das Feuer der bei der Brigade Liechtenstein eingetheilten Mörser erhellte noch von Zeit zu Zeit den Kampfplatz; Vicenza glich alsdann immer einem Feuermeere — schreckliche Vorbedeutung! Doch Durando ein alter Soldat, hatte seine schwierige Lage durchblickt. Seine einzige verläßliche Truppe waren die Schweizer, die aber für ihre Ehre durch die Vertheidigung des Monte Berico genug gethan, und überdieß wohl fühlten, daß sie hier gegen den Willen des Papstes kämpften, und nur als Werkzeuge eines Revolutions-Ministeriums hingeopfert wurden, mit dem sie keineswegs eine Kapitulation eingegangen hatten.

Durando beschloß also, Unterhandlungen mit dem Feldmarschall anzuknüpfen. Gegen eilf Uhr kamen seine Parlamentäre auf der Straße von Padua sowie auf jener von Barbarano bei den Vorposten des 2. Armee-Korps an, um behufs Abschließung einer Konvention um einen vierundzwanzigstündigen Waffenstillstand anzusuchen. D'Aspre setzte hiezu die Präliminarien fest: freier Abzug der Truppen des päpstlichen Generals Durando mit Waffen und Gepäck; für die Stadt und ihre Einwohner jedoch, wies er jede Bedingung aufs Entschiedenste zurück, so wie er auch den Abgeordneten erklärte, daß er den Angriff um fünf Uhr früh erneuern müsse, falls bis dahin die Konvention nicht definitiv abgeschlossen wäre. Bei Allem wurde die Genehmigung des Feldmarschalls, als Bedingung gestellt. Doch erschienen die Abgeordneten schon um vier Uhr im Hauptquartier des 2. Armee-Korps, wo sich auch der General-Quartiermeister der Armee Feldmarschall-Lieutenant von Heß einfand, und mit grauendem Morgen folgende Convention unterzeichnet wurde.

## Konvention

**mit den Truppen Sr. Majestät des Kaisers von Oesterreich zur Räumung der Stadt Vicenza durch die Truppen Sr. Heiligkeit des Papstes Pius IX.**

Art. 1. Die päpstlichen Truppen räumen die Stadt Vicenza mit allen militärischen Ehren zwischen eilf und zwölf Uhr Mittags, um sich auf dem kürzesten Weg nach Este, und von da über Rovigo jenseits des Po zu begeben,

Art. 2. Die in dieser Konvention begriffenen päpstlichen Truppen verpflichten sich, drei Monate nicht gegen Oesterreich zu dienen. Nach Verlauf dieser Frist sind sie von dieser Verpflichtung frei.

Art. 3. Nachdem General Durando Sr. Excellenz dem Feldmarschall Grafen Radetzky sowohl die Einwohner der Stadt als der Provinz Vicenza in Betreff aller vergangenen Ereignisse, an denen sie Theil genommen haben

I.  19

könnten, lebhaft empfiehlt, erhält Er dagegen von Seite des Feldmarschalls das Versprechen, die Ersteren in Beziehung auf die obbesagten Ereignisse nach den wohlwollenden Grundsätzen seiner Regierung zu behandeln.

Casa Balbi nächst Vicenza, am 11. Juni 1848 um sechs Uhr Morgens.

Der Bevollmächtigte Sr. Excellenz des Feldmarschalls Grafen Radetzky
Heß m/p
Feldmarschall-Lieutenant und General-Quartiermeister.

Der Bevollmächtigte des Generals Durando
C. Albini m/p
Oberstlieutenant.

Zwei Gründe bestimmten den Feldmarschall vorzugsweise, dem Abschlusse dieser Konvention keine Schwierigkeiten in den Weg zu legen: Er hatte seinen königlichen Gegner seit dem Gefechte bei Goito aus dem Gesichte verloren und, obgleich er für Verona keine besonderen Besorgnisse hegte, so wollte er doch bereit sein, um jeder Unternehmung des Königs begegnen zu können; denn daß Carl Albert während seiner Abwesenheit von Verona, ganz unthätig bleiben und seine römischen Bundesgenossen eben so, wie seine toscanischen im Stiche lassen werde, das konnte er wohl nicht voraussehen. Dann lag ihm auch an der Erhaltung Vicenza's zu viel; er wollte diese Stadt weder der Verwüstung eines Bombardements, noch den Gräueln eines mit Sturm eroberten Platzes aussetzen. Er bewilligte also jene allerdings sehr milde Konvention.

· Der Ausmarsch der Garnison erfolgte zur bezeichneten Stunde. Den Anfang machten die Schweizer in guter Haltung, aber mit finsterer Miene, ihnen folgten Freiwillige aller italienischen Städte in den abenteuerlichsten Kostümen, hierauf kam ein Korps Amazonen, der Mehrzahl nach sehr hübsche Mädchen, die sich aus reinem Patriotismus — den Feldfatiguen unterzogen hatten (die Vicentinerinen gehören, nebenbei gesagt, zu den Schönheiten Italiens, heute sahen sie meist blaß und sehr angegriffen aus). Hierauf folgten die römischen Linientruppen, die eben nicht verdrießlich schienen, in ihre Heimath zurückkehren zu dürfen, dann kam ein unabsehbarer Zug noncombattanter Damen; den Schluß machten die römischen Dragoner.

So war denn auch dieses schwierige Unternehmen glücklich gelöst un es schien, als ob die österreichischen Truppen bei dem Angriffe auf Vicenza, ihre Gediegenheit sowohl im Gebirgsgefechte, wie in jenem der kultivirtesten Ebene Europa's, auf eine rühmliche Weise der Welt beweisen wollten.

Außer den bereits Genannten, haben sich an diesem Tage noch besonders ausgezeichnet:

Feldmarschall-Lieutenant Graf Wratislaw, welcher die Brigade Clam bei ihrem weiteren Vordringen über Villa Rotonda hinaus, so weit links dirigirte, daß sie dem von der Madonna del Monte zurückziehenden, jedoch bei den Hallen der Säulengänge sich nochmals festsetzenden Feind die linke Flanke näher bedrohen, und dadurch dessen gänzlichen Rückzug bewirken konnte; endlich die letzten Gefechtsmomente, des sehr coupirten Terrains wegen, sogar zu Fuß bei den vordersten Tirailleurs mitmachte.

Feldmarschall-Lieutenant Graf Wimpffen, die General-Majors Fürst Liechtenstein, Graf Clam, welchem das Pferd durch einen Kartätschenschuß unter dem Leibe verwundet wurde, und Fürst Wilhelm Taxis. An der Spitze ihrer Truppen setzten sie sich mit der größten Kaltblütigkeit dem feindlichen Feuer aus, leiteten mit seltener Ruhe die Bewegungen und wußten durch ihr Beispiel den Muth ihrer Untergebenen in hohem Grade zu entflammen.

Vom General-Quartiermeisterstabe: Vor Allen der Chef dieses ausgezeichneten Korps Feldmarschall-Lieutenant Ritter von Heß — er war es, welcher den Plan zu dem kühnen Marsche nach Mantua und jenen zum Marsche nach Vicenza entwarf, in ihm fand Radetzky seinen verläßlichsten, seinen weisesten Rathgeber; prangte auch sein Name nicht immer auf den Schlachten-Bulletins — die Armee wußte doch, wer ihre Operationen entwarf, wem sie zum großen Theile ihren Ruhm zu danken hatte. Ferner die Hauptleute Giani, von Kuhn und Wagner.

Von der Adjutantur: Oberstlieutenant Taube, Korps-Adjutant beim 2. Armee-Korps; Rittmeister Fürst Rudolf Liechtenstein, welcher als Freiwilliger beim Kommandanten des 2. Armee-Korps Ordonnanz-Offiziersdienste versah, und der Adjutant der Qua-Division Culoz Lieutenant Beeken von E. H. Carl-Infanterie, welcher unermüdet thätig zu Pferde und zu Fuß im stärksten feindlichen Feuer die erhaltenen Befehle an die einzelnen Abtheilungen überbrachte.

Von Kaiser-Jäger: Major Martinich, stets in der Plänklerlette dem stärksten feindlichen Feuer sich aussetzend, ward er durch eine Kugel am rechten Arme verwundet, um dies jedoch der Mannschaft zu verbergen, ging er allein zurück, bis er vom Blutverlust erschöpft zusammensank. Die Hauptleute S t r e i ch e r und A u g e ; Oberlieutenant F r e n z l, welcher auf dem Posten bei der Eisenbahn, so wie bei dem späteren Sturme auf einen feindlichen Verhau großen Muth bewies; Oberlieutenant F r e i s e i s e n, in der Kompagnie des Hauptmanns S ch i n d l e r eingetheilt, wußte er dessen exponirte linke Flanke zu sichern, und trug dadurch zur Behauptung der Porta Lupia viel bei. Die Lieutenants T a r t l e r und von B ö t t i ch e r, welch' letzterer einen schönen Beweis von kamerabschaftlicher Selbstaufopferung gab, indem er, in der Meinung, daß sein Kompagnie-Kommandant (Hauptmann S t r e i ch e r) verwundet sei, diesen im heftigsten Feuer der feindlichen Tirailleurs aufsuchte. Oberjäger G a r t t n e r, welcher stets in vorderster Linie aus einem Stutzen und zwei Kammerbüchsen, welche ihm 2 Mann luden, dem Feinde Abbruch that, und selbst dann seinen Platz nicht verließ, als diese beiden Gehilfen todt dahingestreckt waren. Unterjäger D i a l e r, der eine sehr gewagte Rekognoszirung unternahm, und später nebst dem Patrouilleführer M a y e r, dem Feinde durch gut angebrachte Schüsse großen Schaden zufügte. Unterjäger W e i ß, welcher Beweise von seltener Tapferkeit, und M a i s t e r, der ungeachtet seiner Verwundung, im Gefechte aushielt und der Mannschaft ein schönes Beispiel von Pflichterfüllung gab. Patrouilleführer B o n b u m, obgleich selbst am Fuße verwundet, leistete er seinem, durch den erlittenen starken Blutverlust und heftigen Schmerz bewußtlos am Boden liegenden Bataillons-Kommandanten den liebevollsten Beistand, wobei der Feind aus einem kaum 150 Schritte entfernten Hause ein lebhaftes Feuer gegen Beide unterhielt. Die Jäger M a t t i o r, S ch ö ck und M e n e s t r i n a, bei der 9. Kompagnie eingetheilt, welche die Bedeckung der beiden auf der Paduaner-Straße aufgestellten Zwölfpfünder bildete, traten sie in dem Augenblicke an die Geschütze, als nur mehr 2 Mann zu deren Bedienung fähig waren (die übrigen Artilleristen lagen bereits todt oder verwundet am Boden). Der Geschützbedienung, welche sie in Ferrara erlernt hatten, kundig, versahen sie gleich alten Kanonieren den Dienst bei den Kanonen, wodurch deren Feuer keinen Augenblick schwieg.

. Vom 8. F e l d j ä g e r - B a t a i l l o n — welches über vier Stunden

dem heftigsten feindlichen Kanonen- und Kleingewehrfeuer auf einem Punkte
ausgesetzt war, dessen Behauptung zur Deckung der Haubitz- und Mörser-
Batterie von der größten Wichtigkeit war: Oberst Poschacher, dem
sein Pferd unter dem Leibe verwundet wurde; dann Vice-Unterjäger Ricci
welcher wegen ausgezeichneter Tapferkeit in der Relation der 4. Kompagnie
vorzugsweise genannt wird.

Vom 10. Feldjäger-Bataillon: Oberst Kopal, welchem,
an der Spitze seines tapfern Bataillons, eine Kugel in dem Augenblicke
den Arm zerschmetterte, als er nach Einnahme der Schanze, unter den
Ersten auf der Höhe ankam (wenige Tage nach erfolgter Amputation starb
er an dieser Wunde — in ihm verlor die Armee einen ihrer tapfersten
Soldaten). Hauptmann Jablonsky, welcher sich ohne erhaltenen
Befehl, von nur wenigen Jägern begleitet, auf die feindliche Schanze warf,
der Erste dieselbe erstieg und sie eroberte, bei welcher Gelegenheit er einen
Schweizer, der auf kaum 5 Schritte Entfernung auf ihn feuerte, mit
eigener Hand zusammenhieb. Durch sein heldenmüthig' Beispiel begeistert,
folgten ihm die braven Jäger nach, erstürmten auch die zweite Schanze, in
welche Jablonsky wieder der Erste eindrang, und endlich den Feind von
Stellung zu Stellung bis zur Madonna del Monte verfolgte. Hauptmann
von Beck, welcher sich bei diesen Stürmen durch besondere Tapferkeit auszeichnete, und bei jenem auf die zweite Schanze am Monte Berico, eine
Kanone eroberte. Oberlieutenant Bataillons-Adjutant Lammer, welcher bei derselben Gelegenheit freiwillig zu Fuß und mit gezogenem Säbel
einer der Ersten die Schanzen erstieg. Lieutenant Müllner, der, obgleich
an der rechten Hand verwundet, seinen Posten nicht verließ, sondern denselben mit den 42 Kammerbüchsen-Schützen mit ausgezeichneter Bravour
behauptete. Oberjäger Gumpenberger, welcher beim Beginne des
Gefechtes mit 8 tüchtigen Schützen freiwillig vorging, und dem Feinde
durch seine trefflich angebrachten Schüsse großen Schaden zufügte. Beim
Sturme auf die Schanzen war er unter den Vordersten und eiferte die
Mannschaft durch sein herzhaftes Benehmen zur Nachahmung an. Endlich
als die Kirche della Madonna bereits genommen war, der Feind jedoch
aus dem zur Stadt hinabführenden Säulengange noch ein mörderisches
Feuer gegen die Truppen unterhielt, postirte sich Gumpenberger hinter
einem Pfeiler und beschoß, indem er sich von einigen Jägern die geladenen

Gewehre reichen ließ, die Vertheidiger jenes Säulenganges unablässig; jeder seiner Schüsse traf sein Ziel. Später verließen die Schweizer ihre Aufstellung, der brave Oberjäger folgte ihnen auf dem Fuße nach, besetzte eines der ersten Häuser von Vicenza, und behauptete dasselbe standhaft bis nach beendetem Gefechte. Ferner bewährten sich als gute Schützen die Oberjäger Harrer, Fischer, Schindler und Griesmaier, welch' Letzterer der Erste seinem tapfern Hauptmann (Jablonsky) folgte; die Unterjäger Schallmeyer, Habermann, Nabler, Aschermayer, Kadet Latour, Patrouilleführer Baimler und Marzbacher. Jäger Koralek erkletterte nach Einnahme der Madonna del Monte, deren Thurm, von welchem noch immer herab gefeuert wurde, und machte auf demselben 4 Schweizer zu Gefangene. Endlich haben sich noch die Jäger Krauß, Klaffenböck, Horwath und Rizinger durch ausgezeichnete Bravour besonders bemerkbar gemacht.

Vom 2. Oguliner-Grenz-Bataillon (8. und 9. Kompagnie): Die beiden Feldwebels Boczic und Boziecevic, Scharfschütze Dumencic und der Gemeine Paskar, welche sich beim Sturme aufs Blockhaus auszeichneten.

Von Kaiser-Infanterie: Major Mebl, Hauptmann von Leurs, Oberlieutenant Lettinger, die Lieutenants Neswabba, Wobiczka und von Kuhn, der sich mit einem Zug der 12. Kompagnie mit großer Tapferkeit in einem Hause unweit des Seminars, behauptete. Korporal Schritt und Gefreiter Chubarek der 7. und Gemeiner Neußer der 10. Kompagnie, welcher der Erste nach dem Oberlieutenant Lettinger in ein vom Feinde besetztes Haus drang, und von dessen Fenstern die Bedienungsmannschaft der Geschütze beim Seminarium, mit Erfolg beschoß; endlich als gegen Abend die Kompagnie durch eine andere von Haugwitz-Infanterie abgelöst wurde, vor dem Hause hinter einer Mauer blieb, wo bereits 2 schwer Verwundete lagen, und von hier aus sein Feuer gegen die Schanze fortsetzte. Die 11. Kompagnie nennt wegen muthvollen Benehmens die beiden Gemeinen Waniek und Chowadik.

Von Prohaska-Infanterie: Oberst Baron Reischach, die Hauptleute Trost und Nagelbinger, so wie die der Raketen-Batterie Nr. 1 zugetheilte Mannschaft, welche durch unermüdetes Zutragen von

Munition und selbst durch Verrichtung der Nummern bei den Geschützen, der Artillerie wesentliche Dienste leistete.

Von Reisinger-Infanterie: Oberst Perin, welcher sein Regiment mit Tapferkeit und Energie befehligte, Major von Münzer, Hauptmann von Gerbert, welcher bei der Erstürmung der Madonna del Monte an der Spitze seiner Division vorrückte, die Kirchenthüre öffnete, die den Eingang sperrende Verrammlung erstieg, und der Erste in die Kirche drang. Hauptmann Saibante, welcher seine Division zum Sturm auf mehrere Villen führte, und hierauf bei Erstürmung einer mit Geschütz vertheidigten Verschanzung entschlossen vordrang, wobei er durch zwei Schüsse am linken Oberschenkel verwundet wurde. Hauptmann Adolt, die Lieutenants Jeschek und Ott, welche sich bei Erstürmung der Verschanzungen durch Muth und Beharrlichkeit auszeichneten, dann Bataillons-Adjutant Lieutenant Baron Swinburne, der sich bei derselben Gelegenheit zu Fuß und mit gezogenem Säbel an die Spitze der Stürmenden stellte. Feldwebel Zuber, welcher durch rasches Verfolgen einer feindlichen Abtheilung seinen Bataillons-Kommandanten vor Gefangenschaft schützte. Korporal Lahmer bewirkte durch seinen Zuruf und sein Beispiel, daß die Kompagnie, welche der Feind beim Sturme auf die Kirche mit einem solch mörderischen Feuer empfing, daß sie einen Augenblick stehen blieb, ihrem allein vorgerückten Kompagnie-Kommandanten wieder nachfolgte. Bei dieser Gelegenheit wurde Lahmer durch einen Schuß an der Seite verwundet, aber demungeachtet drang er an der Spitze seines Zuges über die Barrikade in die Kirche. Hier schützte er seinen Hauptmann (Gerbert) gegen 3 auf ihn eindringende Schweizer, indem er den einen in dem Augenblicke, als er das Gewehr in Anschlag brachte, niederschoß, und einem andern das Bajonnet in den Leib stieß. Bald darauf erhielt Lahmer noch vier gefährliche Schußwunden, erst bei der letzten schwand seine Kraft; doch der brave Soldat glaubte sein Unvermögen selbst jetzt noch entschuldigen zu müssen, indem er sich gegen seinen Hauptmann mit den Worten wandte; „Herr Hauptmann, gehorsamst zu melden, ich kann nicht mehr" worauf er bewußtlos zusammensank. Tambour Kutig, welcher den Muth seiner Kameraden durch Zurufen und unausgesetztes Schlagen des Sturmstreiches anzufeuern wußte, und am Eingange bei den ersten Häusern 2 Schweizer tödtete. Die 9. Kompagnie nennt wegen besonderer Auszeichnung die

Feldwebels **H u n t** und **M a t t a u f d**, die Korporale **B a g e r, W a w e r k a**, die Gemeinen **M a t i e j e ß,** **S e b l a c z e k,** Goldmann und den Tambour **M a c h a c z.** Von der 10. Kompagnie verdienen genannt zu werden: Feldwebel **K r a u z i e l k a,** die Korporale **B i t t n e r, M o h a u p t, S c h o l z, Z i k o f a, S a u k e l** und Gefreiter **F u k n e r.** Bei der 11. Kompagnie Korporal **P a u f e v a n y,** die Gemeinen **W a c o n a, J a f e n s k y, J a f c h k e, B a r t a g** und **H u b n e r.** Bei der 12. Kompagnie: Feldwebel **P f c h o n b e r,** dann die Gefreiten **P o c k, B a u b i f c h** und **T r e u t l e r.**

Von **L a t o u r - J n f a n t e r i e:** Oberſt von **H a h n e,** welcher ſelbſt, nachdem er eine ſtarke Contuſion an der Bruſt erhalten hatte, und ihm das Pferd unter dem Leibe getödtet war, ſein Regiment keinen Augenblick verließ, und es zu Fuß zum Siege führte. Major Landgraf **F ü r ſt e n b e r g,** der ſein Bataillon, gedeckt in der Einſattlung gegen ein Bauernhaus dirigirte, und daſſelbe mit großer Tapferkeit erſtürmte. Die Hauptleute **K r e b s,** von **B r a u n, K i r c h n e r** und Graf **R o h d e;** die Oberlieutenants Baron **R e i f i n g e r,** von **S c h w a r z e r, B ö h** und **B a r b i e r,** die Lieutenants **G o f f i n** und Graf **P o z z a,** k. k. Kadet **S c h o t t,** die Feldwebels **H o l m u n d, B a l e k, S w o b o d a, S t a h l, W e i t e n w e b e r, P r a s k y, G e i f c h** und **A r n b e r g.** Führer **E g e m,** der an der Spitze des Bataillons und unter dem mehrmaligen Rufe: „Folgt mir, Kameraden!“ im ſtärkſten Kugelregen aushielt, und begeiſternd auf die Mannſchaft wirkte. Bataillons-Tambour **S c h i m v a l,** welcher bei Erſtürmung einer Anhöhe ein am Boden gelegenes Gewehr ergriff, mit großer Kaltblütigkeit und dem beſten Erfolge den Feind beſchoß, bis er ſelbſt am Fuße ſchwer verwundet wurde. Korporal **B e e r,** welcher mit einigen Gemeinen zum Erſatze der bei der zwölfpfündigen Batterie Nr. 1 gefallenen Kanoniere, zu einem Geſchütze trat, und im entſcheidenſten Augenblicke eine der wichtigſten Nummern mit großer Geſchicklichkeit verſah, ferner die Korporale **S i m p a r t e l, C z i c h e k** und **L o h a m.** Die Gefreiten **P f e f f e r, S c h i r f c h i n s k y, S c h i m a n i,** Goldhammer und **M r á z e k,** welch' Letzterer ſich beim Sturme auf die Kirche della Madonna beſonders auszeichnete; dann die beiden Tambours **P o k o r n y** und **P r o h a s k a.** Gemeiner **S c h u ſt e r** ging aus eigenem Antriebe vor die Plänklerkette, um aus einem daſelbſt befindlichen Brunnen für den an der Hand verwundeten Major **F ü r ſt e n b e r g** Waſſer zu holen; nachdem er denſelben im feindlichen Feuer verbunden hatte, eilte er seiner mittlerweile vorgerückten Abtheilung wieder nach. Dem Gemeinen Trimal sprang der Hammer vom Gewehre ab; augenblicklich warf er dasselbe weg, und suchte während des größten feindlichen Kugelregens nach einem anderen noch brauchbaren. Nachdem er ein solches den krampfhaften Händen eines gefallenen Schweizers entrissen, füllte er seine Tasche mit den bei Diesem vorgefundenen Patronen, postirte sich hinter eine Mauer, und feuerte wieder muthig nach dem Feinde.

Von Haugwitz-Infanterie: Oberst Graf Pergen, welcher von seiner bei Bussolengo erhaltenen Blessur noch nicht genesen, in diesem Gefechte an der Spitze des 2. Bataillons seines Regiments, der Sturmkolonne gegen die vor Borgo Sta. Lucia gelegenen Häuser folgte, bei welcher Gelegenheit ihm wieder ein Pferd unter dem Leibe erschossen wurde. Oberstlieutenant von Martini, welcher den rechten Flügel der Brigade Taxis kommandirte, an dessen fester Haltung die feindliche Absicht eines Ausfalles gescheitert zu sein scheint. Hauptmann Wolf, die Oberlieutenants Szimic und Du Rieux, dann die Lieutenants Ripper, Czako und Crespiny.

Von der Artillerie: Oberst Baron Stwrtnik, Major Pittinger, die Hauptleute Baron Stein, Eblinger und Simhar.

Von der sechspfündigen Fußbatterie Nr. 4 (Brigade Taxis): Feuerwerker Reisinger und Korporal Schneider, der bei Beschießung der feindlichen Geschütze auf dem Thurme des Zivil-Spitals, viel Muth und Einsicht bewies.

Von der sechspfündigen Fußbatterie Nr. 6 (Brigade Simbschen): Vormeister-Kanonier Hubinger, welcher auf Aufforderung des Oberst Grafen Török, die dreifarbige Fahne vom Stadtthurme herabzuschießen, diese mit dem zweiten Schusse herabriß.

Von der sechspfündigen Fußbatterie Nr. 8 (Brigade Wohlgemuth): Feuerwerker Hesch, dann die Korporale Fabian und Lorenz.

Von der Kavallerie-Batterie Nr. 3 (Brigade Clam): Lieutenant Reichelt, Oberfeuerwerker Poitze, dem eine Kugel ein Bein wegrieß, dann Kanonier Blaschitz, welcher ebenfalls verwundet wurde.

Von der Kavallerie-Batterie Nr. 5 (Qua-Division Culoz): Lieutenant Hoffmann, und Bombardier Klainer, welcher durch gut angebrachte Granatenwürfe die Besatzung des Blockhauses auf la bella

Vista in Verwirrung und Unordnung brachte und auf diese Art den Sturm auf dasselbe vorbereitete.

Von der Raketen-Batterie Nr. 1 (der Qua-Division Culoz zugetheilt): Oberlieutenant Biedermann; Vormeister Kanonier Brandstädter, welcher durch sein entschlossenes Benehmen und durch geschickte Handhabung seines Geschützes, das Vordringen einer feindlichen Sturmkolonne in die linke Flanke, vereitelte. Sein Geschütz ward bei dieser Gelegenheit durch das schnelle Feuern so erhitzt, daß es mehrere Male mit Wasser begossen und nur mit der größten Mühe und Gefahr noch bedient werden konnte. Vormeister Kanonier Wartbüchler, welcher kalte und besonnene Entschlossenheit an diesem Tage bewies, und durch eine feindliche Kanonenkugel die rechte Hand verlor.

Von der Raketen-Batterie Nr. 2: Feuerwerker Flock.

Von der Raketen-Batterie Nr. 4 (der Qua-Division Culoz zugetheilt): Lieutenant von Rauch.

Von der Raketen-Batterie Nr. 6 (der Brigade Clam zugetheilt): Oberfeuerwerker Skerl, welcher sich mit 3 Geschützen unaufgefordert an die Spitze einer stürmenden Abtheilung des Regiments Prohaska stellte, und durch seine vortrefflich gezielten Würfe deren Vorrücken wesentlich erleichterte. Zuletzt beschoß er noch die vom Feinde stark besetzte Kaserne und trug durch dieses Feuer zu deren Räumung das Meiste bei.

Von der zwölfpfündigen Batterie Nr. 1*) (der Qua-Division Culoz zugetheilt): Der heldenmüthige Batterie-Kommandant Oberlieutenant Schneider, welcher seine gewohnte Ruhe und Kaltblütigkeit wie bei allen Gelegenheiten, so auch beim Angriff auf den Monte Berico aufs Glänzendste bewährte. Die Korporale Eitljörg und Kreuzhuber, der Vormeister-Bombardier Pensel, die Kanoniere Stergar, Dill, Schönauer, Sterg, Sinnerschegg und Drofenig, dann Unter-Kanonier Wattowaß, welche sich durch geschickte Bedienung der Geschütze und Entschlossenheit im heftigsten feindlichen Feuer besonders

---

*) Diese Batterie hat bei dem Kampfe um die verschanzten Höhen 191 Kugel-, 20 Kartätschen-Patronen, 2 Schrottbüchsen für Kanonen, 60 Granaten, 20 Hohlkugel-, 22 Granat-Kartätschen und 6 Haubitz-Schrottbüchsen; dann gegen die Stadt selbst, bei 50 Granaten verschossen.

auszeichneten. Endlich von der zur Batterie gehörigen Bespannungs-Division Nr. 2: Korporal Huber und Gemeiner Kolleritsch.

Von der zwölfpfündigen Batterie Nr. 3: Korporal Schwagl, er verrichtete nach Verwundung des Vormeisters bei der 2. Haubitze dessen Dienst mit vieler Geschicklichkeit, bis er selbst blessirt wurde. Von der zwölfpfündigen Batterie Nr. 4: Oberlieutenant Hauschild; Kanonier Gallmünzer, der, obgleich am rechten Arme verwundet, sein Geschütz nicht verließ, sondern dasselbe durch volle drei Stunden mit Einer Hand bediente; endlich der Bespannungs-Lieutenant Helmich, welcher die Herbeischaffung von Munition bis in die Geschütz-linie mit Verachtung jeder Gefahr besorgte.

Von der Mörser-Batterie: Oberlieutenant Gebert, welcher mit Kaltblütigkeit und Ausdauer die Mörser placirte; dann Feuerwerker Fink, welcher nicht bloß, wie es ihm oblag, das Laden und Richten der Mörser, welche an diesem Tage 80 Würfe machten, überwachte, sondern bei dem Mangel an Bombardieren, sogar die Dienste der Vormeister verrichtete. Die vortreffliche Wirkung der Würfe gab Zeugniß seiner Geschicklichkeit und Sachkenntniß.

Unser Verlust in dem Gefechte bei Bicenza war, wie folgt: Verwundet General-Major Fürst Wilhelm Taxis (bald nach der Verwundung gestorben). Vom General-Quartiermeisterstabe — verwundet Oberlieutenant Knebel. Von der Adjutantur — todt Volontär Rittmeister Fürst Rudolf Liechtenstein von Ignaz Hardegg-Küraffier; verwundet Volontär Oberlieutenant von Jena von Windischgrätz-Chevauxlegers. Vom 2. Bataillon Kaiser-Jäger — todt 6 Mann; verwundet Major von Martinich, Lieutenant Steffenelli und 24 Mann. Vom 8. Feldjäger-Bataillon — todt Lieutenant Bataillons-Adjutant Wernlein und 13 Mann; verwundet Hauptmann Lichtner, Oberlieutenant Hartung, Lieutenant Lichtenberg und 34 Mann; vermißt 14 Mann. Vom 9. Feldjäger-Bataillon — verwundet 2 Mann. Vom 10. Feldjäger-Bataillon — todt Hauptmann von Birkel, Oberlieutenant Schauer und 21 Mann; verwundet Oberst von Kopal, Hauptmann Kozelli, die Lieutenants Müllner, Albergotti und Baltes, dann 84 Mann; vermißt 6 Mann. Vom 11. Feldjäger-Bataillon — verwundet 2; vermißt 1 Mann. Vom Oguliner-Grenz-Regiment — todt 5 Mann; verwundet Hauptmann von Hartlieb, Oberlieutenant Jović, Lieutenant Schulek und 27 Mann; vermißt 8 Mann. Vom Gradiskaner-Grenz-Regiment — verwundet 9 Mann. Vom 2. Banal-Grenz-Regiment — todt Lieutenant Hranilović und 9 Mann; verwundet 38; vermißt 58 Mann. Von Kaiser-Infanterie — todt 6 Mann; verwundet Oberlieutenant Buda und 35 Mann. Von Baron Prohaska-Infanterie — todt 11 Mann; verwundet Oberst Baron Reischach, Oberlieutenant von Fourneau und 27 Mann; vermißt 1 Mann. Von Baron Reisinger-Infanterie — todt 15 Mann; verwundet die Hauptleute Saibante und von Kriegs-Au, Lieutenant Bataillons-Adjutant Baron Swinburne und Bokaty, dann 57 Mann; vermißt 15 Mann. Von Graf Latour-Infanterie — todt Oberlieutenant Kostka und 27 Mann; verwundet die Oberlieutenants Horaček und Brem, die Lieutenants von Fischer, Graf Pozza und Ullrich, dann 121 Mann; vermißt 15 Mann. Von Graf Haugwitz-Infanterie — todt 3 Mann; verwundet Oberlieutenant Bornschlögel und 12 Mann; vermißt 3 Mann. Von E. H. Sigmund-Infanterie — verwundet 1 Mann. Von E. H. Franz Carl-Infanterie — todt Oberst Baron Kavanagh, Oberlieutenant von Konkoly und 13 Mann; verwundet Oberlieutenant Hablitschek und 12 Mann; vermißt 13 Mann. Von E. H. Carl-Uhlanen — verwundet Lieutenant von Horváth und 5 Mann; vermißt 6 Mann. Von der sechspfündigen Fußbatterie Nr. 4 — todt 2; verwundet 3 Mann. Von der sechspfündigen Fußbatterie Nr. 8 — verwundet 2 Mann. Von der Kavallerie-Batterie Nr. 2 — verwundet 1 Mann. Von der Kavallerie-Batterie Nr. 3 — verwundet 2 Mann. Von der Kavallerie-Batterie Nr. 5 — verwundet 2 Mann. Von der Raketen-Batterie Nr. 1 — verwundet 3 Mann. Von der zwölfpfündigen Batterie Nr. 1 — verwundet 5 Mann. Von der Unterstützungs-Reserve — verwundet Hauptmann Simhar. Mithin todt: 1 Stabs- und 7 Ober-Offiziere, dann 132 Mann; verwundet 1 General, 3 Stabs-, 28 Ober-Offiziere und 510 Mann; vermißt 140 Mann.

Der Verlust des Feindes war sehr groß — nach der niedersten der vorhandenen Angaben 1800 Mann. Die Schweizer, welche mit 3000

Mann ins Gefecht gerückt, zählten an Todten und Verwundeten 14 Offiziere und 600 Mann. Unter den herumliegenden Leichen fielen die der
Ihrigen am meisten auf, selbst der Tod vermochte den kalten Trotz aus
ihren starren Zügen nicht zu verbannen; Viele hielten noch die Muskete
krampfhaft in den Fäusten. Blutlachen bedeckten das weiße Marmorpflaster
der Kirche della Madonna, Feld- und Positionsgeschütze waren stehen geblieben, die Pferde lagen todt hingestreckt neben den Kanonieren. Die
Stadt trug unzählige Spuren der hineingeschleuderten Bomben und Granaten, während ein Labyrinth von Barrikaden ihre Gässen durchkreuzte.
Von den römischen National-Truppen waren die Oberste Azeglio und
Cialdini leicht verwundet; Oberst del Grande von der Civica, blieb todt.
Sonst hatten sich die römischen Milizen (mit Ausnahme der Freikompagnie
Mosti) dem Feuer nicht zu sehr ausgesetzt.

Groß waren die Folgen des Sieges von Vicenza. Padua unterwarf
sich dem Feldmarschall-Lieutenant D'Aspre, Treviso dem Feldmarschall-
Lieutenant Welden — wir werden später noch darauf zurückkommen.
Somit war die Verlegenheit zu Ende, welche bis jetzt so große Schwierig-
keiten der Verpflegung bereitet hatte; die fruchtbaren Provinzen Vicenza,
Padua und die Polesine lieferten im Ueberfluß, was die Armee zu ihrer
Verpflegung bedurfte, bald füllten sich wieder ihre Magazine, und an die
Stelle der Noth trat Ueberfluß.

**Besorgniß eines feindlichen Angriffes auf Verona. — Rückmarsch von Vicenza. — Vorpostengefecht
bei Sta. Lucia und Tomba.**

Während man sich bei Vicenza schlug, erhielt Feldmarschall-Lieutenant Wocher von allen Seiten Meldungen, nach welchen der Feind in
der Absicht eines Angriffes auf Croce Bianca, gegen Bussolengo vorrücke.
Da das Rideau, wo früher 5 Brigaden und 64 Geschütze standen, während
der Abwesenheit der Haupt-Armee nur von 3½ Bataillons und 15 Geschützen besetzt war, so ließ er noch die Grenadier-Bataillons Biergotsch
und Laiml als Unterstützung zur Porta S. Zeno rücken. Doch die gemel-
dete Annäherung des Feindes unterblieb, und um drei Uhr Nachmittags
rückten die Grenadiere wieder in ihre Kasernen. Während der Nacht wurde
Sta. Lucia durch das Bataillon E. H. Albrecht, und Croce Bianca durch
4 Kompagnien Fürstenwärther verstärkt.

In Folge dieser beunruhigenden Nachrichten ließ der Feldmarschall die Truppen des General-Majors von Culoz noch am Abende des 11. von Vicenza aufbrechen, und nach Verona zurückmarschiren, wo sie in der Nacht vom 12. auf den 13. eintrafen. Er selbst eilte am 12. früh dahin. Das 1. Armee-Korps folgte ihm unmittelbar nach; es traf am andern Tage um Mittag in Verona ein. Das 2. Armee-Korps verblieb einstweilen noch in Vicenza, von wo es am 12. eine starke Brigade unter Kommando des General-Majors Baron Simbschen über Schio durch Val Arsa nach Roveredo entsendete. Somit war der Verlust der Straße im Etschthale ersetzt und eine gesicherte Verbindung mit Tirol, wieder gewonnen.

Die ermüdeten Truppen fingen gerade an, sich der wohlverdienten Ruhe hinzugeben — die Mannschaft des kaum angekommenen 1. Armee-Korps kochte ab, jene der Qua-Division Culoz schlief mit Bewilligung am Tage, um sich von den Gewaltmärschen zu erholen — als der Feldmarschall die Meldung erhielt, daß starke feindliche Kolonnen, ausgerüstet mit Brückentrains und allem zu einem Flußübergange Nöthigen, in der Richtung von Villafranca gegen Albaredo an der Etsch, im Anmarsche seien. So unwahrscheinlich es auch klingt, daß Carl Albert hier über den Fluß gehen wollte, um Durando in Vicenza, Luft zu machen, wodurch er zwischen Verona und die Armee des Feldmarschalls gerathen mußte, so liefert doch die bezeichnete Bewegung Grund zu dieser Annahme. Die linke Flankendeckung der feindlichen Kolonnen kam bald mit den bei Sta. Lucia und Tomba aufgestellten österreichischen Vorposten ins Gefecht; der Feldmarschall setzte sich nun zu Pferd und die Truppen rückten augenblicklich aus ihren Kasernen und Bivouacs nach dem Kampfplatze. Immer mehr dehnten sich ihre Linien aus, — der König, welcher nur wenig Truppen bei Verona zu finden hoffte, hatte sich getäuscht. Auch erhielt er in diesem Augenblicke die Nachricht von dem Falle Vicenza's, der Kapitulation Durando's und Radetzky's Rückkehr nach Verona. Er befahl daher das bereits ziemlich lebhaft gewordene Vorpostengefecht abzubrechen. Allmälig ward das Feuer schwächer, bis es nach kurzer Zeit verstummte, indem sich der Feind immer weiter zurückzog. Dies war Alles, was der König zum Entsatze Vicenza's gethan, und wozu er sich volle acht Tage besonnen hatte.

Um zu erfahren, mit welcher Stärke der Feind die Höhen zwischen S. Giustina und Sommacampagna besetzt halte, ordnete der Feldmarschall am 14. eine Rekognoscirung in 3 Kolonnen an, welche zum größten Theil aus Kavallerie bestehend, gegen S. Giustina, Sona und Sommacampagna vorzugehen angewiesen waren. Die gegen den erstgenannten Ort dirigirte Kolonne unter Kommando des Majors F a b e r von Liechtenstein-Chevaux-legers, stieß bei Osteria del Bosco auf den Feind. Die mittlere gegen Sona vorgerückte fand denselben in der Stärke von einem schwachen Bataillon und ungefähr einer Eskadron Kavallerie an der Straße aufgestellt. Die linke Kolonne endlich, unter Oberstlieutenant von B a t l y von E. H. Carl Uhlanen, gelangte mit ihrer Vorhut bis auf den von Calzoni gegen die Chaussée führenden Weg, welchen eben zwei mit Heu beladene Wagen unter Eskorte von 6 feindlichen Lanciers, passirten. Augenblicklich machten die bei der Vorhut anwesenden Rittmeister M o r h a g e n und Oberlieutenant F i s c h e r Jagd auf dieselben. Sie erbeuteten wohl die Wagen, aber die Eskorte-Mannschaft entkam. Bald darauf gelang es dem mit 3 Mann als Seitenpatrouille detachirten Korporal G r e m b o s z 2 feindliche Kavallerie-Bedetten gefangen zu nehmen. Auf ihre Aussage, daß das feindliche Piquet hinter einem, links von der Straße gelegenen Hause stehe, beorderte Oberst-lieutenant B a t l y den Oberlieutenant R i e f k o h l mit einem Zuge gegen dasselbe. In dessen Nähe jedoch stieß die Abtheilung, welcher sich Rittmei-ster M o r h a g e n freiwillig angeschlossen hatte, auf die Queue einer 70 bis 80 Mann starken Abtheilung des Regimens Genua. Ohne lange zu überlegen, ließ R i e f k o h l seine 20 Uhlanen aufmarschiren und stürzte an ihrer Spitze auf den Feind. In wenig Augenblicken waren über 30 Gefan-gene gemacht; doch die Uebrigen rückten zweimal zu ihrer Befreiung in geschlossener Abtheilung wieder vor, da sammelte Korporal G r ü n w a l d 4 bis 5 Mann, warf sich denselben mit Ungestüm entgegen und ermöglichte dadurch die Gefangenen in Sicherheit zu bringen; mehrere von ihnen woll-ten entspringen, unter diesen auch ein bereits verwundeter Offizier, welchen Versuch sie mit dem Leben büßten. Da mittlerweile Allarmzeichen auf Feindes Seite zu hören waren und zu erwarten stand, daß derselbe mit

größerer Macht vorrücken werde, so zogen sich die beiden genannten Offiziere mit ihrer Mannschaft, welche kaum zur Escortirung der Gefangenen
hinreichte, auf das Gros der Division zurück. Oberstlieutenant Batly
schickte nun eine größere Abtheilung unter Oberlieutenant Fürsten de
Ligne und Lieutenant von Horváth gegen das früher bezeichnete Gebäude.
In der Nähe des Hauses angelangt, empfing sie ein ausgiebiges Karabiner-
Feuer der vor dasselbe gerückten etwa 150 Mann starken feindlichen Schwadron
die unmittelbar darauf mit eingelegten Piken gegen die Uhlanen sprengte.
Der Zusammenstoß war ziemlich blutig; der Gegner von den Letzteren
bald zurückgeschlagen. Während der Attaque hatte sich Lieutenant Horváth, von jugendlichem Muthe hingerissen, zu weit vorgewagt, und mit
einem Lancier-Offizier ein Einzelngefecht engagirt, den er auch verwundete
und zuletzt noch verfolgte, bis er endlich selbst durch zwei Lanzenstiche schwer
verwundet vom Pferde sank. Kaum hatte Oberlieutenant Riefkohl dies
bemerkt, ergriff er eine Pike, jagte dem feindlichen Offizier nach, und stach
ihn vom Pferde. Dieses kurze Gefecht kostete den Uhlanen 2 Mann an
Todten, dann außer dem tödtlich blessirten Lieutenant Horváth, 5 Mann
an Verwundeten und 2 an Vermißten, endlich 5 Pferde. Der Feind verlor 3 Offiziere und etwa 30 Mann an Todten oder schwer Blessirten,
15 an Gefangenen, dann 5 Reitpferde, 2 Wagen nebst Bespannung
und 3 Maulthiere.

### D'Aspre's Einrücken in Padua. — Sprengung der Brenta-Brücken.

An demselben Tage rückte Feldmarschall-Lieutenant Baron D'Aspre
um fünf Uhr früh von Vicenza nach Padua, wo noch mehrere Thore verrammelt, und auf den Wällen Batterien, Brustwehren und Schießscharten,
welche selbst hie und da noch mit Geschütz versehen, angebracht waren.

D'Aspre ließ Thore und Hauptwache besetzen, und bestätigte die
von der kaiserlichen Regierung ernannte Municipalität wieder in ihrem
Amte, die Civica behielt ihre Waffen, da es ihr am vorhergegangenen
Tage gelungen war, die Stadt vor Plünderung von Seite der abziehenden
Crociati, welche sogar die Gefängnisse öffnen wollten, zu schützen.

Am 15. trat Baron D'Aspre seinen Rückmarsch nach Vicenza an,
wo er in der Nacht anlangte.

Tags vorher hatte auch Hauptmann Baron Kaas vom General-Quartiermeisterstabe, den Auftrag erhalten, mit der 9. Kompagnie Kaiser-Jäger, einem Zug Hußaren und einer aus einem Korporal und 12 Mann bestehenden Pionier-Abtheilung, die Eisenbahn unbrauchbar zu machen und die beiden Brücken über die Brenta zu zerstören. Genannter Generalstabs-Offizier besetzte den Bahnhof und die nach Citadella führende Straße mit einer Abtheilung, während die Pioniere angewiesen wurden, die Bahn beim ersten Wächterhause und bei Mortise durch Ausheben der Schienen und Unterlagen unpraktikabel zu machen. Die Brücken über die Brenta ließ Hauptmann Kaas und zwar die eine durch Pulver sprengen, die zweite aber abbrennen, bei welchem Unternehmen der Oberfeuerwerker Grünwald, Korporal Böhm und Pionier Olivar ersprießliche Dienste leisteten. Vorzugsweise verdient Letzterer genannt zu werden, da er mehrere Male durch die Brenta schwamm, und auf die bereits brennenden Joche nackt hinaufkletternd, Brennmaterial nachlegte.

**Lage der k. k. Armee nach dem Siege von Vicenza. — Beabsichtigter Waffenstillstands-Antrag an Carl Albert.**

Mit dem Siege von Vicenza hatte sich wohl Radetzky den Rücken frei gemacht, die gänzliche Pacifizirung der venetianischen Terraferma eingeleitet und dem bisherigen Mangel in der Verpflegung der Armee abgeholfen; aber Eines — die durch Gefechte und Krankheiten erlittenen Verluste von nahe an 4000 Mann, welche bei einer im freien Felde disponiblen Streitmacht von 40000 Mann, schwer ins Gewicht fallen — konnte er nicht ausgleichen. Er war somit gezwungen, vorerst das Eintreffen bedeutender Verstärkungen aus dem Innern der Monarchie abzuwarten, um dann nach Zuziehung eines Theiles der Garnisonstruppen von Mantua, und mit Zurechnung der aus Süd-Tirol verwendbaren Abtheilungen, über eine zu Offensiv-Operationen verwendbare Macht von 60000 Mann verfügen und, wie er in einem Schreiben an Feldmarschall-Lieutenant d'Aspre sagt: „.... mit dieser Truppenmasse und den tapfern Generalen, die sie kommandiren, den König anpacken und ohne Scheu in Rücken und Flanke nehmen zu können ....." Bis dahin mußte sich Radetzky wie ehedem auf die Defensive beschränken, während welcher Zeit sein Hauptaugenmerk auf die Vervollständigung des verschanzten Lagers von Verona — als des Hauptpunkt-

I.                                                                                           20

tes, auf welchem der ganze Erfolg eines Defensiv-Krieges an der Etsch beruht, gerichtet war. So lange dieser Punkt nicht vollkommen gesichert war, konnte der österreichische Feldherr auch nicht frei operiren, er mußte vielmehr bei der geringsten Gefährdung dieses Platzes, die Armee sogleich wieder unter seine Mauern zurückführen.

Auch konnte man hoffen, daß sich der Gegner, welcher bei dem letzten Versuche eines Angriffes auf Verona, seine schwankende Führung verrieth, und dadurch das Vertrauen seiner Soldaten verloren hatte — gereizt durch den Wunsch, seiner Unthätigkeit ein Ende zu machen, und sich durch Thaten vor den Augen der Welt zu rechtfertigen — vielleicht zu falschen Bewegungen werde hinreißen lassen, welche man mit Vortheil be-nützen konnte.

Ueberdieß war vorauszusetzen, daß das längere Verweilen des Königs mit seiner Armee auf einer und derselben Stelle, deren Druck auf die Lombardie immer unerträglicher machen, somit die Lombarden im Allgemeinen ermüden, die Schlechten entmuthigen, die blos Irre-geführten zur Besinnung bringen, das Landvolk aber, als die im Kriege geplagteste Klasse der Bevölkerung, gegen die fremde Armee, sowie gegen die Revolutionspartei dergestalt aufbringen werde, daß eine spätere Vor-rückung der österreichischen Streitkräfte in diese Gegenden, der Hindernisse viel weniger finden dürfte.

Während so der treueste Diener seines Kaisers, der aufrichtigste Freund seines Vaterlandes, sich rüstend, dem entscheidenden Kampfe entgegensah, arbeitete man in Wien mit Beharrlichkeit an der Zertrümmerung der Monarchie. Die Friedensversuche des Grafen Hartig waren mit Hohn von der verblendeten Mailänder-Regierung zurückgewiesen worden; man knüpfte nun unter Englands Vermittlung neue Verhandlungen an. Um sie zu erleichtern, erhielt eines Tages der Feldmarschall von Innsbruck den Befehl, Carl Albert einen Waffenstillstand anzubieten! Schon hatte er die verhängnißvolle Feder eingetaucht, da verwandelte sich sein Schrei-ben an Carl Albert in eine dringende Vorstellung an seinen Kaiser, in der er das Verhängnißvolle dieses Schrittes schilderte, die nahe Aussicht des Sieges zeigte, und endlich den Kaiser bat, ihn dieses Befehles zu entheben. Feldmarschall-Lieutenant Fürst Felix Schwarzenberg, der noch an der bei Goito erhaltenen Wunde litt, unterzog sich der Auf-

gabe dieſes Schreiben an den Kaiſer zu bringen; ſeiner Beredtſamkeit
gelang es, jenen unheilvollen Schritt — das erbärmliche Machwerk unſeres
damaligen Conzeſſionsminiſteriums — zu hintertreiben. Groß ſind die
Verdienſte, die ſich Schwarzenberg um den Staat erworben; wir
bezweifeln aber, daß eines das eben Geſchilderte überſtrahlen kann.

**Aufſtellung der k. k. Truppen an den Tiroler-Debouchéen. — Wiederbeſetzung der früheren Vor-**
**poſtenſtellungen am linken Etſch-Ufer und im Daone-Thal.**

Die durch die Brigade Simbſchen vom 2. Armee-Korps verſtärkten
Truppen in Süd-Tirol bildeten das 3. Armee-Korps, über welches Feldmarſchall-Lieutenant Graf Thurn am 15. Juni das Kommando übernommen hatte.

Ihre Aufſtellung an den Tiroler-Debouchéen nach dem Verluſte des
Plateaus bei Rivoli am 10., welchem am 11. die Räumung der Stellung
bei der Corona folgte, war: General-Major von Mátiß ſtand mit dem
Gros ſeiner Brigade bei Ala und Sabionara; ſeine Vorhut bei Bo und
Avio, ſie hielt Ferrara, Rivalta und Dolcé beſetzt. Eine Rollfähre
brachte beide Ufer der Etſch mit einander in Verbindung; auch hatte man
die vortheilhafte Stellung bei Daci (zwiſchen Ala und Bo) zur kräftigen
Vertheidigung hergerichtet. Oberſt Melczer von Schwarzenberg-Infanterie, ſtand mit 2 Bataillons bei Brentonico, er beobachtete die Uebergänge über den Monte-Baldo, hielt einen Poſten bei Madonna della
Neve und echellonirte 4 Kompagnien zwiſchen Nago Lopio und Mori.
Oberſtlieutenant Graf Javancourt von G. H. Baden, hatte Torbole,
Riva und Ponale, welche Orte überdies durch die Ruderflotille vertheidigt
waren, beſetzt. Im Val di Ledro ſtanden von Ponale bis Tiarno ebenfalls kleine Abtheilungen und zu Dro und Drena im Sarcha-Thale waren
die Tiroler-Landesſchützen als Reſerve für Riva und Torbole aufgeſtellt.
In den Giudicarien endlich, waren die Truppen unter Oberſt Alemann
von G. H. Baden, von Stenico über Tione bis Lardaro echellonirt; die
äußerſten Vorpoſten ſtanden im Daone-Thal über Straba hinaus.

Obſchon ein feindlicher Angriff auf Tirol nicht wahrſcheinlich war, da er
zu keinem ſtrategiſchen Reſultate führen konnte, ſo blieb bei der numeriſchen
Ueberlegenheit der Piemonteſen, ein ſolcher immerhin möglich, und würde
bei einigem Erfolg wenigſtens eine höchſt nachtheilige moraliſche Wirkung

in den andern Provinzen des Kaiserstaates verursacht haben. Die Anwesenheit des Kaisers in Innsbruck war dabei nicht zu übersehen.

Was dem 3. Korps an Stärke abging, mußte es durch Thätigkeit
und künstliche Mittel ersetzen. Demnach beschloß Feldmarschall-Lieutenant
Graf T h u r n, ohne Zeitverlust die von den Truppen früher aufgegebene
Vorpostenstellung wieder einzunehmen, daher eine Vorrückung am rechten
Etsch-Ufer von Rivalta bis Groara, am linken über Dolce hinaus, auf
dem Monte Baldo einen Angriff auf die für jede künftige Offensive wichtige Position von Spiazzi (gewöhnlich Madonna della Corona genannt)
und deren Wiederbesetzung; so wie endlich im Daone-Thal die Vorrückung
von Condino nach Storo, letztere, um die im Val di Ledro detachirten
Truppen in ihrer rechten Flanke nicht gänzlich preiszugeben und mit den
Giudicarien leichter die Verbindung zu erhalten.

Mit Ausnahme des Versuches gegen die Position bei Spiazzi wurden
sämmtliche Bewegungen anstandslos ausgeführt.

### Gefecht bei Spiazzi
#### am 18. Juni.

Zum Angriff auf die Position bei der Madonna della Corona wurden
4 Kompagnien des 3. Bataillons Kaiser-Jäger, 4 Kompagnien Infanterie
und ¼ Raketen-Batterie unter Kommando des Oberst Baron Z o b e l,
dann 4 Kompagnien Schwarzenberg und 2 Raketengeschütze unter Oberst
M e l c z e r bestimmt. Beide Kolonnen brachen am 17. aus ihren Stationen
(Avio und Brentonico) auf, und erreichten nach einem eilfstündigen äußerst
beschwerlichen Marsche auf steinigen, schmalen Saumwegen bei einbrechender Nacht die Alpenhöhe, wo sie vereinigt, ein Bivouac bezogen.

Am andern Tage früh um drei Uhr erfolgte der Angriff in 2 Kolonnen, eine 3. Kolonne (11. und 12. Kompagnie G. H. Baden) hatte
schon Tags zuvor die Schlucht von Ferrara umgangen und die jenseitigen
Höhen anstandlos besetzt. Ein Bataillon Schwarzenberg, auf der Hauptstraße vorgeschickt, konnte des ungünstigen Terrains wegen, seine Kolonne
nicht gehörig entwickeln, und war zuletzt ungeachtet seiner Entschlossenheit,
durch des Gegners Uebermacht gezwungen in seine frühere Aufstellung
zurückzugehen. Eine andere Kolonne wurde vom Feinde selbst angegriffen.
Das Gefecht ward hitzig, die wiederholten Angriffe der Piemontesen

scheiterten an der Standhaftigkeit der braven Truppe, welche schon durch mehrere Stunden im Feuer gestanden, bis sie den Befehl zum Rückzug nach Ferrara, erhielt. Vom Feinde gedrängt, machte sie noch einmal Front und entwickelte ein solch' heftiges Feuer in dessen Flanke, daß dieser nicht nur seine Verfolgung aufgab, sondern sich in seine frühere Position zurückzog.

Während dieses Gefechtes war der Feind besonders in unsere rechte Flanke gedrungen, wo ein Theil der 12. Kompagnie G. H. Baden-Infanterie unter Leitung des Hauptmanns Stiber in Tirailleurs aufgelöst hinter einer niedern Mauer postirt war. Dieser, die Gefahr für seinen Rückzug erkennend, wollte die Unterstützungen herbeirufen; allein in demselben Augenblicke ward er durch einen Schuß in den linken Schenkel zu Boden gestreckt. Kaum bemerkten dieß die piemontesischen Plänkler, so stürzten sie mit dem Bajonnete auf jene Stelle; doch Feldwebel Aigner und einige Gemeine vertheidigten tapfer ihren Kommandanten. Aigner befahl dem Gemeinen Haslauer den Verwundeten zurückzubringen, worauf ihn derselbe unter den Arm nahm und etwa 40 Schritte weit schleppte. Da jedoch die Zahl der sie umringenden Feinde mit jedem Augenblicke wuchs, rief Stiber in edler Selbstverläugnung seinen Leuten zu: „Meine Kinder! laßt mich liegen, rettet Euch, sonst kommt Ihr mit mir in die Gefangenschaft." Feldwebel Aigner, diese Worte nicht achtend, stürzte sich aufs Neue in den Feind, schlug mit dem Gewehrkolben einen feindlichen Soldaten zu Boden und suchte zu seinem Hauptmann vorzudringen — aber dieser war bereits in Feindes Händen. *) Gänzlich ermattet und den ungleichen Kampf einsehend, mußte sich der brave Feldwebel mit den noch anwesenden Tirailleurs zurückziehen. Auf dem Wege sieht er den verwundeten Korporal Streicher auf der Erde liegen, er hebt ihn auf, trägt ihn eine Strecke weit, bis er selbst ganz entkräftet, diesen ebenfalls seinem Schicksale überlassen muß.

---

*) Hauptmann Stiber starb nach einigen Stunden in Corona della Madonna, wohin man ihn gebracht hatte. Die Piemontesen ehrten sein Andenken, indem sie seinen Leichenhügel (auf dem südlichen Abhange der Höhen von Spiazzi) mit einem Grabstein zierten, dessen Inschrift:

Dem tapfern österreichischen Hauptmann Stiber
das 14. piemontesische Regiment
am 18. Juni 1848.

Auch in diesem Gefechte hatte Oberst Baron Zobel durch seinen persönlichen Muth und durch sein aneiferndes Beispiel auf seine Truppen moralisch einzuwirken gewußt. Als die Hauptkolonne bereits zurückgedrängt war, und es sich nicht mehr um den Sieg, sondern nur mehr um eine standhafte Abwehr handelte, erschien er während eines mörderischen Kugelregens in der Plänklerkette und entflammte den Muth der Soldaten zur hartnäckigsten Gegenwehr. Nicht minder hat sich dessen Adjutant, Lieutenant Banniza durch aufopfernde Tapferkeit und unermüdete Thätigkeit hervorgethan.

Unser Verlust an diesem Tage bestand in 12 Todten, 38 Verwundeten, unter Letzteren Lieutenant Graf Ortenburg von G. H. Baden, und 1 Vermißten.

Bei der bedeutenden Uebermacht, welche der Feind in diesem Gefechte entwickelt hatte, schien ein weiterer Versuch ihn in dieser starken Stellung zu bewältigen, vergeblich, weshalb der weitere Rückzug bis Pian di Cenere angeordnet wurde; nur Lieutenant Wellert mit 40 Mann blieb auf der Alpenhöhe nächst Madonna della Neve zur Beobachtung des Gegners zurück, da wegen Mangel an Verpflegung und Wasser in diesen Regionen keine stärkere Besetzung möglich war. Am 19. rückten die Truppen in ihren Stationen Avio und Brentonico wieder ein.

**Vertheidigungs-Vorkehrungen.**

Gleichzeitig mit den angegebenen Vorrückungen wurde die Thalbefestigung in Angriff genommen und diesfalls auf beiden Etsch-Ufern an den günstigsten Engpunkten Geschützstände errichtet, die vortheilhafte Stellung vor Caliano bei Castel S. Pietro aber insbesonders stark verschanzt und um dieselbe vor einer Umgehung zu schützen, auch bei dem Schlosse Besseno eine starke Stellung geschaffen, endlich zur Vollendung des Ganzen, am jenseitigen Etsch-Ufer das Thal bei Noni durch ein angemessenes Werk gesperrt.

Vielfach ausgestreute Nachrichten über einen bevorstehenden Angriff des Feindes veranlaßten, auch den Monte Baldo näher ins Auge zu fassen. Bei der Leichtigkeit, welche der Feind hatte, seine Streitkräfte in Rivoli zu verstärken und sie wenigstens bis Spiazzi vorzuschieben, ohne von uns bemerkt zu werden, erschien unsere Aufstellung mehrfach gefährdet, denn durch eine Vorrückung über Brentonico nach Mori, hätte unsere Aufstellung im Thale am rechten Etsch-Ufer, im Rücken genommen und die Verbindung von Roveredo nach Riva durchschnitten werden können. Es wurde daher die Engstelle am Monte Baldo, eine Viertelstunde vor S. Giacomo bei dem steinernen Kreuz und einem senkrecht aufsteigenden Felsenkamm (S. Valentino), durch 3 für Infanterie-Vertheidigung ein-gerichtete Redouten befestigt, — die Annäherung gegen deren Front machte ein tief eingeschnittener Graben mit sehr steilen Rändern schwierig, die linke Flanke war vor einer Umgehung vollkommen gesichert und in der rechten eine solche nur auf einem leicht zu vertheidigenden felsigen Fußsteig möglich. Zur besseren Verbindung der beiden Etsch-Ufer dienten einige fliegende Brücken.

Endlich ward noch auf Anordnung des Armee-Kommandos, auf der Straße nach Schio auf dem Alpenkamm von Piano delle Fugazze für 100 Mann und 2 Geschütze ein Blockhaus aufgeführt.

Das auf steilem Uferrande liegende Ponale, als Sperrpunkt des Val di Ledro, ließ Feldmarschall-Lieutenant Graf Lichnowsky schon früher befestigen und bei Torbole und Riva Geschützstände herrichten.

### Gefechte bei la Groara und Ceraino
#### am 1. und 8. Juli.

Außer einem Versuche, den der Feind am 26. Juni machte, 2 Kompagnien auf Fähren bei Ceraino über die Etsch zu setzen, welche jedoch, als sie die steilen Ufer zu erklettern suchten, mit blutigen Köpfen zurück-gewiesen wurden, blieb der Feind im Etsch-Thale ziemlich unthätig, bis am 1. Juli der Herzog von Savoyen den Versuch machte, mit 4 Bataillons, 1 Eskadron und 4 Geschützen von Rivoli aus im Thale gegen Brentino vorzudringen.

Der Hauptangriff erfolgte am rechten Ufer, wo unter Kommando des Majors Brassier eine Division E. H. Ludwig-Infanterie in Groara und Preabocco, eine Division vom 2. Banal-Grenz-Regimente in Brentino, dann eine Division Kaiser-Jäger und eine vom 2. Banal-Grenz-Regimente in Rivalta standen. Am linken Ufer, wo bloß ein Tirailleurgefecht statt-hatte, war die 5. Division G. H. Baden unter Hauptmann Rowey bei Dolcé aufgestellt, 2 Geschütze der sechsfünfzigen Fußbatterie Nr. 11

unter Feuerwerker Friwiß; standen weiter rückwärts beim Maierhofe Ceredello.

Auf die Meldung von dem Vorrücken feindlicher Abtheilungen ließ Major Brassier die Jäger-Division von Rivalta nach Brentino vor-rücken. Bald entwickelte sich ein heftiges Geschütz- und Kleingewehrfeuer und der Feind, welcher ober Groara Steinbatterien errichtet hatte, begann die daselbst aufgestellte Division E. H. Ludwig-Infanterie mit einem Hagel von Steinen zu überschütten, den sie nur in aufgelöster Ordnung auszuhal-ten vermochte; auch hatte er schon mit den ersten Steinwürfen eines unserer beiden hinter dem Defilée bei Groara postirten Geschütze demontirt. Die zur Unterstützung der Grenzer vorgezogene Jäger-Division unter Ober-lieutenant Großrubatscher wurde noch vor ihrem Eintreffen in Bren-tino von einer durch die Schlucht der Madonna della Corona gerückten feindlichen Neben-Kolonne in der Flanke beschossen und mit Uebermacht angegriffen. Genannter Oberlieutenant nahm daher mit der 18. Kom-pagnie am linken Ufer des Pissotte-Baches (von Castello bis auf die ersten Bergkuppen) Stellung, während die 17. unter Lieutenant Strehle in Plänkler aufgelöst, die auf Schußweite vom Feinde gegenüber gelegene steile Höhe besetzte. Obgleich die Division in dieser Stellung im Rücken angegriffen wurde, sah sich Oberlieutenant Großrubatscher doch genöthigt, 2 Züge der 18. Kompagnie nach Rivalta zurückzusenden, weil die dort zurückgebliebene halbe Kompagnie Grenzer — anderthalb Kom-pagnien waren mittlerweile nach Brentino vorgerückt — zu schwach gewe-sen wäre, dem bereits auf drei Wegen von Festi sich herabsenkenden Feinde Widerstand zu leisten. Dennoch wichen die braven Jäger keinen Schritt aus ihrer höchst gefährdeten Aufstellung am Pissotte-Bache, und bewirkten endlich durch ihre Standhaftigkeit und ihr ausgiebiges Feuer, daß der Gegner sein Vorhaben: Brentino zu nehmen, aufgeben und nach vier-stündigem Kampfe den Rückzug antreten mußte. Seine Steinbatterien sicherten ihn jedoch vor Verfolgung. Dieser Versuch war die letzte offensive Operation der Piemontesen im Etsch-Thale.

In diesem Gefechte, in welchem die Abtheilungen vom 2. Banal-Grenz-Regimente und E. H. Ludwig-Infanterie mit jenen von Kaiser-Jäger an Muth wetteiferten, hatten General-Major von Mütiß, Oberst Baron Zobel und Major Brassier nicht nur durch ihre zweckmäßigen

Anordnungen und gute Führung ihrer unterstehenden Truppen, sondern auch durch ihr tapferes Benehmen zur vortheilhaften Entscheidung wesentlich beigetragen. Eben so verdienen von Kaiser-Jäger besonders genannt zu werden: Oberlieutenant Großrubatscher, Lieutenant Strehle und von Weinsberg, Oberjäger Egarter, die Unterjäger Diller und Maier, die Kadeten Bintschgau, Gibbon und Schnell, die Patrouilleführer Figl und Geif, dann die Jäger Steffain, Riger, Ruggenthaler und Leithner. Von E. H. Ludwig-Infanterie: die Hauptleute Hayek und von Hardt, Korporal Winter und Bartuschek, dann der Gemeine Ruziczka. Von G. H. Baden-Infanterie: Hauptmann Rowcy und Irringeder, dann die Gemeinen Kücher und Schladminger. Von der sechspfündigen Fußbatterie Nr. 11: Feuerwerker Friwisz, Korporal Gatterer und die Vormeister-Kanoniere Prim und Moser. *)

Unser Verlust bestand in 1 Todten und 7 Verwundeten.

Dieses Gefecht hatte die Wichtigkeit der Geschützplacirung bei Ceredello gezeigt. Feldmarschall-Lieutenant Thurn befahl daher die Besetzung dieses Punktes mit 4 Geschützen und die Ablösung der beiden vor Groara aufgestellten Kanonen durch Raketen.

Am 8. kam es bei Gelegenheit einer Rekognoszirung gegen Ceraino zu einem dreistündigen Vorpostengefechte, in welchem sich das 3. Wiener-Freiwilligen-Bataillon unter Major Greschke sehr brav hielt. Es fügte dem Feinde aus seiner zweckmäßig gewählten und gut gedeckten Aufstellung großen Schaden zu, während es selbst nur 1 Blessirten hatte.

**Bau einer Batterie auf dem Monte Pastello.**

Der Feldmarschall hatte schon am 27. Juni durch den General-Quartiermeister der Armee, Feldmarschall-Lieutenant Heß eine genaue Rekognoszirung der ganzen Gebirgsgegend vornehmen lassen. Bei dieser Gelegenheit ordnete Letzterer die Aufstellung einer schweren Batterie auf der steilen Felsenlehne oberhalb Ceraino an — einem Punkte, von wo das Plateau von Rivoli beherrscht, somit das Vordringen des Feindes im Etsch-Thale verhindert werden konnte. Aber die Schwierigkeiten, die sich dem Bau dieser Batterie entgegenstellten, waren ungeheuer, denn

---

*) Vom 2. Banal-Grenz-Regimente fehlt uns leider der Detail-Bericht.

nicht nur, daß die große Steigung gerade im Wendungspunkte als ein schwer zu überwindendes Hinderniß erschien, so war auch ein Felsensteig, auf dem nur ein einzelner Mensch gehen konnte, in einen Weg umzugestalten, und zwar in einen Weg, auf dem Geschütze transportirt werden sollten.

Hauptmann Nagy, Kommandant des in Monte befindlichen 1. Bataillons Reisinger-Infanterie, welches zur Beobachtung der Etsch einen Offiziersposten auf dem Monte Pastello hielt, ließ auf Anordnung des mit dem Bau der Batterie beauftragten Hauptmanns Mollinary vom General-Quartiermeisterstabe, alle tauglichen Werkzeuge, die nur aufzutreiben waren, requiriren und alle des Steinbrechens kundigen Leute aus den nahen Gemeinden nach Monte bringen; doch sehr gering war das Ergebniß dieser Requisitionen. Demungeachtet schritt die Arbeit anfangs ziemlich vorwärts, bis die Piemontesen, welche täglich das Offiziers-piquet marschiren und die Leute an der Herstellung des Weges arbeiten sahen, schon am dritten Tage nach begonnener Arbeit, 2 vierpfündige Kanonen auf einem gegenüberstehenden Felsenkogel aufführten und den Weg beschossen. Obgleich ihre Kugeln, von denen nur einige auf Fels-steine aufschlugen, gar keinen Schaden anrichteten, genügte diese Beun-ruhigung doch, alle Zivil-Arbeiter zu verscheuchen. Wie aufgeschreckte Hasen liefen sie davon, und weder die Vorstellung ihrer Sicherheit hinter den großen Felsblöcken, noch Versprechungen, ja nicht einmal Drohungen konnten sie zur Fortsetzung ihrer Arbeit bewegen; in der Nacht verschwan-den sie gänzlich und die Furcht vielleicht mit Gewalt wieder hiehergeführt zu werden, bewog sie in die Gebirge zu flüchten, statt zu ihren Gemeinden zurückzukehren.

Hauptmann Nagy kam dadurch in ziemliche Verlegenheit, umsomehr, als mittlerweile 2 siebenpfündige Haubitzen in Monte angelangt waren. Um jedoch wenigstens mehr Menschenhände zur Arbeit zu gewinnen, zog er noch eine Kompagnie an sich, und damit das Offizierspiquet bei seinem Marsche zur Ablösung, nicht unnöthig der Gefahr ausgesetzt werde, durch das feindliche Geschützfeuer Leute zu verlieren, ließ er quer über den schneidigen Rücken einen Gehsteig anlegen. Beschwerlich und höchst ermü-dend war derselbe und die Ablösung verzögerte sich um eine Stunde, aber der Marsch zum Posten war sicher und die Ablösung konnte noch bei Tageshelle geschehen, während das Betreten des andern Weges, auch ohne des Feindes Feuer, im Dunkel gefahrvoll, ja in finsterer Nacht sogar unmöglich war.

Gleichzeitig beschloß Nagy den Batterie-Bau zu beginnen und zur Förderung der Arbeit selbst die mondhellen Nächte zu benützen; er bestimmte daher, daß alle 3 Kompagnien im Dienst und in der Arbeit bei Tag und Nacht, täglich wechseln. Da jedoch der Weg weder durch Brechen, noch durch Abmeißeln des Felsens gehörig erweitert werden konnte, so versuchte er die Sohle des Steiges durch Ausfüllen mit Steinen zu erhöhen, um dadurch die nöthige Breite zu gewinnen. Aber alle losen Steine in der Nähe waren bereits verwendet, es mußte daher eine Kette vom Wege bis zu den nächsten, in einer Tiefe von etwa 60 Klaftern gelegenen bebauten und mit trockenen Mauern umgebenen Grundstücken gebildet werden, und so wanderte Stein für Stein durch der Hände lange Zeile. Beschwerlich und nicht ohne Gefahr war diese Arbeit, denn der Weg und ein Theil der Kette lagen im feindlichen Feuer, der Feind scheute keine Munition und schoß den ganzen Tag in kürzeren und längeren Pausen und, wenn auch die Kugeln noch immer zu hoch gingen, so stand doch zu befürchten, daß er durch das häufige Schießen endlich die gehörige Elevation finden und seine Kugeln tiefer und gefahrbringender für die in aufrechter Stellung stehenden Arbeiter herüber senden werde. Sollte aber das Werk bald gedeihen, so mußte auch bei Tag fortgearbeitet werden. Um also dennoch so viel wie möglich Menschenleben zu schonen, wurde ein Mann mit scharfem Auge zur Beobachtung der feindlichen Artilleristen aufgestellt. So oft ein Geschütz abgebrannt wurde, rief er den Arbeitern zu, worauf sich diese zu Boden warfen und sobald die Kugel vorübergesaust war, lachend wieder aufstanden und ihr Geschäft fortsetzten.

Auf diese Weise war der Weg bis zu dem Punkte gediehen, von welchem man den Felsenkegel zu erreichen hoffte und da es zur Förderung der Arbeit von großem Nutzen gewesen wäre, die feindlichen Geschütze zum Schweigen zu bringen, so wurde aus Sandsäcken schnell ein Geschützstand errichtet und in demselben eine Haubitze eingeführt. Doch schon die ersten Würfe zeigten, daß die Entfernung noch zu groß sei. Nachdem also der Geschützstand, welcher den Weg sperrte, wieder zerstört war, wurde die Arbeit um so eifriger fortgesetzt und die Höhe baldigst zu erreichen getrachtet.

Bereits war der mühevolle Batteriebau, zu dem jede Schaufel Erde in Säcken getragen werden mußte, vollendet und der Weg hatte den Wendungspunkt erreicht; — es blieb nun noch die letzte Strecke mit der großen Steigung gangbar zu machen. Aber die Begierde die Haubitzen in der Batterie zu sehen, war zu groß, um nicht den Versuch zu machen sie dahin zu tragen. Mit Ungeduld wurde also der Abend erwartet, und kaum fing es zu dämmern an, wurden die Haubitzen zerlegt und in die Batterie gebracht. Vergessen waren die Gefahren und Beschwerden, die man erduldet, das Werk schien gelungen und den besten Erfolg zu versprechen.

Mit Sonnenaufgang begann ihr Feuer, allein so hoch auch die Haubitzen standen, war doch noch die Entfernung eine solche, daß keine sichern Würfe gemacht werden konnten. Einzelne Granaten erreichten wohl den Felsenkogel, auf dem die feindlichen Geschütze standen, andere fielen in die Etsch, doch dem Gegner bedeutenden Schaden zuzufügen und seine Brücke zu zerstören, war man nicht im Stande. Das Einzige, was man dadurch erreichte, war, daß der Feind seine Truppen vom linken Etsch-Ufer zurückzog und Ceraino blos des Nachts besetzte; auch die Geschütze, die bisher frei auf dem Felsen standen, weiter zurücknahm und einen gedeckten Geschütz-stand für dieselben erbaute.

Hauptmann Nagy bat daher um Geschütze von größerem Kaliber. Schon am andern Tage langte auf Verwendung des Hauptmann Molli-nary aus Verona ein eiserner Achtzehnpfünder in Monte an. Nun wurden Versuche über Versuche angestellt mit Pfosten und Walzen, mit einem Steinkarren und einem aus Verona gebrachten kleinen Bombenwagen; doch umsonst — das Rohr war nicht von der Stelle zu rücken. Da verzagten selbst die Artilleristen und erklärten, es sei unmöglich das Geschütz in die Batterie zu bringen. Nur Hauptmann Nagy verzagte nicht, er und Hauptmann Baron Esebek machten fort Projekte. Endlich beschlossen sie es mit einer Holzbahn zu versuchen. Augenblicklich wurde ein Kompagnie-Zimmermann ausgeschickt, das erforderliche Holz zu requiriren, er durch-stöberte Haus für Haus des kleinen Dörfchens und brachte mit Mühe so viele Balkenstücke zusammen, daß daraus eine Bahnlänge von drei Klaf-tern, welche aus drei Rahmen von je einer Klafter Länge und der Breite des Bombenwagens bestand, gezimmert werden konnte. Die Probe entsprach den Erwartungen, denn mit Leichtigkeit bewegte sich die Last an einem Seile bis auf den vorderen Rahmen, wo dann die Bahn durch Vorsetzen der rückwärtigen Rahmen neuerdings verlängert und der Transport fortgesetzt wurde. Auf diese Weise gelangte das Geschütz schon in der dritten Nacht an den Wendungspunkt, wo die große Steigung ihren Anfang nahm. Die Ueberwindung dieses letzten und schwierigsten Theiles erweckte ernste Besorgnisse. Glücklicher Weise fand sich in Monte ein Flaschenzug vor, der an Brechstangen befestigt, für welche man Löcher in die Felsen bohrte, den gefürchteten Rücklauf des Bombenwagens hinderte. Nach weiteren fünf Stunden mühevoller Arbeit langte das Rohr gegen zwei Uhr Morgens in der Batterie an.

Kaum dämmerte der Morgen, als der Achtzehnpfünder zu arbeiten anfing. Mit einigen Kugeln war die feindliche Batterie zum Schweigen gebracht, worauf das Rohr gegen die Fähre gerichtet, mit dem neunten Schusse dieselbe traf. Ein „Hoch dem Kaiser!" erscholl, als die Schiffe unter den Wellen der Etsch verschwanden.

Die Morgengrüße des Achtzehnpfünders brachten das ganze Plateau in Bewegung, — die Soldaten stürzten aus ihren Lagerhütten und rannten durch einander, ein General mit großer Suite, in der sich auch eine Amazone befand, sprengte daher, hielt aber wohlweislich in ehrerbietiger Entfernung vor dem finstern Nachbar, auf den zahlreiche Perspektive gerichtet waren; kurz alle Bewegungen des Gegners drückten Staunen und Ueberraschung aus.

Um Mittag sah man 2 Pontonwagen gegen die Batterie bei Incanale eilen, wahrscheinlich in der Absicht dort unter deren Schutz in der Biegung des Flusses eine Ueberfuhr herzurichten; aber die Kugeln, die ihnen der Achtzehnpfünder zuschickte, bewogen sie schleunigst umzukehren.

Das linke Etsch-Ufer und somit die Straße nach Tirol war nun vom Feinde ganz gesäubert — er konnte es nimmer wagen, den Fluß zu überbrücken. *)

---

*) Wir haben absichtlich bei der Beschreibung des Batteriebaues auf dem Monte Pastello länger verweilt, denn er liefert ein schönes Beispiel der dem österreichischen Soldaten eigenen Ausdauer. Der Wanderer, der hier Rivoli mit seinem herrlichen Plateau schaut, zu dessen Füßen sich in schwindelnder Tiefe die Etsch wie ein weißes Band dahinschlängelt, wird auf diesem Felsenkegel dem braven 1. Bataillon Reisinger

**310**

Crnirung bes 4. Armee-Korps. — Stärke und Eintheilung der k. k. österreichischen und der k. serbi-
nischen Armee. — Operationsplan des Feldmarschalls.

Gegen Mitte Juli erlaubte die mittlerweile bewerkstelligte Eroberung
von Treviso und Mestre, so wie die dadurch mögliche Cernirung von Benedig von der Landseite, endlich die Uebergabe der Festung Palmanuova
die allmälige Pacifizirung der venetianischen Terraferma, wodurch es dem
im Benetianischen kommandirenden Feldmarschall-Lieutenant Baron Welden möglich wurde, dem Feldmarschall eine Verstärkung von 12000 Mann
für seine offensiven Operationen abzutreten. Der Feldmarschall vereinigte
diese neuen Truppen unter der Benennung: 4. Armee-Korps, hinter der
Etsch bei Legnago, wo sie zwischen dem 10. und 12. Juli eintrafen.

Am 6. und 7. Juli rief er die durch Bal Arsa nach Tirol gesendete
Brigade Simbschen — auf 5000 Mann verstärkt — wieder zum 2. Korps
nach Vicenza zurück, worauf dieses Korps selbst nach Zurücklassung von
2000 Mann als Besatzung in Vicenza, von da nach Verona rückte.

Bei dieser Festung waren somit gegen 12. Juli das 1., 2. und Reserve-Korps vereinigt. Ihre Eintheilung und Stärke:

1. Armee-Korps:
(Kommand. FML. Gr. Wratislaw) 16 Bat. 8 Esk. 36 Gesch.
2. Armee-Korps:
(Kommand. FML. Br. D'Aspre) 17 „ 8 „ 42 „
3. Armee-Korps:
(Kommand. FML. Gr. Thurn) 7½ „ 6 „ 22 „
4. Armee-Korps:
(Kommand. GM. v. Culoz) 9½ „ 6 „ 24 „
1. Reserve-Korps:
(Kommand. FML. v. Wocher) 11 „ 20 „ 76 „
Besatzung von Verona, Mantua, Leg-
nago und Ferrara 22 „ 3 „ 18 „
2. Reserve-Korps:
(Kommand. FML. Br. Welden) 14 „ 6 „ 43 „

In Allem 97 Bat. 57 Esk. 261 Gesch.

seine Bewunderung gewiß nicht versagen. — Jetzt führt eine gut angelegte Straße
hinauf und an die Stelle jener Batterie ist ein solides fortifikatorisches Werk getreten,
welches im Verein mit mehreren anderen, die Etsch und das Plateau von Rivoli
beherrscht.

(96300 Mann), wovon auf die zu offensiven Operationen verwendbaren Armee-Korps etwa 48000 Mann entfallen.

Die Armee des Königs hatte ihre frühere Eintheilung, und dürfte auf der Operationslinie an Zahl jener des Feldmarschalls wohl etwas über-legen gewesen sein.

Sie bestand aus:

Dem 1. Armee-Korps (Kommand. GL. Bava) mit den Divisionen GL. D'Arvillars und GL. di Ferrere; 2. Armee-Korps (Kommand. GL. de Sonnaz) mit den Divisionen GL. Gr. Broglio und Herzog von Genua; Reserve-Division Herzog von Savoyen; dann die lombardische Division unter GL. Perrone; ferner die Division des Generals Jakob Durando (am westlichen Ufer des Garda-Sees) und jene des Generals Pepe (in Venedig).

Die letzen Ueberreste der neapolitanischen Hilfstruppen waren, durch die drohende Sprache ihres Königs hiezu bestimmt, in die Heimath zurück-gekehrt; die modenesischen Truppen hatten sich in Bozzolo fast aufgelöst; der Ueberrest der toskanischen stand unthätig in Brescia, und die römischen waren in Folge der Convention von Vicenza, die zwar die ehrenwerthe Mailänder-Regierung für ungültig erklärte, nach Hause gegangen. Diese Verluste waren jedoch durch die unterdessen eingetroffenen Verstärkungen aufgewogen. Sie bestanden in 12 Reserve-Bataillons, theils aus Piemon-tesen, theils aus Lombarden, welche jedoch kaum bewaffnet und gekleidet waren, dann 12 lombardischen Bataillons (der bereits erwähnten lombar-dischen Division).

---

Zwei Wege boten sich dem österreichischen Feldherrn als Operations-linien dar: entweder ein Angriff auf die Front des Feindes, oder eine abermalige Umgehung über Mantua. Erstere hatte größere Vortheile für sich, gelang es das feindliche Centrum zu durchbrechen, so waren beide Flügel getrennt, man konnte sie sofort vereinzelt schlagen. Allerdings droh-ten bei dieser Operation die noch immer für uneinnehmbar gehaltenen Höhen. Die zweite Operation wäre eine Wiederholung jener vom 27. Mai gewesen, man konnte also erwarten, daß der Gegner bald orientirt sei. Dennoch scheint man im österreichischen Hauptquartier dieses Manöver im

Sinne gehabt zu haben, dafür spricht wenigstens die Aufstellung des 4. Armee-Korps bei Legnago.

Als aber der Gegner so thöricht war, sich mit seinem rechten Flügel bis Mantua auszudehnen, in der Absicht diese Festung zu belagern, während er mit seinem linken die Stellung bei Rivoli noch besetzt hielt, da ward die Form des strategischen Durchbrechens die allein richtige für den Angriff.

**Beginn der Einschließung Mantua's auf dem rechten Mincio-Ufer durch die Piemontesen.**

Am 10. Juli streiften feindliche Patrouillen bis Curtatone. Es wurde daher am folgenden Tage mit 4 Kompagnien Gyulai, 1 Kompagnie Peterwardeiner-Grenzer und 2 Geschützen eine Streifung gegen den Oglio unternommen, wodurch man sich überzeugte, daß Marcaria und Gazzuolo vom Feinde besetzt seien, und in Rivalta ein von Goito dahin vorgeschobener Posten stehe, welcher täglich nach le Grazie patrouillire. Kaum war am andern Tage das Detachement nach Mantua wieder zurückgekehrt, als sich feindliche Trupps bei gli Angeli zeigten, und bis gegen Cerese ausbreiteten, wo sie mit einer Kompagnie d'Este-Infanterie und einem Zug E. H. Karl-Uhlanen, die eine Steuer-Rimesse aus Borgoforte in die Festung brachten, in ein nutzloses Geplänkel kamen. Hierauf dehnten sie sich bis Pietole aus, begannen in der Nacht sich in den genannten drei Ortschaften festzusetzen, alle nach der Festung führenden Haupt- und Nebenstraßen in der Entfernung von 800 bis 1000 Klafter von der Festung, durch Verschanzungen zu sperren und die Feldwege zu barrikadiren.

Am 14. unternahm der Feind eine Rekognoszirung gegen das Fort Pietole, indem er bei dem Dorfe gleichen Namens unter dem Schutze einiger 400 Klafter von dem Kamme des Glacis entfernter Häuser eine Batterie auffuhr, und durch die Maisfelder begünstigt, mit Scharfschützen bis an den Fuß des Glacis vordrang, sich jedoch bald nach Eröffnung des Geschützfeuers aus dem Fort, sammt seiner Batterie wieder zurückzog.

Damit dieser Ort, welchen man aus Mitleid für seine armen Bewohner bisher geschont hatte, obwohl er im Vertheidigungs-Rayon des Forts gelegen, dem Feinde nicht weiter als Deckung und Stütze diene, wurde dessen Demolirung angeordnet. Nachdem der Feind mit Tagesanbruch durch ein wohlgenährtes Geschützfeuer aus dem Fort, genöthigt

worden, das Dorf zu verlassen — der eigentliche Zweck dieses Bombardements, es in Brand zu stecken, konnte wegen der feuersicheren Bauart der
italienischen Häuser nicht erreicht werden — schritt eine Abtheilung zur
Rekognoszirung des Ortes, welcher der Mineur-Lieutenant Schauer mit
20 Mineurs folgte.

Durch das Schweigen der Geschütze im Fort, ermuthigt, rückte der
Gegner mit Uebermacht zur abermaligen Besetzung des Ortes vor, wodurch
das Streifkommando gezwungen war, sich unter dem Schutze einer Plänklerkette zurückzuziehen. Nur der genannte Mineur-Offizier, welcher mittlerweile die Sprengung eines, die Aussicht gegen Virgiliana hindernden
Gebäudes vorbereitet hatte, blieb nebst dem Mineurführer Weber zurück,
um deren Zündung zu bewirken. Da jedoch die zurückgeeilten Mineurs
den Zündapparat mitgenommen hatten, entschloß sich Lieutenant Schauer
in Ermanglung jedes anderen Mittels, eine glühende Kohle, die er aus
einem bereits brennenden Hause holte, auf den im Drange der Umstände
nur einige Schritte von der Ladung mit neun Zentnern Pulver entfernten
Minenherd zu legen. Der Feuerstrahl erfaßte den braven Offizier, und
warf ihn gräßlich verbrannt zu Boden, worauf ihn die in die Luft gefloge-
nen Steine verschütteten. Doch gelang es seinen Anstrengungen wenigstens
den Kopf, dessen Hintertheil zwei durch Steine geschlagene tiefe Wunden hatte,
so weit frei zu machen, um athmen zu können. Die gute Wirkung der entla-
denen Mine veranlaßte den Feind zum schleunigsten Rückzuge. Mineurführer
Weber, der noch vor der Explosion Zeit gefunden, sich zu decken, holte
seine Mannschaft, welcher es bald gelang, den bereits eine Viertelstunde in
der martervollsten Lage Schmachtenden auszugraben und ins Fort zu bringen.

**Verproviantirung der österreichischen Besatzung von Ferrara.**

Erst seit 20. Juni war es dem Festungs-Kommando in Ferrara möglich geworden, Berichte über die Lage der Garnison, welcher bis zu dieser
Zeit alle Verbindung mit der Haupt-Armee, abgeschnitten war, ins Hauptquartier des Feldmarschalls zu senden. Aus diesen Berichten war zu entnehmen, daß die Stadt der österreichischen Besatzung den ferneren Bezug
der von dort bezogenen Lebensmittel von nun an ganz verweigere, daß
sich daselbst größere feindliche Kräfte sammeln, und eine engere Einschließung der Citadelle mit jedem Tage zu besorgen stehe.

I.                                                                                     21

Der Feldmarschall entschloß sich daher, von dem zu jener Zeit, wie bereits erwähnt, bei Legnago concentrirten Armee-Korps eine auf 5000 Mann verstärkte Brigade unter Kommando des General-Majors Fürst Franz Liechtenstein mit dem Auftrage nach Ferrara zu senden: „nach Umständen einen Transport von Lebensmitteln, welche in der dortigen Umgegend zu requiriren sind, der Besatzung zuzuführen, oder im Falle solche nicht aufzutreiben wären, entweder die Besatzung zu begägiren und die Stadt zur Ablieferung von Lebensmitteln auf zwei bis drei Monate zu zwingen, oder endlich schlimmsten Falls die Kanonen zu vernageln, die Citadelle in die Luft zu sprengen und die Besatzung mit sich zu nehmen."

Die Brigade (2 Bataill. Emil-, 2 Bat. Haynau-, 1 Bat. Nugent-Infanterie, 1 Bat. Deutsch-Banater, 1 Division C. H. Carl-Uhlanen, 1 Batterie und 1 Abtheilung Pioniere) brach demgemäß in der Nacht vom 12. auf den 13. Juli aus ihrem Lager bei Legnago auf, passirte auf Fähren und Barken, welche die Pioniere unter Leitung des Hauptmanns Czermak und Oberlieutenants Leibl zusammensetzten, in 3 Kolonnen — bei Ficcarolo, Occhiobello und Polesella — den Po. Anderthalb Miglien vor Francolinetto erschienen bei der Vorhut (1 Kompagnie Emil unter Hauptmann Dölzer) ein päpstlicher und ein Offizier der National-garde; sie übergaben dem Oberstlieutenant Baron Sunstenau ein Schreiben ihrer Regierungs-Behörde, in welchem dieselbe gegen das Ein-rücken österreichischer Truppen feierlichst protestirte, wovon man aber wenig Notiz nahm. Am 14. Juli gegen Mittag erschien die Brigade unter dem Jubelruf unserer Besatzung, unvermuthet vor Ferrara. Die feindliche Garnison der Stadt — 7 bis 800 Piemontesen, 2 Bataillons päpstlicher Truppen, 2 Kompagnien Schweizer, 400 Carabiniers nebst einigen Geschützen — anfangs zwar entschlossen Widerstand zu leisten, war bei der Annäherung von Liechtenstein's Kolonne so entmuthigt, daß der größte Theil (mit Ausnahme der beiden Schweizer-Kompagnien, welche schon bei Vicenza gegen uns gefochten hatten) auf und davon ging.

Dem General-Major Fürsten Liechtenstein ward sogleich eine Deputation entgegengeschickt. Die Brigade bezog auf dem Glacis des Aussenfeldes unter den Kanonen der Festung ein Lager, und der General schloß mit der Stadt Ferrara folgende Convention ab:

1. Ist die Festung von der Stadt auf zwei Monate zu approvisioni-

ren, welche Approvisionirung als unangreifbarer Vorrath zu betrachten
sein wird.

2. Können alle Bedürfnisse in der Stadt ohne alle Beschränkung
eingekauft werden.

3. Wird die Dienst- und Privat-Korrespondenz durch Absendung
eines Unteroffiziers auf das Postamt zu Sta. Maria Maddalena täglich,
wie früher besorgt.

4. Verbleibt das Spital mit allen dazu gehörigen Kommandirten in
der Stadt; den dabei angestellten Individuen ist der freie Verkehr in der
Stadt gestattet.

5. Können Brücken-Reparaturen und Vorkehrungen, die für den
Gesundheitszustand der Garnison nöthig sind, ohne Nachtheil für die Sicherheit der Festung unternommen werden.

6. Kann die Garnison, im Falle die Citadelle auf höheren Befehl geräumt
werden müßte, mit allen Kriegsehren, mit der Artillerie, allem Kriegsmaterial und Gepäcke von hier abmarschiren, und sind die Transportmittel
bis an die k. k. österreichische Grenze von der Stadt Ferrara beizustellen.

Als Garantie für die genaue Einhaltung dieser Convention wurde
der zu Ponte Lagoscuro befindliche große Waarenvorrath durch ein Bataillon in Beschlag genommen.

Nachdem es auf solche Weise dem General-Major Fürsten Franz
Liechtenstein durch seine Entschlossenheit und umsichtige Leitung vollkommen gelungen war, jenen wichtigen Punkt noch auf längere Zeit zu
erhalten, trat die Brigade am 15. früh wieder ihren Rückmarsch über den
Po an.

## Ereignisse in Ferrara
#### vom 28. März bis 13. Juli.

An allen Tagen, wo viele päpstliche Truppen oder bewaffnete Freischaaren in der Stadt versammelt waren, hielt zur Nachtzeit die ganze
Besatzung der Citadelle strenge Bereitschaft, die Artillerie bei den Geschützen
und in jeder Bastion eine brennende Lunte; der vierte Theil der Besatzung
jedoch, stand während der ganzen Zeit der Absperrung in Bereitschaft. Obwohl der Legat am 28. März erklärt hatte, daß er für die Sicherheit des
österreichischen Militärs in der Stadt nicht mehr bürgen könne, gelang es

**21***

doch dem Festungs-Kommandanten Grafen **Khuen** den Fortbestand des österreichischen Militär-Spitals in der Stadt zu sichern, indem er es unter den Schutz des Völkerrechtes stellte.

Auf die am 29. an den Cardinal-Legaten Ciacchi gestellte Anfrage, wozu so viele Kolonnen Freiwilliger in Ferrara angekommen seien, erhielt Graf **Khuen** den Bescheid: die Regierung könne ihren Enthusiasmus nicht zurückhalten, sie seien bestimmt, die Grenzen des Kirchenstaates zu besetzen. Indessen suchten diese Freiheitshelden durch einzelne aus den Fenstern nach der Citadelle gerichtete Schüsse ihr Müthchen zu kühlen. Auf eine energische Erklärung von Seite des Festungs-Kommandanten versprach wohl der Cardinal-Legat eine Untersuchung anzuordnen, dennoch hörte dieser Muthwille nicht auf.

Am 31. langte General Durando in Ferrara an, er erließ in den exaltirtesten Ausdrücken eine Proklamation an das päpstliche Heer, in welcher er die Uebernahme des Oberbefehles kund gab. An diesem Tage erließ auch Cardinal Ciacchi eine Note an das Festungs-Kommando, in welcher er die Kapitulation Commacchio's an eine Kolonne von 1000 Freiwilligen anführt, und den so wohlgemeinten Rath ertheilt, unter den gegenwärtigen, zu seinem großen Bedauern für Oesterreich sehr ungünstigen Verhältnissen, die Festung in Güte zu übergeben. Graf **Khuen** ließ Oesterreichs gutem Freunde für seine herzliche Theilnahme an dessen Geschick mit der Bemerkung vielmals danken, daß man die Festung nicht übergeben werde.

Im April und Anfangs Mai standen die beiden päpstlichen Schweizer-Regimenter, reguläre päpstliche Linien-Bataillons, päpstliche Dragoner, Carabiniere zu Fuß und zu Pferd, Freikorps aus allen Gegenden des Kirchenstaates, die Batterie der Schweizer-Truppe und eine der päpstlichen, dann die ihnen in Commacchio in die Hände gefallenen Geschütze in Ferrara. So oft ein neuer Zuzug ankam, ging man in der Stadt mit dem Plane schwanger, die Citadelle nächtlicher Weile anzugreifen; man hatte jedoch seinen guten Grund immer wieder davon abzukommen. Als die päpstlichen Batterien in Ferrara eingetroffen waren, beschloß man die Citadelle zu beschießen, was wohl für dieselbe schlimme Folgen gehabt hätte, indem — außer einer bombenfreien Kaserne und den Pulvermagazinen — die wenigsten Gebäude nicht einmal gegen Granaten gesichert waren. Man hatte zwar alle möglichen Gegenanstalten getroffen, die Positions-Geschütze gegen die feindlichen Batterien eingehoben und ein Pompier-Detachement (vom Grenz-Bataillon) errichtet. Aber auch zur Beschießung kam es nach vielen abgehaltenen Berathungen nicht — der Gedanke, daß es mit dem Bresche schießen allein noch nicht abgethan, daß man bei der Passage des Grabens, und beim Sturme auf die Bresche dem kreuzenden Feuer der Bastions-Flanken ausgesetzt sei, brachte die ruhiger Denkenden auf die Befürchtung, daß der Feuereifer der Truppe mit den drohenden Gefahren in keinem Verhältnisse stehen dürfte.

Nach und nach wurden die päpstlichen Truppen unter dem Vorwande, die Grenzen zu besetzen, über Sermide gezogen, um bei Ostiglia den Po zu passiren. Die Schweizer erfuhren erst hier ihre eigentliche Bestimmung. Die Freikorps, die Civica mobile und die Crociati überschritten auf anderen Punkten die Grenze. Die Stadt Ferrara jedoch behielt außer ihrer mit 3000 Gewehren armirten Civica, von welcher nur einige 100 Mann unter dem Major Mosti ausmarschirten, stets eine angemessene Besatzung.

Die letzte Hoffnung setzte man in die neapolitanischen Hilfstruppen; von diesen erwartete man zuversichtlich, daß sie die Citadelle von Ferrara nehmen werden. Am 22. Mai rückte die erste Kolonne Neapolitaner in der Stärke von 3000 Mann in Ferrara ein, am nächsten Tage folgten weitere 1500 Mann. Sie marschirten wieder gegen Bologna, kehrten aber in aller Stille in der Nacht wieder zurück; man glaubte somit, daß sie die Besatzung der Citadelle nur täuschen und in Sicherheit wiegen wollten. Eine Zeitlang hielt man diese neapolitanischen Truppen zur Blokade der Citadelle bestimmt. Sie waren gegen den Po vorgerückt, aber auch von dort wieder zurückgekehrt. In den ersten Tagen des Monats Juni zogen sie sich nach Cento. Ihr Benehmen erklärte sich nun: sie waren nämlich von ihrem Könige in das Vaterland zurückberufen, von General Peppe aber aufgefordert worden, über den Po zu gehen, und gegen Oesterreich zu kämpfen. Ein kleiner Theil passirte wirklich den Po, die Mehrzahl gehorchte dem Befehle ihres Königs und trat über Lugo den Marsch in die Heimath an.

Am 14. Juni und den folgenden Tagen kamen viele Flüchtlinge von Durando's Korps in Ferrara an; man erfuhr in der Citadelle die siegreichen Fortschritte unserer Waffen im Venetianischen. Die unglücklichen Erfolge der sogenannten italienischen Sache steigerten noch mehr den Haß gegen die Oesterreicher. Man dachte wieder an allerhand Unternehmungen gegen die Citadelle. Endlich kam man zu dem edlen Entschlusse, den für die Citadelle bestimmten Wein zu vergiften. Zum Glücke erhielt der Festungs-Kommandant noch rechtzeitig Nachricht von diesem tückischen Plane; der Wein wurde von nun an in der Spitals-Apotheke chemisch untersucht, und somit auch dieses Projekt vereitelt.

Oftmals versuchte Graf Khuen mit den im Venetianischen dislocirten österreichischen Truppen in Verbindung zu treten; es hatten sich wohl Leute gefunden, gegen gute Belohnung eine solche zu vermitteln, aber sie nahmen immer ihr Wort zurück, sobald sie sich über die vom leitenden Comité in Ferrara getroffenen Vorsichtsmaßregeln in Kenntniß gesetzt hatten. Erst am 20. Juni gelang es, wie bereits erwähnt, durch einen Vertrauten einen Brief an das 2. Armee-Korps-Kommando gelangen zu lassen, in Folge dessen Rittmeister Graf Wrbna eine Geld-Dotation von 12.000 Gulden überbrachte. Von dieser Zeit an wurden noch mehrere Berichte auf geheimen Wegen expedirt, welche sämmtlich an ihre Bestimmung gelangten.

In den letzten Tagen dieses Monats wurde die Po-Grenze, nämlich la Stellata, Bondeno, Pontelagoscuro und Francolino durch ein päpstliches Linien-Bataillon, ein Bataillon mobiler Civica und die päpstliche Batterie besetzt. In Ferrara blieben bis zum 14. Juli stets einige 1000 Mann päpstlicher Truppen; man machte im leitenden Comité wieder Projekte, die zum Falle der Citadelle führen sollten. Advokat Mayer, eines der thätigsten Mitglieder des Comité's wurde sogar zu Carl Albert geschickt, um ihn zu bewegen, piemontesische Truppen nach Ferrara zu senden. Es rückten wohl 2 piemontesische Bataillone daselbst ein, doch marschirten sie schon nach einigen Tagen nach Commacchio, von wo sie nach Venedig überschifft wurden.

Am 4. Juli verließ Cardinal Ciacchi den Legations-Posten in Ferrara, ihn ersetzte Conte Lovatelli, der im Jahre 1831 bei den Unruhen im Kirchenstaate stark betheiligt, bisher in Frankreich gelebt, und erst durch die Amnestie des Papstes wieder zurückberufen worden.

Durch lange Zeit erhielt sich der Gesundheitszustand der Garnison der Citadelle bei dem angestrengten Dienste und den vielen Entbehrungen in sehr befriedigender Weise, dafür aber kamen im Juni Erkrankungsfälle sehr häufig vor, Scorbut und Dysenterie waren nun in großer Zahl die täglichen Erscheinungen. Um mit dem Fassungsraume im Spitale auszulangen, mußten im Monate Juli mehrere Abschubs-Transporte über den Po geschickt werden.

Die Verpflegung der Garnison mit Viktualien während der Absperrung war mit unendlichen Schwierigkeiten verbunden, die Citadelle war nicht approvisionirt, und außer einem großen Vorrathe von Weizen und Mehl anf zwei Monate, waren gar keine anderen Lebensmittel vorhanden. In der ersten Zeit legten die päpstlichen Behörden dem Einkaufe von Schlachtvieh und anderen Artikeln kein Hinderniß in den Weg; später jedoch bot die radikale Partei Alles auf, um durch Drohungen selbst Jene einzuschüchtern, die aus Gewinnsucht sich herbeilassen wollten, die Citadelle mit dem Röthigsten zu versehen. Nur mit größter Mühe konnte man noch Lieferanten finden, und zwar blos in jener Zeit, wo sich eben keine exaltirten Freischaaren in der Stadt befanden. Gekauftes Schlachtvieh wurde alsdann zur Nachtzeit in den bedeckten Weg der Citadelle gebracht, und bei Tagesanbruch beim Thore eingeführt. Auf diese Art dauerte die Approvisionirung successive fort, ohne daß die Behörden bei den oft wiederholten Drohungen: man werde die Stadt beschießen, wenn die Verproviantirung aufhöre, Etwas dagegen zu unternehmen wagten. Am 23. April erklärte der päpstliche Militär-Kommandant in Ferrara, Oberst de Rämy vom 2. Schweizer-Regimente, daß er ermächtigt sei, den täglichen Bedarf an Lebensmitteln in die Festung einführen zu lassen. Diesen Antrag verwarf der Festungs-Kommandant und forderte den ungehinderten Einkauf von Schlachtvieh für eine Woche, und den anderer Artikel für noch längere Zeit, was nach einem Notenwechsel, wobei man die erwähnten Drohungen neuerdings in Erinnerung brachte, endlich zugestanden wurde. Diese Schwierigkeiten waren jedoch nicht die einzigen, welche sich der Verpflegung entgegenstellten. Es fehlte auch an Geldmitteln. Die Truppe war nur bis 10. April mit Geld versehen, daher von dieser Zeit an jede Geldauszahlung an Offiziere und Mannschaft aufhören mußte. Zum Glücke waren in der Verpflegs-Magazins-Kasse bei 10.000 Gulden und in der Filial-Fortifikations-Kasse 5000 Gulden vorhanden; aus diesen Fonds wurden der Viktualien-Einkauf und die Spitals-Auslagen bestritten. Hiermit reichte man nothdürftig bis Ende Mai aus, nachdem auch das 1. Bataillon Warasdiner St. Georger mit den Fonds der Sustentations-Rückläße für die Familien im Lande, ausgeholfen hatte. Anfangs Juni mußte man zu extremen Mitteln greifen: es wurden die in den genannten Kaſſen vorhandenen kleinen Kautionen verwendet, die Häute der geſchlachteten Ochſen und das Unſchlitt den Lieferanten verkauft, der Mannſchaft nicht mehr täglich Fleiſch (als der theuerſte Artikel) verabfolgt, ſondern ſtatt dieſem ein bis zweimal in der Woche Gemüſe zugewieſen. Auch war man gezwungen, die Regierungs-Behörden anzugehen, die Verwerthung einer großen Quantität Weizen, der im Ueberfluſſe vorhanden war, nicht nur zuzugeben, ſondern ſogar zu vermitteln. Dieſes Begehren fand unzählige Schwierigkeiten, weil man darauf rechnete, daß die Citadelle fallen müſſe, ſobald die Geldmittel ausgingen. Von der Stadt war kein Zwangs-Anlehen möglich, indem alle Kaſſen durch die Kriegs-Rüſtungen und die Erhaltung ſo vieler feindlichen Truppen erſchöpft und die wohlhabenderen Einwohner auf ihre nahen Beſitzungen geflohen waren. Das alte Mittel der Drohung half abermals aus der Noth. Cardinal Ciacchi verſammelte ſeine Conſulta, welche aus Furcht vor dem Volke beſchloß, unter dem Siegel der größten Verſchwiegenheit 110 Moggia Weizen anzukaufen, denſelben jedoch gegen eine Anweiſung, ihn in ruhigeren Zeiten beziehen zu können, in der Citadelle zu laſſen, wobei der Cardinal verſicherte, er und ſeine Conſulta würden ihr Leben wagen, wenn die exaltirte Partei ihre Nachgiebigkeit erführe. Hierdurch erhielt die Verpflegs-Magazins-Kaſſe einen Fond von 3876 Gulden, der nebſt einigen 100 Gulden, welche der Müller für unter der Hand gekaufte kleine Quantitäten Weizen gezahlt hatte, hinreichte, um die Approviſionirungs-Artikel bis Ende Juni anzuſchaffen.

Auf dieſe Weiſe war es möglich, die Citadelle von Ferrara durch beinahe vier Monate zu behaupten — eine kleine Feſtung ohne Vorwerke; ohne die nöthigen gegen Wurfgeſchütze geſicherten Gebäude; mit unzulänglichem Raume für die Garniſon; in nächſter Nähe der feindlichen Stadt, von wo aus ohne fortwährende ſtrengſte Bereitſchaft, in kürzeſter Friſt ein Ueberfall leicht ausführbar geweſen wäre; ohne vorhergegangene Approviſionirung und mit geringen Geldmitteln verſehen; endlich von aller Kommunikation mit der k. k. Armee gänzlich abgeſchnitten und ſtets in abſoluter Nähe zahlreicher feindlicher Truppen.

Nebſt dem eben ſo energiſchen als tapferen Oberſt Graf Khuen,[*])

---

[*]) Oberſtlieutenant Graf Khuen war ſeit 1. April als realinvalid klaſſifizirt und als Oberſt in den Penſionsſtand übernommen, ohne daß er, der ſtattgehabten Abſperrung

welchem das Hauptverdienst der Behauptung der Citadelle gebührt, verdienen noch angerühmt zu werden:

Das 1. Bataillon des Warasdiner St. Georger-Grenz-Regiments unter Kommando des Majors Tyšhma, hat bei dem angestrengtesten Dienste, enger und schlechter Bequartirung, vielen Entbehrungen — worunter der Mangel an Geldverpflegung und Rauchtabak für den Soldaten die empfindlichsten — einen seltenen Eifer und die lobenswertheste Ausdauer bewiesen; die Mannschaft zeigte sich stets unverdrossen und heiteren Muthes, selbst als schon Scorbut und Dysenterie eingerissen waren. Jedem Befehle gehorchend, fleißig sowohl in dem strengen Festungsdienste, als den vielen mannigfaltigen Arbeiten, die man ihr auferlegen mußte, verdient sie alles Lob. Die zweckmäßige Leitung des Majors Tyšhma und seiner verdienstvollen Offiziere, wie nicht minder das patriarchalische Vertrauen der Mannschaft zu ihren Vorgesetzten ist der vollsten Anerkennung würdig.

Eben so verdient die Festungs- und Garnisons-Artillerie die rühmlichste Erwähnung, indem sie bei ihrem geringen Stande und dem beschwerlichen Bereitschaftsdienste den besten Willen und die lobenswertheste Ausdauer an den Tag legte. Dem Artillerie-Posto-Kommandanten Oberlieutenant Metz gebührt das Verdienst, die Geschütze und Munition in so vollkommenem Stande gehalten zu haben, daß die Armirung der Werke und ihre Vertheidigungsfähigkeit in kürzester Zeit zu erzielen möglich war. Durch seinen Eifer und seine Fachkenntniß leistete er ausgezeichnete Dienste. Oberlieutenant Hoffmann, Kommandant des Feld-Artillerie-Detachements, ein in den Militär-Wissenschaften vielseitig gebildeter Offizier, leistete durch seinen unermüdlichen Eifer die ersprießlichsten Dienste, indem er die vielen bei Placirung der Geschütze erforderlichen Arbeiten mit dem besten Erfolge leitete, 60 Mann des Grenz-Bataillons zur Geschütz-Bedienung vollkommen abrichtete, endlich der vorhandenen geringen Geldmittel halber, sein Detachement durch lange Zeit mit seinem eigenen Gelde verpflegte.

Desgleichen hat der Platz-Oberlieutenant Don Monzoni Frosconi mit seiner eigenen Baarschaft beim Ankaufe der Viktualien ausgehol-

---

wegen, von der bezüglichen a. h. Entscheidung Kenntniß erhalten hatte, daher er das Festungs-Kommando bis 1. August fortführte.

fen. Oberlieutenant Nickerl leitete die Pionier-Arbeiten in der Festung mit Intelligenz und Eifer. Schanz-Korporal Pazzelt leitete in Ermanglung eines anderen Individunms alle in fortifikatorischer Hinsicht nöthigen Arbeiten.

Der Verpflegs-Adjunkt Hödl bewies nicht bloß in seinem Geschäfte, die angestrengteste Thätigkeit, sondern wußte auch bei den zeitweiligen Approvisionirungen die vielen Hindernisse zu beseitigen, endlich ließ er sich als einziger Noncombattant in der Festung, zu mündlichen Verhandlungen mit den päpstlichen Regierungs-Behörden mit dem besten Erfolge verwenden. Einer gleich ehrenvollen Erwähnung hat sich der im Militär-Spitale in der Stadt angestellte Militär-Apotheken-Beamte Prinz würdig gemacht, indem er das Festungs-Kommando von allen Vorfallenheiten in Ferrara augenblicklich in Kenntniß setzte; auch ist es nur seiner Vermittlung zu danken, daß im Monate Juni der erste Bericht des Oberst Kh uen an seine Bestimmung gelangte.

**Engere Einschließung der Festung Mantua durch die Piemontesen. — Bestimmung des 4. Armee-Korps.**

Unterdessen hatte der Feind nicht unterlassen, die Festung Mantua am rechten Mincio-Ufer immer mehr einzuschließen, und zwar bis gegen Cerese durch die Division Ferrere; von Cerese bis zu dem Landgute la Parma übernahm die Einschließung am 14. die von Oglio herangerückte lombardische Division, welche hauptsächlich das Fort Pietole zu beobachten hatte. Die Cernirung auf dem rechten Mincio-Ufer blieb jedoch unvollkommen, so lange sie sich nicht bis an den Rand des Flusses nach la Virgiliana ausdehnte, und da sich General Perrone nicht getraute, diesen exponirten Posten seinen noch ungeübten Truppen zu übergeben, so wurden einstweilen die Bataillone der Brigade Casale und ein Bataillon freiwilliger Jäger jener Division zugetheilt. Der König hatte sein Hauptquartier in Roverbella.

In Folge dieser vom Feinde gemachten Bewegungen erhielt General-Major Culoz, der in den letzten Tagen in Nogara stand, den Befehl, mit seinen Truppen zur Verstärkung der Garnison von Mantua, dahin zu rücken, um vereint mit dieser, durch Ausfälle den Feind zu hindern, sich der Festung immer mehr zu nähern, und die Linie des Curtatone, welche der Feldmarschall für künftige Operationen frei erhalten wissen wollte, zu befestigen. — Eben so sollte dem Feldmarschall in dem Falle sehr heftiger

Gefechte bei der Festung Mantua, die Entwicklung der dort concentrirten feindlichen Kräfte den Maßstab geben, welche Kräfte ihm noch vor Verona gegenüber stehen; so wie andererseits das 4. Korps, wenn auch momentan in diese Festung eingeschlossen, bei den Offensiv-Operationen der Haupt-Armee, nach Umständen theils selbst mit Vortheil handelnd auftreten, theils aber bis auf den letzten Augenblick beträchtliche feindliche Abtheilungen bei Mantua festhalten konnte.

In derselben Absicht wurde auch die von Ferrara wieder im Vormarsche begriffene Brigade Liechtenstein nach dieser Festung beordert, wohin sie in 2 Kolonnen — die eine über Legnago und Nogara, die andere längs des Po über Massa und Ostiglia nach Governolo — zu marschiren angewiesen war. In Governolo sollten sich beide Kolonnen vereinigen und, unterstützt durch einen gleichzeitigen Ausfall der Garnison in, der Front aus Mantua, über Bagnolo und Zaita marschiren, den Feind durch einen Angriff in Flanke und Rücken aufrollen und über den Osone zurückdrängen. *)

---

**Disposition**

. zur Degagirung der Festung Mantua von der feindlichen Cernirung.

Zum Angriff auf das Dorf Cerese rücken aus dem Fort Pietole unter Oberst Benedek 4 Komp. Peterwardeiner Grenzer, 1 Bat. Paumgartten, 1 Bat. d'Este, 1 Bat. Gyulai, 1 Esk. Reuß-Hußaren, 1 Esk. Kaiser-Uhlanen, 8 sechspf. Gesch. (der Truppen-Div. Culoz) und 6 zwölfpf. Raketen (aus der Festung). Nachdem es diesen Truppen gelungen, den Feind aus seinen Barrikaden in Cerese zu belogiren, haben sie auf der Straße nach Borgoforte die Verbindung mit der um diese Zeit an dem Saume dieser Straße eingetroffenen Truppen-Division Culoz (bestehend aus den Brigaden Liechtenstein und Degenfeld) zu bewirken; diese letztere aber ihre eigene linke Flanke mittelst gegen Borgoforte vorzupoussirender Kavallerie- und Infanterie-Abtheilungen zu decken.

Die Division Culoz rückt hierauf links vorwärts sich echellonirend über Amabei (von wo aus sie abermals ihre linke Flanke gegen Buscoldo zu decken hat), sodann über Ca Petrocca und Ca Rainera in die rechte Flanke und in den Rücken des Ortes Montanara.

Von den obengenannten aus dem Fort Pietole zum Angriffe von Cerese debouchirten Truppen wendet sich nach Einnahme des letzteren (wo zur Verbindung mit dem Fort Pietole und zur Beobachtung der Straße von Borgoforte eine angemessene Infanterie-Abtheilung zu verbleiben hat) eine Angriffs-Kolonne über Levata, S. Silvestro und Ca Polti ebenfalls gegen Montanara.

Gleichzeitig mit den Bewegungen des linken Flügels (Division Culoz) und des Centrums (unter Benedek) hat der rechte Flügel der aus Pietole debouchirten Truppen, von Cerese aus, auf der Circumvalationsstraße, sich nach den Têten des linken Flügels und des Centrums richtend — langsam gegen Chiesa nova vorzurücken.

Erst, nachdem die Tête dieser letzteren Kolonne bei Chiesa nuova eingetroffen ist,

Demgemäß wurde noch am 15. Morgens von einem in Formigosa zur Beobachtung des Mincio stehenden Detachement von 4 Kompagnien, eine Kompagnie schleunigst nach Governolo entsendet. Am 16. wurde diese Kompagnie durch 3 Kompagnien des 2. Banal-Grenz-Regiments, unter Kommando des Majors von Rukavina nebst 4 Geschützen der sechspfündigen Fußbatterie Nr. 17 abgelöst.

### Gefecht bei Governolo
##### am 18. Juli.

Als General-Lieutenant Baro von Liechtenstein's Rückmarsch aus Ferrara, Nachricht erhalten hatte, faßte er den Entschluß sich des Postens von Governolo zu bemächtigen, um dadurch die rechte Flanke des Blokade-Korps zu sichern.

rücken unter Kommando des Oberst Theissing 2 Komp. des 2. Banal-Grenz-Regiments 1 Bat. Piret, 1 Bat. Rukavina, 1 Div. E. H. Karl-Uhlanen, 1 Kavallerie-Batterie (von der Besatzung von Mantua) und 3 sechspf. Raketen (der Div. Culoz) aus Prabella gegen gli Angeli vor.

Dieser Frontal-Angriff auf gli Angeli wird durch Dirigirung der bei Chiesa nova angelangten Kolonne theils auf der Circumvalations-Straße weiter über Dosso del Corso und Palazzina, theils durch Umgehung des à cheval der Straße von Curtatone nach gli Angeli stehenden Feindes über Rizzarda, Pioppe und Ca Berzeletto gegen Curtatone hin unterstützt.

Nach erfolgter vollständiger Einnahme von Montanara durch die Angriffs-Kolonnen des Centrums und des linken Flügels vereinigen sich diese letztern (nach Absendung einer Abtheilung zur Verfolgung des Feindes in der Richtung über la Santa gegen Campitello) zu beiden Seiten des Curtatone-Grabens, bei dem Orte Curtatone mit der Kolonne des Oberst Theissing.

Nach gelungener Wiedereinnahme der Curtatone-Linie ist der Feind durch ihm nachzusendende Kavallerie, einige leichte Infanterie- und Kavallerie-Geschütze in den Richtungen rechts gegen la Grazie, und geradeaus gegen Castelluchio zu verfolgen und die Curtatone-Linie mit 2 Bataillons, einigen Geschützen und etwas Kavallerie zu besetzen (Div. Culoz). Der Rest der ausgefallenen Truppen rückt hierauf über gli Angeli und Montanara durch Prabella in die Festung zurück.

Als Reserve im Innern der Stadt sind über die Dauer dieser Expedition unter Kommando des Oberst Graf Draskovich 1 Bat. Nugent, 1 Bat. Piret und 1 Eskadron Kaiser-Uhlanen aufgestellt.

Für den unerwarteten Fall, als die Nothwendigkeit eines Rückzuges einträte, ist derselbe von der Division Culoz und der Brigade Benedek gegen das Fort Pietole, von der Kolonne des Oberst Theissing aber unter dem Schutze der Festungs-Kanonen auf das Glacis der Lünette Belfiore anzutreten.

Gorczkowsky m/p. G. d. K.

Mit beiläufig 9000 Mann (6 Bataillons, 6 Eskadronen und 15 Geschützen) näherte sich Bava am 18. Juli um eilf Uhr Vormittags in 2 Kolonnen Governolo, während eine auf Flössen und Schiffen (worunter auch Segelschiffe) über den Po auf's linke Mincio-Ufer überschiffte Abtheilung diesen Ort im Rücken angriff.

Die feindlichen Tirailleurs suchten sich in mehreren vor dem Orte gelegenen Casinen festzusetzen, um unsere ganz frei und ohne alle Deckung auf dem hohen schmalen Damme aufgestellten Artilleristen mit Erfolg beschießen zu können; das Feuer der gegen den Ort aufgefahrenen Kanonen erwiederten unsere 4 Geschütze unter ihrem tapfern Batterie-Kommandanten Oberlieutenant Franz auf's Kräftigste; sie zündeten 5 der vorerwähnten Häuser durch wohlangebrachte Granatenwürfe an und zerschossen die übrigen derart, daß sich die feindlichen Tirailleurs aus denselben zurückziehen mußten, und das Gewehrfeuer nur noch aus der Kultur fortsetzen konnten. Auch wurden dem Feinde mehrere Geschütze demontirt, und endlich auf eine Distanz von 60 Schritten demselben der Uebergang über die Brücke, die er forciren wollte, verwehrt. Zu diesem erfolgreichen Feuer trug der Oberlieutenant Zivkovič des 2. Banal-Regiments durch lobenswerthe Thätigkeit und zweckmäßige Einleitung zur Herbeibringung der Munition durch seine Leute, wesentlich bei. Eben so zeichnete sich der Vormeister-Kanonier Kalsner aus, indem er mehrere Gebäude durch Granaten nacheinander in Brand steckte, und nebst dem Vormeister der 2. Haubitze Kanonier Bogeneder und dem bei dieser Gelegenheit am rechten Unterarm durch eine Musketenkugel verwundeten Kanonier Haug, ungeachtet des mörderischen feindlichen Feuers, dem Gegner den Uebergang streitig machte.

Erst die sich immer mehrende Zahl an Geschützen des Letzteren und die Gefahr ganz abgeschnitten zu werden, zwangen den unerschrockenen Batterie-Kommandanteu, den Rückzug auf Befehl des Majors Rukavina anzutreten, den er unter dem Schutze der von dem Lieutenant Fürsten Taxis kommandirten Kavallerie-Bedeckung, mit 2 Geschützen und allen 4 Munitionskarren durch Weingärten und auf ungebahnten Wegen erzwang. 20 Artilleristen und 10 Pferde, die im heißen Kampfe gefallen waren, nebst 2 Kanonen, welche wegen Mangel an Mannschaft und Bespannung nicht gerettet werden konnten, — die eine war gegen den Ausfluß des Mincio exponirt, von der zweiten wurde das Rohr im Angesichte des darauf losstürmenden Feindes abgenommen und in einen Wassergraben versenkt, — bezeichneten den Aufstellungsplatz unserer Geschütze.

Unterdessen hatte sich Major Rukavina mit seinen 3 Kompagnien in geschlossener Masse aus dem Orte zurückgezogen, und zwei starke Kavallerie-Angriffe mit vieler Standhaftigkeit zurückgewiesen, bei welcher Gelegenheit sich der Gemeine Mikić besonders hervorthat, indem er einem an der Spitze seiner Abtheilung attaquirenden Lancier-Offizier muthig entgegensprang, ihn vom Pferde schoß, eben so einen zweiten Offizier mit dem Bajonnette aus dem Sattel stieß und durch einen Kolbenschlag zu Boden streckte.

Als aber eine sehr vortheilhaft placirte Batterie gegen dieses kleine Häuflein mit Kartätschen zu wirken begann, dasselbe von allen Seiten umringt und endlich auch ohne Munition war, mußte sich die brave Truppe, mit Ausnahme von einigen 80 Mann, denen es noch gelang glücklich zu entkommen, ergeben.

Auf die erste Kunde von diesem übermächtigen Angriffe entsendete der Festungs-Kommandant General der Kavallerie von Gorczkowsky um ein Uhr Nachts unter dem Kommando des Oberst Grafen Draskovich 3 Bataillons nebst einer Kavallerie-Batterie und einem Flügel Kaiser-Uhlanen als Unterstützung nach Governolo. Diese kam aber zu spät, denn der der Infanterie mit der Batterie und den Uhlanen zu Wagen vorausgeeilte General Culoz begegnete schon in Barbassolo die beiden Geschütze unter Oberlieutenant Franz. Von der bereits erfolgten feindlichen Besitznahme von Governolo auf diese Weise in Kenntniß gesetzt, kehrte Culoz die nachgefolgte Brigade Draskovich mit sich nehmend, wieder in die Festung zurück, nachdem er den ihn begleitenden Oberlieutenant Baumrucker von d'Este-Infanterie mit dem Auftrage nach Nogara entsendet hatte, die in diesem Orte und in Ostiglia an diesem Tage eintreffenden Kolonnen der Brigade Liechtenstein in Nogara zu vereinigen, und sodann direkte von dort nach Mantua zu führen,

Nachdem der Feind mit bedeutenden Kräften sich zum Meister von Governolo gemacht hatte, vervollständigte er durch Detachirung von 6000 Mann nach Castellaro, am 18. die vollkommene Einschließung von Mantua. Hierdurch war es der Brigade Liechtenstein nicht mehr möglich, in diese Festung zu gelangen, sie nahm daher bei Sanguinetto mit ihrem

Groß Stellung, während sie mit angemessenen Abtheilungen zur Sicherung ihrer Front und Flanken Ostiglia, Gazzo, Nogara und Filigare besetzt hielt.

General-Major Fürst Franz Liechtenstein, am 16. von Legnago aus zur Besprechung mit dem Festungs-Kommandanten nach Mantua beordert, konnte durch die so plötzliche Einschließung letzteren Ortes troß eines gewagten Versuches, wobei 1 Korporal erschossen, und 1 Uhlane blessirt wurde, nicht mehr zu seiner Brigade gelangen. Der Feldmarschall schickte daher den General-Major Baron Simbschen von Verona nach Sanguinetto, um den Befehl über diese Brigade zu übernehmen.

In der Nacht vom 20. auf den 21. versuchte eine feindliche Abtheilung von der Höhe Pompili aus einen Ueberfall zu Wasser mit einigen Nachen an der Umfassung des verschanzten Lagers zwischen der Bastion III und dem Palazzo Te, wurde jedoch von einem Piquet der Peterwardeiner-Grenzer entdeckt, und mit Zuziehung einer Unterstützung aus dem Palazzo Te vertrieben.

### Gefechte bei Spiazzi und Rivoli
#### am 22. Juli.

Wie natürlich mußte der Feldmarschall — er mochte nun seine Offensive vom linken Flügel oder von der Front aus beginnen — die feindlichen Streitkräfte in der Stellung von Rivoli zu beschäftigen und zurückzuhalten trachten. Feldmarschall-Lieutenant Graf Thurn erhielt demgemäß am 19. den Befehl Rivoli anzugreifen. Der Tag des Angriffes war nicht vorgeschrieben, wie es auch nicht leicht geschehen konnte, indem zu einer so schwierigen Operation über das hohe Gebirge, manche Vorbereitungen, vor Allem aber die Concentrirung der Truppen nöthig war. Eben so wenig wurde dem Korps-Kommandanten der eigentliche Zweck dieses Angriffes: Abziehung der feindlichen Kräfte und Deckung des rechten Flügels der offensiv auftretenden Haupt-Armee mitgetheilt. Doch dieser Umstand war nicht gleichgiltig bei Ausführung jenes Angriffes, denn von dem Gesichtspunkte einer isolirten Operation betrachtet, mußte er mit möglichster Raschheit ausgeführt werden, um dem Gegner nicht Zeit zu lassen, sich auf diesem Punkte zu verstärken; als integrirender Theil der durch die ganze Armee auszuführenden Operationen hingegen, hatte das Korps den Feind auf diesem Punkte nur festzuhalten und dadurch zur Verstärkung dieses Flügels durch Schwächung seines Centrums zu veranlassen.

Die zum Angriffe bestimmten disponiblen Truppen bestanden aus:

6 Kompagnien Wiener-Freiwillige,
2 „ 1. Feldjäger-Bataillon,
10 „ E. H. Ludwig-Infanterie,
5 „ Kaiser-Jäger,
4 „ Wellington-Infanterie,
7 „ G. H. Baden-Infanterie,
2 Eslabrons Fürst Liechtenstein-Chevaur-legers,
sechspfündige Fußbatterie Nr. 11,
²/₃ sechspfündige Fußbatterie Nr. 12,
¹/₂ Batterie (aus Vorarlberg),
¹/₂ Raketenbatterie,
Gebirgshaubitzen-Batterie.

Zusammen 34 Kompagnien, 2 Eslabrons, 22 Geschütze (5735 Mann).

Die Position von Rivoli ist gegen Norden nur durch das Defilée von Preabocco und Incanale, dann über den Monte Baldo angreifbar. Die Steinbatterien oder Groara machten die Annäherung beinahe unmöglich, indem sie die auf einem schmalen Weg eingeengte vorrückende Kolonne mit Vernichtung bedrohten. Gesetzt den Fall, man hätte auch dieses Hinderniß überwunden, und vorausgesetzt, unsere Geschütze am Monte Pastello hätten die feindliche Batterie, welche das Defilée von Incanale enfilirt, unschädlich gemacht, so wäre die Kolonne noch immer genöthigt gewesen, im wirksamsten Feuer von Geschützen zu debouchiren, welche eine gedeckte Flankenstellung, außer dem Bereiche jener am Monte Pastello, haben konnten. Der Angriff über den Monte Baldo bietet zwar gleichfalls Schwierigkeiten; doch können sie, wiewohl nur mit den größten Anstrengungen überwunden werden. Schon die große Entfernung, von welcher bei Uebersteigung des Gebirges ausgegangen werden muß, und wozu von Mori bis Rivoli ein guter Fußgänger 10 bis 12 Stunden braucht, macht den Angriff schwierig, da man in diesem ganz unwirthbaren Gebirge die Verpflegung auf zwei Tage mit sich zu tragen gezwungen ist. Die außerordentlich steilen Abhänge, welche auf felsigen Fußwegen erstiegen werden müssen, und auf eine Höhe von wenigstens 4000 Fuß führen, machen es jedoch unerläßlich, den Mann so wenig als möglich zu belasten, um seine Kräfte nicht schon vor Erreichung des Feindes zu erschöpfen. Bei der Wichtigkeit, denselben mit dem Angriff zu überraschen, damit er nicht Zeit habe sich zu verstärken, wodurch diese schon von Natur sehr starke Stellung geradezu unüberwindlich würde, wird aber die Mitschaffung der Verpflegung besonders schwierig. Ferner ist zu berücksichtigen, daß dem Angriffe auf Rivoli jener auf die gleichfalls sehr starke Stellung bei Spiazzi (Madonna della Corona) noch voranzugehen habe. Das Debouchiren im Thale schien also beinahe unmöglich; der Angriff über den Monte Baldo hingegen mit großen aber nicht unüberwindlichen Schwierigkeiten verbunden. Feldmarschall-Lieutenant Graf Thurn wählte deßhalb den letzteren.

Der Vormarsch erfolgte in 2 Kolonnen. Die Hauptkolonne (3884 Mann) unter Thurn's persönlicher Leitung bestand aus 4 Komp. Wellington, 6 Komp. G. H. Baden, 2 Komp. 1. Feld-Jäger-Bataillon, 1 Komp. Wiener-Freiwillige und ½ Raketen-Batterie Nr. 6, sie stand unter dem Kommando des Oberst Baron Zobel und war angewiesen am 21. Mittags von Avio über Madonna della Neve nach Acque negre*) zu marschiren; die andere Kolonne, aus 6 Komp. E. H. Ludwig, 1 Komp. G. H. Baden, 1 Komp. Kaiser-Jäger, 2 Komp. Wiener-Freiwillige und ¼ Raketen-Batterie Nr. 6, der Gebirgshaubitzen-Batterie, dem größten Theile der Rentscher- und 50 Mann Grieser-Landesschützen gebildet, hatte unter Oberstlieutenant Hohenbruck von Brentonico über S. Giacomo, S. Valentino, le Scalette, dem kleinen Plateau Spini, Pra auf dem höchsten Saumweg des Monte Baldo nach Campione und Acque negre zu rücken. Die Reben-Kolonne (1338 Mann) unter Feldmarschall-Lieutenant Graf Lichnowsky und General-Major Mátiß bestand aus 4 Komp. E. H. Ludwig, 4 Komp. Kaiser-Jäger, 1½ Eskr. Liechtenstein-Chevaux-legers, ¼ Raketen-Batterie Nr. 1, 4 Gesch. der Fuß-batterien Nr. 12 und ½ Fußbatterie aus Vorarlberg.

Am linken Ufer blieben zur Sicherung des Thales 3 Komp. Wiener-Freiwillige, 1 Flügel Liechtenstein-Chevaux-legers und die Batterie Nr. 11; endlich in Roveredo unter Kommando des Rittmeisters Bluchovsky, als Garnison 2 Komp. G. H. Baden (meist Rekruten) und 1 Eskadron Liechtenstein-Chevaux-legers.

---

*) Eine so benannte Alpen-Einsattlung auf der östlichen Lehne des Monte Baldo.

Um die Truppenzahl dem Feinde größer erscheinen zu machen, hatte das Korps die Formation zu 2 Gliedern angenommen.

Der Angriff auf Spiazzi erfolgte in 3 Kolonnen und zwar bestand die rechte Flügel-Kolonne unter Kommando des Majors Nissel aus 2 Komp. des 1. Feld-Jäger-Bataillons, 3 Komp. Wiener-Freiwillige, 4 Komp. Wellington, der Raketen-Batterie Nr. 6, und den Rentscher-Schützen; die mittlere Kolonne unter Oberstlieutenant Hohenbruck aus 1 Komp. G. H. Baden, 6 Komp. E. H. Ludwig, ¼ Gebirgshaubitzen-Batterie und den Grieser-Schützen; endlich die linke Flügel-Kolonne unter Oberst Zobel aus 1 Komp. Kaiser-Jäger, 6 Komp. G. H. Baden und ½ Gebirgshaubitzen-Batterie. Die Vorrückung geschah in Staffeln vom rechten Flügel nach vorwärts, wobei die rechte Flügel-Kolonne angewiesen war, längs der höchsten gangbaren Lehne vorzugehen; die Mittel-Kolonne hatte den Saumweg über Novezza, Campedello auf das Plateau Valfredda zu benützen; die linke Flügel-Kolonne folgte als letzter Staffel und Reserve der mittleren nach.

Um halb drei Uhr früh wurde aus dem Lager aufgebrochen — bis Novezzana mußte in einer Reihen-Kolonne marschirt werden — um fünf Uhr ward man des Feindes in der Stärke von 800 bis 1000 Mann nebst mehreren Gebirgskanonen ansichtig, er hatte die Höhen von Piagne und Castelletti (südlich von Ferrara) besetzt und seine Hauptkräfte auf der Straße bei Fraine concentrirt. Seine Stellung war sehr fest: am Rande steiler Lehnen hatte sie das tiefe Bratta-Thal mit dem im Kessel liegenden Dorfe Ferrara vor der Front, durch welchen Ort die Fahrstraße in Windungen auf die Höhe führt; der rechte Flügel der Position reicht an die Abfälle gegen die Etsch; der linke endigt an unersteigbaren Felsenwänden. Der Feind war jedoch zu schwach, um den ganzen ausgedehnten Höhenrücken hinreichend zu besetzen, auch hatte er unterlassen den äußersten gegen seinen linken Flügel führenden Saumweg zu zerstören. Aber gerade dieß war der Punkt, gegen welchen Thurn den Angriff führte, weil durch Gewinnung der Höhen von Bal-Frebba die ganze feindliche Stellung aufgerollt werden konnte.

Um halb sieben Uhr ward Campedello erreicht. Als hierauf die rechte Flügel-Kolonne den tiefen Thaleinschnitt Bal Bratta durchschritt, wurde sie aus einer Gebirgskanone beschossen, gegen welche man einige Raketen

und eine Haubiße vortheilhaft placiren konnte. Nun erstieg die Tête dieser
Kolonne (2 Komp. des 1. Feld-Jäger-Bataillons und 3 Komp. Wiener-
Freiwillige) unter einem heftigen Feuer die jenseitige hohe und steile
Gebirgslehne, stürmte von dem Bataillon Wellington en reserve gefolgt,
zweimal mit vieler Bravour den höchsten Rand derselben und warf den
Gegner über die Höhe hinab, noch ehe Verstärkungen dahin gelangen
konnten. Die Mittel-Kolonne folgte hierauf der rechten, die linke rückte
auf dem nunmehr frei gewordenen Wege von Piagne vor. Der Feind,
hiedurch in die Flanke genommen und im Rücken bedroht, zog sich eiligst
auf der Straße von Ferrara über Spiazzi, durch die Höhen von Fraine
gedeckt, bis Rivoli zurück, ohne mehr irgendwo einen Widerstand zu
leisten.

Die erschöpften Truppen machten nun auf den erkämpften Höhen
eine halbe Stunde Rast und rückten dann über die Häusergruppe Ravezzar
in die Stellung von Spiazzi. Eine Cotopirungs-Kolonne (die 2. Komp.
des 1. Feld-Jäger-Bataillons und 1 Komp. Wiener-Freiwillige) wurde
rechts auf dem Saumweg von Basiana über Bodenego gegen Bilvezzano,
und eine andere Seiten-Kolonne vom linken Flügel (1 Komp. Baden,
1 Komp. Wiener-Freiwillige, 1. Komp. Jäger) über Spiazzi auf dem
schmalen Felsenrücken von S. Marco entsendet, um nach Wegnahme der
den Weg im Etschthale beherrschenden Stein-Batterien auf dem Rücken
gegen die Dogana vorzudringen und zugleich die im Etsch-Thale vorrückende
Neben-Kolonne von der Ankunft des Gros zu avisiren, hauptsächlich aber,
um beim Debouchiren derselben aus dem Defilée von Incanale mitzuwirken.

Das Gros setzte den Marsch von Spiazzi auf der chaussirten Straße
fort, und stieg, nachdem es wieder die erste Seiten-Kolonne aufgenommen
hatte, sofort über die steilen Abfälle herab, welche bei Pazzone in der
Fläche auslaufen. S. Martino ward passirt und die ersten bewaldeten
Höhengürtel zunächst der Häuser La Presa, welche das Plateau von Rivoli
in einem Halbkreise umschließen, wurden unbeanständet gegen drei Uhr
Nachmittags erreicht.

Das Vorschreiten der in der linken Flanke längs den in das Etsch-
Thal abfallenden Höhen stattgehabten Entsendung gab die Gewißheit,
daß die Steinbatterien der im Thale vorrückenden Kolonne kein weiteres

Hinderniß entgegensetzen konnten. Auch hatte der sehr hörbar gewordene Donner des auf dem Monte Pastello aufgestellten Achtzehnpfünders und der siebenpfündigen Haubitze, wozu noch in der Nacht von 21. auf den 23. eine Raketenbatterie von 6 Geschützen und eine Feldhaubitze gekommen waren, die frohe Hoffnung erregt, daß dieses Feuer das Defilée von Incanale der Neben-Kolonne öffnen werde. Hauptmann Mollinary des General-Quartiermeisterstabes, welcher früher den Bau jener Batterien dirigirt hatte, leitete auch an diesem Tage ihr erfolgreiches Feuer. Er ließ schon am 22. um fünf Uhr früh — als die Haupt-Kolonne des 3. Armee-Korps auf der Lehne des Monte Baldo vorrückte und die feindliche Stellung bei Madonna della Corona angriff — aus der Achtzehnpfünder-Batterie das Feuer auf die am rechten Ufer beim Monumente errichtete Schanze beginnen und dasselbe mäßig fortführen, um die feindliche Besatzung in selber, so wie die Truppen auf dem Plateau von Rivoli zu beunruhigen, aber dennoch festzuhalten. Die Raketenbatterie hielt er bis gegen zehn Uhr maskirt und ließ das Feuer aus selber erst beginnen, als die Haupt-Kolonne auf dem Monte Baldo siegreich so weit vorgedrungen war, daß die feindlichen Steinbatterien oberhalb Groara in unsere Hände fielen und somit die Neben-Kolonne das Defilée von Groara passiren und ungefähr um drei Uhr Nachmittags über Incanale gegen das Plateau vordringen konnte.

Kehren wir wieder zur Haupt-Kolonne zurück. Im Verhältniß als diese aus der Alpenregion des Monte Baldo in die Ebene herabstieg, nahm die Temperatur rasch zu und steigerte sich endlich bis zu einer gewitterschwülen, beinahe erstickenden italienischen Sommerhitze. Die bereits zwei Tage andauernden Anstrengungen und diese plötzliche Temperaturs-Veränderung wirkten im höchsten Grade ermattend auf die Truppe, welche nur schwer durch ihre moralische Kraft der physischen Abspannung zu widerstehen vermochte. Die mitgenommenen Kesselpferde mit den Kochgeschirren und die mit den Lebensmitteln bepackten Maulthiere konnten dem mit Gefechten verbundenen raschen Marsche nicht gleichzeitig nachfolgen.

Die Nothwendigkeit jedoch, die Position von Rivoli noch vor dem Eintreffen von Verstärkungen anzugreifen, gebot die Vermeidung jedes längeren Aufenthaltes. Denn nur bei einem Angriff mit überlegener Stärke und mit Benützung des moralischen Eindrucks, welchen die Ueberwältigung

der Stellung von Spiazzi hervorgebracht haben mochte, war mit Zuversicht auf einen glücklichen Erfolg zu hoffen.

Die Disposition zur Vorrückung gegen diese Stellung war: 2 Komp.
Jäger und 1 Komp. Wiener-Freiwillige wurden links detachirt, um die
Verbindung mit der im Etsch-Thale vorrückenden Kolonne herzustellen,
was sie auch durch die Vorrückung bis an die Defilée-Straße erreichten;
rechts der Chaussée rückten 3 Komp. Wellington vor, à cheval der
Chaussée im Centrum 6 Komp. Ludwig, die Raketen und Gebirgshau-
bißen, endlich als Reserve und zur Sicherung gegen eine Tournirung
von Cerebello blieb auf dem ersten bewaldeten Höhengürtel die linke
Flügel-Kolonne (1 Komp. Jäger und 6 Komp. Baden).

In dieser Verfassung geschah der Vormarsch bis auf die niedere Hü-
gelreihe von Le Zuane.

Hier sollte die Truppe, geschützt durch die erwähnten Hügel, ausruhen und neue Kräfte sammeln. Entscheidend hätten wohl die Geschütze
gewirkt, aber man konnte sie nicht placiren, denn der Gegner hatte, wie
vorauszusetzen war, 2 Kanonen in seiner rechten Flanke gedeckt aufgestellt,
welche vor jedem Angriff sicher, das Debouchiren schwierig machten.

In der Frontlinie hatte der Feind gegen 3000 Mann entwickelt und
4 bis 6 Geschütze in Thätigkeit, welchen zwar mit den Raketen geantwor-
tet wurde, deren Feuer jedoch bald eingestellt werden mußte, indem sie die
Portée nicht erreichten.

Der Feind, jede unserer Bewegungen einsehend, und durch die von
Affi heraurückenden Verstärkungen ermuthigt, ging nun selbst in die Offensive
über. Er versuchte einen Sturm-Angriff auf die an der Straße stehenden
Abtheilungen des Bataillons Wellington, wurde aber durch das Feuer
derselben zurückgewiesen, wobei sich Hauptmann Koppi, ablatus des
Korps-Adjutanten rühmlich hervorthat. Kurz darauf bemerkte man eine
Umgehung längs der Hügelkette von Pozzolo in der Richtung gegen Le
Zuane, wodurch sich die überlegene Stärke des Feindes — wenigstens 5000
Mann — deutlich kund gab.

In diesem Augenblicke einen Frontalangriff zu wagen, erschien wegen
der vortheilhaft aufgestellten feindlichen Geschütze durchaus nicht räthlich,
und jedenfalls wäre das Centrum ohne Mitwirkung der Reserve hierzu zu
schwach gewesen. Die Vorrückung der gesammten Truppe mit Aufgebung

der vortheilhaften Aufstellung auf dem Höhengürtel würde durch gänzliche Bloßstellung der Flanke, wenn die Sprengung des feindlichen Centrums mißlungen, wohl Alles aufs Spiel gesetzt haben. Ueberhaupt war aber hiezu die Stellung des Feindes durch Natur und Kunst zu stark, denn er stand auf einem zwei Klafter hohen steilen Rideau, und hatte diese Linien durch Aufwürfe und Schußscharten-Batterien noch mehr befestigt.

Feldmarschall-Lieutenant Graf T h u r n beabsichtigte daher mit einem Theile seiner Truppen der Umgehung entgegen zu gehen, in der Voraus-setzung, daß die Kolonne aus dem Etsch-Thale mittlerweile debouchiren werde. Es war gegen fünf Uhr. Die Truppe war aber, wie schon er-wähnt, bereits im höchsten Grade ermattet, die drückendste Hitze und der Mangel erfrischenden Wassers vermehrten ihre Erschöpfung dermaßen, daß Offiziere und Mannschaft in großer Zahl hinsanken. Unter solchen Um-ständen mußte der Korps-Kommandant seine Absicht aufgeben; es blieb ihm wohl nichts übrig, als die vorgeschobene Truppe hinter die Reserve (linke Flügel-Kolonne) zurückzuziehen.

Der Feind machte sodann gegen sechs Uhr eine zweite Umgehung von Ceredello aus gegen die waldigen Höhenrücken, wo die Reserve stand; wurde aber von derselben aufs Tapferste zurückgeschlagen, wobei Hauptmann I n-n e r h o f e r vom General-Quartiermeisterstabe, viel Umsicht und Energie entwickelte. Noch um halb neun Uhr rückte Major M a r o i č i ć des General-Quartiermeisterstabes, ungeachtet der großen Erschöpfung und der feindlichen Ueberzahl mit einer Kompagnie Baden unter Hauptmann Alle-m a n n, 1 Komp. Wiener-Freiwillige unter Hauptmann P e l i k a n und 1 Komp. Ludwig unter Hauptmann A l b e r t, welche sich freiwillig dazu erboten hatten, von S. Martino auf der Chaussée über die waldigen Höhen vor, und machte an der Spitze dieser Abtheilungen einen gelun-genen Angriff

Die Neben-Kolonne unter Feldmarschall-Lieutenant L i c h n o w s k y war um ein Uhr Nachmittags von Preabocco und Rivalta aufgebrochen. Sie hatte das tiefer liegende Plateau des Monuments, welches zwar ver-schanzt war, vom Feinde aber hauptsächlich der vortrefflichen Wirkung der auf dem Monte Pastello aufgestellten Geschütze wegen verlassen wurde, er-stiegen. Die Tête dieser Kolonne kam aber erst um vier Uhr — gleichzeitig mit des Feindes Verstärkungen — aus dem Defilée heraus; die Jäger gingen durch das zerrissene Terrain gegen Rivoli vor, 4 Geschütze der Batterie Nr. 12 fuhren auf der Straße auf und beschossen, jedoch mit geringem Erfolge die feindlichen in der Verschanzung von Rivoli. Da aber mittlerweile der Feind die Umgehung des rechten Flügels der Haupt-Kolonne ausgeführt, und Thurn deren vorderes Treffen zurückgezogen hatte, so setzte Feldmarschall-Lieutenant Graf Lichnowsky die Vorrückung auf der Straße von Le Zuane nicht weiter fort, sondern ging wieder nach Incanale zurück. Diese Kolonne hatte den Verlust des General-Majors von Mátis und des Hauptmanns Baron Pirquet von Kaiser-Jäger, zu betrauern, welche beide an der Spitze der vom Etsch-Thale heraufdringenden Kolonne — nicht ferne von dem zerstörten Monumente Napoleons — den Heldentod fanden.

Das dringende Bedürfniß der Verpflegung veranlaßte Feldmarschall-Lieutenant Thurn das Gros bei Pazzone, einem etwas größeren Orte, zusammenzuziehen, wo die Truppe um zehn Uhr Abends folgende Aufstellung einnahm:

Auf Vorposten in und um S. Martino: 1 Komp. Kaiser-Jäger, 1 Komp. Baden, 1 Komp. Wiener-Freiwillige; vor Pazzone: 6 Komp. Ludwig, 2 Komp. Wellington, 2 Komp. Wiener-Freiwillige, 1 Komp. Baden und 1 Raketen-Batterie; hinter Pazzone: 2 Komp. vom 1. Feldjäger-Bataillon, 2 Kompagn. Wellington, 6 Kompagn. Baden und die Gebirgshaubitzen-Batterie,

Der Verlust, welchen das 3. Armee-Korps bei diesem Unternehmen erlitt, bestand: an Todten 1 General, 2 Offiziere und 20 Mann; an Verwundeten 5 Offiziere und 148 Mann; an Vermißten 33 Mann.

Die Anstrengungen, die der Feind gemacht hatte, der dabei erlittene Gegenstoß, dann die Heftigkeit unseres vorhergegangenen Angriffes auf Spiazzi, endlich die absichtlich stattgehabte möglichste Entwicklung unserer Truppen, ließen ihn unsere Stärke weit überschätzen*). Ohne Zweifel besorgt am nächsten Tage einem wiederholten Angriffe nicht widerstehen zu können, verließen die Piemontesen noch im Laufe der Nacht die Position, und zogen sich eiligst theils nach Peschiera, theils an den Garda-See, wo die Truppen ohne Aufenthalt auf Schiffen sogar bis Desenzano geführt wurden.

_____

*) Die damaligen piemontesischen Relationen geben sie auf 20.000 Mann an.

Am 23. Morgens erhielt das Korps die ihm vom Feldmarschall noch in der Nacht aus Verona gegebene Nachricht der an diesem Tage beginnen-den Offensive. In Folge dessen brach dasselbe gegen Mittag aus seinen Stationen auf, und rückte um acht Uhr Abends vereint in Rivoli ein. Gänzlicher Mangel an Verpflegung in dieser unwirthbaren, ausgesogenen Gegend machte jedoch selbe der Truppe dergestalt schwierig, daß sie erst gegen Mittag des 24. aus letzterem Orte abrücken, somit erst nach zehn Uhr Nachts bei Castelnovo in der Nähe des 2. Armee-Korps eintreffen und dieß dem Feldmarschall melden konnte, welcher, wie wir sehen werden, an diesem Tage schon ganz in der Nähe dieses Ortes (im Palazzo Alzarea) sein Hauptquartier aufgeschlagen hatte.

Dies waren die Ereignisse, welche bei dem 3. Armee-Korps auf dem äußersten rechten Flügel der Armee nach ihrer fünfwöchentlichen Waffenruhe stattfanden.

### Gefechte bei Sona, Sommacampagna und Sta. Giustina
#### am 23. Juli.

In Verona stand die Armee, nachdem die Korps, der Disposition gemäß um acht Uhr Abends abgekocht hatten, in der Nacht vom 22. auf den 23. zum großen entscheidenden Schlage bereit. Sie bestand unter Ra-detzky's persönlichem Befehle aus 3 Armee-Korps, welche nachstehend vertheilt, ihre Offensiv-Bewegungen begannen.

#### Rechter Flügel.
#### 2. Armee-Korps. — FML. Baron D'Aspre.
Rechte Kolonne: — FML. Gr. Schaffgotsche.
Brigade GM. Fürst Schwarzenberg (verstärkt durch das Regiment Fürstenwärther),
„ GM. Gr. Schaffgotsche,
rückt gegen Sta. Giustina di Palazzolo vor mit Beobachtung des ganzen Terrains bis zur Etsch; sie hat den Feind durch einen Scheinangriff auf den linken Flügel seiner Stellung, über den eigentlichen Hauptangriff zu täuschen und irre zu machen.

Dieser Scheinangriff — wenn auch mit wenigen Kräften unternom-men — gewann viele Wahrscheinlichkeit, da er durch eine verhältnißmäßige

Geschützkraft unterstützt und in einem durch Bäume gedeckten Terrain ausgeführt wurde, in welchem die Truppe während ihres Vormarsches bis an den Fuß der feindlichen Stellung verborgen, mithin ihre Stärke nicht zu übersehen war.

Linke Kolonne: — FML. Gr. Wimpffen.

Brigade GM. Fürst Friedrich Liechtenstein,

„ Oberst Kerpan,

„ GM. Gr. Ghulai

rückt von S. Massimo über Lugagnan gegen Mancalacqua, um nach Umständen auf Sona selbst oder auf die Einsattlung zwischen diesem Orte und Sommacampagna vorzubringen, dann die Richtung auf S. Giorgio in Salice zu nehmen.

### Linker Flügel.

#### 1. Armee-Korps. — FML. Graf Wratislaw.

Rechte Kolonne: — GM. von Wohlgemuth.

Brigade GM. Wohlgemuth,

„ GM. von Suplikaß,

„ GM. Gr. Straffoldo

rückt in enger Verbindung mit dem 2. Armee-Korps auf der Straße von Sta. Lucia nach Sommacampagna vor; sie hat diesen Ort, dann die Höhen von Berettara und Casa nuova oberhalb dieses Ortes zu nehmen, und hierauf wo möglich über Guastalla nach S. Rocco di Palazzolo vorzubringen und mit den Vortruppen in der Richtung gegen Oliosi die Ufer des Tione zu erreichen.

Linke Kolonne: — FML. Fürst Karl Schwarzenberg.

Brigade GM. Gr. Clam

über Calzoni, Accademia und Ganfardine zur Deckung der linken Flanke des 1. Armee-Korps; sie hat die Höhen von Custozza zu gewinnen;

dann (von der Brigade E. H. Ernst) eine Infanterie-Abtheilung nebst 4 Eskadrons

über Dossobuono gegen Villafranca zur Beobachtung des letzteren befestigten Ortes.

Reserve.

Reserve-Korps. — FML. Wocher.

Brigade GM. E. H. Sigmund, )
„ GM. Maurer, } FML. Gr. Haller.
„ Oberst Harabauer, )

Kavallerie-Brigade GM. E. H. Ernst unter FML. Fürst Taxis, dann die Reserve-Batterien rückt von S. Massimo auf der Straße über Cartolari, Casone gegen Ferraja und Rasola als Unterstützung für beide Armee-Korps vor.

Aus der hier angeführten Disposition leuchtet der bestimmte Zweck hervor: das Centrum der feindlichen Aufstellung — mehr gegen ihren rechten Flügel — mit der Hauptkraft zu durchbrechen und zu sprengen und sich zugleich mittelst des Marsches der Brigade Clam der äußersten Gebirgsabfälle bei Custozza zu bemeistern, auf unserem rechten Flügel aber die Kräfte des Feindes durch einen Scheinangriff — somit durch eine offensive Defensive — dergestalt festzuhalten, daß selbe ihrer bedrängten Mitte nicht zu Hilfe kommen konnten.

Vor dem Beginne dieser Offensiv-Operation mußte wohl der Feldmarschall Verona's — dieses so wichtigen, nun im Rücken der Armee gelegenen Platzes mit 70.000 von schlechtem Geiste beseelten Einwohnern vollkommen versichert sein. Diese Sicherheit konnte er jedoch nicht durch Zurücklassung eines Armeekorps erkaufen. Er suchte sie, wo sie zu finden war — in der Person eines tüchtigen Kommandanten. Radetzky hatte den rechten Mann gefunden, indem er den Feldmarschall-Lieutenant Baron Haynau, in richtiger Würdigung seiner Energie und Tapferkeit, zum Militär-Kommandanten in Verona ernannte.

Der allgemeine Vormarsch war um ein Uhr nach Mitternacht festgesetzt. Bereits waren die Avantgarde-Brigaden Liechtenstein und Wohlgemuth der beiden Armee-Korps — erstere vor Lugagnan, letztere in Caselle d'Erbe eingetroffen, als plötzlich eines jener Wetter losbrach, wie sie nur tropischen Klimaten eigen zu sein pflegen. Die Erde erbebte unter den erschütternden Donnerschlägen, die Finsterniß der Nacht gestattete nicht mehr Vor- und Nebenmann zu erkennen; nur flammende, die Augen blendende Blitze erhellten noch die Gegend auf Augenblicke. Alle Wege verwandelten sich in Gießbäche. Die Truppen mußten dort Halt machen, wo sie eben standen und das Unwetter über sich austoben lassen. Aber weder ihre Kampflust noch ihre gute Laune ward dadurch gestört. Endlich hatte das Element ausgetobt, das Wasser begann sich ein wenig zu verlaufen; die mit ihren Massen gegen das Centrum der feindlichen Stellung agirenden Armee-Korps setzten sich in Bewegung. Allmälig zerstreuten sich die Nebel und die italienische Sonne brach mit gewohntem Glanz und Wärme durch die Wolken, ihre wohlthätigen Strahlen trockneten die durchnäßten Kleider und wirkten nach einer Nacht, die das jüngste Gericht zu verkünden schien, erheiternd auf das Gemüth so manch blühenden Jünglings, der noch einmal Gottes schöne Sonne sehen sollte, um ihr bald sein Auge für immer zu schließen.

Der Wichtigkeit der verschiedenen Punkte des Schlachtfeldes gemäß, werden wir zuerst die Bewegungen der beiden Haupt-Korps gegen das Centrum des Feindes, dann jene der gegen Custozza dirigirten Brigade Clam, endlich jene des Scheinangriffs auf dem rechten Flügel, der jedoch durch die Tapferkeit der Truppen sehr bald aus einem Schein- ein wirklicher Angriff wurde, unseren Lesern vorführen, vorerst aber noch einen Blick auf unseren Gegner in seiner Stellung zwischen Sommacampagna und Sta. Giustina werfen.

Ueber dessen Stärke hatte man im österreichischen Hauptquartier gar keine richtigen Daten, man hielt sie weit größer, als sie sich später zeigte. General-Lieutenant de Sonnaz, welcher diese ganze Linie bis nach Rivoli hinauf befehligte, hielt nur mit einem Theile des 2. Armee-Korps diese von Natur schon günstige und seit längerer Zeit durch Verschanzungen verstärkte Stellung. Im Verhältniß zu deren Ausdehnung war jedoch die ihm zu Gebote stehende Truppenzahl nicht ausreichend. Von seinen vier Brigaden war jene, welche bei Rivoli gegen Thurn gefochten hatte, in der Nacht theils über den See, theils durch Peschiera aufs rechte Mincio-Ufer zurückgegangen und eine Brigade war zur Rechtsziehung gegen Mantua abgegeben worden. Es blieben ihm also auf der bezeichneten Schlachtlinie nicht mehr als 12 bis 14.000 Mann zur Verfügung, wogegen die operirende Armee des Feldmarschalls 40.000 Mann zählte. Allerdings hatten die Piemontesen, wie schon erwähnt, eine sehr starke Position, wenn sie auch keineswegs so befestigt war, wie es die Kunst vorschreibt und wie man es erwartet hatte.

Der rechte Flügel (2. Armee-Korps) rückte mit den Brigaden Liech-tenstein, Gyulai (wegen Erkrankung des Generals, vom Oberst Graf Pergen von Haugwitz-Infanterie, kommandirt) und Kerpan in einer Kolonne bis Mancalacqua vor. Hier theilte sich die Kolonne: die Brigade Gyulai wendete sich in 2 Kolonnen gegen Sona, die Brigade Liechtenstein gegen die niedere Einsattlung zwischen Sona und Madonna del Monte, die Brigade Kerpan folgte als Reserve nach.

Als die Brigade Gyulai bei Ca la Zina eingetroffen war, formirte sie 2 Angriffs-Kolonnen, wovon die linke unter dem Befehle des Oberst-lieutenants Odelga von E. H. Ernst-Infanterie, bestehend aus 2 Kom-pagnien Warasdiner St. Georger-Grenzer, dem 1. Bataillon E. H. Ernst-Infanterie, 3 Geschützen, einer Abtheilung Pioniere und einer kleinen Abtheilung Uhlanen, die Bestimmung hatte, die südlich von Sona gelegene Höhe zu erstürmen und eine Umgehung durch die Schlucht zwischen Madonna del Monte und obiger Höhe zu vollführen; während die rechte Angriffs-Kolonne, welche Major Desimon von E. H. Ernst-Infanterie, befehligte und aus dem 11. Feldjäger-Bataillon, dem 2. Bataillon E. H. Ernst-Infanterie, 3 Geschützen, einer Abtheilung Pioniere und einer kleinen Abtheilung Uhlanen bestand, angewiesen war, Sona in der Front anzugreifen. Als Reserve folgten, durch die Kultur gedeckt, unter Kommando des Rittmeisters Asbahs 4 Kompagnien Warasdiner St. Georger und der Rest der Oberst 2. Eskadron von Kaiser-Uhlanen nach.

Um halb sieben Uhr begann die Vorrückung, welche, nachdem die feindlichen Plänkler durch die Division Warasdiner unter Hauptmann Drenovacz in Gemeinschaft mit der 4. und 5. Division E. H. Ernst zum Weichen gebracht waren, trotz der äußerst beschwerlich zu erklimmen-den Höhen und unter ununterbrochenem feindlichen Artilleriefeuer mit seltener Beharrlichkeit und Ausdauer fortgesetzt wurde. Eben so erstürmte von der linken Kolonne das 11. Jäger-Bataillon Ca Fusara, formirte sich hinter diesem Hofe abermals in Sturmkolonne, nahm im Verein mit einer Kompagnie E. H. Ernst-Infanterie Ca Rainera, drang endlich auf dem durch Geschütze und zahlreiche Schützen vertheidigten Bergabhang, ungeachtet seines schwachen Standes von 74 Rotten, mit dem tapfern Bataillons-Kommandanten Major Bauer an der Spitze, vor und zwang den Feind nach Erstürmung des Friedhofes, zum gänzlichen Rückzuge nach

Sona. Eine halbe Stunde nach Erstürmung dieses südlichen Theiles der Position war auch der Ort mit Sturm genommen. Das 9. Jäger-Bataillon hatte sich freiwillig diesem Sturm angeschlossen, eben so konnte das Regiment Kinsky, obwohl es zur Brigade Kerpan gehörte, nicht abgehalten werden, an diesem Angriffe Theil zu nehmen. Der Widerstand war hartnäckig, allein nichts konnte diese braven Truppen aufhalten. Das Regiment E. H. Ernst lief gegen eine crenelirte Mauer Sturm und riß dem Feinde die Gewehre bei den Bajonneten aus den Schußlöchern, um durch selbe gegen ihn feuern zu können, wie denn sämmtliche Abtheilungen und namentlich ihre Kommandanten und Offiziere eine so außerordentliche Tapferkeit und Entschlossenheit bewiesen und so freudig dem sie eben so muthvoll als mit Umsicht führenden Interims-Brigadier Oberst Graf P e r g e n folgten, daß man des sicheren Erfolges schon im Voraus gewiß sein konnte.

Nach der Wegnahme von Sona verfolgten Abtheilungen vom 11. Jäger-Bataillon und Kinsky-Infanterie den fliehenden Feind in der Richtung nach Osteria del Bosco. Um ihn nicht aus dem Auge zu verlieren, wurde das 1. Bataillon Kinsky vor die gleichzeitig vordringende Brigade Schwarzenberg geschoben, es folgte dem Feinde im angestrengtesten Laufe und bald war es den Blicken der nachrückenden Truppen entschwunden. Als es am Monte Gu einige Augenblicke in der Verfolgung einhielt, um frische Kräfte zu sammeln, ereignete es sich, daß ihm von der eigenen Brigade eine Schleichpatrouille nachgeschickt wurde, welche sich sofort dem Bataillon zur weiteren Verfolgung des Feindes anschloß.

Um dieselbe Zeit, als die Brigade Gyulai bei Mancalacqua sich gegen Sona gewendet hatte, rückte auch die Brigade Fürst Friedrich Liechtenstein von der Division des Feldmarschall-Lieutenants Grafen W i m p f f e n, dessen 2. Brigade (Kerpan) en reserve stand, zum Angriff gegen die Höhe von Madonna del Monte vor. Sie theilte sich ebenfalls in 2 Kolonnen, wovon die rechte aus dem 9. Feldjäger-Bataillon, dem 2. Bataillon E. H. Franz Carl-Infanterie, einer Eskadron der Oberst-Division von Reuß-Husaren und 4 Geschützen der Kavallerie-Batterie Nr. 2; die linke (auf 3 bis 400 Schritte von der ersteren entfernt) aus dem 2. Bataillon Kaiser-Jäger, dem 1. Bataillon E. H. Franz Carl, der andern Eskadron der Oberst-Division von Reuß-Husaren, 2 Kavallerie-Geschützen und einer halben Pionier-Kompagnie bestand. Die erste

Kolonne nahm ihre Richtung gegen die Einsattlung des Montebello und der Madonna del Monte, die letztere aber gegen die Häuser Zemine, dann sich rechts wendend gegen die Kirche Madonna del Monte.

Anfänglich schien diese Höhe nicht besetzt, sondern blos leicht beobachtet; beim Vorrücken der Jäger-Plänkler entwickelte sich jedoch ein zwar nur kurzes aber sehr lebhaftes Feuer, und im ununterbrochenen Vorrücken gelang es den braven Jägern des 9. Bataillons den durch die Kultur gedeckten Feind zu vertreiben und die Höhen im ersten Anlauf zu nehmen. Die beiden Unterstützungs-Bataillone von E. H. Franz Carl rückten rasch nach, jenes bei der linken-Kolonne besetzte mit einer Abtheilung die Häuser Zemine, jenes der rechten wurde gegen die Höhen herangezogen und die Geschütze auf dem Rücken rechts der Kirche aufgeführt, um ihr Feuer gegen die am Rande des Montebello errichtete feindliche Batterie zu richten. Sie kamen jedoch nicht zum Schusse; denn schon drangen die Jäger des 9. Bataillons in die Schlucht und gegen die Höhen des Montebello vor.

Im Sturmschritte unter dem aufmunternden Zurufe der Kameraden von Kaiser-Jäger drangen diese Tapfern die äußerst steilen Höhen hinan gegen die auf sie ausfallende Besatzung, nahmen die Verschanzung und behaupteten sich in derselben bis zu einem erneuerten Angriffe des Regiments E. H. Ernst von der Brigade Gyulai. Hier müssen wir eines Faktums erwähnen, welches der die Verschanzung vertheidigenden piemontesischen Abtheilung gerade nicht zur Ehre gereicht. Als nämlich Oberlieutenant Größing des 9. Jäger-Bataillons, in die Verschanzung drang, streckte die Besatzung (etwa 150 Mann) das Gewehr. Bald hierauf rückte eine Abtheilung gegen das kleine Häuflein der Unserigen vor; dies sehend, griffen die Gefangenen wieder zu den nur von einer Schildwache bewachten in Pyramiden gesetzten Gewehren und ein feindlicher Offizier, dem auf sein Ehrenwort der Degen belassen wurde, ermordete den ritterlichen Größing. In diesem Augenblicke erfaßte, von Wuth entbrannt, Lieutenant Schuler den hier befehligenden General Menthon de l'Aviernoz bei der Brust und hielt ihn als Gefangenen fest.

Die Höhe des Montebello ward endlich vollends von dem tapfern Jäger-Bataillon erstiegen und genommen; der Feind flüchtete gegen Sona, in welcher Richtung schon während des Sturmes eine Kompagnie Kaiser-Jäger und ein Bataillon Franz Carl dirigirt worden waren, um ihn im

Rücken zu fassen. In der linken Flanke der Brigade, wo bei Sommacampagna das Feuer selbst nach Wegnahme des Montebello noch sehr heftig
und anhaltend war, fuhren nun die beiden Haubitzen der Brigade-Batterie
unweit Ca Pierino auf und bewarfen das vom Feinde noch hartnäckig vertheidigte Sommacampagna.

. Nachdem um diese Zeit auch die Brigade Gyulai, sowie gleichzeitig von
Osteria del Bosco die Brigade Schwarzenberg (wie wir später erwähnen werden) im Vorrücken gegen Castelnovo begriffen war, rückte die Brigade Liechtenstein in 2 Kolonnen, von welchen eine aus dem 2. Bataillon Kaiser-Jäger,
dem 9. Feldjäger-Bataillon, und dem 2. Bataillon E. H. Franz Carl nebst
dem größeren Theile der Kavallerie bestand, über Casetta und Giacomona
gegen S. Giorgio in Salice, während die andere Kolonne aus dem 1.
Bataillon Franz Carl, der Batterie und einer Abtheilung Kavallerie gebildet, über Coramar und Prognolo bis zu dem von Giacomona nach Ca
nuova führenden Weg marschirte. Hier vereinigten sich beide Kolonnen.

S. Giorgio in Salice war vom Feinde besetzt, 2 Kompagnien von
Franz Carl griffen es an, 2 Kompagnien desselben Regiments mit einem
Zug Reuß-Hußaren folgten als Reserve; während gleichzeitig eine Division
Kaiser-Jäger zur Umgehung dieses Ortes über Monte Banello beordert
wurde. Die (nach der Aussage der gefangenen Offiziere gegen 1200 Mann
starke) Besatzung von S. Giorgio suchte sich mit einem Theile in den Häusern und dem Pfarrgebäude zu halten, mußte aber bald die Flucht ergreifen, auf der sie, von den nachgeschickten Hußaren unter Rittmeister Grafen
Wrbna verfolgt, einen Stabs- und 6 Oberoffiziere nebst 75 Mann an
Gefangenen verlor. Nach der Einnahme von S. Giorgio in Salice rückte
die Brigade Liechtenstein nach Castelnovo woselbst sie ein Lager bezog. Auch
die en reserve gefolgte Brigade Kerpan lagerte bei diesem Orte, und
gegen Abend war beinahe das ganze 2. Armee-Korps daselbst vereinigt.

Fast in derselben Zeit, als das 2. Armee-Korps auf dem rechten
Flügel seine Offensiv-Bewegungen unternahm, rückte auch das 1. Armee-
Korps ganz im Geiste der oben angeführten Disposition von Sta. Lucia
auf der geraden Straße gegen Sommacampagna vor und entsendete zur
Deckung seiner linken Flanke die Brigade Clam nebst 4 Eskadrons von
der Brigade E. H. Ernst über Calzoni nach Ganfardine.

Da auch das 1. Korps durch den so heftigen Gewitterregen und die außerordentliche Finsterniß in seinem Vormarsche aufgehalten, den Anbruch des Tages abwarten mußte, so konnte der Angriff auf Sommacampagna erst um sieben Uhr beginnen. Die Brigade Suplikatz hatte die Weisung, rechts von der Straße bei Ca verde über Casetta di Terzi gegen Madonna della Salute, die Brigade Wohlgemuth auf und links von der Straße gegen Osteria alla Torre und Coriobol vorzurücken. Die Brigade Strassoldo schloß sich als Reserve des ganzen Korps auf der Hauptstraße näher an die Brigade Wohlgemuth an.

Die Brigade Wohlgemuth hatte die 22. Kompagnie von Kaiser-Jäger unter dem Hauptmann Schindler als Tirailleurs links von der Straße; hinter dieser Jäger-Kompagnie folgte das 1. Oguliner-Grenz-Bataillon in 3 Divisions-Kolonnen auf gleicher Höhe; das 2. Oguliner-Bataillon rückte en colonne zur Unterstützung des linken Flügels nach. 5 Kompagnien Kaiser-Jäger und das 3. Bataillon E. H. Albrecht-Infanterie blieben auf der Hauptstraße. Der Kommandant der Fußbatterie Nr. 3 Oberlieutenant Beranek eröffnete mit 2 Geschützen, die er links von der Straße im Felde anführte, das Feuer gegen jene des Feindes auf der Höhe nächst der Kirche, welche auch durch die beiden Haubitzen derselben Batterie unter Oberfeuerwerker Schramm beschossen wurden, die vom Generalstabs-Oberlieutenant Kempen geführt, mit den Ogulinern von Campagnola gegen Coriobol vorgerückt waren. Die übrigen 2 Geschütze der Batterie, welche auf dem durchnäßten Boden nicht placirt werden konnten, blieben auf der Straße en reserva.

Der Feind unterhielt ununterbrochen hinter den Mauern und einigen gut gelegenen Gebäuden ein heftiges Kleingewehrfeuer und drängte anfangs sogar mit einer auf seinem rechten Flügel bereit gehaltenen Abtheilung unsere Tirailleurs zurück, bis die Kolonnen des Oguliner-Regiments herankamen und das Gefecht auf unserem linken Flügel wieder herstellten. Nun fuhr Oberfeuerwerker Schramm, welcher schon nach dem 16. Wurf eines der beiden feindlichen Geschütze demontirt hatte, bis auf Kartätschendistanz vor, um gegen die feindlichen Tirailleurs zu wirken; gleichzeitig zogen sich die Oguliner noch weiter links, bedrohten dadurch des Gegners rechten Flügel und zwangen ihn zum Rückzug bis nach Somma-campagna.

Mittlerweile war auch von der Brigade Suplikatz das 2. Bataillon des 2. Banal-Grenz-Regiments unter Kommando des Hauptmanns Gruic mit 2 Kompagnien (7. und 8.) in aufgelöster Ordnung gegen die Höhen von S. Piero und mit einer Kompagnie gegen Madonna della Salute vorgerückt; 3 Kompagnien desselben Bataillons folgten als Unterstützung nach. Eben so führte kurze Zeit darauf Oberst Hahne von Latour, das 1. und Landwehr-Bataillon seines Regiments in der Richtung von S. Piero zur weiteren Unterstützung der Grenzer nach; das 3. Bataillon Latour aber blieb bei Modonna della Salute en reserve.

Der Angriff geschah mit solcher Kampflust, daß schon im ersten Anlaufe Plänkler und Unterstützungen zugleich die Gartenmauer auf der Höhe erreichten; wo sie jedoch das verheerende Feuer des hinter der crenelirten Mauer gut postirten Gegners im weiteren Vordringen aufhielt und endlich zwang hinter einem Ravin Deckung zu suchen. Dieß ersehend, forderte Oberst Hahne, welcher mittlerweile mit 3 Kompagnien des 1. Bataillons Latour herangelangt war, den Hauptmann Cavic, vom 2. Banal-Bataillon, der nach der Verwundung des Bataillons-Kommandanten das Kommando übernommen hatte, zum erneuerten Vorrücken auf, wobei er ihm die Weisung ertheilte, den rechten Flügel vorzunehmen, und sich dann rechts zu halten, um die 7. und 8. Kompagnie von Latour als Tirailleurs in die Oeffnung hineinzubringen und des Feindes linken Flügel besser zurückdrängen zu können. Diese Bewegung war nach zwei Stürmen zu Stande gebracht und der Feind bis an die Terrassen zurückgeworfen. Unterhalb dieser Terrassen, wo sich auch die 13. und 14. Kompagnie vom 3. Bataillon Latour, welches längs der zur linken Seite liegenden großen Gartenmauer vorgerückt war, der Kolonne angeschlossen hatte, versuchte der Gegner nochmals Widerstand zu leisten, wurde aber mit einem kräftigen Sturm der 7. und 8. Kompagnie von Latour angegriffen und gegen die Kirche von Sommacampagna zurückgeworfen. Auch die 2. Hälfte des 1. Bataillons und das Landwehr-Bataillon Latour führte General von Suplikaz mit sicherem Takte in eben dieser Richtung in der Absicht des Feindes linken Flügel ganz zu umgehen, was auch vollkommen gelang. Die gegen Madonna della Salute disponirte Banal-Kompagnie unter Hauptmann Horezky, dann das 3. Bataillon Latour unter Major Landgraf Fürstenberg wurden schon Anfangs von dem Qua-Divisionär General-Major Baron Rath beordert, zur Unterstützung

I.                                                    23

des rückgängig gewordenen linken Flügels unserer Plänkler gegen den rechten Flügel des Feindes zu rücken, welcher sich somit auch hier bald auf beiden Flügeln angegriffen sah; nichts destoweniger aber hinter Mauern, Hecken und Häusern von Zeit zu Zeit so Stand hielt, daß er häufig mit dem Bajonnet aus seinen vortheilhaften Stellungen geworfen werden mußte. Hiebei leisteten die von Hauptmann Kuhn des General-Quartier-meisterstabes geführten 2 Haubitzen der Fußbatterie Nr. 2 der Brigade Strassoldo, wesentliche Dienste, indem sie sich rechts von der Hauptstraße bis auf 800 Schritte gegen Madonna della Salute wendeten, den Feind durch Granatwürfe zum Verlassen seiner Vertheidigungsmauer nöthigten und auf diese Weise unseren nachrückenden Angriffs-Kolonnen den Weg bahnten. Nun fuhr Oberlieutenant Biedermann mit der halben Rake-ten-Batterie Nr. 1 oberhalb Bassa auf und protegirte durch sein gut angebrachtes Feuer das Vorbrechen der Brigade Suplikaz von der Nord-seite her.

Indessen waren der Brigade Wohlgemuth 2 lange Haubitzen zuge-sendet worden, sie hatten im Verein mit jenen der Fußbatterie Nr. 3 das feindliche Geschütz nächst der Kirche bald zum Abzug genöthigt und bewar-fen nun die in dichten Kolonnen in den Gassen aufgestellten feindlichen Truppen mit Kartätschgranaten, worauf um ungefähr halb neun Uhr General-Major Wohlgemuth den Befehl zum Sturmangriffe gab. In Person führte der tapfere Brigadier die 22. Kompagnie Kaiser-Jäger und die Oguliner gegen die südlichen verbarrikadirten Eingänge, der Rest vom 4. Bataillon Kaiser-Jäger und das 3., Bataillon E. H. Albrecht-Infan-terie unter Leitung des Oberstlieutenants Chmielnicky erstürmten die östlichen Debouchéen des Ortes, während gleichzeitig die Brigade Supli-kaz auf der Nordseite in denselben drang. Hiezu kam noch das Nachdrän-gen der in Reserve gestandenen Brigade Strassoldo, wo nun der würdige Einklang und Wetteifer dieser 3 Brigaden den Ort Sommacampagna eroberte — dadurch aber selbe bergestalt untereinander vermischt waren, daß man Mühe hatte, sie im Westen des Orts auf den Höhen von Beret-tara und Casa nuova wieder zu ordnen.

Der Feind, welcher nach den Aussagen der Gefangenen und der Einwohner des Ortes selbst gegen 3000 Mann stark war und 4 Geschütze hatte, leistete zuletzt nur geringen Widerstand; — er war sammt seinen

Verwundeten plötzlich wie verschwunden, und schlug auf der Flucht die Richtungen nach Peschiera und Valeggio ein.

Nachdem sich nun die erwähnten Brigaden nach der Eroberung von Sommacampagna gesammelt hatten, rückten sie weiter über Guastalla nach San Rocco di Palazzolo, um die Vorposten am Tione auszustellen. Allein nach einigen Stunden Rast erhielt die Kolonne die Weisung bis Oliosi weiter zu marschiren. Hier lagerten nun die Brigaden Suplikatz und Wohlgemuth, von welch' letzterer jedoch Oberstlieutenant Plietz mit dem 3. Bataillon E. H. Albrecht, dem 2. Oguliner-Grenz-Bataillon und einem Flügel Radetzky-Hußaren bis an den Mincio nach Salionze vorgeschoben wurde, u. z. bezogen das Grenz-Bataillon und die Hußaren die Vorposten hart am linken Mincio-Ufer, das 3. Bataillon E. H. Albrecht stellte sich auf dem Monte Scatola als Reserve auf, von wo es in der Nacht 2 Kompagnien weiter links in der Richtung gegen Monzambano detachirte. Die Brigade Straffoldo lagerte mit dem Gros bei Valpezone und Ca Busetta und detachirte bei schon einbrechender Nacht das 10. Feld-Jäger- und das 2. Bataillon Hohenlohe-Infanterie nebst 2 Geschützen auf den Monte Vento, nachdem sich die dort gestandene feindliche Abtheilung nach Valeggio zurückgezogen hatte. Die Artillerie-Reserve und der Train des 1. Armee-Korps standen östlich von Oliosi. Das Korps-Quartier kam nach Fenile.

Wir kommen nun zu den Bewegungen der Brigade Clam, welcher die Deckung der linken Flanke des 1. Armee-Korps und die Vorrückung nach Custozza übertragen war.

Selbe kam mit Tagesanbruch bis Ganfardine und rückte während des Gefechtes bei Sommacampagna ohne Schwertstreich bis auf die östlich von Custozza gelegenen Höhen, wo sie Stellung nahm; sodann aber in der Richtung über Mascarpine gegen Custozza vorging und mit einbrechender Nacht den Monte Torre, Custozza und den Monte Mamaor besetzte. Zur Beobachtung von Villafranca blieb Oberst Wyß mit 4 Eskadronen E. H. Carl-Uhlanen auf der von Verona dahinführenden Chaussée stehen.

Endlich haben wir noch der Bewegungen der Brigade Edmund Schwarzenberg und des Scheinangriffes gegen den linken Flügel der feindlichen Stellung zu erwähnen.

Diese Brigade, welche, wie oben berührt, den äußersten rechten

Flügel der Armee bildete und die Bestimmung hatte, in dem Zwischen-
raume der von Croce Bianca nach Peschiera führenden Hauptstraße bis zur
Etsch in mehreren Kolonnen den Feind zu beschäftigen, ihn über den
wahren Angriffspunkt zu täuschen und dadurch in seiner Stellung festzuhalten, entsendete 3 Abtheilungen, die zusammen aus 2 Bataillons,
4 Eskadronen und einer Kavallerie-Batterie bestanden auf drei verschiedenen in die Chaussée einmündenden Wegen (von Croce Bianca, Ca
bei Capri und jenen gegen Zamboni) gegen Bussolengo, während sie
selbst mit dem Gros — 1. Bataillon Fürstenwärther in zwei Kolonnen
zu beiden Seiten der Straße, 2. Bataillon desselben Regiments, 1 Bataillon Haugwitz, 1 Eskadron Kaiser-Uhlanen und der Fußbatterie Nr.
4 — gefolgt von der Reserve-Kavallerie-Brigade Schaffgotsche, vorrückte.
Jene Detachements hatten die Weisung, in enger Verbindung miteinander, Stellung gegen Bussolengo zu nehmen, den Gegner durch vor-
poussirte Streifkommanden zu allarmiren und den Vormarsch und weiteren
Angriff der Brigade auf der Hauptstraße in der rechten Flanke zu decken.
Als jedoch Oberstlieutenant Martini von Haugwitz-Infanterie, welcher mit 1 Bataillon, 1 Division Uhlanen und der Kavallerie-Batterie
von Croce Bianca aus vorgerückt war, Bussolengo vom Feinde unbesetzt
fand, ließ der Brigadier die bei Ca bei Capri abgegangene Infanterie-
Division zu jenem Detachement stoßen und ertheilte dem genannten Oberstlieutenant den Befehl bei dem Angriff der Brigade auf Osteria del Bosco,
von Bussolengo aus, in der Richtung auf Sandrà vorzurücken.

Mittlerweile eröffnete der Feind sein Feuer gegen die eben bei S.
Francesco angelangte Brigade aus 2 auf einer Anhöhe links der Straße
postirten Sechzehnpfündern, gegen welche 2 bis an den Kreuzweg vorgerückte sechspfündige Geschütze unter Leitung des Lieutenants Grünwald
umsowenigerausrichteten, als schon nach den ersten Schüssen eine Kanone und
ein Munitionskarren durch die feindlichen Kugeln stark beschädigt und mehrere
Artilleristen erschossen oder verwundet wurden; dennoch hielt Grünwald
das feindliche Geschützfeuer durch volle zwei Stunden standhaft aus.

Während dieser Zeit hatte der Gegner auf den Höhen von Sta. Giu-
stina und Sona, besonders bei Casa Rugola und nordwestlich des Dorfes
Sona bedeutende Infanterie-Abtheilungen entwickelt, rückte aber nicht zum
Angriff vor.

Ungefähr um sieben Uhr begann das Feuer in der linken Flanke der Brigade Schwarzenberg, und eine halbe Stunde später wurden Abtheilungen der Brigade Gyulai auf der südöstlichen Höhe von Sona sichtbar, welche sich nach und nach mehr ausbreiteten und zum Angriff auf letzteren Ort vorrückten.

Um diesen Angriff zu unterstützen, befahl der Divisionär Feldmarschall-Lieutenant Graf Schaffgotsche dem General-Major Fürsten Edmund Schwarzenberg mit den rechts der Chaussée aufgestellten 3 Kompagnien Fürstenwärther des 1., 4 Kompagnien des 2. Bataillons dieses Regiments und den von Zamboni wieder herbeigezogenen 4 Kompagnien Kaiser-Infanterie die Höhe von Sta. Giustina zu stürmen, während Feldmarschall-Lieutenant Schaffgotsche selbst die Truppen links der Chaussée gegen Casa Rugola zum Sturme führte.

Diesem vereinten gleichzeitigen Angriff vermochte der Feind nicht zu widerstehen, er versuchte zwar auf die 4 Kompagnien Kaiser einen Ausfall aus Sta. Giustina, wurde aber vom Oberstlieutenant Marsano wieder zurückgeschlagen, worauf die Höhe genommen, und der Feind gegen Osteria del Bosco hinabgeworfen wurde.

Als Feldmarschall-Lieutenant Graf Schaffgotsche sah, wie seine Tirailleurs immer mehr Boden gewannen, eilte er zu dem Bataillon Haugwitz, um es am Abhange der Höhe möglichst gedeckt gegen die im Defilée von Osteria del Bosco befindliche Schanze zu führen, welche noch immer seine Reserven beschoß. Doch schon war der beim General-Quartiermeisterstabe zugetheilte Rittmeister Baron Lindenfels von Baiern-Dragoner, mit den Tirailleurs über die Höhe von rückwärts in die Schanze eingedrungen, worauf er das Thor öffnen ließ; nun drangen das Bataillon Haugwitz und 2 Kompagnien Fürstenwärther gegen Osteria del Bosco vor, wo eine starke feindliche Infanterie-Abtheilung mit 2 Geschützen wieder Stellung genommen hatte, jedoch ohne erst einen ferneren Angriff abzuwarten, sich eilends zurückzog.

Durch dieses rasche Vordringen auf der Hauptstraße und die gleichzeitige Entsendung der Oberst 1. Eskadron Kaiser-Uhlanen, welche eine Infanterie-Abtheilung attaquirte, in die rechte Flanke, wurde der Feind auf der Höhe von Sta. Giustina in seinem Rücken bedroht, konnte somit den kräftigen Angriffen des General-Majors Schwarzenberg nicht mehr widerstehen. In Eile zogen sich die feindlichen Abtheilungen gegen Peschiera zurück.

Nach einer kurzen Rast und, nachdem Feldmarschall-Lieutenant Graf Schaffgotsche die Truppen wieder geordnet hatte, rückte er nach Castelnovo. Bei Palazzo Cajoli hatte eine beträchtliche feindliche Infanterie- und Kavallerie-Abtheilung Stellung genommen; sie schien entschlossen, jedes weitere Vorrücken verwehren zu wollen. Doch 2 zwölfpfündige Geschütze, welche gegen dieselbe auffuhren, brachten ihr große Verluste bei und trieben sie in die Flucht, worauf die Truppen mit Ausnahme von 3 Kompagnien Fürstenwärther, welche auf den eroberten Höhen zurückblieben, ein Lager bei Castelnovo bezogen.

Mittlerweile war auch Oberstlieutenant Martini mit seiner äußersten rechten Seiten-Kolonne über Bussolengo bis Sandrà vorgerückt, und hatte diesen Ort militärisch besetzt.

Während dieser Gefechte in der vorderen Schlachtlinie, sowohl des 1. als des 2. Armee-Korps, war das Reserve-Korps, zwischen beiden als Unterstützung folgend, bis Rasola vorgerückt. Daselbst eingetroffen, waren jedoch die Höhen von Sona und Madonna del Monte vom 2. Armee-Korps bereits erstürmt; nur in Sommacampagna leistete der Feind noch hartnäckigen Widerstand. Es wurde daher die Brigade Haradauer zur Unterstützung des Angriffes gegen Sommacampagna dirigirt. Doch war ihre Mitwirkung entbehrlich, da bald darauf auch dieser Ort vom Feinde geräumt wurde. Das Reserve-Korps rückte sonach über Sommacampagna, dem 1. Armee-Korps folgend, bis Zerbare und von da nach S. Giorgio in Salice, welches die Brigade Liechtenstein mittlerweile verlassen hatte. Das Korps lagerte bei letzterem Orte, wo auch das große Hauptquartier aufgeschlagen wurde.

So war nun Radetzky Herr der drohenden Stellung, von welcher herab Carl Albert so oft sehnsüchtige Blicke auf Verona geworfen hatte. Sein Centrum war durchbrochen, der rechte von dem linken Flügel getrennt, daß ihre Vereinigung nur auf weiten Umwegen möglich wurde. Während der Feldmarschall mit seiner Avantgarde bei Salionze am Mincio stand, hatte er sich rechts mit dem von Rivoli heranrückenden 3. Armee-Korps, wenn auch noch nicht verbunden, doch in strategische Annäherung gesetzt, und links durch den Marsch der Brigade Clam nach Custozza und jenen der Brigade

Straffoldo auf den Monte Vento die ganze südliche, die Ebene bis Mantua beherrschende Gebirgslehne und mit ihr die Stellung von Custozza gewonnen. „Denn diese ist die wahre Vertheidigungs-Stellung des Mincio, welcher durch keine Frontal-Stellung, sowie durch keine Frontal-Gefechte, sondern seitdem Verona kräftig befestigt und mithin zu halten ist, bloß durch die benannte Flanken-Stellung behauptet werden kann, weil sich, ohne ihre Eroberung der Feind nicht zwischen ihr und Mantua diesseits des Mincio festzusetzen im Stande ist." — Allerdings war unser Gegner noch nicht besiegt, denn er hatte noch ansehnliche Streitkräfte, mit denen er noch um die Palme des Sieges ringen konnte, aber seine Lage war bereits verzweifelt. In wenigen Stunden hatte er alle seine festen Stellungen von Rivoli herab bis an den Mincio verloren; sein 2. Armee-Korps war geschlagen, demoralisirt und nicht mehr in seiner Hand; sein 1. Korps war vor Mantua getheilt, es bedurfte einige Tage, ehe es sich sammeln konnte. Dies waren die Resultate des ersten Tages unserer Offensive.

Ehe wir den weiteren Ereignissen folgen, mögen hier die Namen der Tapfersten unter den Tapferen Platz finden.

Die beiden Armee-Korps-Kommandanten Feldmarschall-Lieutenant Graf Wratislaw und Baron D'Aspre, welche den Angriff mit gewohnter Umsicht leiteten und, keine Gefahr scheuend, immer dort zu finden waren, wo ihre Anwesenheit eben erforderlich. Die Feldmarschall-Lieutenants Graf Wimpffen und Graf Schaffgotsche, General-Major von Wohlgemuth, der an der Spitze der Stürmenden in Sommacampagna eindrang, die General-Majore Fürst Friedrich Liechtenstein, von Suplikatz und Fürst Edmund Schwarzenberg, welche durch ihre mit sicherem Takte getroffenen Anordnungen die Truppen zum Siege führten, dann Oberst Graf Pergen von Hangwitz-Infanterie, welcher das Kommando über die Brigade erst übernommen hatte, „doch hoher Muth und geschickte Leitung machten ihn schon sehr bald seinen Untergebenen bekannt, welche ihm freudig folgten."[*])

Vom General-Quartiermeisterstabe: Hauptmann John, welcher seinem Brigadier Oberst Grafen Pergen, mit unermüdetem Eifer an die Hand ging; Hauptmann Rothmund wegen seines Muthes, mit

---

[*]) Anmerkung des Korps-Kommandanten Feldmarschall-Lieutenants Baron D'Aspre am Schlusse der eingereichten Brigade-Gefechts-Relation vom 23. Juli 1848.

welchem er die einzelnen Abtheilungen des Regiments Kinsky ins Feuer führte; Oberlieutenant Krzisch, welcher nach dem Zeugnisse seines Brigabiers alle gegebenen Dispositionen mit äußerster Thätigkeit leitete, und sich sowohl bei der Vorrückung als auch beim Sturme immer auf den gefährlichsten Plätzen befand; dann der zugetheilte Rittmeister Baron Lindenfels von Baiern-Dragoner, wegen geschickter Führung der Plänklerkette, schneller Oeffnung des Thores der Schanze bei Osteria del Boëce, und Herbeiführung der sechspfündigen Fußbatterie Nr. 4 und der Kavallerie.

Vom 4. Bataillon Kaiser-Jäger: Major Graf Castiglione, welcher sein Bataillon zu Fuß zum Sturme führte, die Mannschaft durch Wort und Beispiel derart zu begeistern wußte, daß der Feind dem Angriffe der braven Tiroler nicht widerstehen konnte, und die Höhen von Madonna del Monte in unglaublich kurzer Zeit genommen waren. Hauptmann Schindler, welcher die Tirailleurskette mit Umsicht leitete, und ungeachtet einer durch eine Musketenkugel am Kopfe erhaltenen Kontusion durch Festhalten der eingenommenen Stellung mit seiner Kompagnie, den Sturm in der rechten Flanke des Feindes wesentlich begünstigte. Hauptmann Röggla, der entschlossen gegen den Feind vordrang, bis auf 50 Schritte dessen Plänklern sich näherte, und selbe zum Weichen brachte; dann die Hauptleute Baron Bernkopf, Hauser und Streicher, welche sich durch zweckmäßige Führung ihrer Kompagnien auszeichneten. Lieutenant Mayer, welcher in der Tirailleurskette der 22. Kompagnie durch sein ermuthigendes Beispiel bewirkte, daß dieselbe durch mehr als zwei Stunden im heftigsten feindlichen Feuer aushielt, wobei er den rechten Arm verlor. Lieutenant Kiene, welcher stürmend vordrang, ungeachtet eines mörderischen feindlichen Feuers über Mauern und Zäune stieg, und zur Vertreibung deren Vertheidiger durch sein muthvolles Benehmen wesentlich beitrug. Oberjäger Römethy und Röder, welche sich in der Kette der 22. Kompagnie besonders bemerkbar machten. Letzterer erhielt bei dieser Gelegenheit drei Schußwunden, von denen eine durch den Leib ging. Unterjäger Larcher wegen seines tapferen Benehmens beim Sturme auf Madonna del Monte; als Lieutenant Etlinger gefallen war, übernahm er das Kommando des Zuges und führte denselben mit Bravour und Umsicht. Unterjäger Weiß, welcher in dem Augenblicke, als die Kette durch eine dichte Hecke im Vorgehen gehemmt wurde, die Hecke durchbrach, und jenseits derselben mit seinem Unterstützungszug im feindlichen Feuer eine neue Kette formirte. Patrouilleführer B a s c e t t o und N a r d o n, der beim Sturme schwer verwundet wurde; Jäger A m p l a ß, welcher an der Seite des Lieutenants K i e n e tollkühn vordrang, dann die Jäger N e g r i o l i, B e r t o l o t t i, B i n t a r e l l i und G a s s e r, welche sich als vortreffliche Schützen bewährten.

Vom 9. F e l d j ä g e r - B a t a i l l o n: Oberstlieutenant W e i ß unternahm den Sturm auf die Höhen des Monte Bello aus eigenem Antrieb mit ausgezeichnetem Heldenmuthe und vieler Einsicht, und entschied hierdurch das Schicksal des Tages. Oberjäger I n g r u b e r verfolgte die Fliehenden nach der Einnahme von Sona bis zum Kirchhof und den nächsten Häusern, aus welchen er sie vertrieb. Unterjäger R i e g e l e, der einen feindlichen Offizier nach einem förmlichen Zweikampf mit der blanken Waffe, zum Gefangenen machte. Unterjäger S t u r m drang mit dem Jäger M o b i ß gegen das mit Mauern umgebene rechts vom Friedhofe gelegene Feld, eilte im heftigsten Kugelregen zur Thür des Friedhofes, stürzte sie in Ermanglung eines Zimmermannes ein, und drang, gefolgt von einigen Kameraden, nach einer vereint gegebenen Decharge so ungestüm mit dem Bajonnet auf den Feind, daß dieser die Flucht ergriff. Diesem braven Unterjäger gebührt somit das größte Verdienst um die Einnahme des Friedhofes.

Vom 11. F e l d j ä g e r - B a t a i l l o n: Major B a u e r, welcher ungeachtet des feindlichen Feuers sich immer bei den vordersten Abtheilungen seines Bataillons befand. Hauptmann G ö ß m a n n erhielt beim Sturme auf Sona zwei Schußwunden (eine in den Fuß, die andere an der rechten Hand), dennoch stürmte er mit seltener Selbstverläugnung an der Spitze einer aus Jägern, Infanteristen und Grenzern gemischten Abtheilung über die Höhe gegen den Haupteingang des Ortes, bei welcher Gelegenheit der ihm kühn nachfolgende Oberlieutenant S p e l t i n i von zwei Kugeln zugleich getroffen, fiel. Die Lieutenants S c h o l z e und P o s c h a c h e r*), welche an der Spitze ihrer Abtheilungen verwundet wurden. Oberjäger von E l z e n b a u m zeichnete sich beim Sturme auf Casa Fusara und R e z z o l i beim Sturme auf Casa Rainera aus. Letzterer bemerkte nach der Einnahme von Sona auf der Straße eine noch immer auf unsere Trup-

---

*) Vom 8. Feldjäger-Bataillon zur Dienstleistung beim 11. zugetheilt.

pen feuernde Kanone. Mit dem Rufe: „Wer hat Muth mir zu folgen", sammelte er schnell einige Mannschaft, die er gegen das erwähnte Geschütz bis auf Schußdistanz gedeckt vorführte. Nach einigen wohlgezielten Schüssen auf die feindliche Bedienungs-Mannschaft stürzte Rezzoli in Begleitung des Jägers Peroni mit gefälltem Bajonnete auf selbe; diese hiedurch außer Fassung gebracht, ergriff die Flucht, worauf sich der tapfere Oberjäger des Geschützes bemächtigte. Endlich verdienen noch die beiden Trompeter Elli und Campiotti, welche ermuthigend auf ihre Kameraden zu wirken wußten, ehrend genannt zu werden.

Vom Oguliner-Grenz-Regimente: die Hauptleute von Baiechetta, Edler von Fanfogna und Draženović, wegen entschlossener und kluger Führung ihrer Divisionen. Oberlieutenant Ritter von Hartlieb, der im stärksten feindlichen Kanonen- und Kleingewehrfeuer die Aufträge des Brigadiers und des Interims-Regiments-Kommandanten mit Bravour ausführte, und Oberlieutenaut Czekinović, der sich in der Tirailleurskette besonders muthvoll benahm, bei welcher Gelegenheit sein Mantel von vier Kugeln durchlöchert wurde. *)

Vom 2. Bataillon des Waraßdiner St. Georger-Grenz-Regiments: Hauptmann Drenovacz, welcher seine Division mit Bravour zum Sturme führte, dann die Oberlieutenants von Szenyan, Petraßz und Margottić, dieser Offizier besetzte nach der Einnahme von Sona den Ausgang des Ortes mit der 9. und einem Theile der 10. Kompagnie, plötzlich vernahm er im Rücken ein starkes Geplänkel — es wurden in diesem Augenblicke Tirailleurs von Kinsky und dem 11. Jäger-Bataillon von dem in 3 Kolonnen wieder vorrückenden Feinde zurückgedrängt — sogleich eilte Margottić mit der 9. Kompagnie dahin, verstärkte mit einem Zug die Kette von Kinsky-Infanterie, während er mit den übrigen 3 Zügen eine Sturmkolonne bildete, und den Feind mit Hilfe des braven Oberlieutenants Drenovacz wieder zurückwarf. Bei dieser Gelegenheit zeichneten sich aus: Feldwebel Hansevachti, die Korporale Predagović, Hugyek und Jakscheković, Gefreite Premez und

---

*) Da es schwer, wo nicht ganz unmöglich war, jede einzelne von der Mannschaft dieses braven Grenz-Regiments verübte ausgezeichnete That aufzuzeichnen und mit Zeugnissen zu belegen, so mußte die Wahl der mit Tapferkeits-Medaillen zu Betheiligenden der gesammten Mannschaft überlassen werden.

Wukabinović, die Schützen Haiduković und Trepotez, die Gemeinen Sabollić, Paukovaz, Kramarić, Blaseković und Jovičić. Von der Division des Hauptmanns Drenovacz (11. Kompagnie): die Korporale Rughić, Hanseković und Marinković, endlich der Schütze Haulaus; (12. Kompagnie): Feldwebel Puskarić, Korporal Popović, Kadet Berndt, Gefreite Wukabinović und Szerbić, welch' Letzterer während des Vorrückens auf eine von feindlichen Schützen besetzte Kapelle stieß, augenblicklich die nächsten Plänklerrotten sammelte, den Feind aus der Kapelle zur Flucht brachte, und in derselben Poste faßte, um sein Feuer gegen die Bedienungs-Mannschaft des auf der Straße aufgestellten Geschützes zu richten, wodurch er dessen Wegnahme wesentlich erleichterte.

Vom 2. Bataillon des 2. Banal-Grenz-Regiments: Der Interims-Bataillons-Kommandant Hauptmann Gruić, welcher tödtlich verwundet, und Oberlieutenant Perlep, der todt am Platze blieb, dann Feldwebel Wasiljević, welcher sich durch Tapferkeit auszeichnete und die Mannschaft beim Sturme aneiferte.

Vom 1. Bataillon Kaiser-Infanterie: Oberstlieutenant Marsano, als eine starke feindliche Abtheilung gegen das Regiment Fürstenwärther und die in dessen Verlängerung aufgestellte 4. Kompagnie Kaiser in der Absicht aus Sta. Giustina ausfiel, die Brigade in der rechten Flanke anzugreifen, sammelte der genannte in der Plänklerkette befindliche Oberstlieutenant die nächsten Abtheilungen seines Bataillons, und warf den Feind in den Ort wieder zurück. Bei dieser Gelegenheit, wo es sich handelte, eine weichende Truppe im wirksamsten feindlichen Feuer zu sammeln, zu ordnen, und sogleich wieder geschlossen vorzuführen, unterstützten ihn außer den Offizieren, unter welchen sich besonders Oberlieutenant von Brolimann bemerkbar machte, Feldwebel Kucharz, die Korporale Andris und Hrabowsky, dann die Gemeinen Pietrosh, Gaidoschel, Daniczek und Skatschek.

Von Latour-Infanterie: Oberst von Hahne und Major Landgraf Fürstenberg, welche ihre Truppen mit vielem Muthe und militärischem Blicke leiteten, und hiebei von sämmtlichen Offizieren des Regiments aufs Thätigste unterstützt wurden. Eben so zeichneten sich Oberlieutenant Regiments-Adjutant Vetter und Lieutenant Bataillons-

Adjutant Edler von Habermann durch ihren bei jeder Gelegenheit bewiesenen unermüdlichen Eifer und vorzügliche Verwendbarkeit besonders aus. Von der Mannschaft werden angerühmt: die Feldwebels Pollaczek und Tessarz, die Korporale Kossik, Küffler und Mischkosky, Regiments-Kadet Graf Lamberg, die Gefreiten Watzata und Kondard, die Gemeinen Müller, Ottradowatz, Wolf, Barzal, Bauschka, Wlizek, Czisary, Straka, Oberthor, Bartl, Schuberth und Mrazek. Letzterer trieb den Feind aus einigen Häusern, die er auf seinem Rückzuge aus Sommacampagna besetzte, um erneuerten Widerstand zu leisten.

Von Haugwitz-Infanterie: Oberstlieutenant von Martini, der mit vieler Umsicht die äußerste rechte Flügel-Kolonne der Brigade Schwarzenberg leitete, und Major Graf Porcia.

Von Kinsky-Infanterie: Die Hauptleute Baron Bittner, Ritter von Jacomini-Holzapfel-Waasen, Oliva und Edler von Beck, dann Oberlieutenant Regiments-Adjutant Kkziz, welcher mit gezogenem Säbel stets freiwillig in der Plänklerkette war, dieselbe durch Wort und Beispiel aneiferte, und 6 Gefangene machte, Feldwebel Czernhaus, welcher die nach einem mißlungenen Sturme zerstreute Mannschaft verschiedener Truppenkörper sammelte, mit ihr die hartnäckig vertheidigte Stellung des Feindes umging, und sich hierauf kühn in dessen rechte Flanke warf, wodurch er ihn zum Rückzug nöthigte und 18 Gefangene machte. Er verfolgte nun die sich Zurückziehenden, setzte sich endlich in einem am Eingange von Sona gelegenen Gebäude fest, wo es ihm durch List und Muth gelang zur Räumung des Ortes vom Feinde kräftig mitzuwirken. Korporal Schallmayer, der aus freiem Antriebe mit einigen Freiwilligen kühn gegen Sta. Giustina vordrang. Tambour Tiquitsch zeichnete sich bei Erstürmung der Höhen von Sona durch Muth und Entschlossenheit aus. Bei Verfolgung des Feindes trennten sich einige 20 Mann von ihrer Abtheilung und lösten sich in eine Plänklerkette auf, der sich Mannschaft anderer Truppenkörper anschloß; Tiquitsch leitete sie durch sein Spiel so zweckmäßig, daß sie bis gegen Lazise vorrückten, und die Höhen vom Feinde reinigten.

Von E. H. Ernst-Infanterie: Oberstlieutenant Ritter von Odelga leitete seine Angriffs-Kolonne mit Einsicht, und erstürmte an der Spitze seines braven Bataillons die äußerst stark besetzte und hartnäckig vertheidigte Gartenmauer von Sona. Major Ritter von Desimon und Oberlieutenant Svastics, als sich der Feind nach Erstürmung der Höhen von Sona in einen mit einer Mauer umgebenen Garten warf und denselben hartnäckig vertheidigte, schritt Svastics sogleich zum Angriffe, ließ das eiserne Gitterthor aufbrechen, stieß jedoch im Garten selbst auf eine große Uebermacht, der er weichen mußte. Als dies der mit einigen Plänklern in der Nähe befindliche Korporal Szuppi bemerkte, sammelte derselbe sogleich seine zerstreute Mannschaft, eilte dem Oberlieutenant zu Hilfe, und Beide griffen nun den Gegner neuerdings an. Leider fiel bei diesem Angriffe der tapfere Oberlieutenant Svastics durch eine Kugel tödtlich getroffen. Nun übernahm Szuppi das Kommando, eiferte die Mannschaft durch Wort und That an, und warf den Feind aus seiner festen Stellung. Korporal Raaba, der in dem Augenblicke als die Bedienungsmannschaft zweier Haubitzen durch die übermäßige Anstrengung in der brennenden Hitze des Tages erschöpft war, Munition zutrug, und als die Geschütze von einer feindlichen Infanterie-Abtheilung bedroht wurden, sich derselben in Begleitung des Gemeinen Schmidt muthig entgegenstürzte und sie zum Rückzug nöthigte; Korporal Engel befand sich bei allen Stürmen unter den Vordersten; bei der Verfolgung des Feindes sammelte er mehrere von ihren Abtheilungen getrennte Soldaten, welche er seinem Zugs-Kommandanten Lieutenant Obhlibal zuführte. Endlich griff er noch eine feindliche Reiterabtheilung, welche eine eroberte Kanone wieder zu nehmen beabsichtigte, mit wenigen Leuten entschlossen an, und schlug sie ungeachtet ihrer Ueberzahl zurück. Gemeiner Horváth streckte einen feindlichen Soldaten in dem Augenblick zu Boden, als dieser nach dem verwundeten Hauptmann Mikulits vom 9. Feldjäger-Bataillon seinen tödtlichen Stoß führen wollte. Gemeiner Wollner war der Erste, der einem Vertheidiger der großen Gartenmauer bei Sona das Gewehr aus der Schießscharte riß und hiedurch die übrige Mannschaft zu Gleichem anspornte.

Von Fürstenwärther-Infanterie: Oberst Edler von Kleinberg, welcher sein Regiment mit Kaltblütigkeit zum Sturme führte und Major Bilko, der an der Spitze seines Bataillons durch eine Musketenkugel verwundet wurde, Kapitänlieutenant Stabl, welcher die in Tirailleurs aufgelöste 9. und 10. Kompagnie beim Sturme mit Muth und Umsicht kommandirte, Oberlieutenant Zubrzycky, Lieutenant Bezard und Balduin, stets in den vordersten Reihen, ermuthigten sie durch ihr Beispiel die ermüdete Mannschaft zum weiteren Vordringen. Die Korporale Victorczek und Kubika, die Gefreiten Puczek und Sobel, dann die Gemeinen Sista, Brzuchainsky, Borcal und Drozdek machten sich beim Sturme auf die Höhen von Sona durch ihr unerschrockenes Vordringen ungeachtet des heftigsten feindlichen Gewehrfeuers bemerkbar; vom Korporal Victorczek angeführt, machten sie 16 Gefangene und trieben eine wenigstens 200 Mann starke Abtheilung in die Flucht. Bei dieser Gelegenheit zeichnete sich auch der Tambour Hamerlak besonders aus, indem er durch sein ununterbrochenes Spiel den Muth der Stürmenden entflammte und selbst kühn vordrang, bis er durch zwei Schußwunden kampfunfähig wurde.

Von Reuß-Hußaren: Rittmeister Graf Wrbna, welcher nach der Einnahme von S. Giorgio in Salice mit der Verfolgung des fliehenden Feindes beauftragt war. Korporal Kaufmann wegen besonderer Bravour; Korporal Kaß, mit 8 Mann zur Verbindung mit der Brigade Liechtenstein beordert, stieß er während des Vorrückens auf eine feindliche Infanterie-Abtheilung, stürzte sich mit Ungestüm auf dieselbe, brachte sie in Verwirrung und machte einen Offizier und 26 Mann zu Gefangenen, Gemeiner Németh bot dem gestürzten Lieutenant Perczel, dessen Pferd entlaufen war, sein eigenes an, worauf er sich mit dem Säbel in der Faust den Weg durch die Feinde bahnte, Gemeiner Benitzky, welcher seinem von Kampfbegierde entbrannten und der attaquirenden Eskadron um ein Bedeutendes vorangeeilten Eskadrons-Kommandanten Grafen Wrbna nicht von der Seite wich.

Von Kaiser-Uhlanen: Major Graf Bombelles, Rittmeister Baron Piret und Asbahs, welcher die Reserve der Brigade Ghulai sehr zweckmäßig führte und nach der Erstürmung von Sona mit einer Kompagnie Warasdiner St. Georger vorging, um den Feind aus den letzten Häusern zu delogiren.

Von der sechspfündigen Fußbatterie Nr. 3: Oberlieutenant Beranek, dann Oberfeuerwerker Schramm.

Von der sechspfündigen Fußbatterie Nr. 4: Lieutenant

Grünwald, und Oberfeuerwerker Reifinger, welcher sich mit einem Geschütze anf große Distanz vorwagte, und während eines heftigen feindlichen Geschütz- und Kleingewehrfeuers den Feind beschoß, wobei er sein Pferd unter dem Leibe verlor. Von der Raketen-Batterie Nr. 1: Oberlieutenant Biedermann.

Unser Verlust an diesem Tage war: Von Kaiser-Jäger — todt Lieutenant Etlinger und 6 Mann; verwundet Lieutenant Mayer und von Rosmini nebst 8 Mann; vermißt 2 Mann. Vom 9. Feld-Jäger-Bataillon — todt Hauptmann Eysner, Oberlieutenant von Größing und 9 Mann; verwundet die Hauptleute von Deskovich und Ritter von Mikulits nebst 35 Mann; vermißt 55 Mann. Von 11. Feld-Jäger-Bataillon — todt Oberlieutenant Speltini und 2 Mann; verwundet die Hauptleute Gößmann und Knerle, die Lieutenants Scholze und von Poschacher (letzterer vom 8. Jäger-Bataillon zugetheilt) dann 14 Mann; vermißt 9 Mann. Vom Oguliner-Grenz-Regiment — verwundet 10 Mann; vermißt 3 Mann. Vom Warasdiner St. Georger-Grenz-Regiment — todt 1 Mann; verwundet Hauptmaun Drenovacz (an den Folgen seiner Wunden gestorben) und 29 Mann; vermißt 29 Mann. Vom 2. Banal-Grenz-Regiment — todt Oberlieutenant Perlep und 3 Mann; verwundet Hauptmann Gruić und 20 Mann; vermißt 22 Mann. Von Kaiser-Infanterie — todt 4 Mann; verwundet 19 Mann; vermißt 3 Mann. Von Latour-Infanterie — todt 5 Mann; verwundet die Lieutenants Ricke und Dworzak, dann 23 Mann; vermißt 13 Mann. Von Haugwitz-Infanterie — todt 2 Mann; verwundet 2 Mann. Von Kinsky-Infanterie — todt 1 Mann; verwundet die Hauptleute Ritter von Jacomini und Edler von Beckh, dann 6 Mann; vermißt 51 Mann. Von E. H. Ernst-Infanterie — todt Oberlieutenant von Svastics und 21 Mann; verwundet die Lieutenants Karner, Korrén, von Budissavljević und Jovanović, dann 68 Mann; vermißt 31 Mann. Von E. H. Carl-Infanterie — verwundet 4 Mann. Von Fürstenwärther-Infanterie todt 4 Mann; verwundet Major Billo, die Hauptleute Wiedemann und Klasel (letzterer an den Folgen seiner Wunden gestorben), dann

55 Mann. Von Reuß-Hußaren — todt 2 Mann; verwundet 1 Mann. Von Kaiser-Uhlanen — todt 2 Mann. Von der sechspfündigen Fußbatterie Nr. 3 — verwundet 1 Mann. Von der Fußbatterie Nr. 4 — verwundet 1 Mann. Von der Fuß-Batterie Nr. 5 — todt 1 Mann. Mithin todt: 6 Ober-Offiziere und 63 Mann; verwundet 1 Stabs-, 20 Ober-Offiziere und 296 Mann; vermißt 218 Mann (von welchen die meisten — von ihren Abtheilungen getrennt — bei anderen Truppenkörpern fochten und später wieder einrückten.

**Lage beider Armeen. — Anordnung zum Brückenschlage bei Salionze.**

Fassen wir einmal die Lage unseres Gegners ins Auge. Er stand in der Ebene zwischen der von uns besetzten Position von Custozza und dem in seinem Rücken gelegenen Mantua eingeengt. Unmöglich konnte er lange in dieser Stellung verweilen. Er mußte entweder unsere durch die Natur starke Stellung auf den Höhen angreifen, oder — seinen einzigen sicheren Uebergangspunkt Goito benützend — auf's rechte Mincio-Ufer übergehen.

Radetzky seinerseits konnte die eroberten Höhen nicht verlassen, er mußte diese Stützen der Natur zu Hilfe nehmen, an welchen sich die Uebermacht des Feindes zerschellen sollte. Er mußte somit einerseits dessen Angriff erwarten, andererseits aber auch im Falle der Feind über den Mincio gehen sollte, bereit sein, mit ganzer Kraft auf ihn fallen und ihn in Flanke und Rücken bedrohen zu können. Beide Zwecke — einer Offensive und Defensive — mußten daher scharf im Auge behalten werden.

Dies wohl erwägend, hatte der Feldmarschall schon am 23. Nachmittags beschlossen, 2 Divisionen am 24. echellonirt über den Mincio bis gegen Borghetto zu poussiren, zugleich aber auch am linken Ufer bis Baleggio vorzurücken; um, während er seine Hauptkräfte am diesseitigen Ufer concentrirt behielt, durch diese auf beiden Ufern des Mincio gleichzeitig unternommenen Bewegungen die Rückzugslinie des Feindes zu bedrohen, und dann die Wirkung dieser Vorrückung auf denselben abzuwarten, das heißt zu sehen, ob derselbe bei Goito über den Mincio gehen, oder ob er etwa auf seine Uebermacht bauend, unsere Stellung bei Custozza angreifen würde. In beiden Fällen bedurfte der Gegner zur Sammlung seiner Armee eines ganzen Tages. Der Feldmarschall wagte somit bei diesem

Manöver auf beiden Ufern Nichts, indem er nach Maß seines Vorgehens auf dem rechten Ufer bis Borghetto auch die Uebergänge bei Monzambano und Valeggio in seine Gewalt bekam, daher seine Truppen in der Nacht vom 24. auf den 25. von einem Ufer auf das andere werfen — mit anderen Worten seine gesammte Kraft am 25. früh den Umständen gemäß auf dem linken oder rechten Ufer zur Schlacht vereint haben konnte.

Demgemäß wurden noch am 23. Nachmittags Oberst von Pfan-zelter und Major Bach vom General-Quatiermeisterstabe, nebst mehreren Pionier-Offizieren nach Salionze entsendet, um daselbst eine zum Brückenschlage geeignete Stelle zu ermitteln, welche auch oberhalb der dortigen Mühlen gewählt wurde. Eben so erhielt das Reserve-Korps den Befehl am 24. früh gegen Oliosi zu rücken, dann — sich gegen Salionze wendend — die Brigade Harabauer zur Unterstützung des Brückenschlages dahin abzusenden, mit der Brigade Maurer ihr aber später zu folgen, und theils auf den Höhen von Salionze, theils im Orte selbst Stellung zu nehmen, die Kavallerie, die Artillerie-Reserve und die Gre-nadier-Brigade aber in Oliosi zur allenfallsigen Unterstützung der auf dem Monte Vento detachirten Brigade Straffoldo des 1. Armee-Korps zu belassen.

### Gefecht bei Salionze
#### in der Nacht vom 23. auf den 24. Juli.

Sowohl auf dem linken, wie hart am jenseitigen Ufer des Mincio nächst Salionze, befinden sich mehrere Häuser, worunter die bereits erwähn-ten Mühlen, welche auf kleinen Erdzungen — durch Piloten consolidirt — selbst bis in den Fluß hinein gebaut sind, diesen sonach verengen und nicht blos eine gedeckte durch Kulturen und Uferschilf begünstigte Annäherung gestatten, sondern auch eine schnelle Ueberschiffung des eingeengten Flusses ermöglichen. Und wirklich versuchte der Feind um Mitternacht den Ueber-gang mittelst einiger Barken, der aber durch die Wachsamkeit unserer Vorposten entdeckt wurde. Einige wohlgezielte Schüsse nöthigten ihn augenblicklich wieder umzukehren, worauf er sich in die erwähnten am rechten Ufer befindlichen Häuser warf und ein heftiges Feuer unterhielt, welches von den Ogulinern etwa eine Stunde lang erwiedert wurde. Nach einiger Zeit nahm jedoch des Feindes Kleingewehrfeuer bedeutend

L                                                                    24

zu — er hatte wahrscheinlich eine ansehnliche Verstärkung erhalten — auch entwickelte er knapp am Ufer eine Tirailleurkette in einer Ausdehnung von beinahe 1000 Schritten. Oberstlieutenant Pließ von E. H. Albrecht-Infanterie, welcher hier die Vorposten kommandirte, war daher genöthigt auch seine Kette zuerst durch ½, und später noch durch eine ganze Kompagnie vom 2. Oguliner-Grenz-Bataillon zu verstärken und die Mühle am diesseitigen Ufer durch die 16. Kompagnie E. H. Albrecht-Infanterie zu besetzen; zugleich detachirte er zur größeren Sicherheit die 17. und 18. Kompagnie dieses Regiments ganz in die linke Flanke in der Richtung gegen Monzambano. Nach so getroffener Anordnung wurde das Kleingewehrfeuer von unserer Seite so kräftig unterhalten, daß der Feind wohl keinen weiteren Versuch einer Uebersetzung des Flusses wagte, dagegen aber bei den Ogulinern gegen Morgen Mangel an Munition eintrat, dem nur dadurch abgeholfen werden konnte, daß man von dem noch als Unterstützung aufgestellten Theile des 3. Bataillons E. H. Albrecht einigen Vorrath herbeiholte und hierdurch wieder im Stande war, das Feuer bis halb zehn Uhr Vormittags fortzusetzen.

Auch war um acht Uhr früh die zwölfpfündige Batterie Nr. 1 in Salionze angelangt, wo sie auf einer Höhe links des Ortes, und rechts an der Terrasse nächst der Kirche auffuhr und die feindlichen Infanterie-Abtheilungen und Geschütze vertrieb. Letztere kehrten jedoch mehrere Male wieder zurück und versuchten abzuprotzen; wurden aber zwei Mal, ohne einen Schuß thun zu können, daran verhindert, auch das dritte Mal gelang es ihnen nur einige unwirksame Schüsse zu machen, worauf sie gleich wieder zum Abzug genöthigt wurden.

Bei dem Nachtgefechte haben sich Hauptmann von Bunievacz, Oberlieutenant Oklopsia, dann die Lieutenants Oklopsia und Kossanović vom 2. Oguliner-Grenz-Bataillon durch muthvolles und umsichtiges Benehmen besonders hervorgethan. Von der Mannschaft werden rühmlich genannt, u. z. von der 9. Kompagnie Feldwebel Bozichević; von der 11. Feldwebel Jankisz, Korporal Mischchevicz und Gemeiner Toljan; von der 12. Feldwebel Liposchchek und Meroosch, dann Korporal Wuinović. Letzterer überschiffte im heftigsten beiderseitigen Feuer auf das rechte Ufer, durchbohrte mittelst einer mitgenommenen Eisenstange vier feindliche Fahrzeuge, und fuhr, als die-

selben untergesunken waren, im Angesichte einer an's Ufer vorrückenden
feindlichen Abtheilung unerschrocken wieder zurück. Unser Verlust war:
todt Oberlieutenant Chokesha und 6 Mann, verwundet 5 Mann
(sämmtlich vom 2. Oguliner-Grenz-Bataillon).

### Brückenschlag bei Salionze.

Um halb zehn Uhr Vormittags langte der Kommandant des Reserve-
Korps, Feldmarschall-Lieutenant von Wocher mit der Brigade Harabauer
bei Salionze an, welche die daselbst befindlichen Abtheilungen der Brigade
Wohlgemuth durch das Deutsch-Banater-Grenz-Bataillon ablöste, während
General-Major von Wohlgemuth mit dem Reste seiner Brigade die
Stellung von Brentina — gegenüber von Monzambano — besetzte, um
den dortigen Flußübergang zu bewachen.

Die zwölfpfündige Batterie Nr. 1 von der Artillerie-Reserve wurde
nun mit der einen Hälfte unter Lieutenant Richter links hinter Salionze
auf einem Bergrücken, mit der andern Hälfte unter Feuerwerker Kleiner
rechts von Salionze auf der Berglehne, die Raketen-Batterie Nr. 3 aber
im Dorfe selbst placirt, deren Feuer im Verein mit jenem der zwölfpfündigen Batterie unter persönlicher Leitung des Oberst Baron Stwrtnik
einen so günstigen Erfolg hatte, daß dadurch nicht nur das wiederholt versuchte Auffahren feindlicher Geschütze verhindert, sondern auch die feindlichen
Plänkler aus dem nächsten Bereiche des Uebergangspunktes entfernt wurden.

Unter dem Schutze dieses Feuers waren unterdessen unter Kommando
des Interims-Bataillons-Kommandanten Hauptmanns Maidich und des
mit seiner Kompagnie zum Brückenschlage beorderten Hauptmanns von
Grünbühl des Pionnier-Korps, die Vorarbeiten beendet, und es begann
der eigentliche Brückenschlag, zu dessen größerer Sicherung ½ Kompagnie
Deutsch-Banater und ¼ Raketen-Batterie unter Befehl des Lieutenants
Zwinger auf das jenseitige Ufer überführt, und zur Besetzung der dortigen Mühle angewiesen wurden.

Theils dem Feuer dieser Abtheilung, geführt von ihrem entschlossenen
Kommandanten, theils dem umsichtigen und muthvollen Benehmen der
Hauptleute Pavellic und Kollmann vom Deutsch-Banater-Grenz-
Regimente, welche mit ihren Kompagnien die Häuser am diesseitigen Ufer
besetzt hatten, und durch ihr wohlgezieltes Feuer die feindlichen Tirailleurs

24*

entfernt hielten, war es hauptfächlich zuzufchreiben, daß der Brückenfchlag einen ungehinderten Fortgang nehmen konnte. Lieutenant Oltjan, welcher fich befonders ausjeichnete, wurde bei diefer Gelegenheit nebft einigen Mann verwundet.

## Gefecht bei Salionje

### am 24. Juli.

Nach Vollendung der in Anbetracht vieler erfchwerender Umftände durch die lobenswerthe Thätigkeit, Umficht und Unerfchrockenheit des Hauptmanns Grünbühl ungemein fchnell hergeftellten Brücke, rückte das Bataillon Deutfch-Banater über felbe, und drängte den Feind in der linken Flanke des Uebergangspunktes zurück, während das 1. Bataillon Wocher nach bewerkftelligtem Uebergange und Formirung in Divifions-Kolonnen, mit dem 2. Bataillon en reserve in der Richtung von Ponti im Sturmfchritte vordrang, den Feind von Stellung zu Stellung warf, und ihm durch diefes entfchloffene Benehmen keine Zeit ließ, fich in feiner allerdings vom Terrain begünftigten Stellung feftzufetzen.

Bei diefem rafchen Vordringen zeichneten fich Oberlieutenant Regiments-Adjutant Baron Feldegg und Lieutenant Bataillons-Adjutant Fröhlich von Wocher-Infanterie, ganz befonders aus. Beide zu Fuß, trieben fie an der Spitze der Tiraillеurs der 1. Kompagnie die ihnen gegenüberftehenden feindlichen Plänkler in die Flucht, und nahmen die Anhöhe, über welche der nach Ponti führende Weg zieht. Nachdem der Feind auch die auf diefer Anhöhe gelegenen Häufer geräumt hatte, und die beiden genannten Offiziere denfelben noch weiter zu verfolgen im Begriffe waren, bemerkte Lieutenant Fröhlich ein feindliches Gefchütz; ohne fich lange zu befinnen, befchloffen nun die beiden Offiziere deffen Wegnahme mit ihrem kleinen Häuflein (2 Korporale und 13 Mann) zu verfuchen; doch die Bedienungsmannfchaft wartete den Angriff nicht ab, fondern ergriff, das Gefchütz im Stiche laffend, noch früher die Flucht. Auch gewahrte man noch am jenfeitigen Abhange der Höhe einen Munitionskarren nebft 2 Kanonen, von welchen aber die eine umgeftürzt und deren Bedienungs- und Bedeckungsmannfchaft ebenfalls auf der Flucht gegen Ponti begriffen waren. Sogleich fetzten fich die beiden Offiziere auch in den Befitz diefer Gefchütze, worauf fie diefelben

wendeten, ladeten, und die zu ihrer Wiedereroberung anrückende feindliche Abtheilung so wirksam beschossen, daß sie jedes weitere Vordringen
aufgab. Zu dieser Zeit langte auch die erste Abtheilung der nachgeschickten
Unterstützung unter Kommando des Oberlieutenants Ebenhöh von
Wocher-Infanterie, bei dem zuerst eroberten Geschütze an, dessen Bedienung
derselbe sogleich übernahm und den Feind mit nicht minder günstigem Erfolge beschoß. Später wurden diese 3 Geschütze — es waren achtpfündige
Kanonen — nebst dem aufgefundenen Munitionskarren durch die eigene
Fuhrwesen-Bespannung abgeholt und nach Salionze geführt.

Nach den bei der umgestürzten Kanone herumgelegenen Monturs-
und Rüstungsgegenständen zu schließen, hatte der Feind den Versuch gemacht, dieselbe wieder aufzurichten, wurde aber durch das schnelle Vorrücken
und dem Ungestüm der stürmenden Plänkler, deren Zahl er wahrscheinlich
für größer hielt, in seinem Vorhaben gehindert. Aus der Stellung der
anderen Geschütze auf einem schmalen Wege, der auf die Anhöhe führt,
geht hervor, daß er eben im Begriffe war, dieselben hinaufzuschaffen, um
sie dort gegen die anrückenden Truppen des Reserve-Korps zu gebrauchen.
Durch das entschlossene Vorrücken der beiden Offiziere mit ihren Plänklern,
welche durch das Terrain gedeckt waren, wurde aber der Feind getäuscht,
spannte die Pferde aus und ergriff die Flucht.

Außer den genannten Offizieren verdienen von der bei diesem Unternehmen betheiligten Mannschaft noch genannt zu werden: Korporale
Probst und Reindel, Gemeine Drab, Paulik und Jellek, dann
der Privatdiener Pelland. Auch hat sich der ad latus des Korps-Adjutanten Hauptmann Baron Fries bei dieser Gelegenheit ausgezeichnet,
indem er den beiden Offizieren mit gezogenem Säbel bis auf die Anhöhe
folgte, und später für die Nachsendung einer Unterstützung Sorge trug.

Die Brigade Hartdauer, welche durch drei Stunden den Uebergang
allein zu decken hatte, schlug unter Mitwirkung der am linken Ufer placirten Batterien zwei feindliche Angriffe in ihrer linken Flanke entschlossen
zurück, bis Nachmittags von der Brigade Wohlgemuth das Oguliner 2.
Grenz- und das 3. Bataillon E. H. Albrecht nebst einem Flügel Radetzky-
Hußaren und später auch die Brigade Suplikatz, welche gegen ein Uhr
Nachmittags den Befehl zum Uebergang erhielt, über den Mincio setzten und
gegen Monzambano vorpoussirten. Gegen Abend schob die Brigade Hara-

dauer — von der Brigade Maurer unterstützt — die Vorposten bis an den Scolo Redone vor, und verwendete während der Nacht eine Division Windischgrätz-Chevaux-legers zum Patrouilliren aufwärts gegen Peschiera, vorwärts gegen Pozzolengo und abwärts gegen Monzambano.

### Besetzung von Monzambano und Valeggio.

Wie bereits erwähnt, hatte General-Major von W o h l g e m u t h bei Prentina Stellung genommen, er stand rechts mit den Vortruppen bei Salionze, und links mit der Brigade Straffoldo am Monte Vento, in Verbindung. Um zu sehen, ob der in und links bei Monzambano aufgestellte Feind zum Rückzuge veranlaßt werden und man sich der Brücke bemächtigen könne, ließ General-Major W o h l g e m u t h gegen zwei Uhr Nachmittags eine Division Oguliner unter Hauptmann F a n f o g n a mit den beiden Haubitzen der Brigade-Batterie gegen diesen Ort rücken. Nach einigen gut angebrachten Granatenwürfen zogen sich die in der Kultur und im Orte selbst gedeckt aufgestellten feindlichen Truppen eiligst in der Richtung gegen Pozzolo zurück. Hauptmann F a n f o g n a war unterdessen bis an die Brücke vorgerückt, fand jedoch diese zum großen Theile auf dem linken Ufer abgetragen. Nun ließ General W o h l g e m u t h einen Nothsteg herstellen und den Ort und die Brücke gehörig besetzen, während eine Abtheilung Oguliner die feindlichen Traineurs auf ihrem Rückzuge verfolgte, bei welcher Gelegenheit Korporal W u i n o v i ć 2 Gefangene machte.

Die Einwohner von Monzambano hatten alsbald eine Deputation dem österreichischen General entgegen geschickt, welche ihm ihre Unterwerfung so wie ihre Zufriedenheit über die Befreiung von dem drückenden Joche der Mailänder-Signori kund gab.

Nach vierstündiger Arbeit war die Brücke durch die Thätigkeit des Pionier-Lieutenants Z e l b r für jede Truppengattung wieder praktikabel gemacht, worauf General-Major W o h l g e m u t h um eilf Uhr Nachts mit seiner Brigade über den Mincio ging, und sich mit den von Salionze her in Monzambano schon angelangten oben erwähnten 2 Bataillons und einem Flügel Hußaren seiner Brigade, wie auch mit der Brigade Suplikatz vereinigte. Seine Vortruppen dehnten sich Nachts bis gegen Borghetto, gegenüber Valeggio, aus.

Der Feldmarſchall hatte an dieſem Tage früh Morgens den General-Quartiermeiſter der Armee nach Salionze geſendet, um ſich von dem Fort-gange des Brückenſchlages und der Beſetzung der Höhen am rechten Mincio-Ufer zu überzeugen. Als er durch denſelben den Rapport von dem ungeſtörten Gange der Operationen daſelbſt, ſo wie von dem wahrſcheinlichen baldigen Uebergange der Brigade Wohlgemuth des 1. Korps bei dem vom Feinde nur ſchwach beſetzten Orte Monzambano empfing, verfügte er ſich gegen eilf Uhr Vormittags aus ſeinem Hauptquartier Palazzo Alzarea über Olioſi auf den Monte Vento und rekognoszirte die Gegend gegen Valeggio und Villafranca. Als er von hier aus die ganze Ebene ruhig vor ſich liegen ſah, und zugleich die Nachricht erhielt, daß der nur 12 bis 1400 Mann ſtarke Feind ſelbſt Valeggio bei Annäherung einiger Vortruppen geräumt habe, beorderte er die Brigade Straſſoldo, welche bis dahin am Monte Vento unverändert ſtehen zu bleiben angewieſen war, mit einer Avantgarde von 2 Kompagnien des 10. Jäger-Bataillons, 2 Kompagnien Warasdiner-Kreutzer, der Oberſtlieutenants 2. Eskadron Radetzky-Huſzaren und 2 Ge-ſchützen vorzugehen und Valeggio zu beſetzen, was gegen fünf Uhr Nach-mittags erfolgte.

#### Kavallerie-Gefecht bei Valeggio
##### am 24. Juli.

Oberlieutenant Karvallyi von Radetzky-Huſzaren, hatte mit ſeinem Zug die Vorpoſten auf der nach Villafranca führenden Straße bezo-gen, als er plötzlich eine große Staubwolke bemerkte — eine Diviſion piemonteſiſcher Lanciers rückte zur Wiederbeſetzung Valeggio’s im ſcharfen Tempo an. Allſogleich ſammelte Karvallyi ſeinen Zug und, die Vor-theile benützend, welche ihm die zwiſchen zwei tiefen Gräben eingeengte Straße bot, attaquirte er die Tête der feindlichen Kavallerie, wurde aber, wie natürlich durch die große Uebermacht geworfen. Er attaquirte dennoch zum zweiten Male mit demſelben Muthe, die herumlaufenden Pferde hinder-ten jedoch ſeine Abtheilung ihre Ueberlegenheit im Reiten geltend zu machen; bald war Alles handgemein. Der Feind gewann keinen Schritt breit Boden, bis es einem Lancier gelang dem tapferen Oberlieutenant ſeine Lanze in den Leib zu rennen; er ſtürzte und nur der bereits eingetretenen Dunkelheit verdankte er ſeine Rettung. Korporal Németh, welchem nach der Verwundung des Offiziers das Kommando zufiel, hielt noch einige Zeit lang das Gefecht; endlich mußte sich die kleine Schaar wieder zurückziehen.

In diesem Augenblicke jedoch sprengte Rittmeister von Christophe mit dem Reste der Eskadron vor, und warf den Feind in einer gelungenen Attaque zurück.

Außer den genannten Offizieren haben sich in diesem Vorposten-Gefechte noch ausgezeichnet: Oberlieutenant Fabry, die Korporale Németh und Beringer, dann die Gemeinen Domorhos, Horváth, Pulan, Gervaviß, Huszar, Krißa, Stulzer und Valerbits.

Der fernere Angriff des Gegners, den er sogar durch sein Geschütz, welches 20 bis 30 Schüsse machte, zu unterstützen suchte, wurde durch einige Kanonenschüsse unserer Seits abgewiesen.

———

Gegen neun Uhr kam das 1. Bataillon Hohenlohe unter Oberst Görger nach Valeggio; dagegen hielten 4 Kompagnien des 10. Jäger-Bataillons über Nacht den Monte Vento besetzt.

Die Brigade Clam des 1. Korps war angewiesen bis zur Ankunft der Brigade Simbschen, in ihrer Aufstellung auf den Höhen bei Custozza zu verbleiben. Demgemäß blieb dieselbe auf dem Monte Torre und Monte Mamaor bis fünf Uhr Nachmittags (zu welcher Stunde die Avantgarde der Brigade Simbschen daselbst eintraf), worauf sie rechts abmarschirte, um die Stellung zwischen Femletto, Gardoni und S. Zeno — in Verbindung mit dem Monte Vento und Valeggio bleibend — zu beziehen.

Oberst Wyß beobachtete mit 6 Eskadronen E. H. Carl-Uhlanen den vorliegenden offenen Terrain und bestritt die Vorposten zwischen Valeggio und Gherla.

Die Artillerie-Reserve und der Brücken-Train des 1. Armee-Korps kamen Abends nach Valpezzone südwestlich von Oliosi.

Indem nun auf diese Weise das 1. und das Reserve-Korps ihre Bewegungen längs des Mincio ausführten, Valeggio diesseits, Monzambano jenseits besetzten und die Vorposten bis gegen Borghetto vorpoussirten, hatte das 2. Armee-Korps, welches den 23. Abends bei Castelnovo concentrirt stand und Cola und Sandrà besetzt hielt, im Laufe des 24. mit der Brigade Kerpan eine Vorrückung gegen Pastrengo und mit der Brigade Edmund Schwarzenberg nach Colà unternommen. um die Verbindung mit dem mittlerweile von Rivoli im Anmarsche begriffenen 3. Armee-Korps herzustellen und zugleich die vielleicht noch daselbst befindlichen feindlichen Truppen aufzureiben. Nachdem jedoch selbst das 3. Armee-Korps keinen Feind mehr vor sich fand, denn wie wir wissen, hatte sich derselbe in der Nacht über Peschiera und den See zurückgezogen, daher es selbst gegen Colà und Sandrà vorrückte, wurde zur Beobachtung Peschiera's die Brigade Kerpan wieder nach Castelnovo und die Brigade Schwarzenberg wieder nach Cavalcaselle beordert, bis am folgenden Tage das 3. Armee-Korps daselbst anlangen würde, um diese Festung auf beiden Ufern zu cerniren.

Die Meldungen von diesen Bewegungen des 2. und 3. Armee-Korps erhielt der Feldmarschall, als er nach drei Uhr Nachmittags in sein Hauptquartier Alzarea zurückkehrte. Da er aber von dem Anmarsche der Brigade Simbschen, welche die linke Flanke der Armee decken sollte, noch keine Rapporte hatte, ließ er aus Vorsicht einige Kompagnien von dem noch bei Oliosi befindlichen Regimente E. H. Carl gegen Sommacampagna beordern, um diese Höhen zu besetzen. Ferners schickte er dem Militär-Kommando in Verona den Befehl zu: die Brigade Perin — aus 2 Bataillons Reisinger, dem 2. Bataillon Wiener-Freiwillige, ⅛ Eskadron und 1 Raketen-Batterie bestehend, — von Verona noch in der Nacht zur Verstärkung der Armee nach Castelnovo zum 3. Armee-Korps zu senden, welches nach der Absicht des Feldmarschalls am folgenden Tage auf jeden Fall eine Reserve der Armee zu bilden hatte. Der Brigade Perin sollten dann später noch 2 Bataillons des 2. Banal-Grenz-Regiments nachfolgen.

Das 2. Armee-Korps erhielt vorläufig die Weisung den 25. um zwei Uhr früh mit 3 Brigaden bei Salionze über den Mincio zu gehen, das 3. Armee-Korps aber, die 4. Brigade des 2. Korps am frühesten Morgen in der Cernirung von Peschiera abzulösen.

Wir haben bereits erwähnt, daß man auf einen Angriff unserer Stellung bei Custozza, gefaßt sein mußte; dennoch schien man im Hauptquartier des Feldmarschalls mit Zuversicht darauf zu rechnen, daß sich der König in Folge des von den kaiserlichen Waffen am 23. erfochtenen Sieges bei Goito, auf's rechte Mincio-Ufer zurückziehen werde — was aber, wie wir bald sehen werden, nicht der Fall war. In dieser Voraussetzung blieb die linke Flanke der Armee-Aufstellung ziemlich vernachläſſigt *). Der Feldmarſchall hoffte bei den (oben beſchriebenen) im Laufe des Tages vorgenommenen und anbefohlenen vorwärtigen und Flankenbewegungen der Armee, für ſeinen Rücken und für ſeine Kommunikationen mit Verona unbeſorgt ſein zu können. Denn am Vormittag konnte der Feind — da er noch nicht geſammelt war — blos partielle Bewegungen in die Ebene zwiſchen Verona und Sommacampagna unternehmen, welchen ſowohl die zu Ausfällen ſtets bereite Garniſon von Verona, als auch die von Mantua über Iſolalta nach Sommacampagna marſchirende 5000 Mann ſtarke Brigade Simbſchen vollkommen gewachſen waren. Für jede bedeutendere Umgehung des linken Flügels und Bedrohung des Rückens der Armee aber, welche früheſtens im Laufe des Nachmittags ſtattfinden konnte, hielt ſich der Feldmarſchall eben ſo mittelſt der Verſtärkung des linken Flügels (durch die erwähnte Brigade Simbſchen), ſo wie durch die Stellung der bis zu deren Ankunft noch bei Cuſtozza befindlichen Brigade Clam, ferners der Grenadier-Brigade in Olioſi und des 2. Armee-Korps in Caſtelnovo, welche ſogleich gegen Monte Godio und Sommacampagna dirigirt werden konnten, hinlänglich geſichert.

---

*) Einen Beweis, daß man im Hauptquartier des Feldmarſchalls am 24. Juli noch keine Ahnung hatte, daß die Hauptmacht des Feindes bei Villafranca ſtehe, und daß ſie Flanke und Rücken der bereits theilweiſe über den Mincio gegangenen öſterreichiſchen Armee bedrohe, liefert folgender, an den General-Major Baron Simbſchen auf deſſen Meldung von einem übermächtigen feindlichen Angriff, gerichteter Befehl:

N. 1847./op.

Hauptquartier Alzarea, ben 24. Juli 1848.

„Auf die erhaltene mündliche Meldung, daß Sie in der Flanke angegriffen ſind, finde ich Ihnen zu erwiedern, daß in dieſem Augenblicke, wo es ſchon gegen Abend geht, keine zweite Brigade als Soutien geſendet werden kann, wenn nicht der rechts von Ihnen ſtehende G.-M. Gr. Clam Sie zu degagiren im Stande iſt.

Ich kann nicht glauben, daß ſehr bedeutende Kräfte Ihnen gegenüber ſtehen, da man vom Monte Vento die ganze Gegend überſieht, und mir bis nun nichts gemeldet wurde.

Sollten Sie jedoch ſich zurückzuziehen gezwungen ſein, ſo wollen Sie mir noch in der Nacht melden, bis wohin Sie Ihren Rückzug genommen, und wie ſtark der Feind iſt, damit ich Sie von Caſtelnovo aus oder über Sommacampagna unterſtützen kann.

Radetky m/p. FM.

(Dieſer Befehl kam jedoch dem General-Major Baron Simbſchen gar nicht in die Hände.)

Zur Vorsorge für alle Fälle ertheilte der Feldmarschall auch noch an diesem Tage dem Pionnier-Kommandanten der Armee den Befehl, mit dem gesammten in Castelnovo vereinigten Brückentrain über Pastrengo nach Ponton zu rücken und daselbst eine Brücke zu schlagen, um im Falle, als ein Rückzug der Armee auf dem geraden Wege nach Verona gefährdet würde, selbe über Castelnovo auf Pastrengo und dann auf dem linken Etsch-Ufer in das verschanzte Lager von Verona wieder zurückführen zu können.

Es war bereits Abend geworden. Der Feldmarschall wartete nur die Rapporte der verschiedenen Korps ab, um noch in der Nacht das Erforderliche für einen oder den andern der oben angeführten Fälle zu bestimmen, als nach halb acht Uhr durch die mündliche Meldung eines von der Brigade Simbschen abgesandten Offiziers, so wie gegen acht Uhr durch den Rapport der früher auf Sommacampagna in Marsch beorderten Kompagnien von E. H. Carl die Nachricht von einem Angriff des Feindes mit großer Uebermacht auf die Brigade Simbschen, und spät in der Nacht deren Rückzug von den Höhen von Sommacampagna und Custozza theils gegen Verona, theils über den Monte Godio in der Richtung von S. Giorgio in Salice bekannt wurde.

### Gefecht bei Sommacampagna
#### am 24. Juli.

Die bei Sanguinetto gestandene Brigade des General-Majors Fürst Franz Liechtenstein, — nunmehr von General-Major Baron Simbschen befehligt — und aus dem 1. Bataillon Nugent-, 2 Bataillons Prinz Emil-, 2 Bataillons Haynau-Infanterie, dem 1. Bataillon Teutschbanater, 1 Division E. H. Carl-Uhlanen, $\frac{1}{4}$ Fuß- und $\frac{1}{8}$ Kavallerie-Batterie bestehend, hatte am 22. Juli den Befehl erhalten, von Sanguinetto entweder über Isola della Scala oder Villafontana dergestalt gegen Isolalta zu marschiren, daß sie den 24. daselbst eintreffe, um dann mit Umgehung von Villafranca über Ganfardine weiter gegen Sommacampagna vorzurücken, und sich mit der Armee zu vereinigen. Demgemäß brach diese Brigade am 22. Abends acht Uhr mit ihrem Gros von Sanguinette auf und rückte nach Bovolone, woselbst sie alle detachirten Abtheilungen an sich zog. Vom 1. Bataillon Emil jedoch war der Hauptmann Dölzer mit anderthalb Kompagnien in Concamarise stehen geblieben, um die Ankunft des Bataillons zu erwarten. Diesem Detachement näherte sich eine feindliche Patrouille, welcher jedoch genannter Hauptmann obgleich er ihr nachsetzte, des Unwetters halber, nicht habhaft werden konnte. Später erfuhr man, daß der Feind die Brigade zu überfallen beabsichtigte; doch die Finsterniß der Nacht und das furchtbare Wetter vereitelte sein Vorhaben. Als Hauptmann Dölzer von dem Vorbeimarsch des Batail- lons Nachricht erhielt, war es bereits zu spät, um aus dem Geräusch dessen Marschrichtung zu erkennen. In der Ungewißheit, wohin er nachfolgen solle, schlug er anfangs die Richtung gegen Isola della Scala ein; zum Glück gewahrte er noch zur rechten Zeit, daß dieser Ort vom Feinde besetzt sei. Er erreichte später das Bataillon in Bovolone, wo die Brigade Halt gemacht hatte. Nach kurzer Rast wurde nach Villafranca abgerückt, wo die Brigade um drei Uhr früh eintraf. Hier sollte abgekocht werden; doch die Zeit des Abkochens war so knapp bemessen, daß der größte Theil der Mannschaft ihre noch ungenießbare karge Ration stehen ließ. Die Bri- gade setzte sofort ihren Marsch bis Buttapietra fort, wo sie ein Bivouac bezog. Wein und Brot waren hier in so geringer Menge vorhanden, daß die ermüdeten Soldaten es vorzogen, der Ruhe zu pflegen. Von Butta- pietra aus wurde der beim General-Quartiermeisterstabe zugetheilte Ober- lieutenant Rosenzweig von Haugwitz-Infanterie, gegen Verona voraus- gesendet, um Erkundigung über die Stellung der Hauptarmee einzuziehen, welche an diesem Tage schon die Höhen von Sommacampagna und Sona genommen und den Feind geschlagen hatte.

In Folge dieser Nachrichten setzte sich die Brigade am 24. Nachts zwei Uhr wieder in Bewegung, und nahm ihre Richtung über Dosdega und Calzoni nach Sommacampagna. In der Nähe von Calzoni erhielt sie durch den Rittmeister Fregen von Baiern-Dragoner, den mündlichen Befehl, zwischen Sommacampagna und Custozza Stellung zu nehmen, ihren rechten Flügel an den Tione zu stützen und sich dadurch mit der ebenfalls mit ihrem linken Flügel an den Tione gestützten Brigade Clam zu verbinden.

Die Brigade traf Mittags in Sommacampagna ein, welcher Ort von einer Kompagnie E. H. Carl-Infanterie und einem Zug Windisch- grätz-Chevaux-legers besetzt war. Die Truppen — von dem im heftigsten Regen, welchem die drückendste Sonnenhitze folgte, zurückgelegten Gewalt-

marſche ganz erſchöpft — lagerten in den Gaſſen des von ſeinen Bewohnern verlaſſenen und Tags vorher geplünderten Ortes. Die Häuſer waren
theils verwüſtet, theils geſchloſſen. Die Mannſchaft, die auf dem glühend
heißen Pflaſter in den Gaſſen keine Ruhe finden konnte, ſuchte in den nächſten Gärten unter dem Schatten der Bäume Schutz gegen die verſengenden
Sonnenſtrahlen. Vergebens hatte man gehofft, im Orte abkochen zu können. Auf die dießfalls geſtellte Anfrage erhielten die Offiziere durch den
Generalſtabs - Offizier der Brigade, Oberlieutenant R o ſ e n z w e i g den
Beſcheid „die Mannſchaft möge ſehen, wo ſie etwas finde." Dieſe Worte
hatten ſich ſchnell verbreitet, eben ſo die Anzeige, daß im Schloſſe Wein
vorhanden ſei. Das zuerſt eingerückte Regiment Haynau hatte einen Keller
entdeckt, wo nun die Vertheilung des Weines durch 2 Landleute bewirkt
wurde. Daß dieſe Manipulation den nach Trunk lüſternen Soldaten nicht
genügen konnte, iſt ganz erklärlich; und ſo geſchah es, daß ſie ſich ihre
Rationen nach eigenem Ermeſſen nahmen, wodurch Einige betrunken und
kampfunfähig wurden.*) Allerdings entging dadurch eine geringe Anzahl
Kämpfer dem bevorſtehenden Geſechte, doch verliert dieſer Umſtand jede
Bedeutung, wenn man bedenkt, daß die übrige Mannſchaft ohne dieſer
Labung, nach den überſtandenen Fatiguen unmöglich im Stande geweſen
wäre, einen fünfſtündigen Kampf gegen eine außer jedem Verhältniß ge-
weſene Uebermacht feſten Fuſſes zu beſtehen.

General-Major Baron S i m b ſ c h e n hatte dem erhaltenen Auftrage
gemäß, folgende Diſpoſition getroffen: Das Regiment Baron Haynau
beſetzt mit 4 Kompagnien nebſt 3 Geſchützen Cuſtozza, ſich rechts an den
Tione lehnend; 6 Kompagnien bleiben en reserve u. z. 2 in il Gorgo,
4 auf der Straße und Anhöhe nördlich von Cuſtozza. Das Regiment
Prinz Emil bildet das Centrum der Aufſtellung, es beſetzt mit dem 1. Bataillon und 3 Geſchützen die Höhe ober il Gorgo bis gegen Staffalo, das
2. Bataillon bleibt en reserve an der Straße bei Palazzo. Den linken
Flügel bildet das Bataillon Deutſchbanater, indem es auf der Anhöhe weſt-
lich von Sommacampagna Stellung nimmt. Das Bataillon Nugent beſetzt den Ort Sommacampagna; 6 Züge Uhlanen und 1 Zug Huſaren

*) Die ſchändlichen Gerüchte, zu denen dieſer Uebelſtand ſpäterhin Anlaß gab,
nöthigen uns hier anzuführen, daß ſich die Zahl der Trunkenen höchſtens auf 2 bis
3 Mann bei einigen Kompagnien belief.

bleiben am linken Flügel als Reserve; 1 Zug Uhlanen kommt als Piquet auf die Einsattlung östlich von Custozza, 1 Zug dorthin, wo der Tione-Bach in die Ebene tritt. Als allgemeiner Rückzugspunkt ward S. Giorgio in Salice bezeichnet.

General-Major Baron S i m b s ch e n brach um ein Uhr Nachmittags mit der einen Hälfte seiner Brigade — 2 Bataillons Haynau-Infanterie, der Uhlanen-Division und der halben Fußbatterie — von Sommacampagna gegen Custozza auf, um dort die Stellung des Generals C l a m zu übernehmen. Dessen Brigade hatte, wie wir wissen, vom 1. Armee-Korps-Kommando den Befehl erhalten, sich mehr gegen den Monte Vento zu ziehen, und der Brigade Simbschen die Besetzung des westlich von Custozza gelegenen Monte Mamaor zu überlassen. Hierdurch war die Stellung der Brigade Simbschen noch mehr ausgedehnt, und falls der Monte Mamaor nicht gehörig besetzt würde, ihre rechte Flanke und die Verbindung mit der Brigade Clam gefährdet.

Nach dem Abmarsche der halben Brigade gegen Custozza hielt sich die andere (noch in Sommacampagna) gebliebene Hälfte, wo man den Tags vorher erfochtenen Sieg erfahren hatte, auch die Nähe eines übermächtigen Gegners durch Nichts verrathen war, in dem im Rücken der Armee gelegenen Orte so sicher, daß sie sogar alle Sicherheitsmaßregeln unterließ. Es wäre dem Feinde ein Leichtes gewesen, diese Halb-Brigade im Orte selbst zu überfallen.

Um drei Uhr Nachmittags brach das Regiment Prinz Emil von Sommacampagna auf, auch das Bataillon Deutschbanater wendete sich bald den ihm bezeichneten Höhen zu. Irrthümlich schlug die Kolonne des ersteren die in die Ebene nach Villafranca führende Straße ein; erst nach Verlauf einer Viertelstunde gewahrte man diesen Fehler, wodurch bis zur Gewinnung des richtigen Weges, welcher über die Abhänge gegen Custozza führt, ein Zeitverlust von beinahe einer halben Stunde verursacht wurde, die unter günstigen Umständen vielleicht hingereicht hätte, die angewiesene Position zu erreichen.

Kurz, nachdem die Queue der Kolonne den oberwähnten Weg wieder gewonnen hatte, wurden in der Richtung von Villafranca und zwar auf der eben verlassenen Straße langgedehnte Staubwolken sichtbar; Carl Albert war um drei Uhr Nachmittags von Villafranca mit den Brigaden

Garde, Piemont, Cuneo und Aosta, in den Flanken durch eine Kavallerie-Division gedeckt, aufgebrochen, um die Stellung von Custozza, Staffalo und Sommacampagna anzugreifen.

Es galt nun zu wählen, was möglich und zweckmäßig sei: Die Vereinigung mit der früher abmarschirten Halbbrigade, die Vereinigung mit dem Bataillon Nugent in Sommacampagna, oder der Rückzug über die Höhen in der Richtung gegen S. Giorgio in Salice. Zur Vereinigung mit der andern Hälfte der Brigade, gebrach es an Zeit; eben so schien eine Vereinigung mit dem Bataillon Nugent, d. h. die Besetzung des Ortes Sommacampagna, bei der Nähe der rasch vordringenden feindlichen Avantgarde kaum mehr möglich; ein gänzlicher Rückzug über die Höhen war zwar schwierig, aber jedenfalls ausführbar. Die vom Feinde eingeschlagene Straße vereinigt sich nämlich mit der längs der Abhänge nach Custozza führenden unter einem spitzen Winkel bei Sommacampagna. Das zwischenliegende Terrain, von Gräben durchschnitten, mit Bäumen und Weinpflanzungen bedeckt, hatte zwischen den beiderseitig erreichten Punkten die Breite des weitesten Geschützertrages. Der Rückzug in die rechte Flanke der Kolonne gegen S. Giorgio konnte also vom Feinde wohl erschwert aber nicht verhindert werden. Einige kostbare Minuten der Ueberlegung brachten alle diese Umstände in Betracht. Nach der Ansicht des Oberstlieutenants Baron Sunstenau von Emil-Infanterie, daß es für die Hauptarmee von der größten Wichtigkeit sei, den Feind hier aufzuhalten, war der Entschluß gefaßt, den ungleichen Kampf dort anzunehmen, wo man eben stehe, und denselben bis auf's Aeußerste auszuhalten. Das Regiment Emil schwenkte also auf der Straße auf, wornach es auf der Mitte des Abhanges stand, sein rechter Flügel lehnte sich an das Thal bei Staffalo, durch welches die Straße nach S. Giorgio in Salice führt; sein linker war etwa 2000 Schritte von Sommacampagna entfernt. Die mit dem Regimente marschirten 3 Geschütze der Kavallerie-Batterie Nr. 9 unter Oberfeuerwerker Huna kamen in das vergrößerte Bataillons-Intervall. Das Bataillon Deutsch-Banater, welches seinen Marsch noch eine Strecke weit fortsetzte, hatte die ihm angewiesene Stellung auf den Höhen von Berettara in 2 Treffen eingenommen.

Der Feind richtete seinen Marsch in mehreren Kolonnen gerade gegen die Höhen. — Eine Kolonne rückte gegen den Einschnitt, durch welchen die Straße nach S. Giorgio in Salice führt und der die Höhe von Custozza und Sommacampagna scheidet; gerade dieser Punkt war es, der durch die Trennung der Brigade Simbschen nicht besetzt war, und wo der Gegner am leichtesten Fortschritte machen konnte. Eine 2. feindliche Kolonne verfolgte den geraden von Villafranca nach Sommacampagna ziehenden Weg, auf welchem sie sich durch Frontirung dem Regimente Emil vis-à-vis befand. Eine 3. (meist aus Kavallerie und Geschütz bestehende) Kolonne bewegte sich auf der Hauptstraße gegen Verona, bog dann links ein, und rückte über Accademia gegen Sommacampagna.

Um fünf Uhr Nachmittags erfolgten die ersten feindlichen Kanonenschüsse bei Sommacampagna, und kurz darauf griffen feindliche Tirailleurs den linken Flügel des Regiments Haynau an. Da das Centrum der Stellung, wie bereits erwähnt, durch das Regiment Emil noch nicht besetzt war, so drang der Feind mit starken Kolonnen im Thale auf der nach S. Giorgio in Salice führenden Straße vor, schwenkte dann in die linke Flanke des rechten Flügels der Aufstellung, wo das brave Regiment Haynau unter der Leitung seines tapferen Oberst Wolf und des General-Majors Baron Simbschen bis in die Nacht dauernden, hartnäckigen Widerstand leistete, nöthigte zugleich die im Thale aufgestellte Uhlanen-Division zum Rückzuge gegen S. Giorgio in Salice, und schwenkte hierauf in die rechte Flanke des Regiments Emil — des linken Flügels der Brigade — ein. Oberstlieutenant Baron Sunstenau warf die 1. Division, deren eine Hälfte in Plänkler sich auflöste, die andere als Unterstützung nachfolgte, dem Feinde entgegen. Es währte nicht lange, so entspann sich ein Tirailleurgefecht, das auch bald am linken Flügel seinen Anfang nahm. Hier warf Oberst von Bolza die 11. Kompagnie dem Feinde entgegen. Bald hatte sich auch die 2. Hälfte der 1. Division in Plänkler aufgelöst. Die 3. Kompagnie wurde rechts, die 4. links der Geschütze aufgestellt, welche das Feuer einer vor der Front aufgefahrenen feindlichen Batterie lebhaft erwiederten; die 3. Division bildete die Reserve. Als der Feind, wie bereits angeführt, in der rechten Flanke des Regiments Emil erschien, mußte zu deren Sicherung noch die 2. Division rechts der 1. postirt werden; endlich erforderte die Uebermacht des Feindes etwas später eine ähnliche Verstärkung auch auf dem linken Flügel durch die 5. Division. Von diesem Augenblicke an standen also im Centrum neben den Geschützen nur noch die 3.

und 4. Division (die 12. Kompagnie war zum Schuße des Bagage-Trains
in Sommacampagna zurückgeblieben); doch hatten die Vortruppen durch die
reglementmäßige Aufstellung von Unterstüßungen und Reserven noch immer
eine befriedigende Widerstandskraft. Neu erscheinende dichte Plänklerschwärme,
denen ganze Bataillone folgten, und die Verlängerung der Frontlinie machten
es nothwendig, daß dieser Vortheil aus der Hand gegeben und nach und nach
alle geschlossenen Abtheilungen in die Kette gezogen werden mußten. Diese
durch Umstände herbeigeführte, gegen den Grundsaß der Taktik verstoßende
Maßregel erfolgte in jenem Gefechtsmomente, als der Feind in der rechten
Flanke des Regiments sich mit der drohendsten Uebermacht entwickelte und
durch Gewinnung der Straße beide Brigade-Flügel trennte.

Durch den Marsch im Thale und durch die Kultur wurde dieses
Manöver des Feindes anfangs verdeckt; doch dem umsichtigen Blicke des
überall thätig eingreifenden Oberstlieutenants Baron S u n ste n a u konnte
es nicht lange entgehen. Er führte die 4., endlich auch die 3. Division
dem bedrohten Flügel zu Hilfe, und bald waren alle diese Abtheilungen
im heftigsten Kleingewehr- und Kartätschenfeuer, zumal der Feind eine neue
Batterie demaskirt hatte. Die leßte geschlossene Abtheilung war somit aufgelöst — das Schicksal jener Halbbrigade einzig und allein in die Beweglich-
keit und Ausdauer einer langgedehnten Plänklerkette von 11 Kompagnien
gelegt.

Der Feind hatte diese Linie öfter und an mehreren Stellen durchbrochen. Immer wieder gelang es, das verlorne Terrain mit dem Bajonnete
zurück zu erobern, und der Feind blieb noch wie vor über die ihm gegen-
überstehende geringe Truppenzahl getäuscht. Seine Uebermacht wurde immer
größer, sein Feuer immer heftiger, während das unsere nachließ und die
Munition zu fehlen begann. Schon waren mehrere Offiziere verwundet,
und dadurch dem Gefechte entzogen, ihre Abtheilungen den Interims-Kom-
mandanten untergestellt worden — das Regiment Emil stand und wich
aus der ursprünglichen Aufstellung keinen Schritt zurück. Der Abend begann sich zu neigen, als Oberstlieutenant S u n ste n a u am rechten Fuße
verwundet wurde. Auf dringendes Bitten der Offiziere, sich verbinden zu
lassen, trug er dem Hauptmann M i l d e bei seiner Ehre und seinem Pflicht-
gefühle auf, die vorliegende, das Thal begrenzende Höhe des Monte Boscone, welche vom Feinde bereits erstiegen war, zu nehmen und auf's Neu-

ferste zu halten, denn ihre Behauptung war von größter Wichtigkeit. Mit vieler Bravour griff **Milde** den Feind an, und warf ihn über die erwähnte Anhöhe ins Thal wieder hinab.

Mittlerweile hatten die Piemontesen ihre beiden Flügel immer mehr ausgebreitet. Schon war in der linken Flanke des Regiments Emil das Feuer des Feindes im Rücken hörbar, und am rechten Flügel hatte er sich mit neuen Kräften nun vollends der Höhen bemächtigt, von denen er nur auf kurze Zeit vertrieben werden konnte. Vergebens hoffte man auf Unterstützung, dennoch galt es den Widerstand so lange als möglich fortzusetzen. In diesem höchst kritischen Momente sammelte Oberstlieutenant **Sunstenau**, eben vom Verbandplatze kommend, die Mannschaft der 5. und eines Theiles der 2. Kompagnie unter Hauptmann Baron **Saamen**, und stürzte, sich an ihrer Spitze todesmuthig, seinen Hut hoch schwingend, unter dem Rufe: „Dfte se Hanady!" (Haltet Euch, Hanaken!) gegen den Feind. Dessen Kette weicht, sein Feuer verstummt, da hemmt ein tiefer Graben, nur noch 20 Schritte von den feindlichen Reserven entfernt, das weitere Vordringen, und eine mörderische Decharge empfängt die Stürmenden. Oberstlieutenant Baron **Sunstenau** sinkt, von zwei Kugeln in Kopf und Brust getroffen, todt vom Pferde. Mit ihm war die Seele des Kampfes gewichen; doch hielten die erbitterten Soldaten das eroberte Terrain bis zum Einbruch der Dämmerung. Der Gegner war nicht im Stande die verlornen Baumreihen eher wieder zu nehmen, bis der gänzliche Verbrauch der Munition und der Mangel an Unterstützung, endlich das Durchbrechen unserer Linie an mehreren Stellen, den Rückzug unausweichlich machten. Dieser war um so schwieriger auszuführen, als der Regiments-Kommandant Oberst von **Bolza** von der Truppe abgeschnitten, und dessen Stellvertreter Major **Czykanek** durch Verwundung außer Stande war, dieselbe zu leiten. Oberst **Bolza** beabsichtigte nämlich den Gang des Gefechtes in Sommacampagna selbst kennen zu lernen, um hiernach den bereits vorauszusehenden Rückzug des Regiments zu bestimmen. Bei seinem Anlangen in genanntem Orte hatte das Bataillon Nugent denselben bereits geräumt; er wurde nur noch von der Arrieregarde (einer Kompagnie dieses Bataillons und der halben 12. Kompagnie von Prinz Emil unter Lieutenant **Theuerkauf**) vertheidigt. Der Rückzug hieher war somit unmöglich, denn bald mußte des Feindes Uebermacht die Eingänge forcirt haben.

Seiner Stabs-Offiziere beraubt, stand das Regiment bei Beginn des Rückzuges unter Kommando des Hauptmanns Reiß. Derselbe ordnete nun die weichenden Abtheilungen und gerieth bis zu den ohne aller Bedeckung stehen gelassenen Geschützen. Da die Abwesenheit des Regiments-Kommandanten Niemand bekannt war und Hauptmann Reiß diese Unkenntniß theilte, stellte er sich in der Dringlichkeit des Augenblickes die schwierige Aufgabe, die in die höchste Gefahr gerathenen Kanonen zu retten. Mit Hilfe einiger Offiziere und einer schnell ralliirten Abtheilung gelang es ihm, trotz des Andranges des Feindes, auf vielen Umwegen und mit Ueberwindung bedeutender Terrain-Hindernisse die Geschütze in Sicherheit zu bringen.

Der Rückzug des Regimentes erfolgte unter den schwierigsten Verhältnissen. Die Kompagnien, durch die oftmalige Verwendung in den verschiedenen Richtungen, in ihren Nummern verworfen, durch stets erneuerte Detachirungen zersplittert, hatten allen taktischen Verband verloren. Uebermacht des Gegners, Mangel an aufnehmenden Abtheilungen, so wie die Unkenntniß der Rückzugslinie bei den einzelnen Führern würden hingereicht haben, diesen Rückzug als schwerste taktische Aufgabe zu charakterisiren. Bringt man hiezu die gänzliche Erschöpfung der Mannschaft, Mangel an Munition und das übermüthige Vordringen des Feindes nach dem Verstummen unseres Feuers in Anschlag, so wird es wohl erklärlich, daß das Regiment Prinz Emil in einzelnen Haufen zersprengt und nicht in guter Ordnung in Verona einrückte.

Noch wußte man nicht, wie sich das Gefecht in Sommacampagna entschieden habe. Man glaubte den Ort vom Bataillon Nugent gehalten, und suchte in einer Vereinigung mit diesem, die Möglichkeit erneuerten Widerstandes, oder wenigstens ein Mittel, den Rückzug zu sichern. Dieser Irrthum führte zur Gefangennahme der theilweise einrückenden Abtheilungen.

Eine derselben, aus einigen Offizieren und ungefähr 40 Mann bestehend, wurde bei ihrem Anlangen aus Häusern und crenelirten Mauern heftig beschossen, von einer Straßenbarrikade mit ganzen Dechargen empfangen und am Rückzuge von einer nachjagenden Lancier-Abtheilung gehindert. Sie war mit Uebermacht umringt. Oberlieutenant von Kamieniecki, welcher von dem gefallenen Führer Inda die Fahne übernommen hatte, befand sich bei dieser Abtheilung. Die umzingelte kleine Schaar vertheidigte sich lange auf's Tapferste, bis sie der Uebermacht erlag, und die Fahne von mehreren Reitern Kamienicki's Händen entrissen wurde. Der Fahnenführer des 2. Bataillons, Matzenauer, ohne Bedeckung auf der Straße stehen gelassen, suchte in dem Augenblicke, als die Gefangenschaft unausweichbar schien, das ihm anvertraute Panier dadurch zu retten, daß er es in einem Gebüsche verbarg. Alle späteren Bemühungen dasselbe wieder zu finden, blieben erfolglos*).

Bei diesem wenn auch ungünstigen Gefechte haben sich nach dem Zeugnisse des General-Majors Baron Simbschen, der sich auf dem rechten Flügel seiner Brigade befand, ausgezeichnet: Oberlieutenant Rosenzweig von Gr. Haugwitz-Infanterie (zugetheilt beim General-Quartiermeisterstabe); Oberlieutenant Brigade-Adjutant Büchhold und Rittmeister Fiáth von Reuß-Hußaren. Von Haynau-Infanterie: der schon erwähnte Oberst von Wolf, dann Hauptmann Koppi und Korporal Popiolek. Vom linken Flügel der Brigade, und zwar: Vom Bataillon Deutsch-Banater: Führer Spariosu, welcher inmitten des feindlichen Feuers, die Gefahr erkennend, die Fahne von der Stange riß und verbarg, endlich als er selbst in feindliche Gefangenschaft gerieth, die Fahne durch fünf Wochen sorgfältig verwahrte, und nach seiner Ranzionirung wieder zurückbrachte. Vom 1. Bataillon Rugent: Gefreiter Mittel und Gemeiner Kowalewky. Von Prinz Emil-Infanterie: Oberstlieutenant Baron Sunstenau; die Hauptleute Reiß, von Milde und Baron Saamen. Oberlieutenant Hieke, Feldwebel Heinisch und Gallasch, welch' Letzterer den verwundeten Oberlieutenant Grafen Beckers vor Gefangenschaft rettete und in Sicherheit brachte; Führer Wrana, die Korporale Schmidt und Rospek, Gefreiter Dolleczilek und Hautboist Zenkel, welcher sein Instrument einem Kameraden übergab, selbst aber ein Gewehr ergriff und sich durch Muth in der Plänklerkette auszeichnete. Von der Kavallerie-

---

*) Die Präsidial-Verordnung vom 23. Oktober 1848 verleiht dem Regimente Prinz Emil neue Fahnen mit dem Wortlaute: „daß der für das Regiment so verhängnißvolle Tag keinen Schatten auf die Tapferkeit desselben werfen könne, und die Ursache mehr in der Führung zu suchen sei." — In dem Präsidiale vom 14. Dezember heißt es: „Ich will der Tapferkeit und Ausdauer, mit welcher das Regiment in jenem Gefechte einem vielfach überlegenen Feinde langen Widerstand geleistet, alle Gerechtigkeit widerfahren lassen." Es wurden demzufolge an Individuen des Regiments 2 silberne Tapferkeits-Medaillen 1., und 4 der 2. Klasse verliehen.

Batterie Nr. 9: Oberfeuerwerker **Huna**, der mit 3 Geschützen das Feuer von 12 bis 15 feindlichen durch mehrere Stunden standhaft aushielt.

Der Verlust der Brigade in diesem Gefechte war: Vom 1. Bataillon Deutsch-Banater — todt: Major von **Spech** und Hauptmann **Poppovic**; verwundet: Hauptmann **Braun**; gefangen: die Hauptleute von **Antollic**, von **Thurek**, **Crasbek** und **Puskas**, die Oberlieutenants von **Giesl**, **Scherabiza**, **Sostaric** und **Baumrucker**, die Lieutenants **Schmidt**, **Pfeiffersberg**, **Bloß** und **Verständig**; vermißt 644 Mann, worunter viele todt, verwundet oder gefangen. Von Graf Nugent-Infanterie — todt: Hauptmann **Bozich** und 11 Mann; verwundet: die Lieutenants **Breyer** und **Walker**, dann 56 Mann; gefangen: Lieutenant **Potakowski** und 86 Mann; vermißt: Lieutenant **Stolle** und 59 Mann; von Prinz Emil-Infanterie — todt: Oberstlieutenant Baron **Sunstenau**, Hauptmann **Weißell** und 35 Mann; verwundet Major **Czykanek**, Hauptmann **Diezius**, die Oberlieutenants **Kohouth**, Graf **Beckers**, **Bunsch**, von **Bouvard**, die Lieutenants **Bleß**, **Czykann**, **Naprawnik**, Baron **Carlowiz**, Baron **Dalwigk**, **Pitner**, **Humbach** und **Hubaczek**; vermißt die Hauptleute von **Milde**, Baron **Saamen**, von **Weißbarth**, von **Widmann** und **Dölzer**, die Oberlieutenants **Kocziczka**, von **Kamienieczky**, **Josifowic**, **Pollovic** und **Baudissin**, dann 313 Mann, von welchen viele todt oder verwundet waren. Von Baron Haynau-Infanterie — verwundet Hauptmann **Meanzya** und 30 Mann; gefangen 5, vermißt 12 Mann. Von der halben Kavallerie-Batterie Nr. 9 — todt 1, verwundet 1, vermißt 16 Mann. Vom Fuhrwesen-Korps — vermißt Lieutenant **Dorninger**. Mithin todt: 2 Stabs-, 3 Ober-Offiziere und 47 Mann; verwundet 1 Stabs-, 17 Ober-Offiziere und 87 Mann; gefangen 13 Ober-Offiziere und 91 Mann; vermißt 12 Ober-Offiziere und 1044 Mann.

---

Dieses wie schon oben berührt, in seinen bedeutenden Wirkungen im Hauptquartier am Abend des 24. noch nicht ganz bekannte, doch in seinen Ursachen klare Ereigniß — so wie ferner eine gegen sieben Uhr Abends im Hauptquartier eingetroffene Meldung der Division Schwarzenberg „daß man von rechts gegen links, in der Ebene von Mozzecane und S. Zenone starke Staubwolken sehe", endlich die Unbedeutendheit der Rapporte der auf dem rechten Mincio-Ufer über Valeggio gegen Volta gesendeten weiter ausgehenden Patrouillen, die nur auf einen verhältnißmäßig sehr geringen Feind stießen, ließen den Feldmarschall somit gegen acht Uhr Abends die Absicht des Feindes deutlich erkennen: uns am dießseitigen Ufer angreifen zu wollen. Er ertheilte daher noch in der Nacht vom 24. auf den 25. so wie im Verlaufe des Frühmorgens folgende Befehle:

Das 2. Armee-Korps wurde angewiesen statt wie früher gegen Sallonze und von da über den Mincio, nunmehr auf dem dießseitigen Ufer sich mit seinen 4 Brigaden und der Kavallerie-Brigade Schaffgotsche gegen den linken Flügel der Armee in der Richtung von Sommacampagna zu bewegen, sogleich aber die Brigade Gyulai über S. Giorgio in Salice gegen den Monte Godio zu entsenden. Dieser Punkt war jedoch vom Feinde schon sehr stark besetzt, daher die Brigade bei S. Giorgio in Salice Stellung nahm, um daselbst die weitere Nachrückung des 2. Armee-Korps abzuwarten.

Das 1. Armee-Korps wurde angewiesen mit der Brigade Straffoldo Valeggio hartnäckig gegen jeden Angriff zu vertheidigen (in Folge dessen Hauptmann von Kuhn des General-Quartiermeisterstabes, die Mauer des Maffei'schen Gartens mit Schußlöchern versehen und die Häuser an den Haupteingängen in Vertheidigungsstand setzen ließ); von der Brigade Wohlgemuth aber blos das 3. Bataillon E. H. Albrecht in Monzambano und das 1. Bataillon Oguliner nebst einer Eskadron Radetzky-Husaren in Borghetto zu lassen, mit dem Gros aber nach Valeggio zu rücken; eben so von der Brigade Suplikatz 4 Kompagnien des 2. Banal-Regiments in Monzambano zu belassen, mit dem Uebrigen aber nach S. Zeno im Süden des Monte Vento à cheval der Straße als Reserve der Brigade Clam zu rücken, welch' letztere in ihrer früheren Aufstellung zwischen S. Zeno und Fornelli verblieb.

Das Reserve-Korps wurde angewiesen blos die Brigade Harabauer zur Deckung der Brücke bei Salionze zurückzulassen, die Brigade Maurer aber auf das linke Mincio-Ufer zurück und nach S. Rocco di Palazzolo zu beordern, mit der Grenadier-Brigade E. H. Sigmund endlich bei Oliosi à cheval der Straße Stellung zu nehmen. Die Kavallerie-Brigade E. H. Ernst und die Artillerie-Reserve jedoch noch bei Salionze zu belassen. —

Als sich aber der Feind im Bereich von Salionze später ganz verlor, und die Schlacht begann, wurde auch die Brigade Harrabauer mit Zurücklassung des 2. Bataillons Wocher zur Deckung der Brücke, über Oliosi nach S. Rocco di Palazzolo, so wie ebenfalls die Grenadier-Brigade dahin, endlich die Artillerie-Reserve und die Kavallerie-Brigade E. H. Ernst auf die Straße hinter Oliosi beordert.

Das 3. Armee-Korps hatte in Castelnovo und Cavalcaselle die weiteren Befehle zu erwarten.

Das Militär-Kommando in Verona erhielt die Weisung, die Brigade Perin von Verona, statt in der Richtung von Castelnovo, nun über Calzoni und Accademia gegen Sommacampagna zu dirigiren, um in Uebereinstimmung mit jenen des 2. Armee-Korps ihren Angriff auf letzteren Ort in Flanke oder Rücken des Feindes zu unternehmen. Doch für den eben so energischen als tapferen Kommandanten von Verona Feldmarschall-Lieutenant Baron Haynau war dieser Befehl überflüssig, denn er hatte schon viel früher, als er vom Observatorium den Angriff des Feindes auf die Brigade Simbschen sah, sogleich der Brigade Perin aus eigenem Antriebe diese Direktion gegeben. Dieser eines denkenden und selbstständigen Soldaten würdige Entschluß trug Vieles zu dem Siege des folgenden Tages bei.

Obigen Dispositionen gemäß sollten somit zur Schlacht auf dem rechten Flügel und im Centrum 3 defensive Massen-Echellons, nämlich bei Valeggio, S. Zeno und S. Rocco di Palazzolo, und ein 4. Echellon als Reserve in Castelnovo aufgestellt sein, während der linke Flügel zur Offensive auf Sommacampagna beordert ward.

In dieser Verfassung war der Feldmarschall entschlossen die bevorstehende Schlacht mit höchster Vorsicht, mit der ruhigsten Besonnenheit zu geben; jede seinem Charakter sonst so homogene Kühnheit mußte mit Selbstverläugnung unterdrückt und statt in die Schlacht selbst, erst in die Verfolgung des Gegners — würde er besiegt — gelegt werden, zu viele Chancen des Krieges, zu viele der höchsten Interessen der Monarchie standen ja auf dem Spiele.

Im feindlichen Hauptquartier legte man, wie billig, auf den Besitz Valeggio's den größten Werth, denn man hoffte von hier aus dem 2. Korps, welches von Peschiera gegen Salionze und Borghetto am rechten Mincio-

Ufer herabrücken sollte, die Hand bieten zu können. Man entwarf daher folgenden Plan: Der Herzog von Genua sollte von Sommacampagna und Berettara um sechs Uhr früh aufbrechen und seinen Marsch gegen Oliosi nehmen. Der Herzog von Savoyen mit der Garde-Brigade und Cuneo sollte gleichfalls um dieselbe Stunde von Custozza aufbrechen, und über die Höhen von Guastalla gegen Salionze marschiren. Der König in Person, begleitet von dem General Bava, sollte Valeggio mit der Brigade Aosta nehmen. Dieser Plan war wohl ohne aller Kenntniß unserer Stellung und Stärke entworfen, es scheint, daß man uns noch immer mit der Front gegen den Mincio aufgestellt glaubte, und die Brigade Simbschen für unsere Arrieregarde hielt. Sonder Zweifel hat man im feindlichen Hauptquartier die Manövrierfähigkeit der im Kriegshandwerk groß gezogenen, an Gewaltmärsche, Frontveränderungen — überhaupt an augenblickliche Entschlüsse — gewohnten österreichischen Armee, so wie die Geschicklichkeit ihres greisen Führers noch immer nicht gehörig würdigen gelernt, sonst hätte man nicht davon träumen können, sie im Rücken nehmen zu wollen. Die Schlacht von Custozza sollte demnach für beide Theile eine offensive sein.

## Schlacht bei Custozza
### am 25. Juli.

Die Sonne des 25. ging mit der ganzen Pracht des südlichen Himmels auf und verhieß einen schönen aber heißen Schlachttag. In der That steigerte sich auch die Hitze nach und nach auf 28 bis 30°, so daß viele Soldaten in Folge Sonnenstiches wahnsinnig wurden und starben.

Die Armee hatte indessen während der Nacht und am Morgen dieses Tages die anbefohlene Front- und Flügelveränderung vorgenommen; das 1. Armee-Korps bildete nun in der neuen Schlachtlinie den ganzen rechten, das 2. Armee-Korps den ganzen linken Flügel, das Reserve-Korps — zwischen den beiden ersteren hinter den Tione zurückgezogen — die Reserve.

Der Feind hatte in der Nacht seine Aufstellung auf den Höhen zwischen Sommacampagna und Custozza genommen, seine Flügel an die letztgenannten Orte gestützt und selbst den Monte Godio besetzt, war somit hier im Vortheil; nur ein kräftiger und glücklicher Angriff auf seinen äußersten

Flügel-Stützpunkt — Sommacampagna — war geeignet, ihn längs den Höhen nach und nach aufzurollen und in die Ebene hinabzuwerfen.

Demgemäß begann das 2. Armee-Korps den Angriff mit der schon in der Nacht auf S. Giorgio in Salice vorgesendeten Brigade Gyulai gegen Sommacampagna. Dieselbe hatte nach vorausgegangener Rekognoszirung schon um vier Uhr früh die Höhen von S. Martino und später mit 2 Bataillons Sona und Madonna del Monte besetzt. Um eilf Uhr erhielt sie die Weisung zum Angriff gegen Sommacampagna vorzurücken. Derselbe erfolgte in 3 Kolonnen wie folgt: Das 11. Feldjäger-Bataillon rückte über Madonna del Monte längs des Höhenzuges, um die feindlichen Plänkler in die unterhalb befindliche Schlucht hinabzudrücken; das Warasdiner St. Georger 2. Grenz-Bataillon umging die Höhen über Palazzo Brognolo und rückte in der Schlucht vor, um sich dort nach Zurückdrängung der feindlichen Plänkler, rechts des 11. Jäger-Bataillons zum allgemeinen Angriff zu formiren; das 1. Bataillon E. H. Ernst-Infanterie ließ den Palazzo Brognolo links, rückte ebenfalls in der Schlucht vor und verband sich links mit dem Warasdiner St. Georger-Grenz-Bataillon zum vereinigten Frontal-Angriff auf Sommacampagna; die Brigade-Batterie Nr. 5 wurde getheilt, um sie in dem durchschnittenen Boden leichter bewegen und verwenden zu können. Das 2. Bataillon E. H. Ernst und die Oberst 2. Eskadron Kaiser-Uhlanen bildeten die Reserve.

Um halb zwölf Uhr begann das Gefecht durch das 11. Jäger-Bataillon, was für alle Angriffs-Kolonnen der Brigade, das Zeichen zum Beginn der Vorrückung war.

3 Geschütze der sechspfündigen Batterie Nr. 3 unter Befehl des Oberlieutenants Huniel, welche gleich beim Beginn des Angriffes, auf dem schroffen Rande westlich Brognolo auffuhren, hatten durch ihr Feuer, vereint mit dem raschen Vordringen der Plänkler des 11. Jäger-Bataillons, nach dreiviertel Stunden die auf der Kuppe südlich Casa S. Piero placirten feindlichen Geschütze zum Weichen gebracht. Nicht minder wirkte die andere halbe Batterie unter Kommando des Oberfeuerwerkers Kundrath gegen die westlich abwärts Sommacampagna aufgestellten feindlichen Geschütze, indem sie dieselben ebenfalls zum Schweigen brachte. Mittlerweile waren die mittlere und rechte Angriffs-Kolonne bedeutend vorgedrungen; weniger rasch ging indessen das Erstürmen der

dem Orte knapp vorliegenden Höhen so wie der crenelirten und stark besetzten Mauer.

Um diese Zeit hatte sich auf dem linken Flügel ein heftiges Kanonen- und Bataillefeuer feindlicher Seits entsponnen. — Es war der Moment, wo die aus Verona entsendete Brigade Perin in Verbindung mit dem 11. Jäger-Bataillon auf der östlichen Seite des Ortes ihren Angriff begann. Oberst Perin, der mit viel Entschlossenheit und Umsicht die Truppen seiner Brigade leitete, ordnete die Formirung zweier Sturmkolonnen an, wozu er die 2 Divisionen des Wiener-Freiwilligen-Bataillons bestimmte; das 1. Bataillon Reisinger-Infanterie bildete die Unterstützung, während das 2. Bataillon dieses Regiments als Reserve folgte. So wurde unter dem Schutze einer Tirailleurskette und der halben Raketen-Batterie Nr. 9 in Staffeln vom rechten Flügel rechts der Straße gegen die östlichen Höhen von Sommacampagna vorgerückt. Da sich aber eine große Lücke zwischen der rechten Sturmkolonne und der auf der westlichen Seite angreifenden Brigade Gyulai zeigte, so mußte man mit der Vorrückung einhalten und zur Verbindung mit letzterer noch 3 Sturmkolonnen formiren. Dieser Moment war einer der gefahrvollsten für die schon gebildeten 2 Kolonnen der Brigade Perin, denn sie waren unterdessen in dem ganz offenen Terrain einem mörderischen feindlichen Kanonen- und Kleingewehrfeuer ausgesetzt; nur eine so brave und tapfere Truppe konnte bei dem namhaften Verluste, ohne zurückzuweichen, kaltblütig ausdauern.

Glücklicherweise dauerte diese gefährdete Lage nicht lange, denn bald waren die 3 neuen Kolonnen aus den Unterstützungen gebildet und dadurch die Verbindung mit der Brigade Gyulai hergestellt; — man konnte nun sowohl auf der westlichen als östlichen Seite zum Sturme schreiten.

Auf dem Verbindungspunkte nahm General-Major Graf Gyulai eine Abtheilung des 11. Jäger-Bataillons nebst 2 Kompagnien Reisinger unter dem Kommando des tapfern Hauptmanns Nagy, und rückte an deren Spitze sogleich zum Angriff der vorwärtigen Höhen vor, wo es nun trotz des heftigsten Feuers des Gegners gelang, diese zu erklimmen, worauf derselbe, im Rücken und Flanke genommen, die Stellung verlassen mußte. Major Rühling war mit seinem braven Wiener-Freiwilligen-Bataillon dieser Bewegung gefolgt und das Regiment Reisinger gegen die rechte Flanke des Feindes vorgerückt. — Durch diese rasche Bewegung gelang es, den Ort später zu nehmen.

Gleichzeitig drangen auch die andern Sturmkolonnen der beiden Brigaden mit seltener Bravour die Höhen hinauf, beständig dem mörderischen Feuer der feindlichen Batterien und der hinter Brustwehren aufgestellten Bersaglieri ausgesetzt. Mit der größten Anstrengung und mit großem Verluste erreichten sie doch bald die Höhen, und warfen den Feind in das Dorf zurück. Diese Anstrengungen in einer wahren Glühhitze unternommen, waren jedoch so groß, daß die Mannschaft aus Schwäche hinsank und erst nach mehreren Minuten Erholung, von ihren Bataillons-Kommandanten und Offizieren, welche als Muster der Tapferkeit überall hervorleuchteten, angefeuert, zu neuen Stürmen geführt werden konnte, bis sich der Feind nach hartnäckigem Widerstande von allen Seiten und von Haus zn Haus verfolgt, genöthigt sah, den Ort Sommacampagna zu räumen.

Der Feind beschränkte sich nun mehr auf die Vertheidigung der westlichen und südwestlichen Höhen von Sta. Andrea, Casa nuova und la Berettara, wo sich seinen Geschützen günstige Aufstellungen darboten.

Die Brigade Liechtenstein, welche gegen sechs Uhr Morgens bei S. Giorgio in Salice angelangt war, besetzte mit dem 2. Bataillon Kaiser-Jäger und dem 9. Feldjäger-Bataillon die Höhen des Monte Bruson und Rofetti à cheval der Straße nach Sommacampagna, die beiden Bataillons E. H. Franz Carl und die Kavallerie blieben als Reserve — jeden Augenblick bereit zum offensiven Vormarsch. Erst gegen Mittag erhielt sie die Bestimmung der Brigade Gyulai bei ihrem Angriffe als Echellon zu folgen. Sie schlug demnach, diese Brigade rechts flankirend, den Weg über Ca del Diavolo, Senturara, Montresore und Casazze ein, und gelangte in dem Augenblicke bei Zerbare an, als sich die Truppen des General-Majors Gyulai vor Sommacampagna mit dem Feinde engagirten. Ihr gegenüber hielt der Feind Sta. Andrea und Ca Zenolino besetzt. General Fürst Liechtenstein disponirte anfänglich das 2. Bataillon Kaiser-Jäger auf die Höhe zwischen Zerbare und Casa nuova, neben diesem weiter gegen Casazze das 9. Jäger-Bataillon, endlich noch weiter links, die Kavallerie zur Flankendeckung und zur Verbindung mit der Brigade Gyulai; das Regiment E. H. Franz Carl so wie die halbe Kavallerie-Batterie Nr. 2 blieben en reserve, während die andere Hälfte dieser Batterie zur Beschießung der oberhalb Sta. Andrea placirten feindlichen Geschütze verwendet wurde.

In dem Augenblicke als die Brigade Gyulai zum Angriffe gegen Sommacampagna vorrückte, stießen die Plänkler des 2. Bataillons Kaiser-Jäger, welchen die Tournirung des feindlichen linken Flügels oblag, mit ihrem äußersten rechten Flügel bei la Berettara auf jene des Feindes; gleichzeitig entspann sich das Gefecht bei Monte Godio. — Der Feind stand somit in Flanke und Rücken der Brigade. — In diesem kritischen Momente nahm General-Major Fürst Liechtenstein seinen äußersten rechten Flügel zurück, so daß er zwischen Nadalina und Casa nuova zu stehen kam, besetzte mit einer Division des 2. Bataillons Franz Carl das gut haltbare Zerbare als Stützpunkt für seinen rechten Flügel, den Rest dieses Bataillons ließ er in der Nähe als Unterstützung, während er mit einer Escadron Reuß-Hußaren die Flanke beobachtete und die Verbindung mit der bei Monte Godio fechtenden Brigade Kerpan unterhielt, das 9. Jäger-Bataillon eine kleine Schwenkung rechts machen ließ und das 1. Bataillon E. H. Franz Carl zur Unterstützung und Aufnahme des Bataillons Kaiser-Jäger vorführte.

Mit gefälltem Bajonnet stürzte sich dieses brave Bataillon dem das Bataillon Kaiser-Jäger bedrohenden Feinde entgegen, warf ihn mit Ungestüm gegen Nadalina und Berettara, gewann die Höhen ober Pelizzan, befreite dadurch die rechte Flanke und drang nun rasch dem Feinde bis über die Straße von Sommacampagna nach, während das 2. Bataillon desselben Regiments dem 1. als Unterstützung folgte und Kaiser-Jäger als Hauptreserve sich zwischen Zerbare und Nadalina sammelte.

Als die Brigade Gyulai gegen Sommacampagna immer mehr Terrain gewann, zogen sich die Kolonnen der Brigade Liechtenstein mehr links; das 9. Jäger-Bataillon besetzte Casa nuova. In dieser Stellung hielt sich das Gefecht längere Zeit, bis es dem 1. Baitaillon E. H. Franz Carl in einem erneuerten Sturmangriff gelang, Ca Berettara zu nehmen, wobei eine Division des 2. Bataillons als Unterstützung mitwirkte. Hier wurde mit der weiteren Vorrückung wieder eingehalten, da die bei und ober Ca bel Sole neuerdings placirten feindlichen Geschütze dieses Unternehmen zu gewagt erscheinen ließen. Der Feind jedoch, unter ihrer Protektion in seinen Bewegungen wieder kühner, drang mit dem Bajonnete in starken Schwärmen bis in die Nähe von Ca Berettara vor. Immer wieder mußte er den sich ihm entgegenstürzenden Abtheilungen des braven Regiments Franz Carl weichen und bis unter den Schutz seiner Kanonen flüchten. Seinen weiteren ähnlichen Versuchen setzte hierauf die fast bis an die Plänklerkette bei Ca Berettara unter dem heftigsten feindlichen Geschütz- und Kleingewehrfeuer vorgeführte Batterie einigermaßen Schranken. Auch gelang es einigen Abtheilungen auf den westlichen Höhenabhang bis Ca del Sole vorzudringen und die bei dieser Gelegenheit gegen sie gesendete feindliche Kavallerie zu werfen. Doch weiter konnte die zu ermüdete Truppe nicht dringen. Dieses hartnäckige Festhalten des Feindes auf den letzten dominirenden Höhen des Monte Boscone ließ fast zweifeln, daß sich der Kampf hier ohne Unterstützung frischer Truppen vollends entscheiden werde.

Es war jedoch mittlerweile Sommacampagna von den Brigaden Gyulai und Perin schon genommen worden; so wie denn auch die Kavallerie-Reserve-Brigade Schaffgotsche, welche in der Ebene von der aus Verona nach Castelnovo führenden Straße aus, gegen Sommacampagna nachgerückt war, ihrer Seits vordrang. Man bereitete daher, nun von der linken Flanke durch diese Bewegung gedeckt, auch von Sommacampagna aus einen Angriff auf den Monte Boscone vor. Das 2. Bataillon Reisinger unter Major von Münzer und das 11. Jäger-Bataillon unter Major Bauer, welcher bei dieser Gelegenheit verwundet wurde, rückten zur Unterstützung der vorwärtigen Abtheilungen der Brigade Gyulai gegen Ca Zenolino vor, wo das Gefecht bereits seit anderthalb Stunden stillstand, zuletzt sogar schwankend zu werden drohte. Diesen günstigen Moment ersehend, stürzte sich der tapfere Major Mayer mit seinem braven Regimente Franz Carl gegen die Höhen oder Ca del Sole, warf den Feind von selben hinab, und entschied durch diesen kühnen letzten Angriff auf diesem Punkte des Schlachtfeldes, das Schicksal des Tages. Der Feind eilte nun von den Höhen des Monte Boscone in völliger Flucht gegen Villafranca, auf welcher ihm eine schnell aufgeführte halbe Batterie noch vielen Schaden verursachte; viele Karren, Bagagen und Gefangene fielen der Brigade in die Hände.

Während nun diese Bewegungen und Gefechte auf dem äußersten linken Flügel vorfielen, war die Brigade Kerpan bei dem Beginn derselben von S. Giorgio in Salice, wo sie in Reserve gestanden, durch den Korps-Kommandanten Feldmarschall-Lieutenant Baron D'Aspre rechts von der Brigade Liechtenstein über Marollina auf den Monte Godio entsendet worden, um sich von dort aus in der Richtung gegen den, wie so eben berührt, wichtigsten Punkt der ganzen feindlichen Stellung, nämlich gegen die Höhen und den Ort Custozza zu bewegen. Nach einem zweistündigen Marsche war die Brigade ohne Anstand zwischen Sommacampagna und dem Monte Godio angelangt und da nichts vom Feinde zu entdecken war, wurde eine Division des Szluiner-Grenz-Regiments auf die links gelegenen Höhen entsendet, als sich die Brigade plötzlich in der linken Flanke mit einem heftigen Kanonenfeuer angegriffen sah. Auf den Höhen von Monte Godio zeigten sich sehr starke feindliche Abtheilungen — 8 Bataillons Infanterie, worunter die Garden und 6 Schwadronen Lanciers — es blieb daher nichts Anderes übrig, als gegen diese Anhöhen einen Angriff zu unternehmen, wozu 8 Kompagnien Szluiner bestimmt wurden. Während die Tirailleurs mit ihren Unterstützungen den Feind aus einem Olivenwäldchen trieben, ließ sich heftiger Kanonendonner bei Sommacampagna vernehmen; es stand somit zu besorgen, daß der Feind die Brigade im Rücken zu nehmen beabsichtige. Doch dies wenig beachtend, stürmten die Angriffs-Kolonnen mit erneuertem Muthe vor und warfen den Gegner zurück. Derselbe rückte jedoch mit verdoppelten Kräften abermals vor, das Gefecht blieb dadurch im Gleichgewicht. Weder der eine noch der andere Theil wollte weichen. Nach gänzlicher Erschöpfung der Mannschaft des Szluiner Grenz-Regiments wurde eine Division Kinsky-Infanterie in die vordere Linie gezogen und hierauf noch ein Sturm gegen den Feind unternommen, der aber an der zehnfachen Ueberlegenheit des letzteren scheiterte.

Auf diese Art dauerte das Gefecht ohne Entscheidung bis fünf Uhr Nachmittags, während welcher Zeit nach und nach das ganze Regiment Kinsky ins Feuer kam, das hier seinen in diesem Feldzuge erworbenen Ruhm wieder glänzend bewährte und dessen Anstrengungen fast ans Unglaubliche grenzten, denn im Vereine mit dem Szluiner-Grenz-Regiment hatte es trotz der wiederholten Stürme des Feindes die Höhen mit wahrem Heldenmuthe behauptet.

Die Brigade Fürst Schwarzenberg — die 4. des 2. Armee-Korps — war wegen ihrer Ablösung durch das 3. Armee-Korps erst um drei Uhr Nachmittags von Cavalcaselle aufgebrochen und nach einem durch die drückende Sonnenhitze dergestalt anstrengenden Marsche, daß 16 Mann des Regiments Fürstenwärther auf dem Wege starben, bei Casa Marollina eingetroffen, wo sie in Bataillons-Kolonnen hinter diesem Haufe aufgestellt wurde, um der vor ihr abmarschirten Brigade Kerpan, welche sich eben im Gefechte bei Monte Godio befand, als Reserve zu dienen. Nachdem sie eine Stunde gerastet hatte, beorderte sie der Korps-Kommandant Feldmarschall-Lieutenant Baron D'Aspre um halb sechs Uhr zum Angriff des Monte Godio. Derselbe wurde in 2 Kolonnen ausgeführt, wovon die rechte unter Führung des Majors Medl von Kaiser-Infanterie, aus dem 2. Bataillon dieses Regiments in 2 Divisions-Kolonnen formirt und die 3. Division in aufgelöster Ordnung vor sich, auf la Bagolina dirigirt wurde, das 1. Bataillon folgte als Unterstützung; die linke Kolonne, aus 2 Bataillons Fürstenwärther (die jedoch durch den anstrengenden Marsch auf 8 Kompagnien reduzirt waren), bestehend, bewegte sich links zu einer Umgehung der feindlichen Stellung gegen eine steile Anhöhe. Das Herannahen dieser frischen Truppen bewog den Feind die erste Anhöhe früher zu verlassen, als sie erstiegen war. La Bagolina stand bereits leer, als die rechte Kolonne daselbst eintraf, und erst 3 bis 400 Schritte hinter demselben trafen die Plänkler beider Kolonnen auf den Feind, welcher sogleich, ohne sich mit vielem Feuern abzugeben, angegriffen und sowohl in der Richtung des Bergrückens, als auch durch die linke Kolonne, deren Plänkler sich längs des Abhanges ausbreiteten, nach abwärts gegen Custozza gedrückt wurde.

Da bei dieser Vorrückung die Kolonnen durch die feindlichen Geschütze heftig beschossen wurden, so ließ General-Major Fürst Edmund Schwarzenberg gleich nach Erreichung der ersten Anhöhe 2 Kavallerie-Geschütze, welche zur Protegirung des ersten Vorrückens seitwärts der Kirche in Monte Godio placirt waren, vorfahren, um im Verein mit einer vom Korps-Kommandanten nachgesendeten halben Raketen-Batterie zu wirken.

Der Feind wurde von der innegehabten Höhe links nach Custozza hinabgeworfen, schien sich jedoch dort sammeln und den Ort halten zu wollen. Doch eine abermalige Vornahme der Geschütze und deren vortheilhafte Placirung gegenüber von Custozza vereitelte diesen Versuch; nach einigen gut angebrachten Lagen, die jedoch nur schwach vom Feinde erwiedert wurden, war er zum vollständigen Rückzug gezwungen, den er in der Richtung gegen Villafranca nahm. Leider gestattete die eingebrochene Dunkelheit und große Erschöpfung der Truppen nicht, ihn

während seines Rückzuges zu beunruhigen; man mußte sich auf die Besetzung
Custozza's beschränken, wozu das 2. Bataillon Kaiser-Infanterie und die
Kavallerie-Batterie verwendet wurden. Das Regiment Fürstenwärther und
ein Bataillon Haugwitz besetzten die in der linken Flanke des Ortes gelegene
Höhe, das 1. Bataillon Kaiser blieb auf jener im Rücken, 10 Kompag-
nien Haynau (von der Brigade Simbschen) welche mittlerweile von S.
Giorgio in Salice nachgerückt waren, kamen zur Sicherung des rechten
Flügels auf die hinter demselben gelegene Anhöhe.

Dies waren die Thaten des 2. Armee-Korps, als des linken Flügels
der Armee.

Die Aufstellung des 1. Armee-Korps, war, wie folgt:

Brigade Strassoldo — 10 Kompagnien am Monte Vento, 2 Kom-
pagnien im Maffei'schen Garten; 2. Bataillon Warasdiner-Kreutzer im
östlichen Theile Valeggio's, im Friedhofe und den Gärten beiderseits der
Straße nach Villafranca; 2. Bataillon Hohenlohe in dem Abschnitt zwi-
schen der Straße nach Roverbella und dem Mincio, dann auf dem Monte
Barber; Oberst-Division Radetzky-Hußaren nördlich des Maffei'schen
Gartens; Fußbatterie Nr. 2 mit 2 Geschützen auf der Höhe im Maffei'schen
Garten, 2 auf der Straße nach Villafranca, 2 auf jener nach Roverbella.
Brigade Wohlgemuth — 4. Bataillon Kaiser-Jäger im Maffei'schen Garten;
3. Bataillon E. H. Albrecht am nördlichen Eingange des Ortes; 2. Bataillon Oguliner mit 2 Kompagnien in den Häusern der östlichen Front, 4
Kompagnien en reserve in der Mitte des Ortes; 1 Flügel Radetzky-Hußaren im nördlichen Abschnitt; Fußbatterie Nr. 3 mit 4 Geschützen im Maffei'schen Garten auf der Höhe, 2 seitwärts durch die Kavallerie des Oberst
Wyß maskirt; 1. Bataillon Oguliner unter Major von Dragollo-
vić, nebst dem Reste der 1. Majors-Division Radetzky-Hußaren in Borghetto. Brigade Suplikatz — erhielt um zehn Uhr den Befehl, nur 4 Kompagnien des 2. Banal-Grenz-Regiments in Monzambano stehen zu lassen,
mit den übrigen Truppen der Brigade aber nach S. Zeno im Süden des
Monte Vento zu marschiren, und daselbst à cheval der Straße zu halten,
um für alle Fälle als Reserve zu dienen. Brigade Clam — blieb in ihrer
schon am Abend des 24. innegehabten Aufstellung zwischen S. Zeno und
Fornelli mit dem Brigade-Quartier in Onevesa. Zwölfpfündige Reserve-

Batterie Nr. 1 — mit 3 Geschützen am rechten Flügel der Brigade Clam auf dem Höhenrücken östlich von S. Zeno zur Flankirung des Maffei'schen Gartens, mit 3 Geschützen beim Kastell von Valeggio. Die Reserve-Artillerie und der Munitions-Train des Korps standen auf der Straße westlich von Fornelli. Das Korps-Quartier befand sich seit acht Uhr früh in S. Zeno.

Beiläufig um eilf Uhr Vormittags rückte der Feind von Villafranca her mit starken Kolonnen und 8 Geschützen gegen Valeggio bis herwärts Ca nuova heran, und begann den Sturm auf den Friedhof und die Gärten, die vom 2. Bataillon Warasdiner-Creutzer besetzt waren; gleichzeitig erfolgte der Angriff auch auf den östlichen vom 2. Bataillon Hohenlohe vertheidigten Rand Valeggio's. Nachdem zwei Sturmangriffe auf den Friedhof, abgeschlagen waren, und der Feind auch an allen übrigen Punkten den tapfersten Widerstand — erhöht durch unser gut placirtes Geschütz — gefunden hatte, sah er sich genöthigt wieder nach Villafranca zurückzukehren. Bei dieser Gelegenheit hatte Oberst von Wyß von C. H. Carl-Uhlanen mit 2 Zügen seines Regiments und einem Zug Radetzky-Hußaren eine glänzende Schwarm-Attaque in die rechte Flanke der feindlichen Infanterie unternommen, welche sich sogleich zerstreute, und in der Richtung nach Villafranca hinter ihre Kanonen flüchtete. Der tapfere Oberst verfolgte diese Infanterie auf mehr als 1000 Schritte.

Es hatte den Anschein, als ob der Feind anfangs bei Valeggio wirklich durchzubrechen beabsichtigte; bei wahrgenommener Widerstandskraft dieses Punktes aber späterhin sich blos begnügte, seine Unternehmung gegen Custozza, so wie den Rückzug nach Goito durch Demonstrationen gegen Valeggio zu decken.

Eine Nachmittags unter Major Baron Hacke mit 3 Kompagnien des 1. Bataillons Oguliner und einer Escadron Radetzky-Hußaren von Borghetto über Montalto gegen Volta unternommene Rekognoszirung hatte ein ziemlich lebhaftes Plänklergefecht zur Folge. Der Feind zeigte außerhalb Volta blos 2 Bataillons und 6 Geschütze; er stand hier nur über Goito mit Villafranca in Verbindung.

Die Brigade Clam hatte indessen während der obigen Unternehmung des Feindes gegen Valeggio, ihre Anwesenheit bei Onevefa und Gardoni blos durch einige Kanonenschüsse markirt, die sowohl von den Höhen, als

L ·                                                                 26 von der in die Ebene herabgefahrenen halben Kavallerie-Batterie Nr. 1 gegen die rechte Flanke des Angreifers gerichtet wurden.

Doch bald nach dem abgeschlagenen Angriff gegen Valeggio rückten auf der Ebene von Villafranca starke feindliche Kolonnen vor, und drangen sofort in das, unterhalb Custozza befindliche Tione-Thal. General-Major Graf Clam beorderte daher das 1. Bataillon Prohaska nebst einem ihm schon früher zugewiesenen Bataillon Haynau in die linke Flanke. Bald zeigte sich der Feind auch schon auf dem Monte Mamaor; es entspann sich ein sehr ernsthaftes Gefecht. Der linke Flügel der Brigade ward mit Ungestüm angegriffen, auch beschoß der Feind mit 3 bei Feniletto aufge-fahrenen Batterien die gegenüber liegenden Anhöhen von Gardoni und Ripa. Clam, die Gefahr erkennend, welche hier der Armee drohte, faßte nun einen schnellen Entschluß; er räumte seine Stellung beiderseits Onevesa und ordnete eine Frontveränderung in die linke Flanke rückwärts an, die mit staunenswerther Schnelligkeit und mit einer Ordnung ausgeführt wurde, wie man sie nicht auf einem von Kugeln durchfurchten Boden, sondern nur am Exerzierplatze von einer tüchtigen Truppe zu sehen gewohnt ist. Auf diese Weise suchte General-Major Graf Clam dem Feinde, wel-cher sich schon der Höhe Mamaor bemeistert hatte, und immer frische Truppen ins Gefecht brachte, die Stirne zu bieten. Wäre die Brigade Clam in diesem kritischen Momente gewichen, so wäre das 1. Armee-Korps vom 2. für den Augenblick getrennt gewesen, und blos durch die Verwen-dung der weiter rückwärts stehenden Reserve-Brigaden hätte ihre Verbin-dung wieder hergestellt werden können. Aber dieser heldenmüthige General, die Wichtigkeit seiner Stellung erkennend, hielt mit seiner tapferen Brigade Stand und vereitelte dadurch des Gegners gefährliche Absicht.

Während nun der Feind, der Brigade Clam gegenüber auf den Höhen des Monte Mamaor sich festgesetzt hatte, sandte er nördlich noch ein Ba-taillon nebst 2 Geschützen bis vor die Kirche Sta. Lucia, mit welcher Kolonne er somit, sich gegen den Monte Bento richtend, die linke Flanke des 1. Armee-Korps gefährdete. Allein von den 4 Kompagnien des braven 10. Jäger-Bataillons, die unter Kommando des Hauptmanns Baron Lüt-gendorf auf diesem Berge als Aufnahmsposten standen, wurde sogleich Oberlieutenant Bandian mit 2 Kompagnien, denen noch später eine 3. folgte, gegen die feindliche Infanterie disponirt. Nachdem das Geschützfeuer des Gegners durch eine rechts von den beiden Jäger-Kompagnien aufgeführte Kanone zum Schweigen gebracht war, worauf er mit seinen Geschützen hinter der Kirche von Neuem Posto faßte und sein Feuer fort-setzte, entsendete Oberlieutenant Bandian eine Abtheilung zur Umgehung des nördlichen Abhanges und zum Angriffe in dessen rechte Flanke, wäh-rend er mit der Tirailleurskette, Unterstützung und Reserve zugleich in der Front stürmte. Der Feind, welcher sich in der Front angegriffen sah, zog sich eiligst zurück; in diesem Augenblicke erfolgte jedoch der Angriff von Seite der Umgehungs-Kolonne, welche ihm auf seiner Flucht nach Custozza einen Pulverkarren abnahm.

Auf das indessen schon früher abgegangene dringende Ansuchen des General-Majors Grafen Clam um Unterstützung, hatte der Korps-Kom-mandant Feldmarschall-Lieutenant Graf Wratislaw von der bei For-nelli und S. Zeno gelagerten Brigade Suplikaz das Landwehr-Bataillon Latour nebst der Reserve-Kavallerie-Batterie Nr. 1 anfangs in der Rich-tung nach dem Monte Bento entsendet, um dort dem feindlichen Vorrücken Schranken zu setzen, indem der Divisionär Feldmarschall-Lieutenant Fürst Carl Schwarzenberg gemeldet hatte, daß der Feind auch bei Sta. Lucia durchzubrechen drohe. Es wurde daher auch gleichzeitig dem 1. Bataillon Latour die Weisung ertheilt, in der geraden Richtung über Gardoni und Feniletto vorzueilen. Das 3. Bataillon Latour endlich erhielt den Befehl nach Ripa zur Verstärkung der dort im Gefechte begriffenen Brigade Clam zu marschiren; es verwendete die 15. Kompagnie als Un-terstützung des 1. Bataillons Prohaska, die 16. übernahm die Kanonen-bedeckung, während die 13. und 14. unter Major Landgraf Fürsten-berg, einer Abtheilung vom Gradiskaner-Regimente als Unterstützung dienen sollte. Nachdem die Grenzer sich verfeuert hatten, besetzte genannter Major mit den beiden Kompagnien eine Anhöhe, und führte sofort einen gelungenen Sturm gegen eine durch die Schlucht vorrückende feindliche Abtheilung aus.

Mittlerweile war die Entscheidung des Kampfes vor sich gegangen — das Liccaner-Grenz-Bataillon, das 1. Bataillon Prohaska und ein Theil der Gradiskaner der Brigade Clam erstürmten mit ausgezeichneter Bravour den Monte Mamaor, das 2. Bataillon Prohaska und der andere Theil der Gradiskaner nahmen das vom Feinde in Brand gesteckte Feniletto, die Brigade-Batterie des General-Majors Clam brachte die 3 Batterien des Gegners zum Schweigen und nöthigte sie zum Rückzug.

Der an Zahl überlegene Feind ward sofort durch die glänzende Tapferkeit der Truppen und ihre vortreffliche Führung von den Höhen des Mamaor vollständig hinabgeworfen. Das Gefecht währte bis zur einbrechenden Dunkelheit.

Dieser Tag war für die Brigade Clam der schönste im ganzen Feldzuge. Der tapfere Brigadier ehrt in seiner Gefechts-Relation ihre Tapferkeit durch folgende Worte: „Ich habe die Ueberzeugung, daß ich dem gestrigen Siege den größten Nachdruck gegeben und zu einem entscheidenden Erfolge viel beigetragen habe. Aber das Verdienst meiner kräftigen Anordnung ist gering gegen das Verdienst der Ausführung von Seite der Truppe, für deren Tapferkeit ich keine Worte habe."

Gleichzeitig mit diesen Gefechten hatte sich der unternehmende Oberst Woß von C. H. Carl-Uhlanen, mit der Oberst-Division seines Regiments, der Oberstlieutenants-Division von Radetzky-Husaren, dann 2 Kompagnien des 1. Bataillons Hohenlohe nebst 2 Kanonen von der Reserve-Kavallerie-Batterie Nr. 3 auf der Straße von Valeggio gegen Villafranca zu Gunsten der Brigade Clam bewegt. Der Feind hatte 2 Geschütze, in den Maulbeerpflanzungen gedeckt, aufgefahren. Hauptmann von Kuhn des General-Quartiermeisterstabes, führte die Husaren in ihre linke Flanke; allein sie zogen noch zeitlich genug ab, um erst bei Torre di Gherla einen zwar vergeblichen Widerstand zu leisten. Die Husaren hieben in die feindliche Infanterie ein und zerstreuten sie; ihr Entkommen begünstigten die dichten Maulbeerpflanzungen, welche kaum auf 30 Schritte eine Aussicht gestatteten. Nur seitwärts der Straße in Pozzi wurden 30 bis 40 Gefangene gemacht und 1 Pulverkarren erbeutet. Oberst Woß eilte mit seinen Uhlanen und den beiden Geschützen auf der Hauptstraße ebenfalls bis Torre di Gherla, und Hauptmann Kuhn führte die letzteren bis an den Rand des die Prabiano-Haide einschließenden Rideaus vor. Hier bot sich dem Auge ein gewiß seltenes Schauspiel — die zersprengte feindliche Infanterie hatte sich auf ihre Reserve geworfen und diese, 6 bis 7000 Mann, formirte einen Klumpen, gegen welchen nun unsere beiden Geschütze in einer Entfernung von kaum 800 Schritten ihr Feuer mit solchem Erfolge eröffneten, daß schon nach wenig Minuten die ganze Ebene mit einzeln Fliehenden nach allen Richtungen bedeckt war. In diesem Augenblicke entschied sich der Kampf bei Custoza für unsere Waffen, und es kann wohl keinem Zweifel unterliegen, daß die Zersprengung der feindlichen Reserve in der Ebene der Prabiano zur Entscheidung der Schlacht viel beitrug, denn die piemontesischen Truppen verließen ihre Stellung, als sie die starke Kanonade in ihrem Rücken vernahmen, und die ganze Ebene mit Flüchtlingen bedeckt sahen.

Während so das 1. und 2. Armee-Korps in ihren bald defensiven, bald offensiven Gefechten alle Angriffe des Feindes abschlugen und ihn von allen Höhen wieder in die Ebene zurückwarfen, stand von dem Reserve-Korps die letzte Infanterie-Division der Armee, wie schon früher erwähnt, mit ihren 2 Brigaden zuerst bei S. Rocco di Palazzolo und bei Oliosi unter dem Befehl des Feldmarschall-Lieutenants Grafen Haller. Doch, so wie das Gefecht bei Sommacampagna sich entspann, rückte die bei Oliosi aufgestellte Grenadier-Brigade ebenfalls nach S. Rocco di Palazzolo, um daselbst nach Umständen verwendet zu werden. Die Kavallerie-Brigade E. H. Ernst und hinter ihr die Reserve-Artillerie der Armee verblieben bei und hinter Oliosi. Die vortheilhaft gelegenen, eine freie Aussicht gegen die bedrohte Seite bietenden Höhen nächst Guastalla und Guastalla vecchia wurden mit 2 Bataillons des Infanterie-Regiments E. H. Carl besetzt; die sechspfündige Fußbatterie Nr. 9 aber fand auf der Höhe zwischen Castelletto und S. Rocco ein sehr günstiges Emplacement.

Das Bataillon Geppert-Infanterie, die Grenadier-Brigade und ein Flügel Kavallerie standen zweckmäßig vertheilt in Reserve bei S. Rocco, Front gegen Guastalla.

Von der beihabenden zwölfpfündigen Batterie wurden 3 Geschütze auf der Höhe zwischen S. Rocco und Rosatti placirt; die übrigen 3 Geschütze blieben en reserve weiter rückwärts aufgestellt.

Die rechte Flanke der Aufstellung war durch kleinere Abtheilungen, welche das Tione-Thal bei Ca Pietà und Pernisa beobachteten, und durch weiter streifende Kavallerie-Patrouillen gesichert.

Inzwischen hatten sich jedoch die feindlichen Kolonnen, deren Marsch-direktion anfangs gegen S. Rocco gerichtet schien, theils gegen die Höhen südwestlich Sommacampagna, theils gegen Monte Godio und die Höhe Belvedere nördlich Custozza gezogen, ohne Miene zu machen, die Stellung bei S. Rocco anzugreifen.

Dagegen entspann sich das Gefecht bei Sommacampagna mit dem
2., und bei Valeggio und dem Monte Vento mit dem 1. Armee-Korps.
Später rückte noch die Brigade Edmund Schwarzenberg, wie wir oben
gesagt, gegen Monte Godio, welchen Punkt sie besetzte, und den Feind
auf der Höhe bis gegen Belvedere, wo derselbe mittlerweile Geschütze
aufgefahren hatte, mit Raketen lebhaft beschoß. Die Besetzung des Monte
Godio machte eine Frontveränderung der Reserve-Division des Feldmarschall-Lieutenants Grafen Haller, welche nun nach dieser Seite hin gesichert war, erforderlich. Demgemäß wurde die Brigade Maurer angewiesen,
Front gegen den Tione zu machen, Guastalla vecchia zu besetzen und
die Plänkler bis an den steilen bewaldeten Thalrand bei Ca Pietà vorzuschieben. Die zwölfpfündige Batterie erhielt ebenfalls ihre Aufstellung
auf einem vortheilhaft gelegenen Punkte unfern Ca Pietà, von wo sie eben
so gegen die Höhe von Belvedere wirken, als auch das Tione-Thal nach
zwei Seiten hin bestreichen konnte. Oberst Baron Stwrtnik der Artillerie
übernahm persönlich die Leitung dieser Batterie, durch deren Feuer der
Feind aus den von ihm besetzten Häusern la Bagolina vertrieben, und
dadurch der Brigade Schwarzenberg des 2. Korps das entscheidende Vordringen auf die Höhen von Custozza wesentlich erleichtert wurde.

Im Uebrigen hat das Reserve-Korps an den in seinen Folgen so
entscheidenden Ereignissen dieses Tages weniger thätigen Antheil genommen, indem es nur Rekognoszirungs-Abtheilungen über den Tione nach
Sta. Lucia entsendete (bei welcher Gelegenheit Oberlieutenant Theiß von
der Grenadier-Division Kinsky, einen verlassenen feindlichen Pulverkarren
in die Luft sprengte), später aber blos das 1. Bataillon Wocher und die
Kavallerie-Reserve-Batterie Nr. 5, die früher von Salionze gekommen
waren, nebst dem Grenadier-Bataillon Pöltinger als Verstärkung von S.
Rocco nach Monte Godio vorrücken ließ, welch' beide Bataillone dort jedoch
erst ankamen, als daselbst das Gefecht schon eine günstigere Wendung genommen hatte. — Allein der Feldmarschall wollte diese Truppe für jede
noch mögliche End-Entscheidung in seinen Händen behalten, da sie auch
nur durch ihre Aufstellung zur vollständigen Sicherung des Schlachten-
ganges von unberechenbarem Nutzen war, in dem Falle aber einer ungünstigen Wendung desselben als die einzige noch intakte Reserve der Armee
sich in jeder Richtung in Front oder Flanke des Feindes werfen und ihm

die vielleicht errungenen Vortheile wieder zu entreißen im Stande gewesen wäre. Doch der Feind ging überall zurück. Die Schlacht war somit gewonnen und mit ihr der fortdauernde dreitägige Kampf rühmlichst beendet.

Sowohl die gänzliche Erschöpfung der Truppen, die einen zehnstündigen Kampf gegen die Uebermacht bestanden, als die Dunkelheit der Nacht machten jede weitere Vorrückung — jede größere Verfolgung des Feindes in die Ebene — unmöglich.

Doch sandte der Feldmarschall dem 1. Armee-Korps den Befehl nach Valeggio, noch in der Nacht den Oberst Wyß von E. H. Carl-Uhlanen mit aller verfügbaren Kavallerie nebst einer Anzahl Geschütze gegen Guaderni und Sei Vie zu entsenden; um die sich nach Goito zurückziehenden feindlichen Kolonnen anzugreifen, dieselben in Verwirrung und Schrecken zu bringen und ihre Déroute zu vergrößern.

Die Armee selbst stand in der Nacht vom 25. auf den 26. in folgender Aufstellung:

1. Armee-Korps.

Brigade Clam — bei Gardoni. Brigade Suplikap — mit den Bataillons Latour und ¼ Raketen-Batterie ebenfalls bei Gardoni, 1 Bataillon in Monzambano, die Oberst-Division von Radetzky-Hußaren bei S. Zeno. Brigade Strassoldo — in Valeggio mit Ausnahme von 4 Kompagnien des 10. Feldjäger-Bataillons, welche noch auf dem Monte Vento standen. Brigade Wohlgemuth — in Valeggio und 1 Bataillon in Borghetto. Artillerie- und Munitions-Reserve — bei S. Zeno. ¼ zwölfpfündige Batterie Nr. 1 in Valeggio.

2. Armee-Korps.

Brigade Gyulai — bei Sommacampagna. Brigade Perin — vorwärts der Höhen von Sommacampagna. Brigade Friedrich Liechtenstein — bei Ca del Sole. Brigade Kerpan — nächst Casa Marichino. Brigade Edmund Schwarzenberg — in und bei Custozza. Kavallerie-Brigade Schaffgotsche — hinter Gansardine. Artillerie- und Munitions-Reserve — bei Osteria del Bosco.

Reserve-Korps.

Brigade Maurer und E. H. Sigmund — bei Guastalla. Brigade Haradauer — bei Oliosi, 1 Bataillon in Salionze. Kavallerie-Brigade E. H. Ernst — bei Oliosi. Artillerie-Park — hinter Oliosi.

**3. Armee-Korps.**

bei Cavalcaselle und Castelnovo als Reserve und zur Beobachtung von Peschiera.

Des Feldmarschalls Bericht an das Kriegs-Ministerium ddto. Alzarea am 26. Juli lautet: „...... Ich bin noch unvermögend alle näheren Details dieser Schlacht, die ich die Schlacht von Custozza nenne, da dieser Ort im Centrum der Armee-Aufstellung war, dem Feinde noch zuletzt genommen und er von den Höhen ganz hinabgeworfen wurde; so wie alle tapferen Thaten in selber mit gebührender Berücksichtigung der Verdienste jedes Einzelnen anzugeben; — so viel kann ich jedoch sagen, daß ich nie eine Armee mit so viel Beharrlichkeit und Tapferkeit sich schlagen sah, und daß nicht nur allein alle Versuche der königlichen Armee, die von mir eingenommenen Höhen zu erstürmen, vergebens waren, sondern daß auch die von ihr besetzten Höhen mit einem Muthe und einer Bravour von meinen braven Truppen erstürmt wurden, daß trotz der beinahe gänzlichen Erschöpfung derselben durch die Hitze und die Anstrengungen des Tages der Feind nach Verlust der letzten Höhen von Custozza und Sommacampagna seinen Rückzug beginnen mußte, und denselben in der heutigen Nacht gegen Goito vollendete.

Ein entscheidender Sieg ist somit das Resultat dieses heißen Tages, und ich verfolge nun den König, während ich mich mit Mantua wieder in Verbindung setze und dadurch verstärke, so weit als es bei meinen bedeutenden Verlusten die gegenwärtige Kraft der Armee erlaubt ....."

Weiter heißt es: „Ich werde alle Details über die Schlacht von Custozza, so wie es nur möglich wird, nächstens nachtragen; — und besonders die Namen aller verdienstvollen und tapferen Führer und Offiziere der Armee, so wie der mit Ruhm und Ehre Gefallenen Einem hohen Ministerium kund machen, kann aber das musterhafte Benehmen der Herren Korps-Kommandanten und Generale, so wie der Truppe — endlich das treffliche Zusammenwirken der Offiziere jedes Korps, von meinem Hauptquartier aber vorzüglich das aufopfernde und sich auszeichnende Korps des General-Quartiermeisterstabes unter der Leitung seines eben so seltenen als tapferen General-Quartiermeisters von Heß, dann den in seinem Fache so umsichtigen als mit großem Erfolg wirkenden Generalen Baron Stwrtnik der Artillerie, so wie die thätigste Mitwirkung meiner Generale Adjutanten Feldmarschall-Lieutenant von Schönhals und Oberstlieu-

tenant von S ch l i t t e r, und der gesammten Adjutantur, so wie jeder Waffengattung nur mit der höchsten Anerkennung ihrer verdienstlichen Leistungen
und persönlichen Aufopferung für Kaiser und Vaterland erwähnen. ; . . .“

„Jeder Einzelne hat das Aeußerste geleistet an diesem heißen Tage,
Jeder stritt in der Liebe zu seinem Kaiser und dem Vaterlande. Eine ganz
besondere Erwähnung verdient jedoch das Regiment Kinsky, welches in
diesem Kampfe Wunder der Tapferkeit wirkte. Feldmarschall-Lieutenant
Baron D'Aspre ehrte am Tage nach der Schlacht dessen Tapferkeit, indem
er zum Oberst Baron Bianchi sagte: „Herr Oberst, ich werde von nun
an nur mit abgezogenem Hute vor diesem ausgezeichneten Regimente vor-
beireiten, denn es hat das Unglaubliche geleistet“, worauf er in dieser
Weise mit seiner ganzen Suite unter donnernden Vivats der Braven vor-
beiritt. Eben so ist die Antwort eines Gemeinen des Regiments E. H. Carl
bezeichnend für den Geist der Armee und eines Helden würdig. Als nämlich
der Feldmarschall den Oberstlieutenant S ch l i t t e r zu diesem Regimente
mit dem Auftrage geschickt hatte, die Höhe noch einmal zu stürmen, dieser
aber das Regiment bereits so erschöpft fand, daß er laut zu dessen Kommandanten sagte: „Es ist nicht möglich, lassen Sie Ihre Leute ruhen, man
wird eine andere Truppe vorbringen müssen“, sprang jener Mann trotz
seiner Erschöpfung wie neu belebt auf und rief: „Wir lassen den Herrn
Feldmarschall grüßen, es wird schon möglich sein, wir werden nicht nur
stürmen, wir werden auch nehmen!“ — und in einer Viertelstunde war
die Höhe erstürmt und in unserem Besitz.

In den uns vorliegenden Detail-Relationen werden rühmlich genannt:
General-Major Graf Clam, welcher seine wichtige Stellung zum
großen Ganzen mit militärischem Scharfblick aufzufassen und mit glänzen-
dem Heldenmuthe zum Nachtheil des Feindes zu benützen wußte. General-
Major Fürst Edmund Schwarzenberg wegen der guten und kräftigen Führung der linken Angriffs-Colonne der Division Schaffgotsche, wodurch der Sturm der rechten bedeutend erleichtert wurde. Qua-Brigadier
Oberst von Perin von Reisinger-Infanterie, welcher mit besonderer Entschlossenheit und Umsicht die Truppen seiner Brigade beim Sturme auf
Sommacampagna leitete.

Vom General-Quartiermeisterstabe: Die Hauptleute John,
Kuhn, Wagner (Brigade Clam) und Rothmund, Oberlieutenant

Krzisch und der zugetheilte Rittmeister Baron Lindenfels von Baiern-Dragoner.

Vom 9. Feldjäger-Bataillon: Oberjäger Hollava, derselbe war am Fuße des Monte Bento mit seinem Zuge als Verbindung zwischen den Regimentern E. H. Ferdinand d'Este und E. H. Franz Carl detachirt, hielt sich lange Zeit in aufgelöster Ordnung im stärksten feindlichen Feuer, und unterstützte zuletzt den von beiden Regimentern auf die Anhöhe unternommenen Sturm. Kurz darauf griff feindliche Kavallerie an; schnell zog Hollava seine Leute in Klumpen zusammen, wodurch die feindliche Kavallerie ins Kreuzfeuer kam. Nach deren Rückzug verfolgte er dieselbe mit der neuformirten Kette.

Vom 11. Feldjäger-Bataillon: Major Bauer, welcher verwundet wurde, und Trompeter Elli, der, obgleich selbst am Kopfe verwundet, seinen Bataillons-Kommandanten auf den Verbandplatz brachte.

Vom 2. Wiener-Freiwilligen-Bataillon: Major Rühling. Gemeiner Geisberger, wiewohl bereits zweimal verwundet, machte er doch unter den Vordersten den Sturm mit, bis ihn eine dritte Kugel traf. Die Gemeinen Kastan, Dannhorn und Marianschik, von welchen beide Letzteren bereits verwundet waren, zeichneten sich beim Sturm aus.

Vom Liccaner-Grenz-Regiment: Kadet Feldwebel Georg Zvitković nahm eine vom Feinde besetzte Anhöhe mit besonderer Bravour. Feldwebel Thomas Zvitković und Korporal Babić erstürmten mit ihren Plänklern eine vom Feinde besetzte Häusergruppe. Korporal Despot nahm einen piemontesischen Offizier gefangen, er weigerte sich standhaft das ihm von demselben angebotene Lösegeld (eine Hand voll Gold- und Silbermünzen) anzunehmen.

Vom Szluiner-Grenz-Regiment: Major Mollinary führte mit Muth und Kaltblütigkeit sein Bataillon zum Sturme. Die Hauptleute Baron Kulmer und Imöslich, Oberlieutenant Heylmann, die Lieutenants Komadina und Kovačević, die Feldwebel Salopek, Herstić, Mravunacz, Jugat und Peraković, als die Plänklerkette gegen ihre Reserve zurückgedrängt wurde, traten die beiden Letztgenannten vor die weichende Mannschaft und bewirkten durch ihre eindringlichen Worte, daß sie erneuert vorrückte und den Feind zurückwarf; ferner die Korporale

Zivčić, Michailović, Rossier und Milynthević, Scharf-
schütz Buchlović und Gemeiner Rallić.

Vom Gradiškaner-Grenz-Regiment: Feldwebel Schu-
hniar besetzte mit seinem Zuge im stärksten feindlichen Feuer ein dem
Gegner zunächst gelegenes Haus und zwang von hier aus eine vordringende
piemontesische Infanterie-Abtheilung zum Rückzuge. Bei dieser Gelegenheit, so wie bei einem später ausgeführten Sturme zeichneten sich auch die
Korporale Allavuković und Kezlić; dann die Gemeinen Milli-
nović, Radaković und Sinjaković durch muthvolles Benehmen aus.

Vom 2. Banal-Grenz-Regiment: Feldwebel Vasiljević,
der sich beim Sturm auf die Höhe von Ca S. Piero in der Tirailleurskette besonders bemerkbar machte.

Von Kaiser-Infanterie: Major Medl, dann die Hauptleute von Zergollern und Kainz, die Oberlieutenants Baron Sternek und Edler von Neuhauser, welche ihre Plänkler-Abtheilungen
mit Muth und Einsicht leiteten.

Von Prohaska-Infanterie: Feldwebel Fuchs begab sich
freiwillig von der Unterstützung in die Plänklerkette, wo er die Mannschaft aufforderte sich ihm anzuschließen, worauf er mit diesen Freiwilligen
eine Anhöhe erstürmte. Später zur Flankendeckung bestimmt, behauptete
er sich in der ihm angewiesenen Stellung gegen die feindliche Uebermacht
bis zum Anlangen der Unterstützung. Endlich wollte er mit seinen wenigen
aber entschlossenen Leuten den Sturm des 1. Bataillons dadurch unterstützen, daß er in die Flanke des Gegners vordrang, wurde jedoch bei
diesem kühnen Unternehmen vom Feinde umrungen. Entschlossen das
Aeußerste zu wagen, vertheidigte er sich nun durch längere Zeit gegen eine
weit überlegene feindliche Abtheilung, bis ihn ein vom Regimente Latour
unternommener Sturm aus dieser Lage befreite. Er schloß sich nun mit
dem geringen Reste seines wackeren Häufleins an das genannte Regiment
an, und focht in dessen Tirailleurskette kühn und standhaft bis zu Ende des
Gefechtes. Bei dieser Gelegenheit verdienen die von der Abtheilung des
Feldwebels Fuchs noch am Leben gebliebenen Gemeinen Brandstätter,
Poch und Mayeritsch genannt zu werden — alle Uebrigen erlagen der
feindlichen Uebermacht. Feldwebel Wagner und Korporal Fick drangen
verwegen mit ihrer Abtheilung in die feindliche Kette, und drängten sie

zurück. Korporal Trunk warf sich mit wahrer Todesverachtung an der Spitze seiner Plänkler auf die feindlichen Tirailleurs, wurde jedoch umzingelt und zum Ergeben aufgefordert. Doch im Vertrauen auf den Muth der ihm nachstürmenden Abtheilung, und den Tod einer schmählichen Gefangenschaft vorziehend, schlug er sich tapfer durch den ihn umringenden Feind und vereinigte sich ungeachtet eines mörderischen ihm nachgeschickten Kugelregens glücklich mit seiner Abtheilung, die durch sein Beispiel ermuntert, erneuert mit günstigem Erfolge stürmte. Hiebei haben sich die Gemeinen Potuschnik und Urank durch entschlossenes und kühnes Vordringen besonders hervorgethan. Gemeiner Schreyer drang bei der Erstürmung von Feniletto der Erste in den Ort, und schoß einen gegen ihn ansprengenden Lancier vom Pferde, wodurch er ermuthigend auf seine Kameraden wirkte.

Von Reisinger-Infanterie: Major von Münzer zeichnete sich beim Sturme auf Sommacampagna an der Spitze seines Bataillons durch Muth aus; sammelte endlich, als er den ungünstigen Fortgang des Gefechtes der Brigade Goulai sah, ohne erhaltenen Befehl sein Bataillon und führte es, in Divisions-Kolonnen formirt, zum Angriff gegen den Feind, wodurch derselbe zum Weichen gebracht wurde. Hauptmann von Nagy, die Oberlieutenants Bogutavac, Mell und von Lightowler, die Lieutenants Gerke, Hartung, Jeschek, Lohe und Gablenz, Kadet-Feldwebel Karpellus, Feldwebel Wachek, Schmiedler, Suck und Zuber, der durch einen Flankenmarsch mit seinen Plänklern einer feindlichen Abtheilung den Rückzug abschnitt und dadurch ihre Gefangennehmung herbeiführte; beim Sturme auf die Höhen, bereits vom Feinde umringt, schlug er sich muthig durch. Kadet-Korporal Stadelmann erstürmte an der Spitze weniger Leute ein vom Feinde besetztes, mit einer Mauer umschlossenes Haus; als die westlichen Anhöhen bereits genommen waren, bemerkte dieser Kadet in geringer Entfernung einen Convoi, durch dessen Erbeutung er den Piemontesen eine kostbare Ladung von Waffen, Medikamenten und Silbergeräthen wegnahm. Kadet Esquire Balentine rettete durch seine Geistesgegenwart und Verachtung der nahen Gefahr, den verwundeten Oberlieutenant Lightowler. Korporal Schulz stürmte mit einer kleinen Abtheilung gegen ein vom Feinde hartnäckig vertheidigtes Haus, und obgleich in der rechten Schulter verwundet, drang er mit dem Gemeinen Schnautek zuerst in das Gebäude und vertrieb den Feind von dort; erst spät Abends ließ er sich im Bivouac seine Schußwunde verbinden. Als der Feind ein vor dem linken Flügel der Brigade gelegenes Haus stark besetzt, und etwa 20 Bersaglieri, durch einen Graben gedeckt, vorgeschoben hatte, welche unseren linken Flügel zum Weichen brachten, sammelte Tuczek die Gemeinen Schwertner, Dunda, Chmelik, Konicek, Seifert und Tomas, und griff den Feind mit solcher Entschlossenheit mit dem Bajonnet an, daß er sich zur Räumung des Hauses und zur Flucht gezwungen sah. Korporal Mischik drang mit dem Gefreiten Pfeiffer und dem Tambour Kadleß gegen eine vom Feinde besetzte, mit Schießscharten versehene Mauer, erschoß einen feindlichen Soldaten durch die Scharte, schwang sich mit seinen Begleitern über die Mauer, griff den Feind herzhaft an und machte im Hause selbst 6 Gefangene. Ferner werden noch genannt: die Korporale Wenzel, von Wolffersdorff, Stiller, Stebich, Karel, Wawerka, Jiruschka und Maschek; die Gefreiten Hoffmann, Pauliczek, Zagiczek, Smolik, Pfeifer und Welz, der die Trommel des gefallenen Tambours Petrik ergriff und die erschöpfte Mannschaft durch unausgesetztes Schlagen des Sturmstreiches und Hurrah-Rufen zu muthvoller Ausdauer aneiferte, bis sich der Rückzug des Feindes in eine wilde Flucht verwandelt hatte. Die Gemeinen Sebnaulet, Hlausek, Wondra, Balzar, Jellinek, Zalaba, Hlauschek, Medlik, Forst, Broz, Kulhanek, Rössel und Werschik; endlich die Tambours Partsch, Ekliba und Machac, welch' Leßterer einen Sturm mit dem blanken Säbel in der Faust mitmachte.

Von Latour-Infanterie: Major Landgraf Fürstenberg und Bataillons-Adjutant Lieutenant von Wunschheim, der sich aus freiem Antriebe an die Spitze einer stürmenden Abtheilung stellte.

Von Kinsky-Infanterie: Oberst Baron Bianchi, der sein braves Regiment im heftigsten Feuer und unter den schwierigsten Terrainverhältnissen viermal zum Sturme gegen die Höhen führte. Major Fürst, welcher mit besonderer Einsicht und Unerschrockenheit, so wie mit dem aneifernsten persönlichen Beispiele den größten Theil des Gefechtes leitete. Hauptmann von Steinhofer unternahm aus eigenem Antriebe mit der 6. Kompagnie einen Sturm. Hauptmann Baron Bittner führte mit dem größten Muthe seine Sturmkolonne dem Feinde entgegen, er wurde an der Spitze derselben am Fuße schwer verwundet. Hauptmann Graf Salis-Zizers, welcher seine Kompagnie mit ausgezeichneter Bravour und mit der größten Todesverachtung bei den mehrmaligen Stürmen führte und nach zweimaliger Verwundung immer wieder ins Feuer zurückkehrte, bis ihn endlich eine dritte schwere Wunde zwang, sich zurücktragen zu lassen. Ferner die Hauptleute Oliva und Ritter von Lippe; die Oberlieutenants Thun, Leitner, von Utsch und Heuser; als Letzterer mit der 1. Kompagnie als Bedeckung der Brigade-Batterie auf einem kleinen Hügel stand, entschloß er sich eine höher liegende Häusergruppe zur besseren Deckung der Batterie zu nehmen, was ihm auch durch seine ausgezeichnete Tapferkeit gelang. Oberlieutenant Schäffer, der, eben von Kanonenbedeckung abgelöst, mit einer halben Kompagnie freiwillig die Besetzung des rechten Flügels übernahm. Die Lieutenants Garlik, Balabene und von Sutter, welcher zum zweiten Male verwundet wurde. Feldwebel Seidl übernahm aus eigenem Antriebe die Bedienung eines Geschützes und half hiedurch dem Mangel an Artilleristen einigermaßen ab, von denen bereits viele kampfunfähig geworden. Feldwebel Schallmaier bediente ebenfalls freiwillig eine Haubitze und stürmte nach Ablösung von diesem selbstgewählten Posten mit seiner Kompagnie eine Anhöhe, wobei er sich durch kühnes Voraneilen besonders bemerkbar machte. Eben so zeichneten sich noch die Feldwebels Modritsch, Rasgau, Wellag, Potertsch und Turuscheg; Kadet-Korporal Pickhard und Fritz aus. Letzterer bemerkte beim dritten Sturme 2 achtzehnpfündige Kanonen auf einer Anhöhe, welche eben aufgeprotzt hatten; von nur 6 Mann gefolgt, eilt er auf jenen Punkt, den aber die beiden Geschütze bei seinem Anlangen bereits verlassen hatten, woselbst er 5 Artilleristen gefangen nimmt und 2 Munitionskarren erbeutet. Die Korporale Minder, Karner, Hriberscheg, Otto, Lowetz und Ertel, von welchen Letzterer, nachdem Hauptmann Elfert und Lieutenant Graf Cerrini gefallen waren, an der Spitze der Kompagnie gegen eine Anhöhe stürmte. Die Gefreiten Schoppetz und Moiser, welch Letzterer mit dem Gemeinen Droschen die Bedienung eines Geschützes durch vier Stunden freiwillig versah. Die Gemeinen Lach, Korbus, Nizatt, Meschitz und Robar.

Von E. H. Albrecht-Infanterie: Kadet-Feldwebel Spillauer, welcher sich bei Vertheidigung des nördlichen Einganges von Valeggio durch Muth besonders auszeichnete.

Von E. H. Ernst-Infanterie: Oberstlieutenant Ritter von Obelga, Major Ritter von Desimon und Hauptmann Baron Wetzlar, welcher ad interim das 1. Bataillon commandirte. Kadet-Feldwebel Birustingel brachte im heftigsten feindlichen Feuer in dem Augenblicke Munition herbei, als diese zu fehlen begann und übernahm später die Leitung einer Abtheilung, mit der er einige glückliche Angriffe in des Feindes Flanke ausführte. Feldwebel Hoyn sammelte einzeln zerstreute Leute verschiedener Truppenkörper, welche wegen Erschöpfung während der anstrengenden Stürme in sengender Hitze zurückgeblieben waren, und führte sie in die vorderste Gefechtelinie. In seinem Vorrücken stieß er auf ein vom Feinde stark besetztes Gebäude, auf welches er sogleich einen Sturm unternahm, jedoch der überlegenen und hartnäckigen Vertheidigung weichen mußte. Demungeachtet gab er sein Vorhaben nicht auf. Durch kräftige, eindringende Worte wußte er den Muth seiner Leute zu beleben; der Feind wurde geworfen und mehrere Gefangene gemacht. Der einsichtsvollen Führung des Feldwebels Hoyn war hauptsächlich die Säuberung des linken Flügels vom Feinde, zu danken; er wurde bei Gelegenheit eines abgeschlagenen feindlichen Reiter-Angriffes durch einen Pistolenschuß verwundet. Korporal Raaba zeichnete sich dadurch aus, daß er 2 Haubitzen mit Munition versah, endlich als diese Geschütze von einer feindlichen Abtheilung bedroht wurden, mit dem Gemeinen Schmidt sich ihr entgegenstürzte und dieselbe in die Flucht jagte. Gemeiner Kafer trug den verwundeten Major Bauer vom 11. Feldjäger-Bataillon aus dem Gefechte, wusch und verband demselben die Wunde, und kehrte, nachdem er ihn in Sicherheit wußte, wieder zu seiner Abtheilung zurück, wo er sich ausgezeichnet tapfer benahm.

Von E. H. Franz Carl-Infanterie: Major von Mayer, der mit wahrem Heldenmuthe aus eigenem Antriebe den letzten Sturm unternahm, welcher das Schicksal des Tages so glänzend entschied, wobei er durch den Major Ostoich und die Hauptleute von Beesey und Weigl kräftigst unterstützt wurde. Korporal Falletits war bei zwei aufeinanderfolgenden Stürmen der Erste; auch ist seiner thätigen Mitwirkung hauptsächlich zuzuschreiben, daß seine Kompagnie ungeachtet ihres erlittenen großen Verlustes dem Feinde so lange Widerstand leistete, bis sie unterstützt werden konnte. Tambour Feder war stets dort, wo das heftigste feindliche Feuer die Mannschaft, deren Reihen bereits sehr gelichtet waren, zu erschüttern begann, um sie durch seine Bravour und sein Spiel zur Ausdauer und Standhaftigkeit zu ermuthigen. Selbst schon verwundet, schlug er das Spiel wacker fort, bis er durch Blutverlust erschöpft, zurückgetragen werden mußte.

Von Fürstenwärther-Infanterie: Oberst Edler von Kleinberg, welcher mit vieler Umsicht und Energie sein Regiment kommandirte. Feldwebel Ziffer erstürmte mit vieler Bravour ein vom Feinde besetztes Haus.

Von E. H. Carl-Uhlanen: Oberst von Wyß; Gemeiner Kuzniak rettete einen vom Pferde gestürzten Mann von Radetzky-Husaren dadurch, daß er in Begleitung eines Husaren dem Feinde keck entgegensprengte und dadurch dem gestürzten Kameraden Zeit verschaffte, wieder aufs Pferd zu kommen.

Von Radetzky-Husaren: Oberstlieutenant Schanz, welcher tollkühn mit seiner Division den Feind auf der Prabiano-Haide attaquirte. Rittmeister Bärtling machte mit einem Zug eine sehr gelungene SchwarmAttaque, wobei ihn Oberlieutenant Baron Andrian thätigst unterstützte. Eben so führte Lieutenant Lösrr mit einem Zug eine Seiten-Attaque gegen die piemontesische Infanterie aus, und nahm ihr die Fahne und 34 Gefangene ab. Ferner zeichneten sich auf der Prabiano-Haide noch aus: die Wachtmeister Hoffmann und Szilasy; die Korporale Dolleß und Stöger; die Gemeinen Aranyos, Hajda, Ladißlr, Sona, Polatos und Sipös.

Von der Artillerie: Major Pittinger, welcher das Feuer einer Zwölfpfünder-Batterie mit außerordentlichem Erfolge persönlich leitete. Die Oberlieutenants Huniek und Predikant. Oberfeuerwerker Czehovini jagte mit einer halben Batterie bis auf Kartätschendistanz dem Feinde in dem Augenblicke entgegen, in welchem die Brigade durch dessen Uebermacht hart bedrängt wurde und, obwohl ihm eine doppelte Anzahl Feuerschlünde gegenüberstand und seine halbe Batterie auch von Bersaglieri stark belästigt wurde, brachte er doch des Feindes Sturmkolonnen zum Umkehren, und fügte ihnen während ihres Rückzuges empfindlichen Schaden zu. Endlich übernahm Oberfeuerwerker Czehovini, nachdem der Batterie-Kommandant Oberlieutenant Bauer geblieben war, die Leitung dieser Batterie, und bediente zuletzt selbst eines seiner Geschütze. Oberfeuerwerker Kusterholzer versah die auf der Straße aufgestellten Haubitzen im wichtigsten Momente mit Munition, wodurch

deren Feuer ununterbrochen unterhalten werden konnte. Oberfeuerwerker
Rimer kommandirte die beiden Geschütze bei der Kolonne des Obern Großi
mit Kaltblütigkeit. Mit 3 Geschützen selbstständig bewirkt, zeichnete sich
Feuerwerker Kestler vorzüglich dadurch aus, daß er das auf sich gerichti
tete Feuer zweier Geschütz-Abtheilungen zum Schweigen brachte, alle vori
liegenden Hindernisse schnell beseitigte, seine Munitionswägen und Vori
pferde sehr zweckmäßig und gesichert aufstellte, seine gefährdete Stellung,
während des dreimaligen Sturmes einer vom Feinde besetzten Anhöhe,
standhaft behauptete, und hiedurch dieses schwierige Unternehmen wesentt
lich erleichterte. Feuerwerker Hänel führte seine Raketen-Geschütze bis
in die Plänklerkette des Regimentes Reisinger, und betheiligte sich, nachdem
seine Munition verschossen war, an zwei Stürmen. Feuerwerker Kleiner
bewirkte durch die gutgezielten Schüsse seiner halben Batterie den Rückzug
einer gegen Valéggio vorgerückten feindlichen Kolonne. Korporal Eloter
übernahm freiwillig die Bedienung eines auf einem exponirten wichtigen
Punkte aufgestellten Raketen-Geschützes, dessen Vormeister durch die brennende Sonnenhitze außer Stand gesetzt war, seinen Dienst weiter zu erfüllen. Nicht minder zeichneten sich aus: die Korporale Kreutzhuber,
Friedl und Mayer, die Vormeister-Kanoniere Herger, Erbach,
Dill, Blasel, Lukesch und Findenegg, dann die Kanoniere Eggi
ger und Grabschnigg, endlich der Fuhrwesen-Gemeine Schrambeck.

Unser Verlust an diesem Tage bestand:

Vom 2. Bataillon Kaiser-Jäger — todt 6 Mann; verwundet
der Lieutenant von Poschacher (zugetheilt vom 8. Feldjäger-Bataillon)
und 8 Mann, vermißt 2 Mann. Vom 9. Feldjäger-Bataillon —
todt 1, verwundet 16, vermißt 2 Mann. Vom 11. Feldjäger-Bataillon — verwundet Major Bauer und 22 Mann, vermißt 42 Mann.
Vom 2. Wiener-Freiwilligen-Bataillon — todt 28 Mann;
verwundet Hauptmann Roth (an den Folgen seiner Wunden gestorben),
Lieutenant Wenger und 77 Mann, vermißt Hauptmann Rappel
und 70 Mann. Vom Szluiner-Grenz-Regiment — todt Oberlieutenant Loppassió und 22 Mann, verwundet die Hauptleute von
Lavenburg und Fröhlich, Oberlieutenant Heilmann, die Lieutenants Romadina, Gasljevió, Kovaćevió, Wulovió und 44
Mann, vermißt 6 Mann. Vom 2. Bataillon Waraßdiner St.

L 27

Georger —, tobt 2 Mann; verwundet Oberlieutenant Petrač und 28 Mann; vermißt 20 Mann. Von Kaiser-Infanterie. — verwundet 3; vermißt 8 Mann. Von Baron-Reifinger-Infanterie — tobt 11 Mann; verwundet Hauptmann Adolt, die Oberlieutenants Bogutovacz, von Lightowler und Burian, die Lieutenants Gablenz und Lohe, nebst 74 Mann; vermißt 68 Mann. Von Graf Haugwitz-Infanterie — tobt 1 Mann. Von Graf Kinský-Infanterie — tobt Hauptmann Elfert, Lieutenant Graf Cerrini und 36 Mann; verwundet die Hauptleute Baron Bittner, Baron Piret, Graf Salis, Ritter v. Lippe und Duprée, die Oberlieutenants Thum und Arbeš, die Lieutenants von Pistrich (an den Folgen seiner Wunden gestorben), von Sutter und Grobben, dann 165 Mann; vermißt 13 Mann. Von C. H. Ernst-Infanterie — tobt 7 Mann; verwundet Oberstlieutenant von Odelga, Major von Desimon und 38 Mann; vermißt 49 Mann. Von C. H. Franz Carl-Infanterie — tobt Hauptmann Bracht und 12 Mann; verwundet Lieutenant Lewinský und 65 Mann; vermißt 52 Mann. Von Baron Fürstenwärther-Infanterie — verwundet Lieutenant von Kleinberg und 4 Mann; vermißt 12 Mann. Von Kaiser-Uhlanen (Oberst-Division) — vermißt 1 Mann. Von Fürst Reuß-Husaren — verwundet 1 Mann. Von der Fuß-Batterie Nr. 5 — verwundet 2 Mann. Von der Fuß-Batterie Nr. 6 — verwundet 8 Mann. Von der Kavallerie-Batterie Nr. 2 — tobt Oberlieutenant Bauer; verwundet 2 Mann. Von der Kavallerie-Batterie Nr. 7 — verwundet 1 Mann. Von der zwölfpfündigen Batterie Nr. 2 — tobt 2; verwundet 1 Mann. Mithin tobt: 5 Ober-Offiziere und 128 Mann; verwundet 3 Stabs-, 29 Ober-Offiziere und 559 Mann; vermißt 1 Ober-Offizier und 340 Mann.

## Kavallerie-Gefecht bei Quaderni und le sei Vie
### am 24. Juli

Wie schon erwähnt, erhielt nach der Schlacht von Custozza Oberst Wyß von C. H. Carl-Uhlanen den Auftrag, mit der verfügbaren Kavallerie den Feind auf seinem Rückzuge zu beunruhigen. Doch konnte diese Verfolgung erst vor Tagesanbruch beginnen. Sie erfolgte in 2 Kolonnen, wovon die eine, bestehend aus der Oberst 1. Escadron Radetzky-Husaren, der Oberst 2. Escadron S. H. Carl-Uhlanen und 2 Geschützen der Reserve-Kavallerie-Batterie Nr. 3, unter Kommando des Oberst Wyß, von Valeggio nach Quaterni; die andere, welche aus der Oberst 1. Escadron S. H. Carl-Uhlanen und 3 Zügen der Oberst 2. Escadron Radetzky-Hußaren unter Oberst Gräf S t a d i o n von Schwarzenberg-Uhlanen, bestand, nach Sei Bie rückte. Oberst Wyß gelangte noch vor Tagesanbruch anstandslos nach Quaterni, welcher Ort vom Feinde unbesetzt war. Hier traf er folgende Disposition: die beiden Geschütze wurden vor dem Orte auf dem in die von Villafranca führende Chaussée beinahe senkrecht einfallenden Wege placirt, zu ihrer Bedeckung ward ½ Escadron verwendet, während die übrige Truppe beiderseits des Weges zugsweise in Intervallen von einigen 100 Schritten sich aufstellte. Beinahe jeder dieser Abtheilungen war ein Trompeter zugewiesen und die Instruktion ertheilt, nach erfolgtem zweiten Kanonenschusse unter Lärmen und Allarmblasen in aufgelöster Ordnung sich auf den auf der Chaussée marschirenden Feind, somit in dessen Flanke, zu stürzen. Bald erschien die erwartete feindliche Truppe — eine mit Geschützen versehene piemontesische Infanterie-Brigade. Der Angriff erfolgte der gegebenen Disposition gemäß. Die Verwirrung in der feindlichen Kolonne war grenzenlos, und bald sah man die ganze Brigade in wilder Flucht auf der Straße gegen Sei Bie, verfolgt von der nachsprengenden Kavallerie des Oberst Wyß. Erst nach anderthalb Miglien Weges versuchte sie sich wieder aufzustellen. Es wurden 45 Gefangene zurückgebracht; doch wäre ihre Zahl weit größer gewesen, wenn man dieselben in der dichten Kultur, wohin sie sich flüchteten, hätte fortbringen können; ein großer Theil der Gefangenen entkam daher, Viele hingegen wurden von den erbitterten Hußaren zusammengehauen. Major Graf S z é c h é n y i von Radetzky-Hußaren, hatte sich mit einem Zug Uhlanen auf die feindliche Arrièregarde geworfen, jedoch dadurch, daß er einen Mann nach dem andern mit Gefangenen zurückschickte, derart geschwächt, daß er mit nur 4 Mann bei dem Gros der feindlichen Infanterie, welche sich mittlerweile gesammelt hatte, ankam. Von dieser ganz nahe mit einer Decharge empfangen, stürzte S z é c h é n y i nebst seinem Pferde todt zu Boden.

Oberst Graf S t a d i o n stieß bei Sei Bie auf den durch den Angriff des Oberst Wyß in der Flucht begriffenen Feind, dem er 23 Gefangene abnahm, mit welchen er gegen acht Uhr früh in Valeggio einrückte. Bei diesem Angriffe zeichneten sich Lieutenant Khober, Wachtmeister Heffmann, Korporal Dolletz und Byyban durch Bravour ganz besonders aus.

Das Detachement des Oberst Byy verlor: an Todten den Major Graf Széchényi, an Verwundeten 1 Uhlanen, nebst 2 todten und 2 verwundeten Pferden; jenes des Oberst Stadion 2 Pferde verwundet.

*Disposition zur Verfolgung des Feindes.*

Als am 26. früh die Meldung der Vortruppen einlangte, daß Villafranca und die Ebene vom Feinde gänzlich verlassen seien, verfügte sich der Feldmarschall aus dem Palazzo Aljarca nach Valeggio, um die Disposition zur Verfolgung der feindlichen Armee treffen zu können. Demgemäß wurde das 1. Armee-Korps über Monzambano nach Pozzolengo deponirt, um von da so weit wie möglich gegen Castiglione delle Stiviere vorzurücken. Dieses Korps wurde gewählt, weil es am nächsten stand, um dem Feinde den Rückzugsweg abzugewinnen, wenn er die mittlere Straße über Ghedi und Ozinovi nach Crema einschlagen wollte. Das 2. Armee-Korps erhielt die Bestimmung, bei Valeggio den Mincio zu überschreiten, dann aber die Richtung über Volta gegen Guidizolo zu nehmen, um dem Feinde auf dem Fuße zu folgen, wenn er die Richtung über Cremona nehmen sollte. Das Reserve-Korps aber wurde befehligt, über Salionze-Ponti nach Pozzolengo zu marschiren, woselbst es bis auf weitern Befehl stehen zu bleiben hatte, um nach Umständen dem 1. oder 2. Korps zu folgen. Pozzolengo und Volta sind nur drei bis vier Marschstunden von einander entfernt und durch eine sehr gute Straße verbunden. Man konnte sich daher in jeder Richtung zu Hilfe kommen und vereinigen. Die Reserve-Kavallerie so, wie auch die Reserve-Batterien hatten dem 2. Armee-Korps über Valeggio nach Volta zu folgen und ihren Marsch in der Ebene fortzusetzen.

Das 3. Armee-Korps erhielt den Befehl, mit einem Theile seiner Truppen auf das rechte Mincio-Ufer bei Salionze überzugehen, um auch von dort aus Peschiera vollkommen einzuschließen.

Nach dieser Disposition hatten sich das 1. und Reserve-Korps in Bewegung gesetzt; auch das 2. Armee-Korps, welches sich auf der Prabiano-Haide des Morgens concentrirt hatte, rückte bis Valeggio, woselbst es vor seinem Weitermarsche ablochte.

Der Feldmarschall aber verfügte sich gegen Mittag von Valeggio wieder in sein Hauptquartier Aljarea, jedoch mit dem Vorsatze, dasselbe gegen Abend nach Baleggib zu verlegen, wenn etwas Erhebliches gemeldet würde. Er befahl zugleich bei seinem Eintreffen an ersterem Orte die Abbrechung der Brücke bei Ponton, worauf der Train der Armee über Baleggio und Bolta zu folgen hatte; nur die bei Salionze geschlagene Brücke sollte behufs der Cernirung von Peschiera stehen bleiben.

## Gefechte bei Volta
### am 26. und 27. Juli.

Das 2. Armee-Korps rückte nach dem Abkochen gegen Volta ab, doch das Defilée bei Baleggio verzögerte den Weitermarsch derart, daß die vordere Division (Wimpffen) erst um vier Uhr aus dem Bivouac bei Borghetto aufbrechen konnte. Es war bald sechs Uhr, als sich die Avantgarde-Brigade Friedrich Liechtenstein Volta näherte. Obwohl die schon am Morgen dahin entsendeten Kavallerie-Patrouillen die gänzliche Räumung des Ortes vom Feinde gemeldet hatten, wollte sich doch der der Brigade beigegebene Hauptmann John vom General-Quartiermeisterstabe, von der Richtigkeit dieser Angabe überzeugen. Mit einem Zug Husaren ritt er in scharfem Tempo nach Volta, wo er die Eingänge durch rechts und links ausgeschickte Beobachtungsposten von je 2 Mann besetzen ließ, während er selbst, immer im Trabe weiterreitend, mit 5 bis 6 Mann durch einen Hohlweg an den gegen Goito hin gelegenen Ausgang gelangte. Hier bemerkte John eine von letzterem Orte anrückende starke feindliche Kolonne. Ohne sich lange zu besinnen, gab dieser entschlossene Generalstabs-Offizier den beiden ihm zunächst stehenden Husaren den Befehl auf der Straße gegen die Tête dieser Kolonne zu attaquiren, anderen 2 Mann befahl er auf der hochgelegenen Straße im scharfen Tempo auf- und abzureiten, wobei er ihnen begreiflich machte, daß es sich darum handle, den Feind zu täuschen und glauben zu machen, daß der Ort bereits von österreichischen Truppen besetzt sei — ihn hiedurch zum Anhalten und Entwickeln seiner Kolonnen zu nöthigen, um dadurch Zeit zu gewinnen, die Truppen der Brigade heranzuziehen. Er selbst kehrte aber im vollen Laufe seines Pferdes zu der noch eine gute Miglie von Volta entfernten Avantgarde der Brigade zurück, um das Resultat seiner Rekognoszirung dem General-Major Fürsten Liechtenstein zu melden. Doch dieser befand sich eben auf einer seitwärts der Straße gelegenen Anhöhe auf Rekognoszirung. John, wohl einsehend, daß hier kein Augenblick zu verlieren sei, befahl daher auf eigene Verantwortung dem noch bei der Avantgarde befindlichen Zug Hußaren nebst den beiden Geschützen der Kavallerie-Batterie Nr. 2 im Trab und Galopp nach Volta an den gegen Goito hin gelegenen Ausgang zu rücken; zugleich ersuchte er den Oberst Weiß des 9. Feldjäger-Bataillons, mit seinem (die Avantgarde bildenden) Bataillon im Laufschritte dahin zu eilen. General-Major Fürst Liechtenstein, durch Hauptmann John von dem Sachverhalt in Kenntniß gesetzt, ließ nun auch das Gros seiner Brigade, der vorausgeeilten Avantgarde mit größter Beschleunigung nachfolgen, indeß der genannte Generalstabs-Offizier letzterer nachjagte. Er erreichte die Hußaren nebst den beiden Geschützen noch vor dem Orte, und führte sie an den bezeichneten Ausgang, wo er die Ueberzeugung gewann, daß die beabsichtigte Täuschung des Feindes vollkommen gelungen sei. Dieser — Brigade Savoyen und der größte Theil der Brigade Savona unter General-Lieutenant de Sonnaz — hatte Halt gemacht und stand eben im Begriffe sich aus der Marschkolonne zu entwickeln, während seine beiden Batterien in der Ebene auffuhren, wo sie bald ein sehr lebhaftes Feuer gegen unsere beiden Kavallerie-Geschütze eröffneten. Denselben hatte jedoch Hauptmann John die Weisung ertheilt, jenes Feuer nicht zu erwiedern, sondern den Zeitpunkt abzuwarten, bis eine feindliche Infanterie-Kolonne anrücke. Die beiden Züge Hußaren mit den beiden Geschützen bildeten wohl eine geraume Zeit die einzige Besatzung von Volta, bis endlich das 9. Jäger-Bataillon anlangte, und unter dem fortwährenden nun auch von unseren beiden Geschützen lebhaft erwiederten feindlichen Feuer, durch John auf die östlichen Höhen-Abfälle geführt wurde. Eine halbe Stunde später traf das Gros der Brigade im Orte ein; das 2. Bataillon Kaiser-Jäger eilte die Höhen des Calvarienberges zu gewinnen, 4 Kompagnien des nachfolgenden 2. Bataillons E. H. Franz-Carl besetzten die Kirche und das am Ausgange des Ortes gegen Guidozzolo hin gelegene Gebäude Sta. Maddalena, 2 Kompagnien dieses Bataillons blieben als Reserve auf dem Platze, das 1. Bataillon Franz Carl besetzte mit einer Division die Anhöhen links der Kirche S. Felice, um einer Umgehung, welche eine gegen Sottomonte dirigirte feindliche Kolonne beabsichtigte, zu begegnen. Man konnte für den ersten Augenblick nicht stärker detachiren, da der General-Major Fürst Liechtenstein für jeden Fall eine kräftige Reserve sich vorbehalten mußte; eben so wenig ließ sich der Eingang von Molini della Volta bei Luccone hinreichend decken, um eine Flanken-Bedrohung zu hindern, — man mußte sich vorderhand damit begnügen, diesen Punkt blos zu beobachten.

Dem feindlichen Geschützfeuer folgte bald ein rasch vorschreitendes Plänklergefecht. Mit vielem Ungestüm drangen starke Haufen in der Front und gegen die linke Flanke der Brigade vor; doch die Anstrengungen des Gegners blieben ohne Erfolg. Er verstärkte deßhalb seinen rechten Flügel und begann eine weiter ausgreifende Bewegung in der linken Flanke über Sottomonte und Luccone, der man um so weniger zu begegnen im Stande war, als der rechte Flügel — obschon noch nicht im Feuer — mit jedem Augenblick von Cantonale her durch feindliche Abtheilungen bedroht war. Trotzdem wurden einzelne Abtheilungen von dort zur Unterstützung des linken Flügels herangezogen und auch ein großer Theil der Reserve hiezu verwendet; eben so wurden die Höhen links von S. Felice behauptet, als schon zahlreiche Plänkler-Schwärme in der kleinen Einsattlung bei Luccone (an der Straße nach Molini della Volta) gegen den Rücken der Brigade Liechtenstein vordrangen. Bei zwei Stunden mochte der heftigste Kampf gedauert haben, als in diesem kritischen Augenblicke die Brigade Kerpan zur Unterstützung anlangte.

Der Feind hatte bereits eine Häusergruppe und mehrere Anhöhen besetzt, von wo aus er die Marschkolonne dieser Brigade in ihrer linken Flanke beschoß. Es wurden daher 10 Kompagnien Kinsky gegen jene Punkte beordert. Mit entschlossenem Muthe, ja mit freudigem Jubel und keine Hindernisse scheuend, erstürmte Oberlieutenant Schäffer mit der 4. Kompagnie jene Häusergruppe, nahm den feindlichen Kommandanten und 40 Mann mit eigener Hand gefangen. Die andern Kompagnien erstürmten unter Leitung des Hauptmanns von Steinhofer und der thatkräftigen Mitwirkung des Oberlieutenants Regiments-Adjutanten Krziž die Hügelreihen eine nach der andern, machten im Sturmschritte die ganze linke Flanke frei und drängten den Feind bis in die südliche Ebene zurück, wobei das weiter links in Abtheilungen aufgelöste 1. Szkluner Grenz-Bataillon thätig mitwirkte. Das Regiment Kinsky hatte bei dieser Gelegenheit über 100 Gefangene gemacht, worunter sehr viele Savoyarden.

Die terrassenförmigen Höhen und steilen Ränder erleichterten bei der bereits eingetretenen völligen Dunkelheit das Herannahen des Feindes sowohl in der Front als gegen den äußersten rechten Flügel der Brigade. Dichte Plänklerschwärme erstiegen die steilen Höhen, umzingelten die am rechten Flügel stehenden Abtheilungen, bemächtigten sich der gegen Guidizzolo führenden Ausgänge, drangen in die Häuser, und suchten den nachrückenden Kolonnen den Weg in die Stadt zu bahnen. Dieser unerwartet rasche Erfolg läßt vermuthen, daß eine Abtheilung der Piemontesen, welche erst am Morgen dieses Tages den Ort verließen, daselbst zurückgeblieben sei, und die Kirche Sta. Maddalena noch vor Ankunft unserer Truppen besetzt hatte; so wie es auch gar keinem Zweifel unterliegt, daß ein großer Theil der Einwohner, begünstigt durch die Finsterniß, am Gefechte sich betheiligte.

Der Feind, durch die Kenntniß der Oertlichkeit im Vortheil, benützte die Nacht, um mit seinen Angriffs-Kolonnen zu wiederholten Malen sowohl in der Front als in den beiden Flanken zu stürmen. Es kam zum wüthendsten Handgemenge, nur das Bajonnet konnte entscheiden. Doch trotz aller Kraftanstrengungen war der Feind nicht im Stande, den Muth unserer Soldaten zu brechen und sie zum Wanken zu bringen. Und so gelang es den Truppen der Division Wimpffen durch Beharrlichkeit und Tapferkeit ihre Stellung zu behaupten, sie durchfochten heldenmüthig die langen Stunden der Nacht — die schwerste Probe, die ihnen auferlegt werden konnte. Am schwersten war es, den einzelnen Soldaten an das unheimliche Gefühl des Feuers mit Schießbaumwolle, oder sich die Einwohner von Volta bedienten, zu gewöhnen, — der echte Soldat sieht gern in seines Gegners Angesicht, er wankt hingegen nicht selten vor dem feigen Meuchelmörder zurück. Dies war auch bei diesem nächtlichen Kampfe der Fall und nur der Aufopferung, des Feldmarschall-Lieutenants Grafen Wimpffen, des General-Majors Fürsten Friedrich Liechtenstein, so wie des Quar-Brigadiers Oberst von Kerpan, die als Muster der Tapferkeit überall hervorleuchtend, den etwa zurückweichenden Kolonnen in den schmalen Gassen sich entgegenstellten, war es gelungen die Truppe während dieser schrecklichen Nacht in gehöriger Fassung zu halten, zu welch' günstigem Erfolge auch die Ablösung der zuerst in diese Straßenkämpfe verwickelten Truppen der Brigade Liechtenstein durch die nun ganz nach Volta gezogene Brigade Kerpan viel beitrug.

Auf diese Weise verstrich die Nacht, deren Ende man kaum erwarten
konnte. Endlich brach der Morgen an; die Sonne erleuchtete den Kampf-
plaz. Jetzt erst konnte man das wilde Durcheinander in den Straßen
schauen, wo sich in nächtlicher Finsterniß Freund und Feind nicht erkann-
ten; es war ein grausenhafter Kampf, beide Theile hatten im wilden
Muthe miteinander gewetteifert, ja es schien, als hätte jeder Einzelne in
dem Gegenüberstehenden seinen Todfeind erblickt, nun froh, die ersehnte
Gelegenheit zur Rache gefunden zu haben. Selbst die Verwundeten sezten,
in ihrem Blute sich wälzend, den Kampf noch fort, bis das Bajonnet
eines feindlichen Soldaten ihrem Leben ein Ende machte. Man fand einen
Jäger und einen Savoyarden, die sich zu gleicher Zeit die Bajonnete durch
den Leib gerannt und in dieser Stellung lagen sie nun friedlich neben
einander. Beide Theile hatten sich durch Barrikaden zu decken gesucht. Erst
der Anbruch des Tages konnte wieder einige Ordnung in dieses Chaos
bringen, Vertrauen, Muth und Kraft waren wieder in der Truppe
erwacht — der Kampf begann vom Neuen.

Die Division wurde durch die Brigade Edmund Schwarzenberg verstärkt. Feldmarschall-Lieutenant Graf Wimpffen übertrug den Befehl
über den linken Flügel dem General-Major Fürst Liechtenstein, Major
Mayer von k. H. Franz Carl, erhielt jenen über das Centrum und
Oberst Baron Bianchi den über den rechten Flügel der Aufstellung.

Der Feind hatte ansehnliche Verstärkungen erhalten. Mit Ungestüm
brachen die feindlichen Plänklerschaaren von den Höhen von S. Felice
vor. Das dort aufgestellte 9. Feldjäger-Bataillon mit einer Abtheilung
von Franz Carl-Infanterie warf sie jedoch im ersten Anlaufe zurück. Eben
so hatte sich Major Mollinary, als die Plänkler der Jäger auf dem
äußersten linken Flügel zurückgedrängt waren, und der Feind des östlichen
Dorfrandes sich bemächtigen wollte, in diesem kritischen Momente mit
seinem Szluiner-Bataillon auf dessen rechte Flanke geworfen und ihn im
Verein mit dem Jäger-Bataillon vollends über die Höhen wieder hinunter-
geworfen. Der linke Flügel der Brigade Liechtenstein, unterstützt durch
ein Bataillon Hanawitz der Brigade Schwarzenberg, welches in 3 Divisions-Kolonnen formirt, den bereits bis Luccone vorgedrungenen Feind
in der linken Flanke angriff, warf den Feind bis in die jenseitige Ebene
zurück, worauf derselbe unaufgehalten seinen Rückzug gegen Goito antrat.

Eine halbe Batterie fuhr zugleich bei den Hügeln von Luccone auf und beschoß des Feindes Geschütze in der Flanke.

Zu dieser Zeit war auch die Brigade Gyulai angekommen und stellte sich zu beiden Seiten der Straße hinter Volta in Reserve auf. Gleichzeitig hatte auch Feldmarschall-Lieutenant Baron D'Aspre durch die Aussage der Gefangenen, daß der König noch mit 20.000 Mann in Goito stehe, um Valeggio besorgt gemacht, die Brigade Perin zur Sicherung des Mincio-Ueberganges, nach Valeggio abrücken lassen.

Von diesem Augenblicke an ward der Kampf innerhalb einer Stunde entschieden, denn vom äußersten rechten Flügel ausgehend, wurde von dem schon früher erwähnten Major Mollinary die Umgehung des Feindes durch das 1. Szluiner-Grenz-Bataillon immer stärker und drohender, und als sich selbes dem feindlichen Gros näherte, begann ein fluchtähnlicher Rückzug des Gegners, welcher nun von der 1. Majors-Division von Reuß-Hußaren unter dem Kommando des tapferen Majors von Cseh von Volta aus, so wie andererseits von der Straße in der Ebene längs des Mincio durch 6 Schwadronen der Regimenter Baiern-Dragoner und Kaiser-Uhlanen unter Anführung ihrer Oberste von Ruß und von Gravert der Kavallerie-Reserve-Brigade Schaffgotsche — geleitet von diesem General und dem Divisionär Feldmarschall-Lieutenant Fürsten Taxis — bis gegen Goito verfolgt wurde und sich nur unter dem Schutze seiner viel stärkeren Artillerie wieder railliren konnte.

Bei diesem Kampfe um den Besitz der entscheidenden Höhen von Volta haben sich einer besonderen Anerkennung würdig gemacht:

Feldmarschall-Lieutenant Graf Wimpffen, welcher mit seltener Ruhe und wahrer Todesverachtung die nöthigen Dispositionen an Ort und Stelle ertheilte; ebenso General-Major Fürst Friedrich Liechtenstein, der seine so oft bewiesene Vortrefflichkeit auch hier wieder bewährte, und der Qua-Brigadier Oberst von Kerpan.

Vom General-Quartiermeisterstabe: Hauptmann John, welchem die Besetzung Volta's durch die Truppen der Brigade Liechtenstein zu verdanken ist; er sowohl als Hauptmann von Packeny hatten mit außerordentlicher Anstrengung im größten Kugelregen an den gefährlichsten Punkten Barrikaden errichtet.

Von der Adjutantur: Divisions-Adjutant Oberlieutenant von

Sutter von Kinsky-Infanterie, dann die beiden Ordonnanz-Offiziere Graf Grünne und Gondar.

Vom Pionier-Korps: Hauptmann Kliment.

Von Kaiser-Jäger: Hauptmann Hauser, wurde mit einer Abtheilung von den übrigen Truppen abgeschnitten, er warf sich in den Pfarrhof und, überzeugt von der Wichtigkeit seiner Stellung, vertheidigte er denselben, ungeachtet des sich verbreiteten Gerüchtes von einem Rückzuge der Brigade. Hauptmann Baron Bernkopf stürzte sich an der Spitze von 10 bis 12 Rotten einer der 12. Kompagnie in die rechte Flanke gekommenen feindlichen Abtheilung entgegen, warf sie zurück, kam aber bei diesem Unternehmen so stark ins Handgemenge, daß er selbst durch einen Kolbenschlag am Kopfe verwundet wurde. Erst als er dem mit verstärkten Kräften neuerdings vorgerückten Gegner nicht mehr Stand halten konnte, zog er sich in die nächsten Häuser zurück. Hierdurch hatte die 11. Kompagnie ihre Verbindung nach rechts verloren; der Feind erstieg den zum Pfarrhof führenden Hohlweg. In diesem Augenblicke warf sich Hauptmann Streicher, ohne erst einen Befehl hiezu abzuwarten, mit der halben 11. Kompagnie auf den bedrohten Punkt und trieb den Feind mit dem Bajonnete wieder zurück. Als später Hauptmann Streicher von drei Seiten angegriffen wurde, stürzte er sich gegen den Feind; doch alle Versuche scheiterten an dessen Uebermacht, welche dem genannten Hauptmann selbst den Rückzug streitig machte, den Streicher, welcher bei dieser Gelegenheit eigenhändig 3 feindliche Soldaten niederstieß, versuchte. Lieutenant Leiß fiel durch Bajonnetstiche und Kolbenschläge getroffen zu Boden und Hauptmann Streicher erhielt einen Bajonnetstich durch die Lunge. Hauptmann von Toth, wiewohl aller Unterstützung entbehrend und selbst in der Flanke angegriffen, eilte in dem Augenblicke, als sich der Feind unserer Geschütze bemächtigen wollte, auf diesen Punkt, wo sich die Artilleristen bereits im Handgemenge befanden. Nachdem er durch seine Entschlossenheit den Feind zurückgeworfen hatte, ward ihm von einer Abtheilung der Rückweg verlegt, durch die sich Hauptmann Toth mit der blanken Waffe Bahn brach, wobei er selbst blessirt wurde; Oberlieutenant Czarneky erhielt bei dieser Gelegenheit einen Hieb über den Kopf. Ferner zeichneten sich noch durch Entschlossenheit und Bravour aus Hauptmann Röth, Oberlieutenant Enders, Riedler und der durch

einen Bajonnetstich verwundete Oberlieutenant von Bötticher; Oberjäger Beirother, welcher im Handgemenge mit ausgezeichneter Tapferkeit und Unerschrockenheit gefochten und sich dem stürmenden Feinde mit
vieler Bravour entgegengeworfen hatte, endlich den hartbedrängten Hauptmann Streicher so lange gegen die feindlichen Bajonnete schützte, bis
er selbst verwundet und erschöpft am Boden lag, später jedoch durch seine
Geistesgegenwart sich und andere 11 Gefangene befreite. Oberjäger
Rainer hatte sich mit 4 Jägern mit bewunderungswürdigem Muthe
durch längere Zeit gegen die feindliche Uebermacht gehalten; man fand ihn
nebst den 4 Jägern am Morgen todt zwischen 60 bis 70 feindlichen
Leichen. Kadet-Unterjäger Eberlin, obgleich selbst verwundet, hat
einen auf den verwundeten Oberlieutenant Gzarneki eindringenden
feindlichen Offizier und mehrere Soldaten niedergestoßen, bis er selbst
durch 21 Bajonnetstiche tödtlich verwundet war. Unterjäger Knabl deckte
den am Boden liegenden eben genannten Oberlieutenant mit seinem
eigenen Körper gegen die wüthenden feindlichen Soldaten. Eben so rettete
Unterjäger Trettel den verwundeten Hauptmann Toth. Unterjäger
Bavrer, mit 10 Mann auf dem Kirchthurme in Volta aufgestellt,
fügte dem Feinde durch seine gut gezielten Schüsse bedeutenden Schaden
zu. Die Unterjäger Thaler, Denifl, Bohn und Larcher haben
sich gleichfalls sehr brav benommen. Kadet Forster war in der Nacht
beim Sturme auf den Kirchhof unter den Vordersten, er schoß einen
piemontesischen Offizier nieder.

Vom 9. Feld-Jäger-Bataillon: Oberstlieutenant Weiß, dann
Oberjäger Hollava, welcher durch eine Kanonenkugel den rechten Arm
verlor.

Vom Szluiner-Grenz-Regiment: Major Mollinarn, welcher
durch seinen unvermutheten und raschen Angriff den rechten Flügel des
Feindes warf und dadurch den raschen und erfolgreichen Ausgang des
Gefechtes am 27. herbeiführte. Hauptmann Baron Kulmer, Lieutenant
Godljevič, Feldwebel Jugat und Peraković haben sich bei den
Angriffen während der Nacht tapfer benommen. Als am Morgen der
linke Flügel des Bataillons vom Feinde bedroht wurde, schlug Tambour
Matievič ohne erhaltenen Befehl den Sturmstreich, in Folge dessen
die Kette vorrückte und den Gegner zurückwarf.

Von Hauqwitz-Infanterie: Oberst Graf Bergen und Oberstlieutenant von Martini.

Von Kinsky-Infanterie, Oberst Baron Bianchi, welcher sein ausgezeichnetes Regiment mit gewohnter Tapferkeit leitete; Major Fürst, dem es nach mehrmaligen Stürmen gelang den Abschnitt von Brunnen bis zum Ausgange gegen Guidizzole vom Feinde zu säubern; Hauptmann von Steinhofer; die Oberlieutenants Uffenheimer, Utsch, Schäffer, Heußer und Kriz; Lieutenant Garlik, die Feldwebel Pichler, Schallmaper, welcher 40 und Rasgan, welcher mit 4 Rotten 22 feindliche Soldaten gefangen nahm; ferner die Korporale Prißlan, Pototschnig und Rovaselt, die Gefreiten Pollak, Sagode und Friedrich, dann die Gemeinen Sorreß, Schocker, Roval, Fiausch, Duch, Damisch und Poschotteg.

Von E. H. Franz Carl-Infanterie: Major Mayer, die Hauptleute von Maurer, Hest und von Beesen, welch' Letzterer durch vierthalb Stunden mit seiner durch die früheren Gefechte und namentlich durch die Schlacht bei Custozza sehr gelichteten Kompagnie, ohne jeder Unterstützung mehrere Haupt- und Neben-Eingänge von Volta gegen die feindliche Uebermacht vertheidigte und das Durchbrechen derselben auf diesen wichtigen Punkten mit aller Anstrengung verhinderte, endlich nachdem er bereits verwundet war, noch durch anderthalb Stunden das Gefecht hier leitete. Korporal Szallav befreite 83 Gefangene, indem er die feindliche Abtheilung, welche dieselben eskortirte, in die Flucht jagte. Als die am Kalvarienberge in Plänkler aufgelöste Kompagnie durch eine vorrückende feindliche Kolonne, welcher eine dichte Plänklerkette voranging, bedroht wurde, sammelte Korporal Kropf die ihm zunächst gestandenen Plänkler, und rief auch den als Unterstützung aufgestellten Korporal Toll mit seiner Mannschaft herbei, worauf er sich mit dieser nur 16 Mann starken Abtheilung verwegen auf die weit überlegene feindliche Kette stürzte, dieselbe durch diesen kühnen Angriff in Verwirrung und endlich zur Flucht brachte, auf der sie die nachrückende Haupt-Kolonne mit sich riß. Korporal Schneller behauptete sich, obgleich der von ihm befehligte Zug theils gefangen, theils versprengt wurde, mehrere Stunden lang mit den Gemeinen Földn, Simsach, Topolißlo, Mártonv, Palfy und Varga, bis eine halbe Kompagnie Kaiser-Jäger zu ihrer Unterstützung

anlangte. Die Gemeinen Donadjo, Ganiß, Rotosnial, Var-
jaltaroß und Benyal zeichneten sich unter dem Korporal Kröpf aus.

Von Baiern-Dragoner: Wachtmeister Schwabl rettete die
beiden gestürzten und bereits vom Feinde umringten Gemeinen Fragner
und Malmeister durch aufopfernde Bravour. Korporal Roe nahm
den von sechs Lanzenstichen verwundeten Oberlieutenant Ruß, als demselben sein Pferd unter dem Leibe getödtet wurde, in den Arm, schwang
sich mit diesem Offizier auf's eigene Roß und brachte denselben in Sicherheit. Roe kehrt hierauf wieder ins Gefecht zurück, wo er den Gemeinen
Poblacher schwer verwundet und hilflos unter seinem Pferde liegen sieht,
er hebt auch diesen auf sein Pferd und rettet ihn, wie erst vor wenig Augenblicken seinen Offizier. Eben so rettete der Gemeine Pichler den verwundeten Oberlieutenant Grafen Westphalen und der selbst blessirte Gemeine
Mayer den verwundeten Rittmeister von Audrée vor Gefangenschaft.

Von Reuß-Hußaren: Rittmeister Graf Wrbna sprengte an der
Spitze einer halben Eskadron dem in der finstern Nacht stürmenden Feinde
herzhaft entgegen und führte eine glänzende Attaque aus; da jedoch die
Finsterniß zu groß und die Piemontesen, welche die meisten Häuser besetzt
hatten, fortwährend aus den Fenstern schossen, wurde der Befehl zum
Rückzuge ertheilt. Bei diesem Rückzuge wurde Rittmeister Graf Wrbna
mit 4 Mann, worunter die Gemeinen Major und Kanavaß, durch
die in den engen Gassen kämpfenden und bereits handgemein gewordenen
Truppen-Abtheilungen von der eigenen Division abgeschnitten. Mit
diesen 4 Mann führte genannter Rittmeister mehrere Attaquen aus und
säuberte mehrere Gassen vom Feinde, wodurch es ihm gelang, die vor
Ermattung weichende Infanterie zum erneuerten Sturm zu bewegen. Bei
der Verfolgung des Feindes durch die 1. Majors-Division erreichte der
1. Flügel der 1. Eskadron unter Anführung des Rittmeisters von Moll-
nár alsbald denselben, attaquirte und warf ungefähr eine Kompagnie der
feindlichen Arrièregarde, hieb Mehrere nieder und machte 14 Gefangene.
Bei der Verfolgung des Feindes auf dessen Rückzuge gegen Goito hat sich auch
der Gemeine Gulyás ausgezeichnet, indem er seinen schwer verwundeten
Kameraden Gyulassy im feindlichen Feuer verband und ihn vor den rings
herum einschlagenden Kugeln dadurch schützte, daß er ihn in einen Graben zog,
bis er sein eigenes und seines verwundeten Kameraden Pferd, welch' beide

mittlerweile entlaufen waren, aufgefangen hatte; doch die Gemeinen Recé-let und Kovacsics holten den verbündeten Gyulassy schon früher aus dem heftigsten Infanterie-Feuer. Gemeiner Rál, obgleich er und sein Pferd verwundet waren, attaquirte mit, hieb ein, machte Mehrere nieder und brachte durch das heftigste Peloton-Feuer einen Gefangenen zurück.

Von der Artillerie: Lieutenant Czehovini und Feuerwerker Zwöfer, durch deren muthvolles Benehmen angeeifert, die Bedienungs-Mannschaft der Geschütze mit Protz- und Ladstock und mit gezogenem Säbel gegen die Savoyarden wüthete.

Vom Fuhrwesen-Korps: Lieutenant Peskier.

Unser Verlust am 26. und 27. war: Vom 2. Bataillon Kaiser-Jäger — todt Lieutenant von Poschacher (vom 8. Feldjäger-Bataillon zugetheilt) und 29 Mann; verwundet die Hauptleute Streicher und Baron Bernkopf, Oberlieutenant v. Bötticher (an den Folgen seiner Wunden gestorben), Lieutenant Leiß und 29 Mann; vermißt 36 Mann; gefangen 4 Mann. Vom 9. Feldjäger-Bataillon — todt 11 Mann; verwundet Hauptmann von Zsoldos, Lieutenant Schmigoz und 19 Mann; vermißt 10 Mann. Vom Szluiner-Grenz-Regiment — todt 3; verwundet 4 Mann. Von Kaiser-Infanterie — verwundet 1 Mann. Von Graf Haugwitz-Infanterie — todt 1 Mann; verwundet Oberstlieutenant von Martini, Hauptmann Raslić und 4 Mann; vermißt 3 Mann. Von Graf Kinsky-Infanterie — todt 4; verwundet 15; vermißt 33 Mann. Von E. H. Franz Carl-Infanterie — todt Lieutenant Otter und 23 Mann; verwundet die Hauptleute von Becsey und Jankovic, Lieutenant Schima und 69 Mann; vermißt 50 Mann; gefangen Lieutenant Budić und 23 Mann. Von Baron Fürstenwärther-Infanterie — verwundet Lieutenant Kierschinger und 6 Mann. Von der 11. Pionier-Kompagnie — todt 1; verwundet 2 Mann. Von König von Baiern-Dragoner — todt 1 Mann; verwundet Rittmeister von Andrée, Oberlieutenant von Ruß und Graf Westphalen dann 19 Mann; vermißt 6 Mann. Von Fürst Reuß-Hußaren — todt 2; verwundet 6 Mann. Von Kaiser-Uhlanen — todt 2; verwundet Oberst von Gravert, Oberlieutenant Graf Lagothetty, Lieutenant Menzel und 8 Mann; vermißt 11 Mann. Mithin todt

2 Ober-Offiziere und 75 Mann; verwundet 2 Stabs-, 17 Ober-Offiziere und 156 Mann; vermißt 160 Mann; gefangen 1 Ober-Offizier und 41 Mann.

Mittlerweile, als diese Gefechte am 26. stattfanden, hatte das 1. Armee-Korps Pozzolengo erreicht und da gegen Abend in der linken Flanke das Feuer sehr hörbar wurde, fand es Feldmarschall-Lieutenant Graf Wratislaw für zweckmäßig, seinen Marsch nicht weiter fortzu-setzen, sondern hier zu halten, sich mit dem nach Pozzolengo bestimmten Reserve-Korps zu vereinigen und die weiteren Befehle abzuwarten. Das Reserve-Korps, bei welchem auch das Tags vorher beim 2. Armee-Korps in Verwendung gestandene Grenadier-Bataillon Pöltinger und das 1. Bataillon Wocher-Infanterie wieder einrückten, war an diesem Tage nach ein Uhr Mittags aus dem Biwuac von S. Rocco aufgebrochen, bei Salionze über den Mincio gegangen, und ebenfalls unaufgehalten bis Pozzolengo vor-gerückt, wo das 1. Armee-Korps bereits eingetroffen war. Dem Reserve-Korps folgte das 3. Armee-Korps, von Castelnovo über Ponti marschirend, über den Mincio, um Peschiera auch am rechten Ufer einzuschließen.

Der Feldmarschall erwartete in seinem Hauptquartier die Rapporte der einzelnen Armee-Korps, namentlich jenes des 2. Armee-Korps ab. Als jedoch die Nacht hereinbrach und von Letzterem noch keine Meldung einlief, beschloß er erst am folgenden Morgen in der Richtung von Volta der Armee nachzufolgen. Der vom Feldmarschall-Lieutenant D'Aspre um halb neun Uhr Abends mit der Nachricht von dem so hartnäckigen Gefechte bei Volta abgeschickte Offizier war vor Valeggio dergestalt ins Gedränge des Artillerie- und des von Ponton eben angekommenen Brücken-Trains gerathen, daß er den Weg größtentheils mit Lebensgefahr zu Fuß machen mußte und somit erst um drei Uhr früh im Hauptquartier eintreffen konnte.

Gleich nach Erhalt jener Nachricht entsendete der Feldmarschall den Major Grafen Huyn des General-Quartiermeisterstabes, an das 1. und Reserve-Korps, mit dem mündlichen Befehle, augenblicklich die Richtung nach Volta einzuschlagen und durch diese Linksschwenkung und den Vor-marsch solcher Massen einen Rückzug des 2. Korps zu sichern und unschäd-lich zu machen, oder dasselbe in seiner Stellung bei Volta zu unterstützen.

Dem zu Folge marschirten vom 1. Armee-Korps die Brigaden Suplilaß und Wohlgemuth von Moscorolo über Castellaro gegen Volta um den rechten Flügel des 2. Armee-Korps zu unterstützen, während die Brigaden Straffoldo und Clam noch bei Pozzolengo mit der Weisung stehen blieben, nach dem Abkochen ersteren nachzufolgen; eben so rückte das Reserve-Korps über Castellaro nach Volta ab. Jedoch blieben von diesem Korps das Grenadier-Bataillon Pöltniger und das 1. von Wocher-Infanterie bei Pozzolengo stehen; ersteres rückte mit den früher nach Ponti disponirt gewesenen Brücken-Equipagen Abends beim Korps wieder ein, letzteres wurde zu einem vom Oberst Wyß zu führenden Streif-Kommando beordert, welches die rechte Flanke der Armee gegen Brescia decken sollte. Als der Feldmarschall die beiden Armee-Korps in Bewegung wußte, verfügte er sich nach Valeggio, nachdem er noch früher den Feldmarschall-Lieutenant Heß zum 2. Armee-Korps nach Volta vorausgeschickt hatte, um von demselben den Rapport über den weiteren Stand der Dinge zu erfahren, und dann mit dem marschirenden 2. Armee-Korps zugleich vor Volta eintreffen zu können.

Während der Feind sich im vollen Rückzuge befand, war das Reserve-Korps in der Nähe von Volta, und später auch das 1. Armee-Korps rechts dieses Ortes auf den Höhen gegen Gavriana angekommen und somit die Hauptkräfte der Armee auf diesem entscheidenden Punkte vereinigt.

#### Carl Albert's Waffenstillstands-Antrag.

Nach dem unglücklichen Ausgang des Gefechtes von Volta hatte Carl Albert seine sämmtlichen Generale zu einem Kriegsrath versammelt, die Rapporte über den Zustand ihrer Truppen von ihnen begehrt, und die Frage der weiteren Operationen ihnen vorgelegt. Alle waren der einstimmigen Meinung, daß man Zeit zur Wiederordnung der Armee gewinnen und deßhalb einen Waffenstillstand vorschlagen müsse. Nur Zeitgewinn wollte man erreichen, das bedarf keiner weiteren Diskussion. Zu Unterhändlern wählte man die Generale Beß und Rossi nebst dem Artillerie-Obersten della Marmora. Sie schlugen den Oglio als Demarkationslinie vor, um in dieser Stellung einen definitiven Frieden unterhandeln zu können.

So trügerische Bedingungen waren jedoch nicht geeignet, den Feldmarschall in seinem Siegeslaufe aufzuhalten. Der Gegner begriff wohl, daß Radetzky seinen Vorschlag nicht annehmen, sondern Gegenvor-schläge machen würde — dadurch ward Zeit gewonnen. Die Linie des Oglio ward verworfen, dagegen durch den General-Quartiermeister der Armee die Linie der Adda vorgeschlagen und die Uebergabe der Festungen Pes-chiera, Pizzighettone und Rocca d'Anfo, die Räumung der Stadt, Forts und Häfen von Venedig von den sardinischen Truppen und Flotten, so wie jene der Herzogthümer Modena und Parma von ersteren, dann Auf-hebung der Blokade von Triest, endlich augenblickliche Befreiung aller in Mailand und den anderen Städten der Lombardie unrechtmäßig zurück-gehaltenen kaiserlichen Offiziere und deren allsogleiche Ueberjendung in das Hauptquartier des Feldmarschalls gefordert.

Daß man diese Bedingungen nicht annehmen werde, hoffte man zuversichtlich im österreichischen Hauptquartier. So war es auch; man zauderte wie natürlich so lange als möglich mit der Antwort. Erst am 28. Morgens traf sie ein. Der Feind hatte 24 Stunden gewonnen, die er zu seinem Abzuge benützte; man sah noch von der Terrasse der Kirche zu Volta, fern am Horizont die letzten feindlichen Kolonnen in der Rich-tung von Cremona abziehen.

**Vorrückung der k. k. Armee bis an den Oglio.**

Der Feldmarschall befahl daher augenblicklich die Vorrückung der Armee zur Verfolgung des Feindes. — Erst nachdem der Feind über die Grenzen des kaiserlichen Gebietes geworfen, sollte die Schlacht von Cu-stozza und die darauf gefolgten glorreichen Gefechte bei Volta zu jener politisch-militärischen Wichtigkeit gelangen, die ihnen einen so ehrenvollen Platz in der Kriegsgeschichte unserer Zeiten bewahrt.

Es brachen demnach noch im Laufe des Morgens sämmtliche Korps aus ihren innegehabten Stellungen auf. Das Reserve-Korps marschirte über Volta gegen Goito, um den Feind, wenn er letzteren Ort noch besetzt hätte, aus selbem zu vertreiben, und dann nach Rodigo zu rücken. Das 2. Armee-Korps hatte die Weisung, dem Reserve-Korps als Unterstützung zu folgen, bei Cerlungo so lange zu halten, bis es sich die Ueberzeugung verschafft, daß das Reserve-Korps seiner Unterstützung nicht mehr bedürfe, dann aber nach Gazzoldo zu marschiren, und daselbst zu lagern. Das 1. Armee-Korps wurde über Cereta gesendet, und in eben der Weise wie das 2. angewiesen, dort zu halten, und nach der Wegnahme von Goito seine Richtung nach Piubega einzuschlagen, und daselbst zu bivouaquiren. Die Brigade Perin endlich, welche mit dem Hauptquartier in Valeggio stand, wurde auf dem linken Mincio-Ufer gegen Goito vorzurücken beordert.

Da aber der Feind beim Anlangen des Reserve-Korps bei Goito, diesen Ort schon geräumt hatte, so rückten die Armee-Korps nach der vorangeführten Disposition ohne Aufenthalt an die Orte ihrer Bestimmung; die Brigade Perin verblieb jedoch in Goito. Das Hauptquartier des Feldmarschalls kam nach Gazzoldo.

Bis dahin hatten wir keinen gehörigen Begriff von dem Zustand des piemontesischen Heeres. Es hatte sich in der ganzen Reihe von Gefechten, die mit unserem Ausmarsche aus Verona begonnen, tapfer geschlagen. Es hatte seinen Rückzug ziemlich geordnet bewerkstelligt. Die Zahl der Trophäen, die in unsere Hände gefallen waren, ständen in keinem Verhältniß mit den großen Erfolgen, die wir errungen; wir mußten also unsererseits darauf rechnen, auf eine zwar retirirende, aber immer noch geordnete Armee zu stoßen. Erst als wir die Straße von Goito erreichten, ward die Demoralisirung der feindlichen Armee sichtbar. Es bedurfte keines Boten, um die Kolonnenwege aufzufinden, die der Feind eingeschlagen; sie waren durch Tausende von Tornistern, Epauletten, Czakos, Pompons und Rüstungsstücke aller Art bezeichnet. Jedem an Disziplin und militärische Ordnung gewöhnten Auge konnten die Symptome der Auflösung nicht entgehen, welche die feindliche Armee ergriffen hatte. Eine fortgesetzte Verfolgung mußte dieses Heer auflösen, und so geschah es auch.

Es war auffallend, daß man keine Fahnen bemerkte. Plötzlich ward auf dem Rückzug ein Wagen weggenommen, auf welchem sich, wenn wir nicht irren, 13 Fahnen befanden. Ein Beweis, daß man die keineswegs lobenswerthe Gewohnheit hatte, die Fahnen dadurch vor Verlust zu schützen, daß man sie zurücksendete. Der Feldmarschall schickte diese Fahnen nach Wien, damit ihnen für bleibende Zeiten ein ehrenvoller Platz an der Seite älterer Sieges-Trophäen angewiesen werde. Aber was für ein Empfang wurde ihnen dort zu Theil. Wie Contrebande wurden diese mit Oesterreichs theuerstem Blute erkauften Fahnen bei Nacht und Nebel eingeschmuggelt, um in irgend einem Winkel versteckt zu bleiben, damit sie

28*

eine Hand voll Taugenichtse, welche in jener traurigen Zeit die Geschicke unseres Vaterlandes leiteten, nicht eben so großmüthig dem Feinde wieder zurücksende, wie sie ihm früher seine Geißeln wieder gab. So ehrte man im Reichstage die Dienste, welche die Armee ihrem Vaterlande leistete! — Oberst von Woß von E. H. Carl-Uhlanen, hatte den Befehl erhalten, mit 1 Bataillon Wocher-Infanterie, 2 Divisionen E. H. Carl-Uhlanen und 1 Division Radetzky-Husaren nebst einer Kavallerie-Batterie von Volta aus, die rechte Flanke der gegen Cremona vorrückenden Armee zu decken und das rechts außer dem Bereiche der Armee liegende Terrain zwischen dem linken Oglio-Ufer, der Straße nach Brescia und dem Gebirge in der Richtung gegen die Adda zu reinigen.

An diesem Tage verließ der Feldmarschall das Kommando des vor Prechiera befindlichen 3. Armee-Korps dem bisherigen Kommandanten von Verona Feldmarschall-Lieutenant Baron Haynau, dagegen jenes des 4. Armee-Korps dem bisherigen Kommandanten des 3., Feldmarschall-Lieutenant Grafen Thurn.

Am 29. wurde die weitere Verfolgung des Feindes fortgesetzt, welcher sich hinter den Oglio zurückgezogen hatte. Das 1. Armee-Korps rückte an diesem Tage nach Casalromano und das 2. Korps nach Canetto, wo beide ihre Vorposten bis an den Oglio vorpoussirt hatten. Die Brücke bei Canetto wurde, nachdem sie der Feind verlassen hatte, noch Abends von unseren Truppen besetzt und Kavallerie-Patrouillen bis gegen Piadena gesendet. Das Reserve-Korps nebst dem Hauptquartier blieb in Aquanegra. Das 4. Armee-Korps rückte aus Mantua bis Marcaria und besetzte zugleich mit der Avantgarde-Brigade Benedek Bozzolo.

## Ereignisse in Mantua
### seit dem Beginne der letzten Offensive der Haupt-Armee.

Als am 23. Morgens der Kanonendonner, welcher auf einen Ausfall des Feldmarschalls gegen die Front der feindlichen Armee zwischen Sta. Giustina und Sommacampagna, schließen ließ, in Mantua vernommen wurde, setzte General der Kavallerie von Gorzkowski eine Brigade — 2 Bataillons Piret, 1 Bataillon Nugent, 1 Bataillon Bukowina, 3 Kompagnien Banalisten, 1 Division Kaiser-Uhlanen, 1 Kavallerie- und 1 zwölfpfündige Raketen-Batterie in strenge Bereitschaft.

Am 24. Morgens ging aus der Aussage einiger Landleute hervor, daß der Feldmarschall Tags vorher bei Sommacampagna ein günstiges Gefecht geliefert zu haben schien, und die piemontesischen Truppen eine Bewegung gegen Villafranca ausführten; auch wurde am Observations-Thurme abermals eine Kanonade zwischen den Hügeln der Mincio-Linie bemerkt. Der Festungs-Kommandant ordnete daher mit den obigen Truppen, welchen noch 2 Bataillons Baumgartten, 1 Eskadron Hußaren und 1 Fußbatterie beigegeben wurde, unter Führung der Generale Fürst Franz Liechtenstein, Graf Degenfeld und Oberst Graf Draskovich eine Demonstration in 3 Kolonnen über Soave, Marmirolo und Castiglione Mantovana an, während gleichzeitig Uhlanen-Patrouillen gegen Castel Belforte, Susano und Governolo entsendet wurden. Von den letzteren stieß nur die nach Governolo dirigirte bei Motta auf den Feind, sie nahm 3 lombardische Jäger gefangen, von welchen man erfuhr, daß Governolo mit beiläufig 2000 Mann noch besetzt sei. Auch war an diesem Tage bei den feindlichen Cernirungs-Truppen vor Pietole und Belsiore keine Aende-rung zu bemerken.

Die gegen Norden entsendeten Kolonnen fanden ihre bezeichneten Objekte stark besetzt, und bestanden herwärts derselben, ein lebhaftes Plänk-lergefecht. Sie hatten auf ihrem Marsche viele Barrikaden, Straßen-abgrabungen, Verhaue und Verschanzungen angetroffen, wodurch sie sehr aufgehalten und in der freien Bewegung gehindert waren, daher sie eine Vorpostenstellung nahmen, unter deren Schutz die erwähnten Hindernisse weggeräumt und die verlassenen feindlichen Lager in Brand gesteckt wurden.

Nachdem diese Arbeiten beendet und am 25. vom Observations-Thurm aus abermals der Beginn eines Gefechtes bei Valeggio zu bemer-ken war, befahl der Festungs-Kommandant dem General-Major von Culoz, Marengo und Roverbella anzugreifen. Man fand ersteren Ort vom Feinde verlassen, stieß jedoch bei dem letzteren auf einen sehr heftigen Widerstand. Roverbella wird mit Raketen und Granaten beworfen, doch konnte man sich nicht in dessen Besitz setzen, sondern war vielmehr durch das stete Anwachsen bedeutender feindlicher Streitmassen genöthigt, die Kolonnen gegen Abend zurückzuziehen. Die Cernirung von der Nord-seite war an diesem Tage bereits vollkommen abgezogen, im Süden war noch immer keine Aenderung eingetreten.

Zur Verfolgung der abgezogenen feindlichen Cernirungs-Truppen wurden am 26. 5 Bataillons, 2 Escadrons und 2 Batterien unter Kommando der Oberste Benedek und Kielmannsegge, aus den Forts Pietole und Belfiore gegen Norden entsendet. Man fand nur noch Goito und zwar sehr stark besetzt, auch war dieser Ort am linken Mincio-Ufer durch Feld-Verschanzungen vom stärksten Profile zu einer Art Festung umgewandelt, so daß die dagegen geleitete Unternehmung zu keinem Resultate führte, sondern sich zurückziehen mußte, als der Feind einen Ausfall vorbereitete, den er jedoch nicht unternahm. Man erhielt an diesem Tage die offizielle Mittheilung des Gefechtes bei Sommacampagna und Sta. Giustina.

Am 27. Morgens war der Feind im vollen Rückzuge von Pietole, Cerese und gli Angeli. Er wurde von der Brigade Benedek verfolgt, welche gleichzeitig die durch die feindlichen Cernirungs-Arbeiten unterbrochene Communikation auf den Haupt-Verbindungsstraßen wieder herstellte. Bei dieser Verfolgung wurde dem an der Spitze eines Zuges S. H. Carl-Uhlanen gegen Castellucchio vorsprengenden Rittmeister Marenzeller das Pferd unter dem Leibe erschossen, wodurch derselbe in die Gefahr kam, gefangen zu werden, wenn ihm nicht der Korporal Brezinsky in edler Selbstaufopferung sein eigenes Pferd gegeben hätte.

Demnach war am 27. Juli die zweite Cernirung Mantua's vollkommen aufgehoben, während welcher 496 Vollkugel-, 13 Kartätschen- und 5 Schrottbüchsen-Schüsse, dann 232 Granaten-, 110 Bomben- und 4 Leuchtkugel-Würfe gegen die feindlichen Angriffs-Arbeiten aus den Werken der Festung gemacht wurden.

Am 28. rückten die Brigaden Degenfeld und Benedek unter Kommando des Qua-Divisionärs General-Majors von Kulos über Castellucchio an den Oglio zur Armee, während die Brigade Draskovich erst am 29. dahin in Marsch gesetzt wurde.

Man benützte nun die Zeit, um noch jene Häuser, welche am Ende des Festungs-Rayons vor gli Angeli stehen geblieben waren, dem Feinde zur Unterbringung seiner Vorposten gedient hatten, auch die Aussicht der Lünette Belfiore nach der Straße gegen gli Angeli hinderten, durch die Mineure zu demoliren, und die feindlichen Angriffs-Arbeiten zu zerstören.

Diese bestanden bei Castelnovo aus einer unmittelbar vor dem Dorfe liegenden Frontverschanzung, welche die Hauptstraße durchschnitt, und zur

Bestreichung derselben mit 2 Geschützen versehen war. Der linke Flügel lehnte sich an den Ravin des hohen Ufers des oberen Lago, welcher an dieser Stelle eine kleine Bucht bildet. Hier waren ebenfalls Plateformen von verschiedener Höhe für 2 Geschütze angebracht, von denen die untere den Lago und die untere Seite des Ravins, die obere den Fußsteig längs des Ufers des Lago am obern Rand des Ravins vor der an der Straße vorliegenden Häusergruppe und die Kirche von gli Angeli bestrich. An der rechten Seite parallel mit der Circumvallations-Straße war auf ungefähr 30 Schritte ein Graben ausgehoben, eine Brustwehr mit Banquett zu demselben Zwecke errichtet, und an dem noch unvollendeten rechten Flügel der Verschanzungen eine Plateform für 2 Geschütze zur Bestreichung des vorliegenden Terrains und der sogenannten Römerstraße angelegt. Von hier aus war ein Verhau von den im Ertrage der Geschütze gefällten Maulbeerbäumen auf mehrere hundert Schritte angelegt, jedoch noch nicht vollendet, er sollte im Anschlusse an die auf halbem Wege von Dosso del Corso nach Montanara quer über die Straße in Angriff genommene Fläche zum Schutze des Lagers dienen. Brustwehren und Banquetts beider Verschanzungen waren größtentheils fertig, hingegen die Gräben noch nicht bis auf die gehörige Tiefe ausgehoben. Eine dritte Verschanzung war vor der Kirche in Pietole nuova zur Abschließung des Winkels, welchen die Circumvallationsstraße von Cerese mit der Straße von Pietole vecchia bildet, angelegt, sie bestand aus einer Fläche, die sich an die Straße nach Pietole vecchia mit dem linken Flügel lehnend, gegenüber der Casa Canova befand. Der Graben war bereits auf die gehörige Tiefe ausgehoben, die Brustwehre, Banquetts und Plateformen noch unvollendet. Der rechte Flügel dieser Fläche lehnte sich an einen Verhau, der bis zu dem rechts neben der Kirche liegenden Maierhofe Casa Magna lief, welcher verbarrikadirt und dessen Mauern mit Schießscharten für Kleingewehrfeuer eingerichtet waren. Er diente zum äußersten Stützpunkt dieser Vertheidigungslinie, welche ein tiefer Graben mit der Straße von Cerese verband. Außerdem waren alle nach der Festung führenden Straßen und Feldwege auf eine Entfernung von 800 bis 1000 Klafter barrikadirt und ungangbar gemacht.

Während der vierzehntägigen Einschließung war die ausgedehnte Pallisadirung und die Herstellung der Sturmpfähle, Verhaue und Eindeckung der Blockhäuser in der Verschanzung Migliaretto beendet, und sämmtliche Banquets regulirt worden. An der Haupt-Umfassung wurde die Bastion IV mit Sturmpfählen und einem Rondenweg versehen, ein 14 Klafter langer Vertheidigungsgang hergestellt und alle Auftritte und Platteformen vertheidigungsmäßig hergerichtet; dann im Fort Pietole die Rückenwehre in Bastion I der ganzen Länge nach erhöht, Traversen und Hand-Pulvermagazine errichtet, das Haupt-Pulvermagazin durch Blendagen versichert, so wie in allen übrigen Werken die noch fehlenden Platteformen, Hand-Pulvermagazine, Traversen u. s. w. und die zum unterirdischen Kriege nöthigen Gegenstände vollends hergestellt, endlich ein großer Vorrath von Schanzkörben und Faschinen erzeugt. Bei Aufhebung der Cernirung waren 235 Geschütze aufgeführt.

So war nun Mantua von seinen Feinden wieder befreit, nachdem sie über ein Vierteljahr ihre Kräfte vergeblich an diesem Bollwerke Ober-Italiens versplittert hatten. —

## Avantgarde-Gefecht bei Ca de Mari

### am 30. Juli.

Am 30. rückte die Armee in 2 Kolonnen über den Oglio. Das 1. Armee-Korps übersetzte den Fluß mittelst einer Kriegsbrücke bei Isola Dovarese, das 2. und Reserve-Korps auf der siebenten bei Canetto. Das 1. Armee-Korps rückte nun über Casa Ferrai, S. Antonio, Cigognolo auf der großen Poststraße gegen Gadesco vor, als gegen neun Uhr Morgens die Spitze der Avantgarde-Brigade Strassoldo bei Ca de Mari auf den Feind stieß.

Das an der Tête dieser Brigade marschirende 10. Feldjäger-Bataillon bildete mit der 1. 2. und 3. Kompagnie rechts, und mit der 4. 5. und 6. Kompagnie links der Hauptstraße eine Kette mit Unterstützungen und Reserven, um — durch die Kultur gedeckt — gegen die Flanken der feindlichen Aufstellung zu gelangen. Während diese Bewegung vom 10. Jäger-Bataillon ausgeführt wurde, selbes aber auf dem sehr durchschnittenen Boden nur langsam vorrücken konnte, wurden 2 Kanonen von der Fußbatterie Nr. 2 und eine Eskadron Radetzky-Husaren auf der Straße vorgeschickt, wobei die beiden Geschütze durch die Eskadron maskirt blieben.

Hinter demselben folgte der Rest der Brigade. Die anderen Truppen des 1. Korps sammt den Reserve-Batterien blieben theils auf, theils neben der Straße in der Höhe von Ca del l'Oro stehen, um im Verlaufe des Gefechtes zur allenfallsigen Verwendung bereit zu sein.

Als die Brigade Strassoldo mit ihrer Tête bis über den von der Straße nach Gadesco führenden Weg hinausgerückt war, wurden die beiden Kanonen demaskirt, worauf sie — ungefähr 800 bis 1000 Schritte vom Feinde entfernt — ihr Feuer eröffneten, welches erst nach dem 3. Schusse von diesem erwiedert wurde.

Nun rückte auch das 2. Bataillon Warasdiner-Greuzer zum Schutze der linken Flanke nach Gadesco. Das 10. Jäger-Bataillon drang mittlerweile unaufhaltsam zu beiden Seiten der Straße gegen die feindliche Aufstellung vor, es konnte jedoch wegen des ungünstigen Terrains und eines eingetretenen heftigen Gewitterregens nur sehr langsam Fortschritte machen. Während nun der Feind durch die Kanonade auf der Straße fortwährend festgehalten war, rückte das 2. Bataillon Warasdiner-Greuzer links des 10. Jäger-Bataillons noch weiter vor; das 1. Bataillon Hohenlohe besetzte Gadesco.

Dieses rasche Vorgehen, sowie die ununterbrochene Vorrückung des beide feindliche Flanken bedrohenden 10. Jäger-Bataillons, im Vereine mit dem wirksamen Feuer unserer Geschütze, durch welches eine feindliche Kanone demontirt und ein Theil der Bespannung und Bedienung getödtet wurde, zwang den Feind — eine Kanone und 3 mit Brod beladene Karren im Stiche lassend, welche dem die 4. und 5. Kompagnie führenden Hauptmann Brandenstein vom 10. Jäger-Bataillon in die Hände fielen — zum Rückzuge bis S. Felice. Eine weitere Verfolgung des Feindes war noch nicht räthlich, indem das in der linken Flanke marschirende 2. Armee-Korps noch nicht in der Höhe des 1. Korps angelangt war.

Auch in diesem Gefechte, welches der Brigade Strassoldo nur 2 Verwundete kostete, hatte das 10. Jäger-Bataillon, so wie die dabei betheiligte Artillerie Beweise von großer Ausdauer und Tapferkeit gegeben.

#### Vorrückung der k. k. Armee nach Lodi.

Mittlerweile als dieses Avantgarde-Gefecht bei dem 1. Armee-Korps auf der Hauptstraße stattfand, rückte das 2. Armee-Korps unaufgehalten bis S. Lorenzo de Picenardi und sodann über Torre d'Angelieri, Pugne, Baronzie, Isoletta, Pighizzole, Gazzo bis nach Ca ri Marozzi, von wo es die Brigade Liechtenstein noch bis S. Ambrozio verschieb. Die von der letzteren Brigade gegen Cremona entsendeten Patrouillen stießen erst eine Miglie von letzterer Stadt auf den Feind, welchen sie mit einigen Kanonenschüssen empfing.

Das Reserve-Korps rückte von Canette, wo es — hinter dem 2. Korps folgend — den Oglio passirte, über Piadena, dann auf der großen Poststraße bis Cicognole, woselbst es ein Lager bezog. Der große BrückenTrain hatte sich ebenfalls dem Reserve-Korps angeschlossen. Das Hauptquartier kam nach Cicognole*).

Das 4. Armee-Korps rückte von Mercaria über Bozolo nach Rivarolo und sodann nach Solarolo, nachdem früher die Avantgarde-Brigade Benedek nach Bebesetto vorgeschoben wurde. Diese Brigade hatte in S. Giovanni in Croce in Erfahrung gebracht, daß vor wenigen Stunden eine feindliche Kavallerie-Patrouille in genanntem Orte angekommen war. Vorgeschickte Uhlanen-Patrouillen entdeckten auch alsbald mehrere feindliche Kavalleristen einige 1000 Schritte außerhalb Solarolo. Da diese Nähe des Feindes dessen Absicht nicht errathen ließ, so rückte die Brigade auf der Straße weiter vor. Auf Schußweite angelangt, wurde der Feind durch einige Kanonenschüsse gleichsam aufgefordert, seine Absicht an den Tag zu legen. Doch er zog sich auf etwa 500 Schritte weiter zurück, wurde abermals beschossen, welches Feuer er aus 3 Kanonen einige Augenblicke erwiederte, und hierauf seinen Rückzug erneuert antrat. Zur Rekognoscirung

---

* In Cicognole traf als Courier Oberlieutenant Graf Crenneville, Adjutant Seiner Majestät des Kaisers ein. Er überbrachte Radetzky das Großkreuz des Militär-Marien-Theresien-Ordens, begleitet von nachfolgendem a. h. Handschreiben:

**Lieber Graf Radetzky!**

„Die glänzenden Siege von Sommacampagna und Custozza haben Mich mit Bewunderung und Freude erfüllt. Ich glaube der tapferen Armee in Italien keinen größeren Beweis Meiner Anerkennung geben zu können, als indem ich dem ruhmwürdigen Feldherrn das Großkreuz meines Militär-Marien-Theresien-Ordens verleihe, dessen Insignien ich Ihnen hiermit durch meinen Oberlieutenant Grafen Crenneville übersende.

Möge dieses höchste Ehrenzeichen eines Kriegers Ihre tapfere Brust noch lange zieren, und Ihre Thaten dem österreichischen Heere zum Vorbilde dienen.“

Ferdinand m. p.

seiner linken Flanke detachirte das 4. Armee-Corps einige Abtheilungen von Rivarolo und Solarolo aus, Casalmaggiore und Isola Pescaroli.

Oberst Wyß rückte an diesem Tage von Castenedolo über Ghedi, Leno und Manerbio nach Pontevico, wo er am Abende eintraf. Wyß besetzte die Brücke über den Oglio, und schob seine Vorposten bis Robecco vor.

In Cremona hatte man Carl Albert bei seinem Vorrücken durch die Lombardie gut empfangen. Er hatte einige Tage dort verweilt und man war bemüht, dem neuen Monarchen — denn dafür hielt man ihn schon — Beweise von Anhänglichkeit zu geben. Jetzt kehrte er, ein Flüchtling, zurück; er mußte Cremona der Großmuth des Siegers überlassen, ungewiß, ob dieser nicht etwa die rebellische Stadt das ganze Gewicht seines Zornes werde fühlen lassen. In einer ritterlichen Aufregung beschloß er, um Cremona zu retten und seine Kranken und Magazine fortzubringen, hier eine Schlacht zu liefern. Aber kaum hatte man versucht, vorwärts Cremona eine Art von Aufstellung zu finden, so verkündeten die Kanonen der Brigade Straßoldo bei Ca de Mari das Anrücken des österreichischen Heeres. Ihr Erscheinen vereitelte das Projekt, vor Cremona Widerstand zu leisten, denn in der piemontesischen Armee hatte die Muthlosigkeit bereits den höchsten Gipfel erreicht; es zeigte sich eine entschiedene Abneigung gegen jeden ferneren Widerstand.

Unter diesen Umständen gab der König jeden Gedanken an eine Schlacht auf, und benützte die Nacht zum Rückzuge über die Adda.

Am 31. Früh meldeten die Vorposten, daß der Feind Cremona geräumt habe. Mit dem Bischof an der Spitze, traf eine Deputation im Hauptquartier ein, um die Unterwerfung der Stadt dem Feldmarschall zu überbringen und sie seiner Gnade zu empfehlen. Die Armee rückte nun wie folgt gegen die Adda vor: Das 1. Armee-Corps marschirte rechts um die Stadt Cremona (Cortetano und Luignano rechts lassend) nach Farfengo; das Reserve-Corps folgte dem 1. Armee-Corps nach, und lagerte nebst der Reserve-Kavallerie und der Geschütz-Reserve bei Luignano; das 2. Corps rückte durch die Stadt auf der Straße über Ca Nova, Morbasco auf Sesto und Grumello nach Zanengo; das 4. Corps endlich ging links um die Stadt auf der nach Pizzighettone führenden Poststraße bis Acquanegra. Das Hauptquartier kam nach Sesto. Als Besatzung in Cremona, wo sich 6 Kanonen und bedeutende Vorräthe vorfanden, blieb die Brigade

Harabauer des Reserve-Korps. Oberst Wyß rückte an diesem Tage mit seinem Streif-Kommando gegen Cremona.

Am 1. August früh brach die Armee aus ihren Aufstellungen wieder auf. Nachdem aber Pizzighettone vom Feinde noch besetzt war, so rückte das 1., 2. und Reserve-Korps gegen Formigara, woselbst eine Brücke über die Abba geschlagen wurde, worauf das 1. Armee-Korps den Fluß übersetzte, und nach Camairago marschirte. Das 2. Armee-Korps folgte dem 1., und nahm dann seine Richtung nach Caracurta, woselbst es auch verblieb. Das Reserve-Korps jedoch mit den Reserve-Batterien rückte an diesem Tage nur bis S. Bassano, wo es der eingetretenen Nacht wegen in der Marschordnung lagerte, und erst am folgenden Morgen den Marsch bis Formigara fortsetzte. Der Feldmarschall, welcher durch drei Stunden bei dem Brückenschlage über die Abba verweilte und den größten Theil der Truppen bei ihrem Uebergange über diesen Fluß, der unter allgemeinem Jubel vor sich ging, vorbeidefiliren ließ, verfügte sich hierauf wieder nach Formigara, woselbst an diesem Tage das Hauptquartier verblieb.

Das 4. Armee-Korps war von Agua negra nach Crotta d'Abba marschirt, wohin es schon um vier Uhr früh ein Bataillon Reisinger, einen Flügel Uhlanen, eine halbe Batterie und den Brücken-Train unter dem Befehle des Majors Grafen Huyn vom General-Quartiermeisterstabe entsendete, um unter seiner Leitung daselbst eine Brücke zu schlagen. Der Feind hatte sich geschmeichelt die Linie der Abba vertheidigen zu können. Er hatte die wichtigsten Punkte entsprechend besetzt; sonst aber den Ueberrest der Armee bis nach Lodi hin in Kantonnirungen zerstreut; die Reserve-Division stand in Codogno, wo sich auch der König befand, und in Casal-pusterlengo concentrirt. Gegen Crotta d'Abba stand der General d'Aix, der sogleich das Erscheinen unserer Kolonne meldete, worauf er den Befehl erhielt, den Uebergang auf's Aeußerste zu vertheidigen. Man versprach ihm seine Geschütze auf 32 zu vermehren, mit der Zusage, sie nöthigen Falls auf 50 zu bringen.

Nach einer vom Kirchthurme aus vorgenommenen Rekognoszirung ließ Huyn von der halben Batterie einige Schüsse auf's jenseitige Ufer senden, was zur Folge hatte, daß sich die feindlichen Geschütze in Bewegung setzten, durch den Damm gedeckt hinter ein am rechten Ufer befindliches Haus zogen, und dort, unsere Stellung flankirend auffahren wollten. Doch einige sehr gut angebrachte Granatwürfe vereitelten ihr Vorhaben. Hierauf nahm die feindliche Batterie eine Stellung weiter abwärts, machte einige Schüsse, wurde jedoch bald zum Schweigen gebracht.

Nun wurden (um sieben Uhr früh) die Deckelschiffe ins Wasser gelassen und unter Kleingewehrfeuer 3 Kompagnien übergeschifft, welche am jenseitigen Ufer Posto faßten. Der Fluß hat hier eine Breite von 120 Klaftern, das Fahrwasser befindet sich knapp am jenseitigen Ufer, während das dießseitige Ufer sehr seicht, der Grund sandig ist. Da das beihabende Brückenmaterial (¾ Equipage) nur zur Ueberbrückung einer Flußbreite von 21 Klaftern ausreichte, so mußte der von den Piemontesen stehen gelassene und ziemlich weit in den Fluß reichende Prügelweg benützt werden, so wie das noch erforderliche Noth-Brückenmaterial erst herbeigeschafft werden. Dennoch entstand beim Schluße der Brücke aus Mangel an schwimmenden Unterlagen eine Verlegenheit, welche durch ein plötzlich von Pizzighettone herabschwimmendes Schiff, welches sogleich aufgefangen wurde, behoben ward. Um vier Uhr war durch die Thätigkeit des Pionier-Lieutenants Wotruba die Brücke vollendet, worauf der Uebergang des 4. Korps erfolgte, welcher bis zur einbrechenden Dunkelheit währte.

Mittlerweile hatte die Besatzung von Pizzighettone den dortigen Pulverthurm in die Luft gesprengt und auch ein Feld der Brücke zerstört, worauf sie sich zurückzog. Das 4. Armee-Korps rückte nun nach Maleo, von wo es zur Besetzung von Pizzighettone ein Bataillen Nugent, eine Division Uhlanen und eine halbe Batterie von der Brigade Degenfeld entsendete.

Oberst Woß war mit Zurücklassung des Bataillons Wocher in Cremona wieder in der Nacht vom 31. auf den 1. mit seinem Streifkommando aufgebrochen und bis Crema gerückt, wo er nach einem sehr forcirten Marsche am Morgen eintraf. Da er schon früher in Erfahrung gebracht hatte, daß sich eine kleine piemontesische Besatzung daselbst noch befinde, so schickte er bei seinem Anlangen vor Crema einen Flügel Husaren um die Stadt herum, um das jenseitige Thor zu besetzen und zu schließen, während er selbst mit dem Reste seines Streifkommando's rasch vorrückte und 2 Kanonen gegen das Städtchen auffahren ließ. Unter solchen Umständen ward der Communal-Agent herbeigeholt, der denn auch im Namen der Stadt die Versicherung der Treue und Ergebenheit aussprach. An Gefangenen wurden 1 piemontesischer Oberlieutenant und 48 Mann (worunter

21 Kranke) gemacht; ferner 300 Gewehre, mehrere Trommeln, dreifärbige Fahnen und 5 Pferde, welche österreichische Rüstung trugen und wahrscheinlich Gensd'armen gehörten; erbeutet.

Für diesen Tag waren 2 Bataillone piemontesische Garden, auf dem Durchmarsche von Brescia kommend, in Crema angesagt. Wyß nahm daher eine Aufstellung, um sie gehörig empfangen zu können; doch sie erschienen nicht, ungeachtet das Streifkommando bis gegen zwölf Uhr gewartet hatte. Der Umstand, daß auch die Mailänder-Post an diesem Tage ausblieb, läßt vermuthen, daß Verrath dabei im Spiele war.

Nach dem Ablochen rückte Oberst Wyß gegen Lodi, wo er zwischen Fontana und Lodi auf feindliche Kavallerie-Vedetten stieß, die sich aber vor seiner Avantgarde schnell zurückzogen. Als diese jedoch bei den an der Straße gelegenen Casinen anlangte, gerieth sie in ein heftiges Infanteriefeuer. In der Hoffnung, den Feind zu schrecken, ließ der genannte Oberst 2 Geschütze vorführen und die bezeichneten Häuser auf nahe Distanz beschießen. Dieses Feuer wurde sogleich beantwortet, und allmälig entwickelten sich auch einige Infanterie-Abtheilungen in dem sehr durchschnittenen Terrain, weshalb sich Oberst Wyß bei dem gänzlichen Mangel an Infanterie, bis Casaletto zurückzog, wo er ein Lager bezog. Hauptmann Baron Gablenz des General-Quartiermeisterstabes, erhielt bei dieser Gelegenheit eine leichte Verwundung, ferner wurden 1 Hußar und 2 Pferde verwundet. Aus den Aussagen der Landleute ging hervor, daß sich Lodi übergeben wollte, jedoch durch die in dieser Stadt anwesenden lombardischen Freikorps hieran gehindert wurde.

Bis jetzt hatte man keinen Augenblick gezweifelt, daß der Feind nach Verlust seiner Stellungen an der Abda, seinen Rückzug gegen Placenza und Pavia nehmen werde. Dorthin deuteten alle seine Dispositionen, und was noch mehr, alle gesunden Grundsätze der Strategie — der Po hätte der Armee sofort die nöthige Ruhe und augenblicklichen Schutz gewährt; suchte sein Gegner zu folgen, so war Mailand gerettet, ging er aber nach Mailand, so gab er Flanke und Rücken preis. Doch der König ließ solche Gründe nicht gelten, und zog sich gegen Mailand.

Es rückte daher am 2. August die Armee in 2 Kolonnen gegen Lodi vor. Das 1. Armee-Korps marschirte von Camairago auf der längs der Abda über Castiglione nach Lodi führenden Straße, während das 2. Ar-

mee-Korps über Casalpusterlengo auf der Haupt-Poststraße seine Richtung
gegen Lodi einschlug. Das Reserve-Korps, nachdem es an diesem Tage bei
Formigosa die Abda überschritten, rückte dem 1. Armee-Korps über Castiglione nach. Das 4. Armee-Korps aber, nachdem es die bei Grotta d'Abda
geschlagene Brücke abbrechen und die dort stehen gebliebenen Truppen einrücken ließ, ging von Maleo über Codogno nach Casalpusterlengo, detachirte jedoch von Codogno aus die Brigade Benedek auf der Straße von
Piacenza nach Quarbamiglia, um daselbst den Po-Uebergang zu beobachten, während andererseits die Brigade Draskovich von Casalpusterlengo
nach Orio an den Sambro in der Richtung von Pavia entsendet wurde.
Von der Kavallerie-Reserve endlich wurden die 1. Majors-Division von
Kaiser-Uhlanen und die 2. Majors-Division von Windischgrätz-Chevaux-
legers in verschiedenen paralellen Richtungen zwischen den Straßen von
Pavia und Lodi auf Abbiategrasso, Binasco, Lardirago, Landriano und
von diesen Orten im Rücken der feindlichen Armee auf die von Mailand
nach Boffalora führende Straße auf Magenta und Sedriano dirigirt.

Der Feind hatte sich jedoch bereits überall zurückgezogen, auch schon
bei Piacenza mit dem Artillerie-Park und einigen Truppen den Po überschritten und hinter sich die Brücke abgebrochen. Die Brigade Benedek
rückte mit ihren Vortruppen, welchen die Beobachtung der Flußstrecke zwischen der Abda und dem Lambro oblag, nach S. Rocco. Die Division
Rath des 4. Korps blieb in Casalpusterlengo stehen.

Das 1. und 2. Armee-Korps nebst dem Reserve-Korps folgten dem
Feinde auf dem Fuße nach.

Die Avantgarde-Brigade Straffoldo stieß mit ihrer Spitze — 2
Kompagnien des 10. Feldjäger-Bataillons und 1 Flügel Radetzky-Husaren — hinter Turano auf die feindlichen Vorposten, die sich gegen Basiasco zurückzogen, wo der Feind mit dem Gros seiner Arrièregarde stand
und 2 Kanonen an der Brücke aufgefahren hätte. Eine in Eile vorgenommene Rekognoszirung zeigte, daß er seine linke Flanke vernach-
lässigt, ja nicht einmal den daselbst sehr vortheilhaft gelegenen Friedhof besetzt habe. Während das Gros der Brigade auf der Hauptstraße
vorrückte, den Feind durch ein gut genährtes Geschützfeuer in der Front
beschäftigte, welches er auch lebhaft erwiederte, wurden 4 Kompagnien
des 10. Feldjäger-Bataillons, 4 Kompagnien des 2. Bataillons Hohen-

lohe und 2 Geschütze über Belvignate in seine linke Flanke entsendet. Die Umgebungs-Kolonne erreichte ohne Anstand den letztgenannten Ort, wo sie eine Kompagnie Hohenlohe als Repli zurückließ, und gelangte sofort nach Basiasco. Der sehr durchschnittene Terrain, welcher ihre Annäherung begünstigte, verhinderte andererseits die Verwendung der Artillerie, weßhalb die 4 Jäger-Kompagnien, unterstützt von 3 Kompagnien Hohenlohe den Ort mit Sturm angriffen. Der Feind räumte mit Hinterlassung mehrerer Wagen mit Lebensmitteln schleunigst Basiasco und ging gegen Caviage zurück, wo er sich neuerdings aufstellte. Doch die ihm rasch nachgefolgten 4 Jäger-Kompagnien ließen ihm kaum Zeit 2 Kanonenschüsse zu geben, er mußte seinen weitern Rückzug gegen Casu Botti nehmen, wo er jedoch wieder nicht Stand hielt, sondern sich auf unseren ersten Kanonenschuß ganz nach Lodi zurückzog. Unser Verlust in diesem kurzen Gefechte war: beim 10. Feldjäger-Bataillon verwundet Lieutenant von Putschner und 4 Mann; von Radetzky-Husaren todt 1 Mann.

Auch das auf der Hauptstraße vorgerückte 2. Armee-Korps hatte auf seinem Marsche, bei Muzza Piacentina mit der Arrièregarde des Feindes ein unbedeutendes Gefecht, wobei einige Kanonenschüsse gewechselt und unsererseits 1 Artillerist und 2 Pferde verwundet wurden.

Die Truppen standen am Abend dieses Tages in nachstehender Aufstellung: Das 1. Armee-Korps lagerte à cheval der Straße in der Höhe von Pempola, die Avantgarde-Brigade Straffoldo bei Ca di Botti. Das 2. Armee-Korps stand bei Muzza Piacentina und hatte seine Vortruppen gegen Lodi vorpoussirt. Das Reserve-Korps und die Artillerie-Reserve lagerten in der Marschordnung zwischen Ca Colombina und Castiglione. Die Reserve-Kavallerie stand bei Castiglione.

Oberst Wyß, welcher den Auftrag hatte, mit seinem Streifkommando irgendwo weiter aufwärts die Abda zu überschreiten und gegen Mailand vorzurücken, entsendete eine Eskadron Uhlanen nach Spino. Sie kam eben noch zur rechten Zeit an, um die Abtragung der dortigen Brücke zu verhindern, indem sie selbe, so wie die beiden kleinen am jenseitigen Ufer gelegenen Orte Bisnate und Zelo besetzte.

Das Hauptquartier des Feldmarschalls kam an diesem Tage nach Turano. Eben war dasselbe im Begriff von Formigara abzugehen, als der Feldmarschall durch die Vorposten des 2. Armee-Korps ein Schreiben des englischen Gesandten am Turiner-Hofe M. Abercromby erhielt, in welchem er eine Unterredung mit demselben ansuchte, Radetzky sandte ihm den General der Kavallerie Graf Wallmoden entgegen mit der Einladung nach Camairago zu kommen, wo er Mittags eintreffen werde. Da der Gesandte dem Feldmarschall als ein den revolutionären Bewegungen ergebener Mann von früher bekannt war und er wußte, daß er längere Zeit zugleich mit dem Feldmarschall-Lieutenant Fürsten Felix Schwarzenberg Gesandter am Turiner-Hofe war, so lud er letzteren ein, bei der Unterredung zugegen zu sein. Abercromby ersuchte den Feldmarschall, bei seinem siegreichen Vorgehen die europäischen Constellationen in so ferne im Auge zu behalten, daß nicht Conflikte unter den Großmächten entstünden, welche statt eines piemontesischen, einen europäischen Krieg herbeiführen könnten. Radetzky erwiederte ihm hierauf in Kürze, daß er sich als Soldat nur in so ferne um politische Verhältnisse bekümmern könne und dürfe, als sie den militärischen nicht schaden könnten; — daß er vor sechs Tagen dem Könige in Volta, als derselbe um einen Waffenstillstand ansuchte, auf seine ganz unhaltbaren Anträge, Gegenanträge machte, welche allein er eingehen konnte; der König jedoch für gut fand, dieselben zu verweigern. Jetzt aber habe er mehr erobert, als jener damals begehrte — er stehe bereits am rechten Ufer der Adda, welche er damals dem Könige als Demarkationslinie beider Heere dießseits des Po, bestimmte; man könne ihm also nicht zumuthen, an diesem Flusse stehen zu bleiben, er würde nun im Falle erneuerter Anträge von Seite des Königs, statt der Adda den Ticino als Demarkationslinie dießseits des Po fordern und somit den Status quo, der vor dem 18. März statthatte, für den Kaiser, seinen Herrn und dessen Alliirte als Basis eines Waffenstillstandes begehren. Nur unter dieser einzigen Bedingung könnte er einwilligen, bis auf höheren Befehl nicht über die Grenze zu gehen. Dies war der Sinn der von Radetzky dem Minister mündlich gegebenen Rückantwort, worauf ihn ersterer mit dem Fürsten Schwarzenberg einige Zeit allein ließ, der ihn in derselben Weise noch fortwährend bearbeitete.

Nach zweistündigem Aufenthalte, während welchem M. Abercromby beim Feldmarschall speiste, nahm derselbe seinen Weg über Codagno, wie zu vermuthen steht, zum Könige zurück, von welchem er hergekommen — oder vielmehr hergeschickt — zu sein schien.

I.                                                    29

Der Feind hätte in der Nacht vom 2. auf den 3. Lodi verlassen, welches augenblicklich durch die Vortruppen der Brigade Fürst Edmund Schwarzenberg des 2. Korps besetzt wurde. Das 1. und 2. Armee-Korps rückten hierauf allsogleich — während eine Deputation der Stadt dem Feldmarschall ihre Unterwürfigkeit darbrachte, — durch und seitwärts selber gegen Melegnano. Das 1. Armee-Korps nahm Stellung bei Tavazzano, das 2. bei Lodi Becchio. Beide Korps schoben ihre Vortruppen bis an den Lambro vor. Eine Division Reuß-Hußaren wurde nach S. Angelo zur Beobachtung dieser Straße entsendet. Das Reserve-Korps rückte in Lodi selbst ein, es besetzte die Stadt und die über die Abda führende größtentheils zerstörte Brücke. Die Kavallerie-Reserve lagerte am rechten Abda-Ufer; die Geschütz-Reserve fuhr in der Stadt auf. Zur Verbindung mit dem 1. und 2. Armee-Korps hatte das Reserve-Korps eine Kavallerie-Division nach S. Gratto auf der Straße nach Melegnano und eine andere Kavallerie-Division nach S. Giacomo auf der Straße gegen Lodi Becchio, so wie auch eine Kavallerie-Abtheilung auf jener gegen S. Angelo entsendet. Das Hauptquartier des Feldmarschalls verblieb in Lodi.

Das 4. Armee-Korps erhielt die Weisung, mit der Brigade Benedek zu S. Rocco zur Beobachtung des Po gegenüber Piacenza stehen zu bleiben, mit den übrigen Truppen jedoch über Corte-Olona nach Pavia vorzurücken, die Po-Fluß-Strecke zwischen Pavia und dem Lambro zu beobachten und jenseits Pavia bis Gravellone seine Vorposten zu poussiren. Diese Anordnungen wurden auch vollkommen ausgeführt, und Pavia, nachdem es ebenfalls wie Cremona durch eine Deputation seine Unterwerfung erklärt hatte, mit einem Theil der Truppen besetzt, mit dem Rest aber hinter Pavia à cheval der alten über Piere nach Mailand führenden Straße Stellung genommen.

Die 2. Majors-Division von Windischgrätz-Chevaux-legers war auf ihrem Streifzuge am 2. in Colombano und am 3. in S. Angiolo eingetroffen.

Oberst Woß wurde an diesem Tage in Buon Persico von einer feindlichen Kolonne in der Stärke von 3000 Mann Infanterie, 60 Mann Kavallerie und 3 Geschützen, die von Cassano kamen, ohne Erfolg angegriffen.

In Lodi erhielt der Feldmarschall die Bestätigung, daß der König, mit seinem durch Strapazen, Ermüdung und Entbehrungen desorganifirten Heere, gegen den Rath seiner erfahrenen Generale, wirklich seinen Weg nach Mailand genommen habe. Dort hoffte er den Sieg neuerdings an seine Fahnen zu fesseln! Er glaubte, in der Lombarden-Hauptstadt große Hilfsmittel zu finden; 40 bis 50000 National-garden, mit denen man einst geprahlt hatte, sollten ihm die Verluste ersetzen, die er in den letzten unglücklichen Gefechten und auf seinem Rück-zuge erlitten; die Werke, die man zur Vertheidigung der Stadt ange-legt, sollten noch vermehrt, alle Zugänge durch Barrikaden gesperrt oder durch Abgrabungen unpraktikabel gemacht und die Niederungen in einen weiten See verwandelt werden. Aber wie sah er sich enttäuscht! Die Stra-ßen waren verödet, denn Alles, was fliehen konnte, eilte dem Ticino oder der Schweizer-Grenze zu; umsonst rasten die Glocken auf den Thürmen, um-sonst riß man das Straßenpflaster auf, um Barrikaden zu bauen, es fand sich kein Arm mehr, um sie zu vertheidigen, und statt des früheren gastfreundlichen und enthusiastischen Empfanges begegnete der Soldat nur finsteren Blicken. Furcht und Mißtrauen malte sich gespensterartig auf den Gesichtern der Zurückgebliebenen, die — wohl einsehend, daß dieses erschöpfte Heer nicht lange dem siegreichen Vordringen der Oesterreicher widerstehen könne — jetzt mehr mit ihrem eigenen als mit dem Schicksale Italien's beschäftigt waren.

### Gefecht vor Mailand
#### am 4. August.

An diesem Tage rückte die Armee von Lodi gegen Mailand und zwar das 1. Armee-Korps von Tavazzano über Meleguano auf der großen Poststraße in die Höhe von Triuljo, das 2. Korps von Lodi Vecchio über Salerno, wo es den Lambro passirte, ebenfalls über Melegnano und Chiaravalle gegen Vigentino. Beide Armee-Korps hatten die Weisung ihre Vorposten bis ungefähr eine Viertel Miglie Entfernung von den Wällen Mailands, vorzusenden. Das Reserve-Korps rückte nach S. Donato, wohin auch das Hauptquartier verlegt wurde.

Die Aufstellung des feindlichen Heeres — eine halbe Stunde vor der Stadt — lehnte sich mit dem rechten Flügel an den Kanal von Pavia, der linke dehnte sich bis Porta Orientale aus und war von den in dieser Richtung von Mailand auslaufenden Straßen und unzähligen oft tiefen und breiten Wassergräben und nassen Wiesen durchschnitten, während ein Wald von Kulturen die Aussicht kaum 100 Schritte weit gestattete. Dieselben Schwierigkeiten stellen sich in einem solchen Terrain wohl auch dem Angreifer entgegen, aber es bleibt ihm in diesem Falle wenigstens der Vortheil der freien Bewegung, die der Gegner nicht einmal zu entdecken im Stande ist.

Als die Spitze der Avantgarde-Brigade Straffoldo — das 10. Feldjäger-Bataillon und ein Flügel der Oberstlieutenants-Division Rabeky-Hußaren auf der Straße bis auf etwa 600 Schritte vor Ca Regerevo gerückt waren, wurde der bei der äußersten Vorhut befindliche Hauptmann Kuhn des General-Quartiermeisterstabes, des bei Ca Verde aufgestellten Feindes ansichtig. Um sich von dessen Stellung genauere Kenntniß zu verschaffen, ritt Hauptmann Kuhn noch weiter vor, wo er 2 durch Laubwerk maskirte auf der Straße aufgestellte Geschütze, sowie einige durch die dichte Kultur verborgene Infanterie-Abtheilungen entdeckte, worüber er sofort seinem Brigadier die mündliche Meldung erstattete. General-Major Graf Straffoldo schickte augenblicklich 2 Geschütze der sechspfündigen Fußbatterie Nr. 2 auf der Straße vor, 3 Kompagnien des 10. Jäger-Bataillons wurden rechts, die anderen 3 links der Chaussée in die Flanken des Feindes dirigirt. Die beiden Geschütze eröffneten sogleich ihr Feuer, welches Anfangs unerwidert blieb, dann aber um so heftiger begann, als dessen Kaliber dem unsrigen überlegen war. Mittlerweile wurde vom linken Flügel der in der Kultur vorgehenden Jäger eine Patrouille gegen Rosedo entsendet, um die Verbindung mit dem auf der Straße von Lodi Vecchio über diesen Ort gegen Mailand vorrückenden 2. Armee-Korps aufzusuchen. Selbe fand jedoch anstatt des noch nicht auf gleiche Höhe mit dem 1. Korps vorgekommenen 2. Armee-Korps daselbst den Feind, welcher diesen Ort mit 2 starken Bataillons besetzt hatte und dadurch die linke Flanke der vorgegangenen Jäger sehr bedrohte. Auf die Nachricht hievon ließ Hauptmann Kuhn die links von der Straße vorgerückten 3 Kompagnien, welche bald in Flanke und Rücken beschossen wurden, hinter einem Erdaufwurfe halten, und eilte zu Fuß, denn schnelles Reiten war der vielen Gräben halber unmöglich, zurück. Schnell führte er das 2. Bataillon Warasdiner-Kreutzer vor, und stellte es links von den Jägern, welche der Feind gegen die Straße zu drängen beabsichtigte, in einen Hacken auf, wodurch dem Ueberflügeln des Feindes, wenigstens für den Augenblick Einhalt gethan wurde. Bald setzte jedoch der Gegner seine Umgehung fort, weßhalb noch das 2. Bataillon Hohenlohe Infanterie vorgenommen werden mußte. Diese Unterstützung langte in dem Augenblicke an, als die Jäger und Grenzer zu weichen anfingen. Während nun das Bataillon Hohenlohe unter Major Hartung sein Feuer begann, wurde eine dreifache Plänklerkette formirt und dadurch das Gefecht zum Stehen gebracht. Aber immer heftige wurden des Feindes Angriffe gegen diese Seite und abermals drohte Ueberflügelung, daher die Kette nochmals verlängert werden mußte. Schon standen die beiden Bataillone parallel mit der Straße und nur die feste Haltung dieses Flügels vereitelte ein Zurückdrücken der am Weitesten längs der Straße vorgeschobenen Jäger-Kompagnien.

Da jedoch die Division des Feldmarschall-Lieutenants Fürsten Felix Schwarzenberg noch en reserve stand, befahl der Kommandant des 1. Armee-Korps der bei S. Francesco d'Acesso stehenden Brigade Wohlgemuth sogleich mit dem Oguliner-Grenz-Regimente auf dem Wege über Rosedo vorzurücken. Dort wo der Weg von Chiaravalle mit jenem des letzteren Ortes sich vereinigt, stieß das 1. Bataillon dieses Regiments auf die Avantgarde des 2. Armee-Korps, welche ebenfalls nach Rosedo marschirte; das Oguliner 1. Bataillon, gefolgt von dem 2. dieses Regiments erhielt daher die Weisung, zwischen der Hauptstraße und dem nach Rosedo führenden Wege vorzugehen und so die Verbindung mit dem 2. Korps festzuhalten. Bald verkündete ein Kanonenschuß in der linken Flanke die Ankunft des 2. Armee-Korps, worauf „Marsch" geschlagen, der Feind zurückgedrängt und nach zweimaligem Sturme geworfen wurde.

Mittlerweile hatten die beiden Kanonen der sechspfündigen Fußbatterie Nr. 2 den Kampf mit den feindlichen Sechzehnpfündern muthvoll fortgesetzt, konnten ihn jedoch in der Länge nicht aushalten, und mußten zurückgezogen werden. An ihrer Statt wurde die zwölfpfündige Batterie Nr. 1 von der Reserve vorgenommen, welche mit 2 Kanonen und einer Haubitze dieselbe Stellung einnahm, nur daß erstere auf der Straße, letztere rechts derselben in der Kultur placirt wurden. Diese 3 Piecen eröffneten sogleich gegen 6 der sechzehnpfündigen Kanonen ein sehr lebhaftes Feuer; nach Verlauf einer Stunde avancirte der diese halbe Batterie kommandirende Lieutenant Richter auf 100 Schritte, fand jedoch daselbst

nur für eine Kanone und die Haubiße Plaß zur Aufstellung, welche sofort
ein lebhafteres Feuer begannen.

Während dies auf dem linken Flügel und im Centrum des 1. Armee-
Korps vorging, wurde auf dem rechten die Brigade Clam über Triulzo
nach Morsencchio auf die von Linate nach Mailand führende Parallelstraße
entsendet, um die rechte Flanke des Korps zu sichern, gegen den feindlichen
linken Flügel zu wirken und endlich gegen Porta Tosa vorzubringen. Dieser
Marsch wurde sehr schnell ausgeführt, und nach einem unbedeutenden Zusammenstoße mit einer bei Morsencchio aufgestellten feindlichen Abtheilung
welche sich eiligst nach Malnoë zurückzog, Morsencchio besetzt. Hier erfuhr
man von den Landleuten, daß der Feind in der Höhe von Castegnedo die
Straße verbarrikadirt und daselbst Stellung genommen habe. Zu deren
Rekognoszirung wurde unter Führung des beim General-Quartiermeisterstabe zugetheilten Majors Burdina von E. H. Franz d'Este-Infanterie,
eine Division von Prohaska-Infanterie entsendet, während 3 Kompagnien
Gradiskaner unter Major Ramp links der Straße zur Aufsuchung der
Verbindung mit der Haupt-Kolonne des Korps, eine Kompagnie Prohaska
rechts der Straße zur Deckung der rechten Flanke, endlich eine Kompagnie
Gradiskaner zur Sicherung der Brücke über den Lambro vorwärts Linate
beordert wurden. Major Burdina rekognoszirte die Barrikade, was
der hinter Baumreihen und Hecken vollkommen gedeckte Feind, ohne einen
Schuß zu thun, zuließ. Auf diese Weise erlangte der genannte Major
wohl über die Anlage und Beschaffenheit der Verrammlung Kenntniß, vom
Feinde jedoch konnte er nichts sehen. Glücklicher war Feldwebel Raunigg
von Prohaska-Infanterie, welcher freiwillig die Führung einer Schleichpatrouille übernahm, und unter den schwierigsten Umständen einen großen
Theil der feindlichen Aufstellung erspähte.

Da sich hoffen ließ, nach Wegnahme von Castegnedo und Zerstörung
der Straßenbarrikade, in die Flanke des bei Ca Verde aufgestellten Feindes
mit Nachdruck wirken zu können, ließ General-Major Graf Clam 2 Angriffs-Kolonnen formiren, wovon die eine aus den früher erwähnten 3
Kompagnien Gradiskanern, verstärkt durch 2 Kompagnien dieses Bataillons,
Castegnedo nehmen, die andere, aus 8 Kompagnien Prohaska gebildet,
unter persönlicher Führung ihres Oberst Baron Reischach auf der Straße
vorrücken, die Barrikade erstürmen und den Angriff auf Castegnedo erfolg-

tern sollten. Zur Sicherung der linken Flanke wurde die bereits hiezu verwendete Kompagnie Prohaska noch durch eine zweite Kompagnie verstärkt; die Reserve bildete ein Bataillon Piccaner. Um den Sturm mit möglichst geringen Opfern ausführen zu können, ließ General-Major Graf Clam 2 Haubitzen der Kavallerie-Batterie Nr. 1 auf der Hauptstraße auffahren, und die feindlichen Plänkler, welche hinter Baumreihen gedeckt, sowohl die auf der Straße vorrückende Kolonne als auch die zur Flanken-deckung verwendete Division belästigten, mit Kartätschgranaten vertreiben, bei welcher Gelegenheit sich der Korporal Hackel durch Unerschrockenheit besonders auszeichnete. Da das Terrain keine genügende Aussicht gestattete, begab sich dieser Korporal in die Plänklerlinie, nahm von dort aus die feindliche Aufstellung in Augenschein, berichtete hierüber dem Batterie-Kommandanten und überzeugte sich durch wiederholtes Vorgehen in die Plänklerkette, von der Wirkung unserer Geschütze. Nachdem der beabsichtigte Zweck erreicht war, führte der tapfere Oberst Baron Reischach persönlich die Haupt-Kolonne zum Sturme auf die Barrikade, nahm sie und warf den Feind bis Ca Besana zurück. Gleichzeitig nahm Major Ramp mit seinen Grenzern Castegnedo und trieb auch links der Hauptstraße den Feind zurück.

Von Castegnedo aus wollte General Graf Clam mit einem Theile seiner Truppen eine Diversion in die linke Flanke des noch immer bei Ca Verde und Gambaloita festen Fuß haltenden Feindes machen, allein die Kultur war daselbst so dicht und ungangbar, daß nur einzelne Leute mit Mühe durchkommen konnten. Ueberdies hatte der der Brigade gegenüber-stehende Feind bedeutende Verstärkungen erhalten, weßhalb nicht nur jede Detachirung unthunlich, sondern vielmehr Clam selbst gezwungen wurde, um Verstärkung anzusuchen, welche er auch mittelst eines Bataillons Latour von der Brigade Suplikatz erhielt.

Unterdessen hatten im Centrum die beiden Zwölfpfünder das feind-liche Feuer auf's Entschlossenste erwidert, obschon der Batterie-Komman-dant, dem ein Finger der linken Hand weggerissen und die übrigen Finger so wie der ganze linke Arm durch Steine stark beschädigt waren, in Folge dieser Verwundungen aus dem Gefechte sich zurückziehen mußte; eben so war dem Kanonier Markl der linke Fuß zerschmettert und mehrere Kano-niere lagen blessirt neben den Geschützen. In diesem gefahrvollen Momente übernahm Feuerwerker **Kleiner** das Kommando der Batterie, und brachte die schon im Retiriren begriffenen Geschütze wieder in's Feuer. Nach einigen Schüssen wurde bei der Haubitze ein Mann getödtet und einem andern ein Fuß abgeschossen, nichts desto weniger setzte die Haubitze ihr Feuer fort, wobei Kanonier **Kleine** drei Nummern zu gleicher Zeit mit der größten Kaltblütigkeit versah, und dadurch das Feuer in ununterbrochener Schnelligkeit erhielt. Nachdem aber die Bedienungs-Mannschaft, durch das anhaltende Feuern erschöpft, den Anstrengungen nicht mehr gewachsen war, ließ Feuerwerker **Kleiner** ein Geschütz nach dem andern aus dem Feuer ziehen, und durch 2 andere ersetzen, mit welchen er, als der Feind sich zurückzuziehen begann, auf der Straße um 1000 Schritte weiter vorging. Hier spielten 4 der sechzehnpfündigen Kanonen gegen unsere beiden Zwölfpfünder — es entspann sich ein hartnäckiger Artillerie-Kampf, von unseren Geschützen fiel Schuß auf Schuß, worunter mehrere Kartätschgranaten. Bald waren durch das richtige Zielen des Bombardiers **Penfl** 2 feindliche Kanonen demontirt, 2 feindliche Offiziere, 6 Artilleristen und 4 Pferde todt am Platze. Um die bereits stark gelichtete Bedienungs-Mannschaft zu ersetzen, und das durch den eingetretenen Regen schwieriger gewordene Einführen der Geschütze zu erleichtern, hatte sich Feuerwerker **Kleiner** von dem eben anwesenden Hauptmann **Rühling** von Hohenlohe-Infanterie, 6 Mann erbeten, welche durch Zutragen von Munition die ersprießlichsten Dienste leisteten. Nach einigen gutgezielten Kugelschüssen und Granatwürfen waren auch die beiden noch links aufgestellten feindlichen Piècen zum Schweigen gebracht.

Mittlerweile waren die 1., 2. und 5. Kompagnie des 10. Jäger-Bataillons unter Führung des Bataillons-Kommandanten Hauptmann **Lützendorf**, nebst der 11. und 12. Kompagnie Hohenlohe-Infanterie, letztere geführt vom Major **Hartung**, vorgedrungen, griffen den zum Schutze der daselbst aufgestellten Kanonen vom Feinde stark besetzten Maier-Hof Gambaloita an, nahmen, durch Wassergräben schleichend, diesen Hof mit beispielloser Tapferkeit, eroberten die vor demselben aufgestellten 7 Geschütze sammt Bespannung und Munitions-Karren und machten 1 Stabs-Offizier, 2 Ober-Offiziere und gegen 60 Mann zu Gefangenen. Auch von dem Oguliner 1. Bataillon, welches ebenfalls in der Richtung gegen Gambaloita vorgedrungen war, kamen bei Musocco die 4. und 5. Kompagnie ins Feuer, ersterer eroberte auch mit Hilfe mehrerer Jäger ein Geschütz und nahm 1 Offizier und 10 Mann gefangen. Eben so waren die 3., 4. und 6. Kompagnie des 10. Jäger-Bataillons, welche, vom 1. Bataillon Hohen-lohe unterstützt, rechts der Hauptstraße zur Verbindung mit der Brigade Clam postirt waren, vorgedrungen, und erstürmten, von der 4. Kompagnie Hohenlohe unterstützt, La Verde, eroberten 2 Kanonen und machten 50 Gefangene.

Nachdem die bisher im Gefechte gewesenen Truppen der Brigade Strassoldo ihre Patronen verschossen hatten, faßten 4 Kompagnien des 10. Jäger-Bataillons, das 2. Bataillon Hohenlohe und das 2. Bataillon Warasdiner-Creutzer in Gambaloita Poste, um Munition und Verstärkung abzuwarten. Bald kam ein Bataillon (f. H. Ernst-Infanterie vom 2. Armee-Korps und ein Bataillon Oguliner der Brigade Wohlgemuth vom 1. Korps an, welche — ersteres in erster Linie, letzteres als Unterstützung — gegen Mailand vordrangen. Inzwischen war auch das 1. Bataillon Hohenlohe rechts der Straße vorgedrungen und in gleiche Höhe mit der Brigade Clam, die von Casa Besana aus, den Feind bis unter die Mauern Mailand's warf, gelangt. Dieses Bataillon hatte im Verein mit der 12. Kompagnie Kaiser-Jäger alle vom Feinde besetzten Casinen mit stür-mender Hand genommen, und den Feind auch auf dieser Seite bis zu den Thoren Mailand's zurückgeworfen. Da nun die Truppen des 1. Korps den ganzen Tag marschirt und gekämpft — die Brigaden Clam und Strassoldo aber nicht einmal abgekocht hatten, so wurde die Brigade Mau-rer des Reserve-Korps, Nachmittags in die vorderste Linie gezogen, um den vom Kampfe ermüdeten Truppen einige Erholung zu gönnen.

Noch müssen wir des Antheils erwähnen, den Oberst Wyß mit seinem Streif-Kommando an diesem, das Schicksal Mailands entscheidenden Kampfe hatte. Die feindliche Kolonne, von welcher er Tags vorher bei Buon Persico angegriffen wurde, lagerte in der Nacht vom 3. auf den 4. August bei Vigliano, und zog sich am 4. über Binate gegen Mailand zurück. Obschon Wyß seinen Abmarsch zu ihrer Verfolgung nach Mög-lichkeit beschleunigte, so konnte er dieselbe doch nicht mehr einholen, und langte gleichzeitig mit der zur Sicherung der Lambro-Brücke von der Bri-gade Clam nach Linate entsendeten Gradiskaner-Kompagnie in diesem Orte an. Dies bewog den genannten Oberst, mit seinem Streif-Korps sich gegen Malnoe zu wenden, um Clam's rechte Flanke zu decken. Zu diesem Ende ließ Wyß seine Vortruppen bis zur Senavra vor Porta Tosa vorgeben, daselbst 2 Kanonen, dann später eine Haubitze auffahren, und die rechts der Straße auf einer Anhöhe placirten feindlichen Geschütze beschießen, was mit so gutem Erfolge geschah, daß nicht nur das feindliche Feuer bald aufhörte, sondern auch 2 andere feindliche Kanonen, die auf 600 Schritte Entfernung auf der Straße auffuhren, schon nach dem 3. Schuße zum Schweigen gebracht waren. Als sich der Feind nach Mailand warf, ließ Wyß seine Vortruppen, die über Calvairate, welches General Clam indeß mit Sturm genommen hatte, mit dessen Vortruppen in Verbindung waren, bei der Senavra stehen, er selbst blieb mit dem Gros in Malnoe.

Nach beendigtem Gefechte bezog das 1. Armee-Korps folgende Aufstellung: Die Brigade Clam stand vorwärts Besana und bei Calvairate, von wo sie die Verbindung mit Oberst Wyß unterhielt. — Brigade Straßoldo in Gambaloita. — Brigaden Wohlgemuth und Suplikaz links der Straße in der Höhe von La Verde. — Die Munitions-Reserve und der Brücken-Train auf der Straße bei S. Martino.

Gehen wir nun zum 2. Armee-Korps, welches die Direktion gegen Bigentino genommen hatte. Nach der Angriffs-Disposition hatte die Avantgarde-Brigade Fürst Edmund Schwarzenberg nach Chiaravalle und von da in 2 Kolonnen, die eine nach Rosedo, die andere nach Bajano zu marschiren. Demgemäß rückte der Kommandant der Avantgarde Oberst Graf Pergen mit einer Kompagnie des 9. Feldjäger-Bataillons, dem halben 1. Bataillon Kaiser-Infanterie, 2 Geschützen der Kavallerie-Batterie Nr. 2 und einem Flügel Uhlanen auf Rosedo; mit einer Kompagnie Jäger, der 3., 5. und 6. von Kaiser-Infanterie und einem Flügel Uhlanen unter Kommando des Hauptmanns Vogl von Kaiser-Infanterie, nach Bajano. Unweit Casa Carpana stieß die Kolonne unter Oberst Graf Pergen auf den Feind. Auf die Meldung hievon wurde sie von dem Gros der Brigade, welches in seinem Vorrücken auf dem Kreuzwege zwischen Bagnolo und Sorighera angelangt war, durch ein Bataillon Haugwitz unter dem Oberstlieutenant Martini und 2 Kompagnien Jäger unterstützt, welchen später noch 4 Kompagnien Fürstenwärther nachfolgten. Nun griff Oberst Pergen mit seiner Avantgarde den Feind an, drückte ihn über Casa Carpana zurück, und rückte mit seiner Haupttruppe bis zu dieser

Casine. Bei der Ueberlegenheit der feindlichen Plänkler-Kette war ein weiteres Vordringen der eigenen, zwar durch eine Kompagnie Kaiser-Infanterie verstärkten Tirailleurs, unmöglich. Oberst P e r g e n ließ daher eine Division Hangwitz gegen Rosedo vorgehen, welcher eine 2. nebst den beiden Geschützen folgte. Rosedo wurde mit Sturm genommen, worauf P e r g e n den Feind von hier aus beschießen ließ; gleichzeitig detachirte er eine Kompagnie Fürstenwärther in seine nunmehr bedrohte linke Flanke. Hierauf rückte Oberstlieutenant M a r t i n i mit 2 Kompagnien Jäger und 2 Kompagnien Hangwitz gegen Casa Piemonti und Bettolino, und erstürmte ebenfalls diese Häuser. Hier erhielt derselbe durch einen auf einem erbeuteten piemontesischen Pferde herbeigeeilten Feldwebel von Hohenlohe-Infanterie, die dringende Meldung, daß man in Casa Gambaloita in Gefahr schwebe, alle durch die Tapferkeit des 10. Jäger- und 2. Bataillons Hohenlohe errungenen Vortheile und die dort eroberten 7 Geschütze bei dem raschen Vordringen überlegener feindlicher Kräfte zu verlieren. Ohne weiterem Bedenken und ohne höheren Befehl eilte M a r t i n i mit einem Geschütze dann 2 Zügen von Kaiser- und 2 von Hangwitz-Infanterie auf den bedrohten Punkt. Daselbst ließ er augenblicklich das Feuer aus dem Geschütze eröffnen, während er selbst zurückeilte, die andere Kanone herbeiholte und hiedurch dem Vordringen des Feindes Einhalt that, welcher unser Feuer aus 2 auf der Straße vor Porta Romana aufgestellten Kanonen erwiederte. Unterdessen ersah Oberstlieutenant M a r t i n i einen vortheilhaften Punkt, von wo man die beiden feindlichen Geschütze flankiren konnte; er eilte daher auf dem Kommunalwege von Rosedo zurück, um sich vom Korps-Kommandanten 2 Geschütze der Brigade Gyulai zu erbitten, welche er schnell bis Ca Bianca und Pilastro hart an der Straße vorführte. Der erste Erfolg dieser eben so überlegten als kühnen Unternehmung war, daß der Feind mit Zurücklassung einer Kanone unter die Mauern Mailands retirirte, von wo aus er auch nicht mehr vordringen sollte. Volle drei Stunden bis zum Einbrechen der Nacht unterhielt M a r t i n i mit seinen 2 Geschützen unter Oberfeuerwerker K u n t r a t h während eines starken Gewitterregens ein wohlgenährtes Feuer, das vom Feinde mit gleicher Lebhaftigkeit erwiedert wurde. Feldmarschall-Lieutenant Baron d'A s p r e, welcher sich auf diesen Punkt begeben hatte, dekorirte eigenhändig unter dem Donner der beiderseitigen Kanonen, den unerschrockenen Oberfeuerwerker K u n t r a t h mit der silbernen Tapferkeits-Medaille 1. Klasse.

Die hierauf erfolgte sehr zweckmäßige Aufstellung der Vorposten auf dieser Linie war ebenfalls das Verdienst des Oberstlieutenants Martini, dessen erfolgreichem Unternehmen nur der ausdrückliche höhere Befehl: „auf keinen Fall weiter vorzugehen", ein Ziel setzen konnte. Die Haupttruppe war unterdessen nach Bettolino nachgerückt. Um ungefähr zehn Uhr Abends wurden die Truppen der Brigade Schwarzenberg durch jene der Brigade Gyulai abgelöst.

Während nun die Kolonne des Obersten Graf Pergen auf dem rechten Flügel des 2. Armee-Korps so glänzende Erfolge errang, war die gegen Bajano entsendete Kolonne, unter Hauptmann Bogl anstandslos in diesen Ort gerückt, indem sich der Feind schon während ihrer Annäherung gegen Vigentino zurückgezogen hatte. Hier erhielt Bogl von dem mittlerweile in Chiaravalle eingetroffenen Gros der Brigade eine Verstärkung von 2 Kompagnien Jäger und 2 Geschützen. Auch wurden 2 Kompagnien Fürstenwärther bei la Fabbrica aufgestellt; nur das 2. Bataillon dieses Regiments, 2 Eskadronen Reuß-Husaren und 2 Geschütze blieben in Chiaravalle. Nachdem General-Major Fürst Edmund Schwarzenberg die feindliche Stellung recognoscirt hatte, beschloß er dieselbe von Bajano aus anzugreifen, indem dieser Angriff mit weit geringeren Verlusten, als jener in der Front auf der Straße von Pavia verbunden zu sein schien. Der Erfolg hatte diese Voraussetzung gerechtfertigt, denn die bezeichnete Straße war herwärts Vigentino verhauen und von 2 Geschützen bestrichen, welche durch diesen Seitenangriff umgangen, und zum Rückzuge gezwungen wurden. Die gegen Vigentino ausgeschickten Patrouillen stießen kaum 500 Schritte außerhalb Bajano auf den Feind. Auf die Meldung hievon zog Fürst Edmund Schwarzenberg die bei la Fabbrica aufgestellte Division Fürstenwärther an sich, befahl die Nachrückung der Reserve von Chiaravalle, sowie des nach Quinto, Selo entsendeten Bataillons Kaiser-Infanterie und beorderte den Hauptmann Bogl mit seinen 3 Kompagnien Kaiser-Infanterie und einer Kompagnie Jäger gegen Vigentino vorzugehen und selbst zu nehmen. Zur Sicherung des Angriffes und Verstärkung dieser Truppen wurde noch eine Kompagnie Jäger in die linke Flanke nachgesendet, und später noch eine Division Fürstenwärther, eine Kompagnie Jäger und 2 Geschütze verwendet.

Der Feind hatte dort, wo der Kommunalweg der nach Pavia führenden Straße sich am meisten nähert, die Umfassungen der Felder stark besetzt und die vorrückende Kolonne mit einem heftigen Feuer empfangen. Da man jedoch die Stellung seiner Haupttruppe von der Straßenkrümmung aus entdecken konnte, so warf Hauptmann Vogl die 3. Kompagnie theils als Plänkler zu beiden Seiten der Straße in die Gräben, nahm ein Geschütz vor und ließ den Feind mit Kartätschen beschießen. Nach zwei gut gezielten Schüssen und, um jedem größeren Verluste durch längeres Halten im Freien vorzubeugen, schritt er zum Sturme gegen die Casina della Balle und den Friedhof. Der Gegner wurde delogirt, und in unordentlicher Flucht gegen Vigentino getrieben. Am Friedhofe suchte er sich zu ralliiren; aber ein erneuerter Bajonnet-Angriff warf ihn vollends nach Vigentino hinein, woselbst er sich festzusetzen suchte. Mit seltener Ruhe ordnete Hauptmann Vogl einen dritten Bajonnet-Angriff an. Mit außerordentlicher Bravour führte er die Kolonne zum Sturm gegen die vordere Häuserreihe, nahm sie und verfolgte die Weichenden. Im Dorfe vor der Kirche suchte sich eine halbe feindliche Kompagnie wieder zu sammeln; aber es ward ihr keine Zeit hiezu gelassen, sondern der Feind aus dem Orte auf die Chaussée und in die Felder vollends gejagt — Vigentino war genommen; doch der brave Hauptmann Vogl dabei schwer blessirt. Er machte 1 Offizier und 32 Mann Gefangene.

Nach der Einnahme von Vigentino rückten um drei Uhr Nachmittags die noch übrigen Truppen des linken Flügels der Brigade Schwarzenberg nämlich 1 Bataillon Fürstenwärther, 1 Bataillon Kaiser, 2 Geschütze, 2 Eskadronen Husaren und ein von der Brigade Gyulai als Unterstützung detachirtes Bataillon E. H. Ernst-Infanterie in diesen Ort, von wo sie bald zum weiteren Vorrücken, wie folgt, disponirt wurden: die 3 Kompagnien Jäger erhielten die Bestimmung über M. della Balle zu gehen, um die Verbindung mit dem Oberst Graf Pergen zu erhalten; zur Vorrückung gegen Mailand wurden 3 Divisionen Fürstenwärther u. z. eine rechts, eine links der Straße, die 3., dann 2 Geschütze und ein Flügel Uhlanen auf der Straße selbst beordert; das Bataillon E. H. Ernst nebst 2 Geschützen rückte zur Sicherung der linken Flanke nach Morivione, welcher Posten später noch durch 3 Kompagnien des Regiments Kaiser verstärkt wurde. Alle übrigen Truppen blieben bei Vigentino in Réserve.

So wie die Tête der auf der Straße vorrückenden 3 Divisionen mit den beiden Geschützen und dem Flügel Kavallerie ungefähr in die Höhe von S. Pietro kam, eröffneten 2 feindliche außerhalb Porta Vigentina aufgestellte Kanonen ihr Feuer gegen dieselbe, welches aber so kräftig erwidert wurde, daß sie sich bald ins Thor selbst zurückzogen; worauf unsere Geschütze noch 150 Schritte über den nach S. Pietro abgehenden Weg vorrückten und daselbst ein angemessenes Feuer gegen jene des Feindes bis zum Abbrechen des Gefechtes unterhielten. Der Flügel Uhlanen marschirte rechts seitwärts der Geschütze auf, die 3 Divisionen Fürstenwärther aber wurden auf die rechte Seite der Straße gezogen, da sich unterdessen bei Ca Rossa ein heftiges Plänklerfeuer entsponnen hatte. Sie drangen hier im Vereine mit den Jägern und den Vortruppen des Oberst Pergen über Ca Rossa hinaus und gelangten in einzelnen Abtheilungen sogar bis zur Porta Romana. Erst die finstere Nacht machte dem Gefechte ein Ende. Der Feind hatte sich mit allen seinen Truppen nach Mailand zurückgezogen. Das 2. Armee-Korps stand bei Chiaravalle, seine Avantgarde bei Vigentino, deren Vorposten kaum 600 Schritte von den Thoren Mailand's entfernt.

Das Reserve-Korps und das Hauptquartier des Feldmarschalls verblieben in S. Donato.

In diesem auf das Schicksal Mailand's und des ganzen Krieges so entscheidenden Gefechte haben sich rühmlichst ausgezeichnet:

Die beiden Armee-Korps-Kommandanten Feldmarschall-Lieutenant Graf Wratislaw und Baron d'Aspre; die Divisionärs Feldmarschall-Lieutenants Fürst Carl Schwarzenberg und Graf Schaffgotsche; die Brigadiers General-Major Graf Clam, Graf Strassoldo und Fürst Edmund Schwarzenberg.

Vom General-Quartiermeisterstabe: Major Ritter von Schmerling, Generalstabs-Chef des 2. Armee-Korps; Hauptmann von Kuhn, der seine Aufgabe — die Ueberwachung des linken Flügels des 1. Armee-Korps — mit vieler Tapferkeit und Umsicht vollführte und zu dem glücklichen Erfolge der Erstürmung von Gambaloita und der Eroberung der feindlichen Kanonen wesentlich beitrug. Die Oberlieutenants Rees und Baron Blasitz, der zugetheilte Rittmeister Baron Lindenfels von Baiern-Dragoner, und Lieutenant Graf Wimpffen von Mazzuchelli-Infanterie.

Von der Adjutantur: der als Volontär im Hauptquartier anwe-

fende Oberſt Graf, Paar, von Württemberg-Huſaren; Korps-Adjutant
Oberſtlieutenant Taube; die Hauptleute Ritter von Steinhauſer
von Baumgartten-Infanterie, Graf D'Orſai von Haugwit-Infanterie
und Proſche vom 8. Feldjäger-Bataillon; die Rittmeiſter Graf Pap-
penheim von Baiern-Dragoner und Graf Thun von Reuß-Huſaren,
die Oberlieutenants von Mileſich von Waraſdiner St. Georger-Grenz-
Regimente, Graf Weſtphalen von Nikolaus-Huſaren, Oberlieutenant von
Biſtarini und Lieutenant Baron Wibleben von Kaiſer-Uhlanen, der
Adjutant der Brigade Schwarzenberg Lieutenant von Salerno von
C. H. Franz Carl-Infanterie und Lieutenant Baron Reiſchach.

Von Kaiſer-Jäger: Hauptmann Frenzl, welcher ein vor Porta
Romana gelegenes Haus mit Sturm nahm und dadurch das Vordringen
der Angriffs-Kolonne erleichterte; die Hauptleute Zigan und Auge;
dann der Oberlieutenant Baron Montlouiſant; endlich der Stabs-
Trompeter Chiavotti, welcher, obgleich durch beide Schenkel geſchoſſen,
durch ſeine Signale mit Erfolg wirkte, und erſt nach Erſtürmung mehrerer
Häuſer den Kampfplab verließ.

Vom 9. Feldjäger-Bataillon: Oberſtlieutenant Weiß, dann
Patrouilleführer Preſta, der die Mannſchaft mit Bravour zum Sturme
führte, nachdem der die Kette befehligende Offizier geblieben war.

Vom 10. Feldjäger-Bataillon: Der Interims-Bataillons-
Kommandant Hauptmann Baron Lütgendorf; Hauptmann Edler von
Bech, Oberlieutenant Lammer und Siller, welch' Lebterer Brigade-
Adjutanten-Dienſte verſah. Kadet-Oberjäger Tamaſſy überſebte, der Erſte
bei Gambaloita einen Graben, bemächtigte ſich einer Kanone und nahm
einen feindlichen Stabs-Offizier gefangen. Unterjäger Schlüſſelbauer
eilte mit nur 8 Mann der Sturmkolonne voraus, drang in den Garten
von Ca Verde und zwang einen feindlichen Offizier und 48 Mann die
Waffen zu ſtrecken. Unterjäger Schallmaver erſtürmte mit 14 Mann
ein vom Feinde ſtark beſebtes Haus, drang, als derſelbe in einem anderen Gebäude ſich wieder feſtſeben wollte, auch in dieſes und zwang ihn zum
gänzlichen Rückzuge. Die Unterjäger Prib und Triſko, Patrouilleführer Blumauer, dann die Jäger Scolna und Schweiger nahmen
im Angeſichte der feindlichen Plänkler eine beſpannte piemonteſiſche Haubibe.

Vom Oguliner-Grenz-Regimente: Gefreiter Chiubrić,

welcher blessirt wurde, und Scharfschütze Loufar zeichneten sich bei Rufecca aus.

Von Kaiser-Infanterie: Oberst Baron Post und der heldenmüthige Hauptmann Vogl, Oberlieutenant Baron Sternek, Lieutenant Graf Elz und Bataillons-Adjutant Lieutenant Edler von Schmidt, der beim Sturme auf Vigentino im entscheidenden Augenblicke zu Fuß an die Spitze einer Abtheilung sich stellend, mit wahrer Kampflust den Bajonnetangriff mitmachte. Feldwebel Bandeberg und Korporal Zaoral, derselbe hatte sich aus der 4. Abtheilung der Sturmkolonne an die Tête vorgedrängt, drang der Erste in ein am Eingange von Vigentino gelegenes Haus und war bei Gefangennehmung der im oberen Stockwerke befindlichen Vertheidiger besonders thätig. Korporal Preissenhammer, mittelst einer Musketenkugel durch beide Füsse geschossen, munterte er, schon am Boden liegend, die Mannschaft noch zur Ausdauer an. Die Korporale Heßko, Rohel, Danes und Rubina zeichneten sich ebenfalls durch muthvolles Benehmen beim Sturme auf Vigentino aus. Tambour Brünovsky war stets an der Seite des tapferen Hauptmannes Vogl und schlug mit der größten Unerschrockenheit beständig den Sturmstreich.

Von Prohaska-Infanterie: Oberst Baron Reischach hat abermals bei der Erstürmung der Barrikade vor Mailand neue Proben seiner Unerschrockenheit und seines Muthes abgelegt; Feldwebel Raunigg, welcher freiwillig die Führung einer Schleichpatrouille übernahm.

Von Hohenlohe-Infanterie: Oberstlieutenant Habliczek hat bei der Vorrückung seines Bataillons am rechten Flügel des 1. Armee-Korps, besondere Umsicht und Entschlossenheit bewiesen. Major Hattung hat durch sein rechtzeitiges Erscheinen und tapferes Mitwirken bei der allgemeinen Vorrückung zu dem günstigen Erfolge der Erstürmung von Gambaloita und der Eroberung der Kanonen viel beigetragen. Feldwebel Denkel führte beim Angriffe auf Gambaloita die Gemeinen Smollei und Suppan zum Sturme auf ein im Rücken dieses Hofes gelegenes Gebäude, sprengte mit deren Hilfe das Thor auf, machte viele der Vertheidiger ungeachtet ihrer verzweifelten Gegenwehr nieder oder gefangen und eroberte dieses Haus, wodurch die Erstürmung von Gambaloita wesentlich erleichtert wurde. Korporal Dolles drang mit dem Gefreiten Medeß und dem Gemeinen Zerschar ungeachtet des heftigsten

Feuers der feindlichen Bedeckungs-Abtheilung gegen eine Haubitze, rannte einem bei derselben befindlichen Artilleristen das Bajonnet in den Leib, während die beiden anderen Obengenannten, seinem Beispiele folgend, mit Bajonnet und Kolben unter der Bedienungs-Mannschaft wütheten, wodurch sie die Haubitze eroberten. Korporal Bertaschiz riß mit Lebensgefahr ein Pferd der Bespannung einer im Abfahren begriffenen feindlichen Kanone quer über die Straße und schoß den Stangenreiter nieder, worauf er sich des Geschützes bemächtigte. Korporal Staubacher meldete sich freiwillig zu allen gefährlichen Patrouillen und führte dieselben mit der größten Umsicht, ebenso war er bei allen von seiner Kompagnie ausgeführten Stürmen stets unter den Vordersten und wußte durch sein muthiges Beispiel begeisternd auf die Mannschaft zu wirken.

Von Haugwitz-Infanterie*): Oberst Graf Pergen leitete seine Kolonne mit vieler Umsicht und bewies so wie bei jeder Gelegenheit auch hier wieder gediegene Tapferkeit; desgleichen hat Oberstlieutenant von Martini, wie immer auch in diesem Gefechte ausgezeichneten Muth und einen richtigen militärischen Ueberblick beurkundet. Major Graf Porcia gab durch sein muthiges Benehmen im stärksten Kugelregen der Mannschaft ein schönes Beispiel. Hauptmann von Marno führte mit Entschlossenheit die Sturmkolonne gegen das stark vertheidigte Rosedo. Hauptmann Baron Palombini und Lieutenant Heißel zeichneten sich durch ihren in der Plänklerkette bewiesenen Muth aus. Feldwebel Theimer führte seinen Zug während des heftigsten feindlichen Feuers entschlossen über einen tiefen und breiten Wassergraben, gegen den sich entgegenwerfenden viel stärkeren Feind.

Von Fürstenwärther-Infanterie: Hauptmann Edler von Görtler, dann Feldwebel Ziffer, der eine feindliche Fahne eroberte.

Von der Artillerie: Major Pittinger leitete wie bei allen Gefechten, auch hier seine brave Artillerie mit besonderem Eifer und dem besten Erfolge. Lieutenant Richter, welcher verwundet wurde, Oberfeuerwerker Ruster-

---

*) Der Korps-Kommandant Feldmarschall-Lieutenant Baron D'Aspre sagt am Schlusse der Brigade-Gefechts-Relation vom 10. August „.... ich kann dieses Regiment nicht anders als mit dem Namen unserer tapferen und verwegenen treuen Garde qualifiziren. In den letzten Gefechten unter den Mauern Mailand's war ich nicht im Stande sie aus dem Feuer zu ziehen — die Nacht allein war es."

Holzer, der aus freiem Antriebe Infanterie- und Geschütz-Munition herbeibrachte, wodurch das Feuer ununterbrochen mit gleicher Lebhaftigkeit fortgesetzt werden konnte. Feuerwerker Kleiner, welcher die Geschütze der Zwölfpfünder-Batterie Nr. 1 mit wahrem Heldenmuthe kommandirte. Feuerwerker Filerment, welcher durch sein Feuer die gegen Gambaloita neuerdings vorrückende Kolonne des Feindes zum Stehen brachte. Korporal Egger, der in diesem Gefechte den Heldentod fand, und Korporal Zwölfer, von der Kavallerie-Batterie Nr. 2, der sich während des Angriffes auf Bigentine, so wie bei dem Vorrücken auf der Papiner-Straße durch kaltblütige und zweckmäßige Leitung des Feuers seiner beiden Geschütze auszeichnete. Die Korporale Hadel und Pommer, die Vormeister Lukesch, Pensel, Mayer, Hebenstreit, Fejonka, Dill und Rochholzer, endlich der Kanonier Kleine, welche sich einer Auszeichnung würdig gemacht haben.    •

Von E. H. Carl-Ublanen: Oberst von Wyß, welcher sein Streif-Kommando mit Umsicht und Tapferkeit führte.

Unser Verlust an diesem Tage war, wie folgt: Vom 4. Bataillon Kaiser-Jäger — verwundet 3 Mann. Vom 9. Feldjäger-Bataillon — todt Lieutenant von Suppanzigh und 4 Mann; verwundet Lieutenant Machalißky und 17 Mann. Vom 10. Feldjäger-Bataillon — todt 3 Mann; verwundet Lieutenant Klimburg und 39 Mann. Vom Liccaner-Grenz-Regimente — verwundet 2 Mann. Vom Oguliner-Grenz-Regimente — todt 1; verwundet 5 Mann. Vom 2. Bataillon Warasdiner-Creutzer — todt 2; verwundet 5; vermißt 7 Mann. Vom Gradiskaner-Grenz-Regimente — todt 3 Mann; verwundet Hauptmann Csollic, Oberlieutenant Schwarzenbrunner und 25 Mann. Von Kaiser-Infanterie — todt 3 Mann; verwundet Hauptmann Vogl und 20 Mann. Von Baron Prohaska-Infanterie — todt 6 Mann; verwundet Hauptmann Damschuh, die Lieutenants Krinner, Hennings und Hausner nebst 30 Mann; vermißt 8 Mann. Von Prinz Hohenlohe-Infanterie — todt 4; verwundet 14; vermißt 21 Mann. Von Graf Haugwitz-Infanterie — verwundet 6 Mann. Von E. H. Albrecht-Infanterie — vermißt 1 Mann. Von E. H. Ernst-Infanterie — todt 3; verwundet 5; vermißt 2 Mann. Von Baron Fürstenwärther-Infanterie — todt 2; verwundet 6; vermißt 31 Mann. Von Baron Haynau-Infanterie — todt 2; verwundet 4 Mann. Von der Fußbatterie Nr. 2 — todt 1 Mann. Von der Fußbatterie Nr. 5 — todt 3 Mann. Von der Kavallerie-Batterie Nr. 2 — verwundet 4 Mann. Von der Kavallerie-Batterie Nr. 3 — vermißt 2 Mann. Von der zwölfpfündigen Batterie Nr. 1 — todt 1; verwundet 2 Mann. Von der zwölfpfündigen Batterie Nr. 2 — vermißt 2 Mann. Vom Fuhrwesen-Korps — verwundet Lieutenant Peslir. Von Radetzky-Husaren — todt 1 Mann. Mithin: todt 1 Oberoffizier und 89 Mann; verwundet 11 Oberoffiziere und 187 Mann; vermißt 73 Mann.

**Vorgänge in Mailand. — Waffenstillstand.**

Die Nacht, die diesem blutigen Tage folgte, war sehr finster, desto grausiger nahmen sich die zahlreichen Feuersbrünste aus, die den Horizont in weiter Ausdehnung erleuchteten. — Die Piemontesen, um ihren Rückzug zu decken, und die Vertheidigung von den Wällen herab zu erleichtern, hatten viele am Walle gelegene Häuser in Brand gesteckt. Der König war einer der Letzten, der sich in die Stadt zurückzog. Er umritt die Wälle, wo er seine entmuthigten, todtmüden, vom Regen durchnäßten und hungrigen Truppen wohl mit blutendem Herzen besichtigte. Seine Treulosigkeit hatte ihn um den Anspruch auf Mitleid gebracht, und dennoch war er in diesem Augenblicke ein mitleidswerther Mann. Er hatte seine Brust muthig den Kugeln bloßgegeben, unerschrocken dem Tod in's Auge geblickt, aber der Tod verwarf dieses Opfer — es war ihm ein schwereres Gericht vorbehalten.

Seine Truppen hatten sich noch am 4. für eine Stadt tapfer geschlagen, die, während sie selbst nichts that, als nutzlose Barrikaden bauen, den piemontesischen Soldaten der Verrätherei anklagte an einer Sache, die wohl dem Ehrgeiz ihres Königs und einer Anzahl Mitverschwörer, aber nie dem piemontesischen Volke etwas fruchten konnte.

Der König beging den Fehler, sich von seinen Truppen zu trennen, statt in einem dem Wall nahegelegenen Hause, nahm er seine Wohnung im Palaste des Grafen Greppi mitten in der Stadt; er entfernte seine Escorte und ließ sich blos von Mailänder-Nationalgarden bewachen. Diese übelverstandene Großmuth kam ihm theuer zu stehen, und hätte ihm beinahe das Leben gekostet. Kaum war er vom Pferde gestiegen, so berief er einen Kriegsrath, dem auch Deputationen der Stadt Mailand und das Vertheidigungs-Comité beiwohnten. Die Lage der Dinge ward nun nach allen Seiten berathen, und es fand sich, daß sie gänzlich unhaltbar sei. Man erfuhr, daß der große Artillerie-Park von der Adda aus den Weg nach Piacenza eingeschlagen hatte, und dort über den Po gegangen sei. Man hoffte zwar einen Theil davon über Pavia wieder heranziehen zu können, wenn der Feind sich nicht zu stark in jener Richtung zeige; aber dazu gehörte Zeit, und da die kleinen Parks geleert waren, um die im letzten Gefechte verbrauchte Munition zu ersetzen, so konnte man zunächst nur auf die rechnen, welche der Soldat in der Tasche hatte. In der Stadt fand sich wohl einiges Pulver, aber nach dem Berichte des Chefs der Artillerie ohne Projektile, besonders für die Geschütze. Lebensmittel waren nur für wenige Tage vorhanden und in der Kriegskasse nicht mehr als 20.000 Franken. Es war zwar eine Anleihe von einigen Millionen abgeschlossen, und man hoffte in der Umgegend Lebensmittel zu finden, aber alles das erschien sehr wenig im Angesicht so großer Bedürfnisse.

So schlimme Nachrichten überzeugten Jeden von der Unmöglichkeit eines langen Widerstandes, er konnte nur dazu führen, die Stadt in Gefahr zu bringen, den Rückzug der Armee über den Po und Ticino unmöglich zu machen, und das unermeßliche Material der Armee zu verlieren, bloß um der Ehre eines kurzen Widerstandes willen. Das hieß zu viel wagen, das Geschick und die Zukunft Italiens unter den ungünstigsten Umständen gegen einen siegreichen Feind auf das Spiel setzen. So erklärten denn alle Mitglieder des Kriegsrathes, daß es unter solchen Umständen unabweislich wäre, mit dem Feldmarschall Grafen Radetzky in Unterhandlungen zu treten, ihm anzubieten die Stadt zu räumen und hinter den Ticino zurückzugehen, wenn er für Mailand Sicherheit des Eigenthumes und der Personen verspreche.

Die beiden Generale Lazzari und Rossi wurden sofort ins österreichische Hauptquartier nach S. Donato geschickt, wo sie um zwei Uhr Morgens eintrafen. Der Feldmarschall erklärte, über das Politische der Verhältnisse nichts bestimmen zu können, nur für die Mannszucht seiner Armee bürge er, und gestatte jedem Lombarden, der sich für kompromittirt halte, mit der piemontesischen Armee zu ziehen. Für Kranke und Verwundete, welche zurückbleiben, werde er Sorge tragen. Die beiden Parlamentärs kehrten wieder nach Mailand zurück mit dem Versprechen in zwei Stunden die Rückantwort zu bringen.

Doch vergeblich wartete der Feldmarschall den ganzen Vormittag des 5., wodurch zwar keine Zeit verloren ging, indem das 4. Armee-Korps, welchem nun statt des früher anbefohlenen Marsches nach Mazeratte, die gerade Richtung gegen Mailand bezeichnet wurde — denn Radetzky wollte die ganze Kraft der Armee (mithin sämmtliche 4 Armee-Korps) vor dieser Stadt vereinigt haben — erst gegen Mittag von Pavia dahin ab- rücken konnte *). An diesem Tage hatte der König von Neuem den Kriegs- rath berufen, und demselben die Bedingungen des Vertrages mittheilen lassen. Sämmtliche Mitglieder fanden sie ehrenvoll, und es kam nur noch darauf an, sie den verschiedenen Körperschaften, der Nationalgarde und der Stadtbehörde bekannt zu machen.

Zu diesem Ende wurden Deputirte der verschiedenen Körperschaften berufen. Als dieselben im Palaste Greppi versammelt waren, beauftragte der König zwei höhere Offiziere (worunter General Bava) sie mit dem bekannt zu machen, was geschehen, ihnen den Schmerz auszudrücken, sie verlassen zu müssen, daß aber Jeder der Armee folgen könne, und daß ge- wiß von Seite des piemontesischen Gouvernements Alles geschehen würde, das Geschick der Flüchtigen zu mildern, welche des brüderlichsten Mitge- fühls versichert sein könnten.

Fast Alle fügten sich dem gemeinsamen Unglück. Nur zwei junge Leute brachen in lange emphatische Klagen aus über den Vertrag, zu dem sie hätten hinzugezogen werden müssen, und der das Unglück des Vaterlan- des herbeiführe. Ihre Ohren blieben taub gegen alle Vernunftgründe, die man ihnen entgegenstellte. Die Bestimmungen der Convention wurden mehrere Male vorgelesen. Alles beruhigte sich immer mehr. Nur jene Beiden erhitzten sich zunehmend und sprachen zuletzt, wie immer in solchen Fällen von nichts als Verrath, nur um zu verrathen sei die Armee nach Mailand gekommen.

Das fanatische Geschrei pflanzte sich in den Straßen fort und konnte leicht die Person des Königs in Gefahr bringen. General Bava setzte ihn

---

*) Wir folgen in der Schilderung der Begebenheiten in Mailand an diesem Tage dem Berichte des piemontesischen Generals Bava, eines gewiß unverdächtigen Zeugen.

hievon in Kenntniß und bat ihn, sobald als möglich sich zu den Truppen zu begeben. Der König nahm den Rath sehr gütig auf und sagte zuletzt: „Nun gut, wir wollen uns bald auf's Pferd setzen." Schon in einer halben Stunde hörte man in der Stadt Generalmarsch schlagen, es entstand ein furchtbarer Lärm im Hofe des Palastes und unter den Fenstern des Königs; man stürzte die Reisewagen um, damit sie nicht abfahren können.

General Bava trat auf den Balkon, um zu sehen, was der Lärm bedeute. Eine wüthende Rotte empfing ihn mit den schmählichsten Schimpfreden, man drohte ihm mit dem Tode; in dem Getöse konnte man nichts mehr verstehen. Der General trat in's Haus zurück, er fand dort einen wüthenden Kerl, der mit glühenden, vom Zorn hervorgetriebenen Augen heftig über das bevorstehende Unglück der Stadt und seiner Familie deklamirte. Man suchte ihn zu beruhigen, aber vergebens, er wurde nur wüthender; er schrie, daß es auf der Straße gehört wurde, offenbar seine Absicht, um die Wuth auch dort zu steigern. Er verlangte vor den König zu kommen, und als ihm dies gewährt wurde, machte er eine Menge unsinnige Forderungen durcheinander, besonders aber die, der König solle sich der Menge zeigen, welche glaube, er sei geflohen. Wahrscheinlich war der Tolle beauftragt, sich zu überzeugen, ob der König noch da sei.

Die Nationalgarde vom Dienst war vertrieben worden, und als jener wüthende, aus allen Nationen bestehende Haufe erschien, und den Hof des Palastes überschwemmte, fanden sich nur noch einige Karabiniere auf der Treppe.

Dieser Pöbelhaufe schrie beständig Verrath, und drohte mit dem Geschick des unglücklichen Prinz, wenn die Feindseligkeiten gegen den gemeinsamen Feind nicht fortgesetzt würden.

Die Lage des Königs wurde mit jedem Augenblicke schlimmer. Allein, mitten in Mailand, mehr als eine Miglie von der Armee entfernt, durch eine Unzahl von Barrikaden von ihr getrennt, schwebte der König in der größten Gefahr.

Indessen erschien eine Deputation beim König; er empfing sie freundlich, und fragte, was man wolle: „Krieg oder Tod", war die Antwort, „wenn Ew. Majestät nicht auf unsere Forderung eingehen, so ist Ihr Leben in Gefahr, es ist keine Macht vorhanden, welche in diesem Augenblicke der Wuth der Bevölkerung entgegentreten könnte."

Der König schien einen Augenblick betroffen, vor solcher Verwegenheit, gleich nachher aber, indem er seine Umgebung entließ, antwortete er den Deputirten in scheinbarer Ruhe, aber mit Ernst: „in Kurzem werden sie Antwort bekommen.“

Als die Generale wieder ins Zimmer traten, sagte er zu Bava: „Sie wollen durchaus den Krieg.“ Dieser aber erwiederte ihm: „Wenn Krieg sein soll, so besser gegen die Oesterreicher, als unter den Augen des Feindes gegen uns selbst.“

Alle Anwesenden unterstützten diesen Rath, und der König beanftragte Bava, dem Volke seinen veränderten Entschluß bekannt zu geben. Nur mit größter Mühe konnte er es ausrichten, Lärm und Verwirrung waren auf's Höchste gestiegen. Als der Entschluß bekannt wurde, schien Ruhe einzutreten. Bald aber erneute sich der Lärm; ein Redner schlug vor, den König und seine Generale als Geißeln für die erhaltenen Versprechungen zurückzubehalten. — Großer Beifallssturm. Der König sollte seinen Entschluß durch ein Plakat bekannt machen, und doch hinderte man Jeden aus dessen Umgebung, aus dem Palaste zu kommen. Der König sollte sich auf dem Balkon zeigen. Als er erschien, Beifall und Zischen zugleich.

Ein Redner von einem Stuhle herunter versichert im Namen der Masse zu sprechen, und schließt seine Phrasen häufig mit der Frage: „nicht wahr, das ist es, was ihr wollt?“ ein donnerndes „Ja“ ist jedes Mal die Antwort. Ein lombardischer Offizier, welcher zur Seite des Königs stand, gab auf alle diese Fragen entschiedene Antworten. Die Szene dauerte länger als eine halbe Stunde; endlich schien das Volk, als es Alles verstanden, sich etwas zu beruhigen.

General-Lieutenant Bava wollte diese anscheinende Ruhe benützen, um aus dem Palaste zu kommen; aber vergebens — beschimpft, gestoßen, bedroht, mußte er zurückkehren. Da wandte er sich endlich an einen der Aufwiegler und machte geltend, daß er, wenn man ihn so zurückhalte, unmöglich die nöthigen Befehle geben, und die Truppen gegen den Feind zurückführen könne. Er überzeugte ihn zuletzt, daß er unumgänglich nöthig im Lager sei. Darauf nahmen ihn zwei unter den Arm, ein Dritter ging voraus, schrie seinen Namen, seine Titel, und so gelang es endlich, durch die Masse durchzukommen. Auf dem Wege umarmten ihn Hunderte, als sie hörten, er gehe zurück, um die Feindseligkeiten wieder beginnen zu lassen; Andere, die davon nichts wußten, beschimpften ihn.

Im Lager kaum angekommen, schickte Bava einen Offizier nach Vigentino, den großen Artillerie-Park aufzusuchen, und ihn auf der Straße von Buffalora wieder heranzuführen. Alles war aufs Höchste erbittert gegen die Mailänder. Die Truppen verlangten ihren König, sie wollten nach der Stadt zurück, ihn den Händen seiner Mörder zu entreißen — ein Zusammenstoß schien nahe bevor zu stehen. Bava gab sich Mühe, die Gemüther zu beruhigen, indem er erklärte, es sei durchaus der Wille des Königs, daß keine feindliche Bewegung gegen Mailand Statt finde. Er sprach die Ueberzeugung aus, in Kurzem würden die Bewohner gerecht sein gegen den, welcher für sie alle Gefahren des Krieges auf sich genommen, seiner Kinder Leben und seine Krone dafür eingesetzt habe. Er machte sie ferner verantwortlich für alle schlimmen Folgen, welche ihr übereiltes Thun herbeiführen kann. Das Land werde ihnen danken, wenn sie seinem Rathe gefolgt, es vor Bürgerkrieg und so vom Untergange gerettet haben.

Bava sagt treffend: „Wenn ich an jenen furchtbaren Augenblick denke, wo die entfesselte Wuth zweier Partheien ihre glühende Fackel zu schwingen schien, um uns gegenseitig vor den Augen des Feindes in Stücke zu reißen, so frage ich mich, was würden die gesitteten Völker von uns gedacht haben, wenn wir ganz Europa ein solches Schauspiel gegeben hätten, und wenn dann inmitten eines brudermörderischen Kampfes Radetzky eingerückt wäre, den Frieden in der so zerrissenen Familie wieder herzustellen."

Als es Bava gelungen war, die Ordnung und den Gehorsam wieder herzustellen, verabredete er mit dem Herzoge von Savoyen und den andern Chefs Maßregeln, um dem Feinde Widerstand leisten zu können, wenn er — von jenem Zwiespalt benachrichtigt — etwa daraus Vortheil ziehen wollte. Aber Alles blieb im Verlaufe des 5. August ruhig mit Ausnahme einiger Prahler, die man früher auf keinem Schlachtfelde gesehen und die jetzt einige Flinten unter dem Schutze der Waffenruhe abschossen, die von Seite der österreichischen Vorposten keiner Antwort gewürdigt wurden. General-Lieutenant Bava entsendete zu wiederholten Malen Offiziere seines Stabes, um zu erfahren, wie es um den König stehe, aber keiner konnte durchdringen; nur das erfuhr man, daß der Herzog von Genua, nachdem er mißhandelt worden, bis zu ihm gedrungen sei, und nun gleich ihm gefangen gehalten werde.

Gegen Mitternacht brachte ein junger Lombarde Namens Manzoli die Nachricht ins Lager, daß die Aufregung fortdauere, daß häufig Flintenschüsse nach den Fenstern des Königs abgefeuert würden, daß es gelungen wäre, auch in den Garten zu dringen, die Bäume zu erklettern, um besser zielen zu können, ja, daß man Brennstoffe an dem Thore des Palastes zusammentrage, dessen sich die Menge durchaus bemächtigen wolle.

Da warf sich Bava aufs Pferd und geführt von Manzoli gelang es ihm, mit 5 Dragonern und dem Grafen Mozzi des Generalstabs, über viele Barrikaden hinweg, an denen man sie aufhielt, den kleinen Palast Belgiojoso zu erreichen, der hinter dem Palast Greppi liegt und von wo sich die Lage der Dinge genau übersehen ließ. Dann eilte er mit seiner Begleitung nach der Porta Orientale zurück, die Anordnungen zur Befreiung des Königs ohne Blutvergießen zu treffen.

Die Straßen, welche sie durchzogen, waren dunkel, man tappte sich durch viele Barrikaden mit großer Gefahr. Plötzlich hörten sie den Tritt einer Truppe. Es war Carl Albert mit seinem Sohne, zu Fuß, in der Mitte eines Bataillons Garde und einer Kompagnie Bersaglieri, die ihnen vorausgeeilt waren, und den König aus den Händen der Mörder — seiner Verbündeten — befreit hatten, welche bei dem ersten Anblick der Truppen geflohen waren.

So bewiesen die treuen Mailänder Carl Albert ihre Liebe und Anhänglichkeit! —

Um zwei Uhr Nachmittags endlich erhielt der Feldmarschall durch den Sous-Chef des Generalstabs des Königs ein Schreiben, welches die von ihm gemachten Gegenanträge ungenügend und die Stadt Mailand bereit erklärte, sich auf das Aeußerste zu halten.

Eben hatte Radetzky, nur in vagen Gerüchten von dem unterrichtet, was in Mailand vorging, Befehl gegeben, die Voranstalten zu einem Bombardement zu treffen. Schon waren Offiziere abgegangen, um die Stellungen der Batterien aufzusuchen, als gegen fünf Uhr Nachmittags eine Deputation der Stadt Mailand, mit dem Podestà Paolo Bassi und dem Erzbischof an der Spitze, beim Feldmarschall anlangte. Es wurde sofort zwischen dem General-Quartiermeister der Armee, Feldmarschall-Lieutenant von Heß einers, dem Chef des piemontesischen Generalstabs, General-Lieutenant Grafen Salasco und dem obengenannten Podestà der Stadt Mailand andererseits, eine Convention geschlossen, gemäß welcher die k. k. österreichische Armee am 6. um zwölf Uhr Mittags in Mailand einziehen sollte, die piemontesischen Truppen aber an diesem Tage früh Morgens die Stadt, und in zwei Märschen, mithin bis 7. Abends, den Ticino zu überschreiten und das lombardische Gebiet zu räumen hatten.

Am 6. August um zwei Uhr Morgens verließ Carl Albert das Collegium Guidi Karg i, um unter derselben Bedeckung, welche ihn aus dem Palaste Greppi begleitet, nach der Porta Vercellina zu kommen. Rasendes Geschrei, Aufforderungen an das Volk, ihn nicht aus den Thoren zu lassen, häufige Flintenschüsse, das Sturmläuten aller Glocken begleiteten ihn durch die Straße degli Spaldi; dichte Finsterniß umher, nur von brennenden Häusern erleuchtet, welche Bosheit und Plünderungssucht angezündet hätten. Die piemontesischen Soldaten sahen in den bewaffneten Einwohnern die ihnen begegneten, nur Meuchelmörder, sie warfen sie nieder und hielten sie fest bis der König vorüber war.

Die Armee trat ihren Rückzug an, und ging über Magenta und Abiategrasso am folgenden Tage über die Grenze zurück, welche sie vor 20 Wochen mit den kühnsten und zuversichtlichsten Hoffnungen überschritten hatte.

Das war das Ende des Zuges, welchen Carl Albert zur Eroberung Italiens unternommen. Durch dieselben herrlichen Gefilde, die er im voreiligen Siegesrausche wie im Triumphzuge durchzogen hatte, war er nun mit seinen erschöpften und durch die zuletzt erlittenen Niederlagen entmuthigten Truppen wiederheimgekehrt. — Die große Lehre mit sich nehmend, daß Treubruch und Verrath die gerechte Sache zu besiegen nicht vermögen.

Um sechs Uhr früh des 6. August ließ der Podestà von Mailand den Feldmarschall dringendst bitten, zur Vermeidung der Plünderung der Stadt, selbe mit der Armee noch während des Vormittags zu besetzen. Um acht Uhr erneuerte der Podestà diese Bitte, worauf der Feldmarschall, nachdem alle Barrikaden in der Stadt weggeräumt und das an mehreren Stellen aufgerissene Pflaster wieder zur Passage hergestellt worden war, mit der Avantgarde schon gegen zehn Uhr an der Spitze des 2. Armee-

Korps. In der Stadt einrückte, und somit Ruhe und Ordnung in derselben herstellte. Die Sorge für selbe übergab der Feldmarschall dem Nostitzlhen, für Mailand ernannten Gouverneur, Feldmarschall-Lieutenant Fürst Felix Schwarzenberg. Zu gleicher Zeit besetzten das 1. und 4. Armee-Korps die Wälle der Stadt; das Reserve-Korps blieb noch an diesem Tage in S: Donato stehen.

Der Feldmarschall schickte noch am 6. den General-Major Graf Clam mit der Nachricht von der Einnahme Mailand's an's Kriegs-Ministerium nach Wien, und den General-Major Fürst Friedrich Liechtenstein mit den Schlüsseln der Stadt zu S: Majestät dem Kaiser nach Innsbruck.

Der bezügliche Bericht des Feldmarschalls an's Kriegs-Ministerium lautet:

„Die Stadt Mailand ist unser. — Sie hat sich der Gnade Seiner Majestät des Kaisers ergeben, und ich bin heute Vormittags zehn Uhr mit meiner tapfern Armee in selbe eingezogen. Die piemontesische Armee hat diese Stadt heute Nacht verlassen, und ist mittelst einer (beiliegenden gestern nachmals) mit ihr und der Stadt geschlossenen Convention bis Morgen Abends über den Ticino, mithin außerhalb den Grenzen des kaiserlichen Gebietes.

Die Armee hat vor zwei Wochen ihre Offensive von Verona aus ergriffen. — Sie hat während dieser Zeit bei Sommacampagna, Custozza, Volta, Cremona, Pizzighettone und zwei Tage vor Mailand siegreiche Schlachten und Gefechte geliefert, und ist nun den vierzehnten Tag Herr der lombardischen Hauptstadt.

Die Armee und ihre Führer glauben somit ihre Schuld für ihren geliebten Kaiser und das geliebte Vaterland treulich erfüllt zu haben — denn kein Feind steht mehr auf lombardischem Boden.

Ich sende Einem hohen k. k. Kriegs-Ministerium diese Nachricht durch einen der tapfersten Generale der Armee, den Generalen Grafen Clam, so wie ich zugleich auch zu Sr. Majestät den Kaiser einen eben so tapferen General, den General-Major Fürsten Friedrich Liechtenstein mit dieser so erfreulichen Kunde nach Innsbruck sende.

Mailand, den 6. August 1848, Nachmittags fünf Uhr.

Radetzky m. p., Feldmarschall.

Am 7. kam der Sous-Chef d'état major der piemontesischen Armee, Oberst:li Gonzalo als Ueberbringer eines Schreibens des Chefs des Gene-

ralſtabs, General-Lieutenants Grafen Salasco an den General-Quartiermeiſter der Armee, Feldmarſchall-Lieutenant von Heß nach Mailand.
Daſſelbe enthielt das Anſuchen des Königs um einen dreitägigen Waffenſtillſtand, indem er die Bedingungen, welche ihm der Feldmarſchall in
Volta behufs eines Waffenſtillſtandes antrug, dem Mluiſter-Conſeil in
Turin mit der Anfrage vorgelegt habe, ob der Miniſter-Räth zur Einge-
hung derſelben einrathe. Da er aber die Antwort erſt binnen drei Tagen
von dort erhalten könne, ſo wünſche er dieſen Waffenſtillſtand zu ſchließen.
Der Feldmarſchall ließ ihm hierauf erwiedern, daß er nur dann den ge-
wünſchten Waffenſtillſtand einzugehen, und ſich in ſeinen Operationen
aufzuhalten Willens ſei, wenn der König innerhalb 24 Stunden die Ein-
willigung zur unbedingten Auswechslung aller durch die Lombarden wider-
rechtlich zurückbehaltenen oder in Gefechten in Gefangenſchaft gerathenen
Offiziere und Mannſchaft gegen die von uns gemachten piemonteſiſchen,
toskaniſchen, neapolitaniſchen, lombardiſchen und römiſchen Gefangenen
zugeſtehe; ſonſt könnte er den dreitägigen Waffenſtillſtand nicht annehmen.
Am 8. erließ der Feldmarſchall an die Armee folgenden Tagsbefehl
ddto. Hauptquartier Mailand am 8. Auguſt 1848:

„Soldaten! Als ich Euch meine Ueberzeugung ausdrückte, daß an
Eurer Treue und Tapferkeit die Verſuche einer rebelliſchen Faction wie
Glas am Felſen brechen werde, war mein Vertrauen zu Euch feſt und
unerſchütterlich. Ihr habt es glänzend gerechtfertigt. Ihr ſeid von Sieg
zu Sieg geſchritten und in dem kurzen Zeitraume von 14 Tagen trium-
phirend von der Etſch bis zum Ticino vorgedrungen. Von den Mauern
Mailands weht neuerdings die kaiſerliche Fahne, und auf lombardiſchem
Boden iſt kein Feind mehr. Ihr habt einen Völker- und Fürſtenbund
gelöſt, welcher die Heiligkeit der Traktate vergeſſend, jenſeits der Alpen
unſere Grenzen bezeichnen wollte. Soldaten! Ich danke Euch im Namen
des Kaiſers und des Vaterlandes. Ihr habt Euch um den Thron wie um
das Vaterland verdient gemacht. Eure Siege werden den Frieden wieder
herbeiführen; ſollte aber der Feind in ſeinem blinden Wahne uns wieder
anzugreifen wagen, dann ſollen neue Triumphe ihn lehren, was das ſieg-
gewohnte öſterreichiſche Heer vermag, ein Heer, welches getreu ſeinem Kaiſer
aus inniger Liebe für's Vaterland keine Mühe ſcheut, und wenn ſeine
höchſten und heiligſten Güter bedroht ſind, dem Tod die Stirn bietet.“ —

Am 9. langte — vom König Carl Albert gesendet — der Chef seines Generalstabes im Hauptquartier des Feldmarschalls an, um daselbst zum Behufe von Friedensunterhandlungen einen sechswöchentlichen Waffenstillstand zu negoziren, welcher auch an diesem Tage mittelst einer Convention abgeschlossen wurde, die wir weiter unten geben.

Carl Albert konnte wohl nichts sehnlicher wünschen, als den Frieden. Er hatte zwar Englands und Frankreichs Hilfe angerufen, aber die Sympathien des ersteren für die italienische Unabhängigkeit, hatten sich schon nach der Schlacht bei Custozza derart abgekühlt, daß man in den Kammern Lord Palmerston ob seiner England unwürdigen Politik, „durch kleinliche Intriguen der Revolution in allen Ländern die Hand zu bieten und durch diese befreundeten Mächten einen Theil ihres Gebietes entreißen zu wollen," hart angriff; und Frankreichs Hilfe hätte die Republik mit sich gebracht — Carl Albert selbst die Krone gekostet. Auch Oesterreich hatte gerade keine Ursache, den Krieg, nachdem es sich wieder in den Besitz der Lombardie gesetzt, weiter fortzuführen, denn ein baldiger Friede that den Völkern, wie der Regierung gleich Noth, deren Hilfsmittel täglich abnahmen und die ohne einen baldigen Frieden in Italien nur neuen Complikationen entgegensah. Ihre Lage hatte sich durch die Zustände in Frankreich und durch das Verhältniß Frankreichs zu Italien noch ungünstiger gestaltet, denn, wenn man auch zugeben muß, daß Frankreich wenig Interesse an einer sogenannten Einheit Italiens und noch weniger an der Vergrößerung des sardinischen Reiches hat, so folgt der Parteigeist doch nicht immer den Regeln einer klugen Politik. Es bestand in Frankreich neben einer Friedens- eine Kriegspartei, diese hatte in der letzteren Zeit bedeutend an Umfang gewonnen, und es lag außer Zweifel, daß der friedlich gesinnte Theil des Ministeriums in einem gewissen Fall den Uebergang eines französischen Armee-Korps über die Alpen, zu verhindern nicht im Stande gewesen wäre. Nun war aber die Armee in Italien durch die umfassendsten Anordnungen des damaligen Kriegsministers Feldzeugmeisters Grafen Latour bereits auf den höchsten Stand gebracht, aus den unruhigen Provinzen mit ihren empörten Städten konnten keine Truppen mehr herausgezogen werden, und an Deutschlands Hilfe war kaum zu denken! Mit Schmerz sprechen wir es aus als Deutscher — Deutschland, dessen Sorglosigkeit ihm schon einmal seine Existenz gekostet, dasselbe große deutsche Reich hätte auch jetzt wieder die

Stände in den Schoß gelegt; hätte unbekümmert zugesehen, mit fühnder
Uebermuth die Monarchie eines deutschen Fürsten zerstücke, statt seine eigene
liebe Flanke zu wahren, die nur der Po und Ticino schützen können.

Die vorermähnte Convention lautet im Original-Texte:

## Convention d'Armistice

entre les armées Sardes et Autrichiennes comme préludé des négotiations pour un traité de paix.

A r t. I. La ligne de démarcation entre les deux armées sera la
frontière même, des États respectifs.

A r t. II. Les forteresses de Peschiera, Rocca d'Anfo et Osoppo
ainsi que la ville de Brescia seront évacuées par les troupes Sardes et
alliées et remises à celles de S. M. Impériale: — la remise de chacune
de ces places aura lieu trois jours après la notification de la présente
Convention. Dans ces places tout le matériel de dotation appartenant
à l'Autriche sera rendu, les troupes sortantes emmèneront avec elles
tout leur matériel, armes, munitions et effets d'habillement y introduits,
et rentreront par étapes, regulières et le chemin le plus court dans
les États de S. M. Sarde.

A r t. III. Les États de Modène, de Parme et la ville de Plai-
sance avec le rayon de territoire, qui lui est assignée comme place de
Guerre, seront évacués par les troupes de S. M. le roi de Sardaigne,
trois jours après la notification de la présente.

A r t. IV. Cette Convention s'étendra également à la Ville de
Venise et à la terre ferme Vénitienne; les forces militaires de terre et
de mer Sardes quitteront la ville, les forts et les portes de cette place,
pour rentrer dans les États Sardes. — Les troupes de terre pourront
effectuer leur retraite par terre et par étapes sur une route à convenir.

A r t. V. Les personnes et les propriétés dans les lieux précités
sont mis sous la protection du Gouvernement Impériale.

A r t. VI. Cet armistice durera pendant six semaines pour donner
le cours aux négotiations de paix et — le terme expiré — sera ou
prolongé de commun accord ou denoncé huit jours avant la reprise des
hostilités.

Art. VII. Des Commissaires seront nommés respectivement pour
l'attention la plus facile et amiable des articles ci-dessus.

Au Quartier-général de Milan le 9. Août 1848.

Le Lieutenant-Général                         Le Lieutenant-Général
De Heß m/p.                                    C. Salasco m/p.
Quartier-Maître-général de l'ar-              Quartier-Maître-général de l'ar-
mée de S. M. I.                                mée Sarde.

**Wegnahme von Piacenza durch das 4. Armee-Korps.**

Wie schon oben gesagt, detachirte das 4. Armee-Korps während seines
Vormarsches nach Pavia, die Brigade Benedek nach S. Rocco zur Beobachtung des Po gegenüber Piacenza, von wo aus sie gleich am ersten Tage
ihrer dortigen Aufstellung durch häufige Schüsse, worunter 5 aus Kanonen,
beunruhigt wurde.

Am 8. entsendete der Feldmarschall das ganze 4. Armee-Korps von
Mailand nach Piacenza, um im Falle des Wiederbeginnes der Feindseligkeiten am 10. allsogleich daselbst auf's rechte Po-Ufer übergehen zu können.

Am 10. erhielt der Korps-Kommandant Feldmarschall-Lieutenant
Graf Thurn die offizielle Nachricht von dem Abschlusse des Waffenstillstandes, in Folge dessen er den in Piacenza kommandirenden piemontesischen
General Brucheraste für Nachmittag fünf Uhr zu sich laden ließ. Obschon
dieser von seinem Könige noch keine Nachricht von dem erwähnten Waffen-
stillstande erhalten hatte, erschien er doch zur bezeichneten Stunde in Begleitung des Generals della Marmora und zweier anderer Offiziere bei
den österreichischen Vorposten, woselbst man sich über den Vollzug der Convention, jedoch vergebens, zu einigen suchte.

Am andern Tage erhielt Thurn von Seite des piemontesischen Generals die schriftliche Anzeige, daß er um vier Uhr früh die offizielle Mittheilung der Convention vom 9. August erhalten habe, worauf Major
Maroicid zu einer zweiten Besprechung auf's rechte Po-Ufer abgeschickt,
woselbst nach einer zwischen dem piemontesischen General della Marmora
und dem genannten österreichischen Major abgeschlossenen Convention, die
piemontesischen Truppen mit Tages-Anbruch des 14. die Stadt Piacenza
und deren Raven zu räumen hatten.

An diesem Tage um vier Uhr früh erfolgte der Einmarsch unserer Avantgarde — 1 Bataillon, 1 Eskadron und ¼ Batterie unter dem Befehle des Oberst von Benedek, und um sieben Uhr jener des 4. Korps. Die Haltung des auf den Straßen sehr zahlreich versammelten Volkes war ruhig und anständig. Die Truppen wurden in den Kasernen untergebracht.

Nach dem Abrücken der Piemontesen aus dem Herzogthume besetzte Feldmarschall-Lieutenant Graf Thurn dessen Gebiet, und da sich Niemand zur Uebernahme einer provisorischen Regierung im Namen des Herzogs Carl Ludwig von Bourbon fand, wurde eine militärische den Händen des General-Majors Grafen Degenfeld anvertraut.

**Expedition nach Monza zur Sicherstellung des Schatzes der eisernen Krone.**

Der Feldmarschall hatte in S. Donato dem Major Grafen Huyn des General-Quartiermeisterstabes, den Auftrag ertheilt, sich von der Sicherstellung des Schatzes der eisernen Krone in Monza zu überzeugen und erforderlichen Falls die hiezu nöthigen Anstalten zu treffen.

Demgemäß langte dieser Stabs-Offizier mit einem Streif-Kommando bestehend aus 2 Kompagnien Grenadiere, 6 Zügen Windischgrätz-Chevaux-legers und einer Gendarmerie-Abtheilung am 5. August vor Monza an, ungeachtet er auf seinem Marsche in Erfahrung brachte, daß bereits am frühen Morgen das 5 bis 6000 Mann starke Korps Garibaldi auf seinem Marsche nach Mailand, in Monza eingetroffen sei; auch hatte der Feldmarschall — unterdessen von der Ankunft dieses Korps unterrichtet — dem Major Huyn den Befehl zugeschickt, mit seinem schwachen Streifkorps wieder zurückzukehren. Doch Huyn wollte wenigstens einen Versuch machen, sich seines ursprünglich erhaltenen Auftrages zu entledigen. List war hier wohl das einzige Mittel, von dem sich ein günstiges Resultat erwarten ließ. Er warf sich daher mit den Chevaux-legers auf die nach Mailand führende Straße, sperrte die Eisenbahn, nahm den von Carl Albert entsendeten Ordonnanz-Offizier, welcher den Befehl zum Abmarsche nach Mailand überbringen sollte, gefangen, versprengte die kleinen Verbindungs-Posten oder hob sie auf und marschirte mit der Grenadier-Division gerade auf Monza, wo er die kleine Truppe als Avantgarde eines nachfolgenden Korps ausgab.

Nach längerem Parlamentiren mit der Stadtbehörde und einigen zu diesem Zwecke aus der Stadt gekommenen feindlichen Offizieren, zog sich das Streif-Kommando mit der Erklärung, daß man dem Feinde bis sieben Uhr Abends Bedenkzeit zum Abmarsche in der Richtung von Sesto Calende gebe, in die nahe gelegene Casina S. Alessandro zurück.

Umsonst rechnete in Mailand Carl Albert auf diese ausgiebige Verstärkung, denn Huyn's List war vollkommen gelungen; — Garibaldi war mit seinem Korps in der vorerwähnten Richtung abgezogen, und das österreichische Streif-Kommando um sieben Uhr Abends ungehindert in Monza eingerückt.

### Cernirung und Beschießung der Festung Peschiera.

Die zur Cernirung von Peschiera bestimmten Truppen hatten unter dem Befehle des Feldmarschall-Lieutenants Grafen T h u r n am 25. Juli folgende Aufstellung am linken Mincio-Ufer genommen:

In vorderster Linie am linken Flügel (vom Mincio über S. Lorenzo, Palazzo Maffei bis vor Cavalcaselle), unter Kommando des Majors G r e s c h k e vom 3. Wiener-Freiwilligen-Bataillon,

6 Kompagnien Wiener-Freiwillige,
2  „   1. Feldjäger-Bataillon,
1 Flügel Kavallerie,
6 Raketen-Geschütze;

am rechten Flügel (über Belvedere und Bagolino) unter dem Oberstlieutenant Baron H o h e n b r u c k von E. H. Ludwig-Infanterie,

1 Kompagnie Kaiser-Jäger,
1  „  G. H. Baden-Infanterie,
6  „  E. H. Ludwig-Infanterie,
¼ Raketen-Batterie Nr. 1;

im Centrum (nächst Cavalcaselle) unter dem Oberst Baron Z o b e l von Kaiser-Jäger,

4 Kompagnien Kaiser-Jäger,
4  „  Wellington-Infanterie,
1 Eskadron Liechtenstein-Chevaux-legers,
8 Geschütze;

I.                                                                      31

endlich zur Deckung der Straße längs des Garda-Sees (bei Pacengo) unter Major Braffier von E. H. Ludwig-Infanterie,

4 Kompagnien E. H. Ludwig-Infanterie,

½ Eskadron Chevaur-legers,

3 Geschütze.

Als in Folge der von der Haupt-Armee erfochtenen Siege die Cernirung auch aufs rechte Mincio-Ufer ausgedehnt werden konnte, erhielt am linken Ufer (in der Strecke von Parabiso über Monti-Piano, Palazzo-Maffei, Casa nuova und Rastello bis zum Garda-See) General-Major Maftrovis das Kommando über die Cernirungs-Truppen, bestehend aus:

2 Kompagnien 1. Feldjäger-Bataillon,

6    „    Wiener-Freiwillige,

1 Flügel Chevaur-legers;

⅛ Raketen-Batterie Nr. 6,

½ sechspfündige Fuß-Batterie;

am rechten Ufer (vom See bis zum Mincio) standen unter Oberstlieutenant Hohenbruck,

3 Kompagnien Kaiser-Jäger,

4    „    Wellington-Infanterie,

10    „    E. H. Ludwig-Infanterie,

1    „    G. H. Baden-Infanterie (zur Deckung der Brücke bei Salionze verwendet),

1½ Eskadrons Liechtenstein-Chevaur-legers,

4 Geschütze der sechspfündigen Fuß-Batterie Nr. 11,

4    „    der sechspfündigen Fuß-Batterie Nr. 12,

⅛ Raketen-Batterie Nr. 1,

½    „    „    Nr. 2.

Zur Sicherung des Korps gegen Ausfälle ließ Oberst Tepber vom Genie-Korps, alle aus der Festung führenden Straßen durch Verhaue und Barrikaden unpraktikabel machen und die ganze Linie durch mehrere Redouten verstärken.

Eben mit der Aufstellung des zur Deckung dieser täglich fortgesetzten Arbeiten bestimmten Detachements — 1 Kompagnie, 1 Flügel Kavallerie und 2 Raketen-Geschütze — beschäftigt, entdeckte am 28. Juli Lieutenant Buch von Piret-Infanterie, eine 2 bis 300 Mann starke feindliche Abtheilung, welcher nebst einiger Kavallerie auch 2 Geschütze beigegeben waren. Genannter Offizier stellte sein Detachement entsprechend auf und ersuchte den Major Weiß von Liechtenstein-Chevaux-legers, den Feind an-zugreifen, wozu Lieutenant Benard mit seinem Zuge alsogleich beordert wurde. Der Angriff geschah mit solcher Raschheit, daß die feindliche Rei-terei nach einem kurzen Choc umkehrte, und nebst der Infanterie, mit Zu-rücklassung einer Kanone sammt Karren, in wilder Flucht dem schützenden Festungs-Thor zueilte. Es wurden bei dieser Attaque mehrere feindliche Kavalleristen, unter denen zwei Offiziere, von unsern Chevaux-legers zu-sammengehauen. Als jedoch der Zug des Lieutenants Benard von den Geschützen des Dampfschiffes in die Flanke genommen wurde und derselbe schon ganz nahe an die Festung gelangt war, mußte er sich wieder zurück-ziehen, welchen Moment die Piemontesen zur Rettung ihrer auf der Straße gebliebenen Kanone benützten.

Bei dieser Attaque hat sich nebst dem genannten Offiziere der Wacht-meister Scheiner ausgezeichnet. Der Zug verlor durch die flankirenden Kartätschenschüsse des Dampfers an Todten 1 Korporal, an Verwundeten 2 Gemeine, nebst mehreren Pferden.

Am anderen Tage beabsichtigte Feldmarschall-Lieutenant Graf Thurn die Unternehmungen des Oberst Wyß zu unterstützen. Er entsendete daher unter Kommando des Majors von Brassier 3 Kompagnien E. H. Ludwig-Infanterie, 3 Kompagnien vom 3. Bataillon Kaiser-Jäger, 1 Zug Chevaux-legers und 2 sechspfündige Kanonen nach Desenzano. Der genannte Stabs-Offizier fand in diesem Orte 9 Bergkanonen, welche der Feind am Monte Baldo benützt hatte, und eine solche Quantität Lebens-mittel, daß 50 Wagen zu ihrem Transporte erforderlich waren.

Am 30. während der Nacht griff der Feind unsere vor Ponti auf-gestellten Vorposten an; von unserem Feuer empfangen zog er sich zwar bald unter die Mauern der Festung zurück, fiel jedoch bald darauf unseren bei Madonna della Frasine aufgestellten Posten an. Das Geschütz- und Kleingewehrfeuer dauerte mit kurzen Unterbrechungen die ganze Nacht fort.

Bei der Stärke des Cernirungs-Korps stand wohl jeden Augenblick zu besorgen, daß der Feind unsere schwache Kette durchbrechen werde, was auf den Gang der zu ihrer Verstärkung unternommenen Arbeiten von den nachtheiligsten Folgen werden mußte. Der Kommandant des

31 *

3. Armee-Korps Feldmarschall-Lieutenant Baron Haynau verstärkte daher auf dringendes Ansuchen des zum Kommandanten vor Peschiera ernannten Feldmarschall-Lieutenants Grafen Lichnowsky das Korps mit 9 Kompagnien aus Condino und Riva und 6 Kompagnien aus Verona.

Da die beiden am Lago gelegenen Orte S. Felice und Salò, von Insurgenten besetzt, zum Ankerplatz der feindlichen Dampfschiffe dienten, welche der Besatzung von Peschiera allen Vorschub an Subsistenzmitteln leisteten, so beschloß Feldmarschall-Lieutenant Haynau sich dieser Ortschaften zu bemächtigen. Major Vogel vom 7. Jäger-Bataillon, erhielt daher den Auftrag mit seinem Bataillon, einer halben Eskadron Liechtenstein-Chevaux-legers und der Raketen-Batterie Nr. 4 die genannten Orte vom Feinde zu reinigen und die Kommunikation zwischen Peschiera und dieser Gegend aufzuheben. Zugleich wurde das Cernirungs-Korps angewiesen, den Oberstlieutenant Grafen Favancourt von G. H. Baden, mit einem angemessenen Detachement zur Deckung dieser Expedition nach Desenzano zu disponiren.

Oberstlieutenant Favancourt, welcher durch Kundschafter in Erfahrung gebracht hatte, daß Salò vom Feinde gänzlich verlassen sei, wollte sich von dieser Angabe noch vor Eintreffen des Majors Vogel durch eine Rekognoszirung überzeugen. Er brach daher am 6. mit Tagesanbruch mit seinem Detachement — 3 Kompagnien G. H. Baden, einem Zug Chevaux-legers und 2 Geschützen — nach Zurücklassung einer halben Kompagnie unter Oberlieutenant von Weeber, von Desenzano auf. Zur Sicherung seiner linken Flanke hatte er schon um 2 Uhr Morgens den Hauptmann Engel mit der 14. Kompagnie G. H. Baden und einigen Chevaux-legers über Lonato gegen Gavardo entsendet, welcher Ort glaubwürdigen Nachrichten zu Folge von feindlichen Horden öfters besucht wurde. Diese Kompagnie war über Lonato bis Corzago vorgerückt, als sie ungefähr um 5 Uhr auf den Feind stieß, der in einer Stärke von beiläufig 2000 Mann unter den Führern Kaminsky, Borro und Manara von Gavardo herabgezogen war und augenscheinlich im Begriffe stand, gegen Desenzano vorzugehen. Es entspann sich sogleich das Gefecht. Die feindlichen Vortruppen wurden im ersten Moment geworfen; allein die Insurgenten entwickelten ihre Streitkräfte, wodurch Hauptmann Engel, der sich in der Flanke bedroht sah, — ungeachtet der Tapferkeit seiner

Offiziere und Mannschaft genöthigt war, fechtend seinen Rückzug gegen Lonato, selbst bis auf die Höhen von Desenzano fortzusetzen. Der tapfere Hauptmann, der die Gefahr seiner Lage erkannte, aber auch einsah, daß die Rückzugsstraße für die nach Salò vorgerückte Kolonne gänzlich abgeschnitten sei, wenn es dem Feinde gelingt, Desenzano zu nehmen, faßte den Entschluß, seine Stellung bis auf den letzten Mann zu behaupten. Er detachirte den Oberlieutenant Hennig mit einem Zug in die rechte, den Lieutenant Korvis mit einer Abtheilung in die linke Flanke, während er selbst mit dem Reste der Kompagnie und der mittlerweile von Desenzano zur Unterstützung herbeigerufenen halben 15. Kompagnie auf der Straße blieb und die Höhen mit ausdauernder Tapferkeit durch volle drei Stunden vertheidigte. Allein es war nicht möglich der großen Uebermacht länger zu widerstehen; schon hatte Kaminsky die sogenannte polnische Legion um den linken Flügel in den Rücken der Stellung detachirt, schon trat Mangel an Munition ein und die Mannschaft schien dem langen ungleichen Kampfe erliegen zu müssen, als in diesem kritischen Momente Major Vogel in Desenzano anlangte und auf das hörbare heftige Tirailleurfeuer unaufgehalten dem Kampfplatze zueilte, wo er die Jäger und die Raketen-Batterie sogleich ins Feuer führte. Der Feind wurde sofort mit vereinter Kraft und Bravour angegriffen, mit dem Bajonnete von Höhe zu Höhe, über Lonato und über die Chiese zurückgeworfen, wo dessen Rückzug in völlige Flucht ausartete und das neunstündige Gefecht der braven 14. Kompagnie G. H. Baden sein Ende hatte.

Oberstlieutenant Graf Favancourt, dem die mißliche Lage des Hauptmanns Engel erst in Salò, wo er mittlerweile eingetroffen war, durch Kavallerie-Ordonnanzen bekannt wurde, brach in größter Eile wieder nach Desenzano auf — kam jedoch daselbst an, als das Gefecht bereits beendet war. Während desselben hatte sich ein Dampfer mit einem Segelschiff im Schlepptau dem Ufer bei Desenzano genähert, wurde jedoch durch die dort zurückgebliebenen Truppen und eine in der Eile dahin disponirte Raketen-Batterie von jedem Landungsversuche abgehalten.

Es liegt wohl außer jedem Zweifel, daß ein schon früher kombinirter größerer Angriff des Feindes im Rücken des Cernirungs-Korps mit einem gleichzeitigen Ausfall von Seite der Belagerten beabsichtigt war, durch unsere Truppen jedoch vereitelt wurde.

Einer besonderen Erwähnung in diesem Gefechte haben sich würdig gemacht: Vom 7. Feldjäger-Bataillon (welches in diesem Gefechte zum ersten Male ins Feuer kam) Major Vogel, welcher die Truppe mit Umsicht und Muth kommandirte, und Trompeter Hoffmann, der durch zweimaliges Attaqueblasen, ohne erhaltenen Befehl, entschieden beitrug, daß das Stürmen des überlegenen Gegners gegen einen von unseren Jägern besetzten Thurm erfolglos blieb; Hoffmann wurde während des Blasens schwer verwundet. Von der 14. Kompagnie G. H. Baden-Infanterie Hauptmann Engel, Oberlieutenants Hennig und Borderegger, und Lieutenant Korvić; Feldwebel Reich und Schönswetter; die Korporale Freitag, welcher einen Schuß durch die Brust erhielt, Hamminger, Finkenzeller und Horváth; die Gemeinen Zicher, Prühwasser, Schmidhuber, Tromet, Winkler, Waltl, Wagner und Schwarzlmüller.

Bei diesem Gefechte wurden 7 Gefangene gemacht. Trotz des heftigen feindlichen Feuers war unser Verlust sehr gering: das 7. Feldjäger-Bataillon hatte 8 Mann an Verwundeten; die 14. Kompagnie von G. H. Baden-Infanterie 2 Todte und 8 Verwundete; die Raketen-Batterie 1 Verwundeten. Der Feind erlitt einen weit größeren Verlust.

Zu jener Zeit war die Festung bereits vollkommen cernirt, auch hatte man die Arbeiten ungeachtet sie der Feind durch sein Feuer aus der Festung wiederholt zu zerstören suchte, mit solchem Eifer und solcher Thätigkeit betrieben, daß schon am 9. Mittags nicht nur der Batteriebau beendigt, sondern auch sämmtliche Geschütze auf beiden Ufern in die Batterien eingeführt waren, und Alles zur Beschießung Peschiera's bereit stand.

An diesem Tage um drei Uhr Nachmittags langte der Kommandant des 3. Armee-Korps, Feldmarschall-Lieutenant Baron Haynau aus Verona in Cavalcaselle an, worauf der Ingenieur-Hauptmann Bojanović als Parlamentär an den sardinischen Gouverneur der Festung, General-Lieutenant Chevalier Federici gesendet wurde, um ihn zur Uebergabe der Festung aufzufordern, was derselbe jedoch ablehnte.

Um halb sieben Uhr gab Feldmarschall-Lieutenant Baron Haynau den Befehl, aus den Batterien, welche mit 52 Geschützen armirt waren, das Feuer gegen die Festung zu eröffnen und durch zwei Stunden wohlgenährt zu unterhalten, um dabei auch die Richtungen für die Nachtschüsse festzustellen, und am folgenden Tage früh fünf Uhr das Bombardement aus allen Belagerungs-Batterien energisch und so lange fortzusetzen, bis die feindlichen Geschütze zum Schweigen gebracht seien.

In Folge dessen erfolgte am 9. um sieben Uhr der Signalschuß, auf welchen alle Geschütze der Batterien fast gleichzeitig ihr Feuer folgen ließen. Schon der erste Schuß und nicht minder alle darauf folgenden, so wie auch die Würfe trafen die ihnen zum Ziele gegebenen Objekte mit vollster Wirkung. Durch diese Treffsicherheit gelang es auch, noch an diesem Abende 2 bis 3 Scharten von den Forts Mannbella und Salvi zu demontiren und dem Feinde die Benützung ihrer inneren Räume durch die Explodirung der von uns hineingeworfenen Granaten und Bomben zu verwehren.

Dieses so kräftig eröffnete Feuer überraschte sichtlich den Feind, denn nach Verlauf einer Stunde erwiderte er es nur mehr schwach, daher nach anderthalb Stunden unser Feuer auch eingestellt und dem Gegner bis Mitternacht nur seine vereinzelt fallenden Schüsse angemessen erwidert wurden. Die Nacht wurde benützt, die erlittenen unwesentlichen Beschädigungen an unseren Scharten und Brustwehren wieder herzustellen. Ein Gleiches that der Feind, auch er besserte die erlittenen Zerstörungen an den Werken aus, errichtete neue Scharten in die er gegen unsere Batterien Geschütze einführte, woran man ihn durch Schrottschüsse aus den Kanonen der Demontir-Batterien gegen die vier angegriffenen Lünetten nach Möglichkeit zu hindern suchte.

Am 10. Morgens fünf Uhr wurde gleichzeitig unser Bombardement sehr lebhaft fortgesetzt. Dessen guter Erfolg erwies sich durch das gänzliche Verstummen der feindlichen Geschütze in den während der Nacht ausgebesserten Scharten; daher die Kommandanten der Demontir-Batterien ihr Feuer nunmehr auf die während der Nacht neu errichteten Geschütz-Emplacements des Feindes dirigiren konnten, aus denen derselbe ein sehr starkes Feuer gegen unsere Batterien unterhielt. Gleichzeitig wurden von uns auch die Kehlräume der feindlichen Werke mit Granaten, Raketen und Bomben wirksam und ununterbrochen beworfen. Dieser hartnäckige Geschützkampf dauerte drei Stunden fort, dann aber schwächte sich das feindliche Feuer, weßwegen nach Maß deßselben auch das Feuer von unserer

Seite vermindert und nur in der Art fortgesetzt wurde, daß jeder späterhin vom Feinde erfolgende Schuß eine wirksame Erwiderung erfuhr. Um
ein Uhr Mittags schlug beinahe gleichzeitig aus zweien unserer Batterien eine Bombe und eine Granate in ein für adjustirte Bomben und Granaten vom Feinde benütztes Depositorium, wodurch ein Theil desselben
in die Luft gesprengt und eine Bresche in der rechten Flanke eines Bastions
erzeugt wurde. Das Feuer hatte sich dergestalt fortgepflanzt, daß es anfänglich einer Kanonade glich, dann aber von Zeit zu Zeit einzelne von
den aufbewahrten Wurfprojektilen zersprangen. Diesen Augenblick benützten unsere Batterien, ihr Feuer zu verdoppeln, um jeden Löschversuch unmöglich zu machen und die Verwirrung in der Festung zu vermehren.

Beiläufig um fünf Uhr Nachmittags hörte das Feuer des Feindes
gänzlich auf, und gegen sieben Uhr Abends ertheilte Feldmarschall-Lieutenant Baron Haynau — von der in Mailand abgeschlossenen Waffenstillstands-Convention in Kenntniß gelangt — den Befehl zum Einstellen
unseres Feuers.

Nach dem Geständniß höherer piemontesischer Offiziere hätte die Festung auch ohne dieser Convention in wenigen Tagen aus Mangel bomben-
freier Räume fallen müssen, da die bombensichere Kaserne und das große
Artillerie-Depôt, wahrscheinlich wegen Mangel an hinreichender Erdbe-
deckung, unseren gut gerichteten zwölfzölligen Wurfgeschossen nicht widerstehen konnten, der Feind aber für die 3000 Mann starke Besatzung, so
wie für die 600 Einwohner keine bombenfreien Räume mehr besaß.

Von unserer Seite wurden in der kurzen Zeit des Bombardements
1648 Projektile (darunter 946 Hohlkörper) gegen die Festung Peschiera
abgeschossen.

Bei der Belagerung und dem Bombardement der Festung Peschiera
verdienen die tapfere Entschlossenheit des Kommandanten des 3. Armee-
Korps, Feldmarschall-Lieutenants Baron Haynau, so wie des Belage-
rungs-Kommandanten, Feldmarschall-Lieutenants Grafen Lichnovsky,
endlich die einsichtsvolle Thätigkeit des zufällig bei der Beschießung dieses
Platzes daselbst eingetroffenen Feld-Artillerie-Direktors, General-Majors
Baron Stwrtnik, ganz besonders aber die tapferen und würdigen
Kommandanten Oberst Edler von Teyber des Ingenieur-Korps und
Major Trösch von der Artillerie, welche den Bau der Belagerungs-

Batterien und aller darauf Bezug nehmenden Arbeiten leiteten, eine besondere Anerkennung, indem nur durch ihre zweckmäßig getroffenen Dispositionen die Beschießung der Festung in so kurzer Zeit stattfinden konnte.
Was jedoch die Ausführung der Arbeiten und die spätere Leitung des
Feuers in den einzelnen Batterien betrifft, so haben sich sämmtliche daselbst
angestellten Offiziere des Ingenieur-, Sappeur- und Mineur-Korps und
der Artillerie, so wie auch die Mannschaft ungeachtet der vom Feinde
wiederholten Beschießungen und Bewerfungen, welche nicht erwidert werden konnten, mit einer außerordentlichen Thätigkeit und Aufopferung bei
Tag und Nacht benommen, und zwar haben sich durch Entschlossenheit,
Umsicht und Eifer ganz besonders ausgezeichnet: die Majors Ritter von
Plaßer und von Besozzo, die Hauptleute von Weiß, Baron
Hackelberg-Landau, von Bujanović und von Radó, dann
die Oberlieutenants Edler von Wattmann, Czirka und Steinißer
vom Ingenieur-Korps; Hauptmann Kiene vom Mineur-Korps; Sappeur-
meister Demal, die Obersappeure Ivanuschka, Ruppert und
Gartner, dann die Altsappeure Köhler und Hoffmann vom
Sappeur-Korps. Ferner Oberlieutenant von Kossuth von der sechs-
pfündigen Fußbatterie Nr. 11.

Unser Verlust war:

Vom Ingenieur-Korps — verwundet Hauptmann von Radó.
Vom 7. Feldjäger-Bataillon — verwundet 10; vermißt 1 Mann.
Vom 2. Bataillon 1. Banol-Grenz-Regiment — todt 1
Mann. Von Herzog von Wellington-Infanterie — todt 3; verwundet 3 Mann. Von Fürst Liechtenstein-Chevaux-legers — todt
1; verwundet 3 Mann. Von der Artillerie — todt 2 Mann; verwundet Oberlieutenant von Kossuth und 6 Mann. Mithin todt 7 Mann;
verwundet 2 Oberoffiziere und 24 Mann; vermißt 1 Mann.

Am 12. August erfolgte die Uebergabe der Festung Peschiera von
den Piemontesen mit allen vorhandenen Vorräthen.

An Fahrzeugen wurden übernommen:

Das Dampfschiff Benacco mit 2 italienischen Signal- und 1 dreipfündigen piemontesischen Kanone armirt;

das Dampfschiff Lombardo mit 2 vierpfündigen italienischen Kanonen armirt;

die Goelette Lampo mit 1 eilfpfündigen Caronade (von Gußeisen) armirt;

die Goelette Speranza mit 1 sechspfündigen neapolitanischen Kanone armirt;

die Goelette Fortezza;

die Goelette Vigilante;

die Barke Martina mit 1 zehnpfündigen Haubiße armirt;

2 piemontesische Barken, von welchen jede mit 1 eilfpfündigen Caronade armirt;

die Barke Zedelia;

dann 4 kleinere nicht armirte Barken.

Außer den zur Dotation der Festung gehörigen Geschützen befand sich auch ein für die Belagerung von Verona bestimmter großer Belagerungs-Train, zu dessen Fortschaffung 1400 Pferde erforderlich waren, u. z.

In der Festung:

9 metallene zweiunddreißigpfündige Kanonen,

10 eiserne zweiunddreißigpfündige Kanonen,

12 eiserne vierundzwanzigpfündige Kanonen,

8 eiserne achtzöllige Haubißen,

10 eiserne achtzöllige Kanonen à la Paixhans,

6 metallene zehnzöllige Mörser,

3 metallene achtzöllige Mörser, nebst mehr als 90 Munitionskarren.

Ferner 258 Zentner Pulver, 2555 unadjustirte zehnzöllige und 1387 unadjustirte achtzöllige Bomben, 3753 unadjustirte achtzöllige und 190 unadjustirte fünfeinhalbzöllige Granaten, 997 achtzöllige Kugeln zu Kanonen à la Paixhans, 10.796 zwei und dreißigpfündige und 11.696 vierundzwanzigpfündige Kugeln.

Bei dem Fort Alt-Salvi:

1098 Zentner Pulver, 508 Stück adjustirte achtzöllige Granaten, 650 Pulverpatronen für fünfeinhalbzöllige, 176 derlei Patronen für achtzöllige Haubißen und 134.000 Stück Infanterie-Patronen in 66 Munitions-Karren.

Die Besaßung bestand aus den Regimentern Pignerol und Casale, dann 131 Mann Modeneser und 600 neukonskribirten Lombarden. Oberlieutenant Hennig von G. H. Baden-Infanterie, begleitete als

Commiffär die Piemontefen am 14. nach Valeggio, am 15. nach Goito, am 16. nach Gazzoldo, am 17. nach Viadena, am 18. nach Cremona, am 19. nach Maleo, am 20. nach Cafalpufterlengo, am 21. nach Corte Olona und am 22. über Pavia nach Cava.

**Befißnahme von Rocca d'Anfo. — Die Freifchaaren unter Durando, Manara und Griffini räumen das öfterreichifche Gebiet. — Einmarfch des 2. Armee-Korps in Brescia.**

Durch das rafche Vordringen der öfterreichifchen Armee gegen Mailand, hatten im Brescianifch-Bergamaskifchen die Freifchaaren unter ihren Führern Durando, Manara, Garibaldi, Griffini und d'Aspice den direkten Rückzug über den Ticino verloren. Doch ficherte ihnen der mit Sardinien abgefchloffene Waffenftillftand den freien Abzug nach Piemont.

Die Befaßung von Rocca d'Anfo unter ihrem Führer Barbara räumte am 14. Auguft das Fort, welches Hauptmann Graf Künigl von Kaifer-Jäger, welcher in Darzo ftand, noch am felben Nachmittage durch die 6. Kompagnie G. H. Baden-Infanterie unter Hauptmann Collin befeßen ließ. Barbara nahm feinen Weg über Barghe, Ifeo, Como und Varefe nach Arona in Piemont.

Feldmarfchall-Lieutenant Baron d'Aspre, der mit dem 2. Armee-Korps von Mailand gegen Brescia aufgebrochen war, feßte in Merate den General Durando, deffen Gros (4 bis 5000 Mann) in Bergamo ftand, von der erwähnten Convention perfönlich in Kenntniß. Er fand bei ihm Offiziere aller Nationen — Polen, Toscaner, Piemontefen und Lombarden. Seine Leute glichen mehr zerlumpten Räubern, als Soldaten; fie hatten früher zwei und einen halben Frank an täglicher Löhnung erhalten, nun waren fie auf ihre Ration angewiefen und in Lumpen gehüllt, ohne Kleider und Schuhe. Zwei toscanifche Offiziere trennten fich von diefem Korps, um mit ihren Kompagnien nach Toscana zurückzukehren, indem ihr Führer — wie fie fich gegen d'Aspre äußerten — an den fpanifchen Krieg gewöhnt, den Guerilla-Krieg auf eigene Fauft zu führen und die Mittel hiezu vom Lande zu erpreffen beabfichtige. Drei toscanifche Kompagnien unter ihrem Major Ghilarbi waren fchon früher nach der Schweiz gezogen. Nachdem Durando den Feldmarfchall-Lieutenant Baron d'Aspre verfichert hatte, daß er fich nun in fein Schickfal geduldig fügen werde, kehrte der öfterreichifche General aus Merate wieder zurück. Außerhalb des Ortes begegneten ihm einige 30 Mann jener zerlumpten Horde, sie hatten einen Fetzen an einen Stock gebunden — vermuthlich sollte dies eine Fahne vorstellen — und begrüßten ihn mit dem Gebrüll „Viva l'Italia" in das noch einige zerlumpte Bauern einstimmten.

Durando und Manara überschritten bei Sesto Calenda den Ticino.

Griffini stand von Bormio bis zum Stilffer-Joch in der Stärke von 3000 Mann, d'Aspice hatte in dieser Gegend die Republik proklamirt. Gegen ihn stand Oberstlieutenant M a r t i n i von Haugwitz-Infanterie in Sondrio, er entbehrte jeder Verbindung. Auch Oberst Baron P o st von Kaiser-Infanterie, glaubte seine Stellung in Bergamo gefährdet; Feldmarschall-Lieutenant Baron d'A s p r e disponirte daher die Brigade Fürst Edmund Schwarzenberg von Palazzolo dahin. Zur Verbindung mit Oberstlieutenant M a r t i n i im Valtellin, ward eine Division des 9. Jäger-Bataillons über Breno und Edolo vorgeschoben; sie erreichte diesen Ort ohne Anstand, stieß aber eine Stunde außerhalb desselben auf dem Wege nach Tirano auf eine mehrere 100 Mann starke feindliche Abtheilung, welche 12 Kanonen mit sich führte. Es wurde deßhalb ein Bataillon Kinsky nebst 2 Raketen-Geschützen unter Kommando des Oberst Baron B i a n chi nach Edolo entsendet, um sowohl die Verbindung mit M a r t i n i herzustellen, als auch die Gebirgsstrecke zwischen Val Camonica und den Valtellin vom Feinde zu reinigen. Griffini verließ jedoch seine ungemein starke Stellung und zog sich mit Hinterlassung mehrerer Effekten und 50 Kisten mit Munition und, nachdem er mehrere Munitionskarren, welche er auf dem schlechten Wege nicht fortbringen konnte, in die Luft gesprengt hatte, nach der Schweiz ins Puschiavo-Thal zurück.

Am 16. Mittags rückte das 2. Armee-Korps in Brescia ein, nachdem früher das Castell und die Thore durch Truppen-Abtheilungen angemessen besetzt wurden. In Chiari überbrachte eine Deputation der Stadt, mit dem Podestà an der Spitze, ihre Unterwerfung, so wie die Bitte um Schonung derselben. Auf d'A s p r e's Vorwurf, warum nicht schon früher eine Deputation zu gleichem Zwecke nach Mailand abgeschickt wurde, entschuldigte man sich mit der Unkenntniß der letzten Ereignisse, und später mit der Vorgabe, daß sie das Volk verhinderte, Brescia zu verlassen. In den letzten Tagen vor dem Einmarsche der kaiserlichen Truppen führte der Pöbel die eigentliche Herrschaft in der Stadt und weder eine Behörde, noch die Guardia civica war im Stande deſſen Kraft zu brechen. Selbſt nach unſerem Einmarſche gab das Volk noch einige Beweiſe von Zügel‑loſigkeit und Frechheit, die jedoch nach einer ergangenen ſehr ernſten Warnung ſpäter unterblieben. Der Feldmarſchall ſchickte den Feld‑Artil‑lerie‑Direktor General‑Major Baron Stwrtnik mit dem Auftrage nach Breścia, das Caſtell in Vertheidigungszuſtand zu ſetzen und zu armiren.

Garibaldi's Einfall in die Lombardie.

Garibaldi, der auf die Kunde von den großen Thaten, die in Ita‑lien geſchahen, mit einer Anzahl ſeiner Genoſſen aus Amerika einſchiffte, wo man eigentlich nicht recht weiß, was für eine Rolle er geſpielt hatte — ob die eines Seeräubers oder eines Schiffskapitäns — machte in Mailand mit ſeinen Mohren und rothen Blouſen einen ſolchen Effekt, daß man ihn zum General ernannte. Mit zuſammengerafftem Geſindel und einem Theil der Mailänder‑Mobilgarde zog er in dem Augenblicke von Mailand aus, wo bereits das piemonteſiſche Heer im vollen Rückzuge ſich befand. Er erreichte, wenn wir nicht irren, nur Caſſano, kehrte dann um, und ſtieß in Monza, wie wir wiſſen, auf Huyn's Streif‑Korps. Viele, namentlich der größte Theil der ihm gefolgten Mailänder, kehrten nach Hauſ zurück; mit dem Reſte warf er ſich in die Heimat aller Heimatloſen — den Kanton Teſſin — und von da ging er nach Piemont. Da er ſich aber weder dem Waffenſtillſtande, noch überhaupt irgend einer Ordnung fügen wollte, brach er plötzlich mit ſeiner Bande auf, erpreßte in Arona von den Ein‑wohnern Geld und Lebensmittel, bemächtigte ſich der beiden Dampfſchiffe des Lago maggiore und ſegelte am 14. Auguſt mit dieſen und 9 ange‑hängten Schleppſchiffen gegen Luino, wo er 10.000 Franks und Lebens‑mittel requirirte und in einer Proklamation Carl Albert als Ver‑räther erklärte. Die Piemonteſen ſicherten ſich vor der Rückkehr dieſes Räubers, indem ſie am weſtlichen Ufer des Lago maggiore mit einigen 1000 Mann einen Cordon zogen.

Gefecht bei Luino.
am 15. Auguſt.

Auf die Meldung hievon rückte Major Mollinary mit 3 Kom‑pagnien des 1. Szluiner‑Grenz‑Bataillons am 15. um halb ſechs Uhr früh von Varese über Bulgana, Girla und Germignaga gegen Luino, vor welchem Orte er um fünf Uhr Nachmittags anlangte. Obwohl genannter Major in Germignaga von dem auf der Straße versammelten Volke, worunter sich auch Leute aus den besseren Ständen befanden, feierlichst versichert wurde, daß sich kein Feind in Luino befinde, ließ er doch Vorsichtshalber eine halbe Kompagnie bei der Brücke über die Margorabia zurück. Ungefähr 1000 Schritte vor Luino bemerkte unsere Avantgarde einige Reiter, die sich, sobald sie der Truppe ansichtig wurden, in das Dorf zurückzogen. Als sich nun die Avantgarde den ersten Häusern näherte, gaben die in der Kultur versteckten Insurgenten Feuer auf dieselbe, worauf unsere Plänkler sogleich das Gefecht engagirten und den Feind mittelst eines kühnen Bajonnet-Angriffes aus seiner ersten Position trieben. Hierauf begann der Angriff auf dessen zweite Position, wurde jedoch durch die sich immer mehr entwickelnden Kräfte des Gegners schwieriger und als derselbe ein furchtbares Feuer in der Front, dann von seinen beiden vor Luino geankerten Dampfschiffen aus Trombono in unserer linken, endlich durch eine detachirte starke Abtheilung in unserer rechten Flanke zu eröffnen begann, ließ M o l l i n a r y, welcher mittlerweile Gelegenheit gefunden, Garibaldi's Stärke zu erkennen, das Gefecht abbrechen, worauf er sich gegen die Brücke an der Margorabia zurückzog. Der Feind machte wohl Miene den Rückzug zu beunruhigen, aber 2 Schüsse reichten hin, seine Reiterei zum Umkehren zu bewegen.

Da jedoch das genannte Flüßchen bei seinem niederen Wasserstande an vielen Stellen leicht zu durchwaten, mithin Flanken und Rücken der Truppe gefährdet waren, so fand es M o l l i n a r y gerathen, bei dem schwachen Stande derselben (180 Mann) noch an demselben Abende nach Cuvio und am folgenden Tage nach Varese zurückzumarschiren.

Ungeachtet die Truppe seit ihrem Abmarsche von Mailand (am 14.) also in 48 Stunden 48 Miglien zurückgelegt, daher an physischer Kraft sehr herabgekommen war, hat dieselbe doch mit ehrenhafter Ausdauer den harten Kampf mit einem beinahe zwanzigmal stärkeren Feinde ohne jeder Unterstützung durch volle drei Stunden bestanden, und in demselben an Todten den Lieutenant W o l f und 5 Mann; an Verwundeten den Oberlieutenant K n e ž e v i ć und 13 Mann; endlich an Vermißten 24 Mann verloren.

Die Einwohner von Luino, obgleich sie keinen sichtbar thätigen Antheil an dem Gefechte nahmen, winkten, in Menge auf der Straße stehend, den Grenzern zu wiederholten Malen, jedenfalls nur in der Absicht, dieselben in den Ort zu locken und dadurch die Möglichkeit des Abschneidens von ihrer Rückzugslinie, dem Feinde in die Hand zu spielen, was ihm übrigens auch gelungen wäre, wenn er die Vortheile seiner günstigen Stellung und seiner großen Ueberlegenheit zu benützen gewußt hätte — er mochte wohl 2000 bis 2500 Mann stark gewesen sein und hatte 2 Geschütze und seine mitgenommenen Schiffe zur Disposition. Nach der Aussage der Gefangenen soll er sogar 3500 Mann stark gewesen sein, worunter 30 bis 40 Reiter (eben auch zusammengerafftes Gesindel, meist Bergamasken). Seine Infanterie hatte 4 rothe Fahnen.

### Gefecht bei Morazzone.
#### am 25. August.

Feldmarschall-Lieutenant Baron d'Aspre erhielt den Auftrag, nach der Uebergabe Brescia's an das 3. Armee-Korps, welches durch die Brigade Maurer des Reserve-Korps verstärkt, angewiesen war, Lecco, das Valtellin und das ganze Gebiet zwischen der Abba und Brescia zu besetzen, über Bergamo gegen Como und Varese vorzurücken und in dem ganzen Gebiete nördlich Mailand, zwischen der Abba und dem Ticino, Ruhe und Ordnung herzustellen. Demgemäß traf die Avantgarde des 2. Korps am 18., das Gros am 19. in Como ein; die Brigade Simbschen mit dem Reserve-Artillerie-Train rückte über Chiari nach Mailand. Ferner ward der Feldmarschall-Lieutenant Graf Haller angewiesen, alle disponiblen Truppen des rechten Vorposten-Flügels bei Gallarate zu concentriren und mit denselben in Garibaldi's Flanke zu manövriren; endlich wurde noch die Brigade Strassoldo vom 1. Armee-Korps nach Trabate vorgeschoben, wonach in Mailand 16 Bataillons, 14 Eskadrons nebst einer respektablen Artillerie noch verblieben.

Die gegen Garibaldi dirigirten Truppen, wozu noch die Brigade Simbschen aus Mailand disponirt wurde, rückten am 25. um fünf Uhr Morgens von Luino, Laveno, Sesto Calende und Varese concentrisch gegen den Lago di Varese. Oberst Bianchi ward von Como über San Fermo nach Casa nuova entsendet worden, um dem Insurgentenführer den Weg nach der Schweiz zu verlegen. Dennoch gelang es Garibaldi von Osmate über Ternate, Verano, Villa Dosia und Coidate, mithin in der Richtung nach Morazzone zwischen den Brigaden Gyulai und Strassoldo durchzuschleichen. Feldmarschall-Lieutenant Baron d'Aspre schickte daher dem General-Major Baron Simbschen nach Varese den Befehl, sogleich mit 1 Bataillon Kinsky, 1 Eskadron Uhlanen und 2 Geschützen nach Malnate zu rücken und nach Bizzozero und Cazzade, nach Umständen auch noch weiter zu patrouilliren. Ebenso wurde Feldmarschall-Lieutenant Graf Haller angewiesen, 2 Bataillons der Brigade Maurer nach Gavirate zu senden.

Bei Morazzone stieß General Simbschen auf den Feind, welcher späteren Nachrichten zu Folge 2000 Mann stark war. Simbschen griff ihn augenblicklich an. Um jedoch dem Angriffe mehr Nachdruck zu geben und die Bestürzung bei dem Gegner zu vergrößern, hielt Hauptmann Rothmund des General-Quartiermeisterstabes, welcher die Avantgarde führte, ganz in dessen Nähe hinter Kulturen gedeckt, bis die Haupttruppe, von welcher Hauptmann Theiß mit seiner Kompagnie in die linke Flanke des Feindes entsendet wurde, vorkam. Nun gab der General das Zeichen zum Angriffe; die Plänkler gaben Feuer und sowohl diese, als die nachrückenden 3 Kolonnen — jede aus einer Kompagnie gebildet — drangen mit dem Bajonnet unter lautem Hurrah-Rufe mit solchem Ungestüm auf den weichenden Gegner, daß er sich in regelloser Flucht in das Dorf warf, woselbst die Vertheidigung erst begann.

Unterdessen war die Nacht hereingebrochen. Mehrere Male drangen unsere Abtheilungen, geführt von ihren tapferen Offizieren und zum Muth entflammt, in die Eingänge von Morazzone, machten viele Insurgenten nieder, und zogen sich dann nur aus Bedacht, um in keinen Hinterhalt zu gerathen und abgeschnitten zu werden, ins Freie zurück; die Geschütze fuhren alsdann wieder vor und beschossen den Eingang des Ortes aus einer sehr kurzen Entfernung. Als aber die Insurgenten in großer Zahl sowohl in den ersten Häusern als nahe am Ausgange sich sammelten, erneuert ein sehr lebhaftes Feuer auf unsere Truppen begannen, und endlich sogar zum Sturm schreiten wollten, wurden die Kanonen wieder vorgebracht und der Feind mit Kartätschen derart beschossen, daß er sein Vorhaben bald aufgab.

Feldmarschall-Lieutenant d'Aspre, welcher mit der Brigade Edmund Schwarzenberg von Monate über Cazzago nach Azzate marschirt war, langte eine Stunde nach dem Beginne des Gefechtes bei Morazzone an. Er disponirte sogleich ein Bataillon Kaiser-Infanterie links, das andere rechts um den Ort; doch hemmten die Boden-Kultur und die Finsterniß der Nacht diese Bewegungen. Nunmehr ward noch eine Haubitze mit unsäglicher Mühe ins Feuer gebracht. Alles wirkte kräftig zusammen; dennoch war es nicht möglich, den Gegner aus den stark verbarrikadirten Häusern zu treiben.

Es war bereits 10 Uhr Nachts, Morazzone stand in Flammen, als Feldmarschall-Lieutenant d'Aspre die Truppen aus dem Gefechte ziehen und Stellung bei Bizzozero nehmen ließ. Malnate wurde mit 9 Kompagnien Warasdiner-St. Georger, einer Abtheilung Kavallerie und 2 Kanonen besetzt.

In diesem Gefechte hatte sich General-Major Baron Simbschen sehr entschlossen und umsichtig benommen. Desgleichen zeichnete sich der Hauptmann Rothmund vom General-Quartiermeisterstabe besonders aus, indem er mit großer Kaltblütigkeit und Energie alle Anordnungen traf, und — mit dem Säbel in der Faust — im Verein mit dem Oberlieutenant Schäfer von Kinsky-Infanterie, welcher seine schon früher bewährte Tapferkeit auch in diesem Gefechte wieder bewies, die Truppe zum ersten Sturme führte. Oberfeuerwerker Plitschka von der sechspfündigen Fußbatterie Nr. 6, leitete mit großer Sachkenntniß und Entschlossenheit das Feuer seiner Geschütze, wobei ihn der Kanonier Werhonig thätigst unterstützte.

Unser Verlust in diesem Gefechte war: von Kaiser-Infanterie — 1 Mann verwundet; von Kinsky-Infanterie — 2 Mann todt; 1 Offizier und 8 Mann verwundet; von der Artillerie — 2 Mann verwundet.

Am andern Morgen erhielt d'Aspre durch mehrere eingebrachte Gefangene, von denen einer die Hauptfahne des Korps um den Leib gewickelt hatte, die Nachricht, daß Garibaldi mit Rücklassung von 200 Mann zu Morazzone, diesen Ort in der Nacht verlassen habe, seine Bande gesprengt, in Haufen von 8 bis 10 Mann nach allen Richtungen zerstreut, er selbst aber mit 50 seiner Leute in der Richtung gegen Varese an den Lago maggiore geflüchtet sei. Später erfuhr man, daß sich Garibaldi mit den letzten

I.                                           32

Ueberresten seiner Schaar in das Castell Boromeo am Lago gezogen und endlich am 31. nach Locarno gesegelt sei, daselbst aber von seinen Genossen des Kommando's entsetzt wurde. Noch am Abende desselben Tages kehrten die beiden Dampfschiffe mit weißen Flaggen geschmückt nach Arona zurück. Von Cuneo aus schickte Garibaldi 16 Gefangene des Szluiner-Grenz-Regiments nebst einem Unterarzte vom 10. Feldjäger-Bataillon nach Luino mit dem Ansuchen um Freigebung der in unseren Händen befindlichen Gefangenen seines Korps.

Nach dem Gefechte bei Morazzone war das österreichische Gebiet von den Insurgenten-Banden gänzlich gereinigt.

### Grenzsperre gegen den Kanton Tessin.

Nach der eben geschilderten Versprengug der Insurgenten, ließ der Feldmarschall die schweizer'sche Bundesregierung auffordern, den Umtrieben der Flüchtlinge im Kanton Tessin ein Ende zu machen; aber ungeachtet dieselbe in allen Zeitungen mit ihrer Neutralität herumwarf und unserem Gesandten in Zürich, Baron Kaisersfeld, der freundschaftlichsten Gesinnungen gegen Oesterreich wiederholt versicherte, wollte sie sich doch nicht zu energischen Maßregeln entschließen. Sie duldete, daß der Herzog von Litta, Camozzi aus Bergamo, die Gebrüder Sironi und Calvi, nebst mehreren Anderen fortwährend die revolutionärsten Gesinnungen gegen Oesterreich verbreiteten und für die Schaaren Griffini's und Manara's Freiwillige warben, um im Einklang mit den erwarteten Ereignissen in Genua, Toscana und der Romagna zugleich an der Schweizer-Grenze, im Valtellin und der Val Camonica, dann im Gebirge zwischen Verona, Treviso und Udine loszuschlagen, während Graf Boromeo sogar bemüht war, in Lugano eine Art von Gegenregierung einzusetzen. Diese Verletzung völkerrechtlicher Pflichten mußte von Seite Radetzky's zu nothgedrungenen Repressalien führen, weßhalb er die Grenzsperre gegen den Kanton Tessin anordnete, welche am 18. September ins Leben trat.

### Ereignisse im Venetianischen, in Africa und auf dem adriatischen Meere.

Ereignisse in Venedig nach dem Abzuge der kaiserlichen Truppen.

Manin hatte seine Herrschaft damit angefangen, daß er die Republik herstellte; er löste die zurückgebliebenen italienischen Truppen, wahrscheinlich, weil er ihnen nicht traute, auf; der größte Theil derselben kehrte in die Heimat zurück. Millionen hatte er in den Kassen, ungeheure Vorräthe in den Magazinen gefunden, in Kurzem war Alles zersplittert. Was der wohlwollenden österreichischen Regierung die größten Opfer, was ihrer Abministration jahrelange Mühe gekostet hatte, vernichtete der bewunderte Manin in wenigen Wochen, der Venedig seinem grenzenlosen Ehrgeize opferte.

Wir erwähnten bereits, daß Carl Albert Venedig in der Person des Generals della Marmora einen tüchtigen Soldaten und Rathgeber sandte, der wenigstens Manin in Organisation seiner Militärmacht unterstützen konnte; es scheint aber, daß dieser General wenig Einfluß gewann, wenigstens sehen wir ihn bald an der Spitze einer Division unter Durando auftreten. Manin wollte keinen selbstständigen General, er beargwohnte den Abgesandten Carl Albert's. Er rief dafür Pepe nach Venedig, für den nichts sprach, als die Eigenschaft eines starren Empörers und Verräthers an seinem König. Er knechtete durch Fremblinge die verführte Stadt, bewaffnete die Hefe des Volkes und floh, gleich anderen Agitatoren, als er die Stadt zu Grunde gerichtet, der er die Rückkehr der glänzenden Zeiten der Republik versprochen hatte.

General Zucchi befand sich noch als Staatsgefangener in der Festung Palmanuova, wo er mit vieler Rücksicht behandelt wurde, als die Empörung ausbrach. Man übertrug ihm die Organisation ihrer Streitkräfte. Er ordnete so gut als möglich eine Streitmacht von etwa 11.000 Mann, worunter beiläufig 3000 Mann von unseren abgefallenen Truppen, der Rest waren Freiwillige und Nationalgarden.

Die k. k. Marine befand sich damals zum größten Theile im Hafen von Pola, ihre Bemannung bestand meist aus Italienern. Die revolutionäre Regierung — wohl ermessend, welche Vortheile ihr der Besitz der

32 *

Flotte bringen mußte — ließ kein Mittel unversucht, um sich die k. k. Escadre zuzuwenden. Ihre Emissäre sollten Offiziere und Mannschaft zum offenen Treubruche verleiten, sie erließ Befehle und verschwendete Bitten und Drohungen.

Nicht blos in Triest, sondern auch im ganzen früher italienischen Theile von Istrien erwachten laute Sympathien für eine von zahlreichen Revolutions-Aposteln gepredigte Unabhängigkeit, während damals im ganzen Küstenlande nur 2000 Mann unter dem Militär-Ober-Kommandanten Feldmarschall-Lieutenant Graf Gyulai standen. Die Emissäre der ephemeren Republik traten mit solcher Frechheit auf, daß es aller Energie bedurfte, ihrem unseligen Treiben Einhalt zu thun.

Am 25. März näherte sich ein von dem ehemaligen Marine-Offizier, Namens Fincatti kommandirtes mit 11 Mann bemanntes Bragazzo dem Orte Fasana. Um über dessen Absichten Erkundigung einzuziehen, beschloß der in Fasana anwesende pensionirte Oberlieutenant Frank dem venetianischen Fahrzeug entgegenzufahren. Er armirte schnell eine Barke, eine zweite besetzte der dortige Finanzwach-Respizient mit 5 Mann der Finanzwache, worauf sie dem Bragazzo entgegen steuerten. Man forderte diesen auf, die Segel fallen zu lassen, und als er dies nicht gleich befolgte, sondern Miene machte, den Rückweg einzuschlagen, den ihm jedoch die beiden Barken bereits verlegt hatten, ließ Oberlieutenant Frank auf das feindliche Fahrzeug Feuer geben, worauf es dem früher gegebenen Zurufe Folge leistete und nach dem Molo von Fasana escortirt wurde. Dort gestand Fincatti den Zweck seiner Mission: die österreichische Escadre in Pola zur Rückkehr nach Venedig zu bewegen; auch fand man auf seinem Schiffe eine große Tricolore, eine Unzahl solcher Kokarden, viele Waffen, darunter 4 geladene Trombons und eine große Menge Munition.

Feldmarschall-Lieutenant Graf Gyulai ließ auf die Nachricht von dem Abfalle Venedigs die Befestigungen von Triest und Pola in Vertheidigungsstand setzen, er stellte sich an die Spitze der Marine, deren Offiziere und Mannschaft italienischer Nationalität entlassen wurden und rettete nicht blos die in Pola, sondern selbst die in den verschiedenen Stationen der dalmatinischen Küste befindlichen, ja unter Mitwirkung der betreffenden k. k. Gesandtschaften, selbst die außerhalb des adriatischen Meeres kreuzenden k. k. Schiffe, so wie er durch seine augenblicklich getroffenen energischen Maßregeln ganz Istrien vor weiterem Unheil bewahrte.

Nachdem es dem Kommandanten des Vulcan, Schiffs-Lieutenant Fauß gelungen war, auch unsere in Neapel kommandirt gewesene Flotten-Abtheilung in völlig ehrenvoller Weise nach Pola zurückzuführen, zählte die k. k. Eskadre: 3 Fregatten, 2 Corvetten, 4 Briggs, 2 Goeletten, 1 Dampfer, 5 Kanonier-Schaluppen, 27 Penichen, 2 Schooner, 1 Trabracolo, mithin 47 Segel. Der Republik waren in die Hände gefallen, theils treuloser Weise zugeführt worden: 1 noch im Bau begriffene Fregatte, 3 Corvetten, 3 Briggs, 2 Dampfer, 12 Kanonenboote und die zur Vertheidigung der Lagunen bestimmte Kanal- oder Scheeren-Flotille.

#### Zusammensetzung und Aufstellung des Reserve-Korps.

Die Sammlung eines österreichischen Reserve-Korps, dessen Bildung schon vor dem Ausbruche der Revolution beschlossen worden, hatte man Anfangs, so lange man die Gefahr noch ferne oder wenigstens nicht so groß glaubte, sehr lau betrieben; überall stieß man auf das System der Ersparungen, das man so weit trieb, daß es bald zum Verderben der Monarchie führte. Später wurden die Truppen durch die März-ereignisse und ihre Folgen festgehalten, denn beinahe in allen Haupt-städten der Provinzen mehrte sich der Geist des Widerstandes und der Em-pörung in einem solchen Grade, daß man nicht wagte, die Truppen ab-ziehen zu lassen. Die Bildung des Reserve-Korps machte daher nur kleine Fortschritte, während der Feldmarschall gegen einen übermächtigen Feind und mit unsäglichen Schwierigkeiten bei Verona kämpfte. Erst nachdem er seine Vereinigung mit diesem Korps bewerkstelligt hatte, war, wie wir ge-sehen, das Ergreifen der Offensive möglich. Je länger dasselbe in Unthä-tigkeit blieb, je länger es zur Passivität am Isonzo verurtheilt war, desto schwieriger ward die Lage des Feldmarschalls, desto problematischer seine Vereinigung mit demselben. Immer mehr griff die Revolution um sich, immer mehr faßte sie festen Fuß im Venetianischen.

Den Befehl über dieses Reserve-Korps übernahm der kommandirende General in Inner-Oesterreich, Feldzeugmeister Graf Nugent — ein alter erfahrner, besonders mit dem italienischen Kriegsschauplatz vertrauter General. Unser damaliges Ministerium des Fortschrittes — nicht müde

Thron und Vaterland mit Schmach zu überhäufen — hatte ihm einen Kommissär mit ausgedehnten Vollmachten an die Seite gesetzt, derselbe sollte die undankbare Rolle eines Friedensstifters spielen. Welcher General fürchtet sich nicht vor einer solchen Begleitung, die nur zu oft den Operationen mehr Hindernisse, als der Feind selbst; in den Weg legt. Es war Graf Hartig, welcher eine Zeit lang Gouverneur in der Lombardie gewesen; er kannte nur das ruhige, den Gesetzen unterworfene, nicht aber das empörte, durch geträumte Siege zum äußersten Uebermuthe gesteigerte Italien. Seine Proklamation ward mit Hohn in Mailand aufgenommen, denn der freie Italiener erkannte in diesem Schritte nur die Schwäche der Regierung und ward um so anmassender in seinen Forderungen — so war es, so wird es auch immer sein! Diese Sendung würde den Feldmarschall geradezu in Fesseln geschlagen haben. Er wollte Menschlichkeit üben, aber keineswegs durch feige Konzessionen Italien erobern. Er mußte sich daher gegen eine Mission auflehnen, deren unglücksschwangere Folgen ihn besorgter machten, als das Schwert Italiens. Das ganze Land war in Aufstand, daher auch im Kriegszustand; er konnte somit keine Autorität neben der seinigen anerkennen. Unumwunden erklärte er dem Grafen Hartig diesen Entschluß, und so hatte dieser unheilvolle Schritt des Ministeriums keine weiteren Folgen.

Nugent's Truppen waren, so zu sagen, aus der ganzen Armee zusammengewürfelt. Sie bestanden aus Bataillonen, welche aus dem Innern der Monarchie eintrafen, aus Ergänzungs-Transporten für die in Italien bereits stehenden Regimenter und aus jenen Truppen-Abtheilungen, welche durch die Kapitulationen von Venedig und Treviso vom 2. Armee-Korps getrennt worden waren. Von diesen Truppen stießen viele erst im Monate April zum Korps; die Aufstellung der 2. Bataillons bei den Grenz-Regimentern war erst im Zuge, die Errichtung der 3. Division bei den 3. und den Landwehr-Bataillons erst anbefohlen. Man arbeitete erst an Aufbringung der erforderlichen Bespannungen, an Errichtung von Fuhrwesens-Transports-Divisionen, an Ausrüstung der Artillerie und der Munitions-Reserve. Dergleichen Dinge erfordern aber viel Zeit und doch war diese niemals kostbarer, als eben in jener Epoche! Hätte Nugent die vollkommene Ausrüstung seines Korps abwarten wollen, so wäre er nicht vor Anfang Mai auf dem Kampfplatze erschienen.

In den letzten Tagen des Monats März stand die Brigade General-Major Victor: 1 Bataillon Heß, 1 Bataillon Fürstenwärther, 1 Escadron Windischgrätz-Chevaur-legers, ¼ Escadron Boineburg-Dragoner, nebst 1 siebenpfündigen Haubitze und 3 dreipfündigen Kanonen (aus Triest dahin gezogen) an der küstenländisch-venetianischen Grenze; sie hielt die Vorposten von Cormons bis Cervignano. Mit einer kleinen Abtheilung bewachte General von Victor den Hafen von Duino. Hinter dieser Brigade sammelten sich allmälig einige Bataillone.

Am 12. April ging Major Baron Haudel des General-Quartiermeisterstabes ab, um eine aufgebotene Brigade zu concentriren, die aus Laibach, Pettau, Klagenfurt und Villach gezogen wurde und gegen Pontafel und Niederndorf agiren sollte. Der genannte Stabsoffizier erlangte es auch bei dem patriotischen Eifer, welchen Behörden, Stände und Einwohner in Kärnthen an den Tag legten, schon am 15. April die dortige Grenze abzuschließen.

Am 10. April übernahm General-Major von Schulzig ab interim den Befehl über alle längs des Isonzo aufgestellten Truppen: 2 Bataillons E. H. Carl-, 2 Bataillons Wocher-, 2 Bataillons Kinsky-, 1 Bataillon Fürstenwärther-Infanterie, ⅓ Bataillon Biergotsch-Grenadier, 1 Bataillon Peterwardeiner, 1⅓ Bataillon Banalisten, 2 Escadrons Kaiser-, 1 Escadron E. H. Carl-Uhlanen, 1 Escadron Windischgrätz-Chevaur-legers, ⅛ Escadron Baiern-Dragoner, 1 Raketen-Batterie (nur halb bespannt), 1 Kavallerie- und 1 provisorische Batterie (3 dreipfündige Kanonen und 1 siebenpfündige Haubitze). In Allem 9⅔ Bataillons, 4¼ Escadrons, 16 Geschütze.

General-Major Schulzig nahm sein Quartier in Romans. Als Generalstabs-Offizier war ihm Hauptmann Maroičić dieses Korps, beigegeben.

Bis zum 26. April waren die oben angeführten Truppen noch durch das 2. Bataillon Fürstenwärther, die 2. Division des Grenadier-Bataillons Biergotsch, 1 Bataillon Likaner, 2 Escadrons E. H. Carl-Uhlanen, 1 sechspfündige Fuß- und 1 Kavallerie-Batterie verstärkt, mithin auf 12½ Bataillons, 6¼ Escadrons und 22 Geschütze gebracht. Auch die Feldmarschall-Lieutenants Graf Thurn und Herzog Alexander von

Württemberg, dann die General-Majors v. Culoz und Fürst Felix
Schwarzenberg*) rückten, als zum Korps bestimmt, in Görz ein.

Am 17. April, um eilf Uhr Vormittags, sammelte sich das Korps
in der Stärke von 13.000 Mann auf der Straße bei Romans zur Vorrückung über die Grenze. Es war, wie folgt, zusammengesetzt:

### Brigade General-Major von Schulzig.

1 Bataillon Peterwardeiner,
1½ Bataillon Banalisten,
2 Bataillons Kinsky-Infanterie,
1 Eskadron Windischgräz-Chevaux-legers,
2 Eskadrons E. H. Carl-Uhlanen,
1 Kavallerie-Batterie.

4½ Bat., 3 Esk., 6 Gesch.

### Brigade General-Major Fürst Felix Schwarzenberg.

1 Bataillon Likaner,
2 Bataillons Wocher Infanterie.

3 Bat.

### Brigade General-Major Ritter von Culoz.

2 Bataillons E. H. Carl-Infanterie,
2 Bataillons Fürstenwärther-Infanterie,
1 Eskadron Kaiser-Uhlanen,
1 Fußbatterie Nr. 1.

4 Bat., 1 Esk., 6 Gesch.

### Reserve.

3 Eskadrons E. H. Carl-Uhlanen.
1 Kavallerie-Batterie,
1 Raketen-Batterie.

3 Esk., 12 Gesch.

---

*) General-Major Fürst Felix Schwarzenberg befand sich als Gesandter in
Neapel, als am 25. März ein übermüthiger Volkshaufe die Frechheit hatte, das österreichische Wappen vom Gesandtschafts-Hôtel herabzureißen und auf der Straße zu
verbrennen. Als die vom Fürsten geforderte Satisfaction von der Regierung in Neapel unbeachtet blieb, reiste derselbe am 28. ab, um die comfortable Stellung eines
Diplomaten mit den Entbehrungen und Beschwerden des Feldlebens zu vertauschen.

Major Khauß vom Ingenieur-Korps, hatte durch einige Erdwerke das Ueberschreiten des Torre auf der Brücke von Versa versichert. Auch zur Deckung des Rückens war Gradisca in einen kleinen Place de moment umgestaltet, und zur Sicherung der linken Flanke des Korps die Ausrüstung einer kleinen Ruderflotille angeordnet worden.

Die Streitkräfte der Insurgenten kommandirte, wie schon erwähnt, der ehemalige General Zucchi, sie bestanden aus 3000 Soldaten der abgefallenen Regimenter, 8000 Freiwilligen und Nationalgarden. An Geschütz fehlte es ihm nicht, wohl aber an Mannschaft zu dessen Bedienung. Eine piemontesische Artillerie-Kompagnie, welche Zucchi über Venedig erhielt, sollte diesem Mangel abhelfen. Von Kavallerie waren 2 noch in der Formation begriffene Eskadronen für den Korrespondenzdienst kaum ausreichend, für andere Zwecke nicht denkbar. Ein Kampf im offenen Felde gegen Nugent's Truppen war unzulässig, man mußte sich auf die Behauptung der Städte und auf den kleinen Krieg in den Gebirgen beschränken. Zucchi warf sich daher mit 4000 Mann in die Festung Palmanuova, Udine überließ er seinen eigenen Kräften, gab ihm aber eine Verstärkung von 1000 Mann regulären Truppen, den Ueberrest warf er in die Berge, besetzte die Gebirgspässe, verbarrikadirte und verdarb die Straßen und bereitete uns manche Hindernisse.

### Gefecht bei Visco
#### am 17. April.

Seit 20. März hielt Major von Barthe mit 3 Kompagnien Fürstenwärther die Vorposten auf der Linie von Francis über Visco, S. Vito und Nogaredo (der Rest des Bataillons stand in Versa), als am 17. April gegen halb sieben Uhr Morgens die Insurgenten aus der Festung Palmanuova brachen, sich jedoch bald wieder in dieselbe zurückzogen, ohne etwas gegen unsere Aufstellung zu unternehmen. Doch kurze Zeit später debouchirten sie neuerdings aus der Festung und griffen in der Stärke von 6 bis 800 Mann die in Visco aufgestellte 8. Kompagnie unter Oberlieutenant Bobrowsky mit Uebermacht an. Hauptmann Grimm, welcher von S. Vito aus mit der 10. Kompagnie zur Unterstützung des genannten Oberlieutenants vorgerückt war, warf mit einer starken Plänklerkette eine durch die Weingärten bis an die Chaussée in die rechte Flanke der 8. Kompag-

nie vorgedrungene feindliche Abtheilung zurück, wodurch Oberlieutenant
Bobrowsky, welcher bereits durch den starken Andrang Terrain verloren hatte, über Viêco wieder hinausrücken konnte. Der Gegner formirte
nun Sturmkolonnen, und während gleichzeitig die rechts vom Dorfe aufgestellte Kompagnie des Hauptmanns Grimm mit Ungestüm angegriffen
ward, drangen die Insurgenten in den Ort und besetzten das Schloß
(die sogenannte Kaserne) und die nächsten Häuser. Um ihrem weiteren
Vordringen Einhalt zu thun, besetzten Lieutenant Dieß mit einem Zug
der 8. und Lieutenant Hiltl mit einem Zug der 10. Kompagnie die an
der Chaussée gelegenen Häuser, bis gegen zwei Uhr die 4. Kompagnie Peterwardeiner aus Ajello eintraf. Major Barthe detachirte sogleich 2 Züge
derselben in die linke Flanke, um einer Umgehung zuvorzukommen und
den von Joaniß führenden Weg zu decken; die beiden anderen Züge blieben als Reserve auf der Chaussée. Das Gefecht ward dadurch wohl zum
Stehen gebracht, doch war man noch immer zu schwach, um den Feind
aus dem Orte zu werfen.

Plötzlich drangen die Insurgenten mit verstärkter Kraft gegen unsere
rechte Flanke vor, daher ein Zug von der en reserve aufgestellten halben
Kompagnie Peterwardeiner zur Unterstützung der 10. Kompagnie Fürstenwärther in diese Richtung, der andere Zug zur Unterstützung der auf der
Straße stehenden, gleichfalls angegriffenen 8. Kompagnie disponirt wurden. In dieser Stellung hielt sich das Gefecht bis gegen vier Uhr, als der
Korps-Kommandant Feldzeugmeister Graf Nugent mit der Brigade Felix Schwarzenberg in Viêco anlangte. Sogleich rückte das Likaner-Grenz-
Bataillon unter persönlicher Führung des General-Majors Fürsten Felix
Schwarzenberg zum Sturme gegen den Ort — die Likaner, welchen
der Gebrauch der Schießbaumwolle, deren sich die Insurgenten bedienten,
eine neue Erscheinung war, stutzten — der Sturm mißlang. Es wurde
daher eine Haubitze der Kavallerie-Batterie vorgebracht, Hauptmann
Grimm von Fürstenwärther wollte einen für ihre Placirung vortheilhaften Punkt aufsuchen, fiel aber — von vier Kugeln getroffen — als
Opfer seines Eifers. Die Haubitze begann auf eine Distanz von 40 Schritten mit Kartätschen zu wirken. Der Feind hielt nun nicht länger Stand.
Der Kommandant nebst 85 Mann wurden gefangen, der Rest rannte der
Festung zu.

In diesem fünfstündigen Gefechte haben sich einer besonderen Erwähnung würdig gemacht: Hauptmann **Grimm**, die Oberlieutenants **Bobrowsky** und **Wöber**, dann die Lieutenants **Blacha**, **Dietz** und **Hiltl**, Kadetfeldwebel von **Colonius**, Feldwebel **Brauner**, die Korporale **Suchowsky**, **Golonka** und **Poczubka**, dann die Gemeinen **Kowatsky**, **Jaskula** und **Hudzik** von Fürstenwärther-Infanterie; so wie der Feldwebel **Lukitsch** von der 4. Kompagnie Peterwardeiner.

Unser Verlust war: Hauptmann **Grimm** und 3 Mann todt; 14 Mann verwundet.

Um sechs Uhr Abends rückte noch General-Major Fürst **Felix Schwarzenberg** mit den Likanern auf Privano, und vertrieb den Feind auch aus diesem Orte. Er wurde, so wie Visco, ein Raub der Flammen.

Ein Theil des Korps lagerte am 17. Abends zunächst der Brücke von Versa, das Infanterie-Regiment Fürstenwärther bei Nogaredo, die Brigade Culoz nebst der Reserve bei Romans.

**Vorrückung gegen Udine. — Cernirung der Festung Palmanuova.**

Nachdem am 18. Feldmarschall-Lieutenant Graf **Schaffgottsche**, dann 1 Bataillon Warasdiner-St. Georger, 1 Bataillon Warasdiner-Creutzer, 2 Eskadrons E. H. Carl-Uhlanen und die Raketen-Batterie beim Korps eingetroffen waren, erhielt dasselbe eine neue Eintheilung und zählte in 3 Divisionen (5 Brigaden) 14½ Bataillons, 8½ Eskadrons und 28 Geschütze.

Der Feldzeugmeister Graf **Nugent** betrieb nun mit aller Energie die Vorrückung. An der Spitze der Division Schaffgotsche rückte er noch am 18. von der Brücke bei Versa bis Trivignano. Die Brigade Schwarzenberg cernirte die Festung Palma, während die Brigade Culoz nebst der Reserve die Brücken-Verschanzungen von Versa besetzte. Das Korps-Quartier blieb in Romans.

Am 19. poussirte General-Major von **Schulzig** mit der Avantgarde bis Maria la lunga gegen Felletis, während General-Major Fürst **Felix Schwarzenberg** die Einschließung von Palma vervollständigte und bei dieser Gelegenheit bei Ontagnano ein kleines Gefecht mit bewaffneten Bauern bestand, die sich jedoch nach etwa einstündigem Plänkeln wieder verliefen.

Am 20. setzte das Korps seinen Marsch gegen Udine fort, die Avantgarde besetzte Cusignacco, das Gros bezog ein Bivouak bei der Mühle Paparotti.

## Beschießung und Capitulation von Udine
### am 21. und 22. April.

Die von 24.000 Seelen bevölkerte, ganz aus Steinen erbaute Stadt Udine ist von einer 8000 Schritte langen, sturmfreien und wohlerhaltenen starken und freistehenden Mauer umschlossen. Diese Umfassung hatte eine Flankenbestreichung aus Thürmen. Im Innern waren zahlreiche Barrikaden, Abschnitte und crenelirte Mauern angebracht; die Stadt war mit Mundvorrath hinlänglich versehen. Man schien zur äußersten Vertheidigung entschlossen. Um Menschenleben zu schonen und bei dem Umstande, daß das Korps blos mit Feldgeschütz und Raketen und das nicht einmal in hinreichender Menge ausgerüstet war, wodurch der Erfolg einer Beschießung der Stadt zweifelhaft war, versuchte Nugent den Weg der Unterhandlungen.

Eine von dem Generalstabs-Chef des Korps, Oberstlieutenant Baron Smola vorgenommene Rekognoszirung, verschaffte die Ueberzeugung, daß der Gegner seine Aufstellung ganz innerhalb der Umfassung genommen habe. Major Graf Crenneville wurde als Parlamentär aus Thor vorgeschickt. Man empfing ihn jedoch daselbst auf eine alles Völkerrecht, jeden Kriegsgebrauch verhöhnende Weise, mit Kanonenschüssen. Nugent ließ daher um vier Uhr Nachmittags die Truppen in 2 durch die Chaussée getrennten Flügeln näher an die Stadtmauer rücken — das stark kultivirte und mit tiefen Wegen durchschnittene Terrain gestattete ihre Annäherung bis in die bezeichnete Linie — 2 Haubitzen nahmen ihre Aufstellung vor der Porta Aquileja; die übrigen Geschütze waren vor und zwischen den Truppen vertheilt.

Vor jedem der beiden Flügel marschirte ein Bataillon Kinsky als Avantgarde, und zwar am rechten Flügel, wo General-Major Culoz kommandirte, das 1. Bataillon unter Oberst Baron Bianchi — mit der 4. und 5. und 6. Kompagnie in Plänkler aufgelöst, der 2. nebst einer

Abtheilung Uhlanen als Stützpunkt, der 1. und 3. als Reserve auf der
alten Chaussée. Am linken Flügel führten General-Major S ch u l z i g
und Major E n g e l h o f e r das 2. Bataillon gegen Porta Pascole. Vor
diesem Thore liegen einige Häuser, welche anfangs unbesetzt schienen. Als
aber die à la tête marschirende 9. Kompagnie sich denselben näherte,
ward sie mit einem heftigen Kleingewehrfeuer empfangen. Die 7., 8. und
9. Kompagnie nahmen sofort diese Häuser mit Sturm, besetzten sie, und
wechselten von hier aus während der ganzen Dauer der Beschießung, ihr
Feuer mit den Vertheidigern der Stadtmauer. Auch wurde eine Raketen-
Batterie daselbst placirt.

Um halb fünf Uhr begann die Bewerfung der Stadt mit Granaten
aus 4 Raketen-Batterien und 6 Haubitzen. 2 der letzteren und eine Raketen-Batterie jedoch waren in ihrer Aufstellung auf- und seitwärts der
alten Straße nach Versa, dem feindlichen Kanonenfeuer aus der nur 500
Schritte entfernten Kasematte des Wallthurmes an Porta Aquileja so sehr
ausgesetzt, daß sie schon kurz nach dem Beginne der Beschießung einige
Kanoniere und Pferde verloren. Oberstlieutenant Baron S m o l a ersah
sogleich die Nothwendigkeit, das wirksame Feuer dieser kasemattirten Batterie, welche die alte und neue Straße von Versa der Länge nach bestrich, zum Schweigen zu bringen. Er fand einen hiefür günstigen Aufstellungsplatz in den seitwärts gelegenen Feldern auf einem nur 180
Schritte von der Stadtmauer entfernten Rideau, wohin er sogleich eine
sechspfündige Kanone führte, welcher später noch eine zweite dahin folgte.
Die von hier mit dem gehofften Erfolge angebrachten Schüsse zogen das
feindliche Feuer alsbald auf unsere beiden Kanonen, wodurch die beiden
Haubitzen und die Raketen-Batterie ohne weitere Verluste kräftig fortwir-
ken konnten. Während der Feind, durch das Rideau und die Bäume getäuscht, die überhöhende Aufstellung dieser Sechspfünder fortwährend
überschoß, gelang es denselben unter persönlicher Leitung des Oberstlieutenants S m o l a, die in der Kasematte gedeckten feindlichen Geschütze
endlich zum Schweigen zu bringen. Das Feuer gegen die Stadt wurde
noch so lange fortgesetzt, als die eingetretene Abenddämmerung die genaue
Richtung der Geschütze zuließ.

Um acht Uhr Abends erhielt Oberstlieutenant Baron S m o l a von
dem Korps-Kommandanten, welcher mit seiner Suite einem anderen

Punkte zuritt, den Auftrag, das Feuer aller Batterien einstellen zu lassen, und sodann parlamentiren zu schicken. Bevor es ihm jedoch gelungen war, durch Trompeten-Signale das Feuer der entfernten Flügel-Batterien einzustellen, hatte sich die Dämmerung in völlige Finsterniß verwandelt, und nur der helle Schein einiger brennender Häuser in der Stadt beleuchtete noch in schauerlicher Weise die Aufstellung dieser Geschütze inmitten schwarzer Rauchwolken. Smola, welcher sich beim Einstellen des Feuers mit dem Artillerie-Trompeter ganz allein und nur mehr einige 100 Schritte vom Stadtthore entfernt befand, und den durch die Beschießung erzielten Eindruck so schnell wie möglich benützen wollte, ritt mit dem fortwährend blasenden Trompeter an das Stadtthor. In der Nähe des Thores fand sich jedoch noch eine Anzahl von Offizieren zusammen, so daß die Insurgenten — eine Ueberrumpelung oder List besorgend — Smola's Anmeldung als Parlamentär mit dem Rufe: „Domani matina!" und später mit „al postro vostro!" beantworteten. Hierauf fielen ein Flinten- und unmittelbar nach diesem ein Kartätschenschuß, wodurch Hauptmann Schima von Zanini-Infanterie getödtet, dem Oberstlieutenant Baron Smola das rechte Bein zerschmettert, und dessen Pferd von mehreren Schrotten getroffen wurde, daß es sich auf seinen Reiter überschlug.

So lag der Verunglückte auf der Straße unbeweglich und verlassen durch anderthalb Stunden in seinem Blute schwimmend, als die hinter ihm nächst der Chaussée aufgestellte Raketen-Batterie Nr. 5 ihr Feuer neuerdings gegen das Thor, vor welchem er seinem Ende entgegen sah, wieder begann. Wie durch ein Wunder blieb der inmitten der dicht einschlagenden Raketen und Granaten hilflos sich Ueberlassene verschont. Nach dem Aufhören dieses Feuers ward Smola auf sein Rufen, als Parlamentär in die Stadt gebracht zu werden, von den aus den Thoren mittelst eines Nothsteges über den Stadtgraben hinausstürzenden Soldaten mit schonender Sorgfalt auf einer Bahre in den Saal eines Hauses getragen, in welchem die Glieder der provisorischen Regierung von Friaul sich versammelt hatten. Obgleich sich Smola bei vollkommenem Bewußtsein befand, vermochte doch keiner der herbeigerufenen Aerzte seinen Puls zu fühlen, daher sie es für überflüssig fanden, ihm einen Verband anzulegen, sondern Geistliche zu ihm treten ließen. Der zu sterben Vermeinte eröffnete jedoch der Versammlung, daß er gekommen sei, aus Mitleid mit den drohenden Ruinen der Stadt, ihr das Vergebliche jedes Widerstandes gegen ein Armee-Korps von 15.000 Mann, überdies ausgerüstet mit einer furchtbaren Artillerie, vorzustellen, daß wahrscheinlich noch vor Tages-Anbruch der vorbereitete Sturm erfolgen werde, und daß ihr völkerrechtliches Schießen auf einen Parlamentär, die Erbitterung der kaiserlichen Truppen vermehren mußte — Udine könne sich daher nur durch die schleunigste Uebergabe von dem sonst gewissen Untergange retten.

Nachdem Einer aus dem Comitée den Inhalt jedes in Smola's Brieftasche befindlichen Papieres vorgelesen hatte, unter denen sich aber kein Ausweis über die Truppen-Stärke befand, zeigten sich die Zweifel über die von dem Letzteren gemachten Angaben durch verschiedene Fragen und Einwendungen, bis der genannte Stabsoffizier, unwillig sich abwendend, die Unterhandlung mit der Versicherung unterbrach, daß die Worte eines Sterbenden wohl Glauben verdienen dürften. Nach einer Berathung der Comitée-Mitglieder trat der Anführer der Guardia civica zu Smola's Bahre, und erbat sich, unter Bedauern des demselben widerfahrnen Unglücks, höflich die Bedingnisse, unter welchen die Unterwerfung angenommen werden dürfte. Smola diktirte nun bei feierlicher Stille der Versammlung die Kapitulationspunkte für die ganze Provinz, von welchen nur die Uebergabe der Festungen Palmanuova und Osoppo angeblich deßhalb nicht zugesichert wurden, weil deren Kommandanten unmittelbar von der provisorischen Regierung zu Venedig abhingen.

Am 22. früh zog der Rebellen-Major Zanini mit 3 Geschützen nach Osoppo ab, und um halb sechs Uhr Morgens erschien bei unseren Vorposten eine Deputation, an deren Spitze der Erzbischof Zaccaria Uricito sich befand, welche die Unterwerfung anbot. Die Kapitulation wurde in der Villa Baldasseria abgeschlossen, nach welcher gegen das Versprechen der Uebergabe, Jedem, der es wünsche, freier Abzug gestattet, Vergessenheit alles Vergangenen zugesichert, und alle von der provisorischen Regierung gemachten Ausgaben anerkannt wurden..

Am 23. wurde Udine von uns besetzt. General-Major von Culoz übernahm das Gouvernement. Das Infanterie-Regiment Kinsky und das Grenadier-Bataillon Biergotsch bildeten die Garnison der unterworfenen Stadt, wohin noch am nemlichen Tage das Korps-Quartier verlegt wurde.

Die Stelle eines Generalstabs-Chefs beim Korps übernahm nunmehr der von der Brigade Felix Schwarzenberg eingerückte Major von Schiller des General-Quartiermeisterstabes. 7½ Bataillons, 8 Eskadrons und 7 Batterien bezogen ein Lager am Cormons.

**Operationen der auf Kärnthen und Krain vorrückenden Seiten-Kolonnen.**

Werfen wir nun einen Blick auf jene Seiten-Kolonne, die, wie schon früher erwähnt wurde, der Major Baron Handel des General-Quartiermeisterstabes in Kärnthen sammelte. Am 16. April übernahm Oberst Baron Gorizzutti das Kommando derselben; mit der ihm eigenen Energie und Umsicht vollendete er die Organisation dieses Truppentheiles.

Der Major Hablitschek von Hohenlohe-Infanterie erhielt das Kommando einer Abtheilung bei Niederndorf, welche aus der 6. Kompagnie Kaiser-Jäger, dem 3. Bataillon Prohaska (4 Kompagnien), 2 Kompagnien des 3. Bataillons Hohenlohe und ½ Eskadron E. H. Carl-Uhlanen bestand. Diese Kolonne war am 18. April in der Umgegend von Toblach vollständig versammelt. Eine Abtheilung des Pusterthaler-Aufgebotes nebst ¼ Kavallerie-Batterie sollten dann noch dazu stoßen. Major Hablitschek war angewiesen, über Cortina d'Ampezzo und auf dem Monte Croce im Sexten-Thale einstweilen bis auf die Grenze des Benetianischen vorzurücken, die Punkte Peutelstein und Höllenstein möglichst zur Vertheidigung herzurichten, sich aber sonst nach den Umständen zu benehmen.

Die in Villach gestandene Division vom Landwehr-Bataillon Prohaska rückte schon am 15. auf Malborghetto und schob sogleich ihre Vorposten bis in die Nähe von Pontafel. Am 16. stieß die 2. Division zur 1. Am 17. trafen das 2. Bataillon Hrabowsky aus Graz und ¼ Eskadron Carl-Uhlanen bei Malborghetto ein. Auch eine Division Hohenlohe-Infanterie stieß an diesem Tage wieder zur Brigade, welche durch das Gail-Thal gegen den Plecken dirigirt, von Oberst Gorizzutti wieder einberufen worden war, da er alle disponiblen Kräfte vereinigt haben wollte.

Am 18. April rekognoszirte man die Zugänge ins Roncolano-Thal und auf Canal di Dogna, welche bei dem tiefen Schnee als völlig unwegsam erkannt wurden. Man zog daher am 19. mit den disponiblen 10 Kompagnien und ½ Eskadron auf Pontafel, und gedachte von dort aus am 20., wo die Division Hohenlohe eingetroffen, das 3. Bataillon Kinsky aber schon in der Nähe sein mußte, den Angriff auf Pontebba zu unternehmen. Die verheißene Batterie konnte man nicht abwarten, indem Alles daran lag, die Aufmerksamkeit des Gegners von dem in der Friau-ler-Ebene vordringenden Korps unter unmittelbarem Kommando des Feldzeugmeisters Grafen Nugent ab — und wenigstens theilweise auf sich zu ziehen. — An richtiger Zeitbenützung und Raschheit der Bewe-gungen war somit Alles gelegen.

Der am rechten Ufer des Torrente Pontebbano liegende Ort Pon-tebba nebst der hinter ihm über 100 Klafter hoch ziemlich steil ansteigenden, mit leichtem Walde bewachsenen Gebirgslehne, war von ungefähr 2000 Insurgenten — theils Gebirgsbewohner aus den umliegenden, ja selbst entfernteren Thälern, theils Schleichhändler, Raubschützen, Ueberläufer und Sträflinge — unter den Befehlen einiger Signori und durch Geist-liche fanatisirt, besetzt. Unter der Leitung päpstlicher Offiziere (aus Du-rando's Korps) hatte man daselbst alle zur Vertheidigung zweckmäßigen Anstalten getroffen. Die steinerne Brücke über die Pontebbano war ver-barrikadirt und zum Absprengen vorgerichtet, alle dahinter stehenden Häu-ser waren verrammelt und unterhalb der Fenster kleine Schießlöcher ange-bracht. Die beiden von dem kleinen Platze am Brückenausgang seitwärts laufenden Gassen hatten gleichfalls feste und doppelte Barrikaden gegen den Platz zu. Auch weiter Thalabwärts, im Innern der Hauptgasse von Pontebba und zunächst der Fella bestanden noch mancherlei Hindernisse, wie Abgrabungen, Brückensprengungen und Barrikaden. Sogar Stein-batterien waren an den Abhängen oberhalb des Ortes vorbereitet. Das solid gebaute Pontebba hatte im Vergleich mit dem fast ganz aus Holz erbauten Orte Pontafel am linken Torrente-Ufer sehr bedeutende Vortheile und entwickelte in Absicht auf die Vertheidigung eine solche Ueberlegenheit, daß man eher besorgen mußte, vom Feinde daraus vertrieben zu werden, statt diesen aus Pontebba zu belogiren. Insbesondere waren die Flanken jeder aus Kärnthen nach Pontafel vordringenden Kolonne ungemein bedroht.

Ein allzu rasches Drängen des Vortrabes gegen die Brücke am 19. April hatte zur Folge, daß sich schon an diesem Tage ein Kleingewehrfeuer

entwickelte, wodurch Oberst G o r i z z u t i theilweise verhindert wurde, seine
Absicht zu erreichen, nämlich die Gegend genauer zu besichtigen, denn er
erhielt eine Kugel unmittelbar unter den Rippen der rechten Seite. Major
T o m a s e l l i von Hrabowský-Infanterie, übernahm als ältester anwe-
sender Stabsoffizier das Kommando.

Noch in der Nacht vom 19. auf den 20. April schwellte ein heftiger
Regen die beiden Torrenten bei Pontebba und alle anderen Gebirgs-
bäche derart, daß ein Durchwaten derselben zur Unmöglichkeit wurde.
Man war daher bei dem gänzlichen Mangel an Geschütz in keiner geringen Verlegenheit. Unter solchen Verhältnissen kam das Anerbieten der
Stände von Kärnthen doppelt willkommen. Diese versprachen ihre 3 vierpfündigen Kanonen nebst 20 Patronen pr. Geschütz alsogleich von Klagenfurt nach Pontebba in Marsch zu setzen, und noch weitere Munition an-
fertigen und absenden zu lassen. Bis zum Anlangen dieser Geschütze wurden Abtheilungen der Infanterie-Regimenter Hohenlohe und Kinsky auf
die beiderseitigen Thalhänge zum Schutze unserer Flanken, so wie zur Bedrohung des Feindes entsendet, in Pontafel selbst aber Blendungen und
Traversen errichtet, verschiedene Verbindungen im Innern hergestellt und
fortwährend untersucht, ob die Wildbäche noch nicht zu durchwaten seien.

In der Nacht vom 22. auf den 23. trafen die ständischen Kanonen
mit dem Lieutenant L a d n e r der Garnisons-Artillerie ein. Trotz des lebhaften Feuers der feindlichen Schützen placirten die Majore H a n d e l und
T o m a s e l l i diese 3 Geschütze in Pontafel an solchen Punkten, wo sie
eine ihrem Kaliber entsprechende ausgiebige Wirkung erzielen konnten,
wobei man zugleich die kargbemessene Munition im Auge behalten mußte.

Als man am Abend des 23. das Feuer eröffnete, traten die feindlichen Schützen einen fluchtähnlichen Rückzug an. Nun wurde Pontebba
rasch besetzt. Um den Insurgenten den Rückzug auf der Straße und überhaupt im Fella-Thale abzuschneiden, ging eine Abtheilung von Hohenlohe
an der linksseitigen Thalebene, wo auch ein beschwerlicher Weg entlang
des Torrente hinzieht, so weit abwärts, bis sie die Chiusa veneta mit
ihrem Feuer zu erreichen vermochte.

Am Morgen des 25. rückte Major von F ö d r a n s p e r g mit 3 Kompagnien Kinsky nach Stubena, während die 4. Kompagnie dieses Bataillons auf Dogna marschirte.

Am 25. wurde die Chiusa veneta besetzt und weiter vorwärts poussirt, um die Brücke bei Costa Cruza sich zu erhalten. Man räumte alle Weghindernisse auf, und trachtete so rasch wie möglich den Rücken zu sichern. Zu diesem Ende blieb das Landwehr-Bataillon Prohaska und ein kärthnerisches Schützen-Aufgebot nebst den 3 landständischen Kanonen an der Landesgrenze zurück. Mit 12 Kompagnien und ¼ Eskadron brach man am 27. von Pontebba auf, und rückte über Resiutta bis Gemona. In Resiutta war die längst erwartete kaiserliche sechspfündige Fußbatterie zur Kolonne gestoßen. Das Bataillon Hrabowsky mit der halben Uhlanen-Eskadron verblieben in Gemona, um die Bergfeste Osoppo einzuschließen; das Bataillon Kinsky wurde beim weiteren Vorgehen in Udine zurückgelassen. Somit gelangte bloß die Division von Hohenlohe-Infanterie nebst der Batterie am 3. Mai nach Sacile, wo eben das Korps des Feldzeugmeisters Grafen Nugent im Abrücken begriffen war. Eine andere Seitenkolonne, bestehend aus einer Division Warasdiner St. Georger, die zum Zweck hatte, die Vorrückung des Reserve-Korps gegen Udine zu erleichtern, war dem tüchtigen Hauptmann Alth von Zanini-Infanterie, anvertraut worden. Dieser Offizier rückte, um Zeit zu gewinnen, von Ober-Laibach über Laad und Kirchheim nach Bolzano im Isago-Thale, wo er am 20. eintraf. Am 21. erstieg er durch eine Schlucht den Berg Kolaurat, umging des Feindes vorbereitete Steinbatterie, und verjagte die dort postirten Insurgenten. Er zog hierauf längs des Bergrückens über den Montekuk gegen die Kapelle S. Egidio, wohin ihm einige feindliche Abtheilungen folgten, die übrigens der die Nachhut befehligende Hauptmann Lippe fortwährend in einer respektablen Entfernung zu halten wußte. Hauptmann Alth fand die genannte Kapelle vom Feinde besetzt. Um den kaiserlichen Waffen die gebührende Achtung zu verschaffen, befahl er den Angriff, im Angesichte der ihm nachfolgenden Insurgenten. Mit gewohnter Bravour erstürmten die Grenzer den Posten. Der Feind entfloh, und hielt nirgends mehr Stand. Wir verloren bei diesem Unternehmen nur 1 Mann, der im Arme verwundet wurde. So gering auch der Erfolg dieses unbedeutenden Gefechtes war, so groß war der bei den Insurgenten bewirkte moralische Eindruck, er sicherte der Kolonne nicht nur ihren weiteren Marsch, sondern selbst ihre Subsistenz. Die 4000 Seelen zählende Stadt Cividale sandte dem

Hauptmann **Alth** auf beträchtliche Entfernung eine Unterwerfungs-Deputation entgegen und lieferte, gleich dem umliegenden Distrikte, die Waffen ab. Hauptmann **Alth** stieß am 23. April in Udine zum Feldzeugmeister Grafen **Nugent**, der ihm seine volle Zufriedenheit ausdrückte.

**Eintheilung und Stärke des Reserve-Korps nach der Einnahme von Udine.**

Nach der Einnahme von Udine hatte Feldzeugmeister Graf **Nugent** sein Armee-Korps, wozu in weiterer Beziehung auch die Truppen in Istrien zählten, wie aus nachstehender Ordre de Bataille ersichtlich, eingetheilt.

## Ordre de Bataille des Reserve-Korps

**am 23. April 1848.**

Korps-Kommandant — Feldzeugmeister Graf **Nugent**.

Korps-Adjutant — Oberstlieutenant **Hartmann**.

Chef des Generalstabes — Major von **Schiller**.

Feld-Artillerie-Direktor — Oberst Baron **Stwrtnik**.

### Division F. M. L. Graf Schaffgotsche.

| Brigade G. M. Schulzig. | Brigade Oberst Philippović. |
|---|---|
| 1⅓ Bat. Banalisten, | 2 Bat. Warasdiner-St. Georger, |
| 2 Bat. Kinsky-Inf., | 2. Bat. Fürstenwärther-Inf. |
| 1 Esk. Windischgrätz-Chev.-leg. | |
| 3⅓ Bat., 1 Esk. | 3 Bat. |

### Division des F. M. L. Graf Thurn.

| Brigade Oberst Br. Stillfried. | Brigade G. M. Fürst Felix Schwarzenberg. |
|---|---|
| 1 Bat. Warasdiner-Creutzer, | 1 Bat. Likaner, |
| 2 Bat. E. H. Carl-Inf. | 1 Bat. Peterwardeiner, |
| | 2 Bat. Wocher-Inf., |
| | 1 prov. Batterie. |
| 3 Bat. | 4 Bat., 4 Gesch. |

**Division F. M. L. Herzog Alexander von Württemberg.**

Reserve-Brigade Oberst Wyß.     Artillerie-Reserve Oberst
                                   Br. Stwrtnik.

6 Esk. E. H. Carl-Uhl.,        1 sechspf. Fuß-Batt.,

2 Esk. Kaiser-Uhl.,          2 Kavallerie-Batt.,

1 Komp. Pioniere.           4 Raketen-Batt.

8 Esk., 1 Komp., 1 Brücken-Equip.   42 Gesch.*)

13½ Bat., 9 Esk., 46 Gesch. (ohne den 12 Gesch. in Grabiśca).

Ferner:

**Brigade Oberst Br. Gorizzutti.**

1 Komp. Kaiser-Jäger,

2 Bat. (3. und Landw.) Prohaska-Inf.,

⅔ (3.) Bat. Hohenlohe-Inf.,

2. Bat. Hrabowsky-Inf.,

3. Bat. Kinsky-Inf.,

1 Esk. E. H. Carl-Uhl.,

1 sechspf. Fuß-Batt.,

⅛ vierpf. Batt. (ständisch).

4⅘ Bat., 1 Esk., 9 Gesch.

**Unter dem Befehle des F. M. L. Br. Gyulai.**

**Brigade G. M. v. Victor.**

2 Bat. Heß-Inf.,

2 Bat. Sicilien-Inf.,

1 Bat. Koch-Grenadier.

5 Bat.

**Auf dem Anhermarsche.**

8 Grenz-Bat. und 3 Esk.

Mithin die Gesammtstärke des ganzen Armee-Korps 31⅓ Bat., 13 Esk., 55 Gesch. (ohne den 12 Gesch. in Grabiśca).

Von diesen Truppen standen die Brigaden Schulzig, Philippović, Stillfried und Wyß, nebst der Artillerie-Reserve im Lager am Cormor;

---

*) 2 zwölfpf. Batterien waren noch unbespannt in Grabiśca zurückgeblieben.

die Brigade Schwarzenberg vor Palma; die Brigade Gorizzutti bei Pontebba und Niedernborf, die Brigade Victor in Istrien.

Der Feldzeugmeister wollte das Eintreffen der noch auf dem Anhermarsche befindlichen Truppen und einer Masse von Ausrüstungs-Gegen-
ständen nicht erst abwarten, sondern die weiteren Operationen möglichst
rasch betreiben. Dennoch durfte man nicht allzurasch vordringen, wollte
man nicht mit der Tête der Kolonne etwa an der Brenta anlangen, während ihre Queue noch in Kroatien stand, in welchem Falle die Insurgenten ein leichtes Spiel gehabt hätten, dieselbe sogar mit schwachen Kräften anzufallen, zu durchbrechen und jeden weiteren Nachschub unmöglich zu machen.

Man hatte mittlerweile das Castell in Udine wenigstens nothdürftig
in Vertheidigungsstand gesetzt. Endlich näherten sich auch die oben angeführten Grenz-Bataillone dem Kriegsschauplaße, während von der andern
Seite her die Kolonne des Majors Tomaselli (Brigade Gorizzutti) aus
dem Fella-Thale zu debouchiren begann. Die ihr entgegen gesendete Abtheilung unter Oberst Baron Stillfried, welche ihren Marsch über
S. Daniele nahm, war wieder zurückgekehrt. Zu gleicher Zeit hatte man
alle Uebergangsmittel des Tagliamento auf der Strecke von Spilimbergo
bis Latisana für uns gesichert. Jeßt erst konnte man an die weitere Vorrückung des Korps bis an den Tagliamento denken, wohin schon am 24.
April die Brigade Schulzig von Cormor nach Codroipo aufgebrochen war,
um die Tagliamento-Brücke zu beseßen oder nöthigenfalls wieder herzustellen. Dieser Fluß hatte einen sehr hohen Wasserstand und die Insurgenten
hatten nicht allein die Brücke an zwei Theilen abgebrannt, sondern sogar alles
daselbst aufgehäufte Bauholz den Flammen überliefert. Der Brücken-Train
(von Ochsen gezogen) traf am 25. an Ort und Stelle ein. Der außerordentlichen Thätigkeit und Kraftanstrengung der 1. Pionier-Kompagnie,
so wie dem Eifer und der umsichtigen Leitung der Offiziere, insbesonders
des Hauptmanns Maidich und des der Brigade als Generalstabs-Offizier zugetheilten Ingenieur-Hauptmanns Radó, gelang es die Brücke in
einer Länge von 97 Klaftern unter den schwierigsten Umständen in drei
Tagen wieder herzustellen. Am 28. überschritt die Brigade Schulzig den Fluß.

Nachdem am 29. noch etliche Bataillons herangezogen waren, folgte

das Gros des Korps der Avantgarde über den Tagliamento. Der Feldzeugmeister erreichte noch am 30. Porbenone. Die Avantgarde-Brigade
stand an diesem Tage in Sacile und hielt die Uebergänge des Livenza bei
Brugnera, Portebuffole und Motta besetzt. Der Feind hatte die Brücke
bei letztgenanntem Orte zum Theile abgeworfen. Der nach Motta entsendete Oberstlieutenant Baron Karg von Kinsky-Infanterie, unterhielt
über Portogruaro und Lattisana die Verbindung mit der vom Hauptmann Uiejski des Marine-Infanterie-Bataillons, befehligten Ruder-
Flotille in Porto lignano, von der wir noch später sprechen werden.

Nachdem noch einige Bataillons beim Korps eingetroffen waren,
fand am 2. Mai die weitere Vorrückung statt. General-Major Schulzig
poussirte bis Conegliano, und stellte seine Vorposten zwischen Mina und
Tezze gegen die Piave aus. Die Peterwardeiner rückten von Brugnera
auf Oderzo und Tezze, während das komponirte Banal-Bataillon auf Ceneda und Serravalle marschirte. Das Gros des Korps stand in und bei
Sacile im Marschlager à cheval der Straße.

Beim Abrücken vom Tagliamento hatte Graf Nugent dem eben
eingetroffenen Feldmarschall-Lieutenant Baron Stürmer den Befehl
über die in Friaul zurückgelassenen Truppen übertragen; während Oberst
Philippović schon seit dem Abmarsche aus Udine dort als Militär-
und Civil-Gouverneur fungirte.

Die in der Provinz verbliebenen Truppen der Division Stürmer
hatten nachstehende Zusammensetzung:

**Brigade G. M. Mitis (vor Palma).**

1 Bataillon Likaner,
2. Bataillon Szluiner,
2. Bataillon 2. Banal-Regiment,
1 provisorische Batterie.

3 Bat., 4 Gesch.

**Brigade Oberst Philippović.**

3. Bataillon Kinsky-Infanterie (als Garnison in Udine),
2. Bataillon Hrabowsky-Inf.                unter Major
½ Esk. E. H. Carl-Uhlanen,                 Tomaselli
4 Raketen-Gesch.                           vor Oleppo.

1 Landwehr-Bataillon Prohaska-Inf., } unter Major Ditz
3 ständische vierpf. Kanonen. } in Pontafel.

3 Bat., ⅛ Esk., 7 Gesch.

Der Feldmarschall-Lieutenant Graf Gyulai mit der Brigade Victor in Istrien wurde fortan selbstständig gemacht und erhielt seinen eigenen Wirkungskreis.

Der Brigade Mitis war auch die Sicherung der linken Flanke des Armee-Korps übertragen, indem es die Meeresstrecke von Duino bis Caorle zu bewachen hatte. Ein großer Theil der österreichischen Flotte war, wie Eingangs erwähnt, den Venetianern in die Hände gefallen und die wenigen Schiffe, die man noch retten konnte, waren so schwach bemannt, daß man nicht einmal gegen die abgefallenen Theile der eigenen Marine, viel weniger gegen die Kriegsfahrzeuge fremder Mächte auf einen Erfolg rechnen konnte. Die genannte Küstenstrecke bietet zwar nur wenige Landungspunkte und hat schlechte kleine Häfen; dennoch durfte man sie nicht aus dem Auge lassen, weil beim weitern Vordringen das Armee-Korps auch nur ein kleines feindliches Detachement, das an der Küste gelandet wäre, durch den moralischen Einfluß, welchen es auf die Gegend und ihre Bewohner üben konnte, wie durch kleine Streifzüge und Neckereien, die Nachschübe von Udine an die Piave, gefährdet hätte. Unsere Kriegsfahrzeuge wurden daher in aller Eile theilweise mit Leuten aus dem Ottochaner-Bataillon bemannt; man kaufte 6 Trabacoli und 1 Bragazzo, versah jedes der ersteren mit 5 Kanonen verschiedenen Kalibers, und bildete damit eine kleine Ruderflottille unter Kommando des Hauptmanns Uiejski, welche auch in die Kanäle eindringen und selbe vertheidigen konnte. Nach und nach erhielten die wichtigeren Küstenpunkte wie Duino, Monfalcone, Grado und Caorle eine wenigstens nothdürftige Garnison nebst etwas Geschütz.

Am 3. Mai gelangte das Gros des Korps nach Conegliano, woselbst die Truppen theils unter den Säulengängen dieser Stadt, theils beiderseits der Straße bei der Osteria Gai im Freien lagerten. General-Major Schulzig rückte bis Suffigana vor, schob seine Vorposten bis dicht an den Piave-Damm und bewachte das Ufer von Mina bis Ponte di Piave.

Um acht Uhr Abends erreichte der von Palma abberufene General-Major Fürst Felix Schwarzenberg mit seiner Brigade die Stadt

Sacile. Eine weitere Verstärkung erwartete man auch durch 3 Bataillons und 3 Batterien, die sich noch auf dem Marsche befanden.

**Stärke und Aufstellung der feindlichen Streitkräfte hinter der Piave.**

Man hatte bald die Ueberzeugung gewonnen, daß der Feind die Linie der Piave zu vertheidigen entschlossen sei. Alle Kundschaftsnachrichten, alle Rekognoscirungen sprachen dafür. Möglich, daß Rugent die feindlichen Streitkräfte an der Piave noch nicht ganz vereinigt gefunden hätte, wenn er rascher vorgerückt wäre. Die zur Vertheidigung des Flusses bestimmte feindliche Armee bestand aus 3 Divisionen u. z.

### 1. Division — General Durando.

1. und 2. Schweizer-Regiment,

6 Kompagnien päpstliche Dragoner,

2 „ päpstliche Karabiniers,

Schweizer-Artillerie nebst 8 sechspfündigen Geschützen, zusammen bei 4000 Mann, welche bei Montebelluna, mit der Front gegen Feltre, postirt waren.

### 2. Division — General della Marmora.

1 Bataillon Kreuzfahrer von Padua,

1 „ Freiwillige von Pesaro,

1 „ Legion von Neapel,

1 „ Legion von Sicilien,

1 „ Freiwillige von Treviso,

1 „ Freiwillige von Ravenna,

1 „ Scharfschützen,

1 „ Studenten von Rom,

1 Kompagnie Freiwillige von Ferrara.

(Die Freiwilligen von Bologna und Ancona waren noch im Nachrücken begriffen.)

### 3. Division — General Ferrari.

2 Bataillone 1. römische Legion,

2 „ 2. römische Legion,

2 „ 3. römische Legion,

4 „ päpstliche Linientruppen.

514

Die Divisionen Marmora und Ferrari zählten zusammen 8 bis 10,000 Mann, sie hatten ihre Stellung zwischen Narvese und Treviso bezogen.

Wer hier eigentlich befahl, ob General-Lieutenant della Marmora oder Durando, und in wie weit Ferrari dem Einen oder dem Andern oder keinem von Beiden gehorchte, ist schwer zu ermitteln. Täglich trafen kleine Abtheilungen Freiwillige in Treviso ein, unter andern die sogenannte italienische Legion, welche General Antonini in Paris gebildet hatte, die jedoch meist aus Polen und Franzosen bestand. Für seine Person wurde der General nach Venedig berufen, um dort das Stadt-Kommando zu übernehmen.

Die Vorposten der Division della Marmora standen knapp am jenseitigen Piave-Ufer, deren Reserven lagerten bei Spresiano, Lovadina und Maserada. Man hatte schon in der letzten Woche des Monats April die ausgiebigsten Vertheidigungs-Anstalten getroffen. Die schöne Piave-Brücke wurde abgebrannt, im rechtsseitigen Fluß-Damm wurden Scharten eingeschnitten, alles Brückenmaterial entfernt und auf die Plattformen eine Anzahl Geschütze aufgeführt. Nervesa, besonders die Gasse bei der Ueberfuhr, war durch Wall und Graben versichert, die übrigen Eingänge verrammelt.

**Umgehung der Piave-Linie über Belluno.**

Den Uebergang des Flusses zu forciren, schien unter solchen Verhältnissen nicht räthlich. Der Fluß war angeschwollen und ein Fallen des Wassers in der damaligen Jahreszeit, wo das Schmelzen des Schnees im Gebirg eintrat, nicht so bald zu hoffen. Der Uebergang im Angesicht des Feindes hätte also jedenfalls viele Vorbereitungen erfordert und Menschenleben gekostet. Zudem war der Feind in der Lage sich zu verstärken, wir aber nicht; endlich fehlte es dem Korps an Geschützen schweren Kalibers — die beiden Zwölfpfünder-Batterien aus Gradisca konnten vor dem 10. nicht anlangen — wollte man ihr Eintreffen abwarten, so gingen noch sieben kostbare Tage verloren. Der Feldzeugmeister faßte daher den Entschluß, die Piave-Linie blos zu maskiren und das Korps durch eine Umgehung rechts durch die Gebirge von Belluno auf das rechte Ufer zu versetzen, zu welchem Zwecke beim Abrücken aus Sacile am 3. Mai Major Baron Handel den Auftrag erhielt, sich ungesäumt nach Serravalle zu begeben, um mit dem aus 2 Divisionen der beiden Banal - Regimenter zusammengesetzten Bataillon unter Kommando des Hauptmanns La sic, zu welchem noch eine halbe Raketen - Batterie unter Lieutenant Jäger stieß, gegen Belluno vorzurücken. Zur Deckung der linken Flanke dieser Kolonne wurde nach dem Einrücken des Korps in Conegliano am 3. Abends von dort aus Major Baron Geramb des 1. Banal-Regiments mit 4 Kompagnien direkte über Corbanese, die Val Maseno gegen Mel abgesendet. Dieser Kolonne war Hauptmann Henikstein des Inge-nieur-Korps, als Generalstabs-Offizier beigegeben. In der Nähe von Belluno sollten sich beide Kolonnen vereinigen und noch durch eine Divi-sion Hohenlohe-Infanterie verstärkt werden. Sie hatten das dortige Ge-birg von Insurgenten völlig zu reinigen.

In Serravalle hatte Major Handel in Erfahrung gebracht, daß ungefähr 800 Insurgenten die Einsattlung der Cima di Fadalto zwischen den Seen Morto und Sta. Croce besetzt, die Straße an mehreren Stel-len verrammelt oder abgegraben und 2 Geschütze an dem vortheilhaftesten Punkte placirt hätten. Der genannte Major requirirte daher die nöthigen Boten und Arbeiter und leitete mit 3 Kompagnien nebst den Raketen die Vorrückung nach Cima nove ein, 3 Züge wurden in die linke, der 4. Zug in die rechte Flanke beordert, um die Gebirge zu säubern.

Ein furchtbarer Gewitterregen und die hereinbrechende Nacht zwan-gen die Kolonne in Cima nove anzuhalten und Stellung zu nehmen.

Hier erhielt Baron Handel durch den Hauptmann Maroičić des Generalstabs, die erste Nachricht von dem Mißlingen des Vorrückens der linken Flanken-Kolonne. Diese war nämlich von überlegenen Streit-kräften aufgehalten, mit vorbereiteten Steinbatterien empfangen worden, und hatte sich mit dem Verluste von 1 Todten und 9 Verwundeten nach Serravalle zurückgezogen, dessen nördlichen Ausgang sie besetzte. Dieser widrige Zwischenfall ward jedoch theilweise durch die zweite Nachricht auf-gewogen: Major Geramb sei bereits in der Val Mareno angekommen.

Da man nicht zweifeln durfte, daß ein weiteres Vordringen dieses Stabs-Offizieres auch die in Fadalto postirten Insurgenten um ihren Rückzug besorgt machen, somit zum Verlassen ihrer Stellung bewegen würde, so beschloß Major Baron Handel, gleich nach dem Abkochen am 4. Mai wieder aufzubrechen. Durch eine Tirailleurkette, welche der

Lieutenant Jovičić sehr umsichtig leitete und zwischen der die Raketengeschütze eingetheilt waren, säuberte man den rechtsseitigen Thalgang bis
hinauf zu den Steinfelsen, während auf der Crête selbst eine halbe Kompagnie vorrückte. Der dem General-Quartiermeisterstabe zugetheilte Lieutenant Graf Wimpffen bedrohte mit einer anderen Abtheilung den Feind
jenseits des Lago morto. Schon nach einigen Schüssen verließen die Insurgenten alle ihre vorbereiteten Vertheidigungs-Maßregeln und eilten
auf Capo di Ponte zurück, woselbst sie die zum Abbrennen vorgerichtete
Piave-Brücke anzündeten, die man ungeachtet aller Beschleunigung zu
retten nicht mehr im Stande war, weil das Wegräumen der Straßen-
hindernisse viel Zeit in Anspruch nahm.

Am Abend trafen noch 2 Bataillons E. H. Carl, ein Zug Uhlanen
und ein Pionier-Detachement unter dem Lieutenant Gschwend, in
Fadalto ein; General-Major Culoz, welcher der ganzen Vorrückung
beigewohnt hatte, übernahm nun das Kommando über alle diese in eine
Brigade zusammengestellten Abtheilungen, wozu auch das Bataillon des
Majors Geramb gehörte. Die Verbindung mit dem aus der Val Mareno vordringenden Bataillon ließ Culoz durch einige nach Quantin und
in dieser Richtung entsendete Detachements aufsuchen. Als er jedoch mit
dem Major Handel am 5. Mai zu seiner Vortruppe nach Capo di Ponte
eilte, empfing er dort durch die sich ganz zutraulich nähernden Landleute
die erfreuliche Nachricht, daß die Stadt Belluno die weiße Fahne aufgesteckt habe und eben mit dem Major Geramb über ihre Unterwerfung
unterhandle.

Gleichzeitig erhielt Culoz vom Feldzeugmeister Nugent die geheime Weisung: „am linken Piave-Ufer rasch einen Kolonnenweg zu ermitteln und herzurichten, damit das Korps demnächst mit allen Waffengattun-
gen über Belluno und Feltre in die Ebene von Treviso operiren könne."
Culoz traf augenblicklich alle Vorkehrungen, um seine Truppen noch am
Abend des 5. so wie in der darauf folgenden Nacht und am nächsten Morgen auf Belluno vorrücken zu lassen. Er selbst für seine Person eilte ungesäumt dahin, und ließ durch eine Abtheilung des Bataillons Geramb
die Brücke von Pribano über den Torrente Cordevole besetzen, um sich
das dortige Straßendefilée zu sichern. Die Aussagen der Landleute im
Capo di Ponte fand er vollkommen bestätigt.

Major Geramb hatte am 4. gleichfalls bedeutende Hindernisse zu überwältigen, bis er den Canal di S. Poldo erreichte. Auf höchst beschwerlichen Steigen und über rauhe Gebirgshänge umging er mit seinen braven Grenzern die von den Insurgenten besetzten, der Vertheidigung günstigen Punkte, und zwang den Gegner zum Rückzug. Ohne die Fliehenden einholen zu können, erreichte er Trichiana, wo er seine bis zum Aeußersten erschöpfte Mannschaft übernachten ließ. Am folgenden Tage war er gegen Belluno vorgerückt, und hatte im Angesichte dieser Stadt auf der Höhe von Cavessago Stellung genommen. Während ein Detachement in der Richtung gegen Sta. Croce vorging, ritt Hauptmann Henikstein zur Rekognoscirung gegen Belluno vor; er kehrte jedoch bald mit der Nachricht zurück, daß der Zugang frei, die Insurgenten abgezogen und die Stadt zur Unterwerfung bereit seien.

In Belluno traf General-Major Culoz unter verschiedenen Umständen mit äußerster Geheimhaltung alle Einleitungen zur Verpflegung des Armee-Korps, eine Division des Bataillons Geramb rückte an der Piave hinauf nach Longarone und Major Handel ließ durch die Pioniere und einige hundert Bauern aus einem von Cape di Ponte über Lastreghe, Sagrogna, Cevego und Pie di castello nach Belluno führenden engen, felsigen Karren- einen Kolonnenweg herstellen. Binnen 24 Stunden wurde diese Wegstrecke dergestalt fahrbar gemacht, daß das Korps ohne den mindesten Unfall, ohne den geringsten Aufenthalt dieselbe später passiren und zur nicht geringen Ueberraschung des Gegners unaufgehalten von Conegliano über Belluno und Feltre in der Ebene von Montebelluna debouchiren konnte.

Zur Ausführung dieser Umgehung der feindlichen Aufstellung an der Piave, erhielt die in Sacile stehende Brigade Felix Schwarzenberg am 6. Mai den Befehl, ungesäumt auf Serravalle abzurücken; sie erreichte noch an demselben Tage mit 1 Bataillon Deutschbanater und 2 Bataillons Wocher die Cima di Fadalto, während direkte von Conegliano aus das 2. Bataillon Warasdiner St. Georger nebst der Kavallerie- und Raketen-Batterie Nr. 4 in Serravalle eintraf. Die Echellonirung war somit eingeleitet.

Da man voraussehen konnte, daß der Feind den Abmarsch des Korps gegen Belluno schnell genug erfahren, somit Nugent's Absicht erkennen und

Alles anwenden werde, um deſſen Debouchiren in die Ebene zu hindern, ſo hing ſehr viel davon ab, daß der erſte Echellon — die Brigade Culoz — den Ausgangspunkt des Defilées erreiche, bevor noch der Feind ſeine Gegenanſtalten getroffen habe. In dieſer Vorausſicht ſchob Culoz noch am 6. einen Theil ſeiner Brigade bis Feltre vor. Auf dem Marſche dahin fanden unſere Truppen das feindliche Lager gegenüber von Cejana von den Inſurgenten kaum erſt verlaſſen. Major Handel beauftragt, den Inſurgenten auf einem kürzeren Weg über Villa Pajera zuvorzukommen, konnte wegen der bereits hereingebrochenen Nacht dieſen Auftrag nicht mehr ausführen. Ein päpſtlicher Hauptmann, welcher die Vertheidigungs-Anſtalten im Gebirge geleitet hatte, wurde in Feltre zum Gefangenen gemacht. Hier theilten ſich die Inſurgenten — die Einen zogen gegen Quero, die Andern auf Arſiè.

Am 7. (mithin an demſelben Tage wo Nugent von Conegliano aufbrach) beſetzte Major Handel den hinter dem Monte Fenera liegenden Ort Quero, welchen 1500 Inſurgenten kaum eine halbe Stunde vor ſeinem Eintreffen geräumt hatten. Ein Debouchiren des Korps aus dem Piave-Thale konnte alſo der Feind nur noch auf dem Monte Fenera hindern; dieſer iſt jedoch ſo rauh und ſteil, daß man keine Geſchütze hinaufzubringen vermag, auch könnte General Culoz 2 Raketen-Batterien dagegen verwenden. Uebrigens hätte eine entſprechende feindliche Aufſtellung daſelbſt wenigſtens drei Viertel Meilen in der Ausdehnung betragen müſſen, um geſichert zu ſein. Lieutenant Megdeburg ging mit einem Zug Banaliſten gegen Arſiè und Primolano, um jene feindliche Kolonne, welche dieſen Weg eingeſchlagen hatte, im Auge zu behalten. Die übrigen Abtheilungen der Brigade Culoz trafen im Laufe der Nacht vom 7. auf den 8. über Feltre in Quero ein.

General-Major Fürſt Felix Schwarzenberg rückte mit ſeiner Brigade, dann dem Bataillon St. Georger nebſt 4 Eskadrons und 2 Batterien auf Belluno. Die Brigade Suplikaz kam mit dem 2. Bataillon Oguliner und dem Grenadier-Bataillon Biergolſch nach Sta. Croce und Fadalto, mit 2 Eskadrons Kaiſer-Uhlanen, 1 Kavallerie- und 2 Raketen-Batterien nach Serravalle, mit 1 Eskadron Windiſchgrätz-Chevauxlegers nach Ceneda. Somit waren zur Umgehung über Belluno und Feltre 3 Brigaden (10½ Bataillons, 8 Eskadrons, 1 Pionier-

Detachement, nebst 2 Kavallerie- und 3¹/₂ Raketen-Batterien) verwendet worden.

Hinter der Piave waren unter Kommando des Feldmarschall-Lieutenants Grafen Schaffgotsche verblieben: die Brigade Schulzig — 2 Bataillons Kinsky, 1 Bataillon Peterwardeiner, 1 Division Kaiser-Uhlanen, — sie war angewiesen, auf der ganzen Flußlinie eine besondere Thätigkeit zu entwickeln, die Herrichtung von Batterien zu beginnen und überhaupt durch verschiedene Scheinarbeiten den Abmarsch des Korps zu maskiren; dann die Brigade Stillfried — 2 Bataillons Fürstenwärther, 2 Bataillon Warasdiner-Creuzer — als Reserve bei Casa Migone.

In Conegliano trafen 4 Kompagnien des Infanterie-Regiments Este ein, und auf dem Anhermarsche befanden sich unter dem General-Major Fürst Edmund Schwarzenberg noch das 1. Bataillon des Illirisch-Banater- und das 2. Bataillon des 2. Banal-Grenz-Regiments, dann 1 Division des 9. Feldjäger-Bataillons.

Die ins obere Piave-Thal beorderten Divisionen von Hohenlohe und den Banalisten, welche die Verbindung mit Tirol eröffnen sollten, hatten zwar bei Rivalgo eine feindliche Kanone erobert, mußten jedoch später wieder bis Longarone zurückweichen; sie wurden daher durch eine Division E. H. Carl mit der Weisung verstärkt, sich bis auf weiteren Befehl defensiv zu verhalten, indem sich die Unterwerfung von Pieve di Cadore von selbst ergab, sobald das Korps bei Treviso Fortschritte machte.

### Gefechte bei Pederobba und Arfié
#### am 8. Mai.

Es war am 8. Mai Mittags, als sich General-Major Culoz an die Spitze seiner Brigade setzte und in Begleitung des Majors Handel, gefolgt von einem Zug E. H. Carl Uhlanen, welchen der Oberst Baron Hügel führte, eine Division E. H. Carl-Infanterie und die halbe Raketen-Batterie des Lieutenants Jäger auf der Straße vordrangen, um das vorwärtige Defilé und den Ort Pederobba zu gewinnen. Um der im Thale vorrückenden Kolonne die Ausbesserung einer vom Feinde zerstörten Straßenecke zu ermöglichen, führte der Lieutenant Graf Wimpffen eine Seiten-Kolonne rechts auf den Monte Jenera, wo sie die Kapelle St. Sebastiano besetzte. Kaum war die Hauptkolonne aus dem Defilé, wurde sie

zweier feindlicher, Kavallerie-Abtheilungen, denen Infanterie folgte, ansichtig, sie näherten sich von Onigo dem Dorfe Pederobba. Culoz ließ
seiner Avantgarde eine möglichst vortheilhafte Stellung einnehmen und den
in Quero zurückgelassenen 4 Kompagnien Banalisten, unter Hauptmann
La sić den Befehl zukommen, im Schnellschritte vorzurücken. Der erste
glückliche Raketenwurf brachte ein sichtbares Schwanken in der Haltung
der sich immer mehr nähernden Insurgenten hervor — es war die Freikompagnie Mosti; ihre Kavallerie machte eine Direktions-Veränderung
und bog zur Seite aus, welchem Beispiele auch die Infanterie folgte. Nun
dirigirte Culoz ungesäumt eine Plänklerkette gegen die Höhen von
Onigo, welchen Ort dieselbe vom Feinde bereits verlassen fand. Da jedoch
die Umgebung von Onigo keine günstige Aufstellung bietet, poussirte Culoz
bis zum Torrente Musone, hinter welchem die Insurgenten (in der Stärke
von etwa 1500 Mann) auf den bewachsenen niedern Bergabsäßen beiderseits der Straße in dichten Plänklerschwärmen standen und unsere
schwachen Vortruppen mit einem sehr ausgiebigen Feuer empfingen. In
diesem Augenblicke traf Hauptmann La sić mit seinen Banalisten ein. Der
General ordnete daher unverzüglich den Angriff an und schickte gleichzeitig
um den Rest der Brigade nach Quero zurück, wo nur 2 Kompagnien als
Echelon zurückbleiben sollten.

Der mit der Oertlichkeit ziemlich vertraute Major Baron Handel
erbat sich vom Brigadier eine Division Banalisten, welche er rasch durch
Hecken und Gräben auf den steilen Abhang links von der Straße vorführte. Die braven Grenzer folgten ihm mit lautem Jubel. Culoz führte
die 4. Kompagnie vor. Diesem schnellen Entschlusse allein ist es zu danken,
daß der Feind im ersten Anlaufe mit dem geringen Verluste von 3 Todten
und 17 Blessirten unsererseits geworfen und eine Position gewonnen
wurde, welche namhafte Vortheile für hinhaltende Gefechte, somit für
Avantgarden bietet. 3 Fahnen, ein Insignum der Crociati mit Allusionen
auf die durch den Papst vollzogenen Einweihungen, eine Trommel und
viele Waffen fielen bei diesem kurzen Gefechte in unsere Hände. Die Truppen besetzten nun die Rocca zur Rechten der Straße gegen Cornuda und die
links derselben gelegenen Höhen; die Reserve blieb in und um Onigo.

An demselben Tage wurde der Lieutenant Magdeburg, welcher
sich mit seinem Zug zu weit gegen Primolano vorwagte, von etwa 300

Insurgenten umrungen; er brach sich jedoch muthig Bahn und erreichte, wiewohl nicht ohne bedeutenden Opfern, die Brücke von Arsiè.

Auf die Meldung von diesem Gefechte entsendete der kurz vorher in Feltre eingetroffene General-Major Fürst Felix Schwarzenberg 4 Kompagnien Deutschbanater nach Arsiè. Alle übrigen Truppen des Korps sammelten sich an diesem Tage in Belluno, von wo die Brigade Wyß am 9. bis Feltre und Oberst Baron Stillfried mit einem Bataillon Warasdiner-Creußer gegen Pieve di Cadore vorrückte. Major Graf Crenneville von Preußen-Hußaren, wurde zum Militär- und Zivil-Kommandanten in Belluno ernannt. Das Korps-Quartier kam ebenfalls nach Feltre.

Mittlerweile hatte der Marine-Artillerie-Hauptmann Parabis eine Anzahl Schiffe, Flöße und sonstiges Material zum Brückenschlage für die Division Schaffgotsche gesammelt. Am 8. wurden durch den Hauptmann Maidich vom Pionnier-Korps, alle Vorbereitungen hiezu getroffen und ungefähr 800 Schritte oberhalb der bisher bestandenen nunmehr abgebrannten Jochbrücke der Punkt zum Brückenschlage ausersehen, und alles Material dorthin geschafft. Man erbaute zugleich 4 Batterien, in welchen 2 Zwölfpfünder-, dann eine halbe Kavallerie- und eine halbe Raketen-Batterie aufgestellt werden sollten.

### Gefecht bei Onigo
#### am 9. Mai.

Sowohl diese Uebergangs-Anstalten — verbunden mit dem Ausgange des Gefechtes bei Onigo (am 8.) — und der Schrecken, welcher bis Bassano drang, gab den Truppen unter della Marmora, Ferrari und Durando eine ziemlich schwankende Haltung. Ihre Bewegungen verriethen es deutlich. Ferrari zog seine Division am 9. bei Cornuda zusammen, wo ihn Durando bis auf 7000 Mann verstärkte; er rückte um neun Uhr Vormittags zum Angriff gegen Onigo vor, während sich Durando mit dem Reste seiner Division gegen Crespano wendete.

Von den Truppen der Brigade Culoz kamen eine Division Infanterie mit 3 Geschützen nach Pederobba; in vorderster Linie und für den ersten Angriff, standen 4 Kompagnien Banalisten unter Hauptmann Lasić, dann 2 Kompagnien E. H. Carl-Infanterie, 1 Zug E. H. Carl-Uhlanen und 3 Raketen-Geschütze. Culoz war eben aus Feltre zurückgekehrt, wo

I.                                                                34

er die Nacht zubrachte, als das Gefecht begann. Da die ganze hier concentrirte Avantgarde-Brigade nur 15 Kompagnien, ⅛ Escadron, ½ sechspfündige und ¼ Raketen-Batterie betrug, so mußte man vorsichtig auftreten und ein hinhaltendes Gefecht führen, wobei kaum mehr als die
Hälfte der eben angedeuteten Streitkräfte engagirt werden durfte, bis
von rückwärts Verstärkungen eingetroffen waren. Eine Escadron
päpstlicher Dragoner sprengte muthig heran, gerieth aber durch eine in
ihrer Mitte platzende Rakete in Unordnung. Schon lagen von dieser Truppe
eine beträchtliche Anzahl Todte und Blessirte zu beiden Seiten der Straße,
als das 2.·Bataillon Warasdiner-St. Georger am Kampfplatze eintraf;
später folgte der Korps-Kommandant, und um drei Uhr Nachmittags langte
auch der General-Major Fürst Felix Schwarzenberg mit dem Reste
seiner Brigade daselbst an. Das Gefecht ward lebhaft. Graf Nugent
ließ nun auch durch Major Handel dem General-Major Culoz den
Befehl zum Vorrücken überbringen; — man ging um diese Zeit auf allen
Punkten in die Offensive über. Der Feind wurde zurückgedrängt;
Schwarzenberg und Culoz drangen, ersterer von Onigo über Levada,
letzterer direkte gegen Cornuda vor. Ferrari, dessen rechte Flanke durch die
Bewegung der Brigade Schwarzenberg bedroht war, trat um vier Uhr
Nachmittags seinen Rückzug in die Stellung von Montebelluna an, wo
auf drei Seiten durch Bäche und Kanäle die Zugänge einer vortheilhaft
gelegenen Hochebene erschwert werden. Die beiden vorerwähnten Brigaden
bezogen ein Lager bei Cornuda.

Einer besonderen Erwähnung haben sich in diesem Gefechte würdig
gemacht: Major Baron Handel vom General-Quartiermeisterstabe,
dann Major Geramb vom 1. und Hauptmann Lasić vom 2. Banal-
Grenz-Regimente — letzterer wies den ersten Angriff der Division Ferrari
entschieden zurück. Unser Verlust bestand in 6 Todten und 25 Verwundeten, unter letzteren der brave Lieutenant Jovičić vom 1. Banal-Regimente und Lieutenant Jäger, Kommandant der halben Raketen-Batterie.
Der Feind verlor bei 30 Todte und 150 Verwundete. Nach dessen eigenen
Angaben entliefen gegen 2000 Mann in ihre Heimat. Rathlosigkeit der Führer
und Abneigung der Soldaten gegen den Kampf wurden immer bemerkbarer.

Noch im Laufe dieses Tages debouchirte das ganze Armee-Korps
aus dem Piave-Defilé in die freie Ebene. Das Bataillon Deutschbanater

wurde, nachdem das Korps den Ort Quero passirt hatte, vom Arrière-
gardedienst einberufen und zur Brigade gezogen. Die am 7. in Conegliano
angekommenen 4 Kompagnien Este von der Division Schaffgotsche rückten
noch am 9. an die Piave nach Vidor.

**Brückenschlag über die Piave. — Aufstellung des Armee-Korps.**

Ungefähr um halb fünf Uhr Nachmittags begann unter dem Schutze
der oben erwähnten 4 Batterien der Brückenschlag über die Piave. Die
sicheren Schüsse unserer Zwölfpfünder zündeten mit der zweiten Granate
das Mauthhaus am jenseitigen Ufer und brachten sichtbar große Verwirrung in die daselbst aufgestellten feindlichen Truppen. Ihre Geschütze antworteten wohl fleißig, doch bald hatte sie die Ueberlegenheit der unsrigen
zum Schweigen und gänzlichen Rückzuge vom jenseitigen Ufer-Damm gebracht. Bei diesem Geschützkampfe erhielt Oberstlieutenant Baron Karg
von Kinsky-Infanterie, ein Kartätschen-Schrot in den Kopf, — er hatte
sich aus Neugierde auf dem Damme zu weit vorgewagt. Erst um
sieben Uhr früh des andern Tages war man mit der Brücke fertig geworden, worauf die Brigade Schulzig die Piave überschritt. An ihrer Vorhut marschirten 2 Kompagnien Illirisch-Banater auf Maserada, 2 Kompagnien desselben Regiments auf Castrette; die Vorposten wurden entlang
und über die Strada Postumia ausgestellt; mit dem Reste der Brigade
(11 Kompagnien Kinsky, 1 Zug Uhlanen, ⅛ Fuß- und ¼ Raketen-
Batterie) bezog General-Major Schulzig ein Lager bei Visnadello an
der Chaussée. In Spresiano blieben unter dem Schutze einer Kompagnie
Banalisten die beiden zwölfpfündigen Batterien; zunächst dieses Ortes
aber und vorwärts desselben standen 4 Kompagnien vom 2. Bataillon
des 2. Banal-Regiments mit 3 Zügen Uhlanen. Noch weiter rückwärts,
zunächst des Flusses standen in Ponte di Piave 2 Kompagnien Peterwardeiner, am Brückenkopf vor der abgebrannten Ponte di Priula die übrigen
4 Kompagnien dieses Bataillons, in Vidor die schon genannten 4 Kompagnien Este, 1 Kompagnie Kinsky zu Palvadore, 1 Kompagnie Banalisten in Conegliano, 1 Division vom 9. Feldjäger-Bataillon in Camolò
zur Verbindung mit der Umgehungs-Kolonne unter dem unmittelbaren
Befehle des Feldzeugmeisters. Dies war am 10. Mai die Aufstellung der
Division Schaffgotsche.

34*

Der Korps-Kommandant erließ noch am 10. aus seinem Hauptquartier Onigo eine Disposition, welche die Verfolgung der erreichten Vortheile bezweckte und wornach die feindliche Aufstellung bei Montebelluna durch mehrere Kolonnen in den Flanken angegriffen werden sollte. Allein Ferrari hatte schon während der Nacht vom 9. auf den 10. seine Position verlassen, sein Waffenbruder Durando auf Asola sich zurückgezogen, von wo er — in der Ueberzeugung, daß er auf jedem Punkte zu spät erscheinen müsse, — rasch nach Piazzola am rechten Ufer der Brenta sich wandte. Wahrscheinlich gedachte er hinter diesem Flusse noch Widerstand zu leisten und, wenn solcher vergeblich wäre, nach Vicenza sich zu werfen.

Unsere Angriffs-Kolonnen fanden Montebelluna vom Feinde verlassen. Das Korps bezog Bivouaks bei Trivignan di Campagna, Falzó und Signoressa. Auf Postioma wurde eine Kavallerie-Division vorgeschoben und noch am Abend dieses Tages die Verbindung des Korps mit der Division Schaffgotsche bei Visnadello erzielt.

### Gefecht bei Castrette
#### am 11. Mai.

Feldzeugmeister Graf Nugent, auf seinem ursprünglichen Vorhaben — der Hauptarmee an der Etsch eine solide Zufuhrs- und Vertheidigungs-Linie mit dem Innern der Monarchie zu sichern — fest beharrend, beschloß daher, auch die Stadt Treviso zu unterwerfen. Am 11. Mai wurde links abmarschirt, die Brigaden Culoz, Suplikatz und Wyß hielten die Straßa Postumia, sie wurden rechts durch die über Nacht in Postioma gestandene Kavallerie-Division kotoyrt. Die Brigade Schwarzenberg nahm ihren Weg über Camolò und konnte somit im Falle einer Linksschwenkung jeden Augenblick die Reserve bilden. Die Bagage wurde unter angemessener Bedeckung von Volpago auf Povegliano dirigirt.

Als die an der äußersten Spitze der Vorhut marschirende Eskadron Windischgrätz-Chevaur-legers in die Höhe von Paderno kam, zeigten sich feindliche Reiter, welche rasch gegen diesen von den Insurgenten besetzten Ort zurückgeworfen wurden. Mittlerweile tönte auch von Castrette der Kanonendonner herüber. Ferrari — in der Voraussetzung, die noch getrennten österreichischen Abtheilungen vereinzelt schlagen zu können — hatte aus Treviso mit 3 päpstlichen Bataillons, 1 Eskadron Dragoner und einigen Geschützen gegen die bis auf zwei Stunden von der Stadt nach le

Castrette vorgegangene Brigade Culoz einen Ausfall unternommen. Das an der Vorhut der Brigade marschirende Illirisch = Banater = Bataillon mußte der Uebermacht weichen; es zog sich auf die Brigade zurück. Culoz ließ es durch 2 Kompagnien Kinsky verstärken, 2 Kompagnien dieses Regiments wurden auf jede der beiden Flanken dirigirt, während 5 Kompagnien nebst der Kavallerie die Reserve bildeten (eine Kompagnie war an der Piave-Brücke geblieben).

Der Feind, welcher die Häuser von Castrette besetzt hatte, hielt dieselben hartnäckig; Culoz mußte seine Avantgarde noch durch eine Kompagnie Kinsky verstärken. Das Geschützfeuer ward ziemlich lebhaft, als der Brigadier zwei Raketen am linken Flügel der Kultur placirte und von dort die feindlichen Reserven beschießen ließ. Sie geriethen in große Unordnung, und da auch bald Castrette zu brennen anfing, räumte der Feind den Ort. Nun rückten die en reserve gestandenen Kompagnien Kinsky rasch vor und verfolgten die Fliehenden bis unter die Mauern von Treviso. Eine Kanone, mehrere Fahnen, dann Pferde, Waffen, Czakos u. dgl. fielen in unsere Hände. Nach der Aussage der Gefangenen standen an diesem Tage bei 9000 Insurgenten gegen die beiden Brigaden Schulzig und Culoz bei Castrette und Paderno im Gefecht. Erstere schob ihre Vedetten von Madonna di rovere bis auf den Exerzierplatz von Treviso vor.

### Gefecht bei Treviso
#### am 12. Mai.

Die Stadt Treviso hat ihre alte Umfassung von Mauern und Thürmen beibehalten; fest gebaute Barrikaden verstärkten die äußere Befestigung und 16 Kanonen bestrichen die Zugänge. In einem am 12. Mai abgehaltenen Kriegsrathe wurde beschlossen, nur 3500 Mann in der Stadt zurückzulassen. Eine schöne neapolitanische Armee war theils in der Romagna eingetroffen, theils erwartete man stündlich ihre Ausschiffung in Venedig. Dieser gedachten sich die päpstlichen Generale zu nähern; um dann vereint mit derselben den Entsatz von Treviso ins Werk zu setzen. General della Marmora scheint für seine Person damals in Venedig gewesen zu sein, wenigstens war er nicht in Treviso im Kriegsrathe zugegen. Ferrari marschirte mit den Linientruppen und Legionen noch am 12. nach Mestre ab, in Treviso blieben blos die Freikorps zurück. Durando bewegte sich in eben dieser Richtung, nachdem er bereits bis Piazzola hinter der Brenta zurückgegangen war. Von 12 Mitgliedern des regierenden Komités blieben nur 3 in Treviso zurück. Das Kommando führte Oberst Duca Lante Montefeltro.

Um dem Angriff mehr Nachdruck zu geben, wurde Oberst Baron Stwrtnik um die weittreibenden Mörser nach Palma zurückgeschickt. Mittlerweile sollte das gesammte Armee-Korps eine concentrirte Aufstellung beziehen.

Am 12. machte die italienische Legion und einige Abtheilungen Freiwillige, darunter jene von Padua, einen Ausfall gegen die auf Vorposten gestandenen Grenzer der Brigade Schulzig. Nachdem dieselben ihre Munition verschossen hatten, beorderte der Brigadier die 10. Kompagnie Kinsky auf der Straße vor; ihr folgten die 1. Division dieses Regiments über Carbonera und die 3. über S. Bartolomeo. Als dieselben in der vorderen Linie anlangten, war das Gefecht ziemlich lebhaft. Der Feind suchte Terrain zu gewinnen, wurde jedoch durch die eingetroffenen Verstärkungen bald zum Weichen gebracht, die ihn mit solcher Heftigkeit verfolgten, daß die Plänkler in den Schußbereich der auf den Wällen aufgestellten feindlichen Bataillone geriethen, wodurch sie einen bedeutenden Verlust erlitten.

Besonders zeichneten sich bei diesem Gefechte aus: Vom Illirisch-Banater-Grenz-Regimente: Major von Villek und Lieutenant Jossimović, welcher eine feindliche Fahne eroberte. Von Kinsky-Infanterie: Die Hauptleute Fürst und Baron Piret. Oberlieutenant von Bongard hatte mit 8 Rotten einen Maierhof besetzt, gegen welchen 2 Kompagnien unter dem Schutze der Wallgeschütze ausfielen; er schlug nicht blos diesen Ausfall ab, sondern hielt sich noch volle drei Stunden in diesem kaum 200 Schritte vom Walle entfernten Gebäude. Am rechten Flügel hatte Lieutenant Noe mit einer halben Kompagnie eine Mühle genommen, und ungeachtet eines sehr empfindlichen Verlustes behauptet. Dieses Gefecht kostete den Abtheilungen des Regiments Kinsky allein 4 Todte und 28 Verwundete, unter letzteren Lieutenant von Sutter.

---

Feldzeugmeister Graf Nugent ließ die Stadt Treviso zur Uebergabe auffordern, was diese jedoch ablehnend beantwortete.

Mittlerweile war auch der Brückenkopf an der Piave nach dem Plane
des Ingenieur-Hauptmanns von Rad ó mit großem Eifer seiner Vollendung zugeführt, während man auch unmittelbar abwärts von der abgebrannten, eine noch durch den Brückenkopf gedeckte Brücke aus Böcken
und Schiffen zu schlagen im Begriffe stand. Eben so ward durch den
Ingenieur-Hauptmann Graf Belrupt ein Brückenkopf vor der Ponte
della Delizia am Tagliamento in Angriff genommen worden.

**Kriegsrath. — Nugent übergibt dem Feldmarschall-Lieutenant Thurn das Kommando des Korps. —
Marsch bis Bicenza.**

Feldzeugmeister Graf Nugent hatte einerseits vor Treviso einen
hartnäckigeren Widerstand gefunden, als zu vermuthen stand, wodurch die
Verfolgung seines Planes Verzögerungen erlitt, andererseits aber hatte
der Feldmarschall seine dringende Aufforderung wiederholt, sich schleunigst
mit ihm zu vereinigen, indem er ihm vorstellte, daß der Schwerpunkt
unserer militärischen Operationen in Verona liege, daß das Hauptobjekt
das auf den Höhen von Sommacampagna gelagerte Heer des Königs sei,
daß nach Besiegung desselben alles Andere von selbst und ohne Schwierigkeit fallen müsse. Diese Umstände brachten den Feldzeugmeister wohl zu
dem Vorsatze, so bald als möglich nach Verona aufzubrechen und die
Sicherung des Landes vom Isonzo bis an die Piave durch das Reserve-
Korps des Feldmarschall-Lieutenants Baron Stürmer besorgen zu lassen;
es scheint indeß, daß Nugent diesfalls oder wenigstens in Bezug auf die
Epoche des Aufbruches noch zu keinem festen Entschlusse gekommen war,
indem er in Bisnadello schon am 16. die Generale seines Korps zusammen-
berief, um die Frage erst in Berathung zu ziehen: ob es angemessener sei,
zunächst die Unterwerfung der venetianischen Provinzen fortzusetzen oder,
dieselben blos durchziehend, die Vereinigung mit dem Feldmarschall zu
erstreben, wobei die unmittelbare Verbindung mit den rückwärtigen Provinzen der Monarchie aufgegeben und das eroberte Land der Revolution
wieder überlassen werden mußte.

Die versammelten Generale — die Feldmarschall-Lieutenants Graf
Thurn, Prinz Württemberg und Graf Schaffgotsche, die General-Majors von Culoz, Fürst Felix und Edmund Schwarzenberg (General-Major von Schulzig, welcher die Avantgarde kommandirte, war nicht zugegen) waren der Meinung, daß die Vereinigung mit der

Hauptarmee auf das Schleunigste bewirkt werden sollte, wobei Feldmarschall-Lieutenant Graf Thurn insbesondere noch bemerkte, daß die bis an die Piave eroberte Landesstrecke noch immer würde gehalten werden können *).

Der Feldzeugmeister entließ die Versammlung jedoch ohne einen Beschluß kund zu thun; es war aber nicht zu verkennen, daß er sich zur anderen Ansicht neige. Er mochte, auf die Stärke der Festungen von Verona, Mantua, Peschiera und Legnago rechnend, diese Festungsgruppe als ein unüberwindliches strategisches Netz, die Noth und Gefahr nicht für so groß und die Hilfe nicht für so dringend angesehen haben, als es in Wirklichkeit war. Der Umstand, daß bei dem Abmarsche des Korps die Grenze der deutsch-österreichischen Provinzen bedroht blieb, erheischte übrigens auch wirklich alle Berücksichtigung.

Am folgenden Tage versammelte der Feldzeugmeister abermals die Generale zu demselben Zwecke; da er aber erkrankt war, somit nicht im Stande war, den Vortrag selbst zu halten, beauftragte er den Feldmarschall-Lieutenant Grafen Thurn als Rangsältesten, die Ansicht der Versammelten neuerdings über diesen Gegenstand einzuholen. Thurn entwickelte alle für eine und die andere Ansicht sprechenden Gründe und erklärte sich zugleich auf das Nachdrücklichste für den unmittelbaren Marsch nach Verona. Sämmtliche Generale stimmten abermals dieser Ansicht bei.

Graf Thurn überbrachte dem Feldzeugmeister das Resultat der Besprechung. Da dessen Uebelbefinden aber rasch zunahm, übergab er dem Feldmarschall-Lieutenant Grafen Thurn noch am nämlichen Tage (17. Mai) das Kommando.

Von diesem Augenblicke an beschäftigte sich Feldmarschall-Lieutenant Graf Thurn ausschließend damit, den Abmarsch zur Vereinigung mit dem Feldmarschall möglichst zu beschleunigen und mit solcher Raschheit auszuführen, daß darin die sichere Bürgschaft für das Gelingen liegen mußte.

In der Nacht vom 17. auf den 18. langte noch ein zweites Schreiben des Feldmarschalls an, aus welchem der Feldzeugmeister wieder die dringende Nothwendigkeit der Vereinigung mit der Hauptarmee erkannte

---

*) Der Brückenkopf an der Piave konnte nämlich mit 4½ Bataillons, welche am 18., 19. und 20. einrücken mußten, besetzt bleiben und überdieß waren in den venetianischen Provinzen und in Görz mehrere Truppen noch am Anhermarsche.

und daher auch, ohne Zweifel dadurch bestimmt worden wäre, den Abmarsch auszuführen, wenn seine Krankheit ihn daran nicht gehindert hätte.

Dieser Marsch, womit der frühere Operationsplan des Reserve-
Korps aufgegeben wurde, muß als ein Wendpunkt für den ganzen Feldzug betrachtet werden.

Die zu besorgenden Schwierigkeiten, auf welche das vorrückende
Korps stoßen mußte oder konnte, waren aber auch nicht gering zu schätzen;
es handelte sich ja nicht blos darum, nach Verona zu gelangen, sondern
dies auch möglichst schnell und mit dem geringsten Verluste zu bewerkstelligen. Die erhaltenen Kundschafts-Nachrichten waren äußerst spärlich und
unsicher, man wußte weder die Stärke noch die Aufstellung der feindlichen
Truppen. Ueberdies mußte man gefaßt sein, mit dem auf 25.000 Mann
geschätzten neapolitanischen Korps zusammenzutreffen, diese waren aber in
Folge der in Neapel ausgebrochenen Revolution von ihrem Könige zurückberufen worden; sie gehorchtem diesem Befehle, nur General Pepe ging
mit 1500 bis 2000 Mann und einer Batterie nach Benedig. Der Marsch
ging durch ein insurgirtes Land, das Korps war mit Gepäcke und Trans-
porten von Lebensmitteln, die zum Theil von Ochsen geführt wurden,
überladen; man ließ einen Feind im Rücken, ohne zu wissen, was man
in der Front finden würde. Eine wesentliche Aufgabe war, die Brücke der
Brenta bei Fontaniva so schnell als möglich zu erreichen, um sich dieses
Ueberganges zu versichern. Nur durch Schnelligkeit und Energie allein
konnte die beabsichtigte Bewegung gelingen.

Die angedeuteten Verhältnisse berücksichtigend, ordnete indeß Feldmarschall-Lieutenant Graf Thurn den Abmarsch schon auf den nächsten
Tag nach Uebernahme des Kommandos, mithin auf den 18. an und dies
zwar mit dem Wagnisse des — wie wir gleich sehen werden — an diesem
Tage noch keineswegs sicher gestellten Brückenkopfes an der Piave. Nachdem die Regimenter in der Nähe von Postioma unter dem General-Major
Felix Schwarzenberg gesammelt waren, marschirte er am Abend
mit dem ganzen Korps, die genannte Brigade an der Tête, rechts ab;
die Brigade Schulzig machte die Arrièregarde.

Gegen Treviso hin hatte man vor Madonna di rovere, S. Gero-
lamo und anderen Orten verschiedene Hindernisse angebracht, um etwaige
Angriffe der Garnison zu erschweren. Es blieben zur Deckung und

Maskirung des Abmarsches 4 Kompagnien Franz Ferdinand d'Este-Infanterie, 3 Kompagnien des 2. Banal-Regiments, 1 Eskadron E. H. Carl-Uhlanen, 1 Zug Pioniere, ½ sechspfündige Fußbatterie, dann 2 eroberte Geschütze (1 römischer Achtpfünder und 1 Schiffskanone), beide in dem zur Noth hergestellten Brückenkopf an der Piave placirt, zurück. Die Vollendung des Brückenkopfes bei Ponte Priula war noch im letzten Augenblicke dem thätigen Major Khauß vom Ingenieur-Korps, übertragen worden.

Das Korps, welches seinen Marsch nach Verona antrat, bestand aus 16½ Bataillons, 7 Eskadrons, 54 Geschützen, nebst 1 Brücken-Equipage (18.500 Mann).

Die abmarschirenden Truppen erhielten den Befehl, sich mit gebratenem oder gekochtem Fleisch, mit Brot, Salz und Wein zu versehen, indem am 19. nicht abgekocht würde und bei sieben Meilen bis an die Brenta-Brücke bei Fontaniva zurückzulegen waren. Als Marschlinie wurde die Straße Postumia und zur Cotoyrung in der linken Flanke durch eine Kavallerie-Abtheilung die über Pabernello und Vedelago nach Castelfranco führende Poststraße benützt. Kurz vor dem um acht Uhr Abends stattgehabten Abmarsche brach ein sehr heftiges Gewitter los, welches zwar ganz geeignet war, den Abmarsch minder bemerkbar zu machen, die Beschwerlichkeiten des Marsches aber ungemein erhöhte. Der Regen fiel in Strömen vom Himmel und kalter Sturmwind durchtobte die finstere Nacht. Die Straße fand sich häufig von augenblicklich anschwellenden Bächen durchrissen, so daß zehn bis zwölf Stellen durchwatet werden mußten. Erst gegen Morgen heiterte sich der Himmel aus.

Castelfranco ward am 19. gegen eilf Uhr und Fontaniva gegen drei Uhr Nachmittags erreicht. Doch schon in Citadella, welches Städtchen die Vorhut-Brigade Felix Schwarzenberg um ein Uhr Mittags erreichte, regte Oberst Harabauer des Infanterie-Regiments Wocher den Gedanken an, daß man sich jedenfalls der Brenta-Brücke zu versichern trachten sollte. Der Hauptmann Maroičić des General-Quartiermeisterstabes, griff diese Ansicht augenblicklich auf, setzte sich an die Spitze einer Eskadron E. H. Carl-Uhlanen — die eben angekommen, nichts mehr verlangte als für Mann und Pferde nur einige Ruhe zu genießen — nahm noch 2 Haubitzen der Kavallerie-Batterie Nr. 1 mit, und eilte im Trab und

Galopp der Brenta zu, wo bei seinem unerwarteten Erscheinen die Insurgenten, nach einigen gewechselten Schüssen, das Weite suchten. Sie
hatten die Brücke sorgfältig zum Verbrennen hergerichtet — sämmtliche
Joche waren mit Pechfaschinen umwunden. Harabauer's Vorsicht hatte
sie vor Zerstörung bewahrt, wodurch für die Vereinigung mit dem Feldmarschall eine kostbare Zeit gewonnen war. Bald darauf setzte die ganze
Brigade Schwarzenberg hier über den Fluß.

Dieser Marsch (von Treviso bis an die Piave) hatte mit wiederholten
kurzen Rasten 19 bis 20 Stunden gewährt. Die Brigade Schulzig, welche
die Arrièregarde bildete, gelangte an diesem Tage nicht weiter, als bis
Castelfranco, indem sie durch die meist mit Ochsen bespannten Bagage-
Fuhrwerke und den mitgenommenen Viehtrieb bedeutend aufgehalten
wurde.

### Gefecht bei Vicenza
#### am 20. Mai.

Den Hauptzweck des Marsches stets vor Augen habend — das Korps
mit geringstem Zeitverlust und in möglichster Stärke dem Feldmarschall
zuzuführen — beschloß Feldmarschall-Lieutenant Graf Thurn, im Falle
Vicenza vertheidigt würde, diese Stadt nicht ernsthaft anzugreifen und
dies um so weniger, als er keineswegs beabsichtigte eine Garnison daselbst
zu belassen, welche — hätte sie geeignet sein sollen, den Besitz der Stadt
gegen die im Felde befindlichen römischen und vermutheten neapolitanischen
Truppen zu erhalten — der Stärke des Korps zu großen Abbruch zugefügt hätte.

Bei Lisiera angelangt, wurde die Avantgarde-Brigade Fürst Felix
Schwarzenberg zur Rekognoscirung vorgesendet. Man bemerkte bald am
Eingange der Vorstadt Sta. Lucia einen Aufwurf, hinter welchem 2 Geschütze standen, die aber durch unsere dagegen aufgestellten Sechspfünder schnell zum Rückzug gezwungen wurden. Tirailleurs-Linien, welche zu
beiden Seiten der Straße in beträchtlicher Ausdehnung vorgingen, kamen
bald ins Gefecht. Die Vorstadt und die Stadt selbst wurden mit Raketen
beworfen. Der Feind, welcher die Häuser besetzt hatte, vertheidigte sich
jedoch standhaft, ungeachtet mehrere Gebäude bereits in Flammen
standen. Er hatte die Vortheile einer gedeckten Aufstellung für sich. —

Es wurde wohl ein Theil der Vorstädte eingenommen, allein es war nicht zu verkennen, daß die Stadt nicht mit einem Handstreich im ersten Anlaufe zu nehmen sei.

Bei diesem Gefechte verdienen besonders erwähnt zu werden: Oberlieutenant Graf Zichy von E. H. Carl-Uhlanen, welcher, abgesessen, ein Gewehr ergriff und an der Spitze der Tirailleurs, jede Deckung verschmähend, auf freier Straße avancirte, bis er von einer Kugel in den Kopf getroffen, fiel. Vom Illirisch-Banater-Grenz-Regimente: Lieutenant Simić, die Feldwebels Turturca und Nikolajević, die sich unter den Augen ihres Bataillons-Kommandanten in der Plänklerkette auszeichneten. Unser Verlust bestand in 8 Todten, worunter Oberlieutenant Graf Zichy, dann 90 Verwundeten, unter letzteren Hauptmann Habliczek und Oberlieutenant Mihailović, welche tödtlich, dann Major Billek und Oberlieutenant von Gröſſing vom Illirisch-Banater-Grenz-Regimente, welche leicht verwundet wurden.

Das Gefecht wurde abgebrochen. Das Korps, zu welchem nun auch die Brigade Schulzig eingerückt war, bezog ein Lager bei Lisiera; die Avantgarde-Brigade Felix Schwarzenberg bei Polegge.

### Marsch nach E. Bonifacio. — Contremarsch nach Vicenza.

Am 21. wurde zur Maskirung der beabsichtigten Umgehung der Stadt, die Brigade Schulzig gegen die Vorstadt Sta. Lucia vorgeschoben, und das Korps über Monticello, Polegge, Cresole, Rettogole, Osteria del Albero nach L'Olmo in Marsch gesetzt. Auch dieser Marsch hatte seine bedeutenden Schwierigkeiten und war nicht ohne Gefahr, da er überdies auf einem schmalen Landwege und über schwache Brücken ausgeführt werden mußte. Zu deſſen Sicherung wurde bei Anlangen der Kolonne zu Bevatadore gegen das auf die Straße nach Schio führende Stadtthor Sta. Croce ein Bataillon aufgestellt, denn der Feind hatte, wie es hieß, zur Deckung der Straße von Roveredo. Schio mit 4000 Mann besetzt. Dieser gewiß kühne Umgehungsmarsch wurde indeß glücklich zurückgelegt und erst, nachdem die Truppe ein Lager hinter Tavernelle bezogen hatte, geschah in dieser Richtung auf der Straße nach Verona ein Ausfall.

Es war nämlich am Morgen dieses Tages General Antonini mit 1000 Mann auf der Eisenbahn von Venedig eingetroffen; einige Stun-

den später erschien auch General Durando, dessen Schweizer einen strengen Nachtmarsch zurückgelegt hatten. Als sie die Arrièregarde Thurn's
in der Gegend von L'Olmo in die Heerstraße von Verona einlenken sahen,
eilte Antonini mit seinen Freiwilligen gegen Birone hinaus, um die
Queue des österreichischen Korps anzufallen und Durando schickte die Vol-
tigeur-Kompagnie der Schweizer nebst einer Batterie zur Beobachtung vor.
Allein General-Major Culoz, der jene Nachhut kommandirte, hatte
seine Maßregeln so gut getroffen, daß der Feind von der Grenadier-
Division Piret unter Major Biergotsch aufgehalten und durch das
Kartätschenfeuer einiger maskirter Geschütze zersprengt wurde, wobei ihr
Führer General Antonini einen Arm verlor; auch Durando sah sich ge-
zwungen, seine Truppen in die Stadt wieder zurückzuführen.

In L'Olmo erhielt man die Nachricht, daß zwischen Vicenza und
Verona keine feindlichen Truppen mehr stehen — das Unternehmen war
somit gesichert. Das Korps setzte demnach am 22. seinen Marsch fort und
langte nach zurückgelegten vier Meilen bei Villanuova und S. Bonifacio
an, in dessen Nähe Radetzky's Vorposten standen. — Die längst ersehnte Vereinigung mit der Hauptarmee war somit hergestellt.

Das äußerst ermüdete Korps hätte einiger Ruhe bedurft; aber statt
dieser erhielt es den Befehl, augenblicklich umzukehren, Vicenza wo möglich zu nehmen, und dann mit gleicher Schnelligkeit am 25. in Verona
einzutreffen. Das Korps erhielt also Befehl, schon am nächsten
Tage gegen Vicenza zurückzumarschiren, um sich, wo möglich durch einen
Handstreich dieser Stadt zu bemächtigen. Jedoch war die Wichtigkeit dieser Unternehmung nicht der Art, um sie mit erheblichen Opfern durchzuführen, es wurde die Bedingung gemacht, daß kein bedeutender Menschen-
verlust damit verbunden sein dürfe; auch konnte das Korps keine Verstärkung aus Verona erhalten, weil die hiedurch erfolgte Schwächung der
Hauptarmee, den Feind zu einem neuen Angriffe unserer dortigen Stellung
ermuthigt hätte, — man konnte somit dem 3. Korps blos eine siebenpfündige Haubitzen- und die zwölfpfündige Batterie Nr. 3 zusenden;
endlich sollte auch der Angriff auf Curtatone nicht verzögert werden, weßhalb für die Unternehmung gegen Vicenza, mit Inbegriff des Hin- und
Rückmarsches, wie oben gesagt, nur die beschränkte Zeit von zwei höchstens drei Tagen gegeben wurde, so daß kaum zehn Stunden für den

eigentlichen Angriff blieben. Diese Bedingungen bei den örtlichen Verhältnissen der Stadt und der Umstand, daß die Garnison derselben mittlerweile von Padua um wenigstens 7 bis 8000 Mann verstärkt worden war,
hinderten das Gelingen des Unternehmens, das, nebenbei gesagt, an dem
Falle Peschiera's Schuld war.

Am 23. Mai brach das Armee-Korps mit Zurücklassung seiner Kavallerie (nur 2 Eskadronen blieben bei der Brigade Felix Schwarzenberg)
wieder gegen Vicenza auf, und bezog Abends Lagerplätze zwischen Tavernelle und L'Olmo. Der Regen fiel in Strömen vom Himmel.

### Gefecht bei Vicenza
#### am 23. Mai.

Die Insurgenten hatten die Stadt Vicenza sorgfältig verschanzt und
verbarrikadirt, die Höhen des Monte Berico in den Vertheidigungsbereich
gezogen und dessen Hauptzugang von Arcugnano her, trefflich verwahrt,
den Retrone gestaut und alle Brücken auf den Angriffswegen abgeworfen;
an Truppen und Geschütz fehlte es ihnen nicht.

General-Major Schulzig war angewiesen, mit seiner Brigade
(2 Bataillons Kinsky, 1 Bataillon Peterwardeiner und 1 Bataillon Banalisten nebst 1 Kavallerie-Batterie) auf Pont'alto zu gehen', von dort
am Dioma-Bache hinauf zu marschiren, und bei Albero eine Aufstellung gegen das Stadtthor Sta. Croce zu nehmen. Die Brigade
Kleinberg (1 Bataillon St. Georger, 1 Bataillon Banalisten, 2 Bataillons Fürstenwärther und 1 Kavallerie-Batterie) sollte bei Pont'alto
warten, bis von den Pionieren die Dioma überbrückt sein würde, und
sodann rasch die Vorstadt St. Felice angreifen. Die Brigade Suplikatz (bestehend aus dem Grenadier-Batillon Viergotsch und 1 Bataillon Oguliner)
war bestimmt, den Terrain rechts von der Straße bis zum Retrone zu besetzen. Die Brigade Felix Schwarzenberg (1 Bataillon Deutschbanater,
1 Bataillon Illirisch-Banater, 2 Bataillons Wocher und 1 Division E. H.
Carl-Uhlanen) bildete nebst der Sechspfünder-Batterie Nr. 2 bei Pont'-
alto die Reserve. Der entscheidende Angriff jedoch sollte über die Höhen
des Monte Berico erfolgen, wozu Oberst Graf Thun mit seinem Regimente E. H. Carl-Infanterie, 1 Division des 9. Feldjäger-Bataillons
und 1 Raketen-Batterie schon am 23. um zwölf Uhr Mittags von Villa-

nuova auf Altavilla gerückt war, um über S. Agostino, Monte della Valle und Sta. Margherita die Höhen des Monte Berico zu gewinnen.

Kaum hatten die Pioniere über die Dioma eine Bockbrücke mit einem Joche geschlagen — die dortige Brücke war vom Feinde gesprengt worden — als die Brigade Kleinberg zum Angriff auf Borgo S. Felice schritt. Zwei hinter Erdaufwürfen aufgestellte eiserne Schiffskanonen welche die Straße enfilirten, wurden durch unsere Kavallerie-Batterie demontirt, worauf die Kolonne vorrückte, eine Division Oguliner unter Hauptmann Imbrissević die Verschanzung erstürmte, die feindlichen Tirailleurs in die Stadt zurückgeworfen und die Vorstadt selbst besetzt wurde. Das Gros der Brigade nahm Stellung links von derselben und verband sich mit der Brigade Schulzig, welche es ebenfalls mit zahlreichen feindlichen Tirailleurs zu thun hatte.

Nachdem somit von Ueberraschung der Vertheidiger keine Rede war, wurde zur Erreichung des vorgesetzten Zweckes noch eine Beschießung versucht. Die siebenpfündige Haubitz-Batterie fuhr bei den der Stadt am nächsten liegenden Häusern der Vorstadt S. Felice auf; die Raketen-Batterie Nr. 3 wurde in der an den Exerzierplatz stoßenden Holzhandlung, die Raketen-Batterie Nr. 5 in der Kaserne S. Felice placirt; die Raketen-Batterie Nr. 6 kam anfangs auf den Eisenbahn-Damm, wurde aber später den beiden vorgenannten als Unterstützung zugewiesen; statt ihr kamen die 6 langen Haubitzen der Zwölfpfünder-Batterien nebst 2 zwölfpfündigen Kanonen, die man später auf 10 Piècen brachte, auf den Eisenbahn-Damm. (Nur 2 Zwölfpfünder blieben bei Pont'alto.) Die Beschießung von Vicenza sollte demgemäß aus 40 Geschützen stattfinden. Sie begann gegen halb sechs Uhr Morgens auf allen Punkten zugleich mit großer Lebhaftigkeit, obschon unsere Artillerie von den feindlichen Batterien auf der Höhe des Monte Berico und von Casa Volse hartnäckig bekämpft wurde. Doch zeigte es sich deutlich, daß, wenn gleich die Granaten wiederholt zündeten, ihre Wirkung auf die steinernen mit Ziegeln gedeckten festen Gebäude der Stadt zu gering sei, um ihre Vertheidiger zur Uebergabe zu zwingen.

Die entscheidende Wirkung wurde indeß ohnehin nur von der Einnahme der Höhen von Madonna del Monte erwartet. Schon glaubte man sich am erwünschten Ziele, als man auf diesem Punkte Raketen aufsteigen sah; allein nur zu bald belehrte die Richtung derselben, daß es feindliche

Geschosse seien, womit unsere rechte Flanke beschossen wurde. So lange noch vermuthet werden konnte, daß Oberst Graf Thun sich der Höhen bemächtigen werde, sollte mit der Bewerfung der Stadt mit allem Eifer fortgefahren werden. Bald jedoch langten Meldungen von demselben ein, welche die Unmöglichkeit berichteten', die Ueberschwemmung ihrer beträchtlichen Ausdehnung halber, zu übersetzen. Das ganze Thal, welches den Höhengang östlich von Altavilla, von jenem, auf welchem Sta. Margherita liegt, trennt, war durch selbe ungangbar gemacht, und das Durchwaten dieser Strecke hauptsächlich durch viele Wassergräben, mit denen der Boden durchschnitten war, unmöglich geworden. Oberst Thun sah sich deshalb nach mehrstündigen äußerst erschöpfenden und fruchtlosen Anstrengungen genöthigt, das Vorhaben aufzugeben, welches also nicht an der Tapferkeit des Feindes, sondern nur an der Unwegsamkeit des Angriffs-punktes scheiterte.

Unter diesen Umständen zeigte sich die Fortsetzung des Angriffs in der Ebene als zwecklos, auch begann bereits die Geschützmunition zu fehlen, daher das Feuer eingestellt und der Abmarsch angeordnet wurde *).

Unser Verlust bei dem Versuche der Einnahme von Vicenza war: todt Hauptmann Janiczek von Fürstenwärther-Infanterie, Oberlieutenant Regiments-Adjutant Radanović vom 1. Banal-Grenz-Regiment, Oberlieutenant Dietrich vom 4. Artillerie-Regimente, dann 12 Mann; verwundet Hauptmann Lasić vom 2. Banal-Grenz-Regimente und 27 Mann.

Das Korps marschirte noch am 24., ohne vom Feinde weiter belästigt zu werden, nach Villanuova und S. Bonifacio zurück, wo es mit einbrechender Nacht anlangte.

Am 25. ward es nach Verona gezogen. Freudigen Blickes sah der Feldmarschall das Korps an sich vorüberziehen, denn beendet war die herbe Zeit der Prüfung. Er konnte aus der leidenden, seinem Geist und Charakter so heterogenen Rolle, zu der ihn bis jetzt die Lage der Dinge genöthigt hatte, heraustreten. Er konnte seinem Gegner selbst auf den Leib gehen, dessen Angriffe er bisher zurückzuweisen bemüht war.

---

*) Der spätere großartige, mit allen Mitteln ausgestattete Angriff bewies hinreichend, daß die Einnahme Vicenza's keine geringe Aufgabe war und eine solch' bevölkerte, von Enthusiasten vertheidigte, stark verschanzte und verbarrikadirte Stadt durch einen Handstreich nicht genommen werden konnte.

Feldmarschall-Lieutenant Baron Welden, Anfangs Mai bestimmt als Stellvertreter des Feldzeugmeisters Grafen Nugent das General-Kommando in Graß zu führen, erhielt nach dem Abrücken des Reserve-Korps nach Verona, den Befehl über das 2. Reserve-Korps. Bei seinem Eintreffen in Görz am 20. Mai war dasselbe in nachstehender Weise aufgestellt:

### Ordre de Bataille des II. Reserve-Korps
#### am 16. Mai.

**Division F. M. L. Baron Stürmer.**

Brigade Oberst Br. Stillfried, Brigade G. M. Susan.
im Bellunesischen.

| | |
|---|---|
| 2. Bat. Waraediner-Creußer, | ½ Bat. 2. Banal-Reg. |
| ⅓ 1. Bat. 1. Banal-Reg. | ⅔ Bat. E. H. Franz d'Este, |
| ½ 3. Bat. Hohenlohe-Inf., | 1 Zug Pioniere, |
| ½ sechspf. Fußbatt. nebst | 1 Esk. E. H. Carl-Uhl., |
| 1 eroberten Kanone, | ½ sechspf. Fußbatt., nebst |
| ⅙ Raketen-Batt. | 2 eroberten Kanonen, |
| | 2. Bat. Deutschbanater, |
| | 2. Bat. Illirisch-Banater, |
| | 2 Bat. Haynau-Inf., |
| | 2 Esk. Boyneburg-Dragoner, |
| | ⅔ sechspf. Fußbatt. |

*(rechte Randnotiz:)* theils vor Treviso, theils im Brückenkopf der Piave. im Annesisch.

| | |
|---|---|
| 1⅔ Bat., 5 Gesch. | 5⅙ Bat., 3 Esk., 0 Gesch. |

Brigade Oberst Philippović    Brigade G. M. von Mitis
vor Osoppo und in Friaul.     vor Palmanuova.

| | |
|---|---|
| 2. Bat. Walachisch-Banater, | 1. Bat. Liccaner-Grenzer, |
| 2. Bat. Hrabowsky-Inf., | 2. Bat. Szluiner-Grenzer, |
| 3. Bat. Kinsky-Inf., | 2. Bat. 2. Banal-Grenzer, |
| 1 Landw. Bat. Prohaska-Inf., | 1 Abtheil. Sappeur, |
| 1 sechspf. Fußbatt., | ⅓ sechspf. Fußbatt. |
| 1 Raketen-Batt. | 4 Mörser |

| | |
|---|---|
| 4 Bat., 12 Gesch. | 3 Bat., 6 Gesch. |

### Detachirt
#### im Botte-Thal.

(Unter Major Hablitſchek) 3. Bat. Prohaſka-, 2 Komp. vom 3. Bat.
Hohenlohe-Inf., 1 Komp. Kaiſer-Jäger, ½ Eſk. E. H. Carl-Uhl.,
3 ſtändiſche vierpf. Geſch.

#### Auf dem Anmarſche begriffen:

2 Bat. Wiener-Freiwillige, 1 Bat. Hrabowſky-Inf., Oberſt-Div. Boyneburg-Drag., 2 Pionier-Komp. mit 3 Brücken-Equipagen.

Mithin in Allem 18⅔ Bat., 5½ Eſk., 35 Geſch. und 3 Brücken-
equipagen (18,000 Mann).

Bei der nunmehr unterbrochenen Verbindung dieſes Reſerve-Korps
mit der Hauptarmee, mußten deſſen Operationen ſelbſtſtändig werden. Die
Aufgabe, welche das 2. Reſerve-Korps zu löſen hatte, beſtand in der Deckung und Behauptung der Piave-Linie, um ſich nach erfolgtem Eintreffen
aller zum Korps gehörigen Truppenkörper die Offenſive zu bewahren,
welche der Brückenkopf bei Ponte della Priula erleichterte;

in der Behauptung des Gebietes von Belluno und Eröffnung der
Verbindung mit Süd-Tirol (die bisherige Verbindung zwiſchen Verona
und Conegliano, über Brixen, das Puſterthal und Villach betrug 75
deutſche Meilen, während die direkte Straßenentfernung der beiden genannten Orte nur 19 Meilen beträgt);

in den Blokaden von Palmanueva und Oſoppo;

in der Sicherung der Seeküſte von Duino bis Caorle in Verbindung
mit den küſtenländiſchen Truppen.

Es wurden daher folgende Operationen unverzüglich eingeleitet:

Die Brigade Liechtenſtein (Suſan) hält den Brückenkopf bei Ponte della
Priula beſetzt, ſie hat 2 Kompagnien und 1 Eskadron bei Ponte di Piave auf
der Straße vor Oderzo detachirt und ſteht mit dem Gros bei Conegliano.

Die Brigade Stillfried ſteht bei Belluno, ſie hat die obere Piave
mit den Seitenthälern Agordo, Zoldo, dann das Zellina-Thal zu bewachen und wird hiezu von der Brigade Liechtenſtein unterſtützt. Eine ſchon
früher im oberen Piave-Thal den Inſurgenten weggenommene Kanone
wurde hergerichtet und bei Maas aufgeſtellt, um dem Feinde das Vorbrechen aus dem Cordevole-Graben beſſer zu wehren. Nach Longarone
kam ein ſtarker Poſten nebſt dem Raketen-Geſchütz in der Abſicht, die Zu-

sammenrottungen und Vereinigung der Insurgenten aus dem Zoldo-, dann dem obern Piave-Thal und den Zellinen wirksam zu hindern; die Brücke bei Pribano über den Cordevole an der Straße von Belluno nach Feltre wurde theilweise abgeworfen und bewacht; auf der Straße von Belluno nach Serravalle aber und zwar in la Secca zum Schutze der Verbindung mit Serravalle ein Kommando postirt. In Belluno selbst stand Oberst Baron Stillfried, dem der Major Handel des General-Quartiermeisterstabes, beigegeben war, mit 4 Kompagnien und der halben sechspfündigen Batterie.

Die Brigade Philippović steht mit einem Theile in Udine zur Sicherung dieses Punktes, cernirt mit einem Bataillon Osoppo und unternimmt nach Einziehung der in Pontebba gestandenen 3 Kompagnien mit einem Bataillon einen Streifzug gegen Tolmezzo, Torni di sotto im oberen Tagliamento-Thale hinauf, dann über die Einsattlung Micron in das Piave-Thal und auf Pieve di Cadore, um vereint mit anderen Kolonnen, welche von Cortina und Longarone aus dahin dirigirt werden, den wichtigen Punkt Pieve di Cadore wegzunehmen und die Verbindung mit Tirol zu eröffnen. Am 26. Mai sollte die gleichzeitige Bewegung aller Kolonnen gegen Cadore beginnen.

Zur Unterstützung dieser Operationen und hauptsächlich zur nachdrücklichen Vertheidigung der Piave wird eine Reserve-Brigade gesammelt und vorläufig am Tagliamento aufgestellt.

Die Brigade Mitis hält Palma eng cernirt und setzt das Bombardement fort.

Der General-Major Susan wurde zum Militär- und Zivil-Gouverneur in Friaul ernannt. Oberst Philippović eilte nach Görz, um alle aus der Monarchie dort eintreffenden Verstärkungen schleunigst nachzuschieben.

### Gefecht bei Treviso
#### am 19. Mai.

An diesem Tage wurden die von Feldmarschall-Lieutenant Grafen Thurn zur Maskirung seines Abmarsches vor Treviso zurückgelassenen 400 Mann durch päpstliche Schweizer-Truppen angegriffen. Sie zogen sich unter beständigem Plänkeln mit guter Haltung langsam und ohne Verlust bis gegen Spressiano zurück, ohne vom Feinde verfolgt zu werden. Man konnte dies ein wahres Glück nennen, denn in jenem Augenblicke befanden sich im Brückenkopf der Plave und an der dortigen Rothbrücke nur 4 schwache Kompagnien d'Este mit 5 Geschützen. Unterstützt durch seine Artillerie wäre es dem Feinde ein Leichtes gewesen, den Brückenkopf zu erobern oder wenigstens die Brücke zu zerstören. Doch Thurn's Vorrücken machte ihn für Vicenza so besorgt, daß er seine ganze Aufmerksamkeit dahin richtete.

## Gefechte am Cadore

### zur Eröffnung der Straba d'Allemagna.

In dem rauhen und unwegsamen Hochgebirge des Bellunesischen hatte sich schon seit den letzten Tagen des März, als die kleine kaiserliche Garnison aus Belluno abrückte, eine Volksbewaffnung gebildet, die, durch Abenteurer, Fremdlinge, Emissäre, exaltirte Köpfe und Deserteure einheimischer Regimenter verstärkt, bald eine große Ausdehnung erlangte. An ihrer Spitze stand ein ehemaliger Zögling der Ingenieur-Akademie (zuletzt Offizier) Namens Peter Calvi. Er hatte aus Venedig einiges Geschütz bezogen und Geld und Lebensmittel durch Terrorismus sich zu verschaffen gewußt, um selbst einer längeren Absperrung trotzen zu können. Vom Major Hablitschek im Norden im Sertenthale am Monte Croce, dann südlich von Cortina im Coethal an der Landesgrenze eingeengt, gegen Mittag aber durch den Oberst Baron Stillfried bei Longarone, Igne und Peron beschränkt, dehnte sich der Aufstand, welcher über 6000 Bewaffnete verfügte, von der Camelica gegen Osten bis in die Thäler des Tagliamento, der Meduna und Zelline, so wie nach Westen bis ins Zoldo- und Agorbothal aus. In den Settecommuni hatten überdies die schlechtgesinnten Bewohner von Camon (am Cismone) gleichfalls Hülfe und Beistand zugesagt, während das Val Primiero eine unentschiedene Haltung beobachtete. Trotz des Tiroler-Aufgebotes unterhielt Calvi verschiedene Einverständnisse durch die Civinalunga mit dem Valsassa- und Fleimserthal und bezog aus diesen Thälern bei der theilweise herrschenden Sympathie für die Insurrektion Italiens mancherlei Bedürfnisse.

Nachdem nun Süd-Tirol nicht in einem Zustande war, um Truppen von dort wegzuziehen, im Gegentheil dieses Land mit allem Ernste zu seinen Pflichten verhalten werden mußte, was Feldmarschall-Lieutenant Baron Welden trefflich verstand, so mußte man besorgen, daß nach dessen Ab-

gang von dort jedes widrige Kriegsereigniß die Flamme des Aufruhrs erneuert anfachen und namentlich die Ballagherina ergreifen werde, wie dies
schon bei Unterbrechung der Verbindung bei Ceraino gedroht hatte. Es
war somit von der höchsten Nothwendigkeit geboten, den Aufstand im Ge-
birg zu zersprengen. Die Anordnungen hiezu waren folgende:

Der in der letzten Zeit durch einige Truppen-Abtheilungen verstärkte
Oberst Baron Stillfried sollte den Hauptangriff machen. Er hatte nämlich in jenem Augenblicke oder doch zwischen dem 25. und 27. eine Verstärkung von 10 Kompagnien Haynau, 2 Kompagnien Banalisten und
⅛ Raketen-Batterie erhalten, so daß diese Kolonne nunmehr aus etwa
4 Bataillons, ⅛ Eskadron und 9 Geschützen bestand. Vom Westen her
hatte Major Hablitschek zu agiren und durch das Boite-Thal vorzudringen. Auf der Ostseite war das 1. Bataillon Hrabowsky von Gemona
aus in's obere Tagliamento-Thal nach Ampezzo di Socchieve dirigirt worden.

Die Insurgenten von der ihnen drohenden Gefahr in voller Kenntniß und bei erlangter Ueberzeugung, daß man sie von drei Seiten zugleich
anzugreifen beabsichtige, hatten jeden geeigneten Punkt des rauhen Hochgebirges mit Umsicht und Thätigkeit haltbar gemacht, die Straßen an den
engsten Stellen abgegraben, die Brücken zerstört, und an den Thalhängen
zu beiden Seiten dieser Hindernisse ihre Steinbatterien vorbereitet. Die
Thäler und Höhen im Zoldo- und Agordo-Thale waren noch weit leichter
zu vertheidigen, besonders durch Eingeborne, welche alle Wege und Stege
kannten und — durch lange Gewohnheit befähigt — keinen Anstand
nahmen, vollkommen schwindelfrei über mehr denn hundert Klafter hohe
senkrechte Wände empor oder hinab zu klettern. Die Stadt Cadore blieb
der Knotenpunkt der ganzen Vertheidigung und bildete mit ihrer näheren
Umgebung gewissermaßen nur eine einzige große Gebirgsfeste. Denn nach
den drei Angriffsrichtungen hin, nämlich im Boite-Thal bei der Chiusa di
Venas, dann bei Lozzo im Piave-Thal gegen Norden und bei Rievalzo im
Süden, war das Thal querüber nach dessen ganzer Breite oder doch zum
Mindesten auf der gangbarsten Stelle verrammelt und verplankt oder verhauen. Man hatte Geschützstände erbaut, Steinbatterien vorgerichtet,
alle Umgehungssteige verdorben und ließ selbe bewachen. Alle drei vorgenannten Punkte oder Aufstellungen (Thalsperren) lagen blos so weit auseinander, um auch bei combinirten Angriffen von unserer Seite wechsel-

feitige Unterſtützung zu erlauben. Die auswärts der Thalſperren liegenden Ortſchaften waren durch die Inſurgenten verlaſſen und alle Lebensmittel aus ihnen entfernt worden; die Angriffs-Kolonnen blieben alſo einzig und allein auf den bei derartig zerſtörten Wegen doppelt ſchwierigen Nachſchub verwieſen. Ein namhafter Theil der zum Angriff verwendeten Truppen ſtammte aus dem Flachland und war ſomit gänzlich unbekannt mit den Eigenthümlichkeiten des Hochgebirges. Dieſe Unkenntniß hatte bereits bei früheren kleineren Gefechten mancherlei Nachtheile und Verluſte für unſere Truppen herbeigeführt, ſo daß ſelbe dem Kriege in ſolchen Gegenden nicht beſonders geneigt waren.

Am 25. hatte Oberſt Baron S t i l l f r i e d die letzten Einleitungen getroffen. Am Abend ſtanden die Kolonnen auf den ihnen bezeichneten Punkten bereit: die Diviſion Hohenlohe nebſt einem Raketengeſchütze war in das Zoldo-Thal beſtimmt, während das Bataillon Warasdiner-Creußer nebſt 2 Kanonen und 3 Raketen — unterſtützt durch die Diviſion Bana-liſten — ins obere Piave-Thal aufwärts dringen ſollte. In Longarone verblieben 2 Kompagnien Haynau-Infanterie, um die Verbindung mit Belluno zu ſichern.

Am 26. früh wurde der Monte Campello durch eine Kompagnie Warasdiner-Creußer — an welche ſich Lieutenant P e r č e v i ć freiwillig angeſchloſſen hatte — im Verein mit einer Abtheilung von Hohenlohe-In-fanterie unter dem Lieutenant F e ſt angegriffen. Mit ungewöhnlicher An-ſtrengung, ohne nur einen Augenblick zu raſten, erſtieg dieſe brave Truppe die rauhen Abhänge zu beiden Seiten des Rio della Balle unter dem fort-während Feuer und den Steinwürfen der ſich ſtets auf höhere Kuppen zurückziehenden Inſurgenten, und ſetzte ſich in den vollen Beſitz dieſes bei 6000 Fuß hohen Berges. Um Mittag waren die beiderſeitigen Hänge vom Feinde gereinigt und unſere Truppen rückten bis Termine und an den Toanella-Bach, ſowie bis Soffranco und das Val Griſol vor. Zur Siche-rung der Flanke und der Thalſtrecke bis Soffranco blieb der Monte Cam-pello beſetzt.

Eine andere Abtheilung der Warasdiner-Creußer hatte die rauhe Lehne zum Col di Siron erſtiegen; die Steinbatterien oberhalb Termine genommen, dieſen Ort beſetzt und ihre Vorpoſten gegen den Toanellagraben ausgeſtellt. Die aus 4 Kompagnien Warasdiner, 1 Kompagnie Banaliſten,

2 Kanonen und 2 Raketengeschützen gebildete Hauptkolonne, mit welcher der mit dem Generalstabs-Oberst von Cattinelli*) so eben eingetroffene Feldmarschall-Lieutenant Baron Stürmer am linken Piave-Ufer vor-rückte, gerieth in ein Geplänkel mit den um Casso stehenden Insurgenten. Die Brücke bei Termine war gesprengt, das Material zu ihrer Herstellung mußte aus Longarone herbeigeschafft werden, wodurch viel Zeit verloren ging. Es dämmerte bereits, als die Tête der Avantgarde an dem Toanella anlangte. Da dessen Brücke ebenfalls abgeworfen war, mußte man neuer-dings um Material zurückschicken.

Zur Sicherung der Brückenherstellung führte am frühen Morgen des 27. Major Baron Handel des General-Quartiermeisterstabes, eine starke Abtheilung nebst den zwei Raketen durch den Toanella-Bach nahe an seiner Mündung in die Piave. Der Feind zog sich nach Ospitale und hinter die dortige Höhe zurück. Major Handel detachirte sogleich den Hauptmann Benko über den Col Belos in dessen linke Flanke, wodurch die Brücke über den Bignegro vor Zerstörung gerettet wurde. Als unsere Avantgarde, welche ohne Anstand die Höhe bei Ospitale gewann, auf der Chaussée gegen Rivalgo poussirte, ließ sich eine große Bewegung in den Reihen der Insurgenten wahrnehmen, — abgeschickte Patrouillen brachten bald darauf die Meldung, daß Rivalgo vom Feinde geräumt wurde. Den-noch mußte man mit der weiteren Vorrückung einhalten, da die Truppen zu erschöpft waren und die übrigen in der Richtung gegen Pieve di Cadore dirigirten Kolonnen, eingelangten Meldungen zufolge, auf bedeutende Hin-dernisse gestoßen waren. Am schlimmsten unter diesen ging es dem in das Zoldo-Thal entsendeten Hauptmann Fischer, der theilweise von den In-surgenten umzingelt war, daher dringend um Unterstützung bat, wozu Feldmarschall-Lieutenant Stürmer noch eine Division Haynau an sich zog.

Am 28. Mai sollte die weitere Vorrückung fortgesetzt werden; doch schon am nördlichen Ausgange von Rivalgo wurde die Hauptkolonne mit einem heftigen Kleingewehr-, ja sogar Geschützfeuer empfangen. Der Feind stand hinter natürlichen Deckungen vollkommen gesichert. Ein Angriff in

---

*) Der pensionirte Oberst von Cattinelli (ehemaliger Generalstabs-Offizier), hatte sich in Görz dem Feldzeugmeister Grafen Nugent, als derselbe das Reserve-Korps sammelte, zur Verfügung gestellt.

der Front hätte also sehr große Verluste herbeiführen müssen. Oberst Baron Stillfried suchte daher mittelst Umgehungs-Kolonnen den Feind zum Verlassen seiner starken Position zu nöthigen, während die beiden auf den Hausdächern in Rivalgo placirten Raketen seine Aufmerksamkeit in der Front auf sich ziehen sollten. Ihre Wirkung war ausgezeichnet, auch näherten sich bereits die Umgehungen dem oberen Rivalgo-Graben, man hatte somit alle Hoffnung für das Gelingen des beabsichtigten Manövers, als plötzlich die Meldung eintraf, daß die Felsschlucht nicht zu passiren, der einzige vorhandene Fußsteig aber vom Feinde vollständig bestrichen sei. Feldmarschall-Lieutenant Baron Stürmer zog hierauf die Truppen bei einbrechender Dämmerung in die Stellung von Termine wieder zurück; der Monte Campello und das Dorf Soffrano blieben besetzt.

Das 1. Bataillon Hrabowsky-Infanterie, welches angewiesen war, im Tagliamento-Thale vorzurücken, gelangte bis Torni di sotto. Bei der Chiusa, wo der Weg durch schroffe Felswände eingeengt ist, ward es mit Flintenschüssen und einem Hagel aus Steinriesen empfangen, wodurch Lieutenant Rüber und einige Mann verwundet wurden. Die Insurgenten hatten noch 5 bis 6 solche Steinriesen angelegt und eine gemauerte Brücke hinter diesen abgebrochen und besetzt. Da eine Umgehung des Passes links über die tiefe Schlucht des Tagliamento in der Nähe nicht möglich war, so wurde diese Kolonne angewiesen, unter Maskirung des Passes bei Torni di sotto durch das Lumici-Thal und über den Col di Razzo in das Piave-Thal zu dringen. Am 27. langte das Bataillon in Saurio di sopra Lumici-Thal) an; es drang selbst bis auf den Col di Razzo, mußte sich aber gänzlicher Erschöpfung wegen nach Ampezzo wieder zurückziehen. Der Verlust bestand in 6 leicht Verwundeten, worunter Hauptmann Oppel, welcher die Kolonne führte und 1 Vermißten.

Am 2. Juni wurde das Bataillon Hrabowsky aus Codroipo durch das Szluiner-Grenz-Bataillon nebst 2 Raketengeschützen, welche der Hauptmann von Ramming des General-Quartiermeisterstabes, heranführte, verstärkt. Nach einem Marsche von 27 Stunden und Ueberwindung großer Beschwerden bei heftigem Regen im Canal S. Francesco heraufziehend, hatten die braven Grenzer über das Joch Val Chiampion nicht ohne Verlust an Menschen, Tragthieren und Munition Socchieve erreicht, von wo sie ihre Avantgarde sogleich an den Passo della morte vorschoben.

Am 3. Juni rückten die beiden Bataillone mit ihren 4 Raketengeschützen und einer kleinen Pionnier-Abtheilung in 3 Kolonnen vor: Hauptmann Schruttek von Hrabowsky-Infanterie, schlug die Richtung über
Sauris und das Plöcanada-Thal ein, überstieg auf sehr beschwerlichem
Steige den hohen Bergrücken zwischen dem Monte Clapsavon und Priva,
und gelangte bei Forni di sotto gerade in des Feindes Rücken. Hauptmann
Herrakovic von den Szluinern, zog über Prinso jenseits des Tagliamento, über die Füsse des Monte Chiavalle und über viele verbaute
Stellen gegen die Brücke Socrovi, um den Feind auch von dieser Seite
zum Verlassen seiner Position an der Stelle, wo in der Chiusa die Straße
abgesprengt war, zu zwingen. Die Hauptkolonne unter Major Czvetojevic
rückte im Thale selbst vor. Das Resultat dieser combinirten Vorrückung
kann ein vollständiges genannt werden, indem der Feind auf allen Punkten
sich zurückzog; mit Zuziehung der Bewohner war um Mittag die Chiusa
fahrbar gemacht. Die Hauptkolonne rückte an diesem Tage noch über Forni
di sopra hinaus. Am nächsten Vormittage waren auch die vielen Hindernisse durch die wenigen Pionniere unter dem Lieutenant Doré aufgeräumt.
Mittlerweile hatte der Hauptmann Baron Kulmer eine Abtheilung
Szluiner auf einem schmalen Gebirgspfade durch das Gailthal über den
felsigen Rücken zwischen dem Monte Toro und Monfalcone in die Val Ta-
lagona und gegen Valesella im Piave-Thale, in Flanke und Rücken der auf
dem Monte Mauria postirten Insurgenten geführt. Eine andere Abtheilung unter Hauptmann Smiller von Hrabowsky-Infanterie, drang durchs
Caldo-Thal zum Monte Stinizoi hinauf, kam daher dem Feinde in die
linke Flanke. In der Front rückte eine Division Grenzer unter Hauptmann
Rebracha gegen den Monte Mauria vor; rechts von dieser drang eine
halbe Kompagnie Hrabowsky unter dem Lieutenant Baron Sacken in
einer waldigen Bergschlucht hinauf; die Raketen wurden so placirt, um die
am rechten Flügel des Gegners liegende Verschanzung wirksam beschießen
zu können. Unsere Tirailleurs gewannen, das feindliche Feuer nicht achtend,
immer mehr Boden und die Raketen arbeiteten nicht ohne Erfolg, wiewohl
sie durch feindliche Schützen stark belästigt wurden. Als endlich zur Unterstützung des Frontangriffes noch eine halbe Kompagnie Hrabowsky unter
Hauptmann Brodesser vorrückte, und gleichzeitig die von Hauptmann
Smiller geführte Umgehungskolonne im Rücken des Feindes erschien,

war derselbe binnen einer Stunde aus seiner trefflich gewählten und sorgfältig verschanzten Aufstellung vertrieben. Um sechs Uhr Abends erreichte man Lorenzago, woselbst alle Abtheilungen mit Ausnahme der durch das Gail-Thal entsendeten Syluiner-Abtheilung wieder gesammelt wurden. Diese hatte die Einsattlung des Monte Terro in raschem Anlaufe genommen und gelangte noch an diesem Tage bis Balesella, wodurch jeder fernere Halt der Insurgenten auf dieser Seite unmöglich war. Am 5. Juni besetzte man Lozzo und Treponti, und überschritt bei Domegge die Piave, als bereits Deputationen aus Piève di Cadore und den umliegenden Ortschaften entgegen kamen.

Noch haben wir jener Kolonne zu erwähnen, welche am 18. April unter Kommando des Majors **Hablitschek** von Toblach nach Niederndorf abgerückt war, und aus 7 Kompagnien nebst ¼ Eskadron bestand.

Viel zu schwach, um etwas Entscheidendes zu unternehmen, beschränkte sich genannter Stabsoffizier auf die Bewachung der Eingänge aus Italien ins Pusterthal am Monte Croce und beim Teufel- und Höllenstein, welche Punkte er durch einige Verschanzungen zu sichern suchte. Erst, als vom Tiroler-Landsturm 1 Kompagnie von Brunecken, 1 von Ampezzo und ⅓ von Taufers als Verstärkung eintrafen, konnte Major **Hablitschek** auch das Ampezzaner-Gebiet besetzen und bei Acquabuona, somit den feindlichen Verschanzungen von Chiappuzza gegenüber, einige Verschanzungen anlegen.

Noch vom Feldmarschall-Lieutenant Baron **Welden** aus Trient hiezu aufgefordert, concentrirte **Hablitschek** am 1. Mai seine Kräfte bei Acquabuona. Am Morgen des 2. unternahm er eine Rekognoscirung der hinter einem Wildbache angelegten feindlichen, von nahe an 6000 Insurgenten vertheidigten Verschanzungen, — seine Verbindung mit dem Pusterthale blieb durch die Landesschützen von Brunecken und Taufers gesichert, welche gleich zum Vorhinein erklärt hatten, nicht über die Grenze zu gehen. Kaum hatten die Insurgenten das Anrücken der Kolonne wahrgenommen, ertönten auch schon Signalschüsse von den Höhen, und weit hinein in das Thal bis nach Venas und Cadore pflanzte sich der Schall der Sturmglocke. Bereits befand sich Hauptmann **Nagy** von Kaiser-Jäger, mit seiner und 2 Kompagnien Hohenlohe im Gefechte, um die Verschanzung in der rechten Flanke anzugreifen, als ein Befehl des Feld-

zeugmeisters Grafen Nugent eintraf, nach welchem die bei Cortina aufgestellten Truppen jeder Offensivoperation bis auf Weiteres sich zu enthalten
haben. Das Gefecht wurde daher abgebrochen, und eine rückwärtige Aufstellung — mit der Reserve (2 Kompagnien) — bei Acquabuona bezogen.
Der Feind verlor in diesem kurzen Gefechte 5 Todte.

Durch den unerwarteten Rückzug der Kolonne ermuthigt, brachen die
Insurgenten, von österreichischen Deserteurs geführt, in der Stärke von
5000 Mann um zwei Uhr Nachmittags aus ihren Verschanzungen hervor
und griffen unsere Truppen an. Da das Ampezzo-Thal durchaus breit, die
beiderseitigen Gelände zum größten Theile waldig und zugängig sind, drang
der fünffach überlegene Gegner hauptsächlich und nicht ohne Kühnheit gegen
beide Flügel vor. Die Truppe, kaum im Stande die Front zu decken,
mußte fortwährend gegen die feindlichen Umgehungskolonnen, besonders
in die rechte Flanke detachiren. Es war bereits halb sieben Uhr, als
Major Hablitschek den Rückzug auf Acquabuona anordnete, welchen die
Insurgenten zu beunruhigen nicht wagten. Wir hatten 4 leicht Verwundete, der Feind hingegen einen unverhältnißmäßig großen Verlust.

Am 3. Mai erhielt Major Hablitschek die Weisung des Feldzeugmeisters Grafen Nugent, nunmehr die Offensive zu ergreifen, aber auch
zu gleicher Zeit einen Befehl des Erzherzogs Johann, in welchem —
unter Hindeutung auf die Schwäche des Detachements, umsomehr als die
G. Kompagnie Kaiser-Jäger zur Landesvertheidigung gehörend, im Falle
einer Verwendung, jedenfalls an die Tiroler-Grenze wieder zurückgeschickt
werden müßte, endlich bei dem Mangel einer Reserve im Innern des Landes, — jedes offensive Unternehmen unnütz und höchst gefährlich bezeichnet,
somit dem genannten Major untersagt wird. Derselbe nahm daher mit seinen
Truppen eine Aufstellung bei Acquabuona, so wie in den weiter rückwärts
gelegenen Orten Zuell und Cortina, welch' letzterer einige Erdaufwürfe
erhielt. Eben so wurde im Rücken der Ort Peutelstein zur kräftigen
Vertheidigung hergerichtet, allein die von hier bis Höllenstein vorsprin-
gende Landesgrenze, welche durch die Uebergänge aus den verschiedenen
Seitenthälern die nur eine halbe Stunde entfernte Hauptstraße bedroht,
bedingte auch letzteren Ort fortwährend im Auge zu behalten.

Am 8. erfuhr Major Hablitschek, daß Nugent Belluno besetzt
und von dort eine Kolonne gegen Perarolo entsendet habe. Dies bewog

den thätigen Kolonnen-Kommandanten zu einer Vorrückung im Ampezzo-
Thale am folgenden Tage um fünf Uhr Morgens. Als die Kolonne auf
Kanonenschußweite vor der bei Chiapuzza angelegten Schanze ankam und
die Geschütze eben im Begriff waren, ihr Feuer zur Zerstörung der vorgelegten Verrammlungen zu eröffnen, erschien auf der Brustwehr ein Parlamentär, dessen Anträge dahin lauteten: daß sämmtliche Gemeinden bis
Venigo die Kolonne ohne Widerstand passiren lassen wollen, jedoch für
die dort aufgestellten Abtheilungen nicht gebürgt werden könne, so wie er
überhaupt nicht beauftragt sei, für dieselben zu unterhandeln. Dieser Antrag wurde mit gänzlicher Unterwerfung und Auslieferung aller Waffen
zurückgewiesen, und es begann die weitere Vorrückung.

Obwohl man die erwähnte Schanze, so wie alle an der Straße und
seitwärts derselben gelegenen Orte, deren Einwohner unter Mitnahme
ihrer ganzen Habe in die Gebirge geflohen waren, verlassen fand, erheischte doch der Vormarsch die größte Vorsicht, indem man für die Garantie des gemachten Antrages weder Geißeln hatte, noch solcher habhaft
werden konnte. Um eilf Uhr langte die Kolonne in Vodo an, wo sie ein
Gefechtslager bezog. Eine Nachmittags vorgenommene Rekognoscirung
zeigte, daß die Höhen vor der Chiusa, so wie das Dorf Venigo von Insurgenten sehr stark besetzt seien. Als diese die Rekognoscirung gewahrten,
feuerten sie zwei Kanonen gegen die Truppe ab. Die Nacht verstrich ziemlich ruhig, nur vermehrten sich zusehends die Wachfeuer auf den Höhen,
ja selbst bis auf die höchsten Bergkuppen hinauf.

Am Morgen des 10. rückten die Truppen in folgender Weise zum
Angriff vor: Links zur Umgehung der Chiusa und Detachirung über den
Col d'Anna unter Kommando des Hauptmanns Nagy von Kaiser-Jäger,
3 Züge seiner Kompagnie und 2 Kompagnien Prohaska-Infanterie; auf
der Straße zur Forcirung der Chiusa unter Major Hablitschek, ein
Zug Kaiser-Jäger, 2½ Kompagnien Hohenlohe, 2 Kompagnien Prohaska, ein Flügel Uhlanen und die 3 ständischen Vierpfünder aus Kärnthen; rechts (zur Deckung dieser Flanke) am Boite-Ufer unter Oberlieutenant Schramm ½ Kompagnie Hohenlohe.

Kaum debouchirte die Haupt-Kolonne auf der Straße, wurde sie mit
Kanonenschüssen aus der auf der Wand der Chiusa hinter einer beiläufig
100 Schritte breiten und tiefen Straßenabgrabung sehr vortheilhaft placir-

ten Batterie empfangen; doch verstummte ihr Feuer sehr bald und es trat nun eine gänzliche Gefechtspause ein — unserer Seits weil man den Erfolg der Umgehung abwarten mußte, feindlicher Seits weil man zur Erkenntniß gelangt war, daß seine, obgleich sehr gut gezielten Schüsse, der großen Entfernung halber wirkungslos seien. Gegen neun Uhr endlich ließ sich im Gebirge Geplänkel und unmittelbar darauf auf den Höhen oder der feindlichen Batterie anhaltendes Schießen und Hurrahrufen vernehmen, man glaubte somit die Umgehung gelungen. Doch bald sollten die im Thale des Zeichens zum Angriff Harrenden vom Gegentheile überzeugt werden. Hauptmann Nagy schickte nämlich um Unterstützung mit der Meldung, daß die Kolonne, wenn sie sich nicht gleich zurückziehe, erdrückt werde, indem der Feind mit dem größten Theile seiner Macht von den Höhen herabdrücke. Gleichzeitig liefen von der Arrièregarde Rapporte ein, nach welchen der Gegner, auf den Höhen hinter Benigo bereits sichtbar, der Kolonne den Rückweg zu verlegen suchte. Auch die rechte Flankendeckung lief Gefahr abgeschnitten zu werden; und endlich konnte Major Hablitschek mit seiner schwachen Streitmacht und nur 3 Geschützen von geringem Kaliber, deren Wirkung dem Zwecke nicht entsprach — wollte er nicht seine ganze Truppe opfern — unmöglich eine Froutal-Forcirung wagen. Er ordnete daher den Rückzug in die vorige Lagerstellung an, wo der Feind im weiteren Vordringen aufgehalten wurde. Da dieser jedoch das Gefecht en fronte stehend erhielt, konnte man ihn nicht hindern, die links und rechts bereits von ihm occupirten Höhen noch stärker zu besetzen. Gegen eilf Uhr fielen die letzten Schüsse, indem sich der Gegner ungeachtet seiner numerischen Ueberlegenheit blos auf Beobachtung der Front zu beschränken schien. Aber um zwei Uhr Nachmittags enträthselte sich dessen plötzliche Unthätigkeit: er hatte zahlreiche Haufen auf den unwegsamsten Steigen sowohl in beide Flanken, als auch in den Rücken der Truppe entsendet — die Absicht einer gänzlichen Umzinglung und Aufreibung der ganzen Kolonne war unverkennbar. Bei deren Schwäche waren Detachirungen wohl unmöglich, man mußte sich blos auf Beobachtung dessen, was in der Front vorging, beschränken und concentrirt bleiben, um schlimmsten Falls den Rückzug zu erkämpfen. Nachdem am Abende die gewöhnlichen Wachfeuer angezündet waren, rückte die Kolonne unter dem Schutze der Dunkelheit um neun Uhr in die feste

Stellung bei Acquabuona, wo sie um eilf Uhr Nachts anlangte. Ihr Verlust an diesem Tage bestand in 3 leicht Verwundeten von Prohaska-Infanterie.

Am 24. Mai verständigte der Feldmarschall-Lieutenant Baron Welden die Truppen bei Acquabuona von dem für den 26. beabsichtigten gleichzeitigen Angriff im Piave-, Tagliamento- und Boitethal. Am 25. rückte somit der Major Hablitschek nach Zurücklassung einer vom Major Reichenau befehligten Schützenkompagnie an der Landesgrenze, neuerdings gegen Chiapuzza, fand diese Stellung abermals verlassen und gelangte bis Cancia. Von hier aus detachirte er eine Umgehungskolonne unter Hauptmann Mädler von Hohenlohe-Infanterie in des Gegners rechte Flanke und beschloß mittlerweile in der Front dessen Verschanzung an der Chiusa di Venas: Auch dießmal wieder mißlang der Angriff. Die Kolonne blieb jedoch im Lager bei Cancia und entsendete unter Oberlieutenant Baron Bernkopf von Kaiser-Jäger, eine Abtheilung ins Ottenthal in des Feindes Flanke, während der Hauptmann Becker eine andere auf das rechte Piaveufer führte. Jedenfalls gebührt dem Major Hablitschek das Verdienst, durch seine fortwährenden Androhungen bei Venas, einen namhaften Theil der feindlichen Streitkräfte allda festgehalten, somit der aus dem Tagliamentothale vordringenden Kolonne ihre Aufgabe am 4. Juni wesentlich erleichtert zu haben. Schon an dem eben genannten Tage kehrten die Bewohner der Gemeinden im Boitethale nach Hause. Am 5. Abends kam erst die Nachricht von dem Ausgange des Gefechtes am 4. Nun rückte Major Hablitschek am 6. Juni früh mit der vom Oberlieutenant Bernkopf tapfer geführten Avantgarde bis Venas. Die Insurgenten waren verschwunden. Oberlieutenant Schramm, welcher durchs Ottenthal nach Calalzo zog und eine Abtheilung von der Avantgarde stießen vor Cadore mit dem Szluiner-Bataillon von der Tagliamento-Kolonne zusammen und rückten mit einander in die Stadt, woselbst noch am Abend der dahin geeilte Major Hablitschek mit dem von Longarone gekommenen Oberst Baron Stillfried zusammentraf. Das Gros der Tiroler-Kolonne blieb jedoch in Valle.

Im Boitethale waren die Insurgenten von Cancia und Ospedale in die Thäler von Zoldo und Agordo, jene am Monte Mauria aber nach Auronzo und Camelica in die hintersten und unzugänglichsten Schluchten des Hochgebirges gezogen, nachdem sie ihre Geschütze in die Flüsse geworfen hatten. Die Anführer waren verkleidet entflohen; der Aufstand war besiegt.

Noch am 9. Juni hatte Oberst Stillfried die gesammten 3 Kolonnen aus dem Boite-, Piave- und Tagliamentothale in Cadore unter seinen Befehlen vereinigt und Auronzo besetzt. Die Flüchtlinge; welche sich im Zoldo- und Agordothale neuerdings zu setzen versuchten, sollten unausgesetzt verfolgt werden, wozu am 7. die erforderlichen Befehle ergingen. Es ward abermals ein concentrirter Angriff vorbereitet. Die 6. Jäger-Kompagnie rückte am 8. von Cancia nach Serdes; die anderthalb Kompagnien Hrabowsky schon am 7. von Auronzo nach Cortina d'Ampezzo, und am 8. gegen den Colle di Sta. Lucia. Im Boite-Thal selbst drang am letztgenannten Tage die Hauptkolonne, das 3. Bataillon Prohaska mit 4 Kompagnien und 2 Raketengeschützen von Balle über Cibiana gegen Forno di Zoldo. Dorthin bewegten sich am 8. auch von Soffranco aus 4 Kompagnien Warasdiner-Creutzer mit 2 Raketengeschützen.

Am 9. gingen 7 Kompagnien der Hauptkolonne (Prohaska und Warasdiner) nebst den Raketen von Forno die Zoldo über den Monte Buram auf Agordo, während die noch übrige Kompagnie Warasdiner im Vereine mit 1 Division Banalisten und 3 Raketengeschützen von Mas und Peron thalaufwärts rückten, und in Caprile die am nämlichen Tage dorthin entsendeten 2½ Kompagnien zu ihnen stießen. Ueber Sappada im Thal von Ganal di Gorto hatte man 1 Kompagnie Hrabowsky nach Villa im Tagliamentothale beordert, um auch nach dieser Seite hin die Flüchtigen zu verfolgen. Alle diese Entsendungen und Streifzüge waren vom vollständigsten Erfolg begleitet. Die letzten Schaaren der Insurgenten zerstreuten sich nun vollends nach ganz kurzem Widerstande. Major Milić hatte das Zoldo- und Agordothal gesäubert.

Unser Verlust in diesen Gefechten und Streifereien vom 2. Mai bis 9. Juni überstieg nicht 30 Todte und 150 Verwundete.

Diese Erfolge, welche man durch die sachverständige Leitung der einzelnen Kolonnen-Kommandanten, durch die lobenswerthe Ausdauer und unverdrossene Hingebung der Truppe in Ertragung der außerordentlichsten Beschwerden und Entbehrungen, erlangte, hatten die Verbindung mit der Hauptarmee um 25 Meilen verkürzt und zugleich die Sicherheit jeder

Operation von der Piave nach aufwärts wesentlich erhöht. Man war nun vor Allem bemüht, durch Handhabung der Ordnung und einer geregelten Etappenverpflegung, sowohl die Anforderungen der Truppe zu befriedigen, als auch das Vertrauen der Bevölkerung sich zuzuwenden und zu befestigen.

## Ereignisse auf dem adriatischen Meere und in Istrien
### im Mai.

Der Linien-Schiffs-Kapitän von Kudriaffsky hatte das Kommando über die k. k. Flotte übernommen, dieselbe steuerte in der Stärke von 3 Fregatten, 1 Corvette, 3 Briggs, 1 Goelette und 2 Dampfern, wovon der eine, welcher dem Lloyd gehörte, keine Kanone besaß, Anfangs Mai in die Gewässer von Venedig, um die Seeblokade der rebellischen Stadt zu übernehmen. Allein das Erscheinen der weit überlegenen Sardo-neapolitanischen Flotte angeblich zum Schutze des eigenen Handels, zwang die unsere am 16. Mai zur Rückkehr an die Küste von Istrien.

Am 22. bewegte sich die feindliche Flotte, in 3 Kolonnen gegen unser Geschwader; sie bestand unter Kommando des sardinischen Vice-Admirals Albini aus 5 Fregatten, 2 großen Corvetten, 4 Briggs und 7 großen Kriegsdampfern, die letzteren sollten die schweren Schiffe bei dem schwachen Winde schneller vorwärts bringen.

Die Absicht eines Angriffs lag außer allem Zweifel. Kudriaffsky stellte bei einem leichten Südostwind seine Schiffe in 2 Linien in Schlachtordnung, mit dem einen Flügel hinter Salvore dicht ans Land gelehnt, mit dem andern so, daß die Schlachtlinie mit Leichtigkeit gegen Pirano sich richten konnte, um vom Lande aus eine Unterstützung zu erhalten und die Bucht von Pirano selbst zu sperren. Gleichzeitig ließ er den feindlichen Befehlshaber durch den entschlossenen Fregatten-Lieutenant Preu fragen, in welcher Absicht er an diesem Gestade erscheine. Albini antwortete in hochtrabender Weise: „um uns zu schlagen." Die feindliche Flotte kam zusehends näher, die Absicht, unsere Eskadre zu überflügeln, war unverkennbar und nur der plötzlich eingetretenen Windstille war es zu danken, daß der ungleiche Kampf nicht begann. Begünstigt durch die Nacht zog sich unsere Flotille nach Triest zurück, wo sie sich unter dem Schutze der Küstenbefestigung und Hafenbatterien in einem nach dem Lande gekehrten Bogen auf der Rhede aufstellte.

Am 23. nahte die feindliche Flotte. Mit 5 Fregatten im 1., die kleineren Fahrzeuge im 2. Treffen und den Dampfern auf beiden Flügeln trug sie ein günstiger, ziemlich scharfer Wind dem Gestade zu. Gegen Mittag wurden in Triest die Signalschüsse gelöst. Doch wie sehr hatte sich Triest verändert seit dem Ausbruche der Revolution in Venedig, — die bis dahin blos gegen einzelne feindliche Kriegsschiffe errichteten, nur theilweise armirten Befestigungs-Anlagen waren durch die zweckmäßige und rastlose Fürsorge des Feldmarschall-Lieutenants Graf Gyulai in ein wahres Bollwerk zum Schutze des Hafens umgewandelt. Gegen 90 Geschütze standen auf den verschiedenen Werken und Batterien; die Castelle waren approvisionirt; die Garnison unter den Befehlen des General-Majors Ritter von Standeissky bestand aus dem Grenadier-Bataillon Koch, 1 Bataillon Heß und 1 Bataillon Ottochaner (in Allem 18 Kompagnien), welche mit Zurechnung der Artillerie-Mannschaft und Territorial-Milizen, welch' letztere der eifrige Major Buschek kommandirte, ungefähr 3000 Mann betrug, und die wichtigsten Punkte besetzte, während die Nationalgarde sämmtliche Wachposten in der Stadt versah. Auch die Stimmung der Einwohnerschaft hatte sich merklich gebessert, man kam zur Einsicht, daß die Anordnungen des Militär-Oberkommandanten nur das Wohl einer reichen Stadt bezwecken, so wie man andererseits die Gefahr begriff, die ihrem Handel drohte, wenn Venedig Siegerin bliebe. Unter solchen Verhältnissen wagte der Feind keinen Angriff, sondern zog sich sogar bei dritthalb Miglien vom Leuchtthurm des Hafens weiter auf die Rhede hinaus.

Der Vice-Admiral Albini machte zwar am 24. in der Nacht noch einen letzten schwachen Versuch, indem er mittelst bemannter Boote die am weitesten von der Stadt liegende Batterie S. Barcolo, welche von $\frac{1}{8}$ Kompagnie Ottochaner besetzt war, zu überrumpeln versuchte. Als bald darauf die vom Feldmarschall-Lieutenant Gyulai eiligst dahin gesendete Unterstützung daselbst eintraf, hatte der Feind — von den Grenzern und Territorial-Milizen kräftig zurückgeworfen — bereits das Weite gesucht.

Mit diesem Tage erklärte Feldmarschall-Lieutenant Graf Gyulai Triest in Belagerungsstand. Aber nicht blos für die Sicherheit dieser Stadt, auch auf das Land und insbesonders auf den so wichtigen See-

I.                                                                        36

hafen Pola mußte sich dessen Obsorge ausdehnen. Die Garnison in letzterer Stadt wurde auf 12 Kompagnien gebracht (1 Bataillon Heß, 3. und Landwehr-Bataillen Prinz Leopold beider Sicilien und 2½ Kompagnien Artillerie), man verstärkte und armirte die Hafen-Batterien, verproviantirte die Castelle, richtete die vorhandenen Feldgeschütze zum Gebrauche her, ja man erbaute sogar neue Batterien und setzte auf diese Weise Pola sowohl von der Land- als Seeseite in vollkommenen Vertheidigungsstand. Auch in Pirano wurden die Befestigungen armirt; endlich zum Schutze der übrigen Küstenpunkte von dem energischen und unermüdlichen Oberst Teimer von Heß-Infanterie, kleine mobile Kolonnen gebildet.

**Aufstellung einer Brigade an der untern Piave.**

Gleichzeitig mit den früher geschilderten Operationen im Gebirge um Cadore wurde die Küste des Venetianischen durch etliche Kompagnien des 2. Wiener-Freiwilligen-Bataillons besetzt und Caorlo selbst durch ½ Kompagnie Banalisten verstärkt, während die andere halbe Kompagnie Battisana und Ponte della Delizia am Tagliamento bewachte; 2 Bataillone Wallachisch-Banater wurden auf der untern Straße von Lattisana, Portogruaro und Motta an die untere Piave auf Ponte di Piave dirigirt, um von hier aus entweder allenfallsigen Landungen zu begegnen oder für anderweitige Zwecke verwendbar zu bleiben; endlich der Brückenkopf bei Ponte Priula in allen seinen Theilen gänzlich vollendet. Bei Bidor wurde eine Ueberfuhr errichtet, eine Brücken-Equipage verwendete man bei Sta. Donà und Ponte di Piave, die beiden anderen blieben einstweilen bei Ponte di Priula, wohin auch der Artillerie-Park des Korps kam.

Nach dem Eintreffen des 1. Bataillons der Wiener-Freiwilligen schien die absolut erforderliche Truppenzahl sowohl für die Stadt Udine und die Cernirung von Palma als auch zur Bewachung der Seeküste, wenigstens für die nächste Zeit, endlich beisammen zu sein.

Ueber die an der untern Piave aufgestellten Truppen, zu welchen noch das 3. Bataillon Kinsky und das 1. Bataillon des 1. Banal-Grenz-Regiments nebst 1 sechspfündigen Fußbatterie stieß, erhielt General-Major von Mitis das Kommando.

Nachdem man in Erfahrung gebracht, daß der ganze obere Theil der Trevijaner-Ebene bis Caſtelfranco vom Feinde vollkommen frei ſei und in Trevijo ſelbſt kaum 4000 Mann ſtehen, indem Durando mit ſeinen Schweizern in Vicenza verblieben, überſchritt Feldmarſchall-Lieutenant Baron S t ü r m e r mit der Brigade Liechtenſtein die Piave, er rückte bis an die Strada poſtumia, der rechte Flügel ſeiner Vorpoſten ward bis an den Boſco di Mantello zurückgebogen.

Gleichzeitig mit dieſer Bewegung erreichten auch die Abtheilungen der Brigade Mitis die untere Piave und beſetzten alle dortigen Uebergänge bis Cortellazzo, wo der Sile mittelſt des Kanals ins Meer fällt. Cortellazzo iſt ein Stützpunkt aller gegen Treporti — einer ſehr empfindlichen Stelle des venetianiſchen Defenſions-Syſtems — gerichteten Unternehmungen, er beherrſcht die Schifffahrt auf den inneren Kanälen in der Strecke längs der untern Piave zwiſchen den Lagunen und den beſten Wieſengründen der Venetianer, ſo wie auch die Verbindung von Trevijo mit dem Meere und die Piave-Mündung. Aus dieſen Gründen wurden auch die 6 in Porto Falconera ſtehenden Trabacoli durch die Kanäle nach Cortellazzo geſchafft, worauf ſich General-Major von Mitis nach einander auch der weiteren Punkte Cavazuccherina, Capo Sile und des noch ungleich wichtigeren Portegrandi bemächtigte und mit 3 Kompagnien Wallachiſch-Banater unter Kommando des Majors F u ch s beſetzte. Bei dieſer Gelegenheit wurden 10 große mit Lebensmitteln befrachtete Barken und einige den Venetianern gehörige Jagdſchiffe erbeutet.

### Geſechte bei Portegrandi und Caorle
#### am 3. Juni.

Portegrandi iſt nur dritthalb Stunden vom Markus-Platze entfernt, man überſieht von hier aus die ganze Lagunenſtrecke; ein Angriff des Feindes auf dieſen Punkt war vorauszuſehen. Und wirklich wurde der dort aufgeſtellte Hauptmann P e t r o v i ch am 3. Juni durch mehr als 1000 Mann plötzlich angefallen. Er leiſtete mit ſeiner Kompagnie durch fünf Stunden hartnäckigen Widerſtand, mußte ſich aber mit einem Verluſte von 8 Todten und 21 Bleſſirten endlich gegen Capo Sile zurückziehen.

Daselbst durch ⅓ Kompagnie verstärkt, drang er neuerdings vor, und entriß dem Feinde den Posten, welcher nunmehr durch Feldschanzen und Geschütze eine erhöhte Haltbarkeit bekam.

Gleichzeitig mit dem Angriff auf Portegrandi, erschien die feind- liche Flotte in der Stärke von 1 Fregatte, 3 Dampfern, 9 Penichen und 6 Piroghen vor Caorle, welcher Punkt mit einer Kompagnie Wallachisch- Banater unter Hauptmann Stigliß besetzt und die ungefähr 200 Klaf- ter links vom Orte angelegte Batterie mit 1 zwölf- und 1 sechspfündigen (eisernen) Kanone armirt war; der ganze Munitionsvorrath dieser beiden Geschütze bestand in 100 Kugelpatronen und 8 Schrottbüchsen. Bei der Annäherung der feindlichen Flotille ließ Hauptmann Stigliß den Damm durch eine starke Plänklerkette besetzen. Nach zwei Uhr eröffnete ein Dampfer das Feuer der Eskadre gegen die Batterie, welches drei Stunden anhielt, jedoch von unseren beiden Geschützen wohl langsam, aber sicher erwidert wurde, wobei sich der Expropriis-Kanonier Károly durch muthvolles Benehmen und geschicktes Zielen ganz besonders aus- zeichnete. Gegen fünf Uhr zogen sich die feindlichen Fahrzeuge, deren erster Schuß die Kirche in Caorle zum Theile in einen Schutthaufen ver- wandelte, in der Richtung gegen Cortellazzo zurück. Károly's vortreff- liche Schüsse hatten an 2 Dampfern die Maschine beschädigt, der Fre- gatte einen Mast zertrümmert und 4 Penichen getroffen.

**Gefechte zur Eröffnung der Verbindung durch die V. Jugure.**

Nach dem Beginne der Offensiv-Operationen von Verona aus, konnte die Aufgabe des 2. Reserve-Korps eine verschiedene werden: entweder die Hauptarmee schlägt den Feind, oder sie selbst wird zum Rückzuge über die Etsch gezwungen, oder endlich sie bleibt in ihrer bisherigen Stellung. Für den ersteren Fall hatte Feldmarschall-Lieutenant Baron Welden be- schlossen, gegen Treviso und Padua sich gehörig zu decken, mit dem Gros des Korps aber bis an die Brenta vorzudringen, über Vicenza die Ver- bindung mit der Hauptarmee herzustellen, und die aus dem Innern der Monarchie anlangenden Verstärkungen an die Piave zu ziehen. Im zwei- ten Fall blieb seine Aufgabe, den Rückzug des Feldmarschalls gegen die erwähnten feindlichen Garnisonen zu sichern. Für den dritten Fall end- lich beschloß er, die Verbindung mit der Hauptarmee zu bewerkstelligen.

Treviso zu nehmen, zugleich aber auch den Abmarsch der im Zuge befindlichen Reserve möglichst zu beschleunigen. Man wußte übrigens, daß diese
vor dem 8. Juni nicht eintreffen konnte.

Um die Verbindung durch die Val Sugana herzustellen, weil an eine
Vorrückung an die Brenta mit so gefährdeter Flanke nicht gedacht werden
konnte, und überdies durch Gewinnung der Straße über Trient neuerdings
21 Meilen an dem Umweg nach Verona erspart wurden, hatte schon am
1. Juni Oberst Wolff von Haynau-Infanterie, den Befehl erhalten, sein
Regiment (10 Kompagnien) in Belluno zu sammeln. Am 2. rückte derselbe mit dem 2. Bataillon nach Feltre. 4 Kompagnien des 2. Bataillons
folgten später nach. Hauptmann Baron Bourguignon rückte mit der
1. Division, 40 Mann Beyneburg-Dragoner und 2 Haubitzen aus dem
Brückenkopf bei Ponte Priula über Volpago gegen Cornuda, welcher Kolonne sich der Regiments-Inhaber Feldmarschall-Lieutenant Baron
Haynau freiwillig anschloß *). Dieses Streifkommande war beauftragt,
von Cornuda gegen Crespano zu patrouilliren, um über die feindlichen
Kräfte auf der Straße gegen Bassano Nachrichten einzuziehen; auch hatte
genannter Hauptmann die Verbindung mit der Kolonne des Oberst Wolff
in Feltre, über Quero aufzusuchen. Ein anderes Streifkommando vom
Regimente, nebst einer Pionier-Abtheilung wurde aus Ponte Priula auf
dem linken Piave-Ufer bis Bidor entsendet, um hier eine Ueberfuhr herzustellen, und bis in die Höhe von Feltre den Fluß aufwärts zu rücken.

Am 3. sendete Hauptmann Bourguignon seine Pioniere auf
Feltre, während er selbst bis Crespano vorrückte. Eine dritte Kolonne
unter Hauptmann Henikstein des Ingenieur-Korps, aus 3 Kompagnien vom 2. Bataillon Deutschbanater, 1 Flügel Uhlanen und 2 Haubitzen bestehend, hatte an diesem Tage Cárano besetzt.

Am 4. rückte Henikstein nach Asola und stand über Posa mit der
Kolonne Bourguignon in Verbindung. Für den Fall, als der Feind aus
Vicenza und Treviso zum Angriff der Brigade Liechtenstein vorrücken würde,
war diese angewiesen, sich nicht in den Brückenkopf, sondern nach Cor-

---

*) Feldmarschall-Lieutenant Baron Haynau war Divisionär in Temesvar und
befand sich im Frühjahre 1848 in Wien auf Urlaub; seine Kriegslust und sein Feuereifer führten ihn als Freiwilligen zur Armee nach Italien, wo er sich als Oberst
an die Spitze des seinen Namen führenden Regimentes stellte.

nuda zurückzuziehen, hierauf sich auf der Linie Cornuda-Feltre in des
Feindes linker Flanke zu formiren und den weitern Rückzug über Vidor,
Feltre zu nehmen. Der Brückenkopf Ponte Priula im Zentrum der ganzen
Aufstellung war hinreichend gesichert, um kräftigen Widerstand zu leisten.
Die Brigade Mitis endlich hatte die Bestimmung, im Falle eines Angriffs
von Seite des Feindes, dessen rechte Flanke und Rücken über Ponte di
Piave zu bedrohen. Diese excentrischen Bewegungen waren wohl einem des
Krieges kundigen Gegner vis à vis nicht ganz zu rechtfertigen, aber
Welden kannte zu genau den Mangel eines Zusammenhanges der feind-
lichen Operationen, hatte somit hinreichend Grund zu erwarten, daß eben
diese gleichzeitigen Angriffe von so vielen Seiten den Feind erschüttern
würden.

Am 4. Juni, also an demselben Tage, wo das entscheidende Gefecht
am Monte Mauria in der Umgegend von Cadore stattfand, zogen die
beiden Kolonnen der Hauptleute Bourguignon und Heulstein
ohne Widerstand in Bassano ein, wo sich der Magistrat höchst willfährig
für die Truppenverpflegung zeigte. Die Kolonne des Oberst Wolff, zu
welcher Tags vorher 3 Raketen über Quero gestoßen waren, ging am 4.
bis an den Cismone, dessen Brücke abgebrannt war; erst am 5. konnten
die Pioniere zu ihrer Herstellung schreiten. Feldmarschall-Lieutenant
Baron Stürmer traf ebenfalls am 4. bei dieser Kolonne ein.

Am 5. drang die Kolonne des Hauptmanns Bourguignon von
Bassano, die Brenta aufwärts, vor, um die Verbindung mit Primolano
zu suchen und die Vorrückung des Oberst Wolff gegen diesen Ort zu erleichtern. Die Thalschlucht von Bassano bis Primolano ist voll natürlicher
Hindernisse und kann nicht durch einen bloßen Frontalangriff, sondern
nur durch Umgehung genommen werden. In Solagna angekommen,
erfuhr man schon, daß auf zwei Miglien aufwärts bedeutender Widerstand
vorbereitet werde und das Gebirgsvolk entschlossen sei, sich aufs äußerste
zu vertheidigen. Feldmarschall-Lieutenant Baron Haynau ließ die Einwohner von S. Nazario zur Unterwerfung auffordern, worauf ohne weiterem Bedenken vorgerückt wurde. In der Gegend von Campolungo auf
dem rechten Brenta-Ufer, meldete die Avantgarde, daß die Brücke über
den gegenüber von jenem Orte in die Brenta mündenden Torrente abgebrochen und auf der Höhe eine Steinbatterie vorbereitet sei. Nichtsdesto-

weniger ließ der Oberst-Inhaber gegen S. Nazario avanciren und — in Person an der Spitze eines Zuges voraus — überschritt er den Torrente. Bei dieser Vorrückung blieb Hauptmann Baron Bourgnignon, durch eine Flintenkugel getroffen, todt und 9 Mann wurden verwundet. In der Ueberzeugung, daß ein weiteres Vordringen die Kolonne geopfert hätte, indem alle Höhen stark besetzt und mit Steinbatterien versehen waren, ordnete der Oberst-Inhaber den Rückmarsch nach Bassano an, wo die Kolonne um halb acht Uhr Abends eintraf. Einer besondern Erwähnung bei dieser Expedition haben sich würdig gemacht: die Hauptleute Baron Bourguignon und Baron Beretzko, dann Oberlieutenant Penecke und Expropriis Melzer, welch' Letzterer mit 10 Freiwilligen, worunter auch Korporal Waldsteiner (zugetheilt von Wocher-Infanterie) den Leichnam ihres tapferen Kommandanten im feindlichen Kugelregen und unter fortwährenden Steinwürfen der Insurgenten von den Höhen herab, zurückbrachten.

Von der Kolonne des Oberst Wolff rückte am 6. früh Major Baron Weigl mit 4 Kompagnien Haynau bis gegen Fastro und von da gegen Primolano vor, wo eine Barrikade die Straße sperrte. Mit Kartätschenschüssen der an der gegenüber liegenden Gebirgswand postirten Insurgenten begrüßt, sah sich Major Weigl zum Rückzuge nach Fastro genöthigt. Ein zur Tiroler-Landesvertheidigung gehöriges Detachement unter Hauptmann Leschke von E. H. Ludwig-Infanterie, drang von Grigno und Le Tezze her bis gegen Primolano, konnte jedoch des Feindes Stellung bei Enego nicht forciren, daher es nach mehrstündigem Plänkeln wieder nach Le Tezze und Grigno zurückging. Eine halbe Kompagnie Haynau nebst einer Pionier-Abtheilung unter Kommando des Oberlieutenants Weber, auf dem rechten Cismone-Ufer von Arsiè aus gegen Rocca und Incin entsendet, um den zur Brücke dieses Ortes führenden Gebirgsweg herzustellen, gelangte bei dem Umstande, daß der Weg in Felsen gehauen und in Serpentinen geführt war, wovon zwei abgesprengt, nicht zum Ziele; auch war die Brücke über den Cismone, zu deren Rekognoszirung sich der genannte Oberlieutenant mit einer Patrouille an den Gewehrriemen hinabließ, abgerissen und kein Material zu ihrer Herstellung vorhanden, daher diese Abtheilung gleichfalls unverrichteter Sache nach Arsiè zurückkehren mußte. Eine zweite Kolonne (die 12. Kompagnie Haynau unter Oberlieutenant Giay) sollte

Cismone besetzen, wurde jedoch in einem Wasserrisse vor dem Orte, von den Höhen mit herabgeworfenen Steinen durch die Insurgenten angefallen und zugleich von allen Seiten beschossen, so daß sie mit einem Verluste von 2 Todten, 2 Verwundeten und gegen 30 Vermißten und Gefangenen nur mit großer Anstrengung wieder nach Arsié zurückgelangen konnte.

Am 7. Juni hatte Oberst Wolff 8½ Compagnien, 3 Raketengeschütze und 1 sechspfündige Kanone im Lager bei Fastro vereinigt. Ein in die linke Flanke des Hauptmannes Leschke entsendetes Streifcommando der Innsbrucker-Studenten, hatte die Verbindung zwischen dem genannten Hauptmann und Haynau-Infanterie hergestellt, worauf der Angriff mittelst Umgehung der feindlichen Stellung auf dem rechten Brenta-Ufer, namentlich der Batterie bei Piovega di sopra beschlossen wurde. In der Nacht räumte eine Abtheilung Freiwillige unter Commando des Lieutenants Hadler die an dem Straßenabhange vor Primolano angebrachte Barrikade im feindlichen Feuer weg, worauf noch in derselben Nacht die sechspfündige Kanone unter Bedeckung einer halben Compagnie auf die Höhe von S. Vito mit außerordentlicher Anstrengung und nicht ohne Gefahr geschafft wurde. Gleichzeitig erhielt Hauptmann Vanderstäts von Haynau-Infanterie, den Auftrag, mit seiner Division und einem Raketengeschütze von Fastro über Primolano nach Le Tezze zu rücken, von Grigno aus eine Verstärkung von E. H. Ludwig-Infanterie und den Tiroler-Landesschützen nachzusuchen, und mit also vereinten Kräften, von Le Tezze auf den Gebirgskämmen sich Primolano zu nähern, der auf den dortigen Felsenabhängen postirten Geschütze sich zu bemächtigen, dann Enego — als den eigentlichen Centralpunkt der Gebirgsinsurrektion und das Hauptquartier des Insurgenten-Chefs Capellaris — zu nehmen. Die Kolonne des Hauptmanns Vanderstäts wurde während des Vorrückens auf der Straße nach Le Tezze mit einigen Kanonenschüssen begrüßt, erlitt aber keinen Schaden und traf um Mitternacht in diesem Orte ein. Während des 8. wurden die feindlichen Geschütze von unserem oberhalb S. Vito placirten Sechspfünder zum Schweigen gebracht. Nachmittags vier Uhr versuchten die beiden Lieutenants Stabler und von Ostheim mit Freiwilligen, sich eines am Fuße des Felsenabhanges knapp am Brenta-Ufer postirten Geschützes zu bemächtigen, indem sie sich unter einem mörderischen Feuer der Insurgenten aus den Schluchten in den Fluß warfen, wobei sie durch eine Plänklerkette von dem Oberlieutenant S t u b e n r a u ch soutenirt wurden, während das Feuer von 2 Raketengeschützen und des Sechspfünders (erstere von Major Baron W e i g l und dem Kommandanten der Kanonen-Bedeckung Oberlieutenant Baron P i l l e r s d o r f selbst gerichtet) des Feindes Aufmerksamkeit auf sich ziehen sollte. Dennoch war die Anstrengung jener Freiwilligen vergebens; die durch die vorhergegangenen Regengüsse reißende Brenta gestattete den wackeren Schwimmern nicht ihr Ziel zu erreichen, und als namentlich Lieutenant H a b l e r und ein Gemeiner dem Ertrinken nahe waren, mußten sie umkehren und das Unternehmen, welches über ¾ Stunden gedauert hatte, aufgeben.

Am 9. früh Morgens um zwei Uhr wurde von der Kolonne des Hauptmanns V a n d e r s t ä t s — 1 Division Haynau, 1 Division E. H. Ludwig, 2 Züge der Innsbrucker-Studenten-Legion und der Gräbner-Schützen, dann 1 Raketengeschütz — der Marsch von Le Tezze gegen das Gebirge angetreten. Um fünf Uhr stand die Kolonne, welche einen äußerst beschwerlichen Weg zurücklegen mußte, unentdeckt vom Feinde, auf den Steilhängen des Monte Frizzone (Col di Fredur). Ungeachtet des feindlichen Feuers drang die Kolonne gegen die Gebirgskämme und Kuppen vor, welche sie nach drei Stunden erstieg, worauf der Feind die Flucht ergriff. Um vier Uhr Nachmittags überschritt Major W e i g l mit der 9. Kompagnie Haynau unter Oberlieutenant S t u b e n r a u ch und 2 Zügen der Innsbrucker-Studenten die Brenta-Brücke bei Primolano, erstieg die äußersten Höhen gegen Sasso, nahm die beiden am Flusse von Enego aufgestellten Geschütze und drang gegen diesen Ort selbst vor, welchen Hauptmann V a n d e r s t ä t s gleichzeitig ohne weiteren Anstand besetzte. Hier wurden 2 Dreipfünder, 1 siebenpfündige Haubitze und 1 Schiffs-Kanone nebst vielen anderen Waffen gefunden und weggenommen.

Mit dem Besitze von Primolano war die Chaussée von Feltre auf Trient eröffnet, somit die Absicht des Korps-Kommandanten erreicht; das ganze Gebirge von den mit Schnee bedeckten Grenzalpen Tirols, bis in die schönen Ebenen von Bassano und Montebelluna in unserer Gewalt, welche Erfolge nur der Hingebung der Truppen, der unermüdlichen Aufopferung der Offiziere und Mannschaft zu verdanken sind. Es zeigten sich zwar noch hin und wieder gegen Valstagna im Brenta-Thale kleine Insurgentenhaufen, welche sich jedoch zerstreuten, als eine Kolonne von Bassano hinabrückte und kleine Sicherheitsposten in Primolano, Enego, Cismone, Valstagna und S. Nazario aufgestellt wurden.

**Vorrückung des Korps bis Treviso.**

Der Feldmarschall-Lieutenant Baron Welden, welcher nach den Gefechten am Curtatone und bei Goito sah, daß von jenen Fällen, die er betreffs der Hauptarmee supponirte, ein Theil des ersten und der dritte eingetreten sei — der Feind war geschlagen, aber der Feldmarschall stand wieder an der Etsch — beschloß seine, solchen Umständen angepaßten Entschlüsse auszuführen, nämlich an die Brenta vorzudringen, die Verbindung mit der Hauptarmee zu suchen und Treviso zu nehmen, so wie alle Städte der venetianischen Terra ferma zu unterwerfen.

Es wurden demnach die vom General-Major Fürsten Franz Liechtenstein gegen Treviso vorpoussirten Abtheilungen wieder hinter die Strada Postumia zurückgezogen, und weiter rechts entlang des Gebirges gegen Bassano hingeschoben, von wo sie gegen Treviso und bis nach Castel Franco streiften. Die in Vidor stehenden 4 Kompagnien d'Este überschritten daselbst die Piave, und rückten bis Carano. Im Brückenkopf bei Ponte Priula blieb nur ein etwa 500 Mann starker Transport der Infanterie-Regimenter Wocher und Haynau. Der General-Major Fürst Liechtenstein nahm sein Quartier zu Valdo, der Oberst Macchio, welcher den rechten Flügel dieser Brigade befehligte, in Piave di Montebelluna; das Divisions-Quartier des Feldmarschall-Lieutenants Baron Stürmer kam nach Cornuda. General-Major Mitis, welcher die untere Piave bereits überschritten und das 2. Bataillon des 1. Banal-Regiments bis Fossetta, Meolo und Fossalta di Piave vorgeschoben hatte, ließ auf der Strada Colalta streifen. Nirgends zeigte sich der Feind.

Der Korps-Kommandant hatte mit Sicherheit darauf gerechnet, daß die im Gebirge verwendeten Abtheilungen bis 9. ebenfalls in der Trevisaner-Ebene verwendbar sein würden, eine Voraussetzung, die sich, wie wir gesehen, vollkommen bestätigte; auch waren mittlerweile mehrere Geschütze, darunter 4 weittreibende Mörser und das Baumaterial für die permanente Piave-Brücke bei Ponte Priula beim Korps eingetroffen, als plötzlich ein

Wolkenbruch im Gebirge niederging, wodurch Flüsse und Bäche zum Theile aus ihren Ufern traten und viele Brücken von den Fluthen weggerissen wurden. Die über Ponteba anrückenden Verstärkungen mußten Halt machen, die Beistellung des Brückenmaterials zur Piave konnte nicht statt- finden und zu all' dem Unglück wurde auch noch die meist aus schwachen Flußschiffen erbaute Nothbrücke bei Ponte Priula durch das Hochwasser zerstört. Es bedurfte der größten Anstrengungen der Pioniere unter Hauptmann H a u s k a, um den entstandenen Schaden in möglichst kurzer Frist wieder auszugleichen und den Beginn der Operationen zu fördern.

Feldmarschall-Lieutenant Baron W e l d e n hatte eine Expedition auf Schio im Sinne, um die Straße nach Roveredo frei zu machen und hiezu 1 Bataillon Deutschbanater, ¼ Eskadron Uhlanen und 2 Raketengeschütze unter Führung des Hauptmanns R a m m i n g vom General-Quartiermei- sterstabe, bestimmt, als er am 11. Früh durch den vom Feldmarschall an ihn geschickten Rittmeister Fürsten-T a x i s von Kaiser-Uhlanen, dessen herr- lichen Sieg bei Vicenza erfuhr. Diese Nachricht bewog ihn, die Unter- nehmung gegen Schio aufzugeben und Treviso zur Uebergabe aufforderu zu lassen. Noch im Laufe des 11. wurde das nöthige Geschütz über die Piave geschafft und für die Brigaden Liechtenstein und Mitis die Dispo- sition zur Vorrückung gegen Treviso erlassen.

### Beschießung und Capitulation von Treviso

#### am 13. und 14. Juni.

Am 12. Juni rückte der rechte Flügel von der Brigade Liechtenstein — 4 Kompagnien d'Este-Infanterie, 4 Kompagnien Illirisch-Banater, ¼ Eskadron Uhlanen und 1 sechspfündige Fußbatterie unter Oberst M a c c h i o — über Bedelago bis Quinto, Päse und Castagnole; der linke Flügel — 2 Kompagnien Illirisch-Banater, 3 Kompagnien Deutsch-Ba- nater, der vorerwähnte gemischte Transport von Wocher und Haynau, 1 Eskadron Boyneburg-Dragoner und 1 sechspfündige Fußbatterie unter Liechtenstein's Führung — bis Pezzan, Carità, Bascon und Breda, so- mit bis ganz in die Nähe von Treviso. Der General-Major M i t i s mar- schirte mit dem 3. Bataillon Kinsky, 2 Eskadrons Boyneburg-Dragoner und 1 sechspfündigen Fußbatterie nach S. Biagio di Callalta, während

3 Kompagnien des 2. Bataillons vom 1. Banal-Regimente auf Biancade, und eine weitere Division dieses letztgenannten Regiments auf Roncade rückten; die Verbindung mit Pontegrando ward über Musestre unterhalten. Die Raketenbatterie nebst 2 langen Haubitzen und 2 der weittreibenden Mörser mit 100 Bomben kamen nach Spresiano, wohin am 12. auch das Hauptquartier verlegt wurde. Gegen Abend trafen auch die Spitzen der bisher im Gebirge verwendet gewesenen Truppen ein, und rückten mit dem Feldmarschall-Lieutenant Baron Stürmer von Cornuda über Biadena in die Ebene; sie sollten die Reserve für die zum Angriff auf Treviso bestimmten Truppen bilden.

Der Korps-Kommandant eilte nach Carità, um eine Deputation der Trevisaner-Munizipalität zu empfangen, welche durch den rückkehrenden Parlamentär Flügel-Adjutanten Major Grafen Crenneville um eine Unterredung gebeten hatte, die aber zu keiner Verständigung führte. Welden schob daher den rechten Flügel seiner Truppen bis S. Giuseppe und Cecchette vor und ließ von demselben auch über den Sile bis Zerobranco streifen; die Mitte rückte bis S. Bartolomeo und Madonna dei Rovere; der linke Flügel bis Carbonera und Melma, von wo aus ebenfalls über den Sile gestreift wurde. Somit war Treviso gänzlich umzingelt. Man hatte der Deputation erklärt, daß, im Falle nicht eine unbedingte Uebergabe stattfinde, um acht Uhr früh am 13. die Beschießung beginne. Zu diesem Ende wurden noch in der Nacht vom 12. auf den 13. die Mörserbettungen in einem Garten unweit der Madonna del Rovere rechts von der Chaussée am Kommunalweg gegen S. Bartolomeo gelegt und die Erbauung eines Aufwurfes daselbst begonnen; die beiden langen Haubitzen placirte man auf dem Kommunalwege selbst; ¼ sechspfündige Batterie unter Lieutenant Wedl kam auf die Hauptstraße. In den vorwärtigen Gräben lagen Tirailleurs von den Deutsch-Banatern; die Reserven standen bei Limbrago. Die Raketenbatterie kam nach Cecchette, um im Vereine mit der sechspfündigen Fußbatterie des Oberst Macchio gleichfalls die Stadt zu beschießen.

In Treviso hatte man die zur Berathung zugestandene Bedenkzeit benützt, um Verstärkungen aus Malghera an sich zu ziehen. Um neun Uhr Morgens am 13. begann das Bombardement, wobei jedoch nur einer der beiden Mörser verwendet werden konnte, indem der andere verkeilt war, daher erst hergerichtet werden mußte. Die feindliche Artillerie schoß aus-gezeichnet, beinahe jede Kugel traf unsere Batterien, da machte Lieutenant W e b l den Versuch, durch plötzliches Vorprellen gegen das Stadtthor bis auf Kartätschendistanz den Gegner außer Fassung zu bringen. Der genannte Offizier mußte sich jedoch nach Abgabe einer Ladung mit dem Verluste einiger Leute und eines Pferdes eiligst in seine frühere Aufstellung zurückziehen, was zur Folge hatte, daß auch die zunächst der Straße po-stirten Plänklerabtheilungen zurückliefen; doch gelang es dem Korps-Kom-mandanten im Vereine mit dem General-Major Fürsten L i e ch t e n st e i n, die Ordnung wieder herzustellen und die Weichenden in ihre Aufstellung zurückzuführen.

Nach einiger Zeit verstärkte sich unser Feuer, auch begann der zweite Mörser zu spielen und um fünf Uhr Nachmittags erschien auch General-Major M i t i s, ohne noch hiezu den Befehl erhalten zn haben, bei S. Ambrogio und Fiera di Treviso, er ließ die Stadt auf der Ostseite mit Granaten bewerfen. Die Reserven rückten ebenfalls heran. Die Gar-nison war jedoch bereits so sehr erschüttert, daß sie um halb neun Uhr Abends ihr Feuer einstellte und die weiße Fahne aussteckte. Es erschien eine Deputation beim General-Major Fürst L i e ch t e n st e i n und bot die Unterwerfung auf Grundlage der dem General Durando zugestandenen Kapitulation von Vicenza an. Der Korps-Kommandant jedoch forderte unter Androhung der Fortsetzung des Bombardements unbedingte Unter-werfung.

Am 14. wurden die Unterhandlungen wieder aufgenommen; gleich-zeitig nahm eine Kolonne unter Oberst M a c ch i o eine Aufstellung bei S. Lazzaro, wodurch die Verbindung mit Venedig gänzlich abgeschnitten war. Jetzt erst ließ sich die Garnison zum Abschlusse der verlangten Kapi-tulation herbei. Sie kam um acht Uhr Abends zu Stande. Eine halbe Stunde später zog die feindliche Garnison durch die Porta Santi Qua-ranta von Treviso ab. Sie bestand aus 2 Bataillonen römischer Grena-diere unter dem Oberst Marescotti, 1 Jäger-Bataillon unter Oberst Zam-beccari, den Freiwilligen von Pesaro unter Major de Leoni, aus der neapolitanischen Legion Ponsan, der sicilianischen Legion unter Oberst La Massa, 1 Bataillon Trevisaner unter Major Pandolfini, 1 Bataillon von Ravenna unter Major Montarini, 1 Bataillon Scharfschützen unter

Major Daxe, 1 Korps römischer Studenten unter Major Pareto,
2 Bataillonen Grecian, einer starken Artillerie-Abtheilung, in Allem
4165 Mann. Sie hatten die beglückende Freiheit der Stadt Treviso
während ihres fünfwöchentl. Aufenthaltes für einen Kostenaufwand
von 500,000 Lire geraubt, und zogen nun, von dem Oberlieutenant
Bürker des General-Quartiermeisterstabes, geführt, über Quinto, Reale
und Strà an den Po. Wir besetzten sogleich die Übergänge.

Am 15. zog Feldmarschall-Lieutenant Baron Welden an der
Spitze von 8000 Mann in Treviso ein, wo sich 47 Kanonen von verschie-
denem Kaliber, viele Waffen, Munition, Montur und ein namhafter
Theil des k. k. Fuhrwesens-Depots vorfanden.

Wiewohl man dem Feinde das Zeugniß geben muß, daß er sich auf
das Hartnäckigste vertheidigte, war doch unser Verlust unbedeutend, indem
die Truppen größtentheils gedeckt aufgestellt werden konnten.

Am 16. hatten die operirenden Streitkräfte des 2. Armee-Korps
folgende Aufstellung: Brigade Susan (3 Bataillons, 3 Kompagnien,
2 Eskadronen und 8 Geschütze) von Campo Sanpiero bis Bassano; Brigade Liechtenstein (3 Bataillons, 6 Kompagnien, 2 Eskadronen und
8 Geschütze) von Canizzano bis Casier, und als Garnison zu Treviso; Brigade Mitis (4 Bataillone, 6 Geschütze) von Treviso bis Gaerle.

## Gefecht bei Triest

In der Nacht vom 6. auf den 7. Juni.

Vice-Admiral Albini, in die Nothwendigkeit versetzt, die öster-
reichische Eskadre fortwährend im Auge zu behalten, begnügte sich mit
Vexationen und anderen Unbilden gegen Kauffahrer oder Lloyd'sche
Dampfschiffe, bis er sich am 6. Juni entschloß, noch einen Versuch gegen
Triest zu machen. Gegen Abend sah man deutlich, wie sich die feindliche
Flotte bei sehr schwachem Südwind gegen die Bucht von Muggia bewegte.
Die Nacht war finster, man konnte die Bewegungen des Feindes nicht
entnehmen, daher die strengste Bereitschaft anbefohlen wurde. Batterien
und Fahrzeuge standen in Kampfbereitschaft, als plötzlich die am Abhang
von Sta. Andrea liegende Batterie Woinović zu feuern begann; ein

Gleiches erfolgte auch von den übrigen Batterien gegen die Bucht von Muggia. Man hatte nämlich außerhalb der Landspitze einige feindliche Schiffe wahrzunehmen geglaubt, welche augenscheinlich gegen verschiedene Küstenpunkte lossegelten, während auf der Meerseite vor der Hafeneinfahrt einige Dampfer kreuzten. Unsere brave Artillerie brachte im Nu volle Gewißheit. Ihre Projektile schlugen in die Schiffskörper, und unter dem Jubelrufe „Holz!" begann sie nun ein heftiges Feuer. Bald schwebte das feindliche Admiralschiff S. Michele in der größten Gefahr. Obwohl dessen Schiffslucken geschlossen waren, somit nicht der mindeste Lichtstrahl das Ziel bezeichnete, hatte es dennoch aus sechsunddreißigpfündigen Schiffs-Kanonen und aus Achtzehnpfündern mehrere Treffer erhalten; dabei wurde es durch die Meeresströmung bei gänzlicher Windstille immer mehr gegen das Ufer getrieben. Bald aber stiegen Signal-Raketen hoch in die Luft. Albini befahl den Rückzug. Mittelst seiner Dampfer suchte er sich auf der hohen See wieder zu formiren. Diese eilten aber mit solcher Hast zur Rettung des Admiralschiffes herbei, daß zwei Dampfer an einander stießen und dadurch, so wie durch die erhaltenen Kugeln aus den Hafenbatterien, ziemlich beschädigt wurden.

In der Nacht vom 8. auf den 9. machte wieder die feindliche Flotte einige drohende Bewegungen, zog sich aber bald unverrichteter Dinge zurück. Es war dies die letzte Allarmirung der Stadt Triest.

Um diese Zeit hatte die neapolitanische Flotte — 2 Fregatten und 5 Dampfer — die Weisung zur Rückkehr in die Heimat erhalten; die sardo-venetianische Flotte zählte somit am 12. Juni nur noch 8 Fregatten, 3 Corvetten, 5 Briggs und 3 Dampfer, zusammen 14 Segel, wozu jedoch bald weitere 4 kleine sardinische Dampfer stießen.

### Gefechte bei Caorle

**am 12. und 13. Juni.**

Ruhig wie ein Spiegel lag die See da und am wolkenlosen Himmel stand die volle Scheibe des Mondes, der sein fahles Licht weithin verbreitete und mit dunklen Schatten die Umrisse der alten Dogenstadt zeichnete, als plötzlich die Batteriewache in Caorle das Herannahen zweier Schiffe meldete, — es war ein aus Venedig kommender Dampfer mit der kaiserlichen

Flagge und eine aus Venedig ihm entgegensegelnde Brigg, mit den Farben
der Republik geschmückt. Bald gaben sie auf einander Feuer, ohne daß
eines der beiden Schiffe getroffen wurde, auch sah man keine Kugeln ins
Meer einschlagen, daher die Besatzung von Caorle — eine List ahnend —
sich in Bereitschaft setzte. Immer näher kam der Dampfer gegen unsere
Batterie, die Brigg verfolgte ihn. Ungeachtet man auf dem ersteren mit
einem weißen Tuche winkte, gab der schon früher genannte unerschrockene
Expropriis Károly auf eine Distanz von 800 Klafter Feuer auf das
Schiff. In diesem Augenblicke verschwand die kaiserliche Flagge und unter
dem Rufe: „Evviva la repubblica!" ward die Trikolore aufgehißt. Der
Dampfer ging zurück und stellte sich neben der Brigg zum Angriff gegen
unsere Batterie. Expropriis Károly erwiederte langsam aber sicher
deren Feuer; fast jeder Schuß war ein Treffer und wurde mit Jammer-
geschrei beantwortet. In einer Stunde war der Dampfer zum Schweigen
gebracht, man konnte nicht mehr das weiße Feld ausnehmen, denn er war
bedeutend gesunken. Nachdem er die Anker gelichtet, konnte er nur mit der
größten Anstrengung die hohe See erreichen, wo ihn ein mittlerweile aus
Venedig eingetroffener Dampfer ins Schlepptau nahm.

Am Morgen des andern Tages (13. Juni) erschienen aus Venedig
1 Corvette, 1 Dampfer und 12 Penichen vor Caorle. Gegen halb neun
Uhr nahmen sie Stellung gegen unsere Batterie, worauf in einer halben
Stunde ihr Feuer begann, welches Expropriis Károly aus seinen beiden
Geschützen herzhaft beantwortete. Mit dem dritten Schusse flog die Peniche
Furiosa unter furchtbarem Krachen in die Luft, das Projektil hatte sich
durch Reibung in der Pulverkammer des Schiffes entzündet — es war
eine von dem feindlichen Dampfer während der Nacht in die Batterie geschickte zwölfpfündige Kugel *). Die Flotille trat hierauf ihren Rückzug an,
um nie wieder vor Caorle zu erscheinen.

Nach einigen Tagen langten noch 6 achtzehnpfündige Kanonen in
jener Batterie an.

---

*) Die Behauptung, daß es eine glühende Kugel war, welche die Furiosa in
die Luft sprengte, ist unrichtig; die Kugel war kalt, wie aus dem uns vorliegenden Berichte des damaligen Expropriis, nunmehrigen Oberlieutenants Károly
zu ersehen ist.

## Cernirung von Venedig.

Feldmarschall-Lieutenant Baron Welden, hatte die venetianische Terra ferma bis auf Palma, Osoppo und Venedig ganz unterworfen. In letzterer Stadt befanden sich bei 18.000 Bewaffnete, worunter 2500 Schweizer, 2000 Neapolitaner, 4000 Päpstliche, 450 Kavalleristen, 200 Artilleristen und das 600 Mann starke Marine-Infanterie-Bataillon, der Rest waren Freischaaren. Alle diese Truppen waren mit ziemlich guten Gewehren (theils Stutzen, theils Musketen) bewaffnet und leisteten gemeinschaftlich den Garnisonsdienst, so wie jenen zur Bewachung und Vertheidigung der verschiedenen befestigten Punkte. Der Lido war mit beiläufig 1000 Mann vom abgefallenen 3. Bataillon Zanini unter Kommando des Majors Galateo besetzt; im Fort Sta. Andrea befanden sich nur 30 Artilleristen zur Bedienung der dortigen Geschütze; in Pelestrina standen die beiden Freikorps von Parma (etwa 300 Mann stark) unter Kommando der beiden Schwestersöhne Massedaglia und Legnago — diese Truppe war zwar gut bewaffnet, jedoch ohne aller militärischer Organisation und Disziplin; in Mazzorbo befanden sich 300 Mann der Legion Antonini. In Malghera waren unter Kommando des Oberst Rizzardi 800 Neapolitaner und mobile Nationalgarden, davon 50 Mann im Fort Alberoni detachirt. In S. Giorgio befanden sich nebst der zur Bedienung der Geschütze erforderlichen Artillerie, 100 Mann mobile Nationalgarden und römische Crociati unter Kommando eines Franzosen (ehemaligen Sekretärs der Herzogin von Berry); eben so war S. Erasmo mit 100 Mann besetzt. Burano und Murano hatten keine Besatzung. Die Stimmung dieser Besatzungstruppen war sowohl wegen der seit einiger Zeit herabgesetzten Löhnung, als auch des sehr fühlbaren Wassermangels halber eine ziemlich schlechte. An ihrer Spitze stand noch immer General Pepe, das eigentliche Festungs-Kommando führte General Antonini. Venedig mit den es umgebenden Inseln und Flußmündungen — die größte Festung der Monarchie — enthält seine vermehrte Vertheidigungsfähigkeit durch die Lagunen; man hatte die zur Markirung der ausgegrabenen tiefen und schmalen Wasserstraßen bestimmten Pfähle beseitigt, die Kanäle durch Pfahlwerke gesperrt und ihre Einfahrten durch versenkte Schiffe gesichert. Unter den vorzüglichsten Befestigungen, welche

L                                                           37

die Stadt schützen, ist die stärkste das westwärts gelegene (im Jahre 1807 von den Franzosen erbaute) Fort Malghera. Es besteht aus einer innern Einfassung von 5 Bastionen, einer zweiten von 4 Bastionen, 2 Deckwerken und 3 Lunetten in dritter Linie und ist mit starken Erdwerken und vollen Wassergräben versehen. Dasselbe bildet den Brückenkopf der in neuerer Zeit erbauten 4739 Schritte langen und 12 Schritte breiten steinernen Brücke über die Lagunen von 222 Bögen, welche als Fortsetzung der Mailänder-Eisenbahn, Venedig mit dem festen Lande verbindet. Im Innern des Forts befanden sich 2 bombenfreie Kasernen mit einem Fassungsraume von 1500 Mann, und 2 große Pulvermagazine. Malghera hängt mit der Hälfte seiner Umfassung mit dem festen Lande zusammen, während die andere Hälfte von den Lagunen begrenzt wird; es wurde durch mehr als 60 Geschütze vertheidigt. Die Venetianer hatten den Ueberschwemmungskessel gegen Campalto angelassen und jenen Punkt der Eisenbahn mit in die Vertheidigung gezogen, wo selbe nur auf 100 Klafter vom Fort den Kanal delle Verze passirt. Eben so waren auf wirksamen Geschützertrag alle Bäume umgehauen, so daß man vom Fort aus die Eisenbahn bis zum Bahnhof von Mestre vollständig einsah. Die Vertheidigung Malghera's wird an der Südseite (als detachirtes linkes Flankenwerk) durch das Fort Rizzardi, ostwärts (als detachirtes rechtes Flankenwerk) durch das Fort Manin (eine Sternschanze) und auf der Lagunenseite durch das auf einer Insel erbaute Fort S. Giuliano unterstützt. Von der Seeseite her wird Venedig durch das Fort S. Nicolo und die Befestigungen von Melamocco, Chioggia und Brondolo geschützt. Alle diese Forts waren in den besten Vertheidigungsstand gesetzt. Man besaß eine zahlreiche und gut bediente Artillerie und eine treffliche Lagunenflotille. Das Meer war offen, eine Zufuhr von Truppen, Munition und Proviant daher jeden Augenblick möglich.

, Welden, dessen gesammte operirenden Streitkräfte nicht über 14.000 Mann betrügen, war nun bemüht, Venedig womöglich vom Festlande zu isoliren. Er hoffte durch Abschneiden des süßen Wassers, Entziehung des Eises und der Geldeinnahmen von den Liegenschaften auf dem Festlande, sowie durch Störung des Binnenhandels, in der Stadt Mißstimmung, wo nicht gar eine Contrerevolution zu unseren Gunsten herbeizuführen.

Es wurde somit die Cernirung Benedig's eingeleitet. Die Linie des Sile, von Cortellazzo bis Pontegrandi, wurde der Drehpunkt der ganzen Einschwenkung des Korps gegen diesen Punkt; Demnach blieb der linke Flügel der Brigade Mitis stehen, während der rechte am 17. Juni den Sile bei Casale überschritt und über Marcon mit der Brigade Liechtenstein sich verband, welche an diesem Tage nach Mogliano gerückt war und die Vorposten bis an die Dese vorgeschoben hatte; rechts von ihr besetzte die Brigade Susan Campo S. Piero und Noale. Am 18. rückten alle 3 Brigaden vor und besetzten Tesera, Mestre, Ponte di Rana und Malcontenta. Mit Tagesanbruch stieß man auf den Feind, der sich nach einigem Plänkeln auf der einen Seite nach Malghera, auf der andern nach Fusina zurückzog und nun theils aus Malghera, theils aus 2 Piroghen, die bei Fusina aufgestellt waren, ein zwei Stunden anhaltendes Feuer aus schwerem Geschütz, gegen unsere vorrückenden Kolonnen eröffnete. Gegen neun Uhr Morgens hatten dieselben ihren Zweck erreicht. den Damm, über welchen die Eisenbahn führt, Ponte della Rana und Maranzano — drei sehr wichtige Punkte — stark besetzt; die Reserven standen in Mestre, Bodenigo und Malcontenta. Während der Nacht noch rückte die Brigade Susan nach Mirano, ihre Avantgarde bis Oriago. Das Gros der Brigade Liechtenstein sammelte sich in Mestre.

Am 19. detachirte General-Major Fürst Franz Liechtenstein eine Abtheilung Hrabowsky-Infanterie von Malcontenta gegen Fusina, um diesen wichtigen Landungspunkt der Venetianer zu besetzen, sie wurde jedoch durch das Feuer der beiden Piroghen gezwungen, nach Maranzano zurückzukehren. Auch aus Malghera ward das Feuer gegen uns lebhaft fortgesetzt.

Nachdem der Feind, der Brigade Mitis gegenüber, die ganze Gegend unter Wasser gesetzt und dadurch die Möglichkeit zu Ausfällen sich selbst benommen hatte, so beschloß Feldmarschall-Lieutenant Baron Welden die Cernirung in südlicher Richtung mehr auszudehnen, um die Zufuhr von Lebensmitteln, vorzüglich Fleisch, welches Venedig aus dem Paduanischen bezog, abzuschneiden. Zu diesem Zwecke ließ der Korps-Kommandant am Abend des 20. in Dolo, wo er mit dem Feldmarschall-Lieutenant Baron d'Aspre zusammentraf, alle Fahrzeuge sammeln, und schiffte darauf eine starke Abtheilung des Deutschbanater-Bataillons auf dem Kanal

37*

der Brenta bis nach Campagna. Zu gleicher Zeit wurden 9 Kompagnien nach Padua in Marsch gesetzt. Zur weiteren Einschließung des Lagunen-gürtels besetzte am 21. die Brigade Susan Lugo und Lova; die bis Campagna eingeschiffte Abtheilung ging die Brenta hinab bis Conche. Ein Streifkommando, bestehend aus einer Division Boyneburg-Dragoner nebst einiger Infanterie ging unter-Kommando des Majors Grafen Vetter von Dolo über Piove di Sacco nach Pontelungo, um Borgoforte, Botte, Barbarigo und Abigetta zu besetzen und später am Po vorzurücken, alle für Venedig bestimmten Zufuhren in Beschlag zu nehmen und die Cernirung längs den Lagunen im Rücken zu decken. Die Brigade Mitis hatte sich bereits bei Mestre mit ihrem rechten Flügel angeschlossen und mit ihrem linken von Caorle an bis Pontegrandi um so fester gesetzt, als mittlerweile 15 Schiffskanonen schweren Kalibers zur kräftigeren Verthei-digung von Caorle, Falconiera, Cortellazzo, Capo Sile und Pontegrandi daselbst eingetroffen waren.

Während der Nacht vom 20. auf den 21. ließ der Korps-Komman-dant durch den Ingenieur-Major Khaup bei Fusina eine Zwölfpfünder-Batterie gegen die dort vor Anker liegenden feindlichen Fahrzeuge er-bauen. An diesem Tage rückte die Abtheilung der Deutschbanater von Conche bis Casa Nagarola, Chioggia gegenüber; die ganze Brigade Susan zog sich mehr rechts, ihr linker Flügel bei Ganbarare in Verbin-dung mit der Brigade Liechtenstein. In der Nacht vom 22. auf den 23. wurde die Batterie in Fusina armirt, ohne daß es der Feind, wiewohl derselbe nur 12 bis 1500 Schritte entfernt stand, bemerkte, und um drei Uhr Morgens begann sie unter Kommando des Lieutenants Haslinger ihr Feuer gegen die in einem Klumpen vereinigten feindlichen Schiffe — 2 Kanonenboote, 2 größere und 1 kleinere Piroghe — welche sämmtlich mit zweiunddreißigpfündigen Caronaden bewaffnet waren. Der erste Schuß traf. Die Verwirrung war grenzenlos, die Schiffe, im engen Kanal einge-schlossen, konnten sich nicht entwickeln, wie ein Knäuel zusammengeballt, waren sie unserem Feuer preisgegeben. Glühende Kugeln und Granaten schlugen Schuß für Schuß in diesen Knäuel ein, der zwar unser Feuer, je-doch ganz unwirksam erwiederte. Gegen vier Uhr sank die eine der Piroghen, eine andere war im Schlamme aufgefahren, ein stark beschädig-tes Kanonenboot mußte in die Stadt zurückbugsirt werden, auch das zweite Kanonenboot mußte sein Feuer einstellen und sich zurückziehen. Gegen fünf Uhr war das feindliche Feuer gänzlich zum Schweigen gebracht. Da erschien um zwei Uhr Nachmittags ein Dampfer aus Venedig, er hatte 2 schwere Kanonenboote im Schlepp. Sie begannen aus Vierundzwanzig- pfündern, das Fort S. Giorgio in Alga und S. Angelo della polvere aber aus ihren Achtzehnpfündern Fusina mit einem Kugelregen zu überschütten, wodurch zwar ein Theil der Mauern zerstört, unsere Batterie jedoch keines- wegs zum Schweigen gebracht wurde, sie feuerte vielmehr so lange fort, bis das letzte Schiff den Kanal verlassen hatte.

Am 24. hatte der Feind eine neue Batterie in S. Angelo della pol- vere, Fusina gegenüber, eröffnet und feuerte den ganzen Tag mit Sechs- unddreißig- und Achtundvierzigpfündern auf unsere Batterie, ohne ihr bedeutenden Schaden zuzufügen.

Zur Vervollständigung der Einschließung Venedigs besetzten am 25. Juni 350 Mann der Brigade Susan das Fort Cavanella d'Adige und zwar in dem Augenblicke, als eine feindliche Abtheilung aus Brondolo in gleicher Absicht diesem Punkte sich näherte. Als dieselbe unserer Trup- pen ansichtig wurde, zog sie sich rasch wieder zurück. Cavanella beherrscht nicht allein den Einfluß der Etsch ins Meer, sondern durch die große Straße bei Tornov die Kommunikation durch den Canal Lecco aus dem Po und den Canal di Valle nach Chioggia; es ist die große Lagunen- straße, welche alle Reichthümer der Polesina, von der See geschützt, durch die genannten Kanäle nach Venedig führt — der Besitz dieses Punktes war somit von großer Wichtigkeit. Chioggia und selbst Venedig war sogar von nun an des Trinkwassers beraubt, und Venedig nur auf jenes der artesischen Brunnen, welches sehr schlecht ist, beschränkt. Auch die einzige Eisgrube, die Venedig versieht, fiel in Al Aino in unsere Hände, was in dieser Jahreszeit für die Stadt ein empfindlicher Verlust war. Am 26. besetzten wir auch Cavanella del Po.

Eine eben angekommene Czaikisten-Kompagnie wurde zur Beman- nung kleiner Kanal-Fahrzeuge verwendet, um theils in den Lagunen selbst, theils auf den unteren Flüssen zu patrouilliren und die nöthige Verbin- dung zu erhalten. Bei S. Ambrogio und Casale wurden Brücken über den Sile geschlagen, die Verschanzungen an diesem Flusse ihrem Ende zu- geführt und gehörig armirt, endlich auch die bereits halbverfallenen Werke

von Cavanella d'Adige wieder hergestellt und einstweilen mit 2 Raketengeschützen versehen.

## Bombardement und Uebergabe der Festung Palmanova.

Wie bereits erwähnt, wurde die Einschließung dieser Festung anfangs
dem General-Major Fürsten Felix Schwarzenberg übertragen,
später übernahm General-Major Mitis das Kommando über die dort
aufgestellten Truppen. Der Besitz dieser Festung blieb jedenfalls von hohem
Werthe für eine Sicherung der Meeresküste, so wie selber andererseits
höchst wünschenswerth sein mußte, weil der Platz viel Artillerie-Gut enthielt, die nähere Straße an den Tagliamento beherrschte und auf die gänzliche Beruhigung der Umgegend den wesentlichsten Einfluß nahm. Die
Besatzung zählte unter Zucchi's Kommando ungefähr 1500 Mann, worunter etwa 790 Ueberläufer der k. k. Truppen, 130 Piemontesen, meist
Artilleristen, und 600 Insurgenten. Der Platz war durch 148 Geschütze
verschiedenen Kalibers vertheidigt.

Die geringere Distanz der Außenwerke des Platzes von der Haupt-
umfassung lieferte die Möglichkeit, mit weittreibenden Mörsern auf jeder
Seite den Mittelpunkt der Festung zu erreichen.

Man glaubte also, da der Platz nur wenig bombenfreie Räume enthält, die Garnison auch nicht allzu muthig, die Bevölkerung aber noch in
weit geringerem Grade störrisch war, durch ein einfaches Bombardement
zum Ziele zu gelangen.

Demgemäß wurde noch am 10. Mai die Kesselbatterie nur auf
300 Klafter vorwärts Visco ausgesteckt und erbaut. Die Deckung bildete
ein bloßer Erdwall ohne alle Verkleidung oder Seitentraversen. Die nahe
Straße hatte man mit ineinander gefahrenen Karren verrammelt und daselbst 2 Geschütze der zwölfpfündigen Batterie Nr. 1 aufgestellt. Der erste
Bombenwurf geschah in der Nacht vom 11. auf den 12. gleichzeitig mit
dem ersten Glockenschlage, der die Mitternachtsstunde verkündete; das
Projektil zersprang auf dem Platze der Festung. Erst nach dem vierten
Wurf antworteten die Geschütze auf den Wällen, sie waren so vortrefflich
bedient, daß ihre Kugeln die Straßenbarrikade durchschlugen und bis Visco
fortgöllten, so daß man gezwungen war, die beiden Zwölfpfünder zurückzuziehen. Die Garnison von Palma erwiederte das Feuer unserer

4 Mörſer mit achtzehn- und vierundzwanzigpfündigen Kugeln in großer Zahl und mit ſolcher Genauigkeit, daß bereits um fünf Uhr früh am 11. die Bruſtwehre der Batterie dergeſtalt zerſchoſſen war, daß ſie unſerer Be- dienungsmannſchaft keine Deckung mehr gewährte, wovon ſich der Feld- marſchall-Lieutenant Baron S t ü r m e r perſönlich überzeugte. Bei dieſer Gelegenheit wurde der ihm zugetheilte Hauptmann R a m m i n g des Ge- neral-Quartiermeiſterſtabes, durch den Luftdruck einer vierundzwanzigpfün- digen Kugel zu Boden geworfen und 2 Bombardiere durch Steinſplitter leicht verwundet. Man beeilte ſich nun, die Batterie durch Sappeurs unter der Leitung des Oberlieutenants K e i l ausbeſſern, verkleiden und mit Schanzkörben verſehen zu laſſen. Auch erbaute man noch an demſelben Tage bei Jalmico eine zweite Batterie und ſchaffte 2 unſerer Mörſer dahin.

Um zwei Uhr nach Mitternacht vom 11. auf den 12. wurde das Feuer wieder aufgenommen, die beiden Keſſelbatterien machten 60 Würfe. Auch diesmal erwiederte die Beſatzung dasſelbe, obgleich mit geringerem Erfolg. In der Nacht vom 12. auf den 13. fuhr man mit dem Bomben- werfen fort; ebenſo am 13. um zwei Uhr Nachmittags und am 11. um neun Uhr Morgens, nachdem neue 400 Bomben aus Görz eingetroffen waren. Die Garniſon hatte an dieſen beiden Tagen das Feuer nur ſchwach erwiedert.

Am 14. langte der Feldartillerie-Direktor Oberſt Baron S t w r t n i k mit der Weiſung vor Palma an, 3 der Mörſer alſogleich nach Treviſo in Marſch zu ſetzen, mit dem noch zurückgebliebenen 4. Mörſer aber die Ein- wohner in der Feſtung fort zu ängſtigen. Als jedoch der Feldzeugmeiſter Graf N u g e n t in Folge höheren Befehles aus Verona, das Reſerve-Korps ſchleunigſt der Hauptarmee zuzuführen, von dem Gedanken einer Beſchie- ßung Treviſo's abgehen mußte, kamen die Mörſer wieder zurück.

Nun war aber der günſtige Zeitpunkt ſchon verſtrichen, Zucchi ſchien vom baldigen Eintreffen der combinirten Flotte bereits Kenntniß erlangt zu haben, denn als General-Major von M i t i s am 19. die Beſatzung zur Uebergabe auffordern ließ, erſchien nach Ablauf der erbetenen Friſt von 24 Stunden eine Deputation aus 6 Offizieren und mehreren Bürgern, angeblich, um Unterhandlungen anzuknüpfen, in der That aber, um Zeit zu gewinnen. Nach der Erklärung, keine Vollmacht zum Abſchluße einer

Kapitulation zu besitzen, kehrten sie wieder zurück und überschickten dem genannten General eine von Zucchi und Anderen unterfertigte Erklärung, sich bis aufs Aeußerste vertheidigen zu wollen.

Als sich jedoch nach ein paar Tagen die Besorgniß eines feindlichen Landungsversuches als unbegründet erwies, nahm man am 20. Mai um acht Uhr Abends das Bombardement abermals auf, und fuhr damit bis zum Morgen des nächsten Tages fort. Es wurden 80 Bombenwürfe gemacht, ohne daß die Besatzung in ihrem Entschlusse wankte.

Am 23. ordnete Feldmarschall-Lieutenant Baron Welden ein Scheingefecht an, als ob das Cernirungs-Korps gezwungen wäre, einer feindlichen Landung sich entgegenzustellen. Das Feuer der fingirten neapolitanischen Truppen verursachte wohl große Aufregung in der Stadt, aber die Besatzung ließ sich nicht überlisten und zu einem Ausfall bewegen.

Am 26. Mai wurde der letzte Versuch auf Palma gemacht und der Platz aus allen 4 Mörsern mehrere Stunden hindurch beschossen. Obgleich die Bomben eine große Zerstörung in der Stadt verursachten und an mehreren Stellen zündeten, auch das Bombardement mit keinem Schusse erwiedert wurde, blieb die Besatzung doch noch wie vorher unerschütterlich. Zwar verlangte die bessere Klasse der Bewohner sehnlichst zu kapituliren, aber das gemeine Volk, welches seit 14 Tagen in völliger Anarchie lebte, war mit den fremden Truppen für den ferneren Widerstand gestimmt.

Der Korps-Kommandant ließ nun die Festung enger cerniren, um sie durch Hunger zur Uebergabe zu zwingen und einen Theil der Truppen für seine Operationen an der Piave disponibel zu machen.

Am 25. Juni endlich kapitulirte Palmanuova. Die Besatzung streckte auf dem Glacis die Waffen, sie sollte unter der Bedingung, ein Jahr lang nicht gegen uns zu dienen, über den Po geführt werden, — eine Bedingung, die durchaus nicht zu rechtfertigen ist, wenn man bedenkt, daß der größte Mangel an Lebensmitteln eine längere Vertheidigung dieser Festung unmöglich gemacht hätte. Die Truppen aus Palma gingen jedoch nach Benedig, wo sie sogleich wieder gegen uns Dienste nahmen. Während der letzteren Zeit hatten sie nur zweimal in der Woche Fleisch, statt Wein, Essig mit Wasser, und — statt Geld papierene Anweisungen erhalten.

Durch die Uebergabe dieses Platzes erhielten wir zurück: eine große Menge Pulver, viele Waffen, worunter 1765 Gewehre, dann 184 Geschütze, nämlich 84 Kanonen verschiedenen Kalibers, darunter 17 Stück der zwölf-, 19 Stück der achtzehn- und 10 Stück der vierundzwanzigpfündigen metallenen Batterie-Kanonen auf gewöhnlichen Laffetten, dann 64 Mörser, nämlich 20 der zehn-, 18 der dreißig- und 18 der sechzigpfündigen metallenen Bomben-Mörser, endlich 8 fünfzöllige französische Mörser sammt Schleifen, nebst einer beträchtlichen Anzahl von Bomben und Brandröhren.

**Absendung von Verstärkungen nach Verona. — Aufbruch des Corps-Kommandanten mit 8000 Mann gegen Legnago.**

Feldmarschall-Lieutenant Baron Welden, schon unterm 18. Juni vom Feldmarschall Grafen Radetzky aufgefordert, mit allen verfügbaren mobilen Streitkräften zu ihm zu stoßen, um einen Hauptschlag rasch und mit größter Kraft gegen die Armee des Königs führen zu können, bot Alles auf, um dieser Weisung nachzukommen, ohne jedoch die im Zuge begriffenen Maßnahmen gegen Venedig zu unterbrechen. Einen gleichen Befehl hatte Welden, welcher nunmehr dem Feldmarschall untergeordnet wurde, vom Kriegs-Ministerium erhalten. Zur Deckung der bedrohten Küsten wurde die eben aus dem Innern der Monarchie eingetroffene Brigade Degenfeld (Nugent- und Emil-Infanterie nebst 1 sechspfündigen Fußbatterie) bestimmt und dieselbe als mobile Reserve zwischen dem Isonzo und der Piave aufgestellt. Die Cernirung von Venedig sowohl, als auch die Sicherung des venetianischen Festlandes und Friauls sollten 11.000 Mann übernehmen, während Welden mit 13.000 Mann an die Etsch aufbrechen wollte. Er hatte über die Verwendung dieser Truppenmasse dem Feldmarschall einige Vorschläge gemacht: sie entweder mit der Hauptarmee zu vereinigen, oder doch zu einem concentrischen Angriff mitwirken zu lassen oder für Ueberflüglungsmanöver zu verwenden. In Verona beharrte man auf schleunigster directer Vereinigung. Es brachen demgemäß am 30. Juni 5 Grenz-Bataillons (Liccaner, Szluiner, Banalisten, Creutzer und Deutschbanater) nebst der Haubitz-Batterie und den 4 weittreibenden Mörsern dahin auf.

Die Brigade Degenfeld wurde über Treviso gegen die mittlere Etsch dirigirt, denn die Gefahr vor feindlichen Landungen war seit Palma's

Fall nicht groß und derlei kleinere Abtheilungen liefen Gefahr, beim weiteren Vorgehen, von der See gänzlich abgeschnitten zu werden.

Nach dem Abrücken der 5000 Grenzer gegen Verona blieben noch weitere 8000 Mann zu einer Bewegung an die Etsch disponibel. Diese
wurden in eine Division und eine kleine Reserve formirt. Sie bestand
unter Kommando des General-Majors Fürst Franz Liechtenstein aus:

Der Brigade General-Major Susan:
2 Bat. Haynau-Inf., 1 Bat. Deutschbanater, 2 Esk. Boyneburg-Drag.
und 1 sechspf. Fußbatt. (3500 M., 240 Pf., 6 Gesch.)

Der Brigade General-Major Graf Degenfeld:
2 Bat. Nugent-, 2 Bat. Emil-Inf., 2 Esk. E. H. Carl-Uhl. und
1 sechspf. Fußbatt. (3700 M., 170 Pf., 6 Gesch.)

Der Reserve:
2 Esk. Boyneburg-Drag., 1 Komp. Pioniere mit 2 Brücken-Equipagen,
1 Abtheil. Czaikisten, 1 zwölf-, 1 sechspf. Fuß-, ½ Kavallerie- und
½ Raketen-Batt. (900 M., 230 Pf., 18 Gesch.)

Der Marsch sollte über Monselice, als dem ersten Sammelplatze,
und von da über Este auf Legnago gehen, woselbst die Division am
9. Juli eintraf. Noch vor dem Abmarsche der Hauptarmee von der Etsch
wurde dem Feldmarschall-Lieutenant Baron Welden das Kommando
im Venetianischen neuerdings übertragen. Dagegen sollte die Division
Liechtenstein unter die Befehle des General-Majors Ritter von Culoz
gestellt werden und einen Theil des 4. Armee-Korps bilden.

In Padua waren bald nach dem am 9. erfolgten Abmarsche der Besatzungstruppen vom 2. Armee-Korps Ruhestörungen vorgefallen. Auf die
Nachricht hievon wurde noch während der Nacht vom 10. auf den 11. der
gegen Legnago im Marsche begriffene Oberstlieutenant Baron Zedliß
mit 1½ Eskadron Boyneburg-Dragoner und 5 Geschützen nach Padua
zurückgeschickt; er besetzte am Morgen des andern Tages unter Beobachtung der militärischen Vorsichtsmaßregeln die aufrührerische Stadt, wo
jedoch Alles zur Ordnung bereits zurückgekehrt war. Nach einigen Tagen
traf der Feldmarschall-Lieutenant Baron Perglas mit dem Infanterie-
Regimente Koudelka in Padua ein, dasselbe sollte mit den noch folgenden
2 Bataillons Emil und dem Landwehr-Bataillon E. H. Carl die dem

General-Major Philippović zugedachte, einstweilen aber von dem Oberst Gerstner kommandirte erste Brigade der neuen Division Perglas bilden. Die andere Brigade bestand indessen aus den vom 3. Armee-Korps in Tirol als Garnison nach Vicenza abgegebenen Infanterie-Regiment Carl Schwarzenberg, einer Abtheilung Szluiner, 2 Eskadrons Boyneburg-Dragoner und ¼ Batterie. General-Major Susan fungirte als Militär- und Zivil-Gouverneur in Padua, woselbst man den Bastion Prosdocimo zunächst der Porta Vicenza schloß und mit 2 Zwölfpfündern und 2 zehnpfündigen Mörsern zur Niederhaltung der Stadt armirte.

### Truppen-Aufstellung am untern Po.

Wie bekannt, verproviantirte am 14. Juli General-Major Fürst Franz Liechtenstein die Citadelle von Ferrara, worauf er über den Po wieder zurückging. Um den Ferraresern ihre eingegangenen Verpflichtungen stets in Erinnerung zu halten, die Zusammenrottungen jenseits des Po baldigst zu zerstreuen und die linke Flanke der operirenden Hauptarmee nebst Mantua zu sichern, beschloß Feldmarschall-Lieutenant Baron Welden den untern Po angemessen zu besetzen. Demgemäß wurde schon am 17. gegen Einbruch der Nacht 1 Bataillon von Padua über Rovigo nach Sta. Maria Maddalena in Marsch gesetzt, es besetzte Ponte lagoscuro und Stellata am rechten Po-Ufer, welche Orte man sogleich zur Vertheidigung herrichtete; Abtheilungen streiften nach Bondeno, ohne etwas vom Feinde zu entdecken. Am andern Tage folgten noch 2½ Kompagnien und eine halbe zwölfpfündige Batterie nach Boara.

Der Feldmarschall-Lieutenant Baron Perglas erhielt das Kommando über die am untern Po zu sammelnden Truppen. Er war angewiesen, von jeder Bewegung des Gegners, welche von dieser Seite her die nachtheiligsten Folgen haben konnte, sich rechtzeitig Kenntniß zu verschaffen, die kräftigsten Maßregeln zur Verwehrung jedes Fluß-Ueberganges zu treffen, und bei einem mit überlegenen Streitkräften forcirten Uebergange über den Kanal Bianco als erste, über den Adigetto als zweite, endlich über die Etsch als dritte Schußstellung successive sich zurückzuziehen.

Sämmtliche Fahrzeuge von Massa bis Polisella wurden aufs linke Po-Ufer geschafft und in Pontelagoscuro und Stellata die Befestigungsarbeiten unter Leitung des Hauptmanns Ramming vom General-Quartiermeisterstabe, thätig betrieben. Wie mißliebig diese Anstalten dem Gegner waren, der durch Liechtensteins schnelles Anrücken auf Ferrara überrascht, sich eiligst gegen Commacchio und Bologna zurückgezogen hatte, wo die größte Bestürzung eingetreten, die in gänzliche Anarchie überzugehen drohte, bewiesen die unaufhörlichen Recriminationen des päpstlichen Prolegaten in Ferrara, über angebliche Gebietsverletzungen, Vertragsbruch und Gewaltthätigkeiten, die sich jedoch alle auf jene Vorkehrungen beschränkten, welche militärische Vorsicht gebot.

Es wäre für den Herrn Prolegaten viel ehrenvoller gewesen, gegen das perfide Benehmen des Kardinals Amat zu protestiren, als dieser die päpstlichen Truppen zum Bruche der Kapitulation von Vicenza aufforderte.

Um einem von dem Gegner etwa bei Ostiglia beabsichtigten Po-Uebergange kräftig entgegen treten zu können, wurden unter dem Kommando des Oberst Gerstner nach dem am 20. in Padua erfolgten Einrücken des Landwehr-Bataillons Emil, die noch daselbst befindlichen 4 Kompagnien Koudelka-Infanterie und 1 Eskadron Boyneburg-Dragoner nebst ¼ sechspfündigen Fußbatterie über Monselice nach Boara nachgesendet; sie sollten den vorwärtigen Abtheilungen als Reserve dienen oder, wenn der Uebergang am oberen Po unternommen würde, durch Detachirungen in der Richtung von Badia und Lendinara jedem feindlichen Andrange von dieser Seite her kräftigst begegnen. Zur Erreichung dieser Absicht besetzte Oberst Gerstner den Ort Boara mit 2 Kompagnien, Castelbaldo und Castagnara mit 1 Kompagnie und ¼ Eskadron, Badia und Massa mit 1 Kompagnie, eben so Lendinara und Fratta mit je 1 Kompagnie, während 4 Kompagnien, ¼ Eskadron und ¼ Batterie unter seinem Befehle nach Rovigo kamen.

Als nach dem Abrücken der Brigade Simbschen gegen Somacampagna der ganze obere Po blosgestellt war, entsendete Feldmarschall-Lieutenant Perglas starke Rekognoscirungen gegen Felonica und Sermide. Am 23. wurde Major Graf Hoyos beordert, mit 1 Eskadron Boyneburg und einigen 100 Mann Infanterie über Montagnana nach Legnago, und von da noch weiter bis Cerea zu gehen, um sowohl in der Richtung von Nogara auf der Straße nach Mantua als gegen Villimpenta und Isola bella Scala zu streifen, welches Auftrages sich derselbe zur vollen Zufriedenheit des Korps-Kommandanten entledigte. Bei Albaredo hatte Hauptmann Czermak aus requirirten Schiffen eine fliegende Brücke errichtet.

Bei Gelegenheit einer nach Sermide gemachten Entsendung hatten die dortigen Einwohner auf unsere Patrouille aus mehreren Häusern geschossen, als dieselbe nach beendeter Durchsuchung des Ortes eben im Begriffe war, den Rückweg anzutreten. Zu schwach, um diesen Angriff zu züchtigen, zog sich die Patrouille aus dem Orte zurück. Am 27. wurde ein Streifzug nach Sermide angeordnet. Der Ort war verbarrikadirt und stark besetzt, die Einwohner hatten durch ihr Sturmläuten eine beträchtliche Abtheilung Freischaaren sammt Geschützen aus Revere zu Hilfe gerufen, auch rückten während des Gefechtes, in welchem der Feind aus einem Gehölze vertrieben wurde, neue Verstärkungen heran, bei deren großer Ueberlegenheit es nicht rathsam schien, sich in einen ernsten Kampf einzulassen. Das Detachement trat daher, nachdem es einige Häuser zerstört und den Feind zurückgeworfen hatte, seinen Rückmarsch an.

Am 28. Juli war die Aufstellung der Truppen längs der Po-Linie folgende: In Ostiglia 2 Kompagnien Infanterie, ¼ Eskadron Dragoner und 3 Geschütze; in Massa 1 Kompagnie, ¼ Eskadron; in Ficarolo und Stellata 3 Kompagnien, ¼ Eskadron und ¼ Kavallerie-Batterie; in Pontelagoscuro, Sta. Maria Maddalena und Occhiobello 4 Kompagnien, 1 Eskadron, ¼ zwölfpfündige Batterie. Als Reserve standen in Rovigo 2 Kompagnien Infanterie und 1 Eskadron Dragoner.

Der Feind gegenüber war in großer Aufregung, und wiewohl er durch die lügenhaftesten Gerüchte unsere am Mincio erfochtenen Siege zu entstellen suchte, befand er sich allseits im vollen Rückzuge. Unsere Streifkorps fanden Govornolo, Borgoforte und Revere von demselben bereits verlassen. An diesem Tage (28.) sollte Sermide für seinen schändlichen Verrath büßen. Während einige Geschütze am linken Po-Ufer den Ort beschossen, rückte eine starke Kolonne zum Sturm vor. Sermide wurde genommen und angezündet, wobei unsere Soldaten 22 Männer und 2 Frauen, welche in der Kirche eingesperrt waren, aus den Flammen retteten.

# Ereignisse bei Venedig

## im Juli.

In Venedig war seither eine gänzliche Umwälzung der bisherigen Regierungsform eingetreten. Manin war gestürzt worden. Die junge Republik von S. Marco — ihre Schwäche wohl fühlend — hatte sich am 5. Juli unter „Italiens Schild" begeben, von wo sie Schutz und Hilfe erwartete. Eine vom Könige Carl Albert ernannte Junta führte einstweilen die Regierung. Piemont versprach die bisherige Besatzung Venedigs und seiner Forts um 2000 Mann zu vermehren. Man konnte daher mit Recht annehmen, daß unter der neuen Aegide eine bis auf 21.000 Mann herangewachsene Garnison um so weniger unthätig bleiben werde, als sie schon der Mangel an den nothwendigsten Bedürfnissen nämlich Wasser, Geld und Mehl, reizen mußte, das Fehlende auswärts zu suchen. Wie man ihr unter solchen Verhältnissen die Uebergabe eines von der Seeseite her ganz offenen Platzes zumuthen konnte, ist vernünftiger Weise nicht erklärbar. Man durfte ja nur diese Lagunenwelt in ihrer ganzen Ausdehnung, mit all' ihren bewaffneten Forts, mit dieser Menge Lagunenschiffe, mit dieser zahlreichen, hinter den Mauern allerdings tapferen Mannschaft vor sich sehen, um jeden solchen Gedanken auf der Stelle aufzugeben! Und gerade dazumal hatte der Feldmarschall-Lieutenant Baron Welden in der neun Meilen betragenden Aufstellung von Caorle bis Cavanella d'Adige nur 7000 Mann, unter Kommando des Feldmarschall-Lieutenants Baron Stürmer. Dieses Cernirungs-Korps war folgender Art aufgestellt:

Linker Flügel: (von Caorle bis Mestre) — General-Major Mitis in Mestre, 2 Bataillons Wallachisch-Banater an der verschanzten Sile-Linie und am Osselino-Kanal, 3 Bataillons Hohenlohe und 3 Bataillons Kinsky in und um Mestre, nebst ½ Eskadron Bopneburg-Dragoner und 1 sechspfündigen Fußbatterie.

Rechter Flügel: (von Ponte della Rana bis Cavanella d'Adige) — unter dem Oberst Macchio. Das 1. Bataillon Wiener-Freiwillige stand von Ponte della Rana über Fusina bis Malcontenta, von da bis Conche und Cabianca das 2. Bataillon Illirisch-Banater. An der unteren Etsch und dem Po war das 1. Bataillon Hrabowsky aufgestellt. Major Graf Vetter mit 1½ Eskadrons blieb gleichfalls am untern Po.

Am 7. um zehn Uhr Vormittags rückte eine sehr starke feindliche Kolonne (lombardische, bolognesische, neapolitanische und trevisanische Freiwillige) nebst 2 Zwölfpfündern unter dem General Ferrari aus Brondolo gegen das Fort Cavanella d'Abige in dem Augenblicke vor, als 6 Züge des 1. Bataillons Hrabowsky zur Ablösung der bisherigen Besatzung (Deutschbanater) daselbst eintrafen. Unsere Vorposten zogen sich nach einem dreiviertelstündigen Tirailleurgefecht vor solcher Ueberlegenheit gerade zurück, als von den bewaldeten Dünenhügeln her, eine zweite feindliche Kolonne vordrang und ein zwar lebhaftes aber nicht sehr wirksames Feuer eröffnete. Nach Verlauf einer weiteren halben Stunde erschien auch hinter dem am Ufer hinziehenden Damme ein dichter Plänkler-schwarm, welchem 3 bis 4 Züge reguläre Infanterie geschlossen folgten; sie rückten bis zu einem in der Verlängerung der Hauptstraße in Cavanella d'Abige, gelegenen Gebäude, das sie sofort besetzten, und aus den Fenstern ein heftiges Gewehrfeuer begannen, während eine Abtheilung gegen die Schleusse bei Tornova weiter rückte, um sich einiger dort liegender Barken zu bemächtigen. Aber der bei dieser Schleusse aufgestellte Posten von 1 Korporal und 6 Mann leistete den hartnäckigsten Widerstand, bis er vom Fort aus unterstützt werden konnte, worauf sich der Feind von dort zurückzog, und gegen fünf Uhr mit einem Verluste von 15 Todten und 44 Verwundeten gänzlich auf Brondolo zurückging. In Folge dessen brach daselbst eine Meuterei gegen den General Ferrari aus, man beschuldigte ihn des Verrathes, weil er in dem Augenblicke zum Rückzuge schlagen ließ, wo das Fort Cavanella d'Abige genommen werden konnte. — Auf den Mauern konnte man „morti al Ferrari" lesen.

Hauptmann Antollić vom Deutschbanater-Grenz-Bataillon, befehligte die brave Besatzung von Cavanella, die sich gegen 2000 Feinde bei acht Stunden lang wehrte. Oberlieutenant Giesel, welchem ein Pferd getödtet wurde, hat sich durch die umsichtige Leitung einer Abtheilung im östlichen Theile der Schanze und einem besonders erfolgreichen Eifer hervorgethan. Von Hrabowsky-Infanterie erbat sich Feldwebel Crammer die Erlaubniß, den Feind aus dem am Etsch-Ufer gelegenen Hause zu vertreiben, er fuhr mit 13 Freiwilligen unter dem heftigsten feindlichen Feuer über den Fluß, steckte das Gebäude in Brand, und verfolgte die Fliehenden noch eine Strecke weit, bei welcher Gelegenheit den Letzteren 1 Offizier und 4 Mann erschossen und mehrere Lebensmittel abgenommen wurden. Unser Verlust in diesem Gefechte bestand in 1 Todten und 3 Verwundeten.

Nach dem Abrücken der zwölfpfündigen Batterie aus Fusina, stellte man daselbst 2 zwölfpfündige bespannte Vertheidigungs-Geschütze nebst 2 achtzehnpfündigen Kanonen auf. Nach Cavanella d'Adige kamen zu den bereits dort befindlichen 2 Raketen noch 2 bespannte Zwölfpfünder und 4 sechspfündige Feldkanonen. In Ponte della Rana hatte man blos 2 Sechspfünder. Am 8. war die Aufstellung des neuen Cordons um Venedig vollzogen.

Nach der vom Korps-Kommandanten hinausgegebenen Instruktion sollte sich das schwache Cernirungs-Korps bei etwaigen Ausfällen der Garnison von Malghera, in Mestre durchaus nicht in einen Straßenkampf einlassen, weil man überzeugt war, daß die dortigen Bewohner mit den Venetianern gemeinsame Sache machen würden. Erst an der Dese bei Marocco sollte man festen Fuß fassen, und General-Major Mitis durch Angriffe von Ponte della Rana her in des Feindes Rücken wirken. Aus dieser Ursache erhielt auch Mestre weder Verrammlungen noch Verschanzungen.

Am 9. Juli unternahm Oberst Rizzardi einen Ausfall aus Malghera. Er drang unter dem Feuer des Forts auf den Eisenbahn-Damm gegen Mestre und Ponte della Rana vor, wo sich ein Tirailleursgefecht engagirte, das durch nachgeschobene geschlossene Abtheilungen, welchen ganze Bataillone folgten, unterstützt wurde. General-Major Mitis ließ sogleich seine vorderen Posten aufnehmen und die Unterstützungen verstärken — am Eisenbahn-Damm stand 1 Kompagnie Hohenlohe mit 2 Kanonen, am Mestre-Kanal ½ Kompagnie desselben Regiments mit 2 Geschützen, in Mestre selbst blieben 1½ Kompagnie Hohenlohe, 1 Flügel Boyneburg-Dragoner und der Rest der Batterie. Das brave Bataillon Kinsky, welches mit 3 schwachen Kompagnien die vordere Postenkette und die ersten Aufnahmsposten hielt, ließ aber den weit überlegenen Feind nicht bis an die Reserven vordringen; es empfing den Gegner mit ganzen Dechargen, warf seine Kolonnen-Têten mit dem Bajonnete zurück, fiel jenen, welche ihre Richtung gegen Ponte della Rana nehmen wollten, in die Flanke und verfolgte sie bis unter die Kanonen des Forts. Bei diesem

Flankenangriff wirkte Hauptmann **Schwab** vom 1. Wiener-Freiwilligen-Bataillon, mit seiner Kompagnie nach der ihm vom Brigadier für diesen Fall ertheilten Instruktion kräftigst mit. Unser Verlust war unbedeutend, jener des Feindes konnte nicht ermittelt werden. Major Baron **Schneider** von den Wiener-Freiwilligen, beschädigte sich durch einen Sturz vom Pferde. Unter den Blessirten befand sich Lieutenant von **Latterer** von Kinsky-Infanterie.

Später machte die Garnison in Malghera einen zweiten Ausfall, der aber eben so ungünstig ausfiel, wie der am 9. unternommene. Auch auf dem linken Flügel der Cernirung in der Gegend von Altino versuchten die Benetianer den Posten aus dem Hause am Damme in der Nähe der Batterie des Monte d'oro zu delogiren. Die Angreifer hatten sich hiezu auf Barken genähert und eröffneten ein heftiges Gewehr- und Geschützfeuer, aber der Posten, welcher von einer Abtheilung des Wallachisch-Banater-Grenz-Regiments besetzt war, wies alle Angriffe standhaft zurück.

Unterdessen schritt die Einschließung auf dem rechten Flügel der Cernirungs-Truppen unaufgehalten fort. Dem Oberst **Macchio** war es bis zum 22. gelungen, einen Posten längs des Canals Gorzone bis La Delfin vorzuschieben und sich im Canal della Balle eines großen Schiffes zu bemächtigen, das sogleich zur Absperrung dieser Wasserstraße unweit des Forts Brondolo versenkt, somit wieder eine Zufuhrsverbindung abgeschnitten wurde.

Am 26. rückten zahlreiche feindliche Tirailleurs-Abtheilungen gegen die Posten bei Ca bianca vor; sie wurden jedoch durch unsere an den Ufern des Bacchiglione und gegen die Spitze der Landzunge an der Vereinigung dieses Flusses mit der Brenta, vorgeschobenen Unterstützungen bald wieder zurückgeworfen. Wegen des offenen, wenig Deckung gewährenden Terrains und des wirksamen Feuers einer im Flusse aufgestellten Pirogge wurde die Verfolgung des Gegners bis zur Pirogge fortgesetzt und bei dieser Gelegenheit der Kommandant des Schiffes durch einen Scharfschützen unserer Grenzer getödtet. In diesem Gefechte haben sich der Oberlieutenant **Lulić**, dann die Lieutenants **Prohaska** und **Winkler** von den Illirisch-Banatern, durch muthvolles Benehmen besonders ausgezeichnet.

Auf die am 27. verbreitete Nachricht von einem bevorstehenden allgemeinen Angriff, wurden außer der Verstärkung, welche die Besatzung
des Forts Cavanella d'Adige erhielt, die Reserve-Posten bei Cavarcere,
Calcinara, Conchè und Cora, und auf dem linken Flügel jene bei Ponte
della Rana, Fusina, Lugo und Maranzano, dann weiter rückwärts jene
von Oriago, Dolo und Malcontenta, nach Zulässigkeit der verfügbaren
Streitkräfte vermehrt, und die bei Fusina vorgerichteten Brander in Bewegung gesetzt. Hauptmann Dervin dirigirte dieselben derart, daß sie in
der gegen den Canal Grande gerichteten Strömung bei den Forts und in
der Giudecca explodirten und in der Nacht einen solchen Allarm veranlaßten,
daß alle Truppen ausrückten und sämmtliche Batterien zu feuern anfingen.

Gegen Ende Juli begann das Cernirungs-Korps von Venedig den
Einfluß der dortigen Sumpffieber in auffallender Weise zu empfinden.
Man war daher gezwungen die Marodehäuser und Feldspitäler zu erwei-
tern und durch neu angelegte zu vermehren. In Venedig selbst stand es
nicht viel besser.

### Expedition nach Modena.

Der Feldmarschall hatte dem General-Major Fürst Franz Liechtenstein den Befehl ertheilt, mit einer Brigade nach Modena zu marschiren, um dieses Land für dessen rechtmäßigen Regenten, den Herzog
Franz V. in Besitz zu nehmen; zugleich erhielt Feldmarschall-Lieutenant
Baron Welden den Auftrag, diese Expedition in der linken Flanke,
durch eine Brigade zu unterstützen. Demgemäß übersetzte General-Major
Fürst Liechtenstein mit 10 Kompagnien Schwarzenberg-Infanterie,
6 Kompagnien Peterwardeiner, 1 Escadron Windischgräz-Chevaur-legers,
1 sechspfündigen Fuß-Batterie Nr. 10 und ¼ Raketen-Batterie Nr. 7
(2256 M., 9 Gesch.) in der Nacht vom 4. auf den 5. August bei Ostiglia den Po. Am 5. rückte diese Kolonne nach Mirandola, von wo sie am
folgenden Tage ihren Weitermarsch durch 2 Seitenkolonnen cotopren ließ
— die rechte Kolonne (1 Division Infanterie, 1 Zug Chevaur-legers und
¼ Raketen-Batterie) rückte über Carpi nach S. Pancrazio, sie hatte die
Uebergänge bei Rubbiera und S. Pancrazio zu beobachten; die linke
Seitenkolonne (1 Division Infanterie, 1 Zug Chevaur-legers und 2 sechspfündige Geschütze) marschirte über S. Felice, Bomporto und Bagoz-

zano nach Castelfranco, welchen Ort sie militärisch besetzte; das Gros der Brigade langte an diesem Tage vor Modena an. Bei diesem Vorrücken wurden die Truppen überall mit großer Freude und lautem Jubel von den Landleuten empfangen und der Ruf: „viva Francesco V., viva Ferdinando I., Radetzky, l'Austria i Tedeschi!" begleitete sie bis an die Vorstadt, deren Häuser festlich beleuchtet waren. Die Brigade bezog ein Bivouac, nur die Stadtthore und der herzogliche Palast wurden von uns besetzt. Die Verbindung mit der Brigade Susan (von der Division Perglas) ward über Castelfranco erhalten.

Am 7. rückten die Truppen der Brigade Liechtenstein in die Stadt, wo sie in den beiden Kasernen bequartirt wurden. Der General hob das seit dem 1. August zusammengetretene Municipio provisorio auf, wofür er der vom Herzoge am 21. März eingesetzten Regenza die Regierungsgeschäfte übertrug. Von derselben erfuhr Liechtenstein, daß der Feind in der Stärke von 1000 Mann noch in Reggio stehe, er wollte am 6. Abends die Stadt Modena wieder besetzen, gab jedoch sein Vorhaben auf, als er von unserem Anmarsche Kenntniß erhielt. Von der Civica, welche früher 2000 Mann zählte, waren nur noch 700 Mann mit Feuergewehren bewaffnet; der Rest hatte sich den Piemontesen bei ihrem Rückzuge angeschlossen. Von den regulären modenesischen Truppen befanden sich 150 Mann in der Stadt Modena und 703 Mann in Brescello.

Am 9. entsendete General-Major Fürst Liechtenstein 1 Division Infanterie mit 2 Kanonen nach dem ummauerten Rubbiera. Dieses Detachement besetzte den Ort, entwaffnete die dortige Civica und brachte in Erfahrung, daß die feindliche Garnison in Reggio, aus Parma Verstärkung erhalten habe. Doch gegen Mittag erschien eine Deputation in Rubbiera mit der Anzeige, daß Reggio vom Feinde bereits geräumt wurde. Liechtenstein befahl sonach den Abmarsch des Detachements aus Rubbiera, welchem er noch weitere 4 Kompagnien und 2 Kanonen nachfolgen ließ. Sie rückten unbeanständet in Reggio ein, wo kurz vorher noch 800 Piemontesen und 900 Toscaner die Garnison bildeten; erstere waren in der Richtung gegen Parma, letztere mit 4 Kanonen nach Massa abgezogen.

Nach Brescello wurde Oberst Graf Montenuovo gesendet, um dem Kommandanten des Forts, Hauptmann Casoni die Proklamation der neueingesetzten Regenza Ducale zu übergeben, ihm bekannt zu machen, daß

38 *

der Herzog, sein rechtmäßiger Herr, nächstens nach Modena zurückkehren werde, endlich ihn aufzufordern, sich sammt seiner Truppe für denselben zu erklären. Hauptmann Casoni wies jedoch dem genannten Oberst einen einen aus Paullo erhaltenen Befehl des piemontesischen Generals Sambuj und einen Brief des Kommissärs Santa Rosa aus Reggio vor, nach welchen er sich gegen jeden Angriff von Seite der Oesterreicher auf das Aeußerste zu vertheidigen habe. Auf Montenuovo's eindringliche Vorstellungen gab Casoni endlich nach und unter dem Jubelrufe der ihrem Herzog ergebenen Mannschaft verschwanden die dreifärbigen Fahnen von den Thürmen, um den alten Farben des Hauses Este Platz zu machen. Das Fort befand sich im vollkommenen Vertheidigungsstande, die Thürme waren mit hohen und massiven Pallisadenreihen verbunden und mit 51 Geschützen armirt, die Kehle des Brückenkopfes mit Geschützständen und Pallisadirungen versehen, die große Birago'sche Brücke jedoch in ziemlich schlechtem Zustande.

Am 10. um fünf Uhr Abends langte unter dem Bivatrufe der hoch erfreuten Bevölkerung der Herzog Franz V. in Modena an, bei welcher Gelegenheit die Stadt festlich beleuchtet war.

Um die Gebirge, deren Bevölkerung unter die bestgesinnte im ganzen Herzogthume gehört, von dem daselbst eingenisteten Gesindel zu reinigen, ordnete General-Major Fürst Liechtenstein Streifungen nach mehreren Richtungen im Süden des Landes an. Die hiezu bestimmten Truppen standen unter dem Kommando des energischen Oberst Baron Horváth und waren in 3 Kolonnen getheilt: 2 Kompagnien Haynau, 1 Zug Chevaux-legers, 2 Kanonen, 1 Zug Estenser und einige Carabiniers unter Horváths unmittelbarem Befehle; 1 Kompagnie Haynau, ⅓ Kompagnie Estenser und einige Carabiniers unter Major Elgger; 1 Kompagnie Haynau, 1 Zug Estenser und einige Carabiniers unter Hauptmann Galateo. Sie rückten am 17. August von Modena auf verschiedenen Wegen ab, fanden beinahe überall die deutlichsten Beweise von Treue und Ergebenheit des Landvolkes zu ihrem Souverän, entwaffneten die Ortschaften, und kehrten am 26. nach Modena wieder zurück.

Auf Befehl des Herzogs wurde das Fort Brescello mit Zwieback und sonstigen Lebensmitteln auf 15 Tage für 3000 Mann versehen.

### Expedition gegen Bologna.

Wie oben erwähnt, war Feldmarschall-Lieutenant Baron Welden angewiesen, Liechtenstein's Expedition nach Modena durch entsprechende Offensiv-Operationen gegen Mirandola eines Theils zu unterstützen, andererseits die am Reno sich sammelnden Freischaaren auseinander zu jagen, zu welchem Unternehmen die Brigade Susan von der Division Perglas bestimmt wurde.

Schon am 1. August hatte Oberstlieutenant Baron Zeblitz Mirandola besetzt, Streifkommanden nach allen Seiten hin entsendet und sich hierauf links über S. Giovanni gegen Bologna gewendet, woselbst sich Anhänger der revolutionären Partei aller italienischen Staaten in beträchtlicher Zahl gesammelt hatten, um nach erfolgtem Sturze des Ministeriums, jetzt gegen den ausdrücklichen Willen des nun für den Frieden gestimmten Papstes, neue Feindseligkeiten vorzubereiten und sich nöthigenfalls von der Oberherrlichkeit des römischen Hofes ganz loszusagen. Eine andere Kolonne ging zur Verbindung mit dem Oberstlieutenant Zeblitz auf Finale; eine dritte unter Oberst Gerstner über S. Agostino auf Malalbergo, während Feldmarschall-Lieutenant Baron Welden mit allen disponiblen Truppen am 3. bei Pontelagoscuro den Po überschritt und noch in der Nacht Ferrara besetzte, von wo sich die feindlichen Truppen theils gegen Ravenna, theils gegen Bologna zurückzogen. Auf dieser Straße war ihnen jedoch Oberst Gerstner zuvorgekommen, die feindliche Arrièregarde (2 Offiziere und 148 Mann) wurde bei Malalbergo gefangen, eine Fahne, mehrere Trommeln, viele Waffen und Munition, welche dieser Arrièregarde folgten, fielen in unsere Hände.

Nachdem der Korps-Kommandant die unbedingte Uebergabe der Stadt Ferrara geordnet und daselbst 4 päpstliche Grenadier-Kompagnien unter dem Oberst Marescotti, welche bereits in Treviso kapitulirt, gestattet hatte, zur Aufrechthaltung der Ruhe und Ordnung in Ferrara auch ferner zurückzubleiben, verfügte er sich am 4. nach Bondeno und den 5. nach Cento. Daselbst erhielt der Korps-Kommandant durch Couriere der französischen und englischen Gesandtschaft aus Florenz das Ersuchen, unter der Bedingung, daß sich die toscanische Regierung verpflichte, keine Aufgebote im Lande zu dulden und jede Aufreizung gegen die österreichische Regierung, zu unterdrücken, das toscanische Gebiet nicht zu betreten, — ein Beweis, welchen Eindruck die Bewegung gegen Bologna gemacht hatte. An diesem Tage rückte die Brigade Liechtenstein gegen Mirandola vor, daher Oberstlieutenant Baron Zedlitz auf S. Giovanni dirigirt werden konnte. Nur einige Stunden vor dem Eintreffen unserer Avantgarde waren die Legione della libertà italiana unter dem Oberst Morandi und die Legion Antonini gegen Modena, das Bataillon dell basso Reno unter dem Oberstlieutenant Rossi aber nach Bologna in größter Eile von Cento abgerückt. An diesem Tage Abends standen unsere äußersten Vorposten, Bologna nordöstlich und westlich umgebend, nur noch eine Stunde von dieser Stadt entfernt.

Nachdem General-Major Fürst Liechtenstein nicht vor dem 6. Abends in Modena eintreffen konnte, verschob Welden den Angriff auf Bologna auf den 7. Morgens, welche Zeit er benützte, um allerseits Proklamationen zu verbreiten. Im Verlauf des 6. erhielt er von den vormarschirenden Kolonnen die übereinstimmende Nachricht, daß die Thore von Bologna geschlossen und an der Porta Galliera 4 Geschütze aufgefahren, daß in der Stadt viele beschwichtigende Proklamationen angeschlagen seien, ohne die wilde Unordnung mildern zu können, welche durch die Anwesenheit der revolutionären Chefs, namentlich des Oberst Zambeccari, noch immer in hohem Grade erhalten werde. Indeß rückten unsere Kolonnen, deren Gesammtstärke 4192 Mann betrug, gegen Abend bis auf Kanonenschußweite an die 72.000 Einwohner zählende Stadt, nur die Seite gegen Forli und die Straße nach Florenz wurden absichtlich offen gelassen.

In der Nacht vom 6. auf den 7. wurden auf den Höhen von S. Michele eine Haubitz-Batterie errichtet, eine zweite vor der Porta S. Felice und eine dritte vor Porta Galliera aufgefahren, um mit Tagesanbruch das Feuer gegen die Stadt von drei Seiten zu beginnen; vor der Porta S. Felice nahmen 3 Bataillons und 4 Eskadrons, vor der Porta Galliera 2 Kompagnien und 1 Eskadron Stellung. Nachdem diese Maßregeln genommen waren, kam eine Deputation der Stadt zum Korps-Kommandanten, um ihn der Unterwerfung und des gänzlichen Abzuges aller Freischaaren zu versichern. Da man jedoch für dieses Anerbieten keine Garantien geben wollte, ordnete Feldmarschall-Lieutenant Baron Welden am 7. früh die Besetzung der Stadt an.

Eine Stunde nach erfolgtem Einmarsche erhielt jedoch der Korps-Kommandant einen Befehl des Feldmarschalls ddto. Mailand am 4. August, welcher die Besetzung von Bologna untersagt, indem eine, wenn auch nur momentane Eroberung auf fremdem Boden einer so notorischen Stadt leicht zu Conflikten politischer Natur Anlaß geben könnte. Unter denselben Bedingungen, welche die toscanische Regierung geboten hatte, nämlich Ruhe und Ordnung im Lande zu erhalten und nicht zu dulden, daß Oesterreich feindselige Faktionen dort neuerdings den Herd zu Verschwörungen und Invasionen bilden, wofür man hinlängliche Garantien versprach, schloß daher Welden eine Convention mit der Stadt, welche daselbst mit der größten Freude aufgenommen und zur Genehmigung nach Rom gesendet wurde. Das Eintreffen der Rückantwort, was sieben Tage erforderte, beschloß er in einer militärischen Stellung vor Bologna abzuwarten, wobei er der Stadt erklärte, daß er bei fortgesetzter Ruhe von ihrer Seite, die Ausdehnung der eingenommenen Linie mehr beschränken, hingegen bei dem leisesten Versuche einer Demonstration die Stadtthore sogleich wieder besetzen lasse. Diese Aufstellung erstreckte sich von S. Giovanni bis Malalbergo, die Vorposten standen eine Stunde von den Mauern Bologna's entfernt; das Divisionsquartier kam nach Cento. Feldmarschall-Lieutenant Baron Welden kehrte über Rovigo nach Padua zurück.

Aber schon am Abende des 7. wurden mehrere k. k. Artillerie-Offiziere, welche sich unvorsichtiger Weise in die Stadt begaben, verhöhnt und ein Offizier sogar durch einen Schuß mit Schießbaumwolle, bei der Porta Maggiore, am Kopfe verwundet. Da solche einzelne Fälle, von der Hefe des Volkes verübt, von der besseren Klasse aber gewöhnlich gemißbilligt werden, forderte Feldmarschall-Lieutenant Baron Perglas von der Municipalität die strengste Untersuchung und Bestrafung dieses Frevels, was dieselbe auch versprach.

Am 8. zwischen zehn und eilf Uhr Vormittags brach plötzlich ein Tumult in der Stadt aus, der immer heftiger und allgemeiner zu werden drohte. Es befanden sich zu jener Zeit mehrere Offiziere in derselben, ihre Rückkehr schien gefährdet. Feldmarschall-Lieutenant Perglas beorderte sogleich eine Abtheilung Infanterie und Cavallerie durch die Porta Felice dahin, um die Rückkehr der Offiziere zu sichern, die sich mittlerweile beim Hôtel Suisse gesammelt hatten, und glücklich die Spitze der anrücken-

den Kolonne erreichten. Mehrere derselben suchten jedoch während des Tumultes das Thor zu erreichen, sie wurden aber mit Schüssen aus den
Fenstern empfangen und einige von ihnen, darunter der Major Baron
Hartelmüller von Koudelka-Infanterie, verwundet. Die Carabiniers
der Stadt patrouillirten zwar nach mehreren Richtungen und boten, jedoch
vergebens, Alles auf, um die Ruhe herzustellen. Um zwölf Uhr, als eben
unsere Kolonne in der Straba Felice vorrückte, kam ihr eine Abtheilung
Carabiniers entgegen, sie suchte das nachdrängende Volk zurückzuhalten,
während der von der Stadtbehörde abgeschickte Offizier der Carabiniers
in deren Namen das Ersuchen stellte, unsere Truppen wieder aus der Stadt
zurückzuziehen, indem die Carabiniers und die Nationalgarde für die
Ruhe der Stadt bürgen wollen.

Nachdem alle in der Stadt befindlichen k. k. Offiziere in Sicherheit
sich befanden, führte Hauptmann Ramming des General-Quartiermeisterstabes, die Kolonne bis zum Thore zurück. Es schien wirklich, daß
die Ordnung in der Stadt wieder zurückkehre, und bald meldete ein Offizier
der Carabiniers die Ankunft einer Deputation. Dieselbe erschien nach
langem Zögern um vier Uhr, sie drückte ihr Bedauern über den Vorfall
aus, und bekannte offen, daß es ihr kaum möglich sei, die Ruhe aufrecht
zu erhalten. Feldmarschall-Lieutenant Perglas erklärte ihr aber, daß sie
binnen zwei Stunden die Thäter auszuliefern oder wenn dies bis dahin
nicht möglich wäre, zur Bürgschaft, daß die Schuldigen eingezogen und
nach der vollen Strenge der Gesetze bestraft werden, 6 angesehene Bürger
als Geißeln zu stellen habe, widrigenfalls man zu militärischen Maßregeln
greifen und sich selbst Genugthuung nehmen würde. Als die Deputation in die
Stadt zurückkehrte, begann der Tumult aufs Neue, man läutete Sturm,
errichtete Barrikaden, Verwundungen und Meuchelmord wurden wieder
verübt, und die Wälle bedeckten sich mit Bewaffneten, die auf jede unserer
Patrouillen feuerten. Das Maß der Nachsicht war voll. Man konnte die
Antwort der Deputation nicht mehr abwarten, die unter solchen Umständen ohnehin zu errathen war. Das zahlreich vergossene Blut forderte
Genugthuung. Es war fünf Uhr, als der Truppen-Divisionär 3 Haubitzen vor der Porta Felice und 2 vor Porta Galliera auffahren ließ; sie
sollten eben ihr Feuer beginnen, als ein Schreiben des Confaloniere mit
der Erklärung einlangte, daß man die geforderten Geißeln nicht stellen

könne. Die Antwort hierauf ließ Perglas durch seine Haubitzen geben. Die Beschießung wurde vierthalb Stunden lang mit guter Wirkung aus beiden Batterien fortgesetzt. Unsere Granaten hatten an mehreren Stellen gezündet. Die Insurgenten zeigten eine solche Keckheit, daß sie das vor Porta Galliera aufgestellte Landwehr-Bataillon Koudella plötzlich angriffen. Der hier kommandirende Major Graf Hoyos ließ nun durch den tapfern Major Roszner mit 2 Kompagnien das Thor erstürmen. Von dort drang man bis zum nahen Monte vor, von wo aus das Thor beschossen werden konnte. Unsere Schützen auf dem Thurme oberhalb des Thores säuberten die Straße mit den beiderseitigen Portici und vertrieben die Insurgenten auch von den Fenstern der Häuser. Den beiden vorerwähnten Kompagnien folgte noch eine Haubitze. Der Mangel an Munition und erneuerte Befehle bewogen den Major Hoyos, den — so zu sagen — ohne Befehl entstandenen Straßenkampf abzubrechen und den Rückzug anzuordnen, wobei die Dragoner schlossen. Das Wegschaffen der Haubitze verursachte unter dem Thore einige Unordnung, und es geschah bei dieser Gelegenheit, daß eine unserer Infanterie-Abtheilungen von den in Masse nachrückenden Insurgenten abgeschnitten wurde. Unser Verlust bestand in 2 Offizieren und 3 Mann an Todten; 2 Stabs- und 5 Ober-Offizieren, dann 50 Mann an Verwundeten; endlich bei 100 Mann an Vermißten. Die Insurgenten mögen bedeutend mehr eingebüßt haben. Sie standen nun von allen weiteren Angriffen ab, setzten aber ihr Lärmen, Geheul, Schießen und Sturmgeläute selbst dann noch fort, als um halb neun Uhr der Abmarsch der Brigade stattfand. Derselbe erfolgte in 3 Kolonnen auf Ponte di Reno, Bertalia und Arco vecchio.

Feldmarschall-Lieutenant Baron Perglas dirigirte die Kolonne des Oberstlieutenants Baron Zedlitz auf Panigole, die Hauptkolonne unter dem Oberst Gerstner auf Corticella, die dritte Kolonne unter dem Oberstlieutenant Gebhardt nach Sabiano. Major Graf Hoyos ging nebst den Blessirten mit 2 Kompagnien und 1 Eskadron unaufgehalten an den Po zurück.

Am 12. August erreichte die Brigade Susan Crevalcuore, Crocetta, Cento, Argile, Malalbergo und Alteda. Am 14. stand sie in Finale, Cabianca, Bondeno, Cusomaro und S. Agostino. Am 18. ging man hinter den Po zurück. Nur Major Graf Vetter blieb mit 4 Kompagnien, 1 Eskadron und ⅛ Batterie in Bondeno stehen.

Am 15. langten der Cardinal Marini, Fürst Cerfini, römischer Senator, und der Minister Guarini in Rovigo an, um dem Feldmarschall-Lieutenant Baron Welden eine Protestation des Papstes zu übergeben, indem seine Staaten in feindlicher Absicht von österreichischen Truppen besetzt worden seien. Es wurde sofort eine Convention abgeschlossen, deren Ratifikation (zwar nur in Form eines Briefes des Staats-Ministers Cardinal Soglia und verklausulirt) am 28. in Padua eintraf.

In Bologna hatte unterdessen die Aufregung und Verwirrung fortgedauert, der Pöbel hatte die Paläste Malvezzi, Boconcompagni und eine Landeskassa geplündert. Erst am 22. September gelang es der schwachen Regierung einigermaßen Ordnung und Ruhe in der rebellischen Stadt wieder herzustellen.

## Ereignisse bei Venedig
### im August und September.

In Venedig waren Anfangs August die versprochenen piemontesischen Verstärkungen eingetroffen, dennoch beschränkten sich die Feindseligkeiten auf bloße Vorposten-Neckereien um Brondolo, Malghera und Jufina. Schon nach der Capitulation von Palmanuova hatte Feldmarschall-Lieutenant Baron Welden den Entschluß gefaßt, einen Theil des alldort überkommenen schweren Geschützes vor Malghera zu verwenden, er ließ daher von dem nun zu Maria del Rovere bei Treviso stehenden Geschützpark 4 Achtzehnpfünder nebst 2 weittreibenden Mörsern nach Mestre schaffen und für diese Geschütze die nöthigen Deckungen herstellen.

Am 10. August um fünf Uhr Abends wurde unter Leitung des Majors Bauernfeld, damaligen Feldartillerie-Kommandanten beim 2. Reserve-Korps, das Feuer gegen Malghera eröffnet und damit ungefähr drei Stunden sehr lebhaft fortgefahren. Unser Feuer war vorzugsweise gegen ein Vorwerk gerichtet, welches der Feind gegen den Bahnhof vorgeschoben und durch einen bedeckten Weg mit dem Fort verbunden hatte; die Mörser bewarfen das Glacis, auf dem eine Menge Barraken erbaut waren. Der Feind erwiederte jeden unserer Schüsse durch 10 bis 15, mitunter von noch größerem Kaliber; dennoch schoß unsere Artillerie die vorderste feindliche Verbauung gänzlich zusammen. Auch die Brustwehren unserer Batterien waren von zahlreichen Kugeln getroffen und der Boden ringsumher aufgerissen. Die vom Fort stark mitgenommene Stadt Mestre hatte viele beschädigte Häuser aufzuweisen. Erst, nachdem Malghera sein Feuer eingestellt hatte, verstummten auch unsere Geschütze. In Venedig scheint man an diesem Tage nicht ganz ohne Besorgniß gewesen zu sein, wozu die Kunde von den siegreichen Fortschritten des Feldmarschalls jeden- falls das ihrige beigetragen hatte.

Gleich nach dieser erfolgreichen Beschießung kam die Nachricht vom Abschlusse des Waffenstillstandes. Gemäß der in selbem enthaltenen Sti- pulationen sollte die piemontesische Flotte nebst den in Venedig stehenden Landtruppen Carl Albert's, nach Verlauf von drei Tagen, vom Tag der erfolgten Bekanntmachung gerechnet, Venedig verlassen. Ungeachtet aller Vorsichtsmaßregeln in Venedig verbreitete sich die Kunde jener Convention und ihrer Bedingungen in der Stadt, das Volk strömt nach dem Regie- rungsgebäude, verlangt Nachrichten; man entschuldigt sich mit Unkennt- niß, allein Privatnachrichten strafen die offiziellen Erklärungen Lügen. Vom Volke in die Enge getrieben, müssen die Regierungskommissäre bekennen. Das Volk verlangt ihre Absetzung, und nach einer Dauer von wenigen Tagen legen die piemontesischen Kommissäre die Regierung nieder. Manin stellt sich wieder an die Spitze der Regierung. Die Repu- blik wird wieder hergestellt. Tomaseo geht noch an demselben Abend nach Paris ab, um die Intervention Frankreichs anzurufen.

Am 13. August langte der Sous-Chef des piemontesischen General- stabs, Oberst Chevalier Cosatto, im Korpsquartier zu Padua an, von wo er unter Begleitung des Majors Frank von Zanini-Infanterie, nach Venedig abging, um die Erfüllung der Bedingungen der Convention vom 9. daselbst anzuordnen. Der Forts-Kommandant in Malghera lehnte die Begleitung des genannten Majors ab und gestattete selbst dem piemontesi- schen Oberst den Eintritt ins Fort nur mit der größten Vorsicht, ja sogar nur mit verbundenen Augen. Manin verweigerte den Abzug der in Venedig befindlichen 3 piemontesischen Bataillone, von welchen das 17. in Malghera, das 15. in Broudolo und das 14. (Savoyen) auf dem Bahnhofe in der Stadt aufgestellt war. Ihre Stärke betrug 2400 Mann. In Venedig steigerten sich die Reibungen zwischen der Garnison aller italienischen alliirten Truppen und den Freikorps, die Verlegenheit der provisorischen Regierung nahm mit jedem Tage zu, und das Mißtrauen der Bevölkerung gegen die Besatzung, so wie der letzteren gegen ihre Kommandanten war bereits so arg, daß der Kommandant der neapolitanischen Artillerie und ein Major der Linie zu flüchten gezwungen waren, um der Wuth des Pöbels, der sich lauten Verwünschungen gegen Carl Albert und den König von Neapel hingab, zu entgehen. Diese Aufregung hatte nun durch die Ankunft des piemontesischen Kommissärs ihren Culminationspunkt erreicht. Am 14. Mittags kehrte Oberst Cosatto wieder nach Padua zurück, um den Erfolg seiner Mission dem General-Lieutenant Salasco über Mailand nach Alessandria zu berichten.

Am 17. ging der genannte Oberst in Begleitung des Oberlieutenants Dickison von Zanini-Infanterie, nach Triest, um auch dem Vice-Admiral Albini eine Abschrift jener Convention zu überbringen. Um vier Uhr setzte sich der Dampfer Vulcano, mit dem Oberst Cosatto und dem ihm beigegebenen k. k. Fregatten-Lieutenant von Wüllersdorf am Bord, von Triest in Bewegung. Eine Stunde später wurde der Dampfer Trieste angesagt, dem sich nun der Vulcano näherte. Um die Stellung der sardinischen Flotte befragt', entgegnete der Kommandant desselben, sie liege in Pelo Rosso bei Venedig vor Anker, wohin nun der Vulcano während der Nacht mit halber Kraft fahrend, steuerte. Um vier Uhr früh bei der Flotte angelangt, begaben sich die beiden Offiziere zur sardinischen Fregatte St. Michele, auf welcher sich Albini befand. Wüllersdorf bestieg erst auf ausdrückliche Einladung des Wache habenden Offiziers die genannte Fregatte, wo er den Schluß der Unterredung der beiden Piemontesen abwarten wollte, als er vom Admiral in seine Cajüte gebeten wurde. Hier ersuchte Oberst Cosatto den Letzteren um Wiederholung seiner eben abgegebenen Erklärung, worauf sich der Vice-Admiral dahin aussprach, ohne ausdrücklichen Befehl seiner vorgesetzten Admiralität weder seine Stellung verlassen, noch Truppen einschiffen zu können; er fügte sogar noch hinzu, daß er von der abgeschlossenen Convention keine offizielle Notiz nehmen, folglich die österreichischen Schiffe, wo immer er ihnen begegne, angreifen werde. Oberst Cosatto suchte nun den Vice-Admiral Albini zu bewegen, wenigstens für die Rückkehr der sardinischen Landtruppen zu sorgen, worauf letzterer wieder einen Befehl der Admiralität mit dem Bei-

fügen verlangte, daß er ein solches Dokument zu seiner allenfallsigen Ent-
schuldigung unumgänglich benöthige. Auf diese letzteren Worte, die Albini
gegen Müllersdorf gewendet, sprach, entgegnete dieser, daß Oberst
Cosatto in seiner Stellung ein solches Dokument, wenigstens in Betreff
der Convention, ertheilen könne, worauf er dann zur Beruhigung des
Oberst schriftlich zu antworten im Stande wäre. Obgleich sich der piemontesische Oberst diesem Auswege nicht abgeneigt zeigte, wich doch der Admiral
einer direkten Antwort aus, indem er das Gespräch auf seine Flotte, auf
die Schwierigkeiten, mit welchen er an unserer Küste zu kämpfen habe und
auf die gegenseitige Stellung beider Marinen lenkte. Um beiläufig vier
Uhr langten die beiden Abgeordneten wieder in Triest an. Nach Müllersdorf's Berichte bestand die in Pelo Rosso geankerte sardinische Flotte
aus 4 Fregatten, 5 Korvetten, 3 Briggs, 1 Goelette und 7 Dampfern,
worunter 3 Korvetten, 2 Briggs und die Goelette venetianische Schiffe
waren. Vice-Admiral Albini zeichnete sich weder durch Gewandtheit im
Sprechen, noch durch besondere Höflichkeit aus; er sprach am meisten von
sich selbst und gefiel sich in pomphafter Uebertreibung einzelner Facta.

Feldmarschall-Lieutenant Baron Welden ließ dem piemontesischen
Truppen-Kommandanten in Benedig, General della Marmora, eine Abschrift der Waffenstillstands-Convention zukommen; doch auch dieser weigerte sich, ohne ausdrücklichen, an ihn lautenden Befehl seiner Regierung,
diese Stadt zu verlassen.

Es war wohl unverkennbar, daß beide piemontesische Befehlshaber
— gewiß nicht aus eigener Machtvollkommenheit — hierin in vollkommenem Einverständnisse handelten. Der Feldmarschall, welcher in diesem
illoyalen Benehmen Piemonts nur eine Intrigue eines wohlberechnenden,
in allen seinen Demarchen perfiden Gegners erblickte, welcher sich einen
festen Fuß im adriatischen Meere erhalten wollte, um sogleich bei Wieder-
eröffnung der Feindseligkeiten bei der Hand zu sein, ließ dem Könige erklären, daß er bis zur getreuen und wörtlichen Erfüllung sämmtlicher
stipulirter Vertrags-Artikel den noch in Peschiera befindlichen großen piemontesischen Belagerungs-Train zurückhalten werde.

Der kürzlich von Udine eingetroffene Oberst Chavanne vom
Wallachisch-Banater-Grenz-Regimente, übernahm um diese Zeit das
Kommando der Brigade des erkrankten General-Majors Mitis.

Um die Mitte August hatte beim Cernirungs-Korps der Krankenstand die Höhe von 5000 Mann, mithin ein Drittheil des ganzen Korps erreicht, und täglich wanderten gegen 100 Mann in die Spitäler; das 1. Wiener-Freiwilligen-Bataillon zählte noch 45 dienstbare Leute. das 1. Bataillon Hrabowsky war ganz aufgelöst.

Der Korps-Kommandant war daher bemüht, den beschwerlichen Cernirungsdienst seinen Truppen nach Möglichkeit zu erleichtern, er sah sich unter den obwaltenden höchst mißlichen Verhältnissen gezwungen, viele Posten ganz aufzugeben und dafür einen ausgedehnteren Patrouillengang anzuordnen. Hrabowsky, Kinsky und Hohenlohe wurden ganz aus der vorderen Linie zurückgezogen und am 23. die beiden noch am Po stehenden Bataillone Roudelka durch das Regiment Emil abgelöst. Am 27. zog man auch das Detachement aus Bondeno zurück.

Unterdessen hatten die Feindseligkeiten von Seite der Venetianer durch die Beschießung von Mestre aus Malghera, sowie durch häufige Ausfälle bei Brondolo ununterbrochen fortgedauert. Der bedeutendste unter diesen hatte am 22. stattgefunden. Mit überlegener Macht, worunter viele Ueberläufer des 8. Feldjäger-Bataillons zu bemerken waren, griffen sie um halb vier Uhr Nachmittags die bei Cabianca auf Vorposten befindliche 9. und 11. Kompagnie Illirisch-Banater an und konnten erst nach dem Anlangen unserer Unterstützungen zurückgeworfen werden.

Gegen Ende August erschien in Venedig eine Verordnung des Generals Pepe, nach welcher sämmtliche regulären und irregulären Truppen der Besatzung, welche aus Eingebornen der venetianischen Provinzen bestehen, in 5 Legionen, jede zu 2 Bataillons, eingetheilt werden, u. z.:

1. Legion unter Kommando des Oberst Jehan, mit den Majors Cira Foglia und Antonio Torriani als Bataillons-Chefs;

2. Legion unter Oberstlieutenant Bandoni, mit den Bataillons-Chefs Dea und dem Major Zamboni;

3. Legion (theilweise aus Vicentinern, Paduanern und den sogenannten Kompagnien Spangaro, Zerman und Grondoni gebildet) führt der Oberstlieutenant Zanelatto mit den Bataillons-Kommandanten Sartori, Stucchi und Jehan;

4. Legion (Trevisaner-Bataillon und Paduaner-Crociati) befehligt Oberstlieutenant S. Martini mit den Bataillons-Chefs Major Galateo und Cavaletto;

5. Legion (aus der Legion del Sile und einem Theile des 1. Bataillons Prato gebildet) steht unter dem Oberst Amigo mit den Majors Radonich und Francesconi als Bataillons-Kommandanten.

Eine weitere Verordnung der provisorischen Regierung ordnet einen Kordon mittelst Barken um die Stadt herum an. General Ferrari wurde zum Kommandanten von Malghera ernannt.

Die Stimmung der Einwohnerschaft um diese Zeit verrieth bereits einen hohen Grad von Unruhe und Angst, die Entmuthigung wurde immer allgemeiner, indem die Abgabe des Silbers ohne Aussicht auf Entschädigung und ein neues Zwangsanleihen von 13 Millionen, die Hilflosigkeit der Regierung zeigten. Ungeachtet dieser Mißstimmung wagte Manin öffentlich zu erklären, daß nur von ihm allein das Leben und Eigenthum aller Venetianer abhänge, und daß er bis zum letzten Athemzuge kein Haar breit von seinem Vorsatze abgehen wolle. Zahllose Späher durchzogen die Stadt, jede zweideutige oder dem unumschränkten Diktator mißliebige Aeußerung zog den Verlust der Freiheit nach sich. Manin bot Alles auf, um die Einwohner durch Nachrichten aus Paris und einer französischen Intervention, sowie durch Ausstreuen der schändlichsten Gerüchte über die von den Oesterreichern in den venetianischen Provinzen verübten Grausamkeiten zum ferneren Widerstande zu reizen. Dennoch nahm bei denselben der Unwille gegen Manin derart zu, daß er sich gezwungen glaubte, durch zahlreiche Wachposten seine Wohnung zu sichern und einige 1000 Souverain d'or für seine eigenen etwaigen Bedürfnisse — prägen zu lassen.

**Unruhen im Venetianischen.**

Die angeordnete Entwaffnung des Landes ging nur sehr langsam von Statten, indem selbst ein Theil der politischen Behörden dieser Maßregel nicht sehr gewogen war. Dabei machte sich eine durch die wüthendsten Maueranschläge hervorgerufene Gährung in den Städten immer mehr bemerkbar, die politischen Behörden hatten nicht den Muth, diese Aufforderungen zum Morde der k. k. Soldaten, herabzunehmen, daher Feldmarschall-Lieutenant Baron Welden ein Bataillon E. H. Ludwig (160 Mann) von Conegliano nach Oderzo, Motta und Portogruaro als mobile Kolonne entsendete, um nur momentan die dortige aufs Aeußerste aufgereizte Bevölkerung niederzuhalten. Zugleich ließ Welden allerorts bekannt machen, daß im Falle eines Aufstandes, einer Verletzung der bestehenden Kriegsgesetze oder eines k. k. Soldaten, die Schuldigen mit dem Tode bestraft werden. Eine andere Kolonne — 3 Kompagnien E. H. Leopold, ¼ Eskadron Dragoner und 2 Geschütze unter Major Frank — wurde ins obere Piave-, dann ins Zoldo- und Agordothal beordert, um auch dort die Ruhe wieder herzustellen. Am Uebelsten war jedoch die Stimmung in Friaul und mußte es bleiben, so lange Osoppo nicht unterworfen war.

### Cernirung und Eroberung von Osoppo.

Um die Operationen des Reserve-Korps gegen die Piave zu fördern und dessen Rücken in Friaul besser zu decken, hatte Feldmarschall-Lieutenant Baron Stürmer schon Anfangs Mai die bessere Einschließung von Osoppo angeordnet. Am 5. Mai wurde die Cernirungstruppe dieser kleinen Bergfeste noch durch 2 Kompagnien vom Landwehr-Bataillon Prohaska aus Pontaffel verstärkt, um auch jenseits des Tagliamento kleine Posten aufzustellen und die Verbindung des Forts mit dem Gebirge abzuschneiden.

In Osoppo standen ungefähr 20 Kanonen von schwerem Kaliber in Batterie. Ihr Ausschuß war frei und weit, doch konnten auf gewöhnlichen Kernschußertrag bloß Stechschüsse wirken, weil sich die Bergfeste zu hoch über den Thalboden erhebt. Die Garnison betrug etwa 400 Mann. Die fast unübersteiglichen felsigen Abhänge und Lehnen beschränkten den Zugang ins Fort auf einen höchst schwierigen Fußsteig und die gewöhnliche, häufig zwischen großen Mauern laufende Fahrstraße, welche von oben vollständig eingesehen und als ein langes, steiles und enges Defilée auch gehörig bestrichen war. Nur die Anwendung von Wurfgeschütz konnte die Unterwerfung dieses Felsennestes beschleunigen. Solches war jedoch nicht zur Hand, — man hoffte, die Garnison werde schon nach den ersten günstigen Fortschritten unserer Waffen sich eines Besseren besinnen. Statt dessen aber versuchte die Besatzung schon am 21. Mai einen Ausfall mit 200 Mann und 2 Geschützen in der Richtung von Ospidaletto, um eine in unseren Händen befindliche Schleuße zu nehmen, welche ihre Mühle mit Wasser versah. Dieser Ausfall wurde aber von unseren Truppen kräftigst zurückgewiesen, der Feind verlor einige Mann an Verwundeten. Eben so wurden alle späteren Ausfälle durch die Cernirungstruppe unter Kommando des Majors Tomaselli stets energisch und blutig zurückgewiesen. Man gelangte jedoch zur Ueberzeugung, daß nur ein kräftiger und besonnener Vorgang das Fort bezwingen und die Ruhe in Friaul versichern könne. Der bedeutendste von allen Ausfällen hatte am 25. September stattgefunden. Die Garnison war in der Stärke von ungefähr 300 Mann, unterstützt durch bewaffnete Bauern, gegen die östliche Seite unserer Cernirungslinie gedrungen, deren Vorpostenkette mit dem Verluste von 5 Schwer- und mehreren Leichtverwundeten gegen Properzia gedrückt wurde; doch gelang es dem Oberlieutenant Günther, unterstützt durch Hauptmann Nowak, den Feind wieder zurückzudrängen. Bei eingetretener Nacht sah man 3 Raketen aus dem Fort aufsteigen, welche aus mehreren im Rücken der Cernirungslinie gelegenen Ortschaften durch Flintenschüsse und Jubelgeschrei beantwortet wurden — ein Beweis, in welch' innigem Einverständnisse die ganze Population mit dem Feinde stand.

Gegen Ende September faßte der Korps-Kommandant den Entschluß, durch kräftigere Mittel Osoppo zum Falle zu bringen. Er beauftragte hiezu seinen Korps-Adjutanten Oberstlieutenant van der Nüll mit dem Otochaner Grenz-Bataillon von Palmanuova dahin abzurücken; doch konnte dieses Bataillon, da es die Bestimmung nach Ungarn erhielt, nicht verwendet werden, es kamen daher 4 Kompagnien des Landwehr-Bataillons Prohaska aus Udine zum Cernirungskorps, welches genannter Stabsoffizier nunmehr auf 10 Kompagnien, ½ Eskadron Boyneburg-Dragoner, 1 Pionier-Detachement unter Hauptmann Czermak, 1 Raketen- und 1 Kavallerie-Batterie, nebst 4 weittreibende dreißigpfündige Mörser brachte. Van der Nüll nahm sein Quartier in Campo di Buja, zog die Cernirung enger zusammen und wählte die geeignetsten Punkte für die Geschützaufstellung.

Am 6. Oktober wurden einige Gefangene eingebracht, aus deren Aussage hervorging, daß die Noth im Dorfe Osoppo immer zunehme, indem der Kommandant des Forts alle Lebensmittel daraus entfernen,

I.　　　　　　　　　　　　　　　　　　　　39

die Einwohner bewaffnen und zur Vertheidigung desselben nöthigen ließ. Durch erstere Maßregel gelang es ihm, die Verpflegung des Forts auf ein Monat sicher zu stellen.

Am folgenden Tage ließ Oberstlieutenant van der Nüll die Besatzung zur Uebergabe auffordern und, da die Antwort verneinend ausfiel, das Feuer aus den Mörsern eröffnen. In der Nacht vom 7. auf den 8. nahmen 1 Kompagnie Prohaska und 1 Kompagnie Hohenlohe mittelst Ueberfall das Dorf Ojoppo, ohne dessen Besitz man die Garnison im Fort niemals zu isoliren, noch die Einverständnisse mit der Außengegend zu hindern im Stande gewesen wäre. Die Truppe mußte bei diesem Unternehmen zweimal die Feuerlinie der oberen Batterien passiren. Die Bewaffneten entflohen ins Fort, ein Theil der Einwohner folgte ihnen, viele verkrochen sich in die Keller. Am 9. gegen Tagesanbruch wurden die Truppen aus dem brennenden Dorfe wieder zurückgezogen, und die Bergfeste durch Wurfgeschütz, namentlich durch Raketen mit solcher Wirksamkeit beschossen, daß die Besatzung desselben schon um sechs Uhr früh die weiße Fahne aufzog. Als man jedoch weder an diesem noch am folgenden Tage Miene zu Unterhandlungen sah, ließ der Cernirungs-Kommandant während der Nacht des 10. das Feuer wieder aufnehmen, worauf dann endlich am 11. Mittags 3 Deputirte nebst dem Ortspfarrer, mit der Bitte um Schonung, ihre Unterwerfung anboten. Der auf einer Visitirungsreise mit dem General Baron Stwrtnik und dem Ingenieur-Oberst Täuber eben vor Ojoppo angekommene Feldmarschall-Lieutenant Weigelsperg bedeutete der ihm vorgestellten Deputation, daß sie sich unverzüglich ins Dorf zurückzubegeben und die Einwohner zur Ruhe zu ermahnen, den Kommandanten des Forts aber zu benachrichtigen habe, daß man, falls er sich nicht bald zur Uebergabe entschließe, das Bombardement mit vermehrten Geschützen fortsetzen, und die Besatzung aller Berücksichtigung verlustig werde.

Um drei Uhr Nachmittags ließ Oberstlieutenant van der Nüll 1 Kompagnie Hrabowsky mit 2 Raketengeschützen und einer Abtheilung Dragoner auf der Straße von S. Daniele dann 1 Kompagnie Prohaska nebst 2 Raketengeschützen in der rechten Flanke gegen das Dorf Ojoppo vorrücken. Die Besatzung des Forts, welche in der weiten baumlosen Ebene jeden einzelnen Mann erblicken konnte, war in den Batterien und an den

Kasernfenstern sichtbar. Die beiden Kolonnen rückten anstandslos im Dorfe ein, wo gleichzeitig ein Parlamentär aus dem Fort eintraf. Oberstlieutenant van der Nüll bedeutete demselben, daß er allerdings geneigt sei, mit dem Kommandanten wegen Uebergabe des Platzes zu unterhandeln, daß dieser aber in Begleitung zweier Offiziere selbst zu ihm kommen müsse, was nach mehreren Debatten gegen Abend auch geschah und wo nach immer wieder erneuerten unstatthaften Forderungen die Kapitulation unter ziemlich milden Bedingungen endlich zu Stande kam.

Von den Cernirungstruppen kam 1 Division Hrabowsky nach Osoppo; eine Division desselben Bataillons, nebst 1½ Eskadrons Dragoner, der Raketen-Batterie und den 4 Mörsern (wovon einer gesprungen) nach Udine zur Verstärkung des dortigen Brückenkopfes; endlich die 3. Division nach Palmanuova; die 4 Kompagnien vom Landwehr-Bataillon Prohaska wurden nach Conegliano in Marsch gesetzt, um sofort die beiden in Belluno dislocirten Kompagnien desselben Regiments zu verstärken und die Aufregung im Gebirge, vorzüglich längs der Strada d'Allemagna zu ersticken.

**Feldmarschall-Lieutenant Baron Stürmer übernimmt ab interim das Kommando des 2. Reserve-Korps. — Neue Eintheilung und Aufstellung des Korps.**

Mit dem Falle von Osoppo, der Beruhigung der venetianischen Terra ferma, der vollständigen Auflösung der noch hie und da bestandenen Guardia civica und der Aufstellung einer Reserve-Brigade zu Padua, um entweder mit namhafter Kraft jedem bedrohten Punkte Hilfe zu bringen, oder durch mobile Kolonnen Ordnung und Sicherheit zu handhaben, schloß der Feldmarschall-Lieutenant Baron Welden seinen erfolgreichen und allseitig anerkannten Wirkungskreis im Venetianischen *). Feldmarschall-Lieutenant Baron Piret sollte ihn ersetzen. Derselbe war kommandirender General im Banat, sein Abgehen von Temeswar ließ jedoch die am 6. Oktober in Wien zum Ausbruche gekommene Revolution als unthunlich erscheinen, weßhalb Feldmarschall-Lieutenant Baron Stürmer ab interim das Kommando des 2. Armee-Korps übernahm.

---

*) Der Ministerial-Erlaß vom 2. Oktober 1848 überwies ihm eine andere Bestimmung.

Seit Anfang September beschränkte man sich darauf, die Einschließungslinie von Venedig zu verengern; es wurde auf dem linken Flügel noch Cavalino besetzt, während man auf dem rechten bis unter die Kanonen von Brondolo vorging. Dennoch lichtete sich der Truppenstand in wahrhaft schreckbarer Weise, wer kaum zehn Tage in diesen Gegenden stand, ward vom Fieber ergriffen. Man versuchte diesem Uebel durch öftere Ablösung zu steuern, doch vergebens, denn selbst die vom Cordonsdienste Zurückgekehrten wanderten ins Spital. In so bedauerlicher Art waren nach einander 8 Bataillons beinahe gänzlich aufgerieben worden. Am besten konnten noch die Grenzer das Klima bei Venedig ertragen. Man bestimmte daher ausschließlich diese abgehärtete Truppe zum Dienste in den Lagunen. Am 25. versuchte der Feind einen Ausfall aus Campalto. Doch das Warasdiner St. Georger-Grenz-Bataillon warf sich ihm entschlossen entgegen und trieb ihn nach kurzem Gefechte zurück; er erlitt bei dieser Gelegenheit einen beträchtlichen Verlust an Verwundeten. Einer besonderen Erwähnung hat sich der Gemeine Roschu von den Wallachisch-Banatern, würdig gemacht.

In den ersten Tagen des Monats Oktober entsendete der Feldmarschall-Lieutenant Susan ein Streifkommando unter Hauptmann Schulheim von Zanini-Infanterie gegen die Po-Mündungen und den Distrikt Ariani. Es gelang ihm, mehrerer Transporte mit Lebensmitteln habhaft zu werden, welche von Porta di Levante und Caleri nach Venedig bestimmt waren. Ueberhaupt verproviantirte sich Venedig, namentlich mit frischem Fleische, von der päpstlichen Küste, so wie auch Rimini und Ancona mittelst Dampfschiffen eine regelmäßige Verbindung mit der Lagunenstadt unterhielten.

Anfangs dieses Monats wurde die Cernirung in eine bloße Beobachtung verwandelt. Zur besseren Haltbarkeit der schwachen Postenlinie erhielt der Posten bei Ponte della Rana einige Verschanzungen, die vordersten Häuser von Mestre gegen Malghera hin wurden in Vertheidigungsstand gesetzt, daselbst einige Jägergräben ausgehoben und zwischen Mestre und Marocco Geschütze aufgestellt. Alles dies hinderte jedoch die Venetianer nicht, unsere vorderste Aufstellung, deren Schwäche ihnen genau bekannt war, zu durchbrechen. Sie unternahmen am 27. Oktober bei einem sehr dichten Nebel und im Einverständnisse mit vielen Bewohnern

in Meſtre und Fuſina, am frühen Morgen einen Doppel-Ausfall gegen
dieſe beiden Städte. Unſere von Fieber und Anſtrengung erſchöpften
Grenzer konnten keinen langen Widerſtand leiſten. Der Feind drang von
allen Seiten in Meſtre ein, und warf unſere Truppen, auf die nun zahl-
reiche Schüſſe aus den Häuſern fielen. Einen gleichen Erfolg hatte ſein Angriff auf Fuſina. Der Rückzug
unſeres linken Flügels erfolgte an die Deſe, jener des rechten auf Mira.
Wir verloren 30 Mann an Todten und 25 an Verwundeten, dann mehrere Offiziere und über 300 Mann an Gefangenen; auch fielen 5 Geſchütze in Feindes Hand. Die Venetianer hatten 25 Todte und 70
Bleſſirte.

Auf die Meldung von dieſen Angriffen disponirte der Interims-Korps-
Kommandant noch am 27. den Feldmarſchall-Lieutenant Baron Perglas
aus Treviſo zur Aufnahme des General-Majors Mitis mit allen
verfügbaren Truppen bis gegen die Deſe vor; Oberſtlieutenant Baron
Handel rückte mit dem 1. Bataillon Warasdiner St. Georger von Padua
nach Dolo und Mira; 4 Kompagnien, ¼ Eskadron und 3 Geſchütze
gingen auf Noale. An die Brigade Macchio erging der Befehl, die Land-
blokade gänzlich aufzuheben und ſich wieder links gegen Meſtre zu wenden,
um einer etwaigen weiteren Unternehmung von Seite des Feindes, Schranken zu ſetzen. Doch derſelbe zog ſich nach Venedig wieder zurück, und wir
bezogen unſere Poſtirungen aufs Neue.

Feldmarſchall-Lieutenant Baron Stürmer beſchloß die Haltbarkeit
von Meſtre durch Feldverſchanzungen zu erhöhen, die Beſatzung dieſes
Punktes zu vermehren und zeitweiſe regelmäßig ablöſen zu laſſen; die
Verſchanzungen am Sile wurden geebnet, dagegen aber Sta. Donà an
der Piave für eine größere Vertheidigungsfähigkeit vorgerichtet. Der Reſt
der Truppen ward brigadeweiſe vom Po bis Udine echellonirt.

Um dieſe Zeit hatte das 2. Reſerve-Korps auch eine neue Eintheil-
lung erhalten:

Diviſion G. M. Suſan (in Padua).

Brigade Oberſt Gerſtner:

3 Bataillons Emil-, das Landwehr-Bataillon Koudelka-Infanterie,
2 Eskadrons Boyneburg-Dragoner und 1 ſechspfündige Fußbatterie in
Monſelice, ſie hielt eine ſtarke Avantgarde zu Rovigo, ſchob Ab-

theilungen bis an den Po vor und ließ die untere Etsch bis Borgoforte hinauf bewachen.

Brigade G. M. Maſtrović:

1 Bataillon E. H. Leopold-Infanterie, 8 Kompagnien des 2. Banal-Regiments, 1 Eskadron Boyneburg-Dragoner und ¼ Batterie in Vicenza und Baſſano (bei erſterer Stadt wurde die Madonna del Monte verſchanzt und mit Geſchütz verſehen); das Illiriſch-Banater-Regiment, 1 Eskadron Boyneburg und das Landwehr-Bataillon Emil (letzteres zur Brigade Gerſtner gehörig) in Padua; 1 Bataillon des 1. Banal-Regiments in Dolce, es beobachtete die Gegend zwiſchen der Brenta und dem Kanal Pontelunge.

Diviſion F. M. L. Baron Perglas (in Treviſo).

Brigade G. M. Götz (bisher Mitis):

1. Bataillon Warasdiner St. Georger, 1. Bataillon Koudelka-Infanterie, 3. ſteiriſches Schützen-Bataillon und 1 ſechspfündige Batterie in Meſtre; ſie beobachteten die Strecke von Ponte della Rana bis Terzo; 2. Bataillon des 1. Banal-Regiments theils in Moranzano, theils bei Ponte della Rana, woſelbſt auch ¼ Batterie ſich befand.

Brigade Oberſt Landwehr:

3 Bataillons E. H. Ludwig in Mogliano, Caſale und Motta Landwehr-Bataillon Schönhals, 2. Bataillon Warasdiner S. Georger und 2 Eskadrons Boyneburg-Dragoner in Treviſo; Landwehr-Bataillon Prohaska in Belluno und Conegliano.

Brigade Oberſt Chavanne:

2 Bataillons Wallachiſch-Banater, 2. ſteiriſches Schützen-Bataillon und 1 ſechspfündige Batterie an der unteren Piave in Sta. Donà.

In Udine ſtand unter Kommando des Feldmarſchall-Lieutenants Weigelsperg die Brigade des Oberſt Thamm, beſtehend aus 2 Bataillons Hrabowsky und dem Landwehr-Bataillon Mazzuchelli-Infanterie; ſie bewachte das dortige vollſtändig armirte Kaſtell, dann die Feſtung Palma und den Brückenkopf am Tagliamento.

In weiterer Beziehung waren dem Korps auch das 2. Bataillon Koudelka als Garniſon in Ferrara und 4 Kompagnien vom 2. Banal-Regimente in Legnago untergeordnet.

### Ereignisse auf dem adriatischen Meere.
#### (Juni bis November.)

Selbst nach der Abfahrt der neapolitanischen Flotte blieb die sardinische unserer Eskadre in jeder Hinsicht noch weit überlegen; Albini erklärte im Verein mit dem meineidigen k. k. Linien-Schiffs-Kapitän Bua, welcher die venetianischen Kriegs-Fahrzeuge befehligte, die Stadt Triest in Belagerungszustand und gefiel sich in neuen heftigen Drohungen eines Angriffes auf dieselbe. Auch machte sich in Istrien und namentlich in den Küstenstädten die italienische Partei bei jeder aus Wien eintreffenden schlimmen Nachricht immer bemerkbarer. Dadurch fand sich Feldmarschall-Lieutenant Graf Gyulai bewogen, am 14. Juni die Militär- und Zivil-Gewalt in seinen Händen zu vereinigen — eine Maßregel, ohne welcher sich der anbefohlene Ausnahmszustand nicht gehörig handhaben ließ.

Dennoch war es nicht möglich, das Landen kleinerer feindlicher Fahrzeuge an einzelnen Punkten der istrianischen Küste ganz zu hindern, wo sie sich mit Lebensmitteln und Trinkwasser versahen, und nach kleinen Gefechten wieder das Weite suchten. Ein solcher Fall ereignete sich am 3. Juli in den Gewässern von Pirano, wo mehrere venetianische Schiffe, unter Führung des meineidigen k. k. Corvetten-Kapitäns Zambelli, ihr Trinkwasser mit Gewalt vom Festlande holen wollten. Eine Brigg und ein Dampfer, welche mehrere bemannte Barken im Schlepptau hatten, näherten sich der am Eingang des Hafens Rosa liegenden, mit 3 Geschützen armirten Batterie. Die Barken ruderten treuloser Weise unter Parlamentär-Flagge, jedoch bewaffnet, bis auf ungefähr vierzig Schritte vom Ufer heran, als sie plötzlich durch die Besatzung (1. und 2. Kompagnie Heß-Infanterie unter den Hauptleuten Huff und Appiano) mit einem lebhaften Gewehrfeuer empfangen wurden. Im Nu verstummte der Anfangs von den Venetianern erhobene Ruf: „Viva l'independenza!", worauf sie eiligst das Weite suchten. Die feindliche Brigg und das Dampfboot, welche achtzehn-, zweiunddreißig- und vierundachtzigpfündige Kanonen führten, hatten sich auf etwa 1200 Schritte von der Batterie S. Bernardino postirt und diese beschossen. Zahlreiche Kugeln schlugen über den Kamm der Brustwehr in die hintere Wand der Batterie, während ihre Besatzung ruhig und sicher ihr Feuer erwiderte. Bald stieg eine dichte

Rauchsäule vom Vordertheil des Dampfers auf und einzelne Leute stürzten sich ins Meer, um sich durch Schwimmen zu retten — eine Granate hatte gezündet. Endlich gelang es der Schiffsmannschaft, Meister des Feuers zu werden. Der Zustand der Brigg war um kein Haar besser, und das Dampfschiff hatte nichts Eiligeres zn thun, als selbe ins Schlepptau zu nehmen und außer Bereich unserer Stückkugeln zn bugsiren.

Am nächsten Morgen verschwand die feindliche Flotte vor Triest. Der Vice-Admiral Albini hatte von seiner Regierung die Weisung erhalten, die Seeblokade dieser Stadt und ihrer Küste aufzuheben. Er beschränkte sich fortan auf ein rathloses Hin- und Herfahren oder vor Ankergehen in der Strecke zwischen Pirano und Umago, wobei er jedoch alle nach Triest ein- oder von da auslaufenden Schiffe visitirte und alle möglichen Vexationen gegen selbe ausübte.

Die k. k. Eskadre blieb ruhig auf der Rhede von Triest, wo man Artillerie-Uebungen vornahm und an der Ausrüstung unserer Schiffe mit großer Thätigkeit arbeitete. Dennoch müssen wir gestehen, daß unser ganzer Marinekörper nur Stückwerk blieb. Der vor Kurzem aus Venedig aus der Gefangenschaft zurückgekehrte k. k. Vice-Admiral Martini hatte am 1. September den Oberbefehl des ganzen Geschwaders wieder übernommen. Es zählte an ausgerüsteten Schiffen: 3 Fregatten, 1 Corvette, 4 Briggs, 1 Goelette, 1 Schooner, ferner 1 Kriegsdampfer von 120 und 3 Lloyd'sche Dampfschiffe, von welchen eines (160 Pferdekraft) armirt, die beiden anderen (120 und 70 Pferdekraft) nicht armirt waren. Auch waren 2 Fregatten und die Corvette so alt und reparaturbedürftig, daß sich voraussehen ließ, daß sie in Kurzem die See nicht mehr halten können und auf längere Zeit in einen Reparations-Hafen gestellt werden müssen. Es mangelte unserer Marine eine Hauptlebensbedingung — eine Anzahl Kriegs-Dampfschiffe. Zwar versuchte der Vice-Admiral Martini noch einige Schiffe vom Lloyd zu bergen, ohne jedoch solche zu erhalten; ein Linien-Schiffs-Lieutenant ward nach England geschickt, um dort einige Dampfschiffe anzukaufen, er kehrte aber mit der Meldung zurück, daß Piemontesen, Sicilianer, Russen und sogar Türken schon früher daselbst gewesen seien, um brauchbare Schiffe anzukaufen und neue zu bestellen, mithin blieb auch dieser Ausweg vergeblich. Nicht viel besser stand es mit der Schiffsmannschaft, die meisten Matrosen waren nicht auf der See aufgewachsen, daher zum Seedienste kaum verwendbar, die Besatzung der Schiffe bildeten Grenzer, und die Bildung eines Marine-Infanterie-Bataillons wurde nicht bewilligt. Was ließ sich also von dieser Marine erwarten? Wie hätte sie einem in jeder Hinsicht tüchtigen Gegner auf offener See imponiren können? Zum Glücke, daß der feindliche Admiral, dessen Aufgabe: nicht blos Venedig von der Seeseite zu schützen, sondern vorzüglich Istrien und Dalmatien zum Abfall vom Kaiserstaate zu bewegen und in gleicher Weise auch den Operationen seines Königs im Veronesischen durch Landungen an der Friauler- und istrianischen Küste förderlich zu werden, jedoch von dem Allen, Einiges gar nicht, Einiges aber erfolglos versucht hatte, auch jetzt, wo er gegen die Convention vom 9. August im adriatischen Meere blieb, nichts von Bedeutung unternahm. Er lichtete in aller Stille die Anker und segelte in die Gewässer von Venedig, die er erst am 10. September — mithin beinahe ein ganzes Monat später, als solches Art. IV der Convention bestimmte, verließ, nachdem er der Stadt durch ausgiebige Verproviantirung unter dem Schutze seiner Schiffe, die Möglichkeit eines längeren Widerstandes verschafft hatte. Statt nach Genua zurückzukehren, nahm Albini — sicher nicht gegen den Willen seiner Regierung — seine Station auf der Rhede von Ancona, von wo aus er noch fortwährend die Schifffahrt im Golf gefährden konnte und sogar mit einer abermaligen Rückkehr vor Triest drohte. Ja er erdreistete sich sogar, den Militär- und Zivil-Kommandanten in Triest für alle Folgen verantwortlich zu machen, welche irgend ein gegen Venedig unternommener Angriffsversuch haben konnte.

Die Entfernung der feindlichen Flotte aus den Gewässern von Venedig erlaubte dem Feldmarschall-Lieutenant Grafen Gyulai, den am 24. Mai über das Küstenland verhängten Belagerungszustand aufzuheben und die Zivil-Behörden in ihre früheren Amtshandlungen wieder einzusetzen.

Die k. k. Eskadre lichtete in der Nacht vom 9. auf den 10. September die Anker, um unter Kommando des Linien-Schiffs-Kapitäns von Kudriaffsky eine Aufstellung auf der Höhe von Pola zu nehmen und vorzüglich die venetianische Küste einstweilen im Auge zu behalten. Nach der vom Vice-Admiral gegebenen Instruktion durften blos venetianische bewaffnete Fahrzeuge, falls sie nicht etwa unter dem Schutze eines englischen oder französischen Kriegsschiffes *), sondern unter ihrer eigenen Flagge segelten, angegriffen werden, sobald sie in den Bereich unserer Schiffe kamen.

Vor dem Eintritt der Aequinoctial-Stürme war die Verwendung unserer Escadre: Goelette Sfinge, Brigg Schooner Dromedario — kreuzend zwischen Pirano und Cortellazzo; Brigg Trieste und Oreste — zwischen Pirano und Rovigno auf 10 bis 20 Meilen von der Küste; Brigg Montecuccoli und Fide — zwischen Rovigno und Pola auf 15 bis 20 Meilen von der Küste; Brigg Pola — zwischen Chioggia und Quarnero; Fregatten Bellona, Venere, Guerriera und Corvette Adria auf dem halben Golfe zwischen Rovigno und Venedig; Dampfer Vulcano und Imperatore — kreuzten möglichst nahe vor Venedig.

Von den venetianischen Schiffen befanden sich: 6 Penichen und 4 Piroghen bei Treporti und 1 großer Ponton bestrich die Einfahrt am Lido; 1 Corvette mit 20, 1 Brigg mit 16 Kanonen und 1 Peniche zwischen Forte Ricco und quatro fontane; 1 Corvette mit 24, 1 Brigg mit 16 Kanonen und 1 Dampfer (Marianna) bei Malamocco, bestrichen die Einfahrt unter dem Fort Alberoni, 1 großer Dampfer, 1 Goelette, 1 Peniche jene unter der Stadt; 1 Corvette mit 20, 1 Brigg mit 16 Kanonen und 1 Peniche bei Chioggia zur Bestreichung der Einfahrt; bei Brondolo lag eine große Anzahl Piroghen, von welchen jedoch nur die Masten sichtbar waren.

Die Annäherung des mit der Rekognoscirung der feindlichen Aufstellung beauftragten Dampfers Vulcan hatte alle Küstenbatterien allarmirt, von den Forts S. Pietro, Volta und Caroman wurde auch gefeuert. Sämmtliche an der Küste aufgestellten Bragazzo flüchteten beim Erscheinen unseres Dampfers; er fand nur eine große Anzahl mit Holz beladener Trabacoli aus Istrien in Torre geankert, welche die Eröffnung der Barrikaden abzuwarten schienen, um nach Venedig einzulaufen.

Wie erwähnt, hatte Feldmarschall Graf Radetzky befohlen, den großen piemontesischen Belagerungs-Train bis zur getreuen Erfüllung

---

*) Es befanden sich zu jener Zeit die englische Dampf-Fregatte Terrible von 800 Pferdekraft mit 17, die englische Segel-Fregatte Spartan mit 32 und die französische Dampf-Fregatte Asmodée von 450 Pferdekraft mit 14 Kanonen in den Gewässern zwischen Triest und Venedig.

aller stipulirten Vertrags-Bedingnisse zurückzubehalten. Als nun Vice-Admiral Albini die Gewässer von Venedig verließ, bewilligte Radetzky die Ausfolgung des Trains. Schon hatte die Hälfte desselben die Grenze passirt, als er die Nachricht erhielt, Albini treffe Anstalten, um in Ancona zu bleiben; der Feldmarschall sistirte daher augenblicklich die weitere Ausfolgung des noch zurück befindlichen Trains.

Kaum war auf diese Weise für Carl Albert die Hoffnung verschwunden, den ganzen Train zurückzuerhalten, erschien Albini mit seinem ganzen Geschwader wieder auf der Höhe von Venedig, sprengte somit abermals die Blokade zur See und trieb das alte Spiel. Unsere Eskadre ging an die Küste von Istrien zurück. Die eingetretene rauhere Jahreszeit, ungünstige Winde und schlechtes Wetter zwangen übrigens die feindliche Flotte nach kurzem Verweilen vor Venedig zur abermaligen Rückkehr nach Ancona.

Im November erschien Albini abermals vor Venedig, als ihn jener fürchterliche Sturm, in welchem die englische Kriegs-Brigg Mutine auf den venetianischen Dünen ihren Untergang fand, wieder und, diesmal nicht ohne große Beschädigungen an seinen Schiffen zwang, nach Ancona umzukehren.

Um die Mitte Oktober war auch der Dampfer Vulcano schadhaft geworden, der Imperatore allein hielt um diese Zeit noch die See, er hatte am 14. Venedig rekognoscirt, wurde aber von der Marianna angegriffen und gegen 20 Meilen weit bis an die Küste von Istrien verfolgt. Unsere Eskadre, über welche der Contre-Admiral Baron Sourdeau das Kommando übernommen hatte, blieb von nun an im Hafen von Pola vor Anker, wo man sich anschickte, die Schiffe auszubessern und die Matrosen abzurichten.

------

**Piemonts Vorbereitungen zum neuen Kriege gegen Oesterreich.**

Der sechswöchentliche Waffenstillstand hatte wohl hinreichend Zeit geboten, den Frieden zu unterhandeln oder doch wenigstens die Verhandlungen zu beginnen. Zu wiederholten Malen hatte Feldmarschall-Lieutenant Fürst Felix Schwarzenberg, Radetzky's Feld-Diplomat, den piemontesischen Minister der auswärtigen Angelegenheiten hiezu aufgefordert, von diesem aber immer die Erklärung erhalten, daß sein König, welcher am 15. September die Intervention Englands und Frankreichs angerufen, wohl nur im Einverständnisse mit diesen beiden Mächten handeln könne. Oesterreich hatte diese Vermittlung angenommen, in Brüssel sollten die Conferenzen stattfinden, Dem Einflusse dieser Bevollmächtigten gelang es, eine Verlängerung des Waffenstillstandes vom 9. August auf weitere vier Wochen zu erwirken. Daß Oesterreich als Basis der Unterhandlungen die Integrität seiner Staaten annahm, ist ganz natürlich. Allein Piemont wollte nicht ohne Vergrößerung auf Friedensvorschläge eingehen; die Herzogthümer Parma und Modena wären vielleicht ein annehmbarer Preis gewesen. Die Unterhandlungen zogen sich also in diplomatischen Hin- und Herredereien fort, ohne daß es zu einer Eröffnung der Conferenzen gekommen wäre, womit es Piemont ohnedies nicht ernst war. Später wurde der Waffenstillstand auf unbestimmte Zeit verlängert. Das war es, was man in Sardinien wollte.

Schon in der zweiten Hälfte des Monats August hatte sich eine Deputation der Kammern aus Turin zum König nach Alessandria begeben, um die Fortsetzung des Krieges zu begehren und ihm hiezu alle Hilfe des Landes anzubieten. Im Hauptquartier angelangt, wurde sie aber von den anwesenden Generalen und Offizieren sehr übel empfangen. Diese warfen den Kammern und Ministern alles Unheil vor, das über das Land und die Armee gekommen, nannten sie dessen Urheber und bewiesen nur zu deutlich ihre Abneigung, gegen Oesterreich nochmals die Waffen zu ergreifen. Der hierüber entsponnene Streit artete bald zu Thätlichkeiten aus, ja man behauptet sogar, daß die löbliche Deputation förmlich durchgeprügelt worden sei. Namentlich wird ein Graf Porcharizza (Führer der Deputation) als das Hauptopfer bezeichnet. Die Armee hatte wohl den Wunsch, die Scharte auszuwetzen, die sie erst erlitten, allein sie hatte Einsicht genug, um einzusehen, daß die Fortsetzung des Krieges jetzt nicht das Mittel dazu sei. Zudem war sie nicht ruhmlos gefallen, sie hatte das Gefühl, daß die Schuld ihrer Niederlagen ihre Führer treffe; der Soldat hatte seine Schuldigkeit gethan und mit großen Opfern, mit schmerzlichem Verluste bewiesen, daß er noch immer des Ruhmes würdig sei, den das piemontesische Heer mit Recht in der Reihe der italienischen Heere behauptete.

Was den König persönlich betrifft, so unterliegt es keinem Zweifel, daß er das Haupt der Kriegspartei war. Carl Albert hatte seine Freiheit des Handelns verloren, er hatte sich so tief in die Revolution eingelassen, daß es nicht mehr in seiner Macht lag, sich von ihr zu trennen. Die traurigen Ereignisse im Innern der österreichischen Monarchie, die den Kaiserstaat zu zerfleischen drohten, das Drängen des neuen Ministeriums unter Gioberti, das Geschrei Tausender von Ausgewanderten, die seinen Palast umlagerten, so wie der Gedanke an die eiserne Krone, die er schon auf seinem Haupte gefühlt, trieben Carl Albert mit unwiderstehlicher Gewalt zu neuen Rüstungen, zum neuen Kriege — der ihm seine eigene Krone kosten sollte!

Rekruten wurden also ausgehoben, durch organische Einrichtungen die Mängel verbessert, die man durch die Erfahrung kennen gelernt, die Bataillone der Nationalgarde vermehrt und die Instandsetzung und Verproviantirung der Festungen aufs Eifrigste betrieben. — Der Waffenstillstand von Mailand war somit nur die Vorbereitung zum Feldzuge im Jahre 1849.